D1718634

Zusammenhalt der Unternehmerfamilie

Hermut Kormann

Zusammenhalt der Unternehmerfamilie

Verträge, Vermögensmanagement, Kommunikation

 Springer

Prof. Dr. Hermut Kormann
Hintere Gasse 4
89502 Heidenheim
Deutschland
hermut.kormann@buero-kormann.de

ISBN 978-3-642-16350-0   e-ISBN 978-3-642-16351-7
DOI 10.1007/978-3-642-16351-7
Springer Heidelberg Dordrecht London New York

Die Deutsche Nationalbibliothek verzeichnet diese Publikation in der Deutschen Nationalbibliografie;
detaillierte bibliografische Daten sind im Internet über http://dnb.d-nb.de abrufbar.

Vorwort

Für die Nachhaltigkeit eines Familienunternehmens haben dessen Gesell-schafter die wichtigste Funktion. Die Gesellschafter sind die Träger des Unternehmens: Sie bilden das Fundament für die Unternehmensentwick-lung und müssen gewährleisten, dass eine gute Unternehmensleitung möglich ist. Zur Ausfüllung dieser Möglichkeit bedarf es dann natürlich einer kompetenten Geschäftsführung. Aber die Personalkompetenz für ihre Besetzung liegt wiederum bei den Gesellschaftern oder bei dem von ihnen geschaffenen Aufsichts- und Beratungsgremium. Geschäftsführer können ausgetauscht werden, Gesellschafter nicht – zumindest nicht ohne große Probleme aufzuwerfen.

Angesichts der Bedeutung der Gesellschafterstellung ist für Forschung, Lehre und Praxis die Fragestellung enorm wichtig, welche Kompetenzen ein Gesellschafter erwerben sollte, um seiner verantwortungsvollen Auf-gabe gerecht zu werden. Diese Fragestellung ist sehr spezifisch, denn – anders als bei der Lehre zur guten Geschäftsführung – können nur wenig Erkenntnisse aus der Betriebswirtschaftslehre und der Praxis der Börsen-gesellschaften für das Familienunternehmen genutzt werden.

Gesellschafter zu sein ist eine durchaus anspruchsvolle „Berufung", bei der vielfältige Aufgaben zu bewältigen sind und für die ein weites Kompe-tenzspektrum erforderlich ist. Es geht um ein Agieren in verschiedenen Dimensionen:

- Wirken im Kreis der Gesellschafter,

- Wirken in der Einflussnahme auf das Unternehmen, z. B. Gestaltung der

  - Unternehmensverfassung,
  - Unternehmenskultur,
  - Unternehmensstrategie,

- Wirken gegenüber der bürgerlichen Gesellschaft, z. B. als Stifter.

Hier konzentrieren wir uns auf das Wirken im Kreis der Gesellschafter, das durch die Nachhaltigkeit der Trägerschaft die Nachhaltigkeit des Unter-nehmens ermöglicht. Die Aufgaben des Gesellschafters sind immer „ganzheitlich"; ihre Aufgliederung dient nur der Analyse und Vermittlung. Es geht darum,

1. den Fortbestand der Gesellschafterfamilie durch Elternschaft und gute Erziehung zu sichern und

2. zwischen den Gesellschaftern einer Generation und über die Generationen hinweg tragfähige Bindungen zu schaffen.

Die Bindung ist das Entscheidende, nicht die Konfliktvermeidung. Konflikte sind normal. Bei starken Bindungsfaktoren und offener Kommunikation in der Konfliktbearbeitung können sie gelöst werden und sind dann als gemeinsame Bewältigung einer Herausforderung in sich selbst wiederum ein Bindungsfaktor.

Das Entstehen von Bindung ist kein Naturphänomen, sondern es muss erarbeitet und entwickelt werden:

• Der Nutzen des Unternehmens für jeden einzelnen Gesellschafter ist in Form greifbarer Elemente zu gestalten und kommunikativ zu verdeutlichen.

• Gute Gelegenheiten sind zu schaffen, um eine emotional und inhaltlich gehaltreiche Sinngebung für die Gesellschafterrolle zu vermitteln.

• Alle bindungsfördernden Maßnahmen bedürfen einer guten Kommunikation. Dabei kommt es nicht auf Eleganz oder rhetorischen Schliff an, sondern auf Offenheit.

Die „Bindungsarbeit" muss gleichzeitig die dominierenden Geistesströmungen der Zeit für ihren Zweck nutzen: Es ist nicht zweckmäßig, völlig eigene, von der umgebenden Gesellschaft abgesonderte kulturelle und ethische Werte zu vertreten. Große und wichtige Strömungen des geistigen und sozialen Lebens kristallisieren sich in Konstrukten wie Individualrechten, Selbstverwirklichung, Individualität der Lebensentwürfe sowie Fairness in der Berücksichtigung individueller Interessen heraus. Wir verfolgen daher die These, dass der Zusammenhalt einer Gemeinschaft nicht dadurch sichergestellt werden kann, dass die Individualinteressen zurückzutreten haben und das Gemeinschaftsinteresse Vorrang hat. Es geht nicht darum, ob „Business", „Family" oder welcher „Stakeholder" auch immer als „first" zu setzen ist. Es geht um die Einbindung *aller* in einen fairen Prozess. Dieses Buch verdeutlicht, welch vielfältige Beiträge zu einer guten Bindung möglich sind. Es kann gelingen, der Gesellschafterverantwortung gerecht zu werden.

Danksagung

Dieses Buch ist eine Gemeinschaftsleistung. Es hätte nicht entstehen können ohne die Arbeit meiner Wissenschaftlichen Mitarbeiterin, Frau Dr. Christina Erdmann. Sie brachte nicht nur Ordnung in die Strukturen des Textes, sondern ich verdanke ihr viele wertvolle Beiträge aus ihrem Forschungsgebiet der Erziehungswissenschaften. Das Buch hätte nicht Orientierung gewonnen ohne die wissenschaftlichen Wegleitungen meiner Mentoren Prof. Dr. Dr. h.c. mult. Horst Steinmann, Prof. Dr. Joseph H. Astrachan und Dr. Torsten Pieper. Ohne die Dissertation von Dr. Torsten Pieper wäre diese Arbeit, die ganz darauf aufbaut, so nicht möglich gewesen. Ich verdanke Unermessliches dem freundschaftlichen Kontakt im kleinen Kreis der auf dem Forschungsgebiet Familienunternehmen engagierten Kolleginnen und Kollegen wie vor allem Kirsten Baus, Dr. Torsten Groth, Prof. Dr. Brun-Hagen Hennerkes, Prof. Dr. Sabine Klein, Prof. Dr. Peter May, Dr. Tom Ruisen, Prof. Dr. Fritz B. Simon, Prof. Dr. Arist von Schlippe, Prof. Dr. Andreas Wiedemann, Prof. Dr. Rudolf Wimmer. Ihnen allen sei für die vielfältigen Anregungen in den Gesprächen herzlich an dieser Stelle gedankt.

Mein Bruder Dr. Hilmar Kormann verkörpert als Germanist die Überzeugung, dass die Qualität der Überlegung sich in der Verständlichkeit des sprachlichen Ausdrucks erweisen muss. Seine korrigierenden Markierungen haben immer wieder geholfen, die Überlegung zu überprüfen und zu verbessern. Dr. Nils Peter Thomas vom Springer-Verlag hat dieses Buch nebst Autor – wie auch das vorherige Buch „Beiräte in der Verantwortung" – aufmerksam betreut. Markus Richter hat den Text lektoriert. Er hat dabei nicht nur auf Klarheit und Eleganz des Ausdrucks geachtet, sondern aus dem unerschöpflichen Fundus seiner Bildung allenthalben wesentliche fachliche Ergänzungen beigetragen.

Mein Assistent Markus Mehrtens hat die Berge an Literatur besorgt und unerbittlich auf die ordnungsgemäße Zitierung geachtet. Mein virtuelles Herstellungsbüro von Birgit Schröder, Kathleen Schumann und Claudia Hiller, die die Endfassung bewältigte, hat wieder Unwahrscheinliches geleistet. Ihnen allen sei herzlicher Dank gesagt.

Heidenheim, August 2010   Hermut Kormann

Inhaltsverzeichnis

1 Fokus: Die Familie des Familienunternehmens

In der Einleitung wird traditionsgemäß an das Thema herangeführt. Es soll das Interesse geweckt werden, sich durch die nachfolgenden Kapitel zu arbeiten. Forscher in diesem Metier und manche anderen Leser überspringen die Einleitung.

1.1 Thema

Familie

Unser Thema ist die Verantwortung von Inhabern von Familienunternehmen, Gutes für die Nachwelt zu schaffen. Dabei werden wir unsere Protagonisten, die guten, verantwortlichen Gesellschafter, zu positiv zeichnen, die letztendlich Versagenden zu negativ darstellen und vor allem die Gleichgültigen mit Verachtung belegen. In der Mehrzahl sind es faszinierende, manchmal allerdings auch traurige Geschichten, auf die man stößt, wenn man sich mit Familienunternehmen beschäftigt. Aber auch in den traurigen Geschichten standen am Anfang Inhaber, die selbst erfolgreich waren, deren Nachfolger ebenfalls alles richtig machen wollten, denen es aber trotz guten Willens am Ende nicht gelang, Gutes für die Nachwelt zu schaffen. Da gibt es die Familie als Fundament des Unternehmens, deren Mitglieder sich wechselseitig stärken. Da gibt es andererseits die zerstreute Familie, die schlicht irrelevant für das gleichwohl erfolgreiche Unternehmen ist. Dann haben wir die im Streit sich aufreibende und dann zerfallende Familie, die in ihrer Agonie das ansonsten erfolgreiche Unternehmen mit in die Belanglosigkeit zieht. Es geht uns hier darum, diejenigen Gesellschafter zu erreichen, die eine Kraft für das Gute sein wollen. Ihnen soll Stoff zur Reflexion, Bestätigung ihrer Zielsetzung und praktische Wegleitung durch Gefahren und Irrwege geboten werden.

Dem Familienunternehmen kommt neuerdings – fast überall in der Welt – erhöhte Aufmerksamkeit zu. Gleichwohl wird es heute vielfach als eine

H. Kormann, *Zusammenhalt der Unternehmerfamilie*,
DOI 10.1007/978-3-642-16351-7_1, © Springer-Verlag Berlin Heidelberg 2011

paradoxe Veranstaltung charakterisiert (Rudolf Wimmer, Fritz B. Simon). Es ist eine Veranstaltung wider den Zeitgeist. Die moderne Wirtschaft scheint von der Börsengesellschaft als dem Prototypus der erfolgreichen, zukunftsorientierten Unternehmung bestimmt zu sein. Noch bedeutsamer ist jedoch für unser Thema, dass die säkularen sozialen Trends die möglichst freie Entfaltung des Individuums propagieren. Die Partnerschaft für einen Lebensabschnitt löst das traditionelle Muster der lebenslangen Ehe ab. Und in einer solchen sozialen Umbruchzeit soll ein Familienunternehmen die unterschiedlichen Individuen seines Gesellschafterkreises zusammenhalten – und das idealerweise über mehrere Generationen? Wie soll das gehen? Das geht auch nicht so leicht! Es müssen sehr sorgsam vielfältige Voraussetzungen geschaffen und über die Zeit weiterentwickelt werden, damit dies gelingt.

In diesem Buch wollen wir uns mit der Verantwortung der Inhaber befassen, um eben dieses zu erreichen: den Gesellschafterkreis des Familienunternehmens zusammenzuhalten – und zwar auf Dauer.

Die Verantwortung des Inhabers hat von vornherein drei mögliche Verantwortungsbereiche und entsprechende Zielrichtungen des Wirkens:

- die Familie,

- das Unternehmen,

- die Umwelt des Unternehmens – sei es die Gesellschaft oder die Natur mit ihren Ressourcen.

Dieses Buch konzentriert sich auf den Verantwortungsbereich „Familie": die Sorge um den Bestand der Familie und um ihren Zusammenhalt. Das Wirken für das Gemeinwohl wird nur instrumental im Blick auf den Zweck gewürdigt, hilfreich für den Zusammenhalt der Familie zu sein. Der Verantwortung für das Unternehmen und dem dadurch begründeten Einwirken auf das Unternehmen wird eine nachfolgende Schrift gewidmet sein.

Der Vorrang für die Erörterung des Verantwortungsbereichs Familie ergibt sich aus dem Vorrang des Familienbereichs im wirklichen Leben. Die Familie trägt das Unternehmen, sie ist die konstituierende Voraussetzung für das Familienunternehmen. So gesehen ist die gerade in Deutschland so gerne zitierte Weisung „Firma vor Familie" (die natürlich auch ihren Sinn hat – worauf wir noch zurückkommen werden), eher umzudrehen: „Vorrang der Familie als Voraussetzung der Firma." Ich schließe mich der von Klett – im nachfolgenden Ausschnitt wiedergegebenen – programmatisch formulierten Perspektive an:

„Im vorliegenden Text wird die übliche Perspektive auf Unternehmensfamilien umgedreht. Es interessiert weniger, wie diese ihrem Unternehmen Wettbewerbsvorteile gegenüber korporativen Gesellschaften eröffnen. Vielmehr wird der Frage nachgegangen, wie ein Familienunternehmen es begünstigen kann, dass die Familie in seinem Umfeld zu einem starken Verbund wird, von dem ihre Mitglieder besonders profitieren können. Provokativ formuliert: Familien sind nicht dazu da, Unternehmen, sondern Unternehmen sind dazu da, Familien zu stärken."[1]

Da die Familie die konstituierende Voraussetzung für das Familienunternehmen ist, muss die Sicherung des Bestandes der Familie Priorität haben. In Mehrgenerationenverbänden mit vielen Familienmitgliedern verlangt dies eine ausgereifte Führung. Diese Führung muss, wie noch zu zeigen sein wird, aus der Familie heraus geleistet werden. Nur wenn die Inhaber ihre eigene Organisation und Führung leisten können, können sie dem Anspruch gerecht werden, auf das Unternehmen und seine Führung einzuwirken. Daher halte ich im Rahmen eines Entwicklungsprogramms für das Familienunternehmen die Verantwortung der Inhaber für die Entwicklung und den Zusammenhalt der Familie für vorrangig.

Gründerfamilie und Folgefamilien

Ein bevorzugter Ansatz besteht darin, die Typologie der Familienunternehmung nach der Generationenfolge der agierenden Gesellschaftergruppe zu gliedern in:[2]

- das Unternehmen unter Führung des Gründers,
- die Geschwister-Gesellschaft,
- die Cousin-Gesellschaft (dritte und folgende Generationen).

In einer anderen Terminologie entspricht dies annähernd der Segmentierung in:[3]

- Kernfamilie,
- Großfamilie,
- dynastische Familie.

---

[1] Klett, D. J. (200/): S. 9
[2] So sehr überzeugend und von der Forschung übernommen: Ward, J. L. (2004).
[3] Vgl. Klein, S. B. (2004): S. 68.

Die Gründersituation ist nicht unser Thema. Sie ist jeder Hinsicht eine Ausnahmesituation. Unsere Betrachtung geht von einer Mehrzahl von Gesellschaftern aus, wobei als der typische Fall sogar die Mehrgenerationen-Familiengesellschaft mit vielen Gesellschaftern angenommen wird. In diesem größeren Verwandtschaftskreis bedarf es eines bewusst geplanten und breiten Instrumentariums, um ein koordiniertes Handeln der Beteiligten sicherzustellen. Die eher noch überschaubare Geschwister-Gesellschaft kann jedoch mit Nutzen bereits das Instrumentarium in Erwägung ziehen, das in der Mehrgenerationen-Familiengesellschaft notwendig wird. Schließlich werden sich die meisten Familienunternehmen − so sie erfolgreich sind − zu einer Gesellschaft mit größerem Gesellschafterkreis entwickeln. Die dann entstehenden zusätzlichen Herausforderungen werden besser bewältigt, wenn man sich über die Generationen hinweg darauf vorbereitet: Die zweite Generation sollte insofern die Grundlagen legen, die für die dritte Generation dann bereits bewährte Tradition sind, und dasselbe sollte die vierte für die fünfte Generation leisten.

Die Perspektive: Die Betriebswirtschaftslehre des Familienunternehmens und seiner Inhaber

Im Diskurs über das Familienunternehmen und seine Gesellschafter besteht oft die Gefahr, dass der Blickwinkel der nüchternen Betriebswirtschaftslehre für dieses Gebilde zu wenig ausgeleuchtet wird.

Erfolgreiche Inhaber neigen dazu, das Familienunternehmen emotional zu überhöhen und zu idealisieren. Hier wird „selbstlos gedient", die „Firma vor die Familie gestellt", es werden Werte hochgehalten und Mitarbeiter gepflegt. Leicht kommen hier die rationalen Gründe zu kurz, warum man ein Unternehmen betreibt.

Hinzu kommt, dass die wissenschaftliche Erkundung des Familienunternehmens mehr aus der interdisziplinären Perspektive als aus der rein betriebswirtschaftlichen Sicht vorangetrieben wird. Welche Perspektive dabei gewählt wird, ist naturgemäß stark geprägt von dem professionellen Hintergrund des jeweiligen Forschers:

- Von Anfang an haben sich anwaltliche Berater mit dieser Thematik beschäftigt. Dieser Berufsstand sah sich durch die spezifischen steuerlichen Probleme sowie die gesellschaftsrechtlichen und steuerrechtlichen Gestaltungsoptionen der Familiengesellschaften schon früh veranlasst, sich auf Themen der Familiengesellschaften zu spezialisieren.

- Die Forscher, die von der Psychotherapie und der Familientherapie kommen, leisten grundlegende Beiträge zu denjenigen Problemstellungen, für die es kein Pendant in der Betriebswirtschaftslehre der Börsengesellschaft gibt. Hier sind im europäischen Raum z. B. F. B. Simon, Artist von Schlippe oder Manfred F. R. Kets de Vries zu nennen.

- Eine Forscher- und Beratergruppe, die von der Organisationssoziologie, von „Organization Development" und der systemischen Organisationsberatung kommt, angeführt von Rudolf Wimmer, hat – obschon nicht auf einen Unternehmenstypus fixiert – eine größere Klientel unter den Familienunternehmen.

Demgegenüber will ich, so weit wie möglich, den Blickwinkel der Betriebswirtschaftslehre einnehmen Diese Perspektive wird zunächst davon bestimmt, dass ich aus empirischen Gründen das Familienunternehmen für den Normalfall halte – ob man nun darin einen Vorteil sehen will oder nicht. Wir müssen uns also mit den Existenzbedingungen dieses „normalen" Unternehmens auseinandersetzen. Mit den Ansätzen der Betriebswirtschaftslehre, hier sicherlich in einer rational präskriptiven Ausprägung, soll zur Klärung der Frage beigetragen werden, wie die Entwicklung eines solchen Unternehmens gesichert und befördert werden kann – ungeachtet der jeweiligen „Gemütslagen" der Familienmitglieder.

In einer Zeit, in der mit G. Becker die ökonomische Analyse der (vermuteten) rationalen Gründe des Familienlebens (vom Heiratsmarkt bis zur Zahl der Kinder) begonnen wurde, sollten wir auch das Familienunternehmen als eine sehr weltlich begründete und rational zu erklärende Veranstaltung sehen. Wir wollen hier gute, rationale Gründe suchen, weshalb eine Familie zusammenhalten sollte, um ihr Unternehmen zu bewahren, und wie sie dabei rational vorgehen sollte. Es geht mir hier vor allem darum, zu argumentieren, dass es sich lohnt, Träger eines Familienunternehmens zu sein, und darum, zu klären, wie möglichst alle tatsächlichen und potenziellen Inhaber davon überzeugt werden können. Und zwar müssen sie überzeugt werden, ohne dass sie von vornherein auf den unbedingten Verzicht auf ihre individuellen Interessen zugunsten einer „Firma vor Familie" und „Familie vor Einzelnem" verpflichtet werden müssen. Ich werde auch die Rede von der Kultur und den Werten der Familie kritisch hinterfragen – immerhin besteht der Mehrgenerationen-Gesellschafterkreis regelmäßig aus mehreren Familien ganz unterschiedlicher Prägung. Schließlich werde ich sorgfältig nach rationalen Begründungen suchen, weshalb Familien erfolgreich darin sind, gemeinsam die Träger eines Unternehmens zu sein.

Adressaten

Unser idealer Adressat ist der Inhaber, der aus persönlichem Engagement, aber auch aus intellektueller Neugierde intensiv über seine Verantwortung reflektiert. Aus der praktischen Erfahrung kann hoffentlich auch dem akademischen Nachwuchs, insbesondere aus Gesellschafterfamilien, eine Hilfestellung für die Erschließung des Themas geleistet werden. Für den ausgewiesenen Forscher will ich Akzentsetzungen aus der Praxis bieten.[4]

1.2 Familienunternehmen

Trägerschaft als Kriterium

Wir brauchen für unsere Themenstellung nicht auf die kontinuierlich fortgeführten Diskussionen um die Definition des Familienunternehmens einzugehen. Wenn eine Definition erforderlich ist, würde ich die heute international wohl gebräuchlichste Definition von Chrisman/Chua/Sharma wählen, die ein Familienunternehmen beschreiben als

> „a business governed and/or managed with the intention to shape and pursue the vision of the business held by a dominant coalition controlled by members of the same family or a small number of families in a manner that is potentially sustainable across generations of the family or families."[5]

Es genügt für unsere Betrachtungen, als „Minimaldefinition" festzuhalten, dass ein Familienunternehmen dadurch charakterisiert ist, dass eine oder zwei (selten mehr) durch Blutsverwandtschaft miteinander verbundene Personengruppen Träger des Unternehmens sind. Diese Personengruppe bzw. die Gesamtheit von mehreren Personengruppen stellt jeweils eine durch das Merkmal der Verwandtschaft von anderen abgegrenzte Gemeinschaft dar, die sich zwar im Rhythmus der Generationenfolge personell verändert, die aber doch durch die gemeinsamen Traditionen miteinander verbunden bleibt. Sie ist identifizierbar, sie ist das Gegenteil der ständig wechselnden, anonymen Aktionäre einer Publikumsgesellschaft. Träger-

---

[4]   Die Literaturangaben dienen der intellektuellen Redlichkeit, auf bewusst aufgenommene Quellen hinzuweisen, und können keinerlei Anspruch auf Vollständigkeit erheben.

[5]   Chrisman/Chua/Sharma (1999): S. 25.

schaft des Unternehmens heißt schlicht: Ohne eine verwandtschaftlich verbundene Personengruppe gäbe es dieses Unternehmen nicht als selbstständiges, wirtschaftliches Entscheidungszentrum. Familienunternehmen setzen in unserem Verständnis ausdrücklich nicht die Beteiligung der Familiengesellschafter an der Unternehmensführung voraus. Noch nicht einmal
die Beteiligung an einem die Unternehmensführung überwachenden Beirat
ist entscheidend. Zumeist könnten bei einer Mehrgenerationen-Familiengesellschaft nicht alle Mitglieder in einem solchen Gremium einen Sitz
haben. Es genügt die Funktion der Trägerschaft. Diese wird auf Dauer aber
nur wahrgenommen, wenn eine innere Bindung dieser Personen zu dem
Unternehmen besteht. Diese Bindung tritt vor allem dadurch in Erscheinung, dass sich die Gesellschafter mit dem Unternehmen identifizieren,
das Unternehmen als Teil ihrer persönlichen Geschichte wertschätzen, es
bewahren und an die nächste Generation übertragen wollen.

Mit der Trägerschaft ist zugleich ein wie auch immer qualifizierter Einfluss verbunden. Der Inhaber hat Rechte und damit auch Verantwortung
für sein Eigentum. Beides, vor allem aber die Verantwortung, berechtigt und
verpflichtet ihn zu einer Einflussnahme darauf, wie mit dem Unternehmen
verfahren werden, wie es in seine Zukunft geführt werden soll. Wie dieser
Einfluss wahrgenommen wird, ist für die Typologie von Familiengesellschaften nicht wesentlich. Die Art und Intensität der Einflussnahme
kann sich im Lauf der Zeit je nach den aktuellen Erfordernissen ändern,
ohne dass sich dadurch die Eigenschaft des Unternehmens als Familienunternehmen ändert. Unser Modellfall ist – wie gesagt – das Familienunternehmen in den Nach-Gründer-Generationen mit mehreren Gesellschaftern. Die Fallkonstellation, die es erlaubt, sich auf die Verantwortung
des Gesellschafters zu konzentrieren, ist gerade die, bei der die Inhaber-
funktion und die Unternehmerfunktion getrennt sind.

Schwierigkeit einer Theoriebildung

Die Forschung zur Familienunternehmung hat sich daran gewöhnt, zu
begründen, inwieweit und inwiefern die Familienunternehmen anders sind
als die Börsengesellschaften.[6] Die Differenzanalyse fokussiert sich auf
relevante Einzelthemen wie etwa die Unterschiede in der Leistungsfähigkeit,
in der Governance und in der Strategie. Weitere bevorzugte Forschungs-
themen werden aus den Einflüssen der Familie abgeleitet, wie etwa Nach-

---

[6] Vgl. Chrisman/Chua/Sharma (2005).

folge aus der Familie und Konflikte zwischen den Familienmitgliedern. So setzt sich die Forschung zum Familienunternehmen aus einer Fülle von Aufsätzen und Monografien zu diesen Spezialthemen zusammen. Die Arbeit von Klein „Familienunternehmen"[7] ist demgegenüber ein einsamer Monolith einer „Allgemeinen Lehre zu Familienunternehmen". Ich neige – wie oben bereits angedeutet – dazu, die Blickrichtung umzudrehen: Da es mehr Familienunternehmen gibt als Börsengesellschaften, da es Wirtschaftsregionen gibt (Newly Industrialized Countries), in denen es fast nur Familienwirtschaft gibt, und da fast alle neu entstehenden Unternehmen Inhaberunternehmen sind, kann man diese als den Ausgang und als den Normalzustand der unternehmerischen Tätigkeit betrachten. Es bliebe dann ein Sonderforschungsbereich mit der Fragestellung, weshalb Börsengesellschaften sich so seltsam verhalten, wie sie das tun. Insbesondere würde hier der Effekt der Trennung von Eigentum und Verfügungsgewalt eine Rolle spielen, aber auch die standardisierten Erwartungen, die die Kapitalmärkte gleichermaßen an *alle* Börsengesellschaften stellen.

Die wissenschaftliche Erkundung der Strukturen und Prozesse in der Gruppe der Gesellschafter eines Unternehmens ist – ebenso wie die ganzheitliche Analyse von Familienunternehmen insgesamt – eine noch recht junge Disziplin, die in Deutschland auf zwei Jahrzehnte und im angloamerikanischen Raum auf rund drei Jahrzehnte zurückblickt. Das ist ein kurzer Zeitraum im Vergleich zur juristischen Forschung zum Gesellschaftsrecht oder im Vergleich zur Entwicklung der Betriebswirtschaftslehre oder der Lehre von der Unternehmensführung. Gleichwohl ist der Erkenntnisfortschritt dieser noch sehr jungen Teildisziplin beeindruckend. Obschon die Hauptrichtung der Forschung auf Familienunternehmen zielt, liegen bereits gewichtige Forschungen zur Unternehmerfamilie vor, auf denen hier aufgebaut wird.[8] Die Nachfrage der jungen Generation von Familiengesellschaftern nach theoriefundierter Handlungsorientierung erscheint dringlich.

Aber auch bei weiterem Fortschreiten wird die Theorie des Familienunternehmens schwieriger zu entwickeln sein als die allgemeine Betriebswirtschaftslehre oder die Lehre von der Börsengesellschaft. Die Vielfalt der Einstellungen der Inhaber zu ihrem Unternehmen wird nochmals er-

---

[7]   Klein, S. B. (2004).

[8]   Zu den wichtigsten – und einfach zugänglichen – Werken speziell zur Familie aus dem Forschungsbereich Familienunternehmen heraus zählen im deutschen Wissenschaftsbereich die Arbeiten von Simon, F. B. (Hrsg.) (2005) und Schlippe/Nischak/El Hachimi (Hrsg.) (2008).

höht durch die Verschiedenartigkeit möglicher Familienkonstellationen. Meist geht die Reflexion zu Familienunternehmen von der Nuklearfamilie aus Gründereltern und ihren Kindern aus. Diese Familie hat im idealen Fall eine gemeinsame Sicht auf die Welt und sie verbindet eine gemeinsame Mission für ihr Unternehmen. Von der Geschwister-Gesellschaft über das Vettern-Konsortium zu den großen Mehrgenerationen-Familiengesellschaften mit dutzenden, ja hunderten Gesellschaftern haben wir es dann aber nicht mehr nur mit graduellen Unterschieden zu tun, sondern mit anderen Typen der Familienkonstellation.

Über die zahlenmäßige Vielfalt hinaus steht die Erforschung der Familiengesellschaft vor dem Problem, dass die Gesellschafter – anders als der Börsenaktionär – ein unübersehbar breites Spektrum von Überzeugungen und Verhalten haben können, mit dem sie auf das Unternehmen einwirken.[9] Zu allem, was als mögliche Strategie einer Familie zusammengefasst werden kann, kann für eine andere Epoche, für einen anderen Hintergrund, für eine andere Familie eine völlig andersartige Vorgehensweise als Gegenbeispiel genannt werden. Diese Varianz der Vorgehensweisen ist vermutlich eine der großen generellen Stärken der Familienunternehmen. Jedoch erschwert sie die Beschreibung dieses Unternehmenstypus und diese Schwierigkeit wird nochmals verstärkt, wenn man versucht, das Verhalten einzelner Akteure zu untersuchen und einzuordnen. Das gängige Drei-Kreis-Modell von Familie, Inhaberschaft und Unternehmensorganisation[10] illustriert, dass ein und dieselbe Person mehrere Rollen als Vater, Mehrheitsgesellschafter und Geschäftsführer haben kann und dass sie sich, je nachdem, welches Rollenverständnis bei ihr dominiert, typischerweise anders verhält. Unser Beobachtungsobjekt oszilliert zwischen den Identitäten: Dies erschwert die Beobachtung und die Formulierung genereller Aussagen. Aber auch wenn bei Familienunternehmen „alles" vorkommen kann, so bedarf es dennoch der bewussten Reflexion, ob alles, was vorkommt, auch förderungs- und bewahrungswürdig ist und im Blick darauf verantwortet werden kann, dass es der Nachhaltigkeit von Familie und Unternehmen dient.

---

[9] Dem entspricht die These von J. F. Voigt, dass Familienunternehmen viel erfolgreicher oder viel erfolgloser sind als Nicht-Familienunternehmen; sie haben größere „Amplituden". Vgl. Voigt, J. F. (1990): S. 58.

[10] Vgl. Gersick, K. E. et al. (1999): S. 287.

1.3 Familie als Gruppe

Nuklearfamilie und Verwandtschaft

Die Familie ist eine universelle Institution der menschlichen Gesellschaft, die Paare und deren Nachkommen beinhaltet. Als Trägerin des Familienunternehmens umfasst sie sowohl die Nuklearfamilie aus Mann und Frau als Elternpaar und deren unmündigen Kindern als auch den erweiterten Familienverband der Verwandten. Ab der dritten Generation bilden regelmäßig nicht mehr nur Geschwister den Inhaberkreis. Die fehlende Prägung durch ein gemeinsames Elternhaus, die größere Personenzahl sowie die geringeren Kontakte der Verwandten untereinander führen zu einer deutlich anderen Ausgangslage, als dies bei den vorangegangenen Generationen der Fall war. Der Anteil und die Intensität der „von Hause aus" mitgegebenen Gemeinsamkeiten in der Weltsicht, der Haltung, der Kultur und dem Zusammengehörigkeitsgefühl nehmen ab. Die Bindung muss daher bewusst entwickelt werden. Dies ist der Schwerpunkt unserer Themenstellung.

Dynamik der Entwicklung der Familie als soziale Institution

Die Veränderung der Familienbeziehungen durch die Generationenfolge wird außerdem durch den sozialen Wandel überlagert. Die soziale Institution der Familie und ihrer Surrogate wie Lebenspartnerschaften hat sich in den zurückliegenden ein bis zwei Generationen so grundlegend verändert wie wohl kaum zuvor in einer vergleichbaren Zeitspanne.[11] Elemente des Wandels dieser Institution sind z. B.:

- Abfolge unterschiedlicher Lebenspartnerschaften,
- alleinerziehende Elternteile,
- Selbstverwirklichung beider Eltern in eigenen Karrieren,
- Unsicherheit in der Erziehung, inwieweit auf die Beachtung von Normen bestanden werden kann,
- Erziehung als Verhandlungsprozess statt als Weisungsprozess,[12]
- gemeinsamer Lebensabschnitt von Großeltern und Enkeln aufgrund der verlängerten Lebenserwartung,

---

[11] Vgl. König, R. (1974); Nave-Herz, R. (1994); Beck, U. (1986).
[12] Vgl. hierzu auch Bueb, B. (2008a).

- Verfügbarkeit besserer Ausbildungsmöglichkeiten (z. B. Auslandsstudium), damit aber potenziell größere Unterschiede in der Ausbildung,

- Mobilität, durch global verteilte Wohnsitze reduzierte Intensität des Kontaktes zu Verwandten,

- autonom gewählte Freundschaftsbeziehungen in Konkurrenz und zu Lasten der Familien- und Verwandtschaftskontakte.

Dieser fortschreitende Wandel der Familien muss sich auf die Gestaltung der Beziehungen zwischen Familiengesellschaftern und Unternehmen durchschlagen. Der institutionelle Rahmen (Gesellschaftsverträge, Satzungen usw.) ist zunächst ein retardierendes Moment für diese Anpassungsprozesse. Doch gerade deshalb muss jede Generation von sich aus an dem institutionellen Rahmen arbeiten. Es geht nicht darum, den Rahmen verzögert anzupassen, sondern darum, dass jede Generation einen Rahmen schafft, in dem die nächste Generation anfangen und sich zurechtfinden kann – bis sie ihn selbst wieder ändern muss.

Unternehmen mit konzentriertem Gesellschafterkreis

Wir können die Typologie der Familiengesellschaften um einen angrenzenden Typus ergänzen, nämlich um den Fall, dass mehrere Gesellschafter nur durch die Ratio des Projekts, Gesellschafter eines Unternehmens zu sein, zusammengehalten werden. Sozietäten in den beratenden Berufen sind ein Beispiel für diese Fallgruppe oder auch die Kooperation von Finanzinvestoren, denen ein Unternehmen gehört.[13] Es sind aber auch Partnerschaften auf der Grundlage gemeinsamer Wertvorstellungen für eine wirtschaftliche Tätigkeit denkbar. Karra/Tracey/Phillips[14] „argue that family firms may expand the logic of the family beyond the nuclear family through kinship and ethnicity in order to create a form of quasi-family". A. M. Paredo[15] führt das Konzept von „spiritual kin-based businesses" gegenüber den „blood and marriage kin-based businesses" ein. Auf der Grundlage sozialer, kultureller oder religiöser Gemeinsamkeiten könne eine Gruppe geschaffen werden, die einer Familie zumindest ähnlich werde. Ich kann durch anekdotische Erfahrung bestätigen, dass derartige Vorstellungen immer wieder in Gesellschafterkreisen diskutiert werden. Solche Überlegungen kommen freilich nur dort zustande, wo eine Gruppe von starken persönlichen Überzeugungen geprägt

---

[13] Vgl. May, P. (2008a): S. 23.
[14] Karra/Tracey/Phillips (2006): S. 862.
[15] Peredo, A. M. (2003): S. 398 f.

ist, sei es in der ethischen Einstellung oder sei es im professionellen Leistungsverständnis. So waren Unternehmensberatungen – zumindest in ihren Ursprungszeiten – manchmal wahre „Glaubensgemeinschaften".

Für alle Gruppen eines geschlossenen Inhaberkreises, die auf gemeinsamen Überzeugungen aufbauen, muss es Zugangsvoraussetzungen geben, um eben diese Gemeinsamkeiten sicherzustellen. Dies ist der fundamentale Unterschied zur Primärgruppe Familie, in die ein Kind hineingeboren wird.

Mehrfamilien-Gesellschaft

In die typologische Reihe von Unternehmen im Umfeld der klassischen Familienunternehmung gehört der Fall, dass ein Familienunternehmen im Besitz von zwei oder mehreren abstammungsmäßig nicht miteinander verbundenen Familien ist. Die Forschung zur Familienunternehmung berücksichtigt diesen Typus meines Erachtens zu wenig. Ein bekanntes Beispiel sind die zwei Familien Miele und Zinkann als Gesellschafter des Unternehmens Miele. Im 19. Jahrhundert war dies ein häufiges Muster von Entrepreneurship, dass zwei „Kompagnons" sich für die Unternehmensgründung zusammentaten. Aber auch bei Unternehmen der „New Economy" treffen wir nicht selten auf diese Konstellation mehrerer Gründungsgesellschafter.

Manche Fragestellungen, die im Kontext der Erforschung von Familienunternehmen erörtert werden, wie etwa die gemeinsame Kultur der Familie, ihre gemeinsamen Werte und das Zusammengehörigkeitsgefühl einer Primärgruppe, können allerdings nicht sinnvoll für eine Mehrfamilien-Unternehmung gestellt werden.

Analogie zum Verein als Unternehmensträger

Auch der Verein könnte für die Mehrgenerationen-Familiengesellschaft als interessantes Vergleichsmodell nützlich sein. Es gibt eine ganze Reihe von Unternehmen, die direkt oder indirekt von Vereinsmitgliedern getragen werden, wie z. B. das Unternehmen ADAC, das Unternehmen DEKRA oder die Gesellschaft für Konsumforschung. Man kann auch die meisten Genossenschaften zu diesem Typus zählen.

Zunächst muss man feststellen, dass diese Unternehmen „funktionieren" – mal besser, mal schlechter, aber sicher nicht schlechter als der Durchschnitt aller Unternehmen. Im Unterschied zur geschlossenen Gruppe der Familie sind sie freilich offene Gruppierungen mit einem ständigen Zugang und Abgang von Mitgliedern. Gerade weil ihre Mitgliedschaft nicht naturgegeben ist, müssen sich Vereine um den Zusammenhalt der Mitglieder bemühen. Wir werden sehen, inwieweit das Familienunternehmen davon lernen kann.[16]

1.4 Bedeutung der Gesellschafter

Andersartigkeit der Familie gegenüber der Unternehmensorganisation

Eine Familie ist als naturgegebene, vitale Gruppe etwas völlig anderes als eine geschaffene Zweckorganisation, wie sie eine Unternehmung darstellt. Insbesondere F. B. Simon hat die Unterschiede eingängig herausgearbeitet.[17] Es mag hier genügen, die Stichworte (nach Fabis) zu rekapitulieren:

- Unterschiedliche Kommunikationsmuster: sachbezogene Kommunikation im Unternehmen gegenüber Kommunikation als Selbstzweck, um soziale Kontakte in der Familie zu erhalten.

- Unterschiedliche Kernerwartungen an die Gruppenmitglieder: Leistung im Unternehmen gegenüber Zuneigung in der Familie, die sich ausdifferenziert in Loyalität, Unterstützung, Gerechtigkeit, Respektierung von Andersartigkeit u. a.

- Unterschiedliche Zugehörigkeitsbedingungen: Ein- und Austritt im Unternehmen gegenüber der grundsätzlich unkündbaren Familienzugehörigkeit.

- Unterschiedliche Belohnungssysteme: leistungsbezogene materielle Belohnung im Unternehmen gegenüber emotionaler Zuwendung in der Familie.

Dieser Unterschiede muss man sich vonseiten der Familie und vonseiten des Unternehmens bewusst sein, wenn die Familie auf das Unternehmen stößt. Im Übrigen müssen diese Unterschiede hingenommen werden; sie sollten und können nicht durch Angleichen beseitigt werden. Insbesondere kann man allein aus den unterschiedlichen Charakteristiken von Familie

---

[16]   Vgl. Abschnitt 4.6.

[17]   Vgl. Simon, F. B. (1999a); Baecker, D. (2003); Simon/Wimmer/Groth (2005); Simon, F. B. (2005a); Wiechers, R. (2006); Fabis, F. G. (2007): S. 56 ff.

und Unternehmen keine besondere, erhöhte Konfliktneigung im Familienunternehmen ableiten.[18] Schließlich ist es typisch für jede menschliche Existenz, dass unterschiedliche Rollen mit konträren Anforderungen gelebt werden müssen. Zum Beispiel bringen die in einer Person vereinigten Rollen des Berufstätigen und des Familienmitglieds ebenfalls das Problem mit sich, dass familiäre Konflikte die Leistung im Beruf berühren und umgekehrt berufliche Verhaltensweisen das Familienleben deformieren.

Zusammenwirken von Familie und Unternehmen

Die Erforschung des Typus des Familienunternehmens ringt in verschiedenen Ansätzen darum, zu erklären, wie Familie und Unternehmen sich zueinander verhalten, und vor allem, ob sie sich eher ergänzen oder öfter behindern.[19] Die Unterschiede in den Subsystemen werden einerseits als systembedingte Quelle von Konflikten interpretiert. Andererseits hebt die Forschung zur Strategie der Familienunternehmen den Nutzen der Familie als Ressource für das Unternehmen hervor. Umgekehrt kann auch das Unternehmen einen positiven Einfluss auf die Familie haben. Die Beteiligung an einem berühmten, gut gehenden Unternehmen, das zudem möglicherweise viele Projekte für das Gemeinwohl trägt, stärkt das Selbstwertgefühl der Familienmitglieder und damit auch den Zusammenhalt der Familie.

Ich vermute, dass in diesen Zusammenhängen das Theorem des Minimumfaktors gilt: Das Subsystem mit dem „schlechteren" Systemzustand überträgt diesen tendenziell und längerfristig auf das Gesamtsystem aus Familie und Unternehmen. Geht es der Firma gut, dann ist es auch leicht, die Familiengesellschafter zusammenzuhalten. Gibt es dagegen Unruhequellen in der Familie, dann schlägt dies früher oder später auf die Firma durch. Und wenn es umgekehrt der Firma schlecht geht, werden latente Konflikte in der Familie manifest und es treten unternehmensbezogene Kontroversen über den richtigen Weg aus der Misere auf. So kann eine Krise im Unternehmen dazu führen, dass der Familienzusammenhang zerbricht.

---

[18] So ist zum Beispiel F. G. Fabis zu verstehen; vgl. Fabis, F. G. (2007): S. 56 f.

[19] Vgl. Rossaro, F. (2007): S. 53 ff. Da die Unternehmenseffizienz nicht Kern unseres Themas ist, sei hier die umfangreiche weiterführende Literatur übergangen.

Verantwortliches Wirken der Gesellschafter

Unsere grundlegenden Thesen sind folgende:

- Das gelingende Familienunternehmen kann langfristig erfolgreicher sein als die typische Börsengesellschaft.

- Da dem Familienunternehmen im Vergleich zur Börsengesellschaft keine anderen sachlichen und personellen Ressourcen zur Verfügung stehen und tendenziell sogar eher geringere finanzielle Ressourcen, kann der entscheidende Erfolgsfaktor nur in der anderen Strategie des Familienunternehmens liegen.

Es liegt an den Inhabern als den Trägern des Unternehmens, die Voraussetzungen für eine Strategie zu schaffen, die dem Unternehmen langfristig Erfolg ermöglicht. Gelingt es nicht, die Familiengesellschafter als dauerhafte Trägergemeinschaft für das Unternehmen zu erhalten, geht das Unternehmen an einen anderen Träger, einen Konzern, einen Private-Equity-Investor, an die Börse usw. Dieses Ende des Familienunternehmens hat Folgen für alle Beteiligten. Wenn es denn, was ich überzeugend zu vermitteln hoffe, eine höchst befriedigende Sinngebung ist, Träger eines nützlichen und erfolgreichen Unternehmens zu sein, dann muss der Verlust dieser Funktion frustrieren. Wenn man selbst als Erbe mit dem Eigentum an einem blühenden Unternehmen betraut wurde, bedeutet es einen Verlust, wenn man seinerseits nur den anteiligen Verkaufserlös an seine Erben weitergeben kann. Es gibt freilich Fälle, in denen die recht verstandene Verantwortung der Inhaber darin besteht, das Unternehmen zu verkaufen. Aber auch bei diesem Akt, der Beendigung der Familienbindung an das Unternehmen, gilt es der Gesellschafterverantwortung zu entsprechen: den für das Unternehmen besten neuen Inhaber auszuwählen.

Damit das „Projekt Familienunternehmen" über die Zeit, ja über die Generationenfolge hinweg, gelingt, müssen zwei Gestaltungsbereiche erfolgreich sein:

- Die Trägergemeinschaft der Inhaberfamilie muss erhalten bleiben.

- Das Unternehmen muss eine erfolgreiche Strategie verfolgen.

Dass Unternehmen strategisch geführt werden müssen, ist Gemeingut. Was der Inhalt einer erfolgreichen Strategie sein kann, ist allerdings eine Frage der subjektiven Überzeugung. Es gibt hier keine absoluten Wahrheiten und es kann sie auch nicht geben. Der Vorteil des Familienunternehmens liegt gerade darin, seinen ganz eigenständigen Erfolgspfad zu finden.

Der Bestand der Trägergemeinschaft wird durch das biologische Faktum der Verwandtschaft nicht garantiert. Das Auseinanderbrechen dieser Gemeinschaft ist ein nicht ganz ungewöhnlicher Schicksalsschlag. Angesichts der Herausforderungen der Aufgabe „Führung eines Familienunternehmens" und der fragilen Bedingungen, die erfüllt sein müssen, damit sie bewältigt wird, ist das Scheitern das Normale. Nur wenn gezielt auf den Erfolg des Projekts hingearbeitet wird, kann das Scheitern verhindert werden. (Dies gilt für jede komplexe Aufgabe. Sie löst sich nicht von selbst.)

Seit den Anfängen einer systematischen und wissenschaftlichen Erkundung der Erfordernisse eines Familienunternehmens richtet sich die Aufmerksamkeit darauf, dass es nicht nur einer Planung für das Unternehmen bedarf, sondern ebenso einer Planung für die Inhaber.[20] Die Schwierigkeit dieser Planung liegt weniger in Vorbehalten gegen eine Planung überhaupt, denn irgendeine Art von Planung gehört, heute jedenfalls, für jedes Unternehmen zum selbstverständlichen Standard. Die Schwierigkeiten der Inhaber, für sich selbst eine Strategie zu entwickeln, liegt in der unvermeidlichen Verflechtung einer objektivierten Strategieaussage mit den individuellen Lebensbedingungen, persönlichen Wünschen, aber auch der Ungeplantheit und Unplanbarkeit der persönlichen Lebensentwicklung: Wie viele Kinder wird man haben? Wird man nochmals heiraten?

Projekt Familienunternehmen

Wir gehen davon aus, dass auch ein größerer Kreis von Verwandten, die Gesellschafter eines Unternehmens sind, sich auf das gemeinsame Vorhaben „einschwören" kann, das Familienunternehmen in die Zukunft zu führen. Nicht die gemeinsame Kinderstube eint sie oder eine besonders intensive gegenseitige Zuneigung, vielmehr ist es das gemeinsame „Projekt Familienunternehmen", das diese Gruppe – über die im Kreise der Verwandtschaft bestehenden Vertrautheit hinaus – zusammenschließt. Dieses „Projekt Familienunternehmen" kann jedoch nur gelingen, wenn es als Gestaltungsaufgabe, als Führungsaufgabe und als Strategiethema erkannt und wahrgenommen wird. Für die „Projektverantwortung" hat sich nunmehr der Ausdruck „Responsible Ownership" oder Inhaberverantwortung als Chiffre etabliert. Bis zum FBN-ifera World Academic Research Forum anlässlich des 16. FBN Summit 2005 in Brüssel hatte man den Terminus „Responsible Ownership" noch kaum im Small Talk auf Konferenzen gehört. Heute ist er die Chiffre, die den Gesellschaftern bewusst macht, dass es an ihnen liegt, ob das „Projekt Familienunternehmen" gelingt.

---

[20] Vgl. Ward, J. L. (1987): S. 3 ff. sowie May, P. (2008a).

1.5 Vorentscheidung: Nachhaltigkeit

Nachhaltigkeit als Beständigkeit

Wir gehen davon aus, dass es ein begriffsbestimmendes Kennzeichen eines „echten" bzw. eines verantwortlichen Gesellschafterkreises eines Familienunternehmens ist, auf Dauer unternehmerisch tätig zu sein. „Dauer" meint hierbei eine generationsübergreifende Zeitspanne. Das ist mehr als Langfristigkeit im Gegensatz zum Quartalsdenken. Der damit angesprochene Zeithorizont ist offen – eben auf Dauer angelegt. Diese Perspektive erscheint mit dem Begriff „Nachhaltigkeit" gut erfasst zu werden. Es kann dabei dahingestellt bleiben, welches die Antriebe für das Streben nach Dauerhaftigkeit sind: Perpetuierung des eigenen Lebenswerks, Ermöglichung von Unabhängigkeit für die Nachkommen, Sicherung des Wohlstands für die Nachkommen, Machtstreben, Streben nach Reputation und anderes. Das Konzept der Nachhaltigkeit bietet eine umfassende Motivation, die aus einer ganzheitlichen persönlichen Überzeugung gewonnen werden muss. Analytisch lässt sich das Streben nach Nachhaltigkeit freilich aufgliedern in unterschiedliche Lebensbereiche:

- Nachhaltigkeit der Familie dadurch, dass es Kinder, Enkel, Verwandte gibt,

- Nachhaltigkeit der unternehmerischen Tätigkeit,

- Nachhaltigkeit der Lebensbedingungen aller Menschen.

Das Konstrukt der nachhaltigen Entwicklung („sustainable development") lässt sich in drei große Elemente aufgliedern,[21] die wir analog auf die Gemeinschaft der Familiengesellschaft übertragen können:

- soziale Gerechtigkeit in der Gemeinschaft: Sicherung des Zusammenhalts durch Einbindung der Individualinteressen,

- Erhaltung des natürlichen Kapitalstocks: Erhalt des relativen Vermögens für die nächste Generation, z. B. relativ zur allgemeinen Wohlstandsentwicklung,

- effiziente Bewirtschaftung der Ressourcen: Gewinnerzielung durch Erbringen einer marktfähigen Leistung.

Eine nachhaltige Entwicklung muss immer auf unbegrenzte Dauer ausgelegt sein. Es kommt dabei nicht darauf an, ob Unternehmen oder auch Un-

---

[21] Vgl. Vogt, M. (1999): S. 238 ff.

ternehmerfamilien tatsächlich ewigen Bestand haben *können*. Es gibt mehrere Ansätze, die dem widersprechen:

- Es gibt die These, dass sich auf Dauer nur Familien halten können, die vier oder mehr Kinder haben – allerdings wurde sie in den 50er Jahren des letzten Jahrhunderts formuliert unter der Erfahrung von Kriegen und angesichts eines niedrigeren Standes der Medizin.

- Es gibt das Theorem vom gesellschaftlichen Aufstieg und Abstieg von Familien in der Generationenfolge: das Theorem vom Verfall in der dritten Generation.

- Es gibt das Konzept des Lebenszyklus eines Unternehmens.

Aus mehreren Gründen will ich gleichwohl an der Maxime festhalten, dass die Gesellschafter ein unbegrenztes Unternehmerengagement in den Blick nehmen sollten. Es gibt die Unternehmung erst seit etwa 200 Jahren und die moderne industrielle Unternehmung in der Breite erst seit gut 150 Jahren. Und immerhin existieren Unternehmen, die seit ihrer Gründung zum denkbar frühesten Zeitpunkt der gesellschaftlichen und technischen Entwicklung bis heute bestehen. Aber selbst wenn man letztlich glaubt, dass ein Ende irgendwann unvermeidlich sei, würde man versuchen, es möglichst weit in die Zukunft hinauszuschieben, und es insofern nicht in die gegenwärtige Planung einbeziehen. Das Trachten der Familie müsste also auf ewigen Bestand gerichtet sein.

Nachhaltigkeit als Bestand in Selbstständigkeit

Nachhaltigkeit interpretieren wir im Sinne einer langfristigen Existenz des Unternehmens als „selbstständiges" Familienunternehmen. Negativ abgegrenzt bedeutet dies zumindest, dass es nicht an ein anderes Unternehmen verkauft wird. Welche Bedeutung manche Familienunternehmen der Qualität „Unabhängigkeit" zumessen, kann empirisch bestätigt werden. Verschiedene Familienunternehmen haben in einer bestimmten Phase ihrer Entwicklung einen Investor aus der Welt der Nicht-Familienunternehmen in den Gesellschafterkreis aufgenommen und haben dann diese Beteiligung später wieder zurück erworben. Eine solche Gruppe von Investoren, die gesucht und eingeladen wurden, stellen auch industrielle Partner dar: Durch ein Joint Venture sollte erreicht werden, dass das Familienunternehmen bessere Entwicklungsmöglichkeiten erhält. Letztlich wurden die Einflüsse des familienfremden Investments aber oft als schädlicher angesehen als die positiven Effekte aus der Zusammenarbeit.

Nachhaltigkeit als Verantwortung für das Gute

In der Forderung nach Nachhaltigkeit für die menschliche Gemeinschaft schwingt immer der Tenor mit, dass die Verantwortlichen sich für „das Gute" einsetzen sollten. Die Zielsetzung des Guten, das zu bewirken ist, ist in jedem Verantwortungsbereich spezifisch. Die jeweiligen Zielsetzungen sollen hier plakativ skizziert werden:

- Hinsichtlich der Verantwortung für die *Familie* geht es um die Fortsetzung der Familie und um ihren Zusammenhalt; in diesem Buch beschränken wir uns auf diesen Aspekt.

- Hinsichtlich der Verantwortung für das Unternehmen geht es zunächst um die Schaffung von *Grundlagen für das Unternehmen* und hierbei geht es um Ordnungsstrukturen. Diese umfassen z. B.:

  — Zuordnung der Macht,

  — Regeln für die Entscheidungsprozesse,

  — Zielsetzungen,

  — Regeln zum Interessenausgleich zwischen den einzelnen Gesellschaftern, der Gemeinschaft aller Gesellschafter und dem Unternehmen.

- In der Einflussnahme auf die *Strategie des Unternehmens* geht es darum:

  — sicherzustellen, dass das Unternehmen weiterentwickelt werden kann,

  — festzulegen, was nicht getan werden darf,

  — zu vereinbaren, wie der Interessenausgleich zwischen den einzelnen Gesellschaftern, der Gemeinschaft und dem Unternehmens umzusetzen ist, z. B. in der Ausschüttungspolitik.

- Die Verantwortung für die *soziale Gemeinschaft*, in die das Unternehmen eingebettet ist, wird heute unter Begriff der „Corporate Social Responsibility" eingefordert.

Allein diese Auflistung zeigt, welch vielfältige Ansprüche bestehen, womit die Wahrscheinlichkeit steigt, dass die unterschiedlichen Anforderungen nicht ohne weiteres miteinander zu vereinbaren sind. Wenn dies gelingt, wird eine große Sinngebung für das Tun gewonnen, wie uns das nachfolgende Zitat verdeutlicht:

„Warum strebten, arbeiteten, investierten und expandierten die meisten weiter? In den Quellen taucht eine Begründung immer wieder auf: Nicht primär für die eigene Person, sondern für die eigene Familie wollten sie das Unternehmen langfristig erhalten und also ausbauen. So erhielt die Arbeit zusätzlichen Sinn. Sie geschah zum Nutzen der Kinder und Enkel oder sie stand – grundsätzlicher und abstrakter – im Dienste des Ruhmes der Familie, die als eine mehrgenerationelle, in die Zukunft ragende Kollektividentität vorgestellt wurde. Dieser Gedankengang eignete sich nicht nur zur Begründung der Anstrengungen des Unternehmers selbst, sondern auch zur Rechtfertigung, wenn er von anderen – Familienmitgliedern wie Angestellten – erwartete, ihre individuellen Interessen, wenigstens ein Stück weit, dem Unternehmensinteresse, wie er es definierte, unterzuordnen. Aus solcher Orientierung an der Familie und ihrer zukünftigen Entwicklung konnte der Unternehmer überdies eine langfristige Zeitperspektive gewinnen, die es ihm leichter machte, auf kurzfristige, spekulative Vorteile zu verzichten, und die ihn dazu veranlassen mochte, das »Geschäft« in einer Weise zu organisieren, daß es den eigenen Tod wahrscheinlich überleben würde (»objektivierende« Geschäftsordnungen, Umwandlung der Rechtsform, entsprechende Erbregelungen). Die Familie verband schließlich Vergangenheit, Gegenwart und Zukunft. An der ökonomischen Funktionalität solcher Familienorientierung ist nicht zu zweifeln. Unter anderem diente sie als Anreiz und Legitimation, einen hohen Anteil des erwirtschafteten Gewinns zu reinvestieren, statt ihn zur Alimentation der Familienmitglieder zu verwenden."[22]

1.6   Große Richtungsentscheidungen

Ansatzpunkte für Bindung

Die Bindung der Familiengesellschafter kann durch drei Kategorien von Instrumenten erreicht werden:

- Verträge und Satzungen – wir sprechen hier auch von einer „Verfassung" der Familie und der Gesellschaft,

- Vorteile, die der Einzelne aus dem Zusammenhalt der Gemeinschaft erzielt,

- Kommunikation zwischen den Mitgliedern der Gemeinschaft mit dem Ziel,
  - Entscheidungen der Gruppe über gemeinsames Vorgehen zu erreichen oder aber
  - emotionales Zusammengehörigkeitsgefühl entstehen zu lassen.

---

[22]   Kocka, J. (1982): S. 166.

| **Verantwortung für den Zusammenhalt** |
| Kapitel 2: Erwerb von Verantwortungsbewusstsein
Kapitel 3: Verantwortung für die Familie
Kapitel 4: Zusammenhalt der Familienmitglieder als Gesellschafterkreis |

Verträge	**Vorteile**	**Kommunikation**
Kapitel 7: Faire Verfassung	Kapitel 5: Materieller Nutzen Kapitel 6: Vermögenssicherung Kapitel 8: Ämter	Kapitel 9: Kommunikation Kapitel 10: Geschichte

| **Vermeidung von Zerfall durch Konflikte** |
| Kapitel 11: Konfliktbearbeitung |

Abb. 1. Gang der Untersuchung

Der Erfolg all dieser Instrumente zeigt sich darin, ob es gelingt, den Zusammenhalt auf Dauer zu bewahren und die unvermeidlich auftretenden Konflikte so zu handhaben, dass sie die Gemeinschaft nicht zersetzen können.

Wir decken diese Instrumente, wie in Abb. 1 dargestellt, in unterschiedlichen Abschnitten dieses Buches ab.

Familie als Sozialverband

Unsere Blickrichtung ist auf eine lange Zeitachse ausgelegt, in der das auf Dauer bestehende Unternehmen von einer in der Anzahl der Mitglieder wachsenden Familie getragen werden kann. Dies verlangt, dass ein gewisser Zusammenhalt der Familie sowohl innerhalb einer Generation wie auch über die Generationenfolge hinweg bewahrt werden kann. Gerade im Hinblick auf einen großen Familienverband glaube ich, dass wir aus der Politik Lehren zur Sicherung der nachhaltigen Entwicklung von Sozialverbänden ziehen können.

Die kleine Gemeinschaft der Familiengesellschafter unterliegt ähnlichen Problemstellungen wie ein größeres Sozialgebilde. Ähnlich wie in der Staatslehre existieren unterschiedliche Überzeugungen darüber, wie das

Gemeinwohl, das gemeinsame Interesse der Gemeinschaft, bestimmt werden kann.[23] Die bekannte Forderung „Firma vor Familie" stellt das Firmeninteresse, in jedem Fall das dauerhafte Bestehen des Unternehmens, als ein vorgegebenes und objektiv bestimmbares Interesse dar. Dies würde dem republikanischen Konzept vom *volonté générale* entsprechen. Die Pluralismustheorie sieht demgegenüber die Bestimmung des gemeinsamen Interesses als Ergebnis der Auseinandersetzung unterschiedlicher gesellschaftspolitischer Kräfte. Mit der nachstehend skizzierten Forderung, die Individualinteressen angemessen zu berücksichtigen, vertreten wir ein eher pluralistisches Konzept.

In der Staatslehre ist es ein längst akzeptiertes Problem, dass das Richtige und das Gerechte nicht für alle Situationen oder gar alle Zeiten objektiv vorgegeben werden kann. Die Lösung wird darin gesucht, dass gerechte Verfahren festgelegt werden: Die Gerechtigkeit des Ergebnisses hängt demnach von der Fairness des Weges zum Ergebnis ab.[24]

Gemeinschaftsverantwortung oder Einzelverantwortung

Das Gründerunternehmen ist in aller Regel gekennzeichnet durch die Einheit von Eigentum und Leitung und damit durch die Identität von Risiko-Tragen und Entscheidungskompetenz. Wenn man versucht dieses Konzept fortzuführen, wird das Geschäft meist nach dem dynastischen Prinzip oder Erbhofprinzip an denjenigen Nachkommen vererbt, der am besten für die Führung des Unternehmens geeignet erscheint.

Der Gegenpol zu diesem Konzept besteht darin, das Unternehmen an alle Kinder zu vererben, was in der Generationenfolge alsbald zu einer größeren Anzahl von Gesellschaftern führt. Dies wiederum führt zur Verantwortung der Gesellschafter als Gruppe für das Familienunternehmen. Aronoff sieht dies als einen „Megatrend" in der Entwicklung der Familienunternehmen:

> „Inhaberschaft wird ein Team-Projekt … Familien, die ein Unternehmen besitzen, denken mehr über die Ziele, die mit dem Eigentum verfolgt werden, nach und sind weniger geneigt, der reflexbedingten Neigung zu folgen, einen Einzelnen mit der Kontrolle über das Eigentum zu betrauen … Alternativen zu dieser Alleinherrschaft werden mehr und mehr als Optionen zur Konfliktbewältigung betrachtet."[25]

---

[23]   Vgl. Mastronardi, P. A. (2007): S. 294 ff.

[24]   Vgl. Mastronardi, P. A. (2007): S. 63.

[25]   Aronoff, C. E. (2002): S. 29 (übersetzt durch den Verfasser).

Gemeinschaftsinteresse oder Individualinteresse

Der Weg zum Mehrgesellschafter-Unternehmen setzt voraus, dass die Gemeinschaft der Gesellschafter als Träger des Unternehmens wenigstens in dem Maße erhalten bleibt, dass die Kapitalbasis des Unternehmens tragfähig bleibt. Zur Bewahrung der Gemeinschaft müssen die Individualinteressen der einzelnen Gesellschafter mit dem Gemeinschaftsinteresse aller Gesellschafter verbunden werden. Als Gemeinschaftsinteresse verstehen wir hier den gemeinschaftlichen Willen, das „Projekt Familienunternehmen" zu verfolgen. Dieses Projekt hat das Ziel, die Grundlagen für eine „ewige" Existenz des Familienunternehmens zu schaffen, sie zu verbessern und sie immer wieder neu an die aktuellen Erfordernisse anzupassen. Das Individualinteresse der einzelnen Gesellschafter ist „definitionsgemäß" subjektiv geprägt. Es kann darauf zielen, den materiellen Nutzen des Einzelnen zu steigern oder andere individuelle Ansprüche oder subjektive, nicht gemeinschaftlich geteilte Überzeugungen im Familienunternehmen durchzusetzen. Natürlich bildet sich das Gemeinschaftsinteresse wiederum aus den Beiträgen der Einzelnen. Im Idealfall werden die Individualinteressen aller Beteiligten in das Gemeinschaftsinteresse integriert. Im Normalfall allerdings bestehen zwischen dem traditionell oder aktuell artikulierten Gemeinschaftsinteresse und den einzelnen Individualinteressen Differenzen, die mal mehr, mal weniger groß, meist überbrückbar und gelegentlich unüberbrückbar sind.

Ein bemerkenswertes Beispiel der klassischen Problemkonstellation „zwei Generationen – zwei Sichtweisen" bietet der folgende Bericht von einer Tagung von Inhabern:

> „Viele Diskussionen drehten sich um die Frage: Was will ich? Es galt herauszufinden, wie stark der eigene Lebensweg von familiären Einflüssen einerseits und vom eigenen Willen andererseits beeinflusst wird. Referentin Beate Heraeus, selbst Unternehmertochter und gleichzeitig Mutter von Unternehmerkindern, riet den Teilnehmern, sorgfältig zu prüfen, inwiefern eigene Ziele und familiäre Ziele miteinander vereinbar seien. Teilnehmerin Anja Schröder-Scholz (SIG Solar): »Beim Austausch mit anderen wurde deutlich, dass oft eine fast bedingungslose Loyalität zur Familie und damit zum Unternehmen über die Entwicklung der Individualität gestellt wird. Wie hiermit (auch psychisch) individuell umgegangen wird, bleibt für mich ein spannendes Thema«. Während bei den Junioren die Frage »family first or business first« durchaus offen war, herrschte im »Senioren«-Teil stillschweigendes Einverständnis darüber, dass der Erhalt des Familienunternehmens gegenüber allen anderen Familienzielen oder individuellen Plänen

Priorität hat. Der Generationenkonflikt war in den alten Mauern von Burg Namedy durchaus fühlbar."[26]

Bindungskräfte und Konflikte

Die Dichotomie zwischen Individualsicht und Gemeinschaftsinteresse liegt auch der so intensiv erörterten Konfliktträchtigkeit des Familienunternehmens zugrunde. Ich suche hier weniger nach der subjektiven Verstrickung und der emotionalen Klammer, sondern ich versuche den Konflikt als normales Phänomen in jeder Organisation und so auch in der Organisation „Gesellschafterkreis" zu verstehen. Konflikte lassen sich nicht vermeiden. Entscheidend ist, dass es Bindungskräfte gibt, die verhindern, dass jeder Konflikt zur Trennungsdrohung führt. Hier liegt die überlegene Chance der Familie: sowohl besser verstandene rationale als auch tiefere emotionale Bindungen zu entwickeln. Unser Beobachtungsgegenstand ist anpassungsfähig und vital!

Literatur

Aronoff, C. E. (2002): Megatrends in Family Business, in: Aronoff/Astrachan/Ward (Hrsg.): Family business sourcebook – a guide for families who own businesses and the professionals who serve them, 3. Aufl., Marietta GA, 2002, S. 28–32.

Baecker, D. (2003): Tabus in Familienunternehmen, in: Baecker, D. (Hrsg.): Organisation und Management, Frankfurt a. M., 2003, S. 123–133.

Beck, U. (1986): Risikogesellschaft – Auf dem Weg in eine andere Moderne, Frankfurt a. M., 1986.

Bueb, B. (2008a): Lob der Disziplin – eine Streitschrift, Berlin, 2008.

Chrisman/Chua/Sharma (1999): Defining the Family Business by Behavior, in: Entrepreneurship: Theory and Practice, 23. Jg., H. 4, 1999, S. 19–37.

Chrisman/Chua/Sharma (2005): Trends and Directions in the Development of a Strategic Management Theory of the Family Firm, in: Entrepreneurship: Theory and Practice, 29. Jg., H. 5, 2005, S. 555–575.

---

[26] Strick, S. (2008a).

Ebel, K./Drechsler, D. (2008): Wie Sie Ihre Kinder systematisch an das (Familien-) Vermögen heranführen, in: May, P. (Hrsg.): Das INTES-Handbuch Familienunternehmen, Bonn-Bad Godesberg, 2008, S. 432–442.

Fabis, F. G. (2007): Gesellschafterkonflikte in Familienunternehmen – Vermeidungs- und Lösungsstrategien auf gesellschaftsvertraglicher und individualvertraglicher Ebene, Univ. Diss. Witten-Herdecke, Berlin, 2007.

Gersick, K. E. et al. (1999): Stages and Transitions: Managing Change in the Family Business, in: Family Business Review, 12. Jg., H. 4, 1999, S. 287–297.

Karra/Tracey/Phillips (2006): Altruism and Agency in the Family Firm – Exploring the Role of Family, Kinship, and Ethnicity, in: Entrepreneurship: Theory and Practice, 30. Jg., H. 6, 2006, S. 861–877.

Klein, S. B. (2004): Familienunternehmen – Theoretische und empirische Grundlagen, 2. Aufl., Wiesbaden, 2004.

Klett, D. J. (2007): Familie qua Unternehmen – Wie sich Großfamilien an den Zumutungen eines Betriebs stärken können, in: Kontext – Zeitschrift für systemische Therapie und Familientherapie, 38. Jg., H. 1, 2007, S. 6–25.

Kocka, J. (1982): Familie, Unternehmen und Kapitalismus – An Beispielen aus der frühen deutschen Industrialisierung, in: Reif, H. (Hrsg.): Die Familie in der Geschichte, Göttingen, 1982, S. 163–186.

König, R. (1974): Materialien zur Soziologie der Familie, 2. Aufl., Köln, 1974.

Lawrence, P./Nohria, N. (2003): Driven – Was Menschen und Organisationen antreibt, Stuttgart, 2003.

Mastronardi, P. A. (2007): Verfassungslehre – allgemeines Staatsrecht als Lehre vom guten und gerechten Staat, Bern, Stuttgart, Wien, 2007.

May, P. (2008a): Familienunternehmen erfolgreich führen, in: May, P./ Rieder, G. (Hrsg.): Familienunternehmen heute – Jahrbuch 2009, Bonn-Bad Godesberg, 2008, S. 12–24.

Nave-Herz, R. (1994): Familie heute – Wandel der Familienstrukturen und Folgen für die Erziehung, Darmstadt, 1994.

Peredo, A. M. (2003): Nothing thicker than blood – Commentary on „Help one another, use one another: Toward an anthropology of family business", in: Entrepreneurship: Theory and Practice, 27. Jg., H. 4, 2003, S. 397–400.

Rossaro, F. (2007): Zu den Beständigkeitsmerkmalen von Familienunternehmen – Eine Analyse aus soziologischer und mikrotheoretischer Sicht, Berlin, 2007.

Schlippe/Nischak/El Hachimi (Hrsg.) (2008): Familienunternehmen verstehen – Gründer, Gesellschafter und Generationen, Göttingen, 2008.

Simon, F. B. (1999a): Familie, Unternehmen und Familienunternehmen. Einige Überlegungen zu Unterschieden, Gemeinsamkeiten und den Folgen, in: Organisationsentwicklung, 18. Jg., H. 4, 1999, S. 16–23.

Simon, F. B. (2005a): Die Familie des Familienunternehmens – Besonderheiten der Familiendynamik, in: Simon, F. B. (Hrsg.): Die Familie des Familienunternehmens – Ein System zwischen Gefühl und Geschäft, 2. Aufl., Heidelberg, 2005, S. 35–54.

Simon, F. B. (Hrsg.) (2005): Die Familie des Familienunternehmens – Ein System zwischen Gefühl und Geschäft, 2. Aufl., Heidelberg, 2005.

Simon/Wimmer/Groth (2005): Mehr-Generationen-Familienunternehmen – Erfolgsgeheimnisse von Oetker, Merck, Haniel u.a., Heidelberg, 2005.

Strick, S. (2008a): Zwei Generationen, zwei Sichtweisen, eine Familie, in: WIR – Das Magazin für Unternehmerfamilien, H. 4, 2008, S. 30.

Vogt, M. (1999): Das neue Sozialprinzip „Nachhaltigkeit" als Antwort auf die ökologische Herausforderung, in: Korff, W. (Hrsg.): Handbuch der Wirtschaftsethik, Bd. 1: Verhältnisbestimmung von Wirtschaft und Ethik, Gütersloh, 1999, S. 237–257.

Voigt, J. F. (1990): Familienunternehmen – im Spannungsfeld zwischen Eigentum und Fremdmanagement, Wiesbaden, 1990.

Ward, J. L. (1987): Keeping the Family Business Healthy, San Francisco, CA, 1987.

Ward, J. L. (2004): Perpetuating the family business – 50 lessons learned from long-lasting, successful families in business, Basingstoke, Hampshire u.a., 2004.

Wiechers, R. (2006): Familienmanagement zwischen Unternehmen und Familie – zur Handhabung typischer Eigenarten von Unternehmensfamilien und Familienunternehmen, Heidelberg, 2006.

2 Erwerb von Verantwortungsbewusstsein

Es gibt Begriffe, die zu tief sind, um je ausgelotet werden zu können. „Verantwortung" gehört zu diesen Begriffen. Wir versuchen dennoch diesen Begriff zu entfalten, denn dieses Buch will Gesellschafter dabei unterstützen, ein Verständnis für ihre spezifische Verantwortung zu entwickeln und diese auch wahrzunehmen. In den nachfolgenden Abschnitten gehen wir der Frage nach, warum und wofür Menschen Verantwortung übernehmen. Verantwortungsbewusstsein ist eine sehr individuelle Eigenschaft; jeder muss sie sich selbst erarbeiten. Der Ausgangspunkt hierfür ist das psychische bzw. emotionale Eigentum als das Bewusstsein, etwas zu besitzen, das einen etwas angeht. Ausgehend von diesen Überlegungen zur psychischen Aneignung des Eigentums (Abschnitt 2.2) beschäftigen wir uns mit der Ausbildung von persönlichem Verantwortungsbewusstsein (Abschnitt 2.3) und machen deutlich, welche Dimensionen von Verantwortung für den Gesellschafter existieren (Abschnitt 2.4). Abschließend werden wir uns damit beschäftigen, welche Kompetenzen notwendig sind, damit Gesellschafter ihre Verantwortung auch wirklich ausüben können (Abschnitt 2.5).

2.1 Begriff der Verantwortung

Verschiedene Erscheinungsformen

„Verantwortung" kann (ebenso wie das englische Wort „responsibility") entsprechend seiner sprachgeschichtlichen Herkunft als die Möglichkeit zur Antwort auf eine Herausforderung definiert werden. Die Aufgabe, man solle Verantwortung tragen, nimmt im Kreis der Handlungsorientierungen für das Individuum einen heute stark betonten Rang ein. Der Appell an die Verantwortung scheint auch die früher stärkere Betonung der Pflicht zu ersetzen.[27] Pflichten sind allerdings Zwang; Verantwortungsbewusstsein

---

[27] Vgl. Schwartländer, J. (1974): S. 1577 f.

H. Kormann, *Zusammenhalt der Unternehmerfamilie,*
DOI 10.1007/978-3-642-16351-7_2, © Springer-Verlag Berlin Heidelberg 2011

hingegen ist eine Tugend und „Tugend ist eine Freiheit"[28]. Verantwortung ist ein Oberbegriff für einzelne Verantwortlichkeiten mit unterschiedlichen Grundlagen und unterschiedlichem Geltungsanspruch:[29]

- Verantwortung auf der Grundlage gesetzlicher Verpflichtung: Sie bedeutet ein sanktionsbelegtes „Müssen".

- Verantwortung auf der Grundlage moralischer Gebote: Sofern diese nicht Eingang in die Gesetzgebung gefunden haben, markieren sie nicht generell ein „Müssen", sondern lediglich ein „Sollen", dessen Verletzung allerdings ebenfalls Sanktionen seitens der Gesellschaft zur Folge haben kann (Verlust der Reputation, des Respekts). Primär religiös begründete Handlungsgebote werden allerdings in unserer säkularisierten Gesellschaftsordnung nicht mehr allgemein anerkannt.

- Verantwortung auf Grund einer Erwartung der Gesellschaft an die „Funktion" oder „Rolle" einer Person in der Gesellschaft: Entsprechend der Vielfalt der Rollen, die das Individuum einnehmen kann, ergeben sich unterschiedliche Verantwortlichkeiten, so – in unserem Kontext – solche als Familienvater, als Geschäftsführer, als Verwandter, als Mitgesellschafter oder als Freund.

- Aus dem Beruf ergibt sich eine spezielle „professionelle" Verantwortung. Ein Amt als Dienst für das Gemeinwesen erlegt „Amtspflichten" auf.

- Freiwillig übernommene Verpflichtungen auf Grund eines Vertragsverhältnisses.

- Freiwillig übernommene Verpflichtungen auf Grund einer persönlich gewonnenen Einsicht in ein Handeln-Sollen, um einer Herausforderung aus der Welt gerecht zu werden, indem etwa Schutz gewährt, Hilfe geleistet oder Zusammenarbeit angeboten wird.

Der Begriff der Verantwortung ist deshalb etwas „unscharf", weil er sowohl als Oberbegriff für eine allumfassende Grundhaltung verwendet wird als auch für Teilverpflichtungen herangezogen wird, die sich aus unterschiedlichen Grundlagen und Rollenbezügen ergeben. Sofern die Verantwortung aber einer Person zugerechnet und von ihr wahrgenommen wird, ist sie etwas Einheitliches: Sie wird zur persönlichen Verantwortung.

---

[28] Comte-Sponville, A. (2004): S. 261.
[29] Vgl. Kaufmann, F.-X. (1995): S. 72 ff.; Schwartländer, J. (1974).

Ganzheitlichkeit des persönlichen Handelns

Verantwortung bezieht sich auf die möglichen Zustände der Welt im Einflussbereich des Verantwortlichen. Sie ist immer verknüpft mit Handlungsmöglichkeiten, wozu natürlich auch das bewusste Nicht-Handeln, das Unterlassen, gehört. Sie erstreckt sich dabei auf ein gesamthaftes Ergebnis des Handelns. Die unterschiedlichen Grundlagen der Verantwortlichkeit (Gesetze usw.) ändern also nichts daran, dass das Handeln in Verantwortlichkeit immer gesamthaft ist. Die Verantwortung erstreckt sich auf die in der beeinflussten Welt verfolgten Ziele, die dabei eingesetzten Mittel, die dadurch herbeigeführten Folgen einschließlich der Nebenwirkungen, die gegebenenfalls nicht gewünscht, aber bewusst in Kauf genommen werden. Durch diesen ganzheitlichen Bezug geht Verantwortung weit über das rechtlich festgelegte „Müssen" bzw. „Nicht-Dürfen" in eng definierten Tatbeständen hinaus.

Die Möglichkeit zu handeln, die Verantwortung zu handeln, aber auch die Grenzen dieser Verantwortung ergeben sich aus der Position, die die Verantwortung tragende Person in der Welt, in der Gesellschaft einnimmt. Der Umfang der Handlungsmöglichkeiten wie auch die Herausforderungen, die zum Handeln verpflichten, bedürfen einer auf die einzelne Person und ihre Position bezogenen Reflexion darüber, was nun ganz konkret die gebotene Handlung sein muss, die sich aus der Verantwortung eines Menschen z. B. als Bürger, als Christ oder als Nachbar ergibt. In unserem Kontext ist es die Position des Inhabers bzw. meist des Mitinhabers eines Familienunternehmens. Diese Position entsteht aufgrund besonderer biografischer Entwicklungen: Eine bestimmte Personengruppe wird zu Gesellschaftern eines Unternehmens, das wiederum für andere Menschen als Lieferant, Kunde oder Arbeitgeber wichtig wird. Die Verantwortung der Generation, die diese Entwicklung durch den Aufbau eines Unternehmens in Gang setzt, besteht im weitesten Sinne darin, dafür Sorge zu tragen, dass sich die von ihr angestoßene Entwicklung fortsetzen kann.[30] Die allgemein menschliche Verantwortung für die nächste Generation findet im Kontext des Familienunternehmens einen ganz konkreten und praktischen Ausdruck. Das Unternehmen soll durch die nächste Generation weitergetragen und weiterentwickelt werden können. Unter dem Aspekt der Gerechtigkeit zwischen den Gesellschaftern ist außerdem dafür zu sorgen, dass eine nachfolgende Gesellschaftergeneration mindestens ebenso gute (und wenn möglich bessere) Chancen erhält, das Unternehmen ihrerseits fortzuführen, und zwar für sich und alle, die von seinem Wohlergehen profitieren.

---

[30] Vgl. Picht, G. (1969): S. 332.

Wenn der Begriff der Inhaberverantwortung – „responsible ownership"
– verwendet wird, dann geht es um eben diese gesamthafte Verantwortung
eines Gesellschafters aus den verschiedensten Grundlagen seiner Verantwortlichkeit: Gesetz, Moral (Recht und Anstand), Gesellschafterverträge,
Verpflichtungen als Gesellschafter und Familienmitglied oder freiwillig
übernommene Verpflichtungen für den Zustand der engeren oder weiteren
Umwelt. Gleichwohl konzentrieren wir uns im Folgenden auf die Verantwortlichkeiten, die sich aus der Position als Familienmitglied und als Gesellschafter ergeben – und lassen andere Verantwortlichkeiten aufgrund
der Rolle als Bürger oder als Nachbar ausgeblendet.

2.2 Juristisches und psychisches Eigentum

Eigentum als Grundlage von Verantwortung

Eigentum ist verbunden mit Rechten, Pflichten und Verantwortung. Der
Zustand einer Sache wird von der Umwelt dem Inhaber zugerechnet. Über
diese Zurechnung wird die aus dem Eigentum erwachsende Verantwortung
zu einer persönlichen Angelegenheit des Inhabers. So beschreibt Durck-
heim das Eigentumsrecht als ein direktes moralisches Band zwischen dem
„besessenen" Ding und der Person des Inhabers.[31] Der mit dem Eigentum
verbundene Anspruch auf Entscheidungsbefugnis über das Eigentum sowie
auf Gestaltungsmöglichkeiten aus den Eigentumsrechten heraus bedingt
unmittelbar, dass für die in diesem Zusammenhang getroffenen Entscheidungen auch die Verantwortung übernommen werden muss: „So besteht
die Verantwortung des Familienunternehmers gerade darin, aus Pflichtgefühl heraus für die Folgen seines Tuns einzustehen."[32] Kirchhof prägt hierfür den Begriff „Verantwortungseigentum": „Kernidee des Eigentums ist
das Verantwortungseigentum."[33]

Juristisches Eigentumsrecht

Die Unternehmung und so auch die Familiengesellschaft sind ein juristi-
sches Konstrukt. Der juristische Eigentumsbegriff steht als erste Erfahrung
und als *Grundlage der weiteren Qualitäten des Eigentumsbegriffs* im Vor-

---

[31] Vgl. Durkheim, E. (1991): S. 206; Etzioni, A. (1991).
[32] Hennerkes, B.-H. (2004): S. 11.
[33] Kirchhof, P. (2005): S. 19.

dergrund der Gesellschaftererfahrung. Unter Eigentum versteht man – weit gefasst – „die sozial anerkannten Ansprüche von Individuen an einen Gegenstand"[34]. Die moderne Theorie konzentriert sich dabei jedoch weniger auf den Gegenstand selbst als vielmehr auf die Rechte, die daran geknüpft sind (Property Rights). Im Normalfall wird über diese Rechte im Ganzen verfügt.[35] Das umfassende Recht eines Eigentümers (Besitz-, Verfügungs- und Nutzungsrecht) besteht darin, über Gebäude, Grund und Boden (unbewegliche Sachen) und sonstige Habe (bewegliche Sachen, Rechte) frei zu verfügen. Hierbei sind freilich die Grenzen der Rechtsordnung einzuhalten. In Deutschland ist das Eigentum als Freiheitsrecht des Einzelnen grundrechtlich mit der in Artikel 14 GG formulierten Eigentumsgarantie geschützt. Zugleich unterliegt es der Sozialbindung, das heißt, es hat verpflichtenden Charakter, sein Gebrauch soll auch dem Wohl der Allgemeinheit dienen.

Die Gesetze legen zwar viel für die allgemeine Verantwortung eines Bürgers fest, aber vergleichsweise wenig für den Bürger als Inhaber. Für ihn gibt es nur wenige Pflichten und diese sind – wie etwa die „Treuepflicht des Gesellschafters" – oft nur vage umrissen. Der Schwerpunkt der Gesetze liegt – bemerkenswerterweise – auf den Rechten des Gesellschafters, die vor den Zumutungen anderer Gesellschafter geschützt werden und die gegenüber dem Unternehmen und seiner Geschäftsführung durchgesetzt werden können. Auch die Fixierungen von Rechten und Pflichten in Satzungen und Verträgen sind meist nur Verfahrensregeln, um die Willensbildung oder die Auseinandersetzungen im Kreis der Gesellschafter zu ordnen. Der Vorteil juristischer Regelungen besteht darin, dass die Voraussetzungen für ein Handeln bestimmt und eindeutig beobachtbar bzw. überprüfbar sind und dass die Konsequenzen ebenso eindeutig festgelegt sind. Sie sagen jedoch nur wenig über die Inhalte eines verantwortlichen Handelns aus. Verfahrensregeln von Gesetzen oder Verträgen konzentrieren sich vor allem auf die Störung einer Beziehung, auf den Konflikt, die Auseinandersetzung und die Auflösung der Beziehung. Das juristische Eigentum grenzt ab, aber es schafft keine Bindung. Das, was erforderlich ist, damit eine Bindung an das Eigentum entsteht, ist nicht Gegenstand juristischer Verfahrensbestimmungen. Diese Bindungskräfte können nur aus emotional fundierten Beziehungen gewonnen werden, was in dem

---

[34] Engel, C. (2002): S. 32.

[35] Bestehen einzeln gestaltete Vertragskonstruktionen, kann die Verfügung auch einzeln möglich sein. Zum Aspekt, dass diese erhöhte Einflussmöglichkeit das Korrelat zur höheren Bindung des Vermögens ist, vgl. Abschnitt 6.2.

Konstrukt des „psychischen Eigentums", das im Diskurs zur Familienunternehmung auch „emotionales Eigentum" genannt wird, erfasst wird. Diese Bindung an das Eigentum ist aber auch die Voraussetzung dafür, dass zu den Miteigentümern an dem Familienunternehmen eine zwischenmenschliche Beziehung aufgebaut wird: aufeinander eingehen, gemeinsame Überzeugungen entwickeln, „an einem Strang ziehen".

Eigentum als Begründung von Handlungsfähigkeit

Die über das Gesetz hinausgehende Verantwortlichkeit auf Grund von allgemeinen moralischen Erwartungen oder von sozialen Rollenerwartungen ist immer eine subjektive Antwort auf eine einer Person oder Personengruppe gestellte Herausforderung. Hier geht es um die Verantwortung für ein „Zu-Tuendes" (Jonas), also um ein Tätigwerden. Die im Grundgesetz verankerte Sozialverpflichtung des Eigentums reicht in diese moralische Dimension hinein. Diese Verantwortung ergibt sich aus der Macht und dem Einfluss, die mit der Inhaberstellung verbunden sind:

> „Das Wohlergehen, das Interesse, das Schicksal Anderer ist, durch Umstände oder Vereinbarung, in meine Hut gekommen, was heißt, daß meine Kontrolle darüber zugleich meine Verpflichtung dafür einschließt. Die Ausübung der Macht ohne die Beobachtung der Pflicht ist dann »unverantwortlich«, das heißt ein Bruch des Treueverhältnisses der Verantwortung."[36]

Was aber das „Zu-Tuende" konkret ist, ist nicht mehr – wie bei der gesetzlich festgelegten Verantwortung – hinreichend allgemeingültig spezifiziert, sondern muss subjektiv vom Verantwortungsträger für sich selbst bestimmt werden. Diese subjektive Antwort ist in vielfacher Hinsicht „bedingt", hat einen breiten Ermessensspielraum und ist intersubjektiv nicht kontrollierbar. Der umgangssprachliche Begriff des „Engagements" erfasst m. E. gut den persönlichen Wahlakt, wofür ich meine Handlungsfähigkeit einsetzen, wofür ich mich engagieren will. Die nachfolgend aufgeführten Aspekte spielen für diesen Wahlakt eine Rolle:

1. Die Handlungssituation kann komplex sein und die Folgen des Handelns lassen sich möglicherweise – von außen – nicht eindeutig abschätzen. Die Komplexität kann auch darin begründet liegen, dass zwischen Handlung und Handlungsfolgen weitreichende Wirkungsketten und große Zeiträume liegen. Eine wirksame Kontrolle durch die Rückkopplung der Wirkungen auf das Handeln ist dann

---

[36] Jonas, H. (1993): S. 176.

nicht möglich. Genau diese Idee von der großen Ausdehnung des Verantwortungszeitraumes steht im Mittelpunkt von Jonas' Überlegungen zur Verantwortung vor der Zukunft und vor der nächsten Generation. Und genau diese Merkmale – Komplexität und Langfristigkeit der Wirkungsketten – sind auch zentrale Charakteristika der verantwortungsvollen Aufgabe, Gesellschafter eines Familienunternehmens zu sein.

2. Es können widersprüchliche Verpflichtungen bestehen. Dies ist denkbar bei konkurrierenden moralischen Geboten, wobei allerdings von größerer praktischer Bedeutung das Vermeiden von unmoralischem Verhalten ist, was in jedem Kulturkreis noch hinreichend bestimmbar erscheint. Regelmäßig können sich aber auch divergierende Anforderungen aus den Erwartungen an die unterschiedlichen Rollen ergeben, die die Person einnehmen kann. Die Güterabwägung bei konkurrierenden Anforderungen beruht auf einem persönlichen Präferenzsystem, das letztendlich das persönliche Engagement bestimmt.

3. Schließlich wird die Verantwortlichkeit des Handelnden von seinen extern gegebenen Handlungsmöglichkeiten und seinem subjektiven Bewusstsein seiner eigenen Kompetenz bestimmt. In diesen Kriterien wird deutlich, dass Familiengesellschafter eine größere Verantwortung haben als Publikumsaktionäre oder Besitzer anderer fungibler Finanzanlagen, ganz einfach, weil sie umfassendere Einwirkungsmöglichkeiten auf ihr Eigentum haben. Die Geschäftsführungsbefugnis des Personengesellschafters oder die Weisungsbefugnis der GmbH-Gesellschafter sind hierfür augenfällige Indizien. Diese große Einflussmöglichkeit wird durch die Eigentumsdauer noch verstärkt. Man kann auf der Basis des Eigentums die eigene Zukunft gestalten, hat dann aber auch für eben diese gestaltete Zukunft einzustehen.

Ein persönliches Engagement ist – wie gesagt – immer eine spezifische, ganzheitliche Reaktion auf eine Herausforderung seitens der Welt. Im verantwortlichen Handeln muss der Akteur alle ihm möglichen Güterabwägungen treffen und Rollenkonflikte „für sich" entscheiden.

Psychisches Eigentum

Bei der Frage, was das „Zu-Tuende" sei, geht es nicht allein um die positiven Wirkungen des Eigentums für alle davon Betroffenen, sondern – spezifischer – um die Aufrechterhaltung einer bestimmten Eigentumskonstellation als Wert an sich. Diese Aufgabe setzt zwar das juristische Eigentum regelmäßig voraus, auf Grund dessen eine oder mehrere Personen in den Kreis derjenigen einbezogen werden, die Handlungskompetenz haben. Sie verlangt aber darüber hinaus ein persönliches Interesse, ja eine innere Überzeugung, dass diese Eigentumskonstellation es wert ist, bewahrt zu werden. Für die Entwicklung dieses spezifischen Verantwortungsbewusstseins hat seit Anfang des Jahrhunderts in der Forschung zur Familienunternehmung das Konzept des psychischen (engl. „psychological") bzw. emotionalen Eigentums (was ich hier gleichsetze) an Bedeutung gewonnen. Das psychische Eigentum ist eine Beziehung zwischen Eigentum und Inhaber, die Wirkungen in beide Richtungen entfaltet:

- eine Einwirkung auf die Konstruktion des Selbst und der Identität des Inhabers und

- eine Bindung des Inhabers an das Eigentum.

Die oben zitierte Qualifizierung des Eigentums durch Durkheim als Band zwischen Inhaber und Besitzer wird in dieser Sicht verstärkt und überhöht. Der eigene Besitz wird zum elementaren Bestandteil für die Konstruktion des Selbst-Seins. Auch nach Sartre bestimmt das Haben, neben Sein und Tun, die menschliche Existenz.[37]

Bedeutung von Besitz für die Definition des Selbst[38]

- Bedeutung für die Konstruktion der Autobiografie: Besitzgüter spielen eine Schlüsselrolle in der Erzählung der Autobiografie.

- Geschichten erzählende Bedeutung: Besitzgüter helfen, Geschichten über diese und die Beziehung der Person zu den Gütern zu erzählen.

- Bedeutung für die Selbstreflexion („Wer bin ich?"): Aus der Reflexion über die Beziehung zum Besitzgegenstand wird Einsicht darüber geschöpft, worin das eigene Selbst besteht.

- Bedeutung für die eigenen Handlungsmöglichkeiten („Was kann ich tun?"): Die durch den Besitz gegebene Handlungsmöglichkeit erlaubt der Person, persönliche Kompetenz und Einflussmöglichkeiten zu erfahren.

- Bedeutung für die Bestimmung der Grenzen des Selbst: Was gehört zu mir und wo beginnt der Einzugsbereich der anderen.

---

[37] Sartre, J. P. (2006): S. 988.
[38] Vgl. Kleine, S. S./Baker, S. M. (2004): S. 7 f. mit weiteren Verweisen.

- Bedeutung für die Entwicklung des Selbst: Besitzgüter beeinflussen das Wachstum und die Entwicklung der Persönlichkeit.

- Bedeutung für das Zugehörigkeitsbewusstsein: Besitzgüter sagen etwas darüber aus, mit wem ich verbunden bin oder wie ich mit anderen verbunden bin.

- Bedeutung als Anpassungshilfe: Die Bewahrung von Besitzgütern hilft sich Brüchen und Veränderungen im Leben anzupassen und sich damit abzufinden.

- Bedeutung als Bewahrung des Selbst: Diese Bedeutung wird insbesondere im Verschenken und Vererben von emotional bedeutungsvollen Gütern sichtbar.

Psychisches Eigentum am Familienunternehmen

Für Gründer-Alleingesellschafter ist das Unternehmen, für das er seine ganze Energie einsetzt, oft eine Erweiterung des individuellen Selbst-Seins. Das psychische Eigentum erwächst so aus seinem intensiven persönlichen Einsatz als Alleininhaber und damit regelmäßig aus der operativen Führungstätigkeit im Unternehmen. Der Erfolg des Unternehmens wirkt zurück auf sein Selbstbewusstsein. Genau an dieser Stelle offenbart sich eine der besonders tückischen psychischen Fallen für Gründer-Alleininhaber: Der Unternehmenserfolg wird vorwiegend den eigenen Fähigkeiten zugerechnet. Im Laufe der Zeit kann sich hieraus ein Unfehlbarkeitsgefühl entwickeln, das dazu führt, dass der Erfolgreiche auch große Risiken beherrschen zu können glaubt.

Auch ein Mitgesellschafter, der sich selbst als sehr wichtig für den Bestand des Unternehmens ansieht und für den das Unternehmen eine große persönliche Bedeutung hat, kann mit der Zeit das Gefühl entwickeln, dass „das zu ihm gehört" oder ein Anteil vom Ganzen „zu ihm" gehört. Für unser Thema ist es von Bedeutung, durch die Schaffung eines Gefühls von psychischem Eigentum *alle Gesellschafter*, auch die nicht im Unternehmen tätigen oder geringer beteiligten, an das Unternehmen zu binden. Das psychische Eigentum kann sogar den nicht so sehr auf materielle Güter ausgerichteten Gesellschafter an das Unternehmen binden. Nicholson und Björnberg[39] entwickeln ihr Konzept des „Emotional Ownership" als kognitiven und emotionalen Ausdruck der Bindung eines (jungen) Familienmitgliedes

---

[39] Vgl. Nicholson, N./Björnberg, Å. (2008).

Tabelle 1. Dimensionen der Emotional Ownership nach Nicholson & Björnberg[40]

		Ausprägung „emotionalen Besitzes" (Emotional Ownership)	
		Stark	*Schwach*
Emotionale Grundstimmung gegenüber dem Unternehmen	*Positiv*	**Tiefes Gefühl von Verbundenheit und gemeinsamem Schicksal** „Ich bin sehr verbunden mit dem Unternehmen: Es macht mich stolz. Der Erfolg des Unternehmens ist mein Erfolg."	**Oberflächlich, unbekümmert** „Es ist schön, dass das Unternehmen existiert, aber es hat keine große Bedeutung für mich. Es ist nichts, was bestimmt, wer ich bin."
	Negativ	**Desillusionierte und starre Bindung** „Das Familienunternehmen macht mir Sorgen, aber ich kann mich nicht davon lösen. Es ist ein Teil von mir."	**Oberflächliche Verweigerung** „Das Unternehmen stört mich nicht, ich habe nichts damit zu tun. Es ist kein Teil von mir."

an das Familienunternehmen und damit als Ausdruck seiner Identifikation mit ihm. Dabei ermitteln sie im Rahmen der von ihnen durchgeführten Interviews mit Gesellschaftern vier mögliche Ausprägungsformen von Emotional Ownership (vgl. Tabelle 1).

Nicholson und Björnberg arbeiten zu Recht heraus, dass die Weiterentwicklung eines Familienunternehmens in hohem Maße davon abhängt, wie sich das emotionale Zugehörigkeits- und Besitzgefühl gegenüber dem Unternehmen bei der heranwachsenden Gesellschaftergeneration ausprägt und inwiefern diese Ausprägung eine größere Bedeutung für den Fortbestand des Unternehmens hat als unternehmensinterne Faktoren. Insofern geht es für die weitere Beschäftigung mit dem Thema Verantwortung darum, festzustellen,

- wie das Gefühl des psychischen oder emotionalen Eigentums beschrieben werden kann,

- welche Wirkungen es für die Familiengesellschafter und das Unternehmen entfalten kann und

- wie es durch institutionelle Regelungen oder Verhaltensweisen gestärkt werden kann.

---

[40]   Vgl. Nicholson, N./Björnberg, Å. (2008): S. 34 f. (übersetzt durch den Verfasser).

Annahme der Inhaberposition

Wie aus den vorstehenden Ausführungen deutlich wird, muss ein Gesellschafter bereit sein, seine Inhaberschaft in allen drei genannten Dimensionen – der juristischen, handlungsbefähigenden und psychischen – anzunehmen, um seine Gesellschafterverantwortung wirklich mit Leben zu füllen. Zunächst erscheint dies als nicht näher erläuterungsbedürftig. Dem steht jedoch die Tatsache entgegen, dass zahlreiche Menschen mit der Position, Eigentümer von beträchtlichen Werten zu sein, nicht angemessen umgehen können und sich dadurch belastet fühlen. Nicht selten entsteht hieraus sogar eine innerliche Verweigerungshaltung. Symptome dafür sind z. B.:

- vollständige Abwälzung der Inhaberfunktionen auf Berater, ohne diesen eigene Direktiven zu geben,

- keinerlei Nutzung des aus dem Eigentum hervorgehenden Ertrags,

- Aussagen über die eigene Inkompetenz und Unbeholfenheit in „finanziellen Dingen".

Naheliegenderweise wäre es sinnlos, über verantwortliche Inhaberschaft mit jemandem sprechen zu wollen, der die Inhaberposition für sich persönlich nicht akzeptiert. In einem solchen Fall muss erst eine Einsicht in die mögliche Sinngebung aufgebaut werden, welche durch Eigentum entstehen kann. Argumente hierfür können z. B. die folgenden sein:

- Es gibt eine breite philosophische Begründung für das Recht auf individuelles Eigentum.

- Diese Begründung wird empirisch dadurch bestätigt, dass alle Experimente mit kollektivem Eigentum als gescheitert angesehen werden müssen.

- Die fehlende Wahrnehmung von Eigentumsrechten an Unternehmen führt entweder dazu, dass das Unternehmen „sich selbst gehört", das heißt der Führungsschicht des Unternehmens, oder aber, dass sich niemand qualifiziert um das Unternehmen kümmert.

- Wenn der Besitz von Werten Lebenschancen eröffnet, dann ist die derzeitige Inhabergeneration Treuhänderin für nachfolgende Generationen. Das Eigentum beinhaltet somit Lebenschancen für künftige Generationen.

Für diese Gespräche benötigt man allerdings einen geeigneten Gesprächspartner. Dieser kann dazu beitragen, Argumente der vorstehend aufgeführten

Art dem sich bisher verweigernden Gesellschafter verständlich zu machen und für ihn nachvollziehbar werden zu lassen. Ein derartiger Gesprächspartner trägt in solch einer Situation daher wiederum eine besondere Verantwortung, der er sich voll bewusst sein muss.

Die größten Missverständnisse können jedoch hinsichtlich der Verantwortung für die Familie entstehen. Das Prinzip „Firmeninteresse geht vor Familieninteresse" sollte lediglich eine klare ethische Ausrichtung auf das Gemeinschaftsinteresse am Bestand des Unternehmens verdeutlichen. Die Familie sollte eigensüchtigen Interessen, die das Wohlergehen der Firma beeinträchtigen könnten, keinen Raum geben. Dies wiederum darf jedoch auch nicht zu einer Art „asketischen Verabsolutierung" führen, also dazu, dass nur noch die Firmeninteressen gelten und berechtigte Interessen von Familienmitgliedern gegenüber dem Unternehmen komplett zurückgestellt werden. In solchen Fällen kommt es fast immer zu einer Entfremdung zwischen Familie und Unternehmen.

Aneignung des psychischen Eigentums

Um das Eigentum als eine Größe zu erleben, die eigene Handlungsfähigkeit erfordert und die die Handlungsfähigkeit erweitert, bedarf es weiterer Schritte kognitiver Arbeit:[41]

- Erschließen der Möglichkeiten zur Einflussnahme (*control*) auf das Eigentum,

- intimes Kennenlernen des Gegenstands, der das Eigentum darstellt, und Vertrautwerden mit seiner Entwicklung,

- Investieren des psychischen Selbst des Inhabers in das Eigentum durch Aktivitäten wie Sich-Kümmern, Beteiligt-Sein, Sich-Sorgen-Machen,

- Nutzen der Wirkungsmöglichkeiten, die sich auf Grund des materiellen Eigentums im Hinblick auf die Umwelt ergeben.

Die Aneignung psychischen Eigentums bedeutet, dass der Inhaber sich mit dem Eigentum identifiziert. Ohne Einflussmöglichkeit (*control*) auf die Entwicklung des Eigentums wird sich ein juristischer Eigentümer jedoch nicht als Inhaber *fühlen*, und ohne intime Kenntnis des Eigentums kann er keine emotionale Bindung zu ihm entwickeln. Die Interaktionsmöglich-

---

[41] Vgl. Pierce/Kostova/Dirks (2001): S. 301 ff.

keiten, die der im Eigentum gehaltene Gegenstand verlangt und ermöglicht, vermitteln Sinn und Selbstbewusstsein, und dieses Wirken verleiht durch die dauerhafte Existenz des Gegenstands auch dem eigenen Wirken Dauer. Das Eigentum wird so zu einem Ausdruck der eigenen Persönlichkeit. Durch die Dauerhaftigkeit des Werkes wird zudem ein Fortwirken der eigenen Persönlichkeit über die persönliche Lebensspanne hinaus möglich, was zusätzliche Attraktivität bedeutet. Das Eigentum gibt dem Individuum einen Platz, eine Art Heimat, einen Ort, zu dem man gehört.

Als Gegenbeispiel hierfür kann ein Unternehmen dienen, in dem die Witwe des Gründer-Unternehmers die Mehrheit der Anteile hält und alle Vollmachten innehat. Ihrem Sohn gehören zwar ebenfalls Anteile, auf die aber nie Ausschüttungen geleistet werden. Der Sohn hat somit keinen Nutzen vom Unternehmen. Er hat nichts zu sagen und keinen Anlass, sich überhaupt für das Unternehmen zu interessieren. Ungeachtet seiner juristischen Eigentümerstellung hat er mit dem Unternehmen praktisch nichts zu tun. Die Beteiligung gehört nicht zu seinem psychischen Eigentum.

Beispiele für problematische Entwicklungen dieser Art können Entnahmeregelungen sein, die ihren Namen nicht verdienen, da sie gar keine Entnahmen zulassen. Auch das Ausschalten aller Einflussmöglichkeiten der Familiengesellschafter auf die Willensbildung im Unternehmen, indem alle Zuständigkeiten auf Entscheidungsgremien ohne Beteiligung der Familienmitglieder übertragen werden, beschränkt in unangemessener Weise das Eigentumsverständnis der Gesellschafter.

Wenn die Gesellschafter das Unternehmen als Familienunternehmen über die Generationen erhalten wollen, dann muss die Priorität dem Erhalt der Familie und der Stärkung ihres Interesses an dem Unternehmen gelten.

Kollektives psychisches Eigentum und gemeinsame Verantwortung

Eine Minderheitsbeteiligung gibt nicht das gleiche, intensive Gefühl des Besitzes wie der alleinige, ausschließliche Besitz eines Gegenstands. Dieser Unterschied wird augenfällig, wenn der alleinige Besitz des eigenen Wohnhauses mit dem Miteigentum an einer Mietwohnanlage verglichen wird. Es ist eine hilfreiche Übung, sich klar zu machen, welche Bedeutung der Besitz für die persönliche Identität hat – vgl. die oben aufgeführte Auflistung aus Studien von Kleine/Baker (S. 34 f.) –, um von dort aus zu überlegen, auf welche Weise ähnliche Aspekte bei einem Miteigentum zugänglich gemacht werden können. Es gibt vielfältige Möglichkeiten, die ursprünglich für die individuelle Ebene identifizierten Quellen und Wirkungsmechanismen des psychischen Eigentums auf die Ebene einer Gruppe von Familiengesellschaftern zu transponieren.[42] Allerdings müssen diese Möglichkeiten bewusst gestaltet werden, damit die Beteiligung für jedes Mitglied der Gesellschaftergruppe als Ausdruck eigener Einfluss- und Handlungsmöglichkeiten Bedeutung gewinnt. Nur dann geht das Eigentum in die Konstruktion der eigenen Biografie ein und entfaltet die Bindungseffekte psychischen Eigentums.

Die persönliche Verantwortung, die zunächst eine konkrete Person betrifft, erweitert sich für gemeinschaftliches Eigentum zu einer gemeinschaftlichen Verantwortung, in der die gemeinsamen Obliegenheiten gemeinsam zu erfüllen sind. Der Gesellschafter eines Mehrgesellschafter-Familienunternehmens hat dann zwei Dimensionen der Verantwortung zu erfüllen:

1. die Verantwortung, die Gemeinschaft als Institution zu ermöglichen, die ihrerseits wiederum Verantwortung tragen kann. Dies ist unser Thema: die Bewahrung der Institution der Familiengesellschaft.

2. das Einwirken und Mitwirken innerhalb dieser Institution mit dem Ziel des verantwortlichen Handelns der Institution. Dabei geht es dann um inhaltliche Fragen z. B. der Unternehmensstrategie oder der Corporate Social Responsibility.

Gemeinschaftlich verantwortliches Handeln setzt eine Führung der Gemeinschaft voraus, worauf wir unten eingehen werden.[43] Nur so kann auch das nachfolgend erörterte Dilemma bewältigt werden, das sich aufgrund der jeweils individuellen Wahrnehmung des psychischen Miteigentums ergibt.

Dilemma aus der Aneignung psychischen Eigentums

Das mit der Wahrnehmung von psychischem Eigentum verbundene persönliche Engagement bringt Interaktionen zwischen dem einzelnen Gesellschafter und dem Familienunternehmen mit sich – bei mehreren Gesellschaftern entstehen also mehrere Interaktionsbeziehungen. Es ist leicht einsehbar, dass aus diesen Interaktionen Interferenzen und Konflikte entstehen können:

---

[42]   Vgl. Henssen, B. et al. (2009).

[43]   Vgl. unten Abschnitt 2.5.

• Zum einen kann es vorkommen, dass die Interaktionen der Gesellschafter nicht miteinander verträglich sind.

• Zum anderen kann es sein, dass die Geschäftsführung das Engagement der Gesellschafter als unwillkommene und inkompetente Einmischung in die Unternehmensführung sieht. Und mit solchen Ein-
mischungen kann eine Geschäftsführung um so weniger umgehen,
wenn sie von verschiedenen Gesellschaftern unkoordiniert und auf
ungeordneten Wegen an die Geschäftsführung herangetragen werden.

Wir stehen hier vor einem Dilemma, dessen Problematik nicht ernst genug
genommen werden kann. Erst das gemeinschaftliche Tätigwerden zur Verfolgung gemeinschaftlicher Interessen schafft die Bedingungen, unter denen
die Einzelnen individuelle Handlungsprogramme entwickeln, aus denen
anschließend Konflikte erwachsen können.[44] Werden die Gesellschafter
durch institutionelle Regelungen vom Unternehmen ferngehalten, so dass
sie weder mit dem Unternehmen noch miteinander viel zu tun haben, können kaum Konfliktursachen entstehen. Es kann dann aber auch kein psychisches Eigentum entstehen. Und damit steigt gleichzeitig die Gefahr der
ultimativen Konfliktfolge, der Trennung vom Unternehmen.

Ich halte das Ziel, gemeinschaftliches psychisches Eigentum zu begründen, gegenüber der Ausschaltung der Konfliktgefahr für vorrangig. Alle
positiven Ressourcen des Familienunternehmens hängen von dem Zusammenhalt der Familie und ihrer Bindung an das Unternehmen ab. Die
Grundlage hierfür sind die Bindungsfaktoren, die letztlich fast alle aus dem
psychischen Eigentum erwachsen. Fehlendes psychisches Eigentum erhöht
die Gefahr der Trennung vom Unternehmen (Verkauf usw.).

Der Unternehmensführung ist also anzuraten, sich mit dem Engagement
der Gesellschafter konstruktiv auseinanderzusetzen (sie würde sich sicher
auch mit den Interessen eines Mehrheitsaktionärs oder Private-Equity-
Inhabers konstruktiv auseinandersetzen). Allerdings hat die Unternehmensführung einen Anspruch darauf, dass das Engagement der Gesellschafter gesamthaft und geordnet ausgeübt wird, und dies verlangt Führung innerhalb der Familie und Strukturen, in deren Rahmen die Führung
geordnet wirken kann.[45]

---

[44] Vgl. unten Abschnitt 11.1.
[45] Vgl. Kormann, H. (2008).

2.3 Vielfältige Dimensionen der Gesellschafterverantwortung

Generationenübergreifende Verantwortung gegenüber der Familie

Die Verantwortung des Familiengesellschafters erstreckt sich auf alle Dimensionen, die in seiner Rolle enthalten sind:

- Als Gesellschafter hat er Verantwortung für das Unternehmen sowie
- als Inhaber für die Vermögenswerte und außerdem
- als Familienmitglied für die Familie.

Diejenigen, die Erwartungen an den Familiengesellschafter formulieren können, haben entsprechend ihrer jeweiligen Positionen spezifische Anforderungen:

- die Familienmitglieder als Glieder des Teilsystems „Familie",
- die Mitgesellschafter als Glieder des Teilsystems „Inhaber",
- die Mitarbeiter und Führungskräfte des Unternehmens als Institution im Sinne einer wirtschaftlichen, aber auch sozialen Einheit,
- die Stakeholder des Unternehmens, hier vor allem Kunden, Beschäftigte, Kreditgeber, Lieferanten und der Staat.

Angesichts der Vielfalt der Erwartungen und der unterschiedlichen Rollen ist es schwierig und durchaus diskussionswürdig, welche relative Wichtigkeit man diesen unterschiedlichen Verantwortungen zubilligen möchte.

Die Familie gilt nach wie vor als die primäre und wichtigste Bezugsgruppe eines Individuums. Dies trifft auch auf den Gesellschafter eines Familienunternehmens zu. Daraus folgt, dass die Verantwortung gegenüber der Familie in aller Regel die gewichtigste Verantwortung eines Familiengesellschafters darstellt. Diese Verantwortung verpflichtet ihn, seine Beziehung zur Familie zu pflegen und darüber zu reflektieren, was er zum Gelingen der Familie beitragen kann. Das Besondere dieser Reflexion liegt dabei darin, zu erkennen, dass „Familie" hier gleichbedeutend mit „generationsübergreifender Beziehung" ist. Die Verantwortung des einzelnen Gesellschafters gegenüber der Familie erstreckt sich somit auf mehrere Bezugsebenen:

- den Ehepartner,
- die eigenen Kinder,
- die vorhandenen oder künftigen Enkel,

- die Eltern und deren Ahnen, von denen u. a. Veranlagung, aber auch Vermögen geerbt wurde und durch die man in die Gesellschafterposition hineingekommen ist,

- die Verwandten der gegenwärtigen Generation.

Priorität der nächsten Generation

Das Eigentum an einem Familienunternehmen ist Gegenstand eines impliziten Generationenvertrags. Mit dem Unternehmen wird zunächst ein Wertpotenzial geschaffen, das durch Vererbung auf die nächste Generation übergeht. Es sollte ein zentraler Bestandteil menschlicher Verantwortung sein, dafür Sorge zu tragen, dass die heranwachsende Generation bessere Ausgangsbedingungen für ihr Handeln erhält, als die ältere Generation sie vorgefunden hat. Natürlich geht es hier nicht allein und noch nicht einmal in erster Linie um das finanzielle Vermögen. Gemeint sind vielmehr die konkreten Wirkungsmöglichkeiten der nächsten Generation – hier in ihrer Eigenschaft als Träger des Familienunternehmens.

Die Verantwortung gegenüber der nächsten Generation ist von entscheidender Bedeutung: Bei der nächsten Generation handelt es sich um einen zahlenmäßig größeren Personenkreis, dessen Mitglieder über den eigenen Zeithorizont hinaus für das Unternehmen zuständig sein werden und von denen es abhängt, ob die übernächste Generation existieren wird und ob sie so erzogen wird, dass sie das Familienunternehmen fortführen wird.

Bei vielen Gestaltungsfragen der Familienunternehmung wird der Weg zur „richtigen" Entscheidung dadurch eröffnet, dass man fragt: Welche Gestaltung ist für die nächste Generation zielführend? Diese Fragestellung weist über die Spannungen, die zwischen den gegenwärtigen Akteuren herrschen mögen, hinaus.

Freilich hängt es von der nächsten Generation ab, ob sie das ihr übergebene Unternehmen bewahren und mehren kann. Wenn die nächste Generation ihr Erbe an Talenten oder Vermögen vergeudet, begeht sie ein Unrecht gegenüber den Vorfahren, die ihr diese Möglichkeiten vermittelt haben. Die Familientherapie lehrt uns, dass ein solches Erbe und die damit verbundene Verpflichtung sich nicht einfach abschütteln lassen. Das „Buch der Guthaben und Schulden" zwischen den Generationen wird vom Unterbewusstsein fortgeführt,[46] auch wenn dies bewusst gar nicht inten-

---

[46] Vgl. Boszormenyi-Nagy, I./Spark, G. M. (2006); Stierlin, H. (2005): S. 13 ff.; Stierlin, H. (1978): S. 23 ff.

diert ist. Der Saldo dieser Fortschreibung mündet dann häufig in ein nicht mehr aktiv gestaltbares, schicksalhaftes Ergebnis.

> „Wir alle haben einen erheblichen Respekt vor dem ererbten Vermögen als vor dem, was unsere Vorgänger erspart und aufgebaut haben. Das wollen wir erhalten und am besten gestärkt weitergeben."[47]

Verantwortung gegenüber Stakeholdern

Aus den persönlichen Einwirkungsmöglichkeiten eines Familiengesellschafters auf das Unternehmen ergibt sich die persönliche Verantwortung für dieses Wirken. Die Verantwortung des Gesellschafters gegenüber den Stakeholdern des Unternehmens gründet in der Tatsache, dass jeder Mensch grundsätzlich für sein Tun gegenüber allen, die von seinen Handlungen betroffen sind, Verantwortung trägt. Dies gilt umso mehr gegenüber denjenigen, die die Voraussetzungen für sein Wirken schaffen wie Führungskräfte, Mitarbeiter usw. Sie sind zentrale Stakeholdergruppen, die unmittelbar von der (Nicht-)Ausübung der Gesellschafterverantwortung betroffen sind.

Darüber hinaus werden aber praktisch von der gesamten gesellschaftlichen Umwelt Forderungen an das Unternehmen und seine Inhaber gestellt. Die „Erschöpfung des Sozialstaats" (Heidbrink), die Schwächung aller Autoritäten, die Überbetonung der Individualinteressen und die Abnahme von Gemeinsinn und Pflichtgefühl führen zu Desintegrationserscheinungen, die man durch den Appell an die Verantwortung aller einflussreichen Institutionen und gesellschaftlichen Gruppen zu kompensieren versucht.[48] Hieraus erklären sich die inzwischen sehr hohe Erwartungshaltung der gesellschaftlichen Umwelt sowie ihre Sensibilität gegenüber Unternehmen jeder Größe und Branche.

Sicherung der Nachhaltigkeit des Unternehmens

Bei all dem ist jedoch zu fragen, worin eigentlich genau die Verantwortung der Gesellschafter besteht. So lassen sich für die Bewahrung eines Unternehmens folgende Möglichkeiten festhalten, die in ihren unterschiedlichen Ausprägungen unmittelbare Konsequenzen für das Inhaberhandeln haben:

---

[47] Heraeus, J., interviewt durch Hülsbömer, A. (2008): S. 16.
[48] Vgl. Heidbrink, L. (2007): S. 16 ff.

- Erhalt der Selbstständigkeit des Unternehmens als Familienunternehmen in den Händen oder zumindest im Einflussbereich der derzeitigen Gesellschafter, sofern davon ausgegangen werden kann, dass dieser Einfluss das Unternehmen nachhaltig überlebensfähig hält und es nicht durch Inkompetenz und Streit gefährdet,

- Erhalt der Selbstständigkeit des Unternehmens, sofern davon ausgegangen werden kann, dass es als solches auch nachhaltig lebensfähig ist,

- Erhalt des Unternehmens als wirtschaftliche Leistungseinheit, notfalls als Teil eines größeren Konzerns.

Die Voraussetzungen für die Selbstständigkeit sind durch eine kluge Unternehmensstrategie zu schaffen. Die originäre Zuständigkeit hierfür liegt bei der Geschäftsführung des Unternehmens. Allerdings trägt die Gesamtheit der Gesellschafter die Gewährleistungsverantwortung dafür, dass die Fundamente des Unternehmens den Aufgaben angepasst sind und solide tragen, dass eine gute Führung existiert und andererseits keine schädliche Strategie verfolgt wird.

Gewährleistungsverantwortung für „gute" Unternehmensführung

Die Gesellschafter müssen nicht selbst ihr Unternehmen führen, aber sie haben die Verantwortung, sicherzustellen, dass die Aufgabe der Unternehmensführung gut erfüllt wird.[49] Wenn also die Unternehmensführung an geeignete Führungskräfte delegiert wird, verbleiben bei den Inhabern folgende Verantwortlichkeiten:

- *Gewährleistungsverantwortung:* dauerhafte Sicherstellung einer adäquaten Unternehmensführung für eine nachhaltige Unternehmensentwicklung,

- *Personalverantwortung:* Gewinnung kompetenter Führungskräfte zur Bewältigung der Aufgaben der Unternehmensführung,

- *Finanzierungsverantwortung:* Generierung der für die Strategie erforderlichen Finanzmittel,

---

[49] Der Begriff der „Gewährleistungsverantwortung" stammt aus der Lehre zur öffentlichen Verwaltung (*public management*). Er bezeichnet dort die bei der staatlichen Institution verbleibende Verantwortung, wenn Aufgaben des Staates (zum Beispiel Aufgaben der Daseinvorsorge) an private Unternehmen delegiert werden. Vgl. hierzu Röber, M. (2005) und Schuppert, G. F. (Hrsg.) (2005).

- *Vollzugsverantwortung:* Delegation des Auftrags „Unternehmensführung" an eine qualifizierte Geschäftsführung und Aufsicht darüber, dass der Auftrag angemessen erfüllt wird,

- *Auffangverantwortung:* Hierbei handelt es sich m. E. um einen sehr kritischen Teil des Verantwortungsgefüges. Sie verlangt, dass die Aufgaben auch dann erfüllt werden, wenn die Geschäftsführung ausfällt, z. B. indem die Gesellschafter die vorher delegierten Aufgaben wieder selbst übernehmen.

In existenzbedrohenden Situationen wie z. B. bei einer drohenden Insolvenz oder bei Gefährdungen der Reputation im Markt zeigt sich die ganze Stärke des Familienunternehmens. Wenn sich sonst niemand mehr engagiert und das Unternehmen in Agonie zu fallen droht, ist es die Familie, die um „ihr" Unternehmen kämpft – und damit Gewährleistungsverantwortung übernimmt. Der Unternehmer Götz Werner hat dies anschaulich illustriert:

> „Als Aktionär kann ich meine Aktien verkaufen. Als Eigentümer eines Unternehmens kann ich nicht weglaufen. Das Unternehmen wäre ja immer noch da. Ich muss mich darum kümmern."[50]

2.4 Erwerb von Verantwortungsbewusstsein als Inhaber

Entwicklung von Verantwortung

Die Anforderungen an unser Handeln als Menschen werden dem Einzelnen durch die ethischen Werte unserer Gesellschaft vorgegeben und ihm durch Erziehung und durch Vorbilder nahegebracht. Dabei ist es die Aufgabe des reifen Individuums, diese Wertvorstellungen aufzunehmen und kritisch zu reflektieren. Schließlich sind daraus persönliche Überzeugungen zu entwickeln und diese zu verinnerlichen. Die ethische Verantwortung, die sich aus der ganz bestimmten Position eines Menschen ergibt, ist weit mehr eine individuelle Größe als eine externe Vorgabe. Persönliche Entwicklung und Reifung sind notwendig, um mit der Zeit die eigene Verantwortung erkennen und ihr durch adäquate Verhaltensweisen entsprechen zu können. Diese persönliche Entwicklung braucht Zeit, aber auch Raum, um Einstellungen und Verhaltensweisen tief in der eigenen Persönlichkeit zu verankern.

---

[50] Äußerung in einem Gespräch mit dem Verfasser.

Erziehung, Vorbild, Professionalisierung und Praxis

Jede Form von Verantwortungsbewusstsein wird zuerst im Rahmen des elterlichen Erziehungsprozesses geweckt. Dies gilt natürlich auch für die Inhaberverantwortung. Wenn die Eltern das „psychische Eigentum" an ihrem Vermögen nicht innerlich annehmen, wird ihnen auf lange Sicht die Überzeugungskraft fehlen, um ein Gespür für die Verantwortung für das Familienunternehmen bei ihren Kindern zu fördern. Umgekehrt entsteht bei den Kindern problemlos ein Gefühl für die Bedeutung des Familienunternehmens in ihrem Leben, wenn sie diese Gewichtung im Tun und Reden ihrer Eltern miterleben.

Heranwachsende und junge Gesellschafter sollten es aber auch unabhängig von ihren Eltern selbst in die Hand nehmen, angemessene Kompetenzen für ihre unternehmerischen Aufgaben zu erwerben. Diese Notwendigkeit ergibt sich allein schon aufgrund der sich konstant weiterentwickelnden gesellschaftlichen und unternehmensrelevanten Herausforderungen, denen sich jede Generation neu stellen muss. Im Vergleich zu früher können junge Gesellschafter hierzu heute auf vielfältige Möglichkeiten und Quellen zurückgreifen: Es gibt eine ganze Reihe von Universitäten, Stiftungen und Beratungsinstitutionen, die Bildungsprogramme speziell für junge Gesellschafter anbieten.

Die Professionalisierung der Inhaberrolle wird durch die kontinuierliche Fortschreibung wissenschaftlicher Erkenntnisse über die Erfolgsbedingungen von Familienunternehmen unterstützt. Es ist zwar nicht zu erwarten, dass sich alle Gesellschafter in gleicher Weise um ihre Professionalisierung bemühen, doch es wäre viel gewonnen, wenn hier genau diejenigen Gesellschafter besonders aktiv würden, die innerhalb ihrer Familie oder im Unternehmen eine besondere Rolle einnehmen und einen besonderen Einfluss anstreben.

Generationenübergang und Krisenerfahrung als Schlüsselprozesse für die Entwicklung von Verantwortung

Menschen brauchen in der Regel einen konkreten Anlass, um über die Maximen für ihre Lebensführung nachzudenken. Dementsprechend brauchen auch Gesellschafter einen Impuls dafür, sich mit der Frage auseinanderzusetzen, welche Verantwortung sie als Gesellschafter haben. Die Beschäftigung mit den juristisch festgelegten Rechten und Pflichten kann trotz aller inhaltlichen Begrenzungen ein solcher Anstoß sein. So ist z. B. der Generationsübergang im Anteilsbesitz ein fast immer vorhersehbares

Ereignis. Dieses führt in der Regel dazu, dass die älteren Gesellschafter ihre Lebenserfahrung mitteilen wollen und die neuen, jungen Gesellschafter von sich aus Fragen nach ihren zukünftigen Aufgaben stellen. Gesellschafter, die in irgendeiner Form eine Krise des Unternehmens erleben, schärfen im Idealfall ihr Gespür dafür, welche Idee sie zusammenhält und was sie dazu beitragen können, ihrer Verantwortung gerecht zu werden.

Aufgabenbezogene Kompetenzen

Welche Kompetenzen im Einzelnen entwickelt werden müssen, hängt von den übernommenen Positionen ab. Neben Kompetenzen, über die jeder Gesellschafter verfügen sollte, ist eine aufgabenspezifische Differenzierung angebracht, etwa bei der Übernahme einer Führungsfunktion in der Gruppe der Gesellschafter oder in der Aufsichts- und Führungsstruktur des Unternehmens (Corporate Governance). Die Aufgabe und die damit verbundene Verantwortung ist die Richtschnur für das erforderliche Können: „Die Verantwortung richtet sich nicht nach ihrem Träger, sondern der Träger muss sich nach der Verantwortung richten."[51] Auch wenn dieses Prinzip richtig ist, muss andererseits auch dem Eindruck gewehrt werden, dass sich aus der Verantwortung derart große Kompetenzanforderungen ergeben, dass sie ein normaler Mensch, der nicht zugleich ein großer Unternehmensführer wäre, nicht erfüllen kann.

Sozialkompetenz

Eine Kompetenz müssen alle Gesellschafter in einem Mehrgenerationen-Mehrgesellschafter-Kreis entwickeln: eine angemessene Sozialkompetenz für die Gestaltung der Beziehungen der Gesellschafter untereinander. Hierunter verstehen wir mit Greif[52] die Fähigkeit, Gespräche und andere Interaktionen in einer Personengruppe so zu beeinflussen und zu gestalten, dass diese Gruppe besser in die Lage versetzt wird, die Herausforderungen ihres Handlungsfeldes zu bewältigen und ihre Ziele zu erfüllen.

Die Beziehungen im Gesellschafterkreis können schließlich nicht nur auf emotionaler Zuwendung beruhen. Die Gesellschafter müssen auch in der Lage sein, detailliert und kritisch folgende Fragen zu reflektieren:

---

[51]   Picht, G. (1969): S. 339.

[52]   Vgl. Greif, S. (1997): S. 312 ff.

- In welchem Zustand befindet sich unsere Gruppe?
- Was sind die Herausforderungen, die auf uns zukommen?
- Was genau brauchen wir, um uns als leistungsfähige Gruppe von Inhabern zu entwickeln?
- Welche Prozesse haben sich bei anderen Familiengesellschaften als erfolgreich erwiesen?

Sowohl Verantwortung als auch soziale Beziehungen müssen von den Gesellschaftern bewusst gelebt werden, um zu gelingen. In der Konsequenz bedeutet dies für jeden Gesellschafter, dass er sich nicht in einer Zuschauerrolle einrichten kann. Es geht darum, die Aufgaben, die in der eigenen Verantwortung liegen, nicht von anderen erfüllen zu lassen (und sie damit auch nicht an Berater zu delegieren), sondern sich selbst einzubringen, mitzumachen und die Dinge in die Hand zu nehmen. Auch dazu will dieses Buch ermutigen.

Sachkompetenz in Unternehmensstrategie

Die Verbindung zwischen Verantwortung und Kompetenz empfinden die nicht in der Unternehmensführung tätigen Gesellschafter nicht selten als eine Herausforderung, bei der sie nicht wissen, wie sie ihr gerecht werden sollen. Diese Familienangehörigen haben häufig einen nicht mit betriebs- oder volkswirtschaftlichen Fragestellungen verbundenen Beruf (Arzt, Beamter, usw.). Unabhängig von der beruflichen Tätigkeit müssen sie jedoch zur Ausübung ihrer Rolle als Gesellschafter eine gewisse Grundkompetenz im Umgang mit wirtschaftlichen Themen und naheliegenderweise auch mit den besonderen Verantwortungen eines Familienunternehmens erwerben. Wir gehen davon aus, dass dies nicht nur *nötig*, sondern auch *möglich* ist.

Gesellschafter haben in jedem Fall die Befugnis, ihre Interessen zu vertreten. Sie können diese Befugnis zwar ganz oder teilweise an ein Gremium (Gesellschafterausschuss, Beirat) delegieren.[53] Der Ursprung dieser Zuständigkeit verbleibt aber bei den Gesellschaftern, denn ihnen bleibt in jedem Fall das Risiko für ihr Eigentum und die damit verbundene originäre Inhaberverantwortung.

Es geht bei der Frage nach Gesellschafterkompetenzen nicht darum, die Gesellschafter zur Unternehmens*führung* zu befähigen. Kompetenzen kann man nur pflegen, indem man sie ausübt. Nicht-geschäftsführende Gesell-

---

[53] Vgl. Kormann, H. (2008): S. 121 f.

schafter haben daher keine Chance, Führungskompetenz im Unternehmen überhaupt erst zu entwickeln. Sie brauchen dies auch nicht. Ihre Gewährleistungsverantwortung besteht darin, Voraussetzungen für eine gute Unternehmensführung durch die Organe des Unternehmens zu schaffen:

- Sie müssen angemessene Strukturen für die Corporate Governance schaffen (Beirat, Geschäftsführung).

- Sie müssen für die angemessene personelle Besetzung dieser Positionen Sorge tragen.

- Sie müssen sich der effektiven Arbeit dieser Organe vergewissern.

- Sie müssen gefährliche Fehlentwicklungen abstellen.

Die Kompetenzen, die ein Gesellschafter zur Wahrnehmung seiner Gesellschafterfunktion benötigt, unterscheiden sich insofern deutlich von denen, auf die sich ein Unternehmensführer stützt:

- Der nicht-geschäftsführende Gesellschafter braucht nicht über Führungskompetenz zu verfügen.

- Er benötigt lediglich die Kompetenz, das Führungshandeln der Geschäftsführer sowie die Wirkungen dieses Handelns zu verstehen.

- Er muss nicht selbst eine Unternehmensstrategie entwickeln können.

- Er muss aber beurteilen können, ob die Unternehmensleitung angemessene Strategiearbeit leistet.

- Er muss nicht notwendigerweise verstehen, ob eine Strategie für das Unternehmen optimal geeignet ist oder welche Alternativen sinnvoll sein könnten.

- Er muss stattdessen lediglich in der Lage sein zu beurteilen, ob die vorgeschlagene Strategie für das Familienunternehmen verantwortbar ist. Sie wäre es z. B. nicht, wenn sie ein Risikopotenzial beinhaltet, das über das von den Gesellschaftern akzeptierte Risikoniveau hinausgeht.

Aus ihrer Gewährleistungsverantwortung heraus müssen die Gesellschafter die Strategie ihres Unternehmens verstehen und in dem Fall, dass sie sie für nicht verantwortbar halten, deren Änderung veranlassen.

Notwendige Beurteilung der Strategie

Der Gesellschafter hat einen Anspruch darauf, die aktuelle sowie die für die Zukunft geplante Unternehmensstrategie zu verstehen. Es kann in diesem Zusammenhang hilfreich sein, sich immer wieder vor Augen zu führen, dass auch ein multinationales DAX-Unternehmen dem Kapitalmarkt (so z. B. Journalisten, Rating-Agenturen, Investoren, Aktionären) regelmäßig seine Strategie erklären muss. Und dies muss auf eine Art und Weise geschehen, die auch Publikumsaktionäre nachvollziehen können, welche oft unternehmensfernen Berufen nachgehen. Im Familienunternehmen kann und muss die Erklärung des unternehmerischen Planens und Handelns noch viel gründlicher vonstatten gehen als in börsennotierten Gesellschaften, denn der Gesellschafter kann ja sein Engagement nicht problemlos in eine andere Anlage umschichten. Dabei benötigt er jedoch nicht die Kompetenz zu einer eigenständigen detaillierten *Analyse* der vorgelegten Informationen. Es ist ausreichend, wenn er entsprechende Erklärungen versteht und beurteilen kann. Der operativ Handelnde, also die Unternehmensleitung, hat gegenüber dem Inhaber, der die Handlungsfolgen zu tragen hat, eine Bringschuld. Er hat die Pflicht,

- seine Strategie zu erläutern,

- in einer Art und Weise, die die Strategie mit Hilfe des allgemeinen Menschenverstandes nachvollziehbar macht,

- und zwar so weit, dass Anschlussfähigkeit erreicht wird.

Die Verantwortung für die Verständlichkeit einer Erläuterung liegt bei dem Erläuternden. Demgegenüber liegt die Verantwortung dessen, der die Sachverhalte verstehen soll, darin, in das betreffende Gespräch Interesse, Zeit, Konzentration und Offenheit einzubringen. Letztendlich bedeutet Professionalisierung in diesem Zusammenhang nichts anderes als der Erwerb der Fähigkeit, als Beurteilender Fragen stellen zu können. Die Kompetenz, Fragen zu stellen, beinhaltet auch die Fähigkeit, zuzugeben, dass man weitere Erläuterungen braucht und die bisherige Antwort nicht ausreichend ist. Und nicht zuletzt bedarf es klar formulierter Rückmeldungen und Kommentierungen, um das Verständnis abzusichern.

Die zentrale Kompetenz eines Gesellschafters liegt daher unseres Erachtens darin, Fragen stellen zu können. Fachliches Grundwissen, das man in diesem Zusammenhang erwerben kann und sollte („Wie liest man eine Bilanz?"), dient nur der Erleichterung der Kommunikation, nicht aber dem Anspruch, im fachlichen Urteil ein ebenbürtiger Gesprächspartner für die Unternehmensführung zu werden. Ein Gesellschafter, der fleißig Kenntnisse über die Grundzüge des Rechnungswesens erworben hat, wird dennoch nie eine Bilanz so erläutern können, wie es der kaufmännische Geschäftsführer kann und tun muss. Die Erläuterungen des kaufmännischen Geschäftsführers können aber sehr wohl prägnanter und knapper ausfallen, wenn der Empfänger die entsprechenden Grundbegriffe beherrscht.

Haben die Fragen zu befriedigenden Antworten geführt, ist es im nächsten Schritt für den Gesellschafter nicht notwendig, beurteilen zu können, ob es bessere Alternativen zur vorgeschlagenen Strategie gibt. Der nicht in der Unternehmensführung tätige Gesellschafter ist in der Regel *nicht* in der Lage, diese Frage kompetent zu beurteilen. Es sind zumeist bessere Alternativen denkbar; entscheidend ist aber, ob die Voraussetzungen für ihre Realisierung geschaffen werden können. Selbst ein Beirat, der mit professionellen Unternehmensführern besetzt ist, sollte nicht „besser" sein wollen als die Geschäftsführung. Was die nicht-geschäftsführenden Gesellschafter und ihr Beirat aber sehr wohl beurteilen müssen, ist die Frage, ob eine einmal verfolgte Entwicklung fortgeführt werden soll oder aber korrigiert werden muss, weil sie zu gefährlich ist.

Die entscheidende Anforderung an einen Gesellschafter besteht darin, gegebenenfalls zu erkennen, dass die Strategie seines Unternehmens nicht mehr zu verantworten ist. Dabei geht es ausdrücklich nicht darum, zu beurteilen, wie gut die Führung *im Vergleich zu anderen Unternehmen* ist. Diesen Vergleich kann allenfalls ein professioneller Beirat vornehmen. Es geht vielmehr darum, eine nicht tolerierbare (weil schlechte) Performance des Unternehmens und die zugrunde liegende Strategie, die gefährlich zu sein scheint, als solche zu erkennen und zu benennen. Naheliegenderweise kann in solchen Situationen nicht erwartet werden, dass die Geschäftsführung hierzu selbstkritische Erläuterungen gibt und sich damit selbst in Misskredit bringt.

Fehlleistungen in der Beurteilung der Strategie

Wenn ich es nun einerseits für geboten halte und dazu auffordere, dass Gesellschafter sich mit der Strategie ihres Unternehmens auseinandersetzen, so ist andererseits auch aufzuzeigen, wo dabei Fehlleistungen entstehen können. Diese drohen immer dann, wenn ein Gesellschafter sich in einer Strategiefrage engagiert, ohne dass dies durch seine Interessen- oder Sachkompetenz in der zu entscheidenden Frage legitimiert ist.

Beispielfälle für eine unangebrachte Einmischung sind meist dann zu finden, wenn es um operative Aufgaben der Geschäftsabwicklung geht oder um die allgemeine Sparsamkeit in allen Aufwandsarten, insbesondere solchen, von denen ein jeder etwas zu verstehen glaubt, wie z. B. Reisekosten. Der Gesellschafter kann eine angemessene Rendite einfordern, aber er darf nicht vorzuschreiben versuchen, *wie* diese zu erreichen ist. Er kann, wenn das Unternehmen eine unzureichende Wachstumsrate hat (und zu viel Liquidität anhäuft), strategische Wachstumsinitiativen fordern. Er kann aber – mangels Sachkompetenz – nicht sagen, wo diese anzusetzen sind. Insbesondere darf etwa ein Interesse, als Bürger „grüne Technologien" zu fördern oder den Straßenverkehr zu reduzieren, nicht mit der Interessenkompetenz als Gesellschafter an einer positiven Unternehmensentwicklung vermischt werden. Die Unternehmensstrategie ist für das Unternehmen und alle Stakeholder viel zu wichtig, als dass sie von nicht geschäftsbezogenen, persönlichen Interessen beeinflusst werden dürfte. Diese persönlichen Interessen kann und sollte jeder Gesellschafter dadurch fördern, dass er sich hierfür außerhalb des Unternehmenskontextes, aber durchaus unter Verwendung der ihm aus dem Unternehmen zufließenden Gewinne engagiert.

Das Dilemma zwischen Strategieverantwortung einerseits und begrenzter Kompetenz sowie erschwertem Zugang zur Strategiebeurteilung andererseits hat noch viele weitere Facetten, die außerhalb des eigentlichen Schwerpunkts dieses Buches liegen. Die Strategiebeurteilung ist wichtig, sie ist komplex und sie ist gleichwohl möglich. Dennoch liegt die erste und wichtigste Voraussetzung für den nachhaltigen Erhalt des Unternehmens darin, den Zusammenhalt des Gesellschafterkreises zu sichern. Dies ist die Vorbedingung für die Sorge um eine nachhaltige Unternehmensstrategie.

2.5 Führung der Familie zur Erfüllung der Verantwortung

Notwendigkeit der Führung

Gemeinsame Verantwortung kann eine Gruppe nur dann wahrnehmen, wenn sie sich eine Führung gibt. Dies leitet sich aus folgenden Überlegungen ab:

- Die Trägerschaft des Unternehmens liegt in der gemeinschaftlichen Verantwortung der Gesellschafter.
- Die Themen, die in Erfüllung dieser Verantwortung zu bearbeiten sind, sind komplex.
- Die einzelnen Mitglieder der Gruppe bringen unterschiedliche Vorstellungen in die Bearbeitung der Themen ein.
- Ein gemeinsam getragenes Ergebnis der Willensbildung ist *innerhalb* einer *nützlichen Frist* zu erreichen.

All dies sind klassische Elemente eines Projekts. Ein Projekt braucht eine Projektleitung. Eine Gruppe, die ein gemeinsames Ergebnis erreichen will, braucht eine Führung. Wenn für diese Führung formale Regelungen geschaffen werden, so wird heute von Family Governance gesprochen, worauf wir unten in dem Abschnitt zur Familienverfassung näher eingehen werden.[54]

Herausforderungen für die Führung der Familie

Alle Unterschiede zwischen dem System Familie und dem System Unternehmen, die Simon so eingängig herausarbeitet,[55] sind Hinweise dafür, dass die für die Unternehmensführung entwickelten Konzepte der Führung nicht ohne weiteres auf die Organisation eines Familienverbandes übertragen werden können.

Früher gab es den Patriarchen der Familie, der wusste, welche umfassende Verantwortung er für „die Seinen" trug, der aber gleichzeitig auch das Recht beanspruchte, über „die Seinen" zu bestimmen. Heutzutage kommen in der Regel die Individualrechte der Partner, der Kinder und natürlich auch der Verwandten mit großer Selbstverständlichkeit zur Geltung. Und wir plädieren auch im Kontext der Gesellschafterfamilie dafür, anzuerkennen, dass die Individualinteressen nicht unterdrückt werden sollten. Um aber auf dem Hintergrund einer großen Interessenvielfalt ein gemeinsames Ziel zu entwickeln und es durchzusetzen, ist Führung umso notwendiger, wie sie auch anspruchsvoller wird. Die Ausschaltung des Individualinteresses durch einen restriktiven Gesellschaftsvertrag, der dem einzelnen Gesellschafter kaum Rechte und Mitwirkungsmöglichkeiten belässt, macht Führung zu einer relativ wohlstrukturierten Aufgabe, den Vertrag zu interpretieren und ihm Geltung zu verschaffen. Aus vielen Meinungen und Interessen eine Entscheidung zu formen, ist demgegenüber die anspruchsvollere Form einer Führung. Die Situation gleicht derjenigen im gesellschaftlichen und politischen Bereich: Für den Führenden ist die autoritäre Führung leichter und die Führung unter der Bedingung eines demokratisch verfassten Gemeinwesens ungleich anspruchsvoller. Je weniger auf der Basis autoritärer Anweisungen gehandelt werden kann, umso mehr muss die Entscheidungsfindung auf geordneten Prozessen und Regeln einerseits und Überzeugungsarbeit andererseits aufbauen. Die Führung der Familie und Family Governance sind daher ein wichtiger Topos in der Literatur zur

---

[54]   Vgl. Abschnitt 7.3.
[55]   Vgl. Abschnitt 1.4.

Familienunternehmung geworden.[56] Ihr Schwerpunkt richtet sich auf die Ausdifferenzierung der *Wirkungsbereiche* und angestrebten *Ziele* der Familienführung. Zur Frage, was den *Prozess* der Führung ausmacht, sei auf die umfangreiche Literatur zum Thema Führung verwiesen. Hierzu will ich mich auf die nachfolgenden kurzen Anmerkungen beschränken.

Inhalte der Führung

„Führen" ist einer dieser Mega-Begriffe, die man nicht in eine Definition zwängen sollte, weil auf diese Weise nicht die vielfältigen Ausprägungen des Phänomens in der Realität eingefangen werden können. Es lassen sich aber sehr wohl Elemente nennen, die typischerweise im Prozess der „Führung" vorkommen:

- Orientierung für die Gruppe vermitteln,

- dafür sorgen, dass die Gruppenmitglieder zu ihrer jeweiligen Aufgabenstellung befähigt sind, und gegebenenfalls Prozess zur Befähigung veranlassen,

- die Gruppe zum gemeinsamen Vorgehen bewegen, insbesondere: sicherstellen, dass notwendige Entscheidungen getroffen werden:

    — einen Aktionsplan vereinbaren,

    — die Zielerfüllung verfolgen und gegebenenfalls eine Nachsteuerung einleiten.

Die *Orientierungsphase* ist hierbei die wichtigste Phase: Welches ist die Lage der Gesellschafterfamilie, welches sind die Herausforderungen, die sich stellen, was benötigt die Familie, oder auch: Was benötigt das Unternehmen? Um Orientierung geben zu können, braucht der Führende:

- ein zutreffendes Bild von der Lage der Gruppe, das durch Beobachtung, Sammlung der Meinungen der Gruppenmitglieder und durch Reflexion gewonnen wird,

- Überzeugungen, wie der anzustrebende Zustand beschaffen sein sollte, d. h. ein Ziel, eine Vision,

- Kommunikationsfähigkeit, um das Ergebnis, die Diagnose, mitteilen zu können und zu erreichen, dass die Gruppe die angestrebten Ziele unterstützt.

---

[56] Vgl. Lank, A. G./Ward, J. L. (2002): S. 462 f.; Habbershon, T. G./Astrachan, J. H. (2002); Gallo, M. A./Kenyon-Rouvinez, D. (2005); Koeberle-Schmid, A. (2008): S. 103.

Zeit ist eine wichtige Voraussetzung für das Gelingen von Führung. Diese Zeit braucht man vor allem für den Prozess der Orientierung. Dieser Prozess kann vertieft werden, indem ein Berater für die Arbeit mit der Gruppe hinzugezogen wird. Es gibt Berater, die sich auf die Arbeit mit Familiengesellschaftern spezialisiert haben und hierbei über große Erfahrung verfügen.

Die *Befähigung* der Gruppenmitglieder übernimmt innerhalb der Unternehmensorganisation vielfach der jeweils Vorgesetzte. Bei der Führung der Familie geht es dagegen mehr um das Anstoßen kollektiver Lernprozesse, in denen die Gruppe gemeinsam neue Erfahrungen sammelt. Dazu können Schulungen dienen, der Erfahrungsaustausch mit anderen Familienunternehmen oder Besuche von Tagungen. Diese Lernprozesse dienen der Entwicklung der Fähigkeiten, die wir für einen „professionellen Inhaber" für erforderlich halten.

Die *Beeinflussung* der Gruppe soll zu den notwendigen Entscheidungen führen. Die Entscheidung repräsentiert freilich nur den förmlichen Schlusspunkt. Ungleich wichtiger und zeitaufwendiger ist dagegen der Prozess der Meinungsbildung, das Erläutern der Lage und der Optionen, um eine gemeinsame Sicht zu entwickeln, das Werben um die Zustimmung zu Lösungsvorschlägen. Als Idealfall wird oft die einstimmige Entscheidung angesehen. Sie ist aber bei komplexen Fragestellungen gar nicht das Normale. Bei komplexen Themen sollte es eigentlich selbstverständlich sein, dass sich unterschiedliche Meinungen entwickeln können. Die Gruppenmitglieder sollten also akzeptieren, dass Gegenstimmen abgegeben werden oder die Enthaltung gewählt wird. Wichtig ist allerdings, dass überhaupt entschieden wird – und dass nicht im Versuch, Einstimmigkeit zu erreichen, die Entscheidung unnötig lang aufgeschoben wird. Wichtig ist ferner, dass die Diskussion und das Verfahren der Willensbildung von allen Beteiligten, insbesondere von den Vertretern der nicht obsiegenden Minderheitsmeinung, als sachgerecht, abgewogen und fair angesehen wird.

Die zur Entscheidung stehenden Themen bieten selten eindeutige Ja-Nein-Optionen. Es sind vielmehr Gestaltungsaufgaben, einen Entscheidungsantrag so zu konstruieren, dass möglichst viele Aspekte – eventuell als Nebenbedingungen – berücksichtigt werden und sich auf diese Weise möglichst alle Beteiligten mit ihren Anliegen und Sorgen in dem Vorschlag vertreten sehen.

Der Prozess der Führung ist mit der Entscheidung noch nicht beendet – erst deren Umsetzung führt zum angestrebten Erfolg. In Vertragsangelegenheiten werden die einschlägig qualifizierten Berater mit den Umsetzungsarbeiten beauftragt. Doch auch die Berater müssen geführt werden:

Ihre Aufgabenstellung ist zu erläutern; Fragen, die bei der Umsetzung auftreten, müssen geklärt werden; die erreichten Arbeitsergebnisse und die Budgets müssen kontrolliert werden.

Es gibt aber auch Themen, die die Gesellschafter selbst „abzuarbeiten" haben. Dazu mag z. B. die Berufung von Beiratsmitgliedern gehören oder die Ausrichtung einer Tagung. Die Umsetzung der Führung ist dann Projektmanagement. Es sind die bekannten Festlegungen zu vereinbaren: was, wer, wann, womit.

Bestimmung des Führers

Wenn wir von Führungsprozessen innerhalb der Gesellschaftergruppe einer Familiengesellschaft sprechen, tragen wir Konstrukte aus der Arbeitswelt samt deren Effizienzdenken und Hierarchien in die informelle Welt der Familie und Verwandtschaft. In dieser Welt gibt es freilich auch Rollen und Status. Es ist nun zu bedenken, wie Führung mit den bereits vorgegebenen Rollen und Statuspositionen der Familienmitglieder verzahnt werden kann. Wie immer kann zu Strukturen und Prozessen in Familiengesellschaften nichts Generelles gesagt werden, doch einige plausible Ableitungen sind gleichwohl möglich.

Der Gründer-Unternehmer und seine Frau nehmen eine natürliche Führungsposition gegenüber ihren Kindern ein – solange beide sich im System Familiengesellschaft aufhalten, etwa als Beiratsvorsitzende. In der zweiten Generation hat das Älteste der Geschwister vermutlich den ersten Zugriff auf die Führungsposition – sofern es zumindest gleiche fachliche und soziale Kompetenz aufbringt wie die anderen Geschwister. Aber schon in der Geschwisterkonstellation kann Kompetenz mit Seniorität in Konkurrenz geraten: Wenn der oder die Älteste wenig Interesse am Geschäft hat, hingegen eines der jüngeren Geschwister über hohe Kompetenz in den Geschäftsfragen verfügt, kann die Führung auch dem Kompetenten und Interessierten angetragen werden.

Im Konsortium der Cousins und Cousinen einer Altersschicht sind grundsätzlich alle in ihrer Rolle als Verwandte *gleichrangig*. Ganz schwierig kann es werden, wenn die Gesellschafter zudem in mehreren gleichrangigen Stämmen organisiert sind. Zu dieser Gleichrangigkeit der Stämme im Stammbaum und in der Machtposition passt zunächst kein Führungsanspruch. Sind die Cousins und Cousinen in jugendlichem Alter, dann suchen sie noch ihren Platz in der Welt, bzw. ringen um Anerkennung für die bereits erreichten Positionen. Dabei wird eine gewisse Rivalität wirksam. Diese hat tendenziell die positive Wirkung, dass sich die Verwandten aneinander messen. Wenn einer aus dieser Gruppe aber nun die Führung übernehmen will, kann dies die latente Rivalität in schädlicher Weise intensivieren. Demgegenüber hat der Senior aus der vorhergehenden Generation nicht nur den Vorteil längerer Lebenserfahrung, sondern er steht vor allem außerhalb der Rivalitätsbeziehung unter „den Jungen".

Steht ein geeigneter erfahrener Senior nicht zur Verfügung, so muss innerhalb der Generationengruppe eine nicht familienhierarchisch begründete Legitimation für die Führung gefunden werden. Eine ähnliche Problematik existiert in allen modernen Organisationen, in denen ein Führungsanspruch auf seine Berechtigung und seine Effektivität von den Geführten hinterfragt wird. Wimmer zeigt als Antwort auf diese Dekonstruktion der Führung in der Unternehmensorganisation eine Lösung auf, wie die Legitimation von Führung in einer solchen Situation zu begründen ist. Diese Lösung ist auch auf den Fall der Familienführung anwendbar. Legitimation entsteht demnach

> „letztlich nur [dadurch], dass in der Auseinandersetzung mit den Beobachtungen und Sichtweisen derjenigen, die geführt werden, eine Akzeptanz dafür entsteht, dass Führung im Dienst der Weiterführung der Organisation geschieht und nicht aus Willkür ... Das Ergebnis ... liegt darin, dass man diesen Zusammenhang der Glaubwürdigkeit von Entscheidung zu Entscheidung immer von Neuem herstellen muss."[57]

Als Optionen für die Wahl eines Leiters bieten sich an:

- das Mitglied mit der höchsten Sozialkompetenz,

- der Senior der Gruppe,

- ein Mitglied mit der höchsten Sachkompetenz in Unternehmensangelegenheiten,

- Rotation, ein sehr praktisches Verfahren,

- kollektive Führung aus den Vertretern verschiedener Gruppierungen (maximal für zwei bis drei Vertreter praktikabel),

- Definition verschiedener Projekte mit jeweils eigenen Führungspositionen, die von verschiedenen Mitgliedern der Familie wahrgenommen werden können.

Schließlich ist es auch denkbar, dass die Führung des Gesellschafterkreises von einem Nicht-Familienmitglied wahrgenommen wird:

---

[57] Wimmer, R. interviewt durch Krusche, B. (2008): S. 77.

- einem „Majordomus", der schon von der älteren Generation mit einem Vertrauensverhältnis ausgezeichnet wurde.

- dem Beiratsvorsitzenden, der ein Nicht-Familienmitglied ist, oder aber:

- einem Berater der Familie, der in keiner der Institutionen des Unternehmens ein Amt einnimmt, also ein „Geheimer Rat".

Solche Konstellationen kommen vor, aber sie können nicht empfohlen werden. Eine Gruppe von Familiengesellschaftern sollte in der Lage sein, sich selbst zu organisieren. Nur wenn dies nicht möglich ist, dann *muss* sie sich einen Externen als Führer wählen.

Die Auswahl eines Leiters kann durchaus gruppendynamische Probleme mit sich bringen. Sie müssen bewältigt werden, wenn der Zusammenhalt der Gruppe und der Einfluss der Gruppe gegenüber dem Unternehmen aufrecht erhalten werden sollen. Glücklicherweise ist die Praxis manchmal einfacher als die theoretische Durchdeklinierung aller Fälle: Entscheidend ist die Akzeptanz in der Gruppe. Die soziale Kompetenz ist gefragt und mit Gewinn wird eine Gesellschaftergruppe auf ihre Frauen sehen, eine solche Aufgabe zu übernehmen.

Da letztlich von der Führung des „Projekts Familienunternehmen" alle weiteren Ordnungsstrukturen, Willensbildungsprozesse und Personalentscheidungen für die Entwicklung des Unternehmens abhängen, ist die Frage „Wer führt die Familie und wie kann er seine Kompetenz steigern?" ungleich wichtiger als die Frage „Darf ein Familienmitglied an der Unternehmensführung beteiligt sein und, wenn ja, unter welchen Voraussetzungen?".[58]

Mitwirkung des „Projektteams" Familie bei der Führung

In den vorstehenden Anmerkungen sind wir der traditionellen Perspektive der Literatur zur Führung gefolgt, auf den Leiter und seine Aufgaben zu blicken. Führung unter Verzicht auf Zwang, Führung unter demokratischen Bedingungen, kann aber nur gelingen, wenn die Geführten „mitmachen". Mitmachen bedeutet hier erstens die Beteiligung am Projekt und zweitens die Anerkennung der Führung. Machen die Mitarbeiter nicht mit, dann kann Führung in der Unternehmerorganisation nicht gelingen. Der

---

[58] Die Erhebung von Pieper, T. M. (2007a): S. 4 macht deutlich, dass die Führung der Familie wichtiger für den Erfolg des Unternehmens ist als die Corporate Governance hinsichtlich der Geschäftsführung des Unternehmens.

Führungsverantwortung entspricht die Mitarbeiterverantwortung in der Organisation des Unternehmens ebenso wie in der Organisation des „Projekts Familienunternehmen". Hierzu gehören unter anderem:

- Verinnerlichung der Projektziele für das Mitwirken,

- Übernahme von Aufgaben und deren Erfüllung mit Fleiß und Disziplin,

- Einbringen der eigenen Kompetenz in die gemeinschaftliche Willensbildung,

- damit auch Einbringen von Kritik, dies aber in Loyalität zu der gemeinsamen Aufgabenstellung und nicht zur Pflege von Egozentrik,

- Verzicht auf Willensbekundungen zu Themen, die außerhalb der eigenen Kompetenz, des eigenen Urteilsvermögens liegen,

- Anerkennung von getroffenen Entscheidungen und keine „Sabotage der Umsetzung".

Zum Verständnis der Mitarbeit im „Projekt Familienunternehmen" hilft es, sie als – teilzeitlich ausgeübten – Beruf anzusehen. Damit sind Verantwortlichkeiten zur professionellen Erfüllung der beruflichen Aufgaben begründet. Zu diesen beruflichen Pflichten gehören die eigenen Leistungen wie auch die Respektierung der Führung im Einsatz dieser Leistungen. Nur auf diese Weise qualifiziert sich die Familie auch dafür, Einfluss auf die Organisation „Unternehmen" auszuüben.[59]

Literatur

Boszormenyi-Nagy, I./Spark, G.M. (2006): Unsichtbare Bindungen – Die Dynamik familiärer Systeme, 8. Aufl., Stuttgart, 2006.

Comte-Sponville, A. (2004): Ermutigung zum unzeitgemäßen Leben – ein kleines Brevier der Tugenden und Werte, 3. Aufl., Reinbek bei Hamburg, 2004.

Durkheim, E. (1991): Physik der Sitten und des Rechts – Vorlesungen zur Soziologie der Moral, Frankfurt a. M., 1991.

---

[59] Dies ist nicht der Schwerpunkt unserer Betrachtungen in diesem Buch, sondern wir konzentrieren uns – wie gesagt – auf den Wirkungsbereich der Familie.

Engel, C. (2002): Die soziale Funktion des Eigentums, in: Dauwitz/Depenheuer/Engel (Hrsg.): Bericht zur Lage des Eigentums, Heidelberg, 2002, S. 9–107.

Etzioni, A. (1991): The socio-economics of property, in: Journal of Social Behaviour and Personality, Special Issue, 6. Jg., H. 6, 1991, S. 465–468.

Gallo, M. A./Kenyon-Rouvinez, D. (2005): The Importance of Family and Business Governance, in: Kenyon-Rouvinez, D./Ward, J. (Hrsg.): Family Business: Key Issues, Basingstoke et al., 2005, S. 45–57.

Greif, S. (1997): Soziale Kompetenz, in: Frey, D./Greif, S. (Hrsg.): Sozialpsychologie – Ein Handbuch in Schlüsselbegriffen, 4. Aufl., München et al., 1997, S. 312–321.

Habbershon, T. G./Astrachan, J. H. (2002): Perceptions are Reality: How Family Meetings Lead to Collective Action, in: Aronoff/Astrachan/Ward (Hrsg.): Family business sourcebook – a guide for families who own businesses and the professionals who serve them, 3. Aufl., Marietta GA, 2002, S. 470–481.

Heidbrink, L. (2007): Handeln in der Ungewissheit – Paradoxien der Verantwortung, Berlin, 2007.

Hennerkes, B.-H. (2004): Die Familie und ihr Unternehmen – Strategie, Liquidität, Kontrolle, Frankfurt a. M. u.a., 2004.

Henssen, B. et al. (2009): The Dynamics of Psychological Ownership in Family Firms – A new perspective on non-financial value creation, in: Proceedings of the 5th EIASM workshop on family firm management research: vol. 5., Hasselt, 2009.

Heraeus, J. interviewt durch Hülsbömer, A. (2008): „Der Jürgen macht das", in: WIR – Das Magazin für Unternehmerfamilien, H. 1, 2008, S. 12–16.

Jonas, H. (1993): Das Prinzip Verantwortung – Versuch einer Ethik für die technologische Zivilisation, 3. Aufl., Frankfurt a. M., 1993.

Kaufmann, F.-X. (1995): Risiko, Verantwortung und gesellschaftliche Komplexität, in: Bayertz, K. (Hrsg.): Verantwortung – Prinzip oder Problem?, Darmstadt, 1995, S. 72–97.

Kirchhof, P. (2005): Eigentum als Ordnungsidee – Wert und Preis des Eigentums, in: Depenheuer, O. (Hrsg.): Eigentum – Ordnungsidee, Zustand, Entwicklungen, Heidelberg, 2005, S. 19–42.

Kleine, S. S./Baker, S. M. (2004): An Integrative Theory of Material Posses-
sion Attachment, in: Academy of Marketing Science Review, im
Internet: http://www.amsreview.org/articles/kleine01–2004.pdf, abgerufen am 02.01.2010 um 10:35 Uhr, 8. Jg., H. 4, 2004.

Koeberle-Schmid, A. (2008): Aufsichtsratsaufgaben in Familienunternehmen, in: Der Aufsichtsrat, H. 7–8, 2008, S. 101–103.

Kormann, H. (2008): Beiräte in der Verantwortung – Aufsicht und Rat in
Familienunternehmen, Berlin, Heidelberg u.a., 2008.

Lank, A. G./Ward, J. L. (2002): Governing the Business Owning Family,
in: Aronoff/Astrachan/Ward (Hrsg.): Family business sourcebook – a
guide for families who own businesses and the professionals who serve
them, 3. Aufl., Marietta GA, 2002, S. 462–469.

Nicholson, N./Björnberg, Å. (2008): The Shape of Things to Come –
Emotional Ownership and the Next Generation in the Family Firm, in:
Tàpies, J./Ward, J. L. (Hrsg.): Family values and value creation – how
do family-owned businesses foster enduring values?, Basingstoke u.a.,
2008, S. 29–52.

Picht, G. (1969): Wahrheit, Vernunft, Verantwortung – philosophische
Studien, Stuttgart, 1969.

Pieper, T. M. (2007a): Mechanisms to assure long-term family business
survival – a study of the dynamics of cohesion in multigenerational
family business families, Frankfurt a. M. et al., 2007.

Pierce/Kostova/Dirks (2001): Toward a Theory of Psychological Ownership in Organisations, in: Academy of Management Review, 26. Jg.,
H. 2, 2001, S. 298–310.

Röber, M. (2005): Aufgabenkritik im Gewährleistungsstaat, in: Blanke, B.
et al. (Hrsg.): Handbuch zur Verwaltungsreform, 3. Aufl., Wiesbaden,
2005, S. 84–94.

Sartre, J. P. (2006): Das Sein und das Nichts – Versuch einer phänomeno-
logischen Ontologie, 12. Aufl., Hamburg, 2006.

Schuppert, G. F. (Hrsg.) (2005): Der Gewährleistungsstaat – ein Leitbild
auf dem Prüfstand, Baden-Baden, 2005.

Schwartländer, J. (1974): Verantwortung, in: Krings/Baumgartner/Wild
(Hrsg.): Handbuch philosophischer Grundbegriffe, Bd. 6: Transzendenz-
Zweck, München, 1974, S. 1577–1588.

Stierlin, H. (1978): Delegation und Familie – Beiträge zum Heidelberger
familiendynamischen Konzept, Frankfurt a. M., 1978.

Stierlin, H. (2005): Gerechtigkeit in nahen Beziehungen – systemisch-therapeutische Perspektiven, Heidelberg, 2005.

Wimmer, R. interviewt durch Krusche, B. (2008): Interview mit Prof. Dr. Rudolf Wimmer, in: Krusche, B.: Paradoxien der Führung – Aufgaben und Funktionen für ein zukunftsfähiges Management, Heidelberg, 2008, S. 74–86.

3 Verantwortung für die Familie

In unserer ganzen Schrift geht es um die Familie oder die Verwandtschaft, die das Unternehmen trägt. Wir müssen also die Familie in der Vielfalt ihrer Erscheinungsformen in den Blick nehmen. Die wichtigste Verantwortung der Familie liegt darin, dafür zu sorgen, dass die Familie fortbestehen kann – biologisch und geistig durch eine gelungene Erziehung.

3.1 Erscheinungsformen der Familie

Familie als Gruppe

In Ehe und Familie wird versucht, die auf das Individuum bezogenen Lebensanliegen – Liebe, Sexualität, Geborgenheit und Persönlichkeitsentfaltung – zu einem Gemeinschaftsprojekt mit dem Partner und den Kindern zu machen. Die Familie ist sich selbst das Ziel: gemeinschaftlich das Leben tragen, sich gegenseitig im Leben mittragen und – so es geht – gemeinschaftlich etwas leisten, z. B. die Erziehung der Kinder.

Ich kann mich schwer mit der Vorstellung identifizieren, die von der ökonomischen Theorie der Familie (G. S. Becker) propagiert wird, dass wir uns deshalb zu Familien zusammenschließen, um eine effizientere kollektive Leistung zu erbringen. Aber auch dann, wenn man – wie wir – die Familie als naturgegebene Gemeinschaft und als Selbstzweck sieht, hat sie grundlegende Verpflichtungen bzw. gegenseitige Erwartungen zu erfüllen, welche durch die *conditio humana*, durch Natur und Kultur, – zumindest als Ideal – vorgegeben sind:[60]

- Versorgung der Familienmitglieder mit elementaren Dingen wie Wohnung, Nahrung, Kleidung,

- Erziehung und Sozialisation der Kinder als autonome Individuen,

- Aushandeln, Befolgen, Überprüfen und Variieren von Regeln und Normen für das gemeinsame Leben,

---

[60] Vgl. Boszormenyi-Nagy, I./Spark, G. M. (2006): S. 82 ff.; Klett, D. J. (2005): S. 69 ff.

H. Kormann, *Zusammenhalt der Unternehmerfamilie*,
DOI 10.1007/978-3-642-16351-7_3, © Springer-Verlag Berlin Heidelberg 2011

- Solidarität gegenüber Familienmitgliedern in Notlagen,

- Umgang mit Krisen und Problemsituationen, die durch äußere Einflüsse oder aber durch das Verhalten von einem oder mehreren Familienmitgliedern hervorgerufen werden,

- Loyalität gegenüber dem gesamten Familienverband und Sicherung seines Fortbestands,

- Gerechtigkeit und Fairness, somit vor allem Gegenseitigkeit in den Austauschbeziehungen.[61]

Die Familie ist die erste Institution, in die wir eingebunden sind und durch die die Wirkungsmechanismen von Institutionen generell verinnerlicht werden. Institutionen steuern das Handeln des Einzelnen in eine bestimmte Richtung, nämlich in die Richtung der von der Gemeinschaft gesetzten Ziele. Dies geschieht mithilfe eines Systems von Normen einschließlich bestimmter Garantieinstrumente, mit denen die Einhaltung der Normen gesichert wird. Die einzelnen Erwartungen wurden von der Familienforschung[62] auf zwei Grundkräfte zurückgeführt: a) die *Blutsbandregel* oder die „unsichtbare Loyalitätsbindung", die sowohl zwischen den Generationen besteht als auch zwischen den verwandten Mitgliedern einer Generation, und b) die *Reziprozitätsregel* oder die „unsichtbare Verrechnung" der Verdienste und Leistungen für die gemeinsame Entwicklung, aus denen sowohl innerhalb einer Generation als auch generationenübergreifend „Konten" resultieren, die auszugleichen sind. Aus diesen Bindungsbeziehungen erklärt Stierlin[63] das Phänomen der „Delegation". Mit diesem Begriff beschreibt er, wie Eltern ihren Kindern oft verdeckt vermitteln, was diese erreichen sollen – z. B. ein berufliches Ziel oder die Vertretung von Ansprüchen gegenüber anderen Familienmitgliedern. Daraus folgt dann die vielfach zu beobachtende Tragik, dass Cousins die noch nicht zu Ende geführten Rivalitäten ihrer Väter weiter auszutragen haben.

Die Blutsverwandtschaft, die genetische Herkunft, ist eine unveränderliche Beziehung: „Von der Wiege bis zur Bahre bleibt man Mitglied seiner Familie, die Kündigungsmöglichkeiten sind begrenzt."[64] Ihre Relevanz für die unterschiedlichsten Aspekte im Leben eines Individuums kann kontrovers diskutiert werden, bleibt aber gleichwohl ein unveränderliches Faktum.

---

[61]   Vgl. Gouldner, A. W. (1960): S. 174.

[62]   Vgl. ebenda, sowie Boszormenyi-Nagy, I./Spark, G. M. (2006).

[63]   Stierlin, H. (1978); Stierlin, H. (2005).

[64]   Simon, F. B. (1999b): S. 182.

Familie als Voraussetzung der Familiengesellschaft

Der erste Schritt zum Familienunternehmen besteht darin, eine unternehmerische Tätigkeit zu beginnen, die schließlich zu einem nachhaltig entwicklungsfähigen Unternehmen führt.

Der zweite Schritt zum Familienunternehmen besteht darin, Erben zu haben: eigene Kinder oder Kinder von Verwandten. Ein Familienunternehmen kann nur dann auf Dauer als Familienunternehmen bestehen, wenn es Familienmitglieder gibt, an die Anteile übertragen werden können. Dieser Satz ist ganz offenkundig richtig, aber gleichwohl von fundamentaler Bedeutung:

Es gibt kein Familienunternehmen ohne Familie. Die vorrangige Verantwortung derer, die für das Familienunternehmen verantwortlich sind, muss demnach der Familie gelten.

Nuklearfamilie

Mit König[65] kann die Familie als eine universelle Institution der menschlichen Gesellschaft definiert werden, die Paare und deren Nachkommen umfasst. Als Nuklearfamilie gelten dabei – ebenfalls mit König – Mann und Frau als Elternpaar und deren unmündige Kinder.

Eine Familie entstand traditionell bisher ausschließlich durch Eheschließung und Geburt bzw. durch Adoption.[66] Demgegenüber kann man Familie heute sicher nicht mehr allein über den Akt der Eheschließung definieren, andererseits begründet auch nicht jede Beziehung eine Familie. Ich übernehme einen Definitionsvorschlag von Wingen und Ribhegge, nach dem folgende Elemente für die Familie konstitutiv sind:

> „a) Es gehören ihr mindestens zwei Generationen an, deren Beziehung im Allgemeinen auf Verwandtschaft beruht; b) sie leben in einem gemeinsamen Haushalt; c) die Beziehung ist institutionell durch die öffentliche Anerkennung (meist durch die Ehe) abgesichert."[67]

Institutionelle Anerkennung kann dabei auch von den Verwandten der Familie gewährt oder verweigert werden. In Kapitel 7 wird im Zusammen-

---

[65] Vgl. König, R. (1974): S. 85–105.

[66] Vgl. Tyrell, H. (1983): S. 363.

[67] Ribhegge, H. (1999): S. 202 mit Verweis auf Wingen, M. (1997): S. 5.

hang mit der Unternehmensverfassung deutlich werden, dass es durchaus eine Willensentscheidung ist, unter welchen Bedingungen eine Person als Glied der Familiengesellschafter anerkannt wird. Für den Bestand des Familienunternehmens kommt es tatsächlich kaum auf die Differenzierung zwischen Ehe und Partnerschaft an. Entscheidend für den Bestand des Familienunternehmens ist jedoch, dass es Kinder gibt – eigene Kinder oder Kinder von Verwandten. Ohne Nachkommen gäbe es niemanden, der das Unternehmen als Inhaber weitertragen könnte.

Verwandtschaft

Verwandtschaft bezeichnet gegenüber der Nuklearfamilie den erweiterten Familienverband. Ab der dritten Generation in einer Unternehmerfamilie bilden nicht mehr nur Geschwister den Gesellschafterkreis. Die damit einhergehende fehlende Prägung durch ein einziges, gemeinsames Elternhaus, die größere Anzahl von Personen und die damit meist einhergehenden geringeren Kontakte untereinander führen zu einer deutlich anderen Ausgangslage für das Handeln von miteinander verwandten Gesellschaftern der dritten, vierten und weiterer Generationen. Der größere Kreis der Verwandtschaft kann den Sozialisationsprozess deutlich bereichern. Über die Nuklearfamilie hinaus birgt er ein Angebot von Beziehungsmöglichkeiten zu „signifikanten Anderen"[68]. Damit kann die ohnehin schwierige Position von Kindern in den „erfolgreichen" Unternehmerfamilien erleichtert werden.

Spannbreite der Verwandtschaft

Es gibt kulturelle Unterschiede hinsichtlich der Frage, wie weit oder eng Verwandtschaftsbeziehungen ausgedehnt werden und wie intensiv sie ausgefüllt werden. So wird etwa berichtet,[69] dass bei Auslandschinesen die Verwandtschaftsbeziehung sowohl extensiv ausgedehnt wie auch intensiv ausgefüllt wird. In der Volksrepublik China führt andererseits die Einkind-Politik dazu, dass es kaum Geschwisterbeziehungen, geschweige denn Verwandtschaftsbeziehungen gibt. Soziologen beobachten hier die Entwicklung „fiktiver Verwandtschaftsverhältnisse" in lebenslangen Freundschaftsbeziehungen. Vermutlich kann der engere Zusammenhalt von Menschen aus dem gleichen Geburtsort als ein solches Phänomen fiktiver Verwandtschaftsbeziehungen interpretiert werden.

---

[68]   Vgl. Hildenbrand, B. (2007).

[69]   Vgl. die Ausführungen von Chua, J. H. (2010).

Kinderlose Familie und Verwandtschaft

Die Bedeutung der Verwandtschaft wird deutlich, wenn wir z. B. eine kinderlose Ehe betrachten oder die Tragik eines Ehepaares in Augenschein nehmen, die durch den Tod eines Kindes zu „verwaisten Eltern" geworden sind. In diesen Fällen gewinnt die Einbindung in die Verwandtschaft eine hohe Bedeutung und hat sinnstiftenden Charakter. Bereits durch die gesetzliche Erbfolge ist der Weg der Vererbung bei Erblassern ohne Nachkommen so geregelt, dass das Erbe – in unserem Fall also die Gesellschafteranteile – an die nächsten (lebenden) Verwandten vererbt wird. Durch Gesellschaftervereinbarungen wird in aller Regel sichergestellt, dass keine andere testamentarische Verfügung über die Gesellschaftsanteile möglich ist als die Vererbung an leibliche Abkömmlinge des oder der Unternehmensgründer.

Dadurch dass kinderlose Gesellschafter ihre Anteile an die Kinder ihrer Verwandten, die sog. *next generation*, übertragen oder übertragen müssen, bleiben sie in den die Generationen übergreifenden Zusammenhang der Familie eingebunden: Mit der Übertragung der Anteile an bestimmte Linien der Großfamilie kann der Erblasser persönliche Akzente setzen. Manchmal macht er dabei durch die Bevorzugung früher (oder in früheren Generationen) benachteiligter Gesellschafter eine „alte Schuld" wieder gut. Selbst die kinderlosen Gesellschafter gehen so durch ihr Handeln und die damit verbundenen Wirkungen in die Geschichte ihres Unternehmens ein.

Halbgeschwister

Ein facettenreiches Thema in der Beschreibung der Dynamik von Gesellschafterfamilien stellt das Problem „Halbgeschwister" in Unternehmerfamilien dar – wenn z. B. der erfolgreiche Gründer-Unternehmer ein zweites Mal heiratet und dann von einer jüngeren Frau nochmals Kinder bekommt: Die Archive der Gesellschaftsnachrichten quellen über von Beispielen dieser Art.

Familien schreiben ihre Geschichte über die Generationen hinweg. Wenn alle Abkömmlinge eines Gesellschafters erbberechtigt sind, dann sind Halbgeschwister – möglicherweise auch mit einem sehr großen Altersabstand – in der nächsten Generation der Familiengesellschaft miteinander verbunden. Dies kann eine von vornherein schwierige Konstellation werden, insbesondere wenn ein ehemaliger Ehepartner die im Rahmen der Ehescheidung erfahrenen Verletzungen auf die Stiefkinder überträgt. Allerdings ist auch denkbar, dass sich das Unternehmen als familienbildender Faktor zwischen den Halbgeschwistern erweist: Das gemeinsame „Projekt Familienunternehmen" stärkt dann die Beziehungen untereinander.

Patchwork-Familie

Durch Wiederverheiratung oder aber durch das Eingehen von Lebenspartnerschaften ohne Trauschein kommen immer häufiger „neue" Familien mit Kindern aus unterschiedlichen Elternbeziehungen zustande. Es entstehen sogenannte Patchwork-Familien. Dabei sind die leiblichen Kinder desjenigen Elternteils, der Familiengesellschafter ist, in aller Regel die designierten Erben der Anteile ihres Vaters oder ihrer Mutter. Die Kinder des anderen Partners sind, wenn überhaupt, gegebenenfalls potenzielle Erben eines großelterlichen Vermögens.

Für das Elternpaar einer solchen Patchwork-Familie ist dies eine schwierige Konstellation. In der Regel möchte es eine Gleichstellung seiner Kinder erreichen. Das Familienunternehmen hängt letztlich nur davon ab, dass es überhaupt Kinder gibt. Aus der Sicht des Unternehmensinteresses heraus gibt es zunächst kein Problem mit der „Quasi-Institutionalisierung außerrechtlicher und außerfamiliärer Formen des Zusammenlebens"[70]. Allerdings muss der künftige Weg der Anteile immer eindeutig bestimmbar sein. Daher erlauben die meisten Gesellschafterverträge nur eine Vererbung an die leiblichen Abkömmlinge.

Es ist heute noch nicht absehbar, welche Varianten künftiger Familienentwicklung sich durch die zunehmende Anzahl von Patchwork-Familien entwickeln werden. Die Bindung der Erbfolge an die Blutsverwandtschaft legt eindeutig fest, wer die Anteile an einem Familienunternehmen erben kann, auch wenn es kein eindeutiges Testament gibt. Bei Lebensabschnittspartnerschaften mit Kindern aus mehreren Beziehungen und mit Stiefkindern können die Verhältnisse sehr unübersichtlich werden und es bedarf eindeutiger ehevertraglicher und testamentarischer Regelungen, um Klarheit zu schaffen. Gleichwohl ist zu erwarten, dass sich angesichts neuer Partnerschaftsformen Konzepte dafür entwickeln werden, wie alle Kinder an einem gemeinschaftlichen Wohlstand teilhaben können. Eine denkbare Entwicklung kann dahin gehen, dass Gesellschaftsverträge die Übertragung an adoptierte Stiefkinder zulassen. Es sind aber auch Entwicklungen denkbar, die keine Änderung der Gesellschaftsverträge verlangen. Zum Beispiel kann bei einer großzügigen Ausschüttungspolitik ein ausreichendes persönliches Vermögen außerhalb der Restriktionen des Gesellschaftervertrags entstehen, aus dem die Erbteile von Kindern abgedeckt werden können, die kraft vertraglicher Restriktionen keine Gesellschaftsanteile erhalten können.

---

[70]   Beck, U. (1986): S. 163.

Klan

Bei sehr alten Mehrgenerationen-Familiengesellschaften mit mehreren Dutzend oder Hunderten von Verwandtschaftsmitgliedern haben wir es mit einem Gebilde zu tun, das als „Klan" bezeichnet werden kann. Gerne werden z. B. Großfamilien wie die Gesellschafter von Brenninkmeyer, Haniel oder Henkel als Klans charakterisiert.[71]

> „The cousins must learn to think of themselves as a clan rather than as separate family branches."[72]

Unter Klan[73] versteht man in der Ethnologie eine größere Gruppe innerhalb einer Sozialstruktur (z. B. eines Stammes oder einer regionalen Bevölkerung), die sich von gleichen Vorfahren herleitet und daraus gleichzeitig für sich bestimmte Herrschaftsansprüche ableitet. Der Begriff „Familie" wird im Chinesischen in „jia zu" übersetzt und bedeutet dort „Familie und Klan".

Auch heute kennen wir in allen Gesellschaften weltweit das Phänomen, dass verwandtschaftlich wie wirtschaftlich und machtpolitisch miteinander verbundene Familiengruppen immer wieder Kandidaten für politische oder auch wirtschaftliche Spitzenpositionen stellen.[74] Gemeinsam üben sie ihren Einfluss aus, um bereits erworbenen Besitzstand an gesellschaftlichem Ansehen oder Wohlstand zu konsolidieren oder auf ein höheres Niveau zu bringen. Gerade dieser Fall der Zusammenarbeit in einer weit verzweigten sozialen Gruppe kann ein guter Referenzfall sein, um das Zusammenwirken in einem großen Gesellschafterkreis zu erklären. Der Zusammenhalt des Klans wird von Ouchi[75] begründet mit

- dem Prinzip der Gegenseitigkeit in der Unterstützung,
- der Legitimität der Machtträger, also der Klan-Führer und
- den gemeinsamen Werten und Überzeugungen.

Die Einhaltung der Verpflichtungen aus diesen Ordnungsstrukturen wird nicht – wie in der Familie – durch formale Evaluierungen verwirklicht,

---

[71] Vgl. Heller, E. (2006): S. 88 ff.
[72] Lansberg, I. S. (2003): S. 128.
[73] Vgl. Hillmann, K.-H. (2007): S. 422; Schlesier, F. (1956); Schmitz, C. A. (1964); Lüschen, G. (1988): S. 145 ff.
[74] Vgl. Kotkin, J. (1996).
[75] Vgl. Ouchi, W. G. (1980): S. 137.

Tabelle 2. Zentrale Merkmale verschiedener Familienformen

Familien-eigenschaft	Kernfamilie	Erweiterte Familie (Verwandt-schaft)	Patchwork-Familie	Mehrgenerationen-/ Verwandtschafts-familie
Anzahl der Mitglieder	*Niedrig*	*Mittel*	*Niedrig/ Mittel*	*Hoch*
Unterschied-lichkeit	*Niedrig*	*Niedrig / Mittel*	*Mittel / Hoch*	*Hoch*
Komplexität	*Niedrig*	*Mittel*	*Mittel / Hoch*	*Hoch*

sondern es gilt das Phänomen des „subtle reading of signals that is possible among intimate co-workers but which cannot be translated into explicit, verifiable measures."[76]

Klein[77] veranschaulicht die zentralen Merkmale der verschiedenen Familienformen wie in Tabelle 2 dargestellt.

Vereinigungen

Blickt man einen Schritt über den Klan hinaus, so kommt man zu Gruppierungen, die nicht mehr durch die gemeinsame Abstammung definiert sind. Dies ist z. B. der Fall, wenn ein Unternehmen von zwei nicht miteinander verwandten Kompagnons gegründet wurde. Deren Nachkommen bilden dann eine Gemeinschaft von Familiengesellschaftern, die nicht mehr alle miteinander verwandt sind. Koenen[78] verweist auf die Unternehmensstrukturen der japanischen Zaibatsu, die ähnlich wie Klans agieren und in einem breiten Spektrum gewerblicher Aktivitäten zusammenarbeiten. Ich werde die Erweiterung der Trägerschaft über die Verwandtschaft hinaus zu generalisieren versuchen, indem ich ein Modell des Vereins für große Gruppen von Familiengesellschaftern skizziere.[79]

---

[76] Vgl. ebenda: S. 137.

[77] Klein, S. B. (2008): S. 1084 (übersetzt durch den Verfasser).

[78] Vgl. Koenen, L. M. (2009): S. 31.

[79] Vgl. Abschnitt 4.8.

Entwicklungsdynamik der Familie

Der fortschreitende Wandel der Familien schlägt zwangsläufig auf die Gestaltung der Beziehungen zwischen Familiengesellschaftern und Unternehmen durch, wie sich etwa an folgenden Beispielen ablesen lässt:

- leibliche Abkömmlinge, die als Erben Mitgesellschafter werden, aber als Halbgeschwister nicht ein- und dasselbe Elternhaus mit einer gemeinsamen Kultur erlebt haben,

- Kinder, die ihre Erziehung und Sozialisation – je nach Lebensmittelpunkt der Eltern und Nationalität eines Elternteils – in völlig unterschiedlichen Kulturkreisen erfahren haben,

- Großeltern, die ihre Anteile nicht an ihre eigenen Kinder, sondern direkt an ihre Enkel vererben,

- Gesellschafter, die z. B. einen amerikanischen Ehepartner haben mit unübersehbaren Vermögensrisiken im Scheidungsfall, wenn nicht – international rechtsfeste – voreheliche Verträge geschlossen wurden.

Der institutionelle Rahmen eines Familienunternehmens (Gesellschaftsverträge, Satzungen usw.) beruht auf den überkommenen Verhältnissen der Gesellschaft. Diese kann die künftigen und damit zunächst unbekannten Veränderungen nicht im Vorhinein antizipieren. Verträge und Satzungen wirken daher meist als ein retardierendes Moment gegenüber dem Wandel der gesamten Gesellschaft. Gerade deshalb muss jede Generation von sich aus an dem institutionellen Rahmen arbeiten. Es geht dabei nicht darum, diesen Rahmen mit großer Zeitverzögerung und notgedrungen erst dann anzupassen, wenn es gar nicht mehr anders geht. Vielmehr muss jede Generation einen Rahmen schaffen, in dem die nächste Generation anfangen und sich zurechtfinden kann – bis sie ihn selbst wieder ändern muss.

3.2 Wichtige Merkmale der Gruppe „Familie"

Identitätsbewusstsein

Im Gegensatz zu einem rein biologischen Verständnis des Familienbegriffs reicht es für unsere Zwecke nicht aus, allein auf das Faktum der Abstammung zu verweisen. Es muss noch das Bewusstsein dieser Abstammung hinzukommen, um die Familie als soziale Institution zu konstituieren. Durch ihre Abstammung sind die Menschen eingebunden in die menschliche Geschichte und durch ihre Elternschaft können sie ihrerseits auf den zukünftigen Verlauf der Geschichte einwirken. Dass dieses Wirken vornehmlich durch die Zugehörigkeit zu einer Familie geprägt wird, kennzeichnet das besondere Identitätsbewusstsein der Familie. Identitätsbewusstsein bedeutet, dass sich die Gruppe der Familienmitglieder als eine von der übrigen Gesellschaft gesonderte Gruppe erkennt und versteht. Leibliche Abkömmlinge, von denen man erst nachträglich erfährt, werden trotz biologischer Abstammung oft nicht als zugehörig zu dem durch ein gemeinsames Identitätsbewusstsein umschlossenen Kreis empfunden. Dagegen können adoptierte Kinder ebenso wie Kinder, die irrtümlich einem Familienmitglied als Elternteil zugerechnet werden (sog. „Kuckuckskinder"), sehr wohl als dazugehörig verstanden werden. Adlige Familien pflegen diese feinen Bewusstseinsnuancen in besonderem Maße und demonstrieren ihr ausgeprägtes Identitätsbewusstsein gegenüber der Öffentlichkeit.

Das gemeinsame Identitätsbewusstsein erwächst maßgeblich aus gemeinsamem Erleben: Damit eine Gruppe ein gemeinsames Bewusstsein entwickelt, müssen die Gruppenmitglieder Zeit miteinander verbringen, wechselseitiges Verständnis für einander entwickeln, gemeinsame Erlebnisse haben und zu einer gruppenspezifischen Kommunikation fähig sein. Das Bewusstsein einer gemeinsamen Geschichte ist allerdings wohl die wichtigste Basis für das gemeinschaftliche Identitätsbewusstsein.[80]

Die gemeinsame Identität wird auch gefördert, wenn die Gruppe gemeinsame Interessen hat. Sich bewusst zu machen, welches die gemeinsamen Interessen sind und wie ihnen Rechnung zu tragen ist, ist eine wichtige intellektuelle Leistung zur Identitätsstiftung für die Gruppe. Die Gruppe der Familiengesellschafter hat in diesem Kontext den strukturellen Vorteil, gleichsam ein „natürliches" gemeinsames Interesse zu haben, nämlich die Entwicklung des Familienunternehmens zu fördern. Ein großer Vorteil und eine besondere Attraktion des Familienunternehmens ist darin zu sehen, dass es Angebote zur Identitätsfindung und Sinnstiftung für seine Gesellschafter aufzuweisen hat, wie in den folgenden Abschnitten deutlich werden wird.

Solidarische Nutzenangebote

Die wichtigste und außerordentliche Eigenschaft der Familienbeziehungen ist ihre Grundfunktion, durch gegenseitige Unterstützung die Überlebenschancen und den Lebenserfolg jedes Einzelnen zu steigern. Jeder leistet – entsprechend seinem Vermögen – einen Beitrag zum Erfolg der Familie.

---

[80] Vgl. unten Kapitel 10.

Die größte kulturelle Leistung der Familie besteht in ihrer Fähigkeit, in die Entwicklung des Vermögens ihrer Mitglieder zu investieren. Zu dieser kollektiven Investition in die Förderung einzelner Mitglieder sind sowohl Nuklearfamilie als auch Verwandtschaft und Klan in der Lage. Der Erfolg eines derart geförderten Mitglieds – z. B. als großer Künstler, Forscher oder Unternehmer – strahlt als immaterieller Nutzen oder materieller Nutzen wieder auf die Verwandtschaft zurück.

Gruppenspezifische Kommunikation

Aus der besonderen Intimität der Familie erwächst eine besondere Form der Kommunikation. Der intensive Kontakt führt zur persönlichen Vertrautheit miteinander. Der illusionsfreie, realistische Blick aufeinander verhindert, dass man sich wechselseitig etwas „vormacht". Dies führt gemeinsam mit der Unkündbarkeit der Beziehung zu einer sehr direkten, sehr intensiven Kommunikation miteinander, die geradezu als konstituierendes Merkmal echter Verwandtschaftsbeziehungen gewertet werden kann:[81]

- In der Familie gibt es eine „enthemmte Kommunikation"[82]: Es kann ständig über alles geredet werden und man muss noch nicht einmal begründen, warum.

- Die Kommunikation kann emotional sein, ohne dass dies als unangemessen angesehen würde,

- Die Kommunikation ist identitätsstiftend („Wir machen das so") und normativ („Du musst aber …").[83]

- Die Kommunikation ist oral, spontan und emotional; sie ist somit interpretationsfähig und weniger verbindlich.

Diese direkte, emotionale und normative Kommunikation liefert unmissverständliche Artikulationsmöglichkeiten darüber, wann und wie die wechselseitigen Verpflichtungen eingehalten werden müssen („Du bist schon immer bevorzugt worden!"). Insofern hilft die Kommunikationspraxis die Balance und Hygiene der Beziehungen aufrecht zu erhalten. Wenn es allerdings zu Konflikten kommt, beschleunigt diese unverblümte und emotional aufgeladene Kommunikation die Eskalation eines Konflikts. Die

---

[81] Vgl. Simon, F. B. (1999b): S. 189 ff.; Klett, D. J. (2005): S. 65–67.

[82] Vgl. Luhmann, N. (1990): S. 203.

[83] Vgl. Simon, F. B. (1999b): S. 189 f.

spezifische Kommunikation innerhalb der Familiengesellschaft spiegelt ein wiederkehrendes Thema wider: Die Eigenheiten dieses Verbandes sind Grundlage besonderer Stärken, können jedoch auch „außer Rand und Band" geraten und wirken dann schädlich oder gar zerstörerisch.

All dies ist konträr zu den gängigen Normen für die Kommunikation in Organisationen. Die Verbindung familiärer Kommunikationsgepflogenheiten mit den Usancen der Unternehmensorganisation ist eine der besonderen Herausforderungen im Familienunternehmen. Sie verlangt gegenseitige Rücksichtnahme auf die Besonderheiten des jeweils anderen Systems an den Schnittstellen von Familie und Unternehmen.

3.3   Das Individuum in der Familie

Säkulare Tendenz zugunsten des Individuums

Schon immer hat die soziale Gemeinschaft in ihrem übergeordneten Interesse an ihrer Überlebenssicherung Erwartungen an die Institution Familie gerichtet. Zu diesen Aufgaben der Familie für die Gesellschaft gehören vor allem:[84]

- biologische Erhaltung der Individuen,

- Erhaltung der Art und Sorge für die Nachkommen,

- Sozialisation der Individuen im Hinblick auf die Anforderungen der Gesellschaft,

- Bereitstellung emotionaler und wirtschaftlicher Sicherheit vor allem durch eine voraussetzungslose Solidarität der Familienmitglieder untereinander.

In der historischen Entwicklung waren diese gesellschaftsorientierten und gemeinschaftsbezogenen Grundfunktionen der Familie Bestimmungsgrund und Leitbild der Institution – zumindest scheint uns dies aus unserer heutigen Sicht so gewesen zu sein. Die sozialen Entwicklungstendenzen seit der Aufklärung haben dagegen zu einer immer stärkeren Betonung der Interessen des Einzelnen gegenüber den Ansprüchen der Gesellschaft geführt. Die Individualisierung lässt sich verstehen

---

[84]   Vgl. Boszormenyi-Nagy, I./Spark, G. M. (2006).

„als *Entkopplung und Ausdifferenzierung* [im Original hervorgehoben, Anm. d. Verf.] der (ehemals) in Familie und Ehe zusammengefassten Lebens- und Verhaltenselemente."[85]

Selbstentfaltung, Selbstverwirklichung und Verfolgung der eigenen Interessen haben Vorrang vor den Gemeinschaftsnormen.[86] Und trotz dieses vorherrschenden Trends hält das Familienunternehmen das Banner hoch mit der Aufschrift – je nach Sprachregion – „Business First" oder „Firma vor Familie"?!

Das Familienunternehmen ist eine Institution, in der sich die Widersprüchlichkeit dieser historischen und modernen Entwicklungstendenzen wie unter einem Vergrößerungsglas zeigt: Das Unternehmen ist einerseits wie die Familie eine auf Dauer angelegte Institution, auf die sich hohe Erwartungen der Gemeinschaft richten, doch der Unternehmer ist andererseits geradezu die Inkarnation des erfolgreichen Individuums. Die Individualisierung verweist auf die Autarkie des Einzelnen und auf seinen grundsätzlichen Anspruch auf Selbstentfaltung. Das Ideal des Alleinunternehmers, der einziger Inhaber sowie allein und voll entscheidungsberechtigter Akteur im Unternehmen ist, beruht auf dem Aufstieg des Individuums in der Gesellschaft. Solche Entwicklungstendenzen sind nicht als sich gegenseitig ausschließende Einflüsse zu verstehen, vielmehr durchdringen sie sich gegenseitig sowohl auf der Makroebene der Gesellschaft wie auf der Mikroebene einzelner Lebenswege.

Unbeschadet von der Tendenz zur Individualisierung bleibt die Familie derjenige Bereich, in dem es natürlich und geboten ist, sich an den Erfordernissen der Gemeinschaft zu orientieren. (Natürlich kann gegen diese Norm verstoßen werden, was dann jedoch mit Schuldgefühlen verbunden ist oder mit Sanktionen durch andere Familienmitglieder oder die Gesellschaft.) Als Familie, die das Vermögen und das Unternehmen für die nachfolgenden Generationen bewahren will, müssen die Gesellschafter auf die Bindungskraft der Gemeinschaft setzen. Dies kann im Zeitalter des Individuums aber nur gelingen, wenn die Ansprüche des Individuums nicht negiert, sondern in das gemeinschaftliche Handeln eingebunden werden. Hierbei kann das Unternehmen durch die in ihm angelegte Dauerhaftigkeit eine Stabilisierung gegen moderne Fragmentierungserscheinungen von Ehe und Familie bewirken.

---

[85] Beck, U. (1986): S. 164; vgl. auch Kaye, K. (2002): S. 356 ff.; Stierlin, H. (2005): S. 49 ff.; Hill, P.B./Kopp, J. (2006): S. 329.

[86] Vgl. Stierlin, H. (2005): S. 49.

Das Gelingen der Familie und des Familienunternehmens bedeutet, dass die traditionelle Gemeinschaftsorientierung der Familie nicht durch die moderne Individualorientierung beseitigt wird, sondern dass beiden Orientierungen Rechnung getragen wird.

Bindung des Individuums an die Familie

Die für uns letztendlich entscheidende Frage, ob sich die Gesellschafter an das Unternehmen binden, lässt sich nur positiv beantworten, wenn zuvor erreicht wird, dass sich die Individuen an die Familie binden. Eine seltsame Bedingung der gesunden, langfristigen Bindung an die Familie besteht freilich darin, dass diese eine voll entwickelte Individualität voraussetzt. Diese kann sich aber nur herausbilden, wenn das Individuum sich im Zuge der Adoleszenz von der Familie abnabelt und Selbstständigkeit und Selbstwertgefühl entwickelt.

Lumpkin, Martin und Vaughn[87] haben einen umfassenden Katalog von Charakteristika vorgelegt, die eine starke Familienorientierung von Mitinhabern eines Familienunternehmens kennzeichnen. Überwiegend handelt es sich dabei um Aspekte der psychischen Struktur oder der Haltung des Individuums, die förderlich für bestimmte Bindungsdimensionen sind. Diese Aufstellung kann als Kriterienraster für Analysen der Bindungsintensität verwendet werden und sie beinhaltet natürlich zugleich die Ziele, die eine Führung der Familie anstreben sollte, um die Bindung zu festigen (vgl. Tabelle 3).

Mit Ausnahme des ersten Kriteriums „Identitätsbewusstsein" können die weiteren Merkmale unter dem Oberbegriff „Vertrauensbeziehungen" zusammengefasst werden. Neben vielen anderen weist Bubolz[88] zu Recht darauf hin, dass es eines der fundamentalen Bedürfnisse des Menschen ist, Vertrauen gegenüber anderen aufzubauen. Sie bezeichnet Vertrauen als Basis für jede Form von Umgang miteinander sowie als generelle Grundlage für die Entstehung von moralischem Verhalten. Letzteres wiederum ermöglicht überhaupt erst den Aufbau einer Gemeinschaft. Der Aufbau von Vertrauen ist ein unerlässlicher Bestandteil der Bindung zwischen Kind und Eltern (beziehungsweise anderen versorgenden Personen) und steht am Anfang einer Entwicklung, die zur Ausformung der vorgenannten Charakteristika einer intensiven Familienorientierung führt.

---

[87]   Vgl. Lumpkin/Martin/Vaughn (2008): S. 131.
[88]   Vgl. Bubolz, M. M. (2001): S. 129.

Tabelle 3. Merkmale der Familienorientierung[89]

Identitätsbewusstsein	<ul><li>Persönliche Nähe, vertrauter Umgang miteinander</li><li>Kenntnis der gemeinsamen Geschichte</li><li>Gemeinsames Verständnis der Mission des Unternehmens</li><li>Gemeinsames Verständnis der Mission der Gesellschafter</li><li>Gemeinsames Verständnis der Verantwortung der Gesellschafter</li><li>Rituale, Routinen, Traditionen</li></ul>
Solidarisches Nutzenangebot	<ul><li>Berücksichtigung der Interessen Einzelner bei Entscheidungen</li><li>Unterstützung hilfsbedürftiger Mitglieder</li><li>Verdeutlichung des materiellen und immateriellen Nutzens des Unternehmens</li></ul>
Respektvoller Umgang	<ul><li>Klarstellung der Rollen und Einstellungen</li><li>Konsistenz und Flexibilität</li><li>Berücksichtigung von Regeln – mit Augenmaß</li><li>Fairness</li></ul>
Vertrauen in Personen	<ul><li>Persönliche Nähe</li><li>Offene Kommunikation</li><li>Beachtung von Regeln</li></ul>
Stabilität, Vertrauen in den Bestand des Unternehmens	<ul><li>Strategie der Stabilität</li><li>Klärung der jeweiligen finanziellen Verpflichtungen</li><li>Auf Langfristigkeit ausgelegte Vertragswerke</li></ul>

---

[89] Vgl. ebenda: S. 131 (übersetzt durch den Verfasser).

3.4   Das Individuum in der Verwandtschaft

Beziehung zu den Verwandten im Gesellschafterkreis

Wie die Nuklearfamilie sind die Verwandten ein naturgegebener Bestandteil der Familie, und es bestehen normalerweise von vornherein Beziehungen zu ihnen, deren Intensität freilich geringer ist als die derjeniger innerhalb der Nuklearfamilie.

Die Verwandten bilden als eine von mehreren anderen Gruppen den Außenkreis um die Kernfamilie. Sie stehen in modernen Gesellschaften auf der gleichen Stufe wie enge Freunde, denen man zumutet und unterstellt, das eigene Leben begleiten und mittragen zu können und zu wollen.[90] Während heutzutage in den Verwandtschaftsbeziehungen ein intensiver Kontakt nur zu ausgewählten Verwandten gehalten wird, die „einem liegen" oder die man mag („subjektive Verwandte,"[91]), hat man in der Mehrgenerationen-Familiengesellschaft zumindest in der Funktion als Gesellschafter Beziehungen zu den meisten „objektiven Verwandten".

Die loseren Kontakte und die größere Distanz zwischen den Mitgliedern des Verwandtschaftskreises erlauben es nicht, sich darauf zu verlassen, dass sich Bindungskräfte innerhalb der Verwandtschaft spontan entwickeln oder vertiefen. Daraus folgt, dass die Beziehungen in einem Mehrgenerationen-Gesellschafterkreis bewusst gepflegt werden müssen. Insofern sind Verwandtschaftsbeziehungen ähnlich wie Freundschaftsbeziehungen in noch viel stärkerem Maß als eine Lebenspartnerschaft davon abhängig, dass jeder Einzelne Beiträge zur gemeinsamen Beziehung leistet und dass die Beteiligten die Austauschrelationen insgesamt für angemessen erachten. Hierbei muss aufgrund der größeren Anzahl von Individuen damit gerechnet werden, dass das Spektrum der Wünsche und Erwartungen an die jeweiligen Beiträge weiter gespannt ist und dass die Forderung nach Balance unbedingt geltend gemacht wird. Die Abwägung des Individualinteresses gegenüber den Forderungen nach Gemeinsinn und Gleichbehandlung wird also anders vorzunehmen sein, als es bei der Kleinfamilie möglich ist.

---

[90]   So ein von F. B. Simon im Gespräch mit dem Verfasser verwendetes Bild.
[91]   Vgl. Hill, P. B./Kopp, J. (2006): S. 259.

Theorie der Verwandtenselektion

Nach der Theorie der Verwandtschaftsselektion (kin selection)[92] erhöht der Mensch die Chance zur Verbreitung seiner Gene auch dadurch, dass seine Blutsverwandten Kinder haben und er dazu beiträgt, dass die Blutsverwandten überleben und Lebensumstände haben, die Kinderreichtum ermöglichen. Mit dieser Theorie wird u. a. altruistisches Verhalten innerhalb der Verwandtschaft erklärt. Sie verleiht der Verantwortung für den Zusammenhalt auch in einer weit verzweigten Verwandtschaftsgruppe eine tiefe Dimension.[93] Insofern wäre es möglich, dass der Verwandtschaftsbeziehung im Rahmen der menschlichen Evolution eine viel höhere Bedeutung zugeschrieben werden muss, als dies dem modernen Menschen bewusst ist. Es lässt sich aber auch einfacher über die oben erwähnte Reziprozitätsregel erklären, dass ein altruistisches Verhalten im Kreis der Verwandtschaft ein nutzbringendes Verhalten ist. Man kann damit rechnen, dass der eigene Altruismus im Fall eigener Bedürftigkeit auch die Verwandten leichter zu altruistischem Verhalten veranlasst.

3.5 Verantwortung für die Gesellschaftergruppe beim Zerfall der Ehe

Trotz neu entstandener Gemeinschaftsformen in der zweiten Hälfte des letzten Jahrhunderts ist die Ehe nach wie vor die am häufigsten anzutreffende Lebensform und der Wunsch nach Kindern ist dabei ein wesentlicher Grund für die Eheschließung.[94] Gleichwohl kann die ungestörte, lebenslang aufrechterhaltene Monogamie nicht mehr als der dominierende Normalfall angesehen werden. Außereheliche Beziehungen, Scheidung, Wiederverheiratung, Dreierbeziehungen, gleichgeschlechtliche Lebensgemeinschaften und andere Formen des Zusammenlebens sind in der modernen Gesellschaft immer häufiger anzutreffen. In den von Unternehmertum und Wohlstand geprägten Gesellschaftskreisen ist die Wahrscheinlichkeit solcher neuen Lebensformen nochmals größer, da die finanziellen Folgen von Scheidungen „standesgemäß" bewältigt werden können und den neuen Partnern gleich-

---

[92] Vgl. Aronson/Wilson/Akert (2004): S. 405 mit weiteren Verweisen.
[93] Hierzu gehört auch die oben erläuterte Regelung, dass kinderlose Gesellschafter ihre Anteile im Verwandtenkreis vererben müssen.
[94] Vgl. Nave-Herz, R. (1994): S. 9.

zeitig aussichtsreiche Lebensperspektiven eröffnet werden können. Es muss daher davon ausgegangen werden, dass jedem Gesellschafter eine Neuorientierung in Bezug auf seine persönliche Lebensgestaltung widerfahren kann. So bedauerlich und belastend eine solche Entwicklung für die Betroffenen auch sein mag: Mit Blick auf das Familienunternehmen und das Anliegen der Nachhaltigkeit geht es allein darum, die Auswirkungen derartiger Neuorientierungen auf die Generationenfolge und den Zusammenhalt der Gesellschafter in der nächsten Generation zu bewältigen.

„Gekündigt wird nur dem Ehepartner, mit dem das Zusammenleben nicht länger erträglich ist, gekündigt wird nicht den Kindern.“[95] Das Ziel der notwendigerweise zu treffenden Regelungen im Fall einer Scheidung besteht darin, sicherzustellen, dass die Unternehmensanteile bei der Familie bleiben. Allerdings kann die Existenz von Halbgeschwistern die Eltern-Kind-Beziehungen nachhaltig beeinflussen.

Die Standardvorkehrung in den Gesellschaftsverträgen für solche Fälle sieht vor, dass Ehepartner keine Anteile an der Gesellschaft erwerben können. Dies wird vertraglich durch die positive Formulierung festgelegt, dass nur Abkömmlinge des oder der Unternehmensgründer als Gesellschafter zugelassen werden. Damit wird verhindert, dass der geschiedene Gesellschafter seine erste Ehefrau auf der Gesellschafterversammlung trifft – oder noch delikater: dass die zweite Ehefrau ihrer geschiedenen Vorgängerin als Mitgesellschafterin begegnet. Wichtiger als dieser eher atmosphärische Effekt ist die Überlegung, eine allzu große Aufsplitterung der Anteile sowie unklare, strittige Wege der Anteilübertragung zu vermeiden!

Aus der Sicht des jeweiligen Ehepartners dürfte die entscheidende Frage ohnehin nicht sein, ob der andere Ehepartner Gesellschafter wird. Das entscheidende Anliegen richtet sich vielmehr darauf, dass die eigenen Kinder die Anteile erben. Dies ist das natürliche Interesse jedes Elternteils. Darüber hinaus ist das Versorgungsinteresse des Partners legitim: Die Gesellschafterstellung der Kinder sollte auch den Wohlstand des geschiedenen Elternteils gewährleisten. Wenn sich der Erblasser nicht durch Vorausschenkungen oder Erbverträge selbst gebunden hat, behält er die Entscheidungshoheit darüber, welchen Kindern aus welcher Verbindung er seine Anteile vererben will. Es scheint, dass in diesem Zusammenhang die Kinder einer späteren Verbindung einen gewissen Vorteil haben; zumindest weisen einige Präzedenzfälle darauf hin. Dass die geschiedene Ehefrau sich in der Regel bemüht, die Vererbung der Gesellschafteranteile an ihre

---

[95] Tyrell, H. (1983): S. 365; vgl. auch Nave-Herz, R. (1994): S. 117.

eigenen Kinder vertraglich sicherzustellen, und dass dies auch gelingen kann,[96] bestätigt eher die „Gefahr" der Bevorzugung der Abkömmlinge aus einer nachfolgenden Verbindung.

3.6 Verantwortung für die Generationenfolge

Kinder

Ein erfolgreiches Familienunternehmen ist in der Regel darauf angelegt, auf Dauer unabhängig und im Familieneigentum bestehen und sich positiv entwickeln zu können. Mit dem Ziel, ein „wohl bestelltes" Haus an die nächste Generation zu übergeben, verknüpft ein Ehepaar elterliche mit unternehmerischen Zielen. Diese Ziele setzen die Existenz von Erben voraus – eine keinesfalls mehr selbstverständliche Voraussetzung, wenn man bedenkt, dass sich die jährliche Geburtenrate im Jahr 2008 im Vergleich zum Jahr 1964 nahezu halbiert hat.[97]

Idealerweise sind die Erben leibliche Abkömmlinge. Insbesondere für die Gründergeneration ist die Bewahrung des Familienunternehmens ausschließlich durch eigene Abkömmlinge noch eine offensichtliche Selbstverständlichkeit. Gewiss wird man im modernen Verständnis von Elternschaft heute nicht mehr differenzieren, ob Kinder aus einer ehelichen Verbindung entstammen oder aus einer nicht-ehelichen Beziehung. Damit allerdings ein Kind einen der spezifischen Vorteile der Familienangehörigen erwerben kann, nämlich in unmittelbarer Nähe zum Unternehmen aufzuwachsen, muss es in einer dauerhaften Beziehung und im Haushalt des Gesellschafters heranwachsen. Insgesamt stellen die Kinder für das Familienunternehmen ein wichtigeres Fortbestandsmerkmal dar als die Institution der Ehe.

Wenn eine Verbindung kinderlos bleibt, ist häufig zu beobachten, dass ein Unternehmer ein weiteres Mal heiratet, um mit einer neuen Ehefrau Kinder zu haben. Entsprechende Fälle aus dem Hochadel sind in die Geschichte eingegangen, doch sie sind auch in den von den Medien unbeach-

---

[96] Erkner verweist in diesem Zusammenhang auf den Fall von Anna Dachser-Geissler, die eine Änderung des gültigen Ehe- und Erbvertrags erreichte. Mit der durchgesetzten Änderung gelang es ihr sicherzustellen, dass ausschließlich ihre Kinder nach dem Tod des geschiedenen Ehemanns Gesellschafter werden sollten. Vgl. hierzu Erker, P. (2008): S. 75.

[97] Vgl. Statistisches Bundesamt (2009).

teten Verbindungen des Bürgertums anzutreffen. Wenn eindeutig keine leiblichen Abkömmlinge zu erwarten sind, bleiben als Erben der Anteile in der nächsten Generation die Verwandten (Neffen, Nichten) oder aber adoptierte Kinder. Die Frage, welche Beschränkungen oder Zugangsvoraussetzungen für Erben bestehen, markiert einen der wichtigen Regelungsbereiche der Familienverfassung (sofern eine Abweichung von der gesetzlichen Regelung gewünscht wird).[98]

Unterstützung des Kinderwunsches

Da es im Interesse der Institution Familienunternehmen liegt, dass es eine Gesellschafterfamilie gibt, stellt sich die Frage, auf welche adäquate Weise das Unternehmen den Wunsch nach Kindern so gut wie möglich unterstützen kann. Dies kann zunächst wohl nur durch finanzielle Unterstützung geschehen. Einen Unternehmerhaushalt denkt man sich freilich gemeinhin als wohlhabend, so dass die Frage nach finanzieller Unterstützung zunächst eher unpassend erscheinen mag. Blickt man jedoch auf die Mehrgenerationen-Familiengesellschaft mit einer großen Anzahl von Gesellschaftern, dann sind die Wohlstandseffekte aus dem Unternehmen nicht mehr als automatisch vorhanden anzunehmen. Wenn im Gesellschafterkreis das Firmeninteresse außerdem als absolute Priorität hochgehalten und durch eine asketische Ausschüttungspolitik untermauert wird, dann haben die Gesellschafter wenig oder keinen Nutzen von den Werten, die die Gesellschaftsanteile repräsentieren.

Die erste praktische Maßnahme besteht darin, die Ausschüttungspolitik so zu gestalten, dass die Gesellschaftergeneration in den aktiven Elternjahren, also in der Zeit, in der die Kinder im eigenen Haushalt leben, angemessene Ergebniszuflüsse erhalten. Auch beim Transfer von Anteilen der älteren Generation an die jüngere Generation sollte dem Grundsatz der ausreichenden finanziellen Mittel für Eltern mit heranwachsenden Kindern Rechnung getragen werden. Unter der kurzfristigen, einseitigen und insofern falschen Zielsetzung, heute Steuern zu sparen, werden Anteile oft dergestalt übertragen, dass das Nießbrauchrecht an den Gewinnausschüttungen bei der abgebenden, älteren Generation verbleibt. Dies führt auf lange Sicht jedoch dazu, dass die immer älter werdende Generation überreich mit Einkünften versorgt wird und die jüngere, aktive Elterngeneration am Wohlstand des Unternehmens nicht partizipiert.

---

[98] Vgl. Abschnitt 7.3.

Eine weitere Dimension der Solidarität ergibt sich, wenn spezifische Leistungen an Eltern mit Kindern vorgesehen werden. So sind z. B. Familienstiftungen denkbar, die den Elternhaushalten die Kosten für Haushaltshilfen erstatten und die Ausbildungskosten der Kinder übernehmen. Nun darf in diesem Zusammenhang aber auch nicht verschwiegen werden, dass es in der Welt der Familienunternehmen auch solche gibt, in denen man sich Sorgen über zu viele Gesellschafter macht. Hier herrscht häufig die Einstellung, dass ein Familienunternehmen am besten mit einem Alleingesellschafter oder – wenn dies nicht mehr möglich ist – mit möglichst wenigen Gesellschaftern gedeihe. Meiner Meinung nach ist diese Einstellung nicht „nachhaltig" für Unternehmen und Familie und daher letztlich nicht verantwortbar. Es ist jedoch im Bereich persönlicher Überzeugungen unmöglich, objektive Wahrheiten zu postulieren, und so gibt es auch Gesellschaftervereinbarungen, in denen die Anzahl der möglichen Erben begrenzt wird.[99] Technisch ist dies natürlich nur eine Regelung zu einer dynastischen Vererbung. Mit Blick auf die Fortführung der Familie könnte aber eine solche Vertragsregelung als Signal interpretiert werden, dass nur die Beschränkung auf wenige Erben das Vermögen zusammenzuhalten vermag. Angesichts der sinkenden Geburtenzahlen stellen sich Eltern heute allerdings ungleich häufiger die Frage, ob ihre Kinder ihnen überhaupt Enkelkinder schenken werden.

> „Wie schafft man es, dass sich über 14 Generationen immer jemand findet, der das Unternehmen leiten kann und will? Die Antwort ist denkbar einfach: »Die Mellerios waren immer eine sehr kinderreiche Familie«, erklärt Emilie Mellerio (31), Vertreterin der 15. Generation … Viele Kinder erhöhen die Chance, dass sich darunter eines findet, das sich für das Unternehmen interessiert. Aber viele Kinder erhöhen eben auch das Risiko, dass es zum Streit oder zur Erbteilung kommt."[100]

Erben und Nachfolger

Für den Gründer-Unternehmer verbindet sich mit dem Wunsch nach Nachkommen der Wunsch nach einem Nachfolger. Aufgeklärte Eltern sind heute – Ausnahmen bestätigen die Regel – nicht mehr allein auf Söhne als Nachfolger fixiert, sondern können sich auch Töchter in dieser Rolle vorstellen. Gleichwohl kann es sein, dass Kinder, die für die Nachfolge nicht für geeignet gehalten werden oder die sich selbst dafür als nicht geeignet

---

[99] Vgl. Erker, P. (2008): S. 133.
[100] Strick, S. (2007): S. 8.

ansehen, bestrebt sind, doch noch einen Nachfolger für das Unternehmen zur Verfügung zu stellen, indem sie ihre Partnerwahl – vermutlich unbewusst – danach ausrichten. Die folgende Geschichte aus dem Familienunternehmen Dachser illustriert diese zeitlos gültig scheinende Sehnsucht von Eltern. Christa Rohde-Dachser berichtet:

> „Wenn meine Mutter früher, als wir noch Kinder waren, darauf angesprochen wurde, wie denn das Nachfolgeproblem bei Dachser gelöst werden sollte, wo sie doch nur Töchter habe, antwortete sie regelmäßig:»Die Töchter werden dazu später schon die passenden Schwiegersöhne bringen, wenn sie erst alt genug dafür sind.« Meine Schwester hat in ihrem Leben diese Voraussage meiner Mutter wahr gemacht. Sie hat früh, nämlich mit 20 Jahren, geheiratet. Ihr Mann, Thomas Simon, wechselte mit der Eheschließung von dem elterlichen Betrieb, in dem er damals arbeitete, zu Dachser über, um dort nach einer kurzen Einarbeitungszeit sehr schnell immer verantwortungsvollere Aufgaben zu übernehmen."[101]

Regelung der Vererbung im Hinblick auf die Generationenfolge

Kaum eine Entscheidung im Familienunternehmen hat so langfristige Auswirkungen über die Generationen hinweg wie die Regelung der Vererbung. Mit kaum einer Entscheidung tut sich mancher Erblasser so schwer, bis er eine persönliche Überzeugung gewonnen hat, wem er seine Anteile vererben soll. Es würde den Rahmen dieser Schrift sprengen, die hierfür maßgeblichen Aspekte auszudifferenzieren.[102] Hier können nur einige grundsätzliche Weichenstellungen aufgeführt werden:

1. Im ersten Schritt geht es darum, ob mit dem Vermögensübergang eine Nachfolgerstellung in der Geschäftsführung begründet werden soll. Wenn dies beabsichtigt ist, werden möglicherweise ein großer Teil der Anteile oder sogar alle Anteile an den auserwählten Nachfolger übertragen (sogenannte „dynastische Vererbung"). Diese Entscheidung kann im Rückblick möglicherweise schädlich für den langfristigen Bestand des Familienunternehmens sein, wenn z. B.

   - der ausgewählte Nachfolger ungeeignet ist,

   - dessen Kinder als nachfolgende Nachfolger ausgewählt werden, aber nicht geeignet sind,

---

[101] Erkner, P. (2008): S. 314.

[102] Vgl. hierzu das Buch des Verfassers (in Vorbereitung) zur „Inhaberverantwortung beim Vermögensübergang".

- die Erbersatzansprüche der nicht bedachten Kinder die Kapitalbasis des Familienunternehmens beeinträchtigen,

- bei ungleicher Verteilung der Anteile zwischen den Kindern von
Anfang an der Grund für eine andauernde Rivalität gelegt wird.

2. Wenn die Frage der Nachfolge von der Frage der Anteilsvererbung
getrennt wird, erfolgt nach heutigem Familienverständnis und Ge-
rechtigkeitssinn in der Regel eine Vererbung nach dem Gleichheits-
prinzip. Aber auch im Rahmen einer solchen Grundentscheidung
sind viele Gestaltungsvarianten möglich.

3. Eine Variante der Gleichverteilung, die eine überzeugende Signalwir-
kung zur Unterstützung des Kinderwunsches bei der nachfolgenden
Generation hat, wäre folgende Vererbungsregel: Die Großeltern verteilen ihre Anteile in gleichen Quoten auf die Enkel.[103] Mit einer solchen Vererbung *pro rata* der Enkel würde auch die annähernd gleich-
mäßige Verteilung der Anteile bei der übernächsten und vermutlich
zumindest einer weiteren Generation gefördert. Diese Gleichverteilung hat eine tendenziell günstige Wirkung auf die Bereitschaft der
Gesellschafter zur Zusammenarbeit. Die Gleichverteilung wirkt auch
dem frühzeitigen Entstehen von Minianteilen entgegen.

3.7 Erziehung und Sozialisation der nächsten Gesellschaftergeneration

Erziehung

Die aus der Sicht der menschlichen Gesellschaft bedeutendste Funktion für
die Nachkommen ist deren Erziehung und Sozialisation zu wertvollen
Mitgliedern der Gesellschaft. Ebenso ist es aus Sicht der Familiengesellschafter unabdingbar, dass künftige Mitglieder der Gesellschaftergemeinschaft für ebendiese Rolle vorbereitet werden. Das Verantwortungsgefühl
eines Gesellschafters wird nicht vererbt, sondern kann nur in einem länger
andauernden Prozess vermittelt und erworben werden.

Mit der Betrachtung der Themen Erziehung und Sozialisation bewegen
wir uns in zentralen Bereichen der Erziehungswissenschaft. Ungeachtet

---

[103] Ob dies direkt geschieht oder über ein Vorerbe an die Eltern, ist nur eine eher
technische Frage.

der differenzierten und seit Jahrhunderten geführten Diskussion um Inhalte und Schwerpunkte von Erziehung gehen wir von der fundamentalen Grundkonstellation aus, dass es einen Erzieher geben muss, der zielgerichtet auf das Kind mit der Absicht einwirkt, das Verhalten des Kindes dauerhaft zu prägen.[104]

Sozialisation

Der Erziehungsprozess wird überlagert und fortgeführt durch den Prozess der Sozialisation. Sozialisation meint nach Geulen[105] die „Entstehung und Bildung der Persönlichkeit aufgrund ihrer Interaktion mit einer spezifischen materiellen, kulturellen und sozialen Umwelt". Dabei wird in der Regel unterschieden zwischen der familiären Sozialisation, auch Primärsozialisation genannt, und der schulischen und weiteren gesellschaftlichen Sozialisation (Sekundärsozialisation). Zentrale Sozialisationsinstanzen sind dabei die Familie, die Verwandten, die Schule, Gruppen von Gleichaltrigen und in unserem Fall natürlich in besonderer Weise auch das Familienunternehmen. Sozialisation findet immer in einem Spannungsfeld statt, das von der Selbstbestimmung des Einzelnen und seiner Anpassung an die Umwelt gekennzeichnet ist. Weitere Spannungsfelder stellen die Bedürfnisse z. B. des Kindes einerseits und die Werte, Normen und Kultur der Gesellschaft andererseits dar.

Erziehung in der Familie

Die familiäre Sozialisation ist die Basis für die Entwicklung der Persönlichkeit. Ziele und Methoden dieser Sozialisation haben sich in der Vergangenheit verändert und werden sich in der Zukunft mit dem sozialen Wandel der Familie entwickeln. Schon immer wurde versucht, „ideale" Erziehungsziele zu bestimmen.[106] Als zeitgemäßes Beispiel für den Versuch, eine moderne ideale Familie als Sozialisierungsumfeld für Unternehmerkinder zu beschreiben, zitiere ich eine Auflistung von Vogt:

---

[104] Das Ideal, dass sich Erzieher und Kind gemeinsam darum bemühen, die Einhaltung von Normen oder Regeln zu erarbeiten, wird demgegenüber nicht mehr originär dem eigentlichen Erziehungsgeschehen zugeordnet. Vgl. hierzu Schwenk, B. (1989): S. 437 f.

[105] Geulen, D. (2004): S. 101.

[106] Vgl. hierzu z. B. Rousseau, J. J. (1998), Mollenhauer, K. (1994), Fertig, L. (1984).

„Auch eine funktionierende Familie hat Ziele. Ihre Hauptziele sind:

- Erziehung der Kinder,
- Erfüllung der wirtschaftlichen, emotionalen, physischen, intellektuellen Bedürfnisse und Ziele der Mitglieder der Familie,
- Wachstum für jedes einzelne Familienmitglied,
- abgestimmte Rollen- und Funktionsverteilung zwischen den Familienmitgliedern mit Leistungsanforderungen,
- Ritualisierung bei Auseinandersetzung durch Spielregeln,
- gegenseitiges Basisvertrauen und Wir-Gefühl in der Familie,
- Vermeidung von Unterforderung und Überforderung, von Verwöhnungssyndromen oder zu viel Stress,
- Kommunikation auch mit der Außenwelt, die Familie nicht als Festung, sondern als offenes System,
- Vermeidung von biologischem oder sozialem Inzest,
- Vermeidung von Nepotismus,
- Führungsdual: entweder Vater beliebt oder tüchtig oder Mutter tüchtig oder beliebt (Kombinationen Vater und Mutter beliebt, aber untüchtig oder Vater und Mutter tüchtig, aber unbeliebt bringen in der Regel Schaden in der Familie),
- Meisterung kritischer Phasenübergänge wie Emanzipation, Pubertät, Heirat, Tod, Erbschaft,
- Gerechtigkeit und klare Regelungen in der ökonomischen Sphäre, um die materielle Basis nicht zu gefährden,
- keine Scheinlösungen von Problemen durch Abkapseln (die Familie als Festung), Theaterspielen, so tun als ob, Zuweisung von Problemen an Sündenböcke oder Schwache.

Wenn die Familie in dieser so beschriebenen Weise ihre Ziele erreicht und funktioniert, wird sie, sofern sie Eigentümer eines Familienunternehmens ist und zusätzlich Familienmitglieder in Organfunktionen oder anderen Tätigkeiten im Familienunternehmen arbeiten, das Familienunternehmen zu überdurchschnittlicher Leistung und zu überdurchschnittlichen Ergebnissen führen.

Diese Schilderung ist die Schilderung eines Idealzustandes. Ein Idealzustand wird immer nur angestrebt, aber nie erreicht. Wer den Idealzustand erstrebt, im Wissen, daß er ihm nahekommen will, ihn aber nicht erreichen kann, ist auf dem richtigen Weg."[107]

---

[107] Voigt, J. F. (1990): S. 40 f.

Wie eine Art Zusammenfassung des Gesagten lässt sich hier die Anmerkung von Kay verstehen:

„Raise responsible children. This point may appear obvious. I mention it only because most discussions of preparing children to succeed in the family business begin with their entry into the business instead of with their entry into society."[108]

Zur Beschreibung eines Idealzustandes gehört auch eine ideale Methodik in den erzieherischen Interventionen. Während die Eltern früher ohne Zweifel ihre persönlichen Ziele und Wünsche für ihre Kinder in der Erziehung durchsetzen mochten, wird dies heute nicht mehr als angemessen beurteilt. Heute wird die ethische und soziale Verantwortung der Eltern darin gesehen, die eigenständige Persönlichkeit der Kinder zur Entfaltung zu bringen. Statt zu Ge- und Verboten greifen die Eltern zu Erklärungen, Diskussionen und Verhandlungen.[109] Im Bemühen um möglichst kindgerechtes Einwirken passen sich die Eltern an die Heranwachsenden an statt umgekehrt.[110] Dieser Entwicklung liegt ein Wandel von gesellschaftlichen Werten und Normen zugrunde, der an dieser Stelle nur erwähnt, aber nicht diskutiert werden kann. Dieser Wandel muss jedoch als gegeben akzeptiert werden; er beeinflusst daher auch unmittelbar die elterlichen Erziehungsziele, egal wie diese im Einzelnen – explizit oder unreflektiert – inhaltlich formuliert werden. Gensicke merkt in diesem Zusammenhang an, dass diese Entwicklung

„jene Entlastungschance [zerstört], die früher die Tradition bot ... Die moderne Gesellschaft bietet zwar Chancen für ein selbstbestimmtes und genussreiches Leben. Sie schafft aber auch neue Risiken und Probleme, denn sie nimmt den Menschen die sicheren Maßstäbe dafür, was »angemessen«, »üblich« und »richtig« ist."[111]

Das Familienunternehmen kann als generationsübergreifende Institution dennoch weiterhin als Hort der Tradition wirken. Auch dies ist eine besondere Bedingung – möglicherweise auch eine nachteilige – für die Sozialisation von Gesellschafterkindern.

---

[108] Kay, K. (1992): S. 247.

[109] Vgl. Nave-Herz, R. (1994): S. 62.

[110] Vgl. Schütze, Y. (1993): S. 335 ff.

[111] Gensicke, T. (1994): S. 23 f.

Besondere Bedingungen für die Erziehung und Sozialisation von Gesellschafterkindern

Eine besondere Bedingung für das Heranwachsen von Gesellschafterkindern liegt darin, dass das Unternehmen bereits „da" ist, das Familienleben durchdringt und dass alle Familienmitglieder davon ausgehen, dass es auch in der nächsten Generation fortbestehen wird – mit all seinen Herausforderungen, aber auch als Quelle des Wohlstands und als Wirkungsfeld für Beruf und berufsähnliche Tätigkeiten. Simon weist auf die Erschwernisse des Sozialisationsprozesses in Inhaberfamilien hin:

> „In einer Unternehmerfamilie aufzuwachsen, ist ein Risikofaktor, das heißt, die Wahrscheinlichkeit, psychische Probleme zu entwickeln, ist in solchen Familien größer als durchschnittlich zu erwarten wäre."[112]

Eine weitere nicht zu unterschätzende Besonderheit für heranwachsende Kinder von Unternehmern und Nachkommen von Gesellschaftern insgesamt besteht darin, dass der oder die familiären Erzieher zugleich zentraler Bestandteil der sozialisierenden Umwelt – hier des Familienunternehmens – sind.[113] Während Nachkommen aus Nicht-Gesellschafterfamilien sich überwiegend in sozialisierenden Umwelten bewegen, die „erzieherfrei" sind (Freundeskreis, Vereine, usw.), kommt bei Nachkommen aus Gesellschafterfamilien ein Sozialisationsumfeld hinzu, das ohne die Eltern oder Gründer aus dem Familienkreis nicht existieren würde und das substanziell durch diese geprägt ist:

> „Hier haben wir es mit einer Situation zu tun, in der nicht allein Individuen an soziale Systeme gebunden sind (als Familienmitglieder oder Mitarbeiter), sondern zwei soziale Systeme sind in ihrer Entwicklung aneinander gekoppelt und durchlaufen eine Ko-Evolution. Durch das Eigentum am Unternehmen, das aber in der zweiten Generation meist zwischen mehreren Familienmitgliedern aufgeteilt ist, wird das Unternehmen zu einer gemeinsamen, für alle einzelnen Familienmitglieder wie auch die Familie als Ganzes relevanten Umwelt … so ist … in der Ko-Evolution von Familie und Unternehmen die Entwicklung der internen Kommunikationsmuster und Strukturen beider Systeme aneinander gekoppelt."[114]

---

[112] Simon, F. B. (2007): S. 88.

[113] Vgl. Erdmann, C. (2010).

[114] Simon, F. B. (2007): S. 88.

„Aber auch in älteren, größeren und finanzkräftigen Unternehmen, in denen die Fabrikanlagen klar getrennt vom familiären Wohnsitz liegen, kommt es zur Aufhebung der Grenze zwischen Familie und Unternehmen. Nur ist diese Grenzverwischung nicht räumlich, sondern kommunikativer Art: Die familiäre Konversation hat das Unternehmen weit öfter zum Thema, als es die beruflichen Erfahrungen der Familienmitglieder in anderen Familien sind. Dadurch, dass es um »unser« Unternehmen geht, werden die Kinder früh an die alltäglichen, manchmal existenziellen, ökonomischen Fragestellungen und Probleme der Eltern herangeführt. Die Bedeutung des Unternehmens – emotional wie finanziell – für die Familie ist für die Kinder nicht zu übersehen."[115]

Insofern unterscheidet sich die Sozialisation von Unternehmer- und Gesellschafterkindern grundlegend von derjenigen anderer Kinder. Entsprechendes gilt auch umgekehrt für die Erziehung und später dann für die Ausbildung. Bei sämtlichen Entscheidungen, z. B. im Bereich der häuslichen Erziehung, bei der Wahl der Schule und des Schultypus (naturwissenschaftlicher, wirtschaftlicher oder musischer Zweig), muss immer auch entschieden werden, ob die spätere Funktion als Gesellschafter Einfluss auf die Entscheidung haben soll oder nicht. Entsprechend verhält es sich bei Fragen zur Wahl der Studienrichtung, zum Engagement der Nachkommen im eigenen oder in fremden Unternehmen, zu berufsbegleitenden Ausbildungsprogrammen usw. Diese Entscheidungsnotwendigkeit ist in Nicht-Unternehmerfamilien nicht gegeben.

Man denkt in diesem Kontext zunächst meist an die Nachfolge des Heranwachsenden in der Unternehmensführung. Es geht aber – je nach Konstellation im Unternehmen und der Erwartungshaltung der Eltern – um ein breiteres Spektrum von möglichen, künftig einzunehmenden Rollen:

- die Position „des Unternehmers", d. h. die Nachfolge eines aktiv in der Unternehmensführung tätigen Gesellschafters,

- die Rolle der „inaktiven Tochter", verbunden mit der Aufgabe, einen Nachfolger in Form eines hierfür geeigneten Schwiegersohnes zu finden,

- eine Tätigkeit im Unternehmen an verantwortlicher Stelle,

- die Rolle des verantwortlichen Gesellschafters mit eigenständigem Beruf außerhalb des Unternehmens,

- die Rolle des verantwortlichen Vermögensbesitzers.

---

[115] Simon, F. B. (2007): S. 90 f.

Wenn man einmal mit Helm Stierlin (1978) als gegeben annimmt, dass die spätere seelische Gesundheit und Krankheit eines Menschen im Wesentlichen davon bestimmt wird, ob die „bezogene Individuation" gelingt, so erweist sich dies in Unternehmerfamilien für die Kinder als schwieriger als in anderen Familien. Bezogene Individuation heißt, dass ein Kind in der Kommunikation mit den für seine Person bedeutungsvollen Menschen in seiner Umwelt – das sind in den frühen Jahren die anderen Familienmitglieder, später auch die „Peers" – die Aufgabe zu bewältigen hat, dass es sich einerseits von ihnen abgrenzen muss, ohne die Beziehung aufzugeben oder abzubrechen, und dass es sich auf der anderen Seite mit ihnen identifizieren muss, ohne mit ihnen zu verschmelzen oder die Grenzen zwischen sich und den anderen aufzulösen. Dabei helfen die Peers mit ihren Beobachtungs- und Bewertungsschemata bei der Abgrenzung gegen die Eltern und die traditionellen familiären Werte, während die Eltern die Abgrenzung gegen die von Zeitgeist und Moden bestimmten Erwartungen der Peers unterstützen. In dieser Dreiecksbeziehung gelingt es in der Regel den meisten Jugendlichen, einen Weg zu finden, der ihnen Individualität und soziale Akzeptanz gleichermaßen sichert.[116]

Wenn nun festzustellen ist, dass die Erziehungsziele für Gesellschafterkinder besonders komplex sind und dass durch das bindende System einer gesellschaftlich erfolgreichen Familie besondere Risiken bestehen, möchte man hoffen, dass es eingehende Forschung und wertvolle Lebenshilfe zu dieser Aufgabe der Eltern gebe. Dem ist erstaunlicherweise nicht so. Es gibt unübersehbare Veröffentlichungen zur Nachfolgefrage, aber für die vorgelagerte Erziehungsphase, die Erziehung zum verantwortlichen Menschen und zum verantwortlichen Gesellschafter, gibt es nur wenig Literatur. Das Thema wird in einer Reihe von Publikationen schon seit den 1950er Jahren erwähnt,[117] aber erst durch Erdmann[118] ausführlicher behandelt. Bemerkenswert ist, dass inzwischen auch Unternehmensberater Seminare anbieten, die sich an Eltern wenden, die ihre Erziehungssituation reflektieren wollen.[119]

---

[116] Simon, F. B. (2007): S. 89.

[117] Vgl. hierzu beispielsweise Zima, N. (1954); Meyer-Mark, H. (1956); Weibel, J. (1964); Elhardt, J. (1971); Fink, M./Zimmermann, N. (1989); und Flick, H. (1993).

[118] Erdmann, C. (1998): S. 60ff.; sowie dies. (1999).

[119] So bietet die INTES Akademie für Familienunternehmen ein Seminarmodul von C. Sies an zum Thema „Wie man Kinder erzieht".

Aus dieser nicht ohne weiteres zugänglichen Literatur werde ich hier umfangreiche Zitate übernehmen.

Die speziellen Bedingungen für die Erziehung in einem Unternehmenshaushalt erscheinen uns in folgenden Themenbereichen erfassbar:

- Transfer von Sozialisationseinflüssen aus dem Unternehmen in die Familie,

- Erziehung zu einer eigenständigen Berufstätigkeit,

- Erziehung unter der Gegebenheit des Wohlstands,

- Erziehungsziel „Nachfolge",

- Erziehung zur Übernahme der Gesellschafterverantwortung.

Der Einfluss des Unternehmens in der Sozialisation

Das Familienunternehmen selbst ist natürlich keine Person, die am Erziehungsprozess mitwirken könnte, doch es übt über andere Personen und als Erfahrungsraum im Sozialisationsprozess in vielfacher Weise Einfluss aus:

1. Sofern die Eltern oder ein Elternteil im Familienunternehmen tätig sind, tragen sie ihre beruflichen Verhaltensweisen mit in die Familie. Das ist wohl bei allen anspruchsvollen Berufen, die den Einsatz der ganzen Persönlichkeit erfordern, ähnlich. Die beruflichen Anforderungen an Unternehmer, Lehrer, Richter oder Polizisten können den Berufsträger stark prägen. Die Familie mag die beruflichen Attitüden im privaten Umfeld als unpassend empfinden, z. B. die Zielstrebigkeit des Verhaltens oder die Erwartung, dass Anweisungen befolgt werden. Doch der berufliche Erfolg kann dazu führen, dass der Erzieher auch zu Hause von seinen Erfolgsprinzipien überzeugt ist und diese durchsetzen will.

2. Es ist zu vermuten, dass – wie gesagt – ein engerer, regelmäßiger Kontakt zu den Verwandten und Mitgesellschaftern entsteht. Durch diese Verwandten werden dem Heranwachsenden zusätzliche Rollenmodelle zugänglich. Der Kontext dieser Begegnungen ist jedoch das Unternehmen.

3. Auch das Unternehmen selbst wirkt auf den Sozialisationsprozess ein. Die Mitarbeiter des Unternehmens bieten weitere Rollenmodelle an. Durch die Gesprächsinhalte und die Besichtigungen werden die Nachkommen der Gesellschafterfamilien mit den Usancen des Unternehmens, seinen Abläufen und Regeln ganz natürlich vertraut.

Erziehung zur eigenständigen Berufstätigkeit

Eine der wichtigsten Aufgaben von Erziehung, Sozialisation und Ausbildung besteht darin, die nächste Generation in die Lage zu versetzen, einen eigenen Beruf ausüben zu können. (Die Führung eines Haushaltes und die Erziehung von Kindern sei einer Berufsausübung in diesem Zusammenhang durchaus gleichgestellt.) Es geht dabei auch um eine wirtschaftliche Selbstständigkeit. Aber selbst dann, wenn die Erträge aus dem Unternehmen als gesichert betrachtet werden und zur Bestreitung des Lebensunterhalts genügen, hat die Befähigung zu einem eigenständigen Beruf einen hohen Wert für die Entwicklung der Persönlichkeit und die Wahrnehmung der Inhaberverantwortung. Um dies zu unterstreichen, seien die wichtigsten Gründe wenigstens in Stichworten skizziert:

1. Nur wer selbst einen Beruf ausübt, kann die Berufsausübung anderer – hier etwa der Nicht-Familien-Unternehmensführer – im Ansatz verstehen und würdigen. Dieses Verständnis ist die Grundlage des Respekts zwischen Inhabern und angestellten Führungskräften. Nur wer selbst Erfolge und Niederlagen im eigenen Beruf erlebt, wird verstehen, welche Leistung die Führungskräfte erbringen, aber auch welche Begrenzungen jeder Berufsträger hat.

2. Wer einen Beruf ausübt, hat Anspruch auf den Respekt, den jeder verdient, der für andere Menschen etwas leistet. Da die Inhaber von ihren Führungskräften respektiert werden sollten, ist die Berufstätigkeit – über das Eigentum hinaus – eine Quelle für den Respekt, den die Inhaber beanspruchen können sollten.

3. Nur wer in einem anderen Unternehmen erfolgreich eine Führungsposition einnehmen kann – und das wird eben nur durch die Berufspraxis erwiesen –, kann auch im eigenen Unternehmen erfolgreich sein.

4. Die Fähigkeit, den eigenen Lebensunterhalt durch die eigene Arbeit bestreiten zu können, ermöglicht – im Notfall – ein Leben ohne Gewinnausschüttung aus dem Familienunternehmen: Damit wird eine existenzbestimmende Abhängigkeit von den Ausschüttungen vermieden. Eine solche Abhängigkeit könnte dazu führen, dass der jeweilige Gesellschafter sich vielleicht zur Unzeit dazu veranlasst sähe, seinen Anteil zu verkaufen.

Die Fähigkeit, einen eigenen Beruf ausüben zu können, sollte daher selbstverständlich sein und kann durch kein noch so großes Vermögen und durch keine Anwartschaft auf eine gesicherte Beschäftigung im Unternehmen ersetzt werden. Mit der Forderung nach beruflicher Autarkie soll aber noch keine Präjudizierung zu der jedes Familienunternehmen beschäftigenden Frage aufgestellt werden, ob man den Nachkommen die Aussicht vermitteln sollte, im eigenen Unternehmen beschäftigt zu werden, oder ob dies umgekehrt ausgeschlossen sein sollte. Die immer wieder angesprochene Gefahr im erstgenannten Fall besteht darin, dass das Bewusstsein von Wohlstand und praktisch garantierter Arbeitsmöglichkeit in der Firma den Ehrgeiz und die Lernbereitschaft der Nachkommen vermindern könnte. Das Unternehmen muss also in der Wirklichkeit der Existenzbedingungen der Familie einen klaren Platz erhalten – andererseits müssen die daraus erwachsenden Risiken zurückgedrängt werden. In diesem Zusammenhang kann mit Nachdruck darauf hingewiesen werden, dass es weniger risikobehaftet und der Entwicklung der Persönlichkeit förderlicher ist, eine Erziehung „zum Nachfolger" nicht zu früh ins Auge zu fassen. Ein solcher Versuch würde zahlreiche Gefahren nach sich ziehen:

- Unterwerfung des auserwählten Nachfolgers unter den Elternwunsch mit unzureichender eigener Individuation,

- Verstärkung der Geschwisterrivalität,

- Frustration aus der Einsicht einer möglichen oder tatsächlichen Überforderung,

- unzureichende Entwicklung von Ehrgeiz und Lernbereitschaft, weil das „berufliche Bett" bereits gemacht ist.

„Von potenziellen Nachfolgern hört man, dass sie oft die ersten 25 Jahre ihres Lebens mit der Frage zugebracht haben, ob sie nun Nachfolger werden sollen oder nicht. Diese Fixierung auf die Nachfolgefrage und die Abgrenzung gegenüber dem Unternehmen beziehungsweise den erlebbaren Delegationen der Eltern sorgt dafür, dass die Suche nach der eigenen Identität überwiegend negativ definiert ist. Die Frage »Soll ich Nachfolger werden oder nicht?« verhindert die Beschäftigung mit der Frage »Was will ich eigentlich mit meinem Leben anfangen?«. Wenn solch ein »Kind« (das dann meist ja bereits »erwachsen« ist) sich schließlich gegen die Nachfolge entscheidet oder die Familie es von der Nachfolge ausschließt, so fällt es in ein Loch, weil es sich nie mit den Alternativen beschäftigt hat und keine positiv definierten Ziele für das eigene Leben entwickelt hat. Die »Chance« der Nachfolge hat die Nutzung des Möglichkeitssinns behindert, es sind keine konkreten oder konkretisierbaren alternativen Lebensperspektiven entwickelt worden."[120]

---

[120] Simon, F. B. (2007): S. 92 f.

In einem der Gründerphase entwachsenen und weiter wachsenden Unternehmen sollte es nicht in erster Linie darum gehen, ob ein Nachkomme Nachfolger in der Unternehmensleitung wird. Wichtiger ist es – je nach Vererbungskonzeption –, möglichst alle Nachkommen auf die Position eines verantwortlichen Gesellschafters vorzubereiten. Dazu ist es sogar förderlich, wenn die berufliche Tätigkeit von Gesellschaftern im Unternehmen ausgeschlossen wird. Durch die Hinführung zu einer eigenen Berufstätigkeit außerhalb des Unternehmens wird die Entwicklung der eigenen Persönlichkeit gefördert und das besondere Konfliktpotenzial zwischen den für den Beruf im Unternehmen vorgesehenen Personen und den nichtaktiven Gesellschaftern wird vermieden. Gleichwohl sollten die Nachkommen zu einer Persönlichkeitsentwicklung angehalten werden, die sie in die Lage versetzt, Träger des Unternehmens zu sein und gegebenenfalls auch eine Aufgabe in der Family Governance oder Corporate Governance zu übernehmen.

Erziehung unter der Bedingung des materiellen Wohlstands

Eine wichtige Rahmenbedingung für die Erziehung in erfolgreichen Unternehmerfamilien ist die Existenz materiellen Wohlstands. Die Erziehung sollte daher eine adäquate Einstellung zum Wohlstand ermöglichen. Hier besteht – nach aller anekdotischen Evidenz – häufig Unsicherheit über das richtige Vorgehen. Es gibt zudem kaum Hilfestellungen für Eltern hinsichtlich dieser sehr spezifischen Aufgabenstellung.[121] Meist sind es die folgenden Einflüsse oder Gefahren von zu großem Wohlstand, die bei Heranwachsenden zu Problemen führen:[122]

- trügerisches Gefühl der Sicherheit ohne Herausforderung durch Notlagen,

- kein Erfolgserlebnis aus eigener Leistung, da diese im Vergleich zum Vermögenswert gering erschiene,

- fehlende Sicherheit im Umgang mit dem Vermögen und seinen Einflussmöglichkeiten, da man es nicht selbst erarbeitet hat,

- Schuldgefühle, weil das Vermögen anderen „genommen" sein mag, es zumindest aber nicht selbst verdient wurde,

---

[121] Als Ausnahme vgl. hierzu die Beiträge von Ebel, K./Drechsler, D. (2008) sowie Sies, C. (2000).

[122] Vgl. Le Van, G. (2003): S. 126–144.

- Orientierungslosigkeit, weil der Wohlstand zu viele Lebensoptionen eröffnet und man sich nicht beschränken und konzentrieren muss,

- Angst vor Verlust des Vermögens und Angst, dass die eigene Persönlichkeit ohne diese Basis nicht attraktiv oder – schlimmer – nicht lebenstüchtig wäre.

Angesichts dieser möglichen Probleme mahnt Bueb zu Recht eine bewusste Erziehung zum Wohlstand an.[123] Er spricht in diesem Zusammenhang vom „Glück der Anstrengung" sowie vom „rechten Maß" zwischen Großzügigkeit und Sparen als zentralen Erziehungszielen. Die Herausforderung liegt also darin, die nächste Gesellschaftergeneration auf die zukünftige Lebenswirklichkeit vorzubereiten, gleichzeitig aber Lebenstüchtigkeit und Lebenserfüllung auch unabhängig von den Gesellschafterprivilegien zu ermöglichen.

Im Einzelnen führt Le Van folgende Maximen für eine solche Erziehung auf:[124]

- keine Tabuisierung des Wohlstands; offene Gespräche über das Familienvermögen, wie es zustande kam, wie die Familie davon profitiert und wann die Kinder daran Anteil nehmen werden,

- Erzählung der Geschichte des Unternehmens und damit der Wurzeln des Vermögens,[125]

- Erläuterung – jeweils anhand altersgerechter Beispiele –, was getan werden muss, um das Vermögen zu erhalten; Schilderung der damit verbundenen Aufgaben, die die Eltern zu übernehmen haben; Schilderung auch der Fälle, wie andere ihr Vermögen verloren haben und aus welchen Gründen,

- Erziehung zum Umgang mit Geld durch Taschengeldbudgets,

- Erfahrung in der Arbeit für Geld durch Ferienjobs,

- Auswahl der richtigen Schule oder des richtigen Internats, eventuell nach angemessener Beratung,

- Eingehen auf die speziellen Veranlagungen der Kinder und eben gerade keine völlige Gleichbehandlung der Kinder,

---

[123] Vgl. Bueb, B. (2008b): S. 127f.

[124] Vgl. Le Van, G. (2003): S. 134–144.

[125] Zur Bedeutung der Unternehmensgeschichte siehe auch Kapitel 10.

- Erziehung zu einem Leben in Berufstätigkeit entsprechend der Einsicht von Freud, dass Lebensglück und Selbstwertgefühl auf „Lieben und Arbeiten" beruht,

- Suche nach Freunden, die angesichts des eigenen Wohlstands weder Neid verspüren noch Vorteile suchen,

- Entwicklung eines Selbstwertgefühls dadurch, dass der Lebensunterhalt aus eigener, erfolgreicher Arbeit bestritten werden kann oder erforderlichenfalls zumindest bestritten werden könnte,

- Ermutigung dazu, anderen Personen einen Vertrauensvorschuss entgegenzubringen und chronisches Misstrauen zu minimieren,

- Ermutigung zur Großzügigkeit und zum philanthropischen Engagement.

Erziehungsziel „Nachfolge"

Es gibt zwar eine überreiche Literatur zur Nachfolgeproblematik im Familienunternehmen, aber kaum Literatur darüber, wie ein guter Erziehungsprozess zur Nachfolge zu konzipieren wäre.

Zunächst finden wir bei Simon wiederum kluge Einsichten, die vor den besonderen Problemen der Erziehung in Unternehmerhaushalten warnen. Diese Elternhäuser haben mit dem Unternehmer einen besonders erfolgsgewohnten, zielstrebigen und durchsetzungsstarken Elternteil und gerade darin liegt ein Problem:

> „Die klinische Erfahrung zeigt, dass es zwei Typen der Störung der bezogenen Individuation gibt. Und auch hier erscheint es sinnvoll, sich auf die Konzepte von Stierlin zu beziehen. Psychische Krankheiten findet man vorwiegend in den von ihm als »bindend« bezeichneten Familiensystemen. Die bezogene Individuation ist hier erschwert, weil es nicht gelingt, eine Balance zwischen Identifikation und Abgrenzung gegenüber der Familie und ihren Anforderungen herzustellen. Das kann sich so darstellen, dass es geradezu zu »Abwehrschlachten« gegenüber den zur Identifikation einladenden Eltern oder Familien kommt. Die Tragik von Eltern, die für ihre Kinder attraktiv sind, ist es, dass sie oft im Dauerkonflikt mit ihnen liegen. Der Konflikt hat dabei die paradoxe Funktion, extreme Nähe und emotionale Involviertheit zu ermöglichen, bei gleichzeitigem Schutz vor dem Gefühl, die eigene Autonomie zu verlieren. Der zweite Idealtyp einer nicht gelungenen Balancierung zwischen Identifikation und Abgrenzung gegenüber der Familie beziehungsweise den Eltern ist die Unterwerfung, die Überanpassung an ihre vermuteten oder tatsächlichen Wünsche und Erwar-

tungen. Auch hier kommt es nicht zur Entwicklung stabiler Selbstbilder und -werte, die es ermöglichen würden, innerhalb der Beziehung autonom, abgegrenzt und bezogen zugleich zu sein. Wer solch eine Unterordnungs-strategie wählt, wird nie sicher sein, ob er etwas tut, weil er es wollte oder weil die anderen es wollten.

Beide Reaktionsweisen findet man in »bindenden Systemen«, und die klinische Erfahrung zeigt, dass sie langfristig mit vielfältigen Symptom-bildungen, von psychosomatischen Störungen bis zu Psychosen verbunden sind ...."[126]

Aus erziehungswissenschaftlicher Sicht widmet sich die Habilitations-schrift von C. Groppe zur Seidenfabrikantenfamilie Colsmann in einer historischen Fallstudie dem Thema innerfamiliärer Weitergabe.[127] Am Beispiel der Langenberger Unternehmerdynastie wird dargestellt, wie durch die spezifische Lebenswelt, die Lebensformen, Lebensmuster, Bildungs-wege und die protestantische Ethik[128] die „Identitätsbildung und Habituali-sierung"[129] der Nachfolger so gestaltet wurde, dass diese verpflichtet wurden, das Erbe der Eltern, Großeltern etc. weiterzuführen und sich selbst in die Familientradition einzuschreiben. Sie stellt heraus, dass das „Unternehmerwerden" einen strukturierten Bildungs- und Ausbildungs-prozess beinhalte.[130]

C. Erdmann[131] weist nach, dass sich die Haltung gegenüber einer Erzie-hung zur Nachfolge oder zur Wahl eines geeigneten Nachfolgers in einem Zeitraum von lediglich 40 Jahren in Deutschland grundlegend verändert hat. Sie war in den Nachkriegsjahren eine nicht hinterfragte Selbstver-ständlichkeit und eine generell anzutreffende Wunschvorstellung, sobald die Eltern oder ein Elternteil, gelegentlich auch ein anderer Verwandter, selbst die Rolle eines Unternehmers innehatten. In den 1960er Jahren wurde Schritt für die Schritt die „Schicksalhaftigkeit" der Unternehmensnachfol-ge in Frage gestellt und erstmals überhaupt in Erwägung gezogen, dass auch Töchter eine Rolle bei der Gestaltung von Nachfolge spielen könnten. In den 1970er Jahren wurde die Erziehung von Unternehmerkindern paral-lel zur gesellschaftlichen Diskussion jener Tage zunehmend psychologi-siert. Nachfolge wurde allenfalls noch als ein mögliches „Produkt" von

---

[126] Simon, F. B. (2007): S. 89–91.

[127] Groppe, C. (2004).

[128] Siehe dazu explizit ihr zweites Kapitel; Groppe, C. (2004): S. 39–76.

[129] Groppe, C. (2004): S. 48.

[130] Groppe, C. (2004): S. 526.

[131] Vgl. ausführlich Erdmann, C. (1998) sowie dies. (1999): S. 60 ff.

Erziehung angesehen, jeder Gedanke an eine „Selbstverständlichkeit" aber kategorisch verneint. In den 1980er Jahren stand dann die vollkommene Wahlfreiheit der Nachkommen im Mittelpunkt der Betrachtungen. Unternehmereigenschaften wurden nicht mehr wie noch in den 1950er Jahren als vererbte Persönlichkeitsmerkmale, sondern als erlernbare Verhaltensweisen verstanden. Und in den 1990er Jahren wurde in weiten Kreisen die Frage nach der Erziehung der Nachfolger aufgegeben zugunsten der Diskussion über das richtige Verhalten der Senioren bei der Übergabe und dem Abschied aus der aktiven Unternehmertätigkeit.

Ungeachtet der dargestellten Veränderungen tragen Eltern auch heute noch eine besondere Verantwortung in der Frage, ob man von Kindern verlangen kann, dass sie ihr Leben *a priori* auf eine Tätigkeit im Unternehmen ausrichten und damit dem Elterninteresse Rechnung tragen. In gleicher Weise tragen die Eltern natürlich auch gegenüber dem Unternehmen die Verantwortung für ihre jeweilige Weichenstellung in der Nachfolgefrage. Wir kommen auf diese Problematik, die viele Gesellschafter bewegt, nochmals in Abschnitt 8.5 zu sprechen.

Grundsätzlich bewegen sich die Unternehmereltern bei der Frage, welche Rolle das Unternehmen bei der Erziehung der Nachkommen spielen soll, zwischen zwei Polen:

- Schaffung eines „Schonraums" für die Entwicklung der Nachkommen, indem dem Unternehmen als Teil der kindlichen Lebenswelt nur eine nachgeordnete Rolle zugeschrieben oder es sogar ganz aus dem Familienleben herausgehalten wird,

- volle Einbeziehung des Unternehmens in das Familienleben und Adressierung der künftigen Rollen im Kontext des Familienunternehmens im erzieherischen Diskurs.

Erziehung zum verantwortlichen Gesellschafter

Generell ist es unmöglich, Aussagen über „richtiges" Vorgehen in Erziehungsfragen zu machen. Dennoch stellt sich im Zusammenhang mit der Erziehung und Sozialisation von Nachkommen aus Unternehmer- und Gesellschafterfamilien die Frage, auf welche Rolle die Nachkommen im Blick auf das Unternehmen vorbereitet werden sollen. Insbesondere im Hinblick auf die Mehrgenerationen-Familien muss nach meiner Überzeugung die Erziehung zur verantwortlichen Erfüllung der Gesellschafterfunktion im Vordergrund stehen. Dies ist die Rolle, die – jeweils abhängig von der Vererbungskonzeption – für alle Kinder vorgegeben ist.

Sies weist auf bestimmte soziale wie seelische Fähigkeiten hin, denen im Zusammenhang mit der Förderung von unternehmerischem Talent bei Unternehmerkindern eine zentrale Bedeutung zukommt. Ihre Anmerkungen können ohne weiteres von den für eine Führungsposition vorgesehenen Nachfolgern auf alle Gesellschafter insgesamt ausgedehnt werden, da meines Erachtens die Bewährung in einer Gesellschafterposition Voraussetzung für die Ausübung einer Tätigkeit in der Geschäftsführung sein sollte. Sies geht davon aus, dass folgende Eigenschaften im Rahmen der Erziehung vermittelt werden sollten:

- „Die Fähigkeit, Entscheidungen ohne allzu großes Zögern fällen zu können. Dahinter verbirgt sich die über den Lebenslauf hindurch erworbene Einsicht, dass an jeder Entscheidung auch negative Seiten haften, zu denen man »Ja« sagen können muss. Sonst verschwendet man viel Energie damit, über die Schwierigkeiten zu klagen.

- Die Fähigkeit, sich nach Aufnahme aller möglichen Informationen die Bestimmung der Richtung selbst vorzubehalten.

- Gleichzeitig sollte der Nachfolger heutzutage teamfähig sein, d. h. mit anderen zusammenarbeiten, sich einfühlen, Arbeit und [operative, Anm. d. Verf.] Verantwortung abgeben können."[132]

Sies verweist weiterhin auf die Bedeutung von Risikofreude, Innovationsfähigkeit und Durchsetzungsfähigkeit sowie auf das Fördern einer „kreativen Spannung" zwischen den Generationen in Bezug auf Ideen und Vorhaben, Tradition und Bewahrung usw. Darüber hinaus hebt sie die Fähigkeit hervor, Widerspruch zu wagen, ohne hierbei in Trotz oder Rebellion zu verfallen, und betont zudem die Notwendigkeit, im Sinne des Unternehmens eingefahrene Denkmuster zu verlassen und ungewöhnliche Wege zu beschreiten. Voraussetzung hierfür ist die Fähigkeit zum „Querdenken,"[133].

Wie zuvor erwähnt sehen wir die Bewährung in der Gesellschafterrolle auch als notwendige Voraussetzung für eine Funktion in der Geschäftsführung. Tatsächlich ist die Entwicklung der Kompetenz, die Gesellschafterfunktion in den Gremien der Familie, im Gesellschafterausschuss oder im Beirat des Familienunternehmens, wahrzunehmen, die anspruchsvollere und wichtigere Aufgabe: Schließlich wird in diesen Gremien über die Strategie und die Besetzung der Unternehmensführung entschieden.

---

[132] Sies, C. (2000): S. 44.
[133] Sies, C. (2000): S. 44.

Angesichts der Bedeutung dieses Themas besteht ein dringender Bedarf an einem Bildungsangebot für Unternehmereltern, wie die Entwicklung zum verantwortlichen Gesellschafter zu leisten ist:

- Die Intes-Beratungsgesellschaft bietet in ihrem Programm regelmäßig eine Veranstaltung an, die sich mit der Erziehung von Gesellschafterkindern befasst.

- Eine ganze Reihe von Veranstaltungen und Seminaren zielen auf die *next generation* als Teilnehmerkreis, so z. B. die Programme der EQUA-Stiftung.

- Das Coles College of Business an der Kennesaw University in Arizona (USA) bietet unter der Leitung von Prof. J. H. Astrachan ein Executive-MBA-Programm für internationale „Families in Business" an, wobei dem Aspekt der Persönlichkeitsentwicklung besondere Bedeutung zugemessen wird.

Aus den Vorlesungsunterlagen von J. H. Astrachan übernehme ich nachfolgend einige Aussagen über unverzichtbare Aspekte für die Entwicklung von Selbstwertgefühl:[134]

- Erfahrung von Konsequenz bereits im Kindesalter,

- Erfahrung der Verbundenheit von Aktionen und Konsequenzen,

- Entwicklung eines Gefühls dafür, wie man die Kontrolle über sich selbst erhält,

- Bewältigung von Aufgaben,

- Verarbeitung von Feedback zum eigenen Tun,

- Unterstützung der Familie,

- Erfahrung der Aufmerksamkeit anderer.

Astrachan sieht ein wichtiges Erziehungsziel darin, die Kinder zu der Einsicht zu führen, dass sie nicht „alles sofort" haben können, sondern dass sie jetzt einen Einsatz leisten können und erst später die Belohnung erhalten („Erhöhung der Frustrationstoleranz"). Diese Fähigkeit ist grundlegend für die Bereitschaft, sich der Mühe des Lernens zu unterziehen –, das immer erst später in der Anwendung Nutzen bringt. Sie ist darüber hinaus auch fundamental für das Verständnis von unternehmerischen Investitionspro-

---

[134] Diese Aspekte sind aus Vorlesungsunterlagen von Prof. Dr. Joseph H. Astrachan (Cox Family Enterprise Center – Kennesaw State University) von 2009 entnommen (übersetzt durch den Verfasser).

zessen und für die Verwaltung von Vermögen. Für die Vorbereitung auf die Inhaberschaft sind daher folgende Punkte wesentlich:

- Geschäftssinn und Gespür für das Unternehmen in der Kindheit entwickeln,

- zu Teamarbeit und gemeinsamer Entscheidungsfindung anhalten und in diesem Sinne erziehen,

- Lernen anhand geeigneter Modelle („Lernen am Modell" im Sinne von Bandura) ermöglichen,

- Akzeptanz von verzögerter Belohnung fördern,

- angemessene Werte, Moralvorstellungen und ethische Haltung miteinander verbinden,

- (das Wesen von) Verantwortung verstehen,

- an Familienmeetings teilnehmen,

- Kinder nicht von Wissen abschirmen, egal ob dieses „gut" oder „schlecht" ist.

Astrachan differenziert seine Anleitung zur Erziehung zu verantwortlichen Gesellschaftern wie folgt weiter aus:

- den Zusammenhang zwischen Handlungen und ihren Konsequenzen verstehen: Altersspanne 3–5 Jahre,

- Umgang mit Geld erlernen: 5–8 Jahre,

- Grundzüge des Handels/Warenverkehrs verstehen und erste Geschäfte tätigen: 6–9 Jahre,

- Bedeutung der Zukunft verstehen (u. a. keine sofortige Wunscherfüllung): 3–11 Jahre,

- Prinzip des Investierens verstehen: 9–12 Jahre,

- Unterschied zwischen Unternehmenseigentum und operativem Geschäft verstehen: 10–15 Jahre,

- Gefühle ausdifferenzieren: 18–25 Jahre,

- Bilanzen, Gewinn- und Verlustrechnung bzw. Ergebnisrechnung sowie Finanzmittelrechnung verstehen und erstellen: 18–30 Jahre,

- Finanzanalysen verstehen und erstellen (z. B. CAPM-Modell [„Capital Asset Pricing Model" – Bewertungsmodell für risikobehaftete Wertpapiere], DuPont-Kennzahlensystem, Wertschöpfungsketten): 24–35 Jahre.

All diese Inhalte von Erziehung und Bildung sollen in der Zeit des Heranwachsens nur der Entwicklung der Persönlichkeit und der den Lebensumständen angepassten Ausbildung und Sozialisation dienen. Es kann also nicht darum gehen, „kleine Geschäftsführungsanwärter" heranzuziehen und ihnen berufsvorbereitendes Wissen zu vermitteln. Es geht nur darum, mit den Lebensumständen „Vermögen" und „Gesellschafterstellung" angemessen umgehen zu können. Ebenso muss ein Freiberufler, der ein Architekturbüro oder eine Rechtsanwaltskanzlei leitet, mit grundsätzlichen wirtschaftlichen Aspekten vertraut sein. Für den Beruf des Gesellschafters gilt letztlich das, was heute für die meisten Berufe gilt: Lebenslanges Lernen und lebenslange Entwicklung der Kompetenzen sind geboten.

Literatur

Aronson/Wilson/Akert (2004): Sozialpsychologie, 4. Aufl., München u.a., 2004.

Beck, U. (1986): Risikogesellschaft – Auf dem Weg in eine andere Moderne, Frankfurt a. M., 1986.

Boszormenyi-Nagy, I./Spark, G. M. (2006): Unsichtbare Bindungen – Die Dynamik familiärer Systeme, 8. Aufl., Stuttgart, 2006.

Bubolz, M. M. (2001): Family as Source, User, and Builder of Social Capital, in: Journal of Socio-Economics, 30. Jg., H. 2, 2001, S. 129–131.

Bueb, B. (2008b): Erziehung zum Wohlstand, in: Private Wealth, H. 01.08., 2008, S. 127–128.

Chua, J. H. (2010): The Impacts of Confucian Values, Socialist Market, and Institutional Changes on Family Business Inter-generational Continuity – Keynote, IFERA@CHINA 2010 Family Business Froum & 1st Chinese Family Business Summit, Zhuhai, PRC, 2010.

Elhardt, J. (1971): Das Generationsproblem in der Unternehmerfamilie, in: Die Aussprache, 21. Jg., H. 8, 1971, S. 21–26.

Erdmann, C. (1998): The Upbringing of Entrepreneurial Children – A View to German Literature on Succession (1950s-1990s). Unpublished Research Paper for the Family Business Network 9th Annual World Conference, Paris, 1998.

Erdmann, C. (1999): Unternehmer und Nachfolger – Die Entstehung von Nachfolgebereitschaft, Wiesbaden, 1999.

Erdmann, C. (2010): Unternehmerfamilien und Nachfolgebereitschaft – Erziehung von Unternehmernachkommen im Spannungsfeld zwischen Familie, Unternehmen und Eigentum, in: Familiendynamik, 35. Jg., H. 1, 2010, S. 40–48.

Erker, P. (2008): Das Logistikunternehmen Dachser – die treibende Kraft der Familie als Erfolgsfaktor im globalen Wettbewerb, Frankfurt a. M., 2008.

Fertig, L. (1984): Zeitgeist und Erziehungskunst – Eine Einführung in die Kulturgeschichte der Erziehung in Deutschland von 1600 bis 1900, Darmstadt, 1984.

Fink, M./Zimmermann, N. (1989): Zukunftsicherung von Familienunternehmen, Wien, 1989.

Flick, H. (1993): Frühzeitliche verbindliche Festlegung des Wechsel in einer Geschäftsführung – Ablösung des Senior-Chefs sollte vorbereitet werden, in: Handelsblatt vom 10.03.1993, H. 48, 1993, S. 9.

Gensicke, T. (1994): Wertewandel und Erziehungsleitbilder, in: Pädagogik, 46. Jg., H. 7/8, 1994, S. 23–26.

Geulen, D. (2004): Sozialisation, in: Lenzen, D. (Hrsg.): Erziehungswissenschaft – Ein Grundkurs, 6. Aufl., Reinbek bei Hamburg, 2004.

Gouldner, A. W. (1960): The Norm of Reciprocity – A Preliminary Statement, in: American Sociological Review, 25. Jg., H. 2, 1960, S. 161–178.

Groppe, C. (2004): Der Geist des Unternehmertums – eine Bildungs- und Sozialgeschichte: die Seidenfabrikantenfamilie Colsmann (1649–1840), Köln, 2004.

Heller, E. (2006): Clan Value – so machen Sie aus Ihrem Unternehmen eine Familie und aus Ihrer Familie ein Unternehmen, Berlin, 2006.

Hildenbrand, B. (2007): Sozialisation in der Familie und Generationenbeziehungen – Die Bedeutung von signifikanten Anderen innerhalb und außerhalb der sozialisatorischen Triade, in: Familiendynamik, 32. Jg., H. 3, 2007, S. 211–228.

Hill, P. B./Kopp, J. (2006): Familiensoziologie – Grundlagen und theoretische Perspektiven, 4. Aufl., Wiesbaden, 2006.

Hillmann, K.-H. (2007): Wörterbuch der Soziologie, 5. Aufl., Stuttgart, 2007.

Kay, K. (1992): The Kid Brother, in: Family Business Review, 5. Jg., H. 3, 1992, S. 237–256.

Kaye, K. (2002): When the Family Business is a Sickness, in: Aronoff/ Astrachan/Ward (Hrsg.): Family business sourcebook – a guide for families who own businesses and the professionals who serve them, 3. Aufl., Marietta, GA, 2002, S. 356–372.

Klein, S. B. (2008): Commentary and Extension – Moderating the Outcome of Identity Confirmation in Family Firms, in: Entrepreneurship: Theory and Practice, 32. Jg., H. 6, 2008, S. 1083–1088.

Klett, D. J. (2005): Zwischen Kompetenz und Herkunft – zwischen Gleichheit und Selektion – paradoxe Anforderungen an Familienunternehmen und ihre Unternehmensfamilien, Heidelberg, 2005.

Koenen, L. M. (2009): Großfamilien und Unternehmensgruppen – Eine exemplarische Analyse der Unternehmenskultur von Mehrgenerationen-Familienunternehmen, in: Zeppelin University prints Friedrichshafener Institut für Familienunternehmen: ZUpFIF; Schriftenreihe, H. 1, 2009, S. 29–40.

König, R. (1974): Materialien zur Soziologie der Familie, 2. Aufl., Köln, 1974.

Kotkin, J. (1996): Stämme der Macht – Der Erfolg weltweiter Clans in Wirtschaft und Politik, Reinbek bei Hamburg, 1996.

Lansberg, I. S. (2003): Complexities of the cousin consortium, in: Spector, B. (Hrsg.): The family business conflict resolution handbook – a resource for family firm owners, managers and advisers, Philadelphia PA, 2003, S. 125–128.

Le Van, G. (2003): Raising Rich Kids, Philadelphia PA, 2003.

Lümpkin/Martin/Vaughn (2008): Family Orientation: Individual-Level Influences on Family Firm Outcomes, in: Family Business Review, 21. Jg., H. 2, 2008, S. 127–138.

Lüschen, G. (1988): Familial-verwandtschaftliche Netzwerke, in: Nave-Herz, R. (Hrsg.): Wandel und Kontinuität der Familie in der Bundesrepublik Deutschland, Stuttgart, 1988, S. 145–172.

Luhmann, N. (1990): Soziologische Aufklärung – Bd. 5: Konstruktivistische Perspektiven, Opladen, 1990.

Meyer-Mark, H. (1956): Nachfolger und Vorgänger in der Unternehmens-Führung als betrieblich-menschliche Aufgabe und persönlich-familiäres Schicksal, in: Knur/Meyer-Mark/Veith (Hrsg.): Der Unternehmer und sein Nachfolger, Bonn, 1956, S. 11–22.

Mollenhauer, K. (2008): Vergessene Zusammenhänge – Über Kultur und Erziehung, 7. Aufl., Weinheim, 2008.

Nave-Herz, R. (1994): Familie heute – Wandel der Familienstrukturen und Folgen für die Erziehung, Darmstadt, 1994.

Ouchi, W. G. (1980): Markets, Bureaucracies, and Clans, in: Administrative Science Quarterly, 25. Jg., H. 1, 1980, S. 129–141.

Ribhegge, H. (1999): Familie, in: Korff, W. (Hrsg.): Handbuch der Wirtschaftsethik, Bd. 4: Ausgewählte Handlungsfelder, Gütersloh, 1999, S. 202–229.

Rousseau, J.-J. (1998): Emile oder Über die Erziehung, 13. Aufl., Stuttgart, 1998 (zuerst erschienen 1762).

Schlesier, F. (1956): Die Grundlagen der Klanbildung – zwei Beiträge zur völkerkundlichen Methodik und Soziologie auf Grund melanesischen Materials, Göttingen u. a., 1956.

Schmitz, C. A. (1964): Grundformen der Verwandtschaft, Basel, 1964.

Schütze, Y. (1993): Jugend und Familie, in: Krüger, H.-H. (Hrsg.): Handbuch der Jugendforschung, 2. Aufl., Opladen, 1993, S. 335–350.

Schwenk, B. (1989): Erziehung, in: Lenzen, D. (Hrsg.): Pädagogische Grundbegriffe, Bd. 1: Aggression – Interdisziplinarität, Reinbek bei Hamburg, 1989, S. 429–439.

Sies, C. (2000): Zwischenmenschliche Aspekte der Unternehmensnachfolge, in: May, P./Sies, C. (Hrsg.): Unternehmensnachfolge leicht gemacht – Tipps, Erfahrungsberichte und Checklisten für Unternehmer, Frankfurt a. M., 2000, S. 37–53.

Simon, F. B. (1999b): Organisationen und Familien als soziale Systeme unterschiedlichen Typs, in: Soziale Systeme – Zeitschrift für soziologische Theorie, 5. Jg., H. 1, 1999, S. 181–200.

Simon, F. B. (2007): Familienunternehmen als Risikofaktor, in: Kontext – Zeitschrift für systemische Therapie und Familientherapie, 38. Jg., H. 1, 2007, S. 86–96.

Statistisches Bundesamt (2009): Bevölkerung und Erwerbstätigkeit – Zusammenfassende Übersichten: Eheschließungen, Geborene und Gestorbene 1946–2008, Internet: http://www.destatis.de/jetspeed/portal/cms/ Sites/destatis/Internet/DE/Content/Statistiken/Bevoelkerung/EheschliessungenScheidungen/Tabellen/Content100/EheschliessungenGeboreneGestorbene,property=file.xls, abgerufen am 03.01.2009 um 17:05 Uhr, Wiesbaden, 2009.

Stierlin, H. (1978): Delegation und Familie – Beiträge zum Heidelberger familiendynamischen Konzept, Frankfurt a. M., 1978.

Stierlin, H. (2005): Gerechtigkeit in nahen Beziehungen – systemisch-therapeutische Perspektiven, Heidelberg, 2005.

Strick, S. (2007): 400 Jahre Nachfolgeerfahrung und kein Rezept, in: WIR – Das Magazin für Unternehmerfamilien, H. 4, 2007, S. 7–11.

Tyrell, H. (1983): Zwischen Interaktion und Organisation II. Die Familie als Gruppe, in: Neidhardt, F. (Hrsg.): Gruppensoziologie. Perspektiven und Materialien, Kölner Zeitschrift für Soziologie und Sozialpsychologie, Opladen, 1983, S. 362–390.

Voigt, J. F. (1990): Familienunternehmen – im Spannungsfeld zwischen Eigentum und Fremdmanagement, Wiesbaden, 1990.

Weibel, J. (1964): Das Familienunternehmen – Wirtschaftliche Aspekte seiner Existenzfähigkeit und seines Nachwuchses, Olten (Schweiz), 1964.

Wingen, M. (1997): Familienpolitik – Grundlagen und aktuelle Probleme, Stuttgart, 1997.

Zima, N. (1954): Was heißt „junger Unternehmer"?, in: Junge Wirtschaft – Zeitschrift für fortschrittliches Unternehmertum, 2. Jg., H. 5, 1954, S. 112.

4 Zusammenhalt der Gesellschafter

Der Kern der Verantwortung der Gesellschafter besteht darin, die Familie zu erhalten und zusammenzuhalten. Meist spricht und schreibt man nur über die Gefahr, die von Konflikten ausgeht. Konflikte sind jedoch keine Gefahr, wenn die Bindungskräfte entsprechend stark sind. Es geht uns hier vor allem um die Bindungskräfte.

4.1 Bindungsfaktoren als zentrale Dimension des Zusammenhalts

Bindungsbeziehungen

Mit der Fragestellung, wie die Familiengesellschafter „zusammengehalten" werden können, wenden wir uns einem zentralen Thema bei der Beschäftigung mit Familienunternehmen zu. Der mögliche Zerfall der Gesellschaftergruppe wird als das gravierende Hindernis dafür angesehen, ein Unternehmen auf Dauer zu bewahren; die Frage der wirtschaftlichen Strategie eines Unternehmens spielt demgegenüber wahrscheinlich nur eine nachgeordnete Rolle.[135]

Der Zusammenhalt zwischen den Mitgliedern einer Gruppe ist das konstituierende Merkmal einer Gruppe als soziale Einheit.[136] Von der Krise des Konflikts her kommend konzentrierte sich die Forschung zum Familienunternehmen zunächst auf die Analyse der Konfliktursachen[137] und auf mögliche Ansätze, um diese einzudämmen. Pieper eröffnete in einer bahnbrechenden Arbeit „Mechanisms to Assure Long-Term Family Business Survival"[138] bzw. in der deutschsprchigen Kurzfassung „Zusammenhalt in Unternehmerfamilien – eine Voraussetzung zur Sicherung des Überlebens von Familienunternehmen" die Sicht auf die positiven Voraussetzungen

---

[135] Vgl. Pieper, T. M. (2007a): S. 4.

[136] Vgl. Cartwright, D. (1968): S. 91 ff.

[137] Vgl. Redlefsen, M. (2004).

[138] Pieper, T. M. (2007a).

H. Kormann, *Zusammenhalt der Unternehmerfamilie*,
DOI 10.1007/978-3-642-16351-7_4, © Springer-Verlag Berlin Heidelberg 2011

für den Zusammenhalt. Diese Voraussetzungen bestehen eben nicht nur in
der Abwesenheit von Konfliktursachen, sondern sind eigenständige Kräfte.

Gruppen treten als zentrale Institutionen des gesellschaftlichen Lebens
in sehr unterschiedlichen Erscheinungsformen auf, bei denen Zusammenhalt auch jeweils eine andere Bedeutung hat:

- Für die Primärgruppe von Familienmitgliedern ist der *zwischenmenschliche Zusammenhalt* entscheidend.

- Für die Projektgruppe, die eine den Mitgliedern gemeinsam gestellte
  Aufgabe zu erfüllen hat, ist die *aufgabenorientierte Zusammenarbeit*
  entscheidend.

- Für die Großgruppe wie z. B. einen Verein, der durch den *Vereinszweck* zusammengehalten wird, muss der Zusammenhalt *organisiert*
  werden.

Die geradezu faszinierende Besonderheit des Familienunternehmens besteht darin, dass der Gesellschafter als eine ganzheitliche Persönlichkeit in
eine Beziehung zu einem Unternehmen, einer zunächst rein wirtschaftlichen Größe, einbezogen ist. Der Aktionär an der Börse geht ausschließlich
oder weitaus überwiegend seinem Erwerbstrieb nach. Nun schlägt uns die
moderne Psychologie vor, dass der *Homo sapiens sapiens* über vier fundamentale Antriebskräfte verfügt,[139] die ihn als ganzheitliche Persönlichkeit prägen. Außer dem Erwerbsstreben nennt sie drei weitere vitale Antriebe: den Bindungstrieb, der uns langfristige Beziehungen mit anderen
Menschen suchen lässt, die auf gegenseitigem Interesse und Engagement
beruhen, den Lerntrieb, der uns zur Erkundung der näheren und weiteren
Umwelt treibt, und schließlich den Verteidigungstrieb, der uns anhält,
geschätzte Personen, Objekte und Institutionen vor Schaden zu bewahren.
Den Erwerbstrieb müssen wir im Zusammenhang mit kapitalistischen Veranstaltungen nicht weiter begründen. Er führt uns allerdings nicht nur zu
rationalen Veranstaltungen, sondern auch zum Glücksspiel und anderen
Süchten. Für unser Thema ist freilich der Bindungstrieb von besonderem
Interesse. Er wird assoziiert mit Begriffen wie Liebe, Fürsorge, Vertrauen,
Empathie, Mitgefühl, Zugehörigkeit, Freundschaft, Fairness, Loyalität,
Respekt, Partnerschaft oder Verbundenheit.[140] Letztlich bietet das Familien-
unternehmen einen Beleg für die evolutorische Bedeutung dieses Antriebs:

---

[139] Vgl. Lawrence, P./Nohria, N. (2003).

[140] Ebenda: S. 100 ff. Selbsterklärend ist auch der Titel „The Need to Belong –
Desire for Interpersonal Attachment as a Fundamental Human Motivation",
vgl. Baumeisert, R./Leary, M. (1995).

(Gesellschafter-)Gruppen, die durch einen festen Zusammenhalt verbunden sind, ermöglichen ihrem Unternehmen eine bessere Überlebenschance als Gruppen ohne Bindung, die unter dem Selektionsdruck auseinanderfallen. Der Verteidigungstrieb führt in Verbindung mit dem Bindungstrieb dazu, Angriffe von außen auf Mitglieder der Gruppe abzuwehren. Der Lerntrieb wird durch den Bindungstrieb unterstützt, sofern die Gruppe eine Quelle des Lernens und neuer Erfahrungen ist.

In den Dimensionen dieses Denkschemas wird es nun darum gehen, Vorschläge zu erarbeiten,

- wie dem Erwerbstrieb Rechnung getragen werden kann und wie dies für alle Gesellschafter nachvollziehbar demonstriert werden kann,

- wie der Bindungstrieb erfüllt und das Bindungserlebnis verstärkt werden kann,

- wie dem Lerntrieb im Kontext des Familienunternehmens Erlebnisangebote gemacht werden können.

Wir konzentrieren uns auf die Instrumente, die zur Förderung des Zusammenhalts eingesetzt werden können, und bezeichnen dabei als Bindungsfaktoren solche Beziehungselemente, die den Zusammenhalt fördern.

- *Bindungsfaktoren* entstehen aus den jeweiligen Lebenskonstellationen und sind in diesem Fall nur schwer veränderbar, oder aber sie entstehen aus Interaktionen zwischen Individuen. In diesem Fall sind sie beeinflussbar – zum Besseren oder auch zum Schlechteren. Bindungsfaktoren bieten keine geschlossene „Toolbox". Sie lassen sich vielmehr als ein Bereich der kulturellen oder evolutionären Entwicklung verstehen, in der es immer wieder Familien und Unternehmen gelingt, neuartige Gestaltungsmöglichkeiten für sich zu finden, die im Laufe der Zeit von Nachahmern übernommen werden. Es kann daher nicht beabsichtigt werden, eine vollständige Übersicht der Instrumente zu entwickeln; vielmehr werden hier nur die wichtigsten Themenkreise exemplarisch erörtert.

- *Trennungsfaktoren* sind in diesem Zusammenhang nicht als „Abwesenheit von Bindungsfaktoren" zu verstehen. Sie werden hier vielmehr als all jene Kräfte verstanden, die auf die Auflösung des Zusammenhalts – zumindest mit Blick auf ein Mitglied des Gesellschafterkreises – drängen. Insofern können sie eigenständig in Abgrenzung von den Bindungsfaktoren definiert werden.[141]

---

[141] Vgl. unten Abschnitt 4.8.

- *Trennungshürden* schließlich sind Faktoren, die das Wirksamwerden von Trennungsfaktoren verhindern oder zumindest verzögern, weil sie im Falle der Trennung zu finanziellen oder emotionalen Opfern führen. Die Ursachen der Trennungsfaktoren werden damit aber nicht beseitigt.

Wenn es gelingt, mit einer wirksamen Auswahl von Bindungsfaktoren einen stabilen Zusammenhalt zu entwickeln, so äußert sich dieser als

- Zuneigung zueinander,
- Verhaltenssicherheit untereinander,
- Fähigkeit, Konflikte erfolgreich beizulegen,
- Dankbarkeit für die materielle und immaterielle Hilfestellung bei der Bewältigung des eigenen Lebens.

Diese Ergebnisse sind sowohl wichtige Voraussetzungen für das langfristige Engagement der Familiengesellschafter als auch zugleich eine Sinn gebende „Belohnung" aus dieser Trägerschaft, die nur das Familienunternehmen ermöglicht.

Die Existenz der positiven Bindungsfaktoren – und nicht etwa nur die Abwesenheit negativer Faktoren – ist entscheidend für den Zusammenhalt. Jede Strategie kann nur auf Stärken aufbauen und nicht auf der Abwesenheit von Schwächen.

Verbindung von Individualinteresse und Gemeinschaftsinteresse

Die große, grundsätzliche Frage für alle Gestaltungsformen von Zusammenhalt richtet sich darauf, wie das individuelle Interesse eines einzelnen Gesellschafters in das Gesamtinteresse der Gesellschaftergruppe eingebunden werden kann.[142] Naheliegenderweise könnte man hier zunächst ausschließlich auf das Gesamtinteresse abstellen. Hierzu dienen die „Indoktrination" aller Familienmitglieder mit Werten, die die Befolgung des Gesamtinteresses *fordern,* sowie Vertragsregeln, die Abweichungen Einzelner entweder nicht zulassen oder mit prohibitiven finanziellen Nachteilen belegen. Andere Gestaltungskonzepte geben den Individualrechten möglichst großen Raum und beabsichtigen, die Gemeinschaft eben dadurch zusammenzuhalten, dass der Einzelne in einem gewissen Rahmen seine eigenen Vorstellungen verwirklichen kann. Wir werden in unseren Reflexionen immer wieder diesen

---

[142] Zur Bedeutung, die hier diesen Begriffen zugewiesen wird, vgl. oben Abschnitt 1.6.

beiden Ansätzen begegnen. Es soll verdeutlicht werden, dass es eine der Aufgaben der Gesellschafter ist, die Grundlagen ihres Zusammenhalts von Generation zu Generation aktiv weiterzuentwickeln. Diese Weiterentwicklung ist erforderlich, um dem Wachstum der Gruppe gerecht werden zu können, vor allem aber auch, um sich den sich verändernden Grundlagen des Zusammenhalts anpassen zu können.

Forschungsergebnisse zu den Bindungsfaktoren

In einigen jüngeren Publikationen zum Thema Familienunternehmen werden beobachtbare Merkmale der Orientierung auf die Familie („family orientation") und des Zusammenhalts im Gesellschafterkreis analysiert, so etwa in dem oben wiedergegebenen Katalog von Dimensionen der Familienorientierung von Lümpkin/Martin/Vaughn.[143]

Pieper entwickelt eine umfassende Systematik von Einflussfaktoren, durch die sich der Umgang und Zusammenhalt von Gesellschaftern in Familienunternehmen gestalten und vertiefen lässt. Auf diesem Forschungsansatz baut unsere Beobachtung auf (vgl. Tabelle 4).

Tabelle 4. Bindungsfaktoren nach Pieper[144]

Dimensionen des Zusammenhalts	Instrumentarien zur Stärkung der Bindung
Dimension 1: Emotionale Bindung an die Familie	<ul><li>Regelmäßige Familientreffen</li><li>Gemeinsames Feiern von persönlichen Erfolgen oder Meilensteinen</li><li>Luxuriöse, interessante, abwechslungsreiche Orte für Familientreffen</li><li>Interessante Persönlichkeiten</li><li>Gemeinsam Spaß haben</li><li>Geburtstagskalender</li><li>Familiengeschichte (schriftlich oder verfilmt)</li><li>Foto- oder Videoalben</li><li>Familienname</li><li>Philanthropie</li></ul>

---

[143] Vgl. Lümpkin/Martin/Vaughn (2008): S. 131, vgl. oben Abschnitt 3.2.
[144] Tabelle entnommen aus: Pieper, T. M. (2007b): S. 18.

Dimensionen des Zusammenhalts	Instrumentarien zur Stärkung der Bindung
Dimension 2: Finanzielle Bindung an die Familie	• Geld und andere materielle Gegenstände • Fördermittel für die Ausbildung der nachfolgenden Generation • Treuhänderfonds und andere Ausgabenkonten • Gemeinsame Investmentfonds • Gehobener Lebensstil • Innerfamiliäre Darlehen • Kredite unter Familienmitgliedern • Erbschaften • Regeln über Ressourcenverteilung innerhalb der Familie (z. B. Bedingungen für gemeinsame Beteiligungen)
Dimension 3: Finanzielle Bindung an das Unternehmen	• Dividenden • Gehälter oberhalb des geltenden Marktniveaus • Nebeneinkünfte • Anlage- und Beteiligungsmöglichkeiten • Poolverträge • Gesellschafterverträge
Dimension 4: Emotionale Bindung an das Unternehmen	• Regelmäßige Kommunikation zwischen Unternehmen und Familie • Nachrichten und Pressemitteilungen aus dem Unternehmen • Beiräte und Aufsichtsrat als Informationsmittler zwischen Familie und Unternehmen • Familientreffen am Unternehmenssitz • Gemeinsames Feiern besonderer Unternehmensjubiläen und -meilensteine • Schulungen und Treffen für die nachrückende Generation • Praktika • Unternehmensbesichtigungen • Qualitätsprodukte • Unternehmensname und Logo • Philanthropie • Sozial verantwortliches Handeln (Corporate Social Responsibility) • Archive, Museen, Denkmäler, Porträts, Büsten und Filme • Unternehmen als gemeinsames Vermächtnis

Aufklärend und wegweisend für unsere Fragestellung ist weiterhin eine Untersuchung von Björnberg und Nicholson. Die von ihnen befragten Gesellschafter bezeichnen formale Veranstaltungen wie z. B. offizielle Sitzungen des Gesellschafterkreises eher als kontraproduktiv für die emotionale Bindung an das Unternehmen.[145] Demgegenüber schreiben die Befragten Veranstaltungen mit informellem Austauschcharakter, wie z. B. privaten Gesprächen im Familienkreis oder in einem Familienrat, deutlich positivere Effekte für die Entstehung und Vertiefung eines Bindungsgefühls gegenüber dem Unternehmen zu.[146]

Unser Ansatz zur Strukturierung insbesondere der Bindungsfaktoren setzt bei der klassischen Analyse von March und Simon zur Identifikation des Einzelnen mit der Organisation an. Dieser Ansatz lässt sich direkt auf die Beziehung der Gesellschafter zum Unternehmen anwenden, ist aber auch für die Beziehung zur Gemeinschaft der Gesellschafter fruchtbar. Die Systematisierung zielt dabei auf die Instrumente zur Beeinflussung (und nicht auf die beobachtbaren Ergebnisse von gestalteten oder sich spontan ergebenden Prozessen).

Die Identifikation kann nach March/Simon auf folgenden Wegen erreicht werden:[147]

1. Identifikation mit der Gruppe der Gesellschafter und/oder des gesamten Gebildes des Familienunternehmens: Hierbei geht es um das „Dazugehören". Es handelt sich um eine nicht-finanzielle, emotionale Dimension. Der Soziologe Scott[148] hat auf der Basis empirischer Forschung das Theorem entwickelt, dass die Attraktionskraft der Gruppe als Ganzes wichtiger für die Bindung an die Gruppe ist als die Attraktion der einzelnen Mitglieder. Man muss nicht jedes Gruppenmitglied mögen, um zur Gruppe gehören zu wollen.

2. Identifikation mit den Zielen der Gesellschafter und/oder den Zielen des Unternehmens: Dieser Aspekt hat etwas mit der Dynamik der Entwicklung dieser Gemeinschaften zu tun und der Art und Weise, wie der Einzelne daraus für sich Sinngebung gewinnen kann. Es handelt sich ebenfalls um eine nicht-finanzielle, emotionale Dimension.

---

[145] Vgl. hierzu Strick, S. (2008b).

[146] Vgl. hierzu als Beispiel auch Strick, S. (2008b).

[147] Vgl. March, J. G./Simon, H. A. (1976): S. 63 f.; vgl. zur Forschung zur „Group Cohesion" zum Beispiel das weite Spektrum der Beiträge in Kellerman, H. (Hrsg.) (1981).

[148] Vgl. Scott, W. A. (1965).

3. Identifikation aufgrund persönlicher Anreize, die direkte oder indirekte Nutzenkomponenten sind, wobei in diesem Ansatz materielle Anreize im Vordergrund stehen: Das einzelne Gruppenmitglied, so vermutet die Soziologie, stellt die Bilanz seiner Beiträge zur Gruppenbeziehung und seines Nutzens aus dieser Beziehung über die Zeit hinweg auf und beurteilt danach, wie wichtig ihm die Gruppenzugehörigkeit ist.

Zwang zur Mitgliedschaft ist hingegen kein Bindungsfaktor in unserem Sinn. Dies ist zwar selbstverständlich, in unserem Zusammenhang aber zu betonen, denn Gesellschaftsverträge können so gestaltet sein, dass sich daraus eine „Zwangsmitgliedschaft" ergibt.

4.2 Emotionale Bindungsfaktoren in der Familie

Bindung in der Kernfamilie

Die Identifikation mit der Gruppe der Gesellschafter beruht ganz ursprünglich auf dem emotionalen Zusammengehörigkeitsgefühl innerhalb der Familie. In der Nuklearfamilie aus Eltern und Kindern finden wir in der Regel das stärkste Zusammengehörigkeitsgefühl. Man wird dies aber auch erweitern können auf die Verbindung von Großeltern, Eltern und Kindern, was für unser Thema bedeutsam ist, da heute nicht selten die Enkelkinder die Erben der Großeltern sein können. Das starke Zusammengehörigkeitsgefühl in diesem Familienkreis beruht generell auf

- dem Zusammenhang der biologischen Abstammung,
- dem Zusammenleben über eine lange Zeitspanne hinweg,
- der gemeinsamen Prägung durch elterliche Machtstrukturen, Erziehung, gemeinsames Erleben, gemeinsame intellektuelle Erschließung der Welt, gemeinsame Wertvorstellungen,
- der Vertrautheit mit dem Reaktionsrepertoire aller Mitglieder,
- der gemeinsamen Sorge um den Lebensunterhalt und dem Teilen aller materieller und immaterieller Ressourcen der Gemeinschaft,
- dem gemeinsamen Namen.

Zur nachhaltigen Festigung der Verbundenheit innerhalb dieses engen Familienkreises müssen zu den hier genannten, vorgegebenen Faktoren noch eigene Beiträge treten, die jedes Mitglied zum Nutzen der anderen bzw. der

Gemeinschaft leistet. In jeder Familie haben gemeinsame Aktivitäten wie die nachstehend aufgeführten – und die hierfür erforderlichen individuellen Beiträge – ihre ganz eigene Bedeutung für das Zusammengehörigkeitsgefühl:

- Gemeinsame Aktivitäten:
  - Ähnlicher Lebensstil,
  - gemeinsame Unternehmungen (Reisen u. a.),
  - Weitergabe der Familiengeschichte,
- Teilnahme am Leben der anderen:
  - Teilnahme an privaten Feiern (Geburtstage usw.),
  - regelmäßige Besuche,
  - Beitrag zum Hobby eines anderen,
  - Anteilnahme und gegebenenfalls Unterstützung in emotionalen Krisen,
- Unterstützung gemeinsamer Projekte der Familie oder einzelner Mitglieder:
  - Hausbau,
  - Theateraufführungen im privaten Kreis,
  - wohltätige Projekte,
- Solidarität bei materieller Hilfsbedürftigkeit,
- Berücksichtigung der Familienmitglieder bei Schenkungen und Vererbungen.

Emotionaler Zusammenhalt in der Verwandtschaft

Will man dieses Gefühl der Zusammengehörigkeit über die Kernfamilie hinaus auf den Kreis der Verwandtschaft ausweiten, so wird man feststellen, dass eine ganze Reihe der vorstehend genannten Aspekte übertragbar ist. Auch wenn es in den einzelnen Familien der Gesellschafter dritter und weiterer Generationen keine gemeinsame Erziehung der Nachkommen mehr gibt, so ist doch ein gemeinsames Erleben und Erschließen der Welt möglich. Zur relevanten Welt gehören hier auch die Geschäftswelt sowie die Mechanismen, auf deren Basis das eigene Unternehmen funktioniert. Selbstredend sorgt jede Kernfamilie innerhalb der Verwandtschaft für ihren eigenen Lebensunterhalt. Eine wechselseitige finanzielle Solidarität in Notlagen ist aber dennoch möglich. Das, was bewusst gestaltet werden kann, ist die Zeit, die die Gruppe miteinander verbringt. Aus der gemeinsam verbrachten Zeit und der darin stattfindenden Kommunikation kann sich vieles ergeben, was Bindung erzeugt: gemeinsames Erleben, gemeinsame Diskussionen, gemeinsame Ziele, gemeinsame Wertvorstellungen sowie ganz allgemein Vertrautheit mit den Verhaltensweisen der anderen und schließlich eventuell auch Zuneigung. Die Arbeit für den Zusammenhalt der Kernfamilie und der Verwandtschaft bedeutet also in erster Linie die Gestaltung von Kommunikationsmöglichkeiten. Wir werden dies im Kapitel 9 weiter ausdifferenzieren.

4.3 Kognitives Verstehen als Bindungsfaktor in der Familie

Bedeutung des kognitiven Verstehens

Der Begriff der Emotionalität als Grundlage von Beziehungen führt direkt zu dem komplementären Begriff der rationalen Bindungsfaktoren. Rationalität liegt sicherlich den Elementen der „finanziellen Bindungen an die Familie und an das Unternehmen" in der Systematik von Pieper zugrunde. Zwischen diese „harten" Nutzenaspekte, die wir weiter unten eingehend würdigen,[149] und die „weichen" Emotionen möchte ich noch die Kategorie des kognitiven Einvernehmens stellen. Mit Menschen, mit denen man sich intellektuell, argumentativ und kognitiv gerne auseinandersetzt, fühlt man sich verbunden. Ich nenne diesen Bereich „kognitive Bindung" als Ergänzung der „emotionalen Bindung". Die darunter zu erfassenden Elemente können sein:

- Einvernehmen über gemeinsame Ziele für das „Projekt Familienunternehmen" (dies wird im Diskurs zu Familienunternehmen häufig als „gemeinsame Werte" der Familie bezeichnet),

- wechselseitiger Respekt für das Verantwortungsgefühl, das für das gemeinsame Anliegen „Familienunternehmen" aufgebracht wird,

- wechselseitiger Respekt für die individuellen intellektuellen Beiträge, die aus unterschiedlichen Wissens- und Erfahrungsbereichen kommen können.

Die kognitive Bindung bedeutet keine umfassende Harmonie im Bereich der Erkenntnis und des rationalen Wollens. Sie bedeutet vielmehr die Ein-

---

[149] Siehe Abschnitt 4.5 und 5.

sicht, dass die Beziehung innerhalb der Gruppe mit Argumenten begründet werden kann und dass die von den Beteiligten vorgetragenen Argumente sachlich und wohlwollend zu würdigen sind. Die Kompatibilität des Denkens und Wollens ist hier vermutlich ein Schlüsselbegriff, der den Begriffen der Harmonie oder Anziehung in der „emotionalen Beziehung" entspricht.

Grundkonsens zu Werten als Bindungsfaktor

Der Begriff gemeinsamer „Werte" wird in der Literatur zu Familiengesellschaften häufig verwendet. In der Mehrgenerationen-Familiengesellschaft können diese Werte nicht mehr aus einem gemeinsamen Erziehungsprozess erwachsen. Sie müssen vielmehr in einem kognitiven Prozess erarbeitet werden. Die wichtigste Übereinstimmung wäre es, dass alle Gesellschafter das Familienunternehmen als eben solches für die nächsten Generationen erhalten wollen. Andere Gemeinsamkeiten in den spezifischen Zielen kommen regelmäßig dazu, wie unten im Abschnitt zur Familiencharta erläutert wird.[150] Ein Grundkonsens in Form von Zielen, die von allen Familienmitgliedern verfolgt und verteidigt werden, ist ein wertvoller argumentativ begründbarer Beziehungsfaktor.

Von diesem Grundkonsens zu unterscheiden ist das Verfahren, bei der Entscheidung über das Vorgehen in einer konkreten Situation einen Konsens zu finden.[151] Je umfassender der Grundkonsens, desto undifferenzierter können die Verfahren sein, Einzelentscheidungen – innerhalb des Grundkonsenses – zu treffen. So ist z. B. eine einfache Mehrheitsentscheidung ein sehr grob gestricktes Verfahren, um die Entscheidung in einer größeren Gruppe zu ermitteln. Ein solch grobes Verfahren kann man sich leisten, wenn der Grundkonsens gesichert ist und die verbleibenden Detailfragen von untergeordneter Bedeutung sind. Ist allerdings der Grundkonsens nicht oder nur noch bedingt vorhanden, dann gestaltet sich die Aufgabe, den Zusammenhalt durch Einvernehmen in der Sache zu erarbeiten, viel schwieriger. Für solche Entscheidungen außerhalb des Grundkonsenses wird meist auch eine besonders hohe Stimmenmehrheit verlangt (z. B. satzungsändernde Mehrheit). Dann muss die Anschlussfähigkeit für (fast) jeden Einzelnen dadurch gesichert werden, dass seine individuellen Interessen in die Entscheidung mit eingebunden werden.

---

[150] Siehe Abschnitt 7.6.

[151] Vgl. Flaig, E. interviewt durch Minkmar, N. (2008): S. 27.

Bindung durch einvernehmliche Inhaberstrategie

Bei den Beratern von Familiengesellschaften herrscht Einvernehmen darüber, dass eine Inhaberstrategie notwendig ist und dass diese mit der Unternehmensstrategie abzustimmen ist. Diese Thematik müsste im Kontext der gesamten Einflussnahme der Inhaber auf die Unternehmensstrategie erörtert werden, was jedoch außerhalb unserer Themenstellung liegt. Hier interessiert uns lediglich die Funktion, die einer einvernehmlichen Inhaberstrategie als Bindungsfaktor zugeschrieben wird.

Für die Berater von Familienunternehmen ist die Entwicklung einer solchen Inhaberstrategie ein Schwerpunkt ihrer Arbeit. Wie jede Strategiearbeit ist sie einerseits ein Prozess und andererseits ein gedankliches Konstrukt als Ergebnis. Die Vorteile der Strategiearbeit werden in beiden Aspekten gesehen. Hinter den Bemühungen um eine gemeinsame Inhaberstrategie steht die Überzeugung, dass das kognitive Einvernehmen über eine solche Strategie den notwendigen Zusammenhalt der Gesellschafter gewährleistet. Wenn eine solche Einigkeit erreicht werden kann, dann verschafft diese allen Beteiligten eine Sicherheit über das gemeinsame Wollen der Gruppe und ist insofern förderlich für den Zusammenhalt. Bevor man aber zu sehr darauf vertraut, vor allem durch eine Inhaberstrategie Bindung zu erreichen, muss man sich vergegenwärtigen, welche Anforderungen an die Erarbeitung einer Strategie gestellt werden müssen. Anders als eine Vision oder die Deklaration von Werten verlangt eine Strategie relativ präzise Festlegungen dessen, was erreicht werden soll und wie dabei vorzugehen ist. Insbesondere verlangt eine Strategieformulierung, die handlungsleitend sein soll, auch eine Aussage darüber, was „nicht getan" werden darf. Strategiearbeit verlangt eine hohe spezifische Kompetenz, die nicht jeder, der daran mitwirken möchte, einbringen kann. Je präziser eine Strategie formuliert wird, desto eher provoziert sie unterschiedliche Meinungen: Die Vision eines „ertragreichen Wachstums" dürfte für jeden Gesellschafter anschlussfähig sein. Bei der Festlegung, welche Ausschüttungsquote nicht überschritten werden darf, um das Wachstum zu finanzieren, dürfte das Meinungsspektrum demgegenüber weitaus vielfältiger und möglicherweise kontrovers sein. Ich sehe die Inhaberstrategie, wenn sie denn gemeinsam entwickelt werden kann, als hilfreich für die Bindung einer Gesellschaftergruppe an, halte sie aber nicht für geeignet, die allein maßgebliche Basis des Zusammenhalts zu sein.

Zutreffende Zuordnung von Konfliktursachen

Emotionaler Zusammenhalt und kognitive Übereinstimmung in den Ansichten korrelieren zwar positiv miteinander, sind aber grundsätzlich gesonderte Erlebnisbereiche und gesonderte Bindungsfaktoren. Meinungsverschiedenheiten entstehen – so Björnberg und Nicholson – eher aus fehlender Übereinstimmung in den Werten und den grundsätzlichen Vorstellungen zum Geschäft, also im kognitiven Bereich, als aus fehlenden emotionalen Bindungen. Die Familienmitglieder weisen die Konfliktursache oft fälschlicherweise dem emotionalen Bereich zu, mit dem viel schwieriger umzugehen ist. Dadurch dass man die Ursache für einen Dissens richtig erkennt, kann man gezielter und Erfolg versprechender einen Konflikt im Strategieprozess oder in konkreten Sachthemen angehen.[152]

4.4 Emotionale und kognitive Bindungsfaktoren gegenüber dem Unternehmen

„Psychisches Einkommen" als Bindungsfaktor

Die im Folgenden ausdifferenzierten emotionalen Vorteile eines Familienunternehmens werden in der Forschung seit langem beachtet. Aronoff und Ward sprechen von „Psychic Income", Astrachan und Jaskiewicz sowie Groth erfassen das Phänomen mit dem Begriff der „emotionalen Ausschüttung"[153].

> „… family business owners deserve a sense of belonging and a sense of purpose as a result of their ownership. They should be able to feel that they are participating and contributing to the success of the enterprise. Psychic income is an important and unique bonus of family business ownership. If you as an owner are not experiencing psychic income or if, worse, you feel a real sense of emotional cost as an owner, then something is wrong and needs to be addressed."[154]

Man kann zumindest für einen beachtlichen Teil der Familienunternehmen die These aufstellen, dass eben dieses psychische Einkommen und nicht

---

[152] Vgl. Björnberg, Å./Nicholson, N. (2007): S. 240; vgl. auch De Dreú, C. K. W./ Weingart, L. R. (2003).

[153] Vgl. Groth, T./Vater, G. (2006): S. 56; Astrachan, J. H./Jaskiewicz, P. (2008): S. 139 ff.

[154] Aronoff, C. E./Ward, J. L. (2002): S. 10.

ein materieller Aspekt den entscheidenden Bindungsfaktor darstellt. Ein deutliches Indiz für die Bedeutung dieser immateriellen Nutzenkomponente legen Familiengesellschafter ab, die ihr Unternehmen verkauft haben und mit dem Verkaufserlös entspannt und zufrieden leben könnten. Immer wieder stoßen wir auf Veräußerer, die wieder zurück in die Rolle und die Zirkel der aktiven Familiengesellschafter streben. Sie kündigen an, dass sie mit Beteiligungen an Start-ups oder mit anderen Investitionen erneut unternehmerisch aktiv werden wollen.

Das Konstrukt des „psychischen Einkommens" beleuchtet, wie wichtig die Erlebbarkeit eines Unternehmens für die Gesellschafter ist. Der Erlös eines Anteilsverkaufs ist dagegen sozusagen *ver*lebbar: Er kann für Zwecke jeglicher Art verwendet werden und ist gegebenenfalls früher oder später aufgebraucht.[155] Die Identifikation eines Verkäufers mit dem Verkaufserlös und den daraus erworbenen Gütern hat eine gänzlich andere Qualität als die kontinuierliche Erlebbarkeit eines Unternehmens.

Kognitive Grundlage dieser Bindungsfaktoren

Die Forschung zum Familienunternehmen spricht von „psychischem Einkommen" und von „emotionalen Faktoren"[156] der Bindung gegenüber dem Unternehmen. Dies ist freilich eine andere Art von Emotion, als man sie gegenüber Familienmitgliedern als natürlichen Personen entwickelt. Eine juristische Person kann man nicht umarmen und nicht „mögen". Es wäre also vielleicht zutreffender, von „immateriellen" Bindungsfaktoren zu sprechen. In jedem Fall geht es – im Sinne der eben angesprochenen Unterscheidung – um Bindungsfaktoren, die sich erst durch eine kognitive Arbeit erschließen. Man „fühlt" sie nicht spontan, sondern die nachfolgend angesprochenen Vorteile des Unternehmens müssen erläutert und nahegebracht werden. Dieser Hinweis ist deshalb wichtig, weil die Erläuterungen von der Unternehmensleitung kommen müssen. An ihrer Bereitschaft zur Kommunikation liegt es, dass sich die Bindungsfaktoren bei den Gesellschaftern ausformen können.

---

[155] Vgl. unten Abschnitt 5.4.
[156] Vgl. Pieper, T.M. (2007a); Zellweger, T./Fueglistaller, U. (2006); Astrachan, J.H./Jaskiewicz, P. (2008).

Bindung durch Identifikation mit den Unternehmenszielen

Eine Identifikation mit den Zielen des eigenen Unternehmens setzt voraus, dass man diese versteht und gutheißen kann. Dies verlangt wiederum, dass die Gesellschafter in die Strategie des Unternehmens eingebunden sind. Die Idee und Vision eines Familienunternehmens muss durch Geschäftsführung, Inhaber und Gesellschafter selbst verkörpert werden, um im Unternehmen glaubhaft verankert werden zu können. Unter der Vision ist eine sehr langfristig formulierte Orientierung für die Unternehmensentwicklung vorzustellen. Tatsächlich entwickelt zumindest jede neue Geschäftsführung ihre eigene, neue Vision für das, was sie erreichen möchte. Der Austausch zwischen der Gesellschafterebene und der Geschäftsführungsebene in Strategiefragen ist in diesem Kontext eine sich über die Zeit hinweg erstreckende, kontinuierliche Aufgabe. Die Identifikation muss immer wieder neu erarbeitet und bestätigt werden.

Bindung und Identifikation durch Reputation und Selbstwertsteigerung

Bei manchen Unternehmen ist für den einzelnen Gesellschafter der finanzielle Nutzen ohne Gewicht für die Gestaltung der Lebensverhältnisse. Der Wert eines kleinen Anteils ist in diesem Sinne kein „Vermögen"; die Ausschüttung hierauf stellt nur einen kleinen Teil der Gesamteinkünfte dar. Gleichwohl kann die Beteiligung von hoher Bedeutung sein, weil das Unternehmen etwa einen guten Ruf hat, in einem bestimmten Umfeld von großer Bedeutung ist (z. B. in einer Region, in einem bestimmten Kundenmarkt) und vermutlich bereits seit langer Zeit besteht. Vor allem das Alter des Unternehmens, aus dem selbst ein zunehmender Bekanntheitsgrad erwächst, oder ein hoher Bekanntheitsgrad aufgrund der von ihm hergestellten Produkte können einen großen immateriellen Nutzen begründen. Hierzu kann vor allem auch die Anerkennung folgender Beiträge des Unternehmens zur öffentlichen Wohlfahrt gehören:

- Schaffung von Arbeitsplätzen und Ausbildungsmöglichkeiten,
- Gewährung betrieblicher Sozialleistungen,
- Steueraufkommen, insbesondere für die Region,
- Bereitstellung von Produkten und Leistungen, Förderung des Fortschritts durch Innovationen,
- Spenden- und Sponsorentätigkeit, Stiftungen.

Der gute Ruf, die Reputation, ist eine Qualität, die einem Einzelnen, einer Gruppe oder einer ganzen Organisation zugesprochen wird, weil ihr Handeln Vertrauen und Anerkennung verdient – und dieses wiederum deshalb, weil es gesellschaftlichen Normen und Wertvorstellungen entspricht.[157] Die Reputation ist in der bürgerlichen Gesellschaft und der modernen Leistungsgesellschaft eine öffentliche Anerkennung, die früher dem Adel und anderen Würdenträgern durch Geburt zukam. Sie gehört zu dem, was wir seit Bourdieu[158] als das „Sozialkapital" einer Familie bezeichnen, einem dauerhaften Netz von mehr oder weniger institutionalisierten Beziehungen des gegenseitigen Kennens und Anerkennens.

Dadurch, dass jemand Träger einer bedeutenden Institution ist, hat er Anteil an der Reputation dieser Institution. Die in der Öffentlichkeit anerkannten Qualitäten des betreffenden Unternehmens strahlen auf die Gesellschafter als Garanten dieser Qualitäten aus, und zwar völlig unabhängig von der Höhe ihres Anteils: Auch das Mitglied eines Adelshauses hat vollen Anteil an der Reputation seiner Familie – ohne dass man je fragen würde, wie hoch sein Anteil am Gesamtvermögen dieser Adelsfamilie sei. Gesellschafter, die diese Reputation des Unternehmens wertschätzen, haben auch ein Interesse daran, dass das Unternehmen sie bewahrt oder sogar ausgebaut.

Die Reputation des Unternehmens und die Reputation der Gesellschafterstellung können ein wesentliches Element des Selbstwertgefühls eines Gesellschafters sein. Das Streben nach Selbstwertschutz und -erhöhung betrachten Psychologen als eine der starken Triebfedern unseres Denkens, Handelns und Fühlens. Dieses Streben beeinflusst unmittelbar, welche Informationen Menschen über die eigene Person suchen und welche Reaktionen die erhaltenen Informationen in ihnen auslösen. Es hat weiterhin Einfluss auf die Art und Weise, wie ein Individuum sich selbst und andere Personen wahrnimmt und beurteilt, bzw. mit wem es sich vergleicht. Diese Aspekte haben für die Frage der Konfliktentstehung und -lösung in Gesellschaftergruppen eine nicht zu unterschätzende Bedeutung. Ebenso bemerkenswert ist in diesem Zusammenhang die Tatsache, dass der Umfang wahrgenommener positiver Eigenschaften häufig überschätzt wird, während negative Zuschreibungen dagegen in Menge und Bedeutung häufig unterschätzt werden.[159]

---

[157] Vgl. Homann, K. (2003): S. 48.
[158] Vgl. Bourdieu, P. (1983): S. 190 f.
[159] Vgl. z. B.: Stahlberg/Osnabrügge/Frey (1985): S. 89 ff.

Neben den Wirkungen einer guten Reputation kann die Beteiligung an einem Unternehmen auch durch intrinsische Werte zur Selbstwerterhöhung beitragen. Aus der nützlichen Tätigkeit des Unternehmens und der Mitwirkung der Gesellschafter an seiner Entwicklung kann eine Sinnvermittlung für das individuelle Leben entstehen.

Insbesondere bei der Mehrgenerationen-Familiengesellschaft bewährt sich der Einzelne in der Fortführung des übernommenen Erbes: Er trägt zu seiner Bewahrung und Vermehrung bei, um es der nächsten Generation zu übergeben. Er tritt ein in die Generationenfolge der Verantwortungsträger. In jeder Generation sind Entscheidungen zu treffen, die für die nachfolgende Generation von Bedeutung sind, sei es die Entscheidung für oder gegen eine große Akquisition, der Markteintritt in eine neue Region wie z. B. China oder eine Auseinandersetzung zwischen den Gesellschaftern. Allerdings ist oft das Entscheidende, was *nicht* geschieht und äußerlich nicht auffällt, aber gleichwohl vor der nachfolgenden Generation zu verantworten ist: die nicht ergriffene große Chance (die allerdings im Fall des Misserfolgs das Unternehmen ruiniert hätte) oder die nicht vollzogene Veräußerung von Anteilen an einen Dritten.

Bindung als Mitgliedschaft in einem „Stand"

Ein Glied in einer langen Reihe von Trägern eines bedeutenden, alten Unternehmens zu sein bedeutet ein Mitglied des „Geldadels" zu sein. Ebenso wie ein Adeliger gewinnt ein Mitglied dieser Gruppe Status, Reputation und Selbstwertgefühl auch aus dem Ruhm der Vorfahren. Die Bedingtheit und die Beschränkungen der eigenen aktuellen Existenz werden zum einen transzendiert durch die Einbindung in die Generationenfolge von Vorfahren, die Großes hervorgebracht haben, und zum anderen durch die Verantwortung gegenüber den Nachkommen, das überkommene Erbe für die Zukunft zu bewahren und gemehrt weiterzugeben.

Der Vergleich des Geldadels mit dem Geburtsadel verweist auf einen weiteren Nutzenbereich: die Begründung der Zugehörigkeit zu einem bestimmten Gesellschaftsstand. Die Angehörigen eines solchen Standes pflegen einen vertrauten Umgang miteinander allein aufgrund ihrer Standeszugehörigkeit: Ein gesellschaftlich anerkannter Stand setzt ein Standesbewusstsein voraus. Dieses Standesbewusstsein entwickelt sich nur bei regelmäßigen Veranstaltungen und Begegnungen im exklusiven Kreis der Standesangehörigen. Nicht standesgemäßes Verhalten, das Anlass zu Geringschätzung und Misstrauen wäre, führt zum stillen oder offen formulierten Ausschluss aus der Gemeinschaft des Standes. In diesem Sinne verstehen sich auch angestellte Unternehmensführer als eigener Stand. Für die CEOs der DAX-Gesellschaften sind z. B. die Mitgliedschaften in Aufsichtsratsgremien und Beiräten renommierter Firmen oder gemeinnütziger Institutionen von großer Bedeutung.

Es lässt sich mit Fug und Recht behaupten, dass Familiengesellschafter analog dazu ebenfalls einen eigenen Stand darstellen. Das Selbstbewusstsein der Mitglieder dieses Standes ist häufig ausgeprägter als das der Vorstände der großen Gesellschaften: Ihr Führungseinfluss ist schließlich unterlegt durch nicht entziehbare Einflussrechte als Inhaber. Nach dem legendären Kriterium der Schweizer Gräfin de Meuron „Arbeiten Sie für Geld oder sind Sie ein Herr?" sind Familiengesellschafter in aller Regel „Herren und Damen". Da sie nicht von Analysten und Medien abhängig sind, können sie ihre Rolle sehr viel individueller ausgestalten als Unternehmensführer, deren Erfolg von der öffentlichen Einschätzung ihrer Erfolgschancen abhängt.

Für die Gesellschafter von Familienunternehmen gibt es regelmäßig durchgeführte Veranstaltungen, bei denen „man sich begegnet". Im regionalen Umfeld sind hier Veranstaltungen der Industrie- und Handelskammern sowie der Wirtschaftsjunioren Deutschland zu nennen. Bundesweit können dies (in der Regel von Beratern organisierte) Tagungen mit einem exklusiven Teilnehmerkreis auf der Basis persönlicher Einladung sein, aber auch Veranstaltungen von Privatbankiers oder z. B. der Institute für Familienunternehmen von hierin ausgewiesenen Universitäten.[160] Im internationalen Umfeld finden die verschiedenen Foren und Veranstaltungen des Family Business Network zunehmende Aufmerksamkeit.

Familienunternehmen, die einen Beirat haben, können durch die Berufung anerkannter Repräsentanten der Wirtschaft in den Beirat ihre persönlichen Kontaktkreise prestigeträchtig erweitern. Nicht selten werden Gesellschafter bedeutender Unternehmen zu Auslandsreisen von Ministern und Ministerpräsidenten eingeladen und können dabei interessante Kontakte zu anderen Wirtschaftsführern knüpfen.

Bewusstmachen des psychischen Einkommens

Die Bindungsfaktoren des psychischen Einkommens beruhen auf Gefühlen. Damit diese Gefühle sich entwickeln können, müssen die Inhalte, die das psychische Einkommen bilden, allerdings bewusst gemacht und erlebt

---

[160] Zum Beispiel Universität Witten-Herdecke, WHU Bensheim School of Management Vallendar, Zeppelin-University Friedrichshafen.

werden. Wir werden unten geeignete Instrumente der Kommunikation erörtern, mit denen das Unternehmen in seiner Bedeutung über die Ebene eines rein materiellen Investments hinaus gehoben werden kann.[161]

4.5 Materieller Nutzen als Bindungsfaktor

Die wichtigste rationale Erkenntnis der Familiengesellschafter besteht darin, den materiellen Nutzen des Unternehmens für jeden Gesellschafter zu sehen. Dieser Aspekt kommt im internen Diskurs der Gesellschafter oft zu kurz. Nach dem altväterlichen Grundsatz, dass man Geld hat, aber nicht darüber spricht, existiert meist auch keine Tradition, über die materiellen Vorteile des Unternehmens für die Gesellschafter ausführlich zu sprechen. Der „harte", materielle Aspekt einer Betriebswirtschaftslehre des Familienunternehmens kommt auch in der wissenschaftlichen Erforschung dieses Unternehmenstypus zu kurz. Ich bin entschieden davon überzeugt, dass es gute Gründe gibt, die einen überlegenen materiellen Nutzen des Familienunternehmens belegen. Und ich plädiere ebenso engagiert dafür, diese Vorteile im Kreis der Familiengesellschafter zu erörtern und transparent zu machen. Dies ist vor allem auch erforderlich, um diejenigen Gesellschafter, die vor allem vom materiellen Nutzen angezogen werden, in die Gemeinschaft aller Gesellschafter zuverlässig einzubinden. Wir werden daher den materiellen Nutzen eingehender analysieren und insbesondere auch die Vorteile gegenüber einer Vermögensanlage am Finanzmarkt herausstellen.[162]

Der materielle Nutzen, den ein Gesellschafter aus seiner Beteiligung für sich selbst ziehen kann, ist vielfältig und komplex:

- Zunächst sind die regelmäßigen Gewinnausschüttungen zu nennen.

- Weitere Bezüge aus dem Geschäft z. B. in Form von Mieteinkommen, Bezügen für Ämter usw. können für den Einzelnen zusätzliches Gewicht haben.

- Der Nutzen wird dadurch erhöht, dass ein Familienunternehmen vielfältige Optionen ausüben kann, um die Steuerbelastung des Unternehmens und der Gesellschafter insgesamt zu optimieren. Dieser Nutzen kann *ex ante* schwer vermittelt werden; auf Grund von Erfahrungen in der Vergangenheit kann er aber auch für die Zukunft glaubwürdig in Aussicht gestellt werden.

---

[161] Vgl. unten Abschnitt 9.
[162] Siehe unten Kapitel 5.

- Ein wichtiger Faktor zur Reduzierung der Gesamtsteuerbelastung gegenüber alternativen Anlagen besteht darin, dass die Anteile an Familiengesellschaften in den Erbschaftsteuersystemen der meisten Staaten Ermäßigungen genießen.

- Durch verschiedene Instrumente erhalten die Gesellschafter Kontrolle über und Einfluss auf ihr Unternehmen. Dadurch wird das Vertrauen gesteigert, auch in Zukunft über diese Nutzenquelle verfügen zu können.

Neben oder zusätzlich zu diesen grundsätzlich regelmäßig fließenden Nutzenströmen aus dem Unternehmen entsteht ein materieller Nutzen aus der Familienbeziehung nur in besonderen Bedarfslagen aufgrund der Solidarität der Gemeinschaftsmitglieder. Die finanziellen Mittel, mit denen diese Solidarität einzulösen ist, stammen in den meisten Fällen ausschließlich aus dem Unternehmen. Bereitgestellt wird dieser Nutzen aber auf der Basis von Entscheidungen innerhalb des Familienverbandes, wie z. B.:

- Familienstiftung zugunsten der Familienmitglieder,

- Ausbildungsstipendien,

- Beschäftigungsmöglichkeiten.

- Ein besonders werterheblicher Ausdruck von Solidarität zeigt sich dann, wenn kinderlose Familiengesellschafter ihre Anteile an Familienmitglieder vererben (müssen). Dies ist ein möglicher Vorteil der Verwandtschaftsbeziehung nach der oben angeführten Theorie der Verwandtenselektion.[163]

Eine Bindungswirkung kann diese Solidarität nur entfalten, wenn alle Gesellschafter eine begründete Erwartung haben können, dass die Unterstützung auch geleistet wird. Dies kann durch vertragliche Rechte geschehen. Als satzungsmäßige Rechte können diese sogar von der Generation der Eltern geschaffen und den Nachkommen als Verpflichtung übertragen werden, z. B. die Pflicht kinderloser Gesellschafter, die Anteile an die Verwandten zu vererben. Ebenso können Stiftungen von der älteren Generation geschaffen werden, deren Nutzen der nächsten Generation zugute kommt. Die berechtige Erwartung, dass sich alle Gesellschafter auch ohne vertragliche Verpflichtung auf ein solch solidarisches Handeln einigen könnten, kann aber auch auf andere Weise entwickelt werden: Durch Berichte über vergleichbare Fälle der Solidarität im Familienkreis aus der

---

[163] Vgl. oben Abschnitt 3.4.

Vergangenheit kann das Bewusstsein einer Familientradition geschaffen werden, die auch in der Zukunft beachtet wird.

4.6 Service-Nutzen als Bindungsfaktor

Zwischen materiellem Nutzen und emotionalem Nutzen steht eine Gruppe von Nutzenaspekten, die ich unter dem Begriff „Service-Nutzen" zusammenfasse. Es handelt sich um Leistungen des Unternehmens, die eine praktische Lebenshilfe für den Gesellschafter darstellen. Dazu gehören zu Beispiel:

- Übernahme der Steuererklärung,

- Übernahme formaler Korrespondenz mit Behörden und Dritten – nicht nur soweit diese sich aus der Gesellschafterstellung ergeben, sondern auch in anderen Lebensbezügen, wie z. B. im Zusammenhang mit Immobilienbesitz,

- Übernahme von Sekretariatsaufgaben aller Art,

- Abwicklung des Zahlungsverkehrs,

- Abwicklung von Finanzanlagen (Darlehen an das Unternehmen als Equivalent für eine Geldmarktfondsanlage),

- Bereitstellung von Haushalts- und Mobilitätsdiensten,

- Abschluss von Versicherungen und Bearbeitung von Versicherungsfällen,

- Besorgung von Handwerkerleistungen und deren Überwachung.

Hier geht es nicht darum, dass geldwerte Leistungen vom Unternehmen kostenlos erbracht werden sollen („verdeckte Gewinnausschüttung"), sondern wir nehmen an, dass solche Leistungen verrechnet werden und zwar zu marktgerechten Preisen. Der entscheidende Nutzen für den Gesellschafter liegt darin, dass er eine Organisationsleistung erhält. Dabei wird dem Gesellschafter nicht nur eigene Organisationsarbeit erspart. Das Unternehmen kann auch seine Kompetenz und seinen Einfluss gegenüber den jeweiligen Dienstleistern einsetzen, damit eine gute Leistung erbracht wird. Man muss sich nur die Situation vorstellen, dass man sich als Privatmann um eine gute und fristgerechte Handwerkerleistung bemüht, und ihr die Möglichkeit gegenüberstellen, den Auftrag über das Unternehmen als Großkunden des Handwerksbetriebs erteilen zu können.

Der zweite große Nutzen für den Gesellschafter liegt darin, dass er sich darauf verlassen kann, dass das Unternehmen seinen Gesellschaftern einen guten Service bieten will. Der Gesellschafter kann sich sicher sein, dass er vom eigenen Unternehmen nicht übervorteilt wird. Dieses Vertrauenkönnen ist wirklich Gold wert – wenn auch kein „geldwerter Vorteil" im steuerlichen Sinn.

Seitens der Unternehmensführung werden solche Inanspruchnahmen oft scheel angesehen. Sie werden als „Vorteilsnahme" der Gesellschafter betrachtet. Sie sind ein Element der Unordnung, da die Gesellschafter neben ihrer Gesellschafterfunktion als Einzelpersonen im Unternehmen auftreten und Arbeit verursachen.

Es ist nicht auszuschließen, dass derartige Servicekontakte tatsächlich ein Element der „Störung" mit sich bringen. In einem gut gehenden Unternehmen müsste es aber möglich sein, diese Services so zu organisieren, dass *keine* Störung für den Normalbetrieb erfolgt. Dazu bedarf es einer Schnittstelle zwischen den Gesellschaftern und dem Unternehmen, z. B. eines „Büros für Gesellschafterangelegenheiten". Es lohnt sich auch darüber nachzudenken, den vorhandenen Service-Nutzen für die Gesellschafter weiter auszubauen.

Wir werden weiter unten auf das Modell des Vereins zu sprechen kommen.[164] Auch Vereine halten für ihre Mitglieder ein breites Serviceangebot vor, um deren Bindung zu sichern.

4.7   Bindung durch gemeinnützige Projekte

Sinnvermittlung durch Philanthropie

Ein Ergebnis der Erforschung der Familiengesellschaft besteht darin, die Bedeutung gemeinsamer philanthropischer Aktivitäten herausgearbeitet zu haben. Diese haben sich zu einem eigenständigen Topos in der Forschung und Beratungspraxis entwickelt, aus dem für unseren Zusammenhang illustrative Exzerpte zu übernehmen sind.

Die philanthropischen Aktivitäten des Gesellschafterkreises sind regelmäßig in einer Stiftung organisiert. Eine derartige Stiftung ist in Zweck und Ausstattung zu unterscheiden von einer Stiftung als Surrogat für natürliche Inhaber und damit als alleiniger oder komplementärer Träger des Unternehmens.

---

[164] Vgl. unten Abschnitt 4.9.

Wir konzentrieren uns hier auf die Aktivitäten der Familie eines Familienunternehmens zur Förderung des Gemeinwohls. Wir klammern also die Unternehmensstiftung als Instrument der Kommunikations- und Imagestrategie aus, da es uns vorrangig um die Bindungswirkung von direkten Aktivitäten der Gesellschafter geht. Freilich strahlt auch die Reputation, die das Unternehmen durch seine Unternehmensstiftungen erhält, wiederum auf die Gesellschafterfamilie aus und erhöht so deren emotionalen Nutzen.[165]

Wenngleich die Motive, die einen Stifter veranlassen, Vermögen zu „opfern", meist einen höchst persönlichen Hintergrund haben, lassen sie sich gleichwohl nach einigen häufigen Motivgruppen sortieren, die nachfolgend aufgelistet sind:

- Überzeugung, besonderes Glück im eigenen Leben gehabt zu haben, und empfundene Verpflichtung, andere an diesem Glück teilhaben zu lassen,

- Bewusstsein, von bestimmten gesellschaftlichen Institutionen (Schule, Universität) in besonderer Weise profitiert zu haben, von deren Früchten man wiederum etwas „zurückgeben" will,

- Sendungsbewusstsein, eine bestimmte Vorstellung für das Gemeinwohl durchsetzen zu sollen,

- Förderung des eigenen Selbstwertgefühls dadurch, dass man sich der Anerkennung der begünstigten Gemeinschaft sicher sein kann,

- Erhöhung des Bekanntheitsgrades der Familie und des Unternehmens durch die allseits gelobten Taten,

- Hoffnung, dass die gemeinnützigen Taten als „gute Taten" (opera bona) im religiösen Kontext gelten.

Einen anderen Ansatz, um die Vielzahl unterschiedlicher Motivationen übersichtlicher zu machen, bietet die Sortierung nach jeweiliger Nähe bzw. Distanz zu dem Aktivitätsraum des Unternehmens und seiner Familie: von Anliegen, die eine Verbindung zur Geschäftstätigkeit, den Standorten und den Märkten des Unternehmens haben, über Anknüpfungspunkte, die durch die persönlichen Anliegen der Familienmitglieder begründet sind, bis schließlich zu allgemeinen Anliegen wie der Kunstförderung oder dem Umweltschutz oder der Entwicklungshilfe in notleidenden Ländern.

---

[165] Zu der Bedeutung der Unternehmensstiftung für die Steigerung der Unternehmensreputation vgl. Wreschniok, R. (2005): S. 629 ff.

Tabelle 5. Anknüpfungspunkte und Reichweite philanthropischer Projekte

Anknüpfungspunkt	Beispiel
Unternehmensaktivität	• Berthold Leibinger Innovationspreis für Lasertechnik • Stipendien für Studenten • Stiftungslehrstühle für unternehmensbezogene Fächer
Unternehmensstandort/ Familienstandort	• Schulen usw. am Ort • Sozialeinrichtungen • Sportvereine • Kulturprojekte
Familiensituation	• Stipendien für bestimmte Berufsgruppen, in denen Familienmitglieder tätig sind • Unterstützung von Kunstformen, für die sich einzelne Familienmitglieder engagieren
Erfahrene Probleme im Familienkreis	• Stiftungen zur Erforschung von Krankheiten eines Familienmitglieds • Stiftung zur Erforschung von Konfliktprävention in Gesellschafterfamilien (z. B. EQUA-Stiftung)

Durch die Ausdehnung der Arbeit einer Stiftung in den globalen Raum kann eine Familie mit ihrem philanthropischen Wirken auch die globale Expansion der Unternehmenstätigkeit nachvollziehen.

Bindung durch philanthropische Projekte

Auch die Berater von Familiengesellschaften heben die instrumentale Bindungswirkung von gemeinsamen philanthropischen Projekten hervor, wie in den nachfolgenden Exzerpten plastisch veranschaulicht wird:

1. Am Mittagstisch, zwischen Suppe und Hauptgang, rückte der Sohn mit seiner Bitte heraus: In der Schule würde gerade über ein neues Projekt nachgedacht. Rhetorik-Seminare. Außerhalb des Lehrplans. Er fände das sehr interessant. Nur stehe leider die Finanzierung noch nicht. „Sag mal, Mama, können wir das nicht fördern?" „Dieses Projekt ist meinem Sohn sehr wichtig. Und es passt zu den Zielen unserer Stiftung. Darum werden wir das wohl machen", erzählt Nicola Leibinger-Kammüller, „denn die Aktivitäten der Stiftung sind Familiensache."[166]

---

[166] Leibinger-Kammüller, N. zitiert in: Meitinger, K. (2006): S. 104.

2. „Von Anfang an stand der Gedanke im Vordergrund, ein Engagement zu schaffen, das alle Familienmitglieder teilen können."[167]

3. Im Rahmen des philanthropischen Engagements lässt sich deutlich machen, wofür die Familie eigentlich steht, welche gemeinschaftlichen Aktivitäten alle unterstützen können. „Es ist wichtig, sich als Familie ein Profil zu geben", sagt Nicola Leibinger-Kammüller, „Bei uns werden die Kinder deshalb schon früh in die Richtung gelenkt, sich nicht nur mit der Firma, sondern auch mit Stiftungen auseinander zu setzen. Wir diskutieren Inhalte. Wir kommunizieren, was uns wirklich wichtig ist. Und was wir gar nicht wollen."[168]

4. „Entsprechend den jeweiligen Interessen und Neigungen bringt sich jede von uns Töchtern in den Bereichen ein, die ihr am besten liegen. So unterstützen die einen den Buchhalter in Uganda bei der korrekten Kontenführung des dortigen Hilfsprojekts, während sich andere mehr dem Thema Existenzgründung und Businessplan widmen", informiert Veronika Lindner-Derichsweiler, „Wir genießen es, Zeit miteinander zu verbringen und gemeinsame Dinge anzupacken. Dadurch dass sich alle Familienmitglieder mit der Stiftungsarbeit identifizieren und nach Kräften mitarbeiten, wird gleichzeitig der Zusammenhalt der Familie gesichert."[169]

Baus und Löffler fassen die Bindungswirkung der philanthropischen Projekte wie folgt zusammen:

„Die Verbindung des gemeinnützigen Handelns mit den Werten und Traditionen der Familie bietet die Chance einer neuen und intensiven Form der Gemeinsamkeit. Nicht zuletzt können Familienmitglieder, die nicht im Unternehmen tätig sind, eingebunden werden und so einen eigenständigen Beitrag leisten. Familienwerte, die das Unternehmen prägen, wie Leistungsbereitschaft, Innovationskraft, Qualität und soziale Verantwortung können hier eine neue und schlagkräftige Verbindung mit den Anliegen und Interessen eingehen, die dort keinen oder nur einen eingeschränkten Platz haben: die Liebe zu Literatur, Malerei und Musik, Heimat- und Naturverbundenheit, das Gefühl der Verantwortung für die Not Fremder. Unterlegt und in vielen Familien bestimmt durch die religiöse Verpflichtung

---

[167] Leibinger-Kammüller, N. zitiert in: Meitinger, K. (2006): S. 104 f.
[168] Leibinger-Kammüller, N. zitiert in: Meitinger, K. (2006): S. 106.
[169] Lindner-Derichsweiler, V. zitiert in: Meitinger, K. (2006): S. 106.

gegenüber Gott und den Menschen, lässt sich so ein philanthropisches Engagement entwickeln, mit dem sich alle Familienmitglieder identifizieren
können und das sie als Aufgabe empfinden. Philanthropisches Engagement
kann in ähnlicher Weise verbindend und integrierend wirken wie das gemeinsame Engagement für das Unternehmen – wie dieses erzeugt es eine
Ressource, auf die wir alle angewiesen sind: es erzeugt Sinn."[170]

Philanthropische Ziele in der Zielfunktion des Unternehmens

Das Engagement für philanthropische Ziele kann Gesellschafter dazu
führen, diese Zielsetzungen auch in die Zielfunktion des Unternehmens
einbauen zu wollen. Es werden dann Diskussionen geführt, die etwa zu
folgenden Festlegungen führen:

- Spezifizierung gewünschter Aktivitäten wie z. B. Produkte für die
  Nutzung alternativer Energien, Konzentration auf Bioprodukte u. ä.,
- Spezifizierung nicht gewünschter Aktivitäten wie z. B. Beteiligung
  an Militärprodukten,
- Spezifizierung von Grundsätzen für die Art und Weise der Geschäfts-
  tätigkeit, z. B.:
  − ökologisches Wirtschaften,
  − Fair-Trade-Prinzipien,
- Förderung der Mitarbeiter in verschiedenster Hinsicht:
  − übertarifliche Bezahlung,
  − besondere Bildungsangebote,
  − Unterstützung bei Urlaubs- und Freizeitgestaltung,
- Förderung des Gemeinwohls beim Ressourceneinsatz.

Ein solches Hineintragen philanthropischer Ziele in die Unternehmenstätigkeit ist nicht unproblematisch, um nicht zu sagen: Es kann sehr problematisch sein:

1. Der Unternehmenszweck ist die Befriedigung der Kundenwünsche
   dergestalt, dass dies für das eigene Unternehmen (und den Kunden)
   ertragreich ist. Es geht um Ertragserzielung. Eine Stiftung für philanthropische Zwecke stellt demgegenüber eine Ertragsverwendung
   dar. Beides darf nicht miteinander vermischt werden.

---

[170] Baus, K./Löffler, S. (2005): S. 29 f.

2. Werden Ertragserzielung und Ertragsverwendung in dieser Weise vermischt, so machen sich die „Stifter" nicht klar, wie hoch der Aufwand für das gemeinnützige Ziel ist: Der Mehraufwand geht untrennbar in den Gesamtaufwand ein.

3. Die Geschäftsführung und die Mitarbeiter des Unternehmens können den Eindruck gewinnen, den Gesellschaftern seien die philanthropischen Ziele wichtiger als der Ertrag und das Wachstum des Unternehmens. Und vermutlich täuscht dieser Eindruck auch nicht. Das Ergebnis wird sein, dass Ertrag und Wachstum tatsächlich in den Hintergrund treten.

4. Es ist kaum zu erwarten, dass alle Gesellschafter die gleichen philanthropischen Ziele verfolgen und dies noch dazu über das Unternehmen tun wollen. Diejenigen Gesellschafter, die eher an Ertrag und Wachstum interessiert sind, werden mit den philanthropischen Zielen als Unternehmenszielen nicht einverstanden sein. Der Bindungsfaktor „gemeinsame Ziele" ist gefährdet.

Es ist ausreichend für die Wahrnehmung der Inhaberverantwortung, wenn die Geschäftsführung die Freiheit und Zustimmung dafür erhält, dass das Unternehmen im Rahmen seiner „Corporate Social Responsibility" diejenigen Programme verfolgt, die sie für das Unternehmen selbst für nützlich erachtet. Darüber hinaus können die Gesellschafter – freilich gemeinschaftlich handelnd – auch Einfluss darauf nehmen, welche Dotationen seitens des Unternehmens den von Gesellschaftern geschaffenen philanthropischen Stiftungen zukommen sollten. Diese gehen dann in die Erfolgsrechnung des Familienunternehmens gleichsam als Gewinnausschüttung ein. Am klarsten ist aber eine Regelung, nach der das Unternehmen ordentliche Ausschüttungen an seine Gesellschafter leistet und diese daraus ihre Stiftungen dotieren.

4.8 Ineinandergreifen der Bindungsfaktoren

Finanzielle und emotionale Faktoren

Die Forschung schlägt in verschiedenen Ansätzen vor, dass die einzelnen Bindungsfaktoren sich gegenseitig ergänzen und unterstützen sollten.

Pieper stellt heraus, dass ein optimaler, belastbarer Zusammenhalt dann erzielt wird, wenn die Bindungsfaktoren aller von ihm angeführten Kategorien ineinander greifen, und illustriert dies durch ein anschauliches Bild (vgl. Abb. 2).[171]

---

[171] Nach Pieper, T. M. (2007b): S. 29.

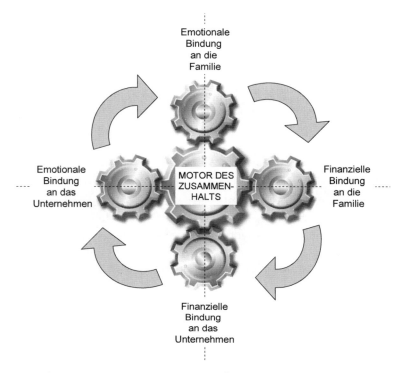

Abb. 2. Ineinandergreifen der Bindungsfaktoren

Fueglistaller/Zellweger[172] und Astrachan/Jaskiewicz[173] sprechen vom „emotionalen Wert", der dem finanziellen Marktwert eines Unternehmens hinzuzurechnen ist, um den Wert zu erhalten, der dem Wert der Firma für die Inhaber entspricht. Er resultiert zum einen aus emotionalen Bindungsfaktoren an das Unternehmen, die statistisch vor allem als ein höherer emotionaler Wert bei höherem Unternehemsalter in Erscheinung treten. Zum anderen ergibt sich eine zusätzliche Werterhöhung aus den emotionalen Kosten, die durch die Aufopferung für das Unternehmen beim Unternehmer entstanden sind. Björnberg und Nicholson verweisen auf die gegenseitige Verstärkung von emotionalen und kognitiven Bindungsfaktoren.[174]

In der Systematik unserer Darstellung bietet sich eine Gliederung der Bindungsfaktoren an, wie sie in Abb. 3 skizziert ist.

---

[172] Zellweger, T./Fueglistaller, U. (2006).

[173] Astrachan, J. H./Jaskiewicz, P. (2008).

[174] Vgl. Björnberg, Å./Nicholson, N. (2007): S. 240.

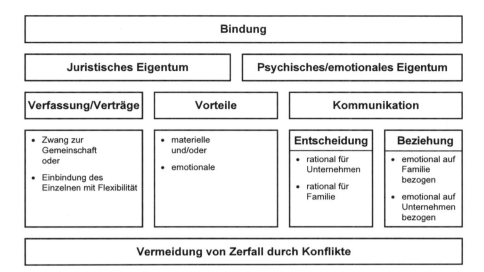

Abb. 3. Zusammenwirken der Bindungsfaktoren

Die Grundlage der Bindung ist neben dem juristischen Eigentum das psychische oder emotionale Eigentum. Die Instrumente, um Bindung zu erzeugen, sind

- Verträge,

- Vorteile,

- kommunikative Beziehungen, und zwar bezogen auf das Ziel, Entscheidungen zu treffen, oder auf das Ziel, einen emotionalen Zusammenhang aufzubauen.

In gewissem Umfang können schwache Ausprägungen eines Instruments durch stärkere Ausprägungen eines anderen Instruments ausgeglichen werden:

- Intensive und gute Kommunikationsbeziehungen in einer kleinen Gruppe erlauben es, die Verträge und die dort vorgesehenen Abstimmungsmodalitäten für Entscheidungsprozesse zu ignorieren.

- Klare, greifbare materielle Vorteile aller Gesellschafter können den Zusammenhalt auch dann bewahren, wenn die emotionalen Beziehungen gering ausgeprägt sind.

Die intensivste Bindung wird aber sicherlich erreicht, wenn, wie Pieper postuliert, alle Bindungsfaktoren ineinander greifen.

Bindungsfaktoren und Größe des Gesellschafterkreises

Es wird allgemein vermutet, dass mit wachsender Generationennachfolge und zunehmender Gesellschafterzahl die Wirksamkeit und Bedeutung der Bindungsfaktoren, die sich aus den Beziehungen der Gesellschafter untereinander ergeben, abnehmen. Insbesondere ist zu vermuten, dass in einem kontinuierlich wachsenden Gesellschafterkreis ein einheitlicher Grundkonsens zwischen allen Beteiligten immer schwieriger herzustellen ist. Durch die größere Anzahl der Individuen steigt die Wahrscheinlichkeit, dass Einzelne sehr ausgeprägte Individualinteressen haben und auf deren Durchsetzung gegenüber dem Gemeinschaftsinteresse drängen.

Im Lauf der Generationenfolge entfällt das gemeinsame Elternhaus des Gründers als Ort der gemeinsamen Prägung von Wertvorstellungen. Mit der zunehmenden Anzahl von Gesellschaftern steigt die Wahrscheinlichkeit, dass die Einzelnen unterschiedliche Vorstellungen davon haben, was das Unternehmen für sie bedeutet. Mochte der Gründer das – erfolgreiche – Unternehmen vor allem „emotional" als sein persönliches Lebenswerk angesehen haben, so ist diese Intensität eines emotionalen Bezugs für die Erben vermutlich gar nicht mehr zugänglich. Aber auch im Rahmen fester emotionaler Bindungen an das Unternehmen wird der Inhalt des emotionalen Bezugs sich individuell auffächern: Treue gegenüber dem Erbe, Begeisterung für das Produkt und seine Technik, Idealismus in der Förderung von Innovationen, Verantwortung für den Erhalt der Arbeitsplätze oder eben Finanzierung philanthropischer Projekte aus den Erträgen des Unternehmens.

Mit zunehmender Anzahl der Beteiligten und abnehmenden Gemeinsamkeiten in der Prägung durch familiäre Wertvorstellungen ist damit zu rechnen, dass einzelne Gesellschafter oder gar Gruppen von Gesellschaftern die materiellen Aspekte des Investments stärker betonen als Tradition und Emotion. So mögen manche Gesellschafter argumentieren, dass der Gegenwert des im Familienunternehmen investierten Vermögens bei einer alternativen Kapitalmarktanlage mindestens den gleichen, vielleicht sogar einen höheren Periodenertrag erwirtschaften könnte. Daher sollte man das Unternehmen ungeachtet der Tradition auf Rendite trimmen und die Ausschüttungen erhöhen oder es verkaufen. (Wir werden freilich in Kapitel 5 sehen, dass die Gesamtrendite einer Investition im Familienunternehmen im Normalfall höher ist – oder zumindest höher sein sollte – als bei Portfolio-Investitionen. Diese Einsicht ist allerdings das Ergebnis einer differenzierten Analyse, deren Argumente nicht jedem Gesellschafter von vornherein geläufig sind.) Ich werde hierzu durchgängig dafür argumentieren, dass jede Art von Interesse am Familienunternehmen als legitim zu vermuten ist und somit den Anspruch hat, berücksichtigt zu werden. Unterschiede in den Interessen können nicht beseitigt werden, sie müssen integriert werden. Das muss man aber wollen. Daher könnte es lehrreich sein, sich mit den Mechanismen zu befassen, mit denen ein Verein in der Lage ist, seine Mitglieder, die ebenfalls unterschiedliche Interessen haben, zusammenzuhalten.

4.9 Größere Verwandtschaft als Verein

Metapher des Vereins

In einem Gedankenexperiment wollen wir nun überlegen, welche Lage sich ergibt, wenn auf die Anforderung verzichtet würde, dass die Bindung der Gruppe in emotionalem Zusammenhalt und gemeinsamem Werteverständnis bestünde, und es genügen würde, dass die Inhaber einen „Trägerverein" für das Familienunternehmen bilden.[175] Die Soziologie definiert Vereine als Vereinigung mit

- dauerhafter,
- formaler,
- freiwilliger,
- prinzipiell jedem offen stehender,
- in der Zusammensetzung wechselnder Mitgliedschaft sowie mit
- gemeinsamen Zielen,
- darauf abgestimmtem Mitgliederverhalten,
- regelmäßigen Zusammenkünften und
- der Qualifikation, Träger von Rechten und Pflichten sein zu können.[176]

Die Grundvoraussetzung für eine Vereinsmitgliedschaft ist es, den Vereinszweck zu unterstützen und die vom Verein beschlossenen Beiträge in Geld oder Arbeitsleistung zu erbringen.

Natürlich fällt sofort der Unterschied zum Gesellschafterkreis ins Auge, dass man durch bewussten Entschluss eine Beitrittserklärung zu einem Ver-

---

[175] Die „Sippen" in der deutschen Gesellschaft werden von Mayer als Vorläufer der Vereine bezeichnet, vgl. Mayer, M. (2005): S. 10. Zur historischen Entwicklung des Vereins vgl. auch Zimmer, A. (2007): S. 41 ff.

[176] Vgl. Mayer, M. (2005): S. 17 ff.; Wegmann, J. (1992): 353 f.; Märkle, R. W./ Alber, M. (2008): S. 27 ff. und 43 ff.

ein abgibt. Mit diesem Beitritt erklärt man sich auch zu eigenen Beiträgen bereit, um den Vereinszweck zu fördern. Dieser Beitritt entfällt bei dem Kreis der Familiengesellschafter, in den man hineingeboren ist. Der Gründer eines Familienunternehmens hat zwar einen Entschluss getroffen, Unternehmer zu werden. Die damit geschaffene Inhaberposition wird aber anschließend vererbt. Die Mitgliedschaft erfolgt also durch Geburt und nicht durch Beitritt und steht somit nicht jedermann offen. Ansonsten erfüllt aber eine miteinander verwandte, große Gruppe von Gesellschaftern eines Familienunternehmens die genannten Wesensmerkmale eines Vereins.

Das Bild vom Verein hilft, ein Verständnis für die neu Eintretenden zu entwickeln. Die Gruppensoziologie versucht Stadien zu typisieren, die neue Mitglieder durchlaufen:[177] Orientierung, kritische Auseinandersetzung, Durcharbeiten der Konflikte mit der Autorität des Gruppenführers, volle Integration. Vereine werden heute als grundsätzlich positiv zu wertende soziale Veranstaltungen gewertet. Sie werden als Teil des Sozialkapitals gesehen; viele Vereine bedeuten dementsprechend „sozialen Reichtum"[178].

Ziele eines Vereins

Der Verein ist ein Gebilde, dem der Einzelne beitritt, weil er:

1. die Zwecksetzung unterstützt,
2. durch die Mitgliedschaft seine eigene Identität profilieren und von der überwiegend aus Nichtmitgliedern bestehenden sozialen Gemeinschaft abgrenzen kann,[179]
3. durch diese Identitätsbestimmung eine Selbstwerterhöhung erfährt,
4. Nutzen und eigenen Aufwand für ausbalanciert hält.

Der Erfolg eines Vereins besteht darin, dass

- der Vereinszweck erfüllt wird, wobei er nie „absolut und abschließend" erfüllt werden kann, sondern immer nur sinnvolle Beiträge zur Zweckerfüllung erwartet werden können,
- der Mitgliederbestand zumindest gehalten wird.

Um Mitglieder zu gewinnen und zu halten, gibt es folgendes Standardmuster des Vereinslebens:

---

[177] Vgl. Kellerman, H. (1981): S. 14.
[178] Vgl. Jütting/Bentem/Oshege (2003): S. 13 ff.
[179] Vgl. Luhmanns Konzeption, vgl. dazu Luhmann, N. (2000): S. 81 ff.

1. Es gibt eine Satzung mit dem Vereinszweck. Der Zweck könnte etwa lauten: ein Familienunternehmen als unabhängiges Unternehmen über die Generationen hinweg zu erhalten.

2. Es gibt Statuten, wer Mitglied werden kann und was die Rechte und Pflichten der Mitglieder sind, sowie festgelegte Wahlverfahren für die Vereinsorgane.

3. Es gibt einen Vereinsvorstand.

4. Es gibt ein Vereinsleben, in dem der informelle Kontakt zwischen den Mitgliedern gefördert wird.

5. Auf der Mitgliederversammlung wird ein Rechenschaftsbericht vorgelegt und bei diesem Anlass wird den Mitgliedern erläutert, warum es gut ist, Mitglied zu sein: Es wird eine Nutzenbilanz vorgetragen.

6. Es wird nicht gefordert, dass die Mitglieder über den Vereinszweck hinaus gemeinsame Wertvorstellungen haben oder eine gemeinsame kulturelle Basis. Nicht gefordert wird außerdem, dass die Mitglieder frei von Konflikten untereinander seien. Nicht verlangt wird schließlich auch, dass sich alle in gleicher Weise um die im Vereinsleben geschaffenen Ämter bewerben, obschon erwartet wird, dass jeder irgendwann und irgendwie einen Beitrag zur Förderung des Vereinszwecks und zur Gestaltung des Vereinslebens leistet.

Freiwillige Mitgliedschaft

Das maßgebliche Kriterium, das einen Familiengesellschafterkreis von einem Verein unterscheidet, besteht darin, dass es nicht die Möglichkeit des Ein- oder Austritts gibt. Die Frage des Eintritts können wir überspringen, denn es kommt zu selten vor, dass ein Anleger einen Minderheitsanteil in der Gesellschaft einer anderen Familie erwerben möchte. (Es sei denn, er hat weitergehende Absichten, die auf eine Mehrheitsbeteiligung zielen, und dann sollte man ihn vermutlich nicht hereinlassen.) Würde man einen Austritt zulassen oder für den Fall vorsehen, dass ein Mitglied die Mitgliedspflichten nicht mehr erfüllt, dann hätten wir tatsächlich einen Verein. Und genau darin sehe ich einen möglichen Lösungsansatz für die so eingehend beschriebenen Dilemmata und Paradoxien der Familiengesellschaften.[180] Man sollte daher regeln, dass

---

[180] Vgl. hierzu auch Kapitel 7 über die Verfassung der Familiengesellschaft.

- ein Mitglied austreten kann – aber so, dass der Verein nicht gefährdet wird,

- ein Mitglied aber auch ausgeschlossen werden kann, wenn es gegen die Mitgliedspflichten bzw. gegen die Interessen des Vereins verstößt.

Notwendigkeit eines Vereinsvorstandes

Ein Verein ist ein organisiertes soziales Gebilde. In dieser Organisation werden Entscheidungen getroffen über Mitgliedsbeiträge, über Aufwendungen zur Verfolgung der Vereinszwecke, vor allem aber über das Veranstaltungsprogramm und darüber, wer welche Beiträge hierzu leistet. Wir alle wissen, dass kein Verein funktioniert ohne einen Vereinsvorstand, eventuell einen Präsidenten und gegebenenfalls noch eine Geschäftsführung und einen erweiterten Führungskreis, der den Verein leitet.[181]

Durch Vereinsmitgliedschaft und Vereinsleben werden alle Mitglieder eingebunden. Durch die Organisation und die Führung durch den Vorstand und weitere Führungskräfte werden der Vereinsbetrieb, seine Attraktivität für die Mitglieder und die hierfür erforderlichen Entscheidungen sichergestellt. Das ist eigentlich genau das, was auch mit der Trägerschaft eines Familienunternehmens erreicht werden soll.

Bindung durch den Vereinszweck

Ein Verein wird durch zwei Elemente zusammengehalten: den Vereinszweck und das Vereinsleben. Es ist schwer zu sagen, was wichtiger ist. Aus der Organisationssoziologie wissen wir, dass lebendige Organisationen sich bei Wegfall des Zwecks durch Erfüllung oder künftige Irrelevanz eher einen neuen Zweck suchen als sich aufzulösen. Die Bindung durch das Vereinsleben ist stark genug, so dass die angestrebte Fortdauer durch Schaffung neuer Vereinszwecke erreicht wird.

Bei der Betrachtung des Gesellschafterkreises als Verein beginnen wir zunächst mit dem „Vereinszweck". Er lautet: Trägerschaft eines Familienunternehmens. Die Familie, die in die Trägerschaft eines Unternehmens als Erben hineingewachsen ist, muss dieses Erbe nicht begründen: Es ist das unhinterfragte Natürliche. Der Vereinszweck „Familienunternehmen" muss hingegen rational begründet werden: Worin besteht der Vorteil des

---

[181] Vgl. oben Abschnitt 2.5 zur Notwendigkeit der Führung.

Familienunternehmens für seine Gesellschafter? Diese Frage wird unterdrückt, wenn man die gängige Maxime „Firma vor Familie" unreflektiert vor sich herträgt. Wenn man aber im regelmäßigen Rechenschaftsbericht eine Nutzenbilanz – der materiellen wie auch der immateriellen Elemente – aufzustellen hat, wird dieses Erfordernis adressiert.

Wir haben oben auch das Phänomen skizziert, dass bei Wegfall des ursprünglichen Zwecks ein neuer Zweck „nachgeschoben" wird. Wenn ein Familienunternehmen von seinen Gesellschaftern verkauft wird, entfällt der ursprüngliche Zweck. Es gibt aber eine ganze Reihe von Beispielen, dass Familiengesellschafter anschließend als Investorengemeinschaften zusammenbleiben, um z. B. ihr Vermögen gemeinsam zu verwalten, aber auch um wieder neu unternehmerisch tätig zu werden.

Bindung durch Vereinsleben

Auch bei einem Verein hat die vereinsinterne Kommunikation große Bedeutung, hier meist „Geselligkeit" genannt:

> „Die Geselligkeit (…) ist nicht ein Nebenzweck, den man auch fortlassen könnte, sondern eine unerlässliche Vorbedingung, wenn der Verein über eine bloße Vermittlungsagentur für allerlei Veranstaltungen hinaus ein eigenes Leben entfalten soll."[182]

Gerade die Beispiele dafür, dass die Gemeinschaft auch dann erhalten bleibt, wenn der ursprüngliche Zweck erfüllt ist, halte ich für einen Beleg dafür, dass das aktive Gemeinschaftsleben ein ebenso starker Bindungsfaktor ist wie der rationale Zweck. Die Instrumente hierfür werden wir im Kapitel über die „Bindung durch Kommunikation" (Kapitel 9) ausdifferenzieren. Diese sind zwar ausgelegt auf die Gemeinschaft einer Familie, doch sie sind zum großen Teil auch für ein Vereinsleben denkbar.

4.10 Trennungsfaktoren

Begriff und Bedeutung

Trennungsfaktoren nennen wir solche Einflüsse, die dazu führen können, dass ein Einzelner sich aus der Gruppe herauslöst oder die Gruppe insgesamt sich auflöst. Auch das Fehlen oder der Wegfall wirksamer Bindungs-

---

[182] Freudenthal, H. (1968): S. 27.

faktoren stellt bereits einen Trennungsfaktor dar, denn ohne Bindungsfaktoren kommt es nicht zum Gruppenzusammenhalt.

Wenn für einen Gesellschafter die Zugehörigkeit zur Gesellschaftergruppe unbedeutend geworden ist, kann ein Grund hierfür darin liegen, dass der Wert seines Anteils an der Gesellschaft unbedeutend ist und materielle oder immaterielle Nutzenkomponenten nicht (mehr) bestehen oder als gering erachtet werden. Dies kann durchaus objektiv der Fall sein; dass der Gesellschafter diesen Eindruck gewinnt, kann aber auch an mangelnder Sinnvermittlung liegen.[183]

Viel häufiger ist jedoch das Phänomen anzutreffen, dass eigenständige Trennungsfaktoren neben durchaus vorhandenen Bindungsfaktoren entstehen. Solche eigenständigen Trennungsfaktoren sind z. B.:

- ungelöste Konflikte,

- die größere Attraktivität von Bindungen an andere Gruppen oder andere Projekte,

- persönliche Abneigungen, z. B. von Gesellschaftern oder Familienstämmen untereinander,

- Abstoßung zwischen der Gesellschaftergruppe und einem Außenseiter,

- Angst vor fester Bindung an die Gesellschaftergruppe.

Wir wollen die Trennungsfaktoren hier nur als „Gegenstück" zu den Bindungsfaktoren und als Ansatzpunkt für die Schaffung von Trennungshürden betrachten. Ihre Charakteristik wird in Kapitel 11 zur Konfliktbearbeitung eingehender erörtert. Dort wird der Mikrokosmos der Ursachen und Erscheinungsformen von Konflikten ausdifferenziert.

Unausgeglichenheit von Nutzen und Aufwand

Wenn keine emotionalen oder kognitiven Bindungsfaktoren vorhanden sind, fällt eine Gruppe relativ rasch auseinander. Wenn ein Vereinsmitglied sagt: „Die Mitgliedschaft bringt mir nichts", weil sowohl der Vereinszweck wie auch das Vereinsleben ihm irrelevant erscheinen, dann wird er seine Mitgliedschaft auch beenden.

Hier interessiert aber der Fall, dass der Verein zwar einen sinnvollen Zweck hat und lebensfähig ist, dass aber für das einzelne Mitglied ein Ungleichgewicht zwischen den „Einzahlungen" in das gemeinsame Projekt

---

[183] Vgl. unten Kapitel 9.

und den „Auszahlungen" besteht. „Input" und „Output" sind hier umfassend gemeint: im Sinne aller emotionalen, kognitiven und finanziellen Beiträge und Ergebnisse. Die Gründe für eine unausgeglichene Relation zwischen Input und Output können vielfältig sein. Natürlich ist zunächst an einen zu geringen materiellen Nutzen zu denken. Aber auch dann, wenn es für den Einzelnen keine Möglichkeit gibt, einen Beitrag zum Projekt zu leisten, kann er keine Selbstwertsteigerung aus einem persönlichen Engagement erhalten. Oder aber: Wenn sich jemand zwar ständig „einbringt" und mitarbeitet, von den anderen aber keine Anerkennung erfährt, dann wird er sich frustriert aus dem Projekt zurückziehen. Die Metapher des „Vereins" sollte helfen zu erkennen, dass die „Input-Output-Bilanz" für die Mitglieder ausgeglichen sein muss.

Familiäre Rivalität

Die Rivalität zwischen Familienmitgliedern stellt ein weitreichendes Thema in der Familienforschung dar.[184] Die Ursachen für Rivalitäten innerhalb der Gruppe der Familiengesellschafter sind vielfältig:

- Dominanzverhalten des Gründers,

- Dominanzstellung eines Geschwisters oder eines Verwandten (Familienmitglieder der zweiten Generation können mit Rivalitäten innerhalb des Geschwistersystems noch vergleichsweise konstruktiv umgehen; Rivalitäten unter Vettern werfen dagegen ungleich größere Probleme auf[185]),

- Familienunternehmen als Fortführung des Hausstands und sich daraus ergebende Vermischungen von Rollen und Aufgaben in den unterschiedlichen Sphären des Systems „Familie" und des Systems „Unternehmen".

Ob Rivalitätsbeziehungen auftreten, ist zumeist eine Frage der Persönlichkeitsstrukturen und des Verhaltens der Familienmitglieder. Sie treten jedoch nicht nur innerhalb von Familien auf. So kann z. B. auch zwischen besonders befähigten Arbeitskollegen eine Rivalität um den Aufstieg im Unternehmen entstehen. Darüber hinaus können Rivalitätsbeziehungen zwischen einem Vorgänger und einem Nachfolger in einer Führungsposition entstehen, wie sie vergleichbar im familiären Kontext beim Vater-Sohn-

---

[184] Vgl. z. B.: Petri, H. (2006) und Toman, W. (2002).
[185] Vgl. Levinson, H. (1971).

Verhältnis auftreten können. Entweder gehen die Betroffenen konstruktiv mit diesen Rivalitätsbeziehungen um, oder aber einer der Rivalisierenden verlässt den Einflussbereich des anderen und löst damit die Rivalitätsbeziehung auf. Wir werden darauf noch eingehen.[186]

Konflikt aus Unterlegenheitsgefühlen

Wer sich generell oder im Kontext seiner Gesellschafterrolle überlegen fühlt, mag in die Versuchung geraten, die anderen diese Überlegenheit spüren zu lassen. Bei den so Herabgewürdigten greifen die bereits erwähnten Mechanismen zum Selbstwertschutz und führen zur insgesamten Ablehnung des sich überlegen Fühlenden. Derjenige, der sich als überlegene Person darstellt, kann zudem Gefühle von Eifersucht und Neid hervorrufen. Wenn der Überlegene sich in einer Art „One-Man-Show" selbst in den Mittelpunkt stellt, Privilegien beansprucht und die Meinungsbildung dominiert, dann sind dies alles Verhaltensweisen, die zu ablehnendem Verhalten von Seiten der sich unterlegen fühlenden Person(en) führen. Damit umzugehen ist schwer. Natürlich ist der Rat wohlfeil, der sich überlegen Fühlende möge diese Attitüde ablegen oder zumindest nicht zeigen. Doch ein Mensch mit einer gewissen Form von Herzensbildung würde ein solches Verhalten von vornherein vermeiden. Wenn er es trotzdem pflegt, dann ist dies eben gerade der Beweis für fehlende Herzensbildung und dann nützt auch ein wohlmeinender Rat nichts.

Anders verhält es sich, wenn Unterlegenheit sich aus objektiv beschreibbaren Kompetenzdefiziten ergibt. Das damit einhergehende Unterlegenheitsgefühl kann wohl am besten durch gezielte interne oder externe Bildungsmaßnahmen ausgeglichen werden. Die Arbeit mit einer kompletten Gruppe oder einem ganzen Team, in dem es zu Rivalitäten und/oder Konflikten kommt, kann begleitend oder im Anschluss daran dazu beitragen, dass sich in der gesamten Gruppe und damit auch für jeden Einzelnen die persönliche Wahrnehmung der anderen ändert und Konfliktpotenziale und Antipathien sich auflösen. Hier haben Teamentwicklungsaktivitäten einen hohen therapeutischen Wert.

Trennungshürden

Wenn man den Zusammenhalt von Gesellschaftern als Gestaltungsaufgabe versteht, liegt es zunächst nahe, vertragliche Regelungen in den Mittelpunkt

---

[186] Siehe Kapitel 11.

der Aufmerksamkeit zu rücken. Nun sind Vertragstexte jedoch in keiner Weise geeignet, positive Gefühle zu wecken. Es liegt in der Natur eines Vertrags, Regelungen für die Fälle bereitzustellen, in denen sich die Vertragspartner nicht einig sind. Sind sich alle Beteiligten sowieso einig, können sie jederzeit einvernehmlich eine bestehende Regelung ignorieren – und tun dies auch oft. Ein Vertrag schafft somit Regelungen für den Umgang mit Konflikten. Er trägt aber eher weniger zur Entstehung eines Bindungsgefühls bei. Allerdings können vertragliche Regelungen beachtliche Hürden auf dem Weg eines trennungswilligen Gesellschafters hin zu einer tatsächlichen Trennung darstellen. Ein Vertrag kann:

- Regelungen beinhalten, mit denen ein ordentliches Recht zur Kündigung oder zum Ausscheiden aus dem Vertrag ausgeschlossen wird,

- lange Fristen für Kündigung und Ausscheiden vorschreiben,

- niedrige Bewertungen des Abfindungswertes bei Kündigung und Ausscheiden festlegen oder auch

- den Verlust sonstiger Nutzenkomponenten wie z. B. eines Beschäftigungsverhältnisses festschreiben.

Offensichtlich sorgen vertragliche Hürden nicht für die Beilegung von Konflikten. Trennungsfaktoren werden hierdurch nicht beseitigt und somit wird nicht erreicht, dass eine vorhandene Trennungsabsicht aufgegeben wird. Allerdings kann die Verhandlungsposition der Gemeinschaft durch vertragliche Regelungen verbessert werden. Dieser Verhandlungshebel kann dazu eingesetzt werden, die Trennungsfolgen für die verbleibende Gesellschaftergruppe abzumildern.

Zusammenspiel von Bindungs- und Trennungsfaktoren

Die bisherige Forschung zum Thema Familienunternehmen liefert einen breiten Fundus an Ergebnissen und Hinweisen darauf, wie Familiengesellschafter günstige Voraussetzungen für den Zusammenhalt untereinander schaffen können. Es ist ihr Verdienst,[187] diese Voraussetzungen für den Fortbestand einer Gesellschaftergruppe empirisch bestimmt zu haben. Die Existenz solcher günstiger Voraussetzungen macht es aber zugleich erforderlich, die Bindungsfaktoren auch „zum Leben zu erwecken" und ihre positiven Effekte möglichst für den gesamten Gesellschafterkreis erlebbar und nutzbar zu machen.

---

[187] Vgl. Pieper, T. M. (2007b).

Mehr als die Schaffung günstiger Voraussetzungen kann man sich als Familiengesellschafter wohl nicht vornehmen. Aber auch dieses begrenzte Ziel verlangt aktive Gestaltung, Initiative und gleichermaßen wahrnehmbare wie akzeptierte Führung innerhalb der Gemeinschaft. Es wird nie völlig auszuschließen sein, dass ein Mitglied einer Gruppe unter allen Umständen aus der Gruppe austreten will. Die Möglichkeit einer Trennung ist daher bei der Gestaltung von Beziehungen innerhalb der Gruppe der Familiengesellschafter immer mit zu bedenken. Wenn dennoch ein oder mehrere Gesellschafter zur „inneren Kündigung" gelangen und dies gegenüber dem Gesellschafterkreis durch Austrittsambitionen deutlich machen, so bedarf es einer besonders klugen Führung. Das Auftreten und Wirksamwerden von Trennungsfaktoren ist kein Schicksal. Es gehört zur Verantwortung der Gesellschafter, sich kundig zu machen, wie Konflikte konstruktiv bearbeitet und Trennungsfaktoren neutralisiert werden können.[188] Aber selbst dann, wenn dies nicht gelingen sollte, gehört es zur Verantwortung der Gesellschafter, die Trennungsfolgen zu mindern.

Wenn wir die Gesellschafterverantwortung nochmals zusammenfassen wollen, so sehen wir folgende Sequenz von Prioritäten, um den Zusammenhalt zu sichern:

1. Führung der Familie, in einer größeren Familie in der institutionalisierten Form einer Family Governance,

2. Konzentration auf die Schaffung von Bindungsfaktoren,
   — emotional durch Angebote positiver Identitätsstiftung,
   — kognitiv durch Entwicklung eines Grundkonsenses,

3. Schaffung von Attraktivität durch materiellen Nutzen,

4. Schaffung einer Ordnung zur Behandlung von Konflikten und kompetente Konfliktbearbeitung im Konfliktfall,

5. Schadensbegrenzung der Konfliktfolgen, wenn eine Konfliktlösung nicht möglich ist.

Literatur

Aronoff, C. E./Ward, J. L. (2002): Family Business Ownership – How To Be An Effective Shareholder, Marietta GA, 2002.

---

[188] Siehe unten Kapitel 11.

Astrachan, J. H./Jaskiewicz, P. (2008): Emotional Returns and Emotional Costs in Privately Held Family Businesses – Advancing Traditional Business Valuation, in: Family Business Review, 21. Jg., H. 2, 2008, S. 139–149.

Baumeisert, R./Leary, M. (1995): The Need to Belong: Desire for Interpersonal Attachment as a Fundamental Human Motivation, in: Psychological Bulletin, 117. Jg., H. 3, 1995, S. 497–529.

Baus, K./Löffler, S. (2005): Philanthropisches Engagement – Ein strategisches Instrument in Unternehmerfamilien, Heft 5 der Schriftenreihe des Kirsten Baus Instituts für Familienstrategie, Stuttgart, 2005.

Björnberg, Å./Nicholson, N. (2007): The Family Climate Scales – Development of a New Measure for Use in Family Business Research, in: Family Business Review, 20. Jg., H. 3, 2007, S. 229–246.

Bourdieu, P. (1983): Ökonomisches Kapital, kulturelles Kapital, soziales Kapital, in: Kreckel, R. (Hrsg.): Soziale Ungleichheiten, Göttingen, 1983, S. 183–198.

Cartwright, D. (1968): The nature of Group Cohesiveness, in: Cartwright, D./Zander, A. (Hrsg.): Group Dynamics – Research and Theory, 3. Aufl., New York, NY. et al., 1968, S. 91–109.

De Dreú, C. K. W./Weingart, L. R. (2003): Task versus relationship conflict, team performance and member satisfaction – A meta-analysis, in: Journal of Applied Psychology, 88. Jg., H. 4, 2003, S. 741–749.

Flaig, E. interviewt durch Minkmar, N. (2008): Wie viel Polis ist noch in unserer Politik, in: Frankfurter Allgemeine Sonntagszeitung, 28.09.2008, 27. Jg., H. 39, 2008, S. 27.

Freudenthal, H. (1968): Vereine in Hamburg – Ein Beitrag zur Geschichte und Volkskunde der Geselligkeit, Hamburg, 1968.

Groth, T./Vater, G. (2006): Die Familie im Familienunternehmen – Ressource oder Risiko, in: Frasl, E. J./Rieger, H. (Hrsg.): Family Business Handbuch – Zukunftssicherung von Familienunternehmen über Generationen, Wien, 2006, S. 47–59.

Homann, K. (2003): Grundlagen einer Ethik für die Globalisierung, in: v. Pierer/Homann/ Lübbe-Wolff (Hrsg.): Zwischen Profit und Moral – Für eine menschliche Wirtschaft, 2003, S. 35–72.

Jütting/Bentem/Oshege (2003): Vereine als sozialer Reichtum – empirische Studien zu lokalen freiwilligen Vereinigungen, Münster u.a., 2003.

Kellerman, H. (1981): The Deep Structures of Group Cohesion, in: Kellerman, H. (Hrsg.): Group cohesion – theoretical and clinical perspectives, New York u.a., 1981, S. 3–21.

Kellerman, H. (Hrsg.) (1981): Group cohesion – theoretical and clinical perspectives, New York u.a., 1981.

Lawrence, P./Nohria, N. (2003): Driven – Was Menschen und Organisationen antreibt, Stuttgart, 2003.

Levinson, H. (1971): Conflicts that plague family businesses, in: Harvard Business Review, 49. Jg., H. 2, 1971, S. 90–98.

Lümpkin/Martin/Vaughn (2008): Family Orientation: Individual-Level Influences on Family Firm Outcomes, in: Family Business Review, 21. Jg., H. 2, 2008, S. 127–138.

Luhmann, N. (2000): Organisation und Entscheidung, Opladen, 2000.

March, J. G./Simon, H. A. (1976): Organisation und Individuum – menschliches Verhalten in Organisationen, Wiesbaden, 1976.

Märkle, R. W./Alber, M. (2008): Der Verein im Zivil- und Steuerrecht, 12. Aufl., Stuttgart et al., 2008.

Mayer, M. (2005): Der Verein in der Spätmoderne – eine evolutionstheoretische Analyse, Univ. Diss, Konstanz, 2005.

Meitinger, K. (2006): Gutes tun tut der Familie gut, in: Private Wealth, H. 2, 2006, S. 104–107.

Petri, H. (2006): Geschwister – Liebe und Rivalität – die längste Beziehung unseres Lebens, Stuttgart, 2006.

Pieper, T. M. (2007a): Mechanisms to assure long-term family business survival – a study of the dynamics of cohesion in multigenerational family business families, Frankfurt a. M. et al., 2007.

Pieper, T. M. (2007b): Zusammenhalt in Unternehmerfamilien – eine Voraussetzung zur Sicherung des Überlebens von Familienunternehmen, Herrsching, 2007.

Redlefsen, M. (2004): Der Ausstieg von Gesellschaftern aus großen Familienunternehmen – Eine praxisnahe Untersuchung der Corporate Governance-Faktoren, Wiesbaden, 2004.

Scott, W. A. (1965): Values and Organizations – A study of fraternities and sororities, Chicago, 1965.

Stahlberg/Osnabrügge/Frey (1985): Die Theorie des Selbstwertschutzes und der Selbstwerterhöhung, in: Frey, D./Irle, M. (Hrsg.): Theorien der Sozialpsychologie, Bd. 3: Motivations- und Informationsverarbeitungstheorien, Bern u.a., 1985, S. 79–124.

Strick, S. (2008b): Faktor: Emotional Ownership, in: WIR – Das Magazin für Unternehmerfamilien, H. 4, 2008, S. 32.

Toman, W. (2002): Familienkonstellationen – ihr Einfluß auf den Menschen, 7. Aufl., München, 2002.

Wegmann, J. (1992): Verein, in: Schäfers, B. (Hrsg.): Grundbegriffe der Soziologie, Opladen, 1992, S. 353–355.

Wreschniok, R. (2005): Corporate Foundations – Teil zielgerichteter Unternehmenspolitik, in: Strachwitz, R. G./Mercker, F.: Stiftungen in Theorie, Recht und Praxis – Handbuch für ein modernes Stiftungswesen, Berlin, 2005, S. 629–642.

Zellweger, T./Fueglistaller, U. (2006): Was ist ein Familienunternehmen wert? – Total Value, emotionaler Wert und Marktwert, in: Internet: http://www.alexandria.unisg.ch/Publikationen/30009, abgerufen am: 03.01.2009 um 17:48 Uhr, Zürich, 2006.

Zimmer, A. (2007): Vereine – Zivilgesellschaft konkret, 2. Aufl., Wiesbaden, 2007.

5 Bindung durch materiellen Nutzen

Ein Vermögen wird (fast) nur durch den Einsatz von Zeit und Kapital in unternehmerische Aktivitäten aufgebaut. Ein gut etabliertes Unternehmen stellt eine der wenigen Möglichkeiten dar, ein Vermögen zu bewahren und zu mehren. Die Vorteilhaftigkeit, die Besonderheit und die Chancen des Familienunternehmens als Vermögen muss den Gesellschaftern verdeutlicht werden – auch im Vergleich zu anderen Kapitalanlagen. Die Einsicht in den „harten" materiellen Nutzen des Unternehmens kann der überzeugendste Bindungsfaktor sein.

5.1 Bedeutung des Unternehmens als Nutzenquelle

Im Diskurs über Familienunternehmen und ihre Bedeutung für unsere Gesellschaft steht die Langfristigkeit der Strategie im Vordergrund. Diese – so wird vermutet – erwächst aus dem Wunsch, das Unternehmen über die Generationen hinweg zu erhalten. Die Verpflichtung zur Bewahrung des Erbes wird u. a. mit der Aufforderung ausgedrückt, im Ernstfall die Anforderungen des Unternehmens vor die Bedürfnisse der Familie zu stellen. Um die Gesellschafter dazu zu bewegen, dass sie diesen Appellen folgen und somit bereit sind, ihre Bindung an das Unternehmen generationsübergreifend zu festigen und fortzusetzen, bedarf es guter Gründe.

Unter diesen guten Gründen nimmt der materielle Nutzen eines Familienunternehmens für die Gesellschafter den hervorragenden Rang ein. Die Bedeutung des materiellen Nutzens – auch im Vergleich zu anderen Formen der Vermögensanlage – muss daher immer wieder verdeutlicht werden. Hiermit sollte nicht gewartet werden, bis Konfliktsituationen auftreten und der Nutzen der einzelnen Beteiligung oder der ganzen Gesellschaftergruppe generell in Frage gestellt wird.

Als Voraussetzung hierfür muss man sich zunächst die grundlegende Bedeutung eines Vermögens überhaupt vor Augen führen und darauf aufbauend dann die speziellen Vorteile des Familienunternehmens als Vermögen deutlich machen. Zunächst müssen die Gesellschafter selbst zu

H. Kormann, *Zusammenhalt der Unternehmerfamilie,*
DOI 10.1007/978-3-642-16351-7_5, © Springer-Verlag Berlin Heidelberg 2011

einer eigenen Meinung über diese Sachverhalte gelangen. In einem nächsten Schritt ist hierzu ein Konsens zwischen den Gesellschaftern und der Unternehmensführung anzustreben. Nur wenn die Gesellschafter in der Lage sind, den Wert des Unternehmens als Nutzenquelle für alle Stakeholder zu würdigen und zu artikulieren, kann die Geschäftsführung dazu motiviert werden, die Nutzen-Zielsetzungen der Gesellschafter zu akzeptieren. Seitens der Geschäftsführung ist es geboten, sich die Sichtweise des Gesellschafters zu Eigen zu machen, also einen „shareholder view"[189] einzunehmen. Dieser „shareholder view" hat in diesem Zusammenhang gar nichts mit Shareholder Value im Sinne der Börsenlogik zu tun und bedeutet geradezu, sich unabhängig zu machen vom „Mainstream"-Gedankengut und auf die spezifischen Werte der „eigenen" Gesellschafter einzugehen. Nur wenn auf diese Weise ein Einvernehmen zwischen der Geschäftsführung und den Gesellschaftern erzielt wird, können verständliche und für alle Beteiligten annehmbare Grundsätze zum Umgang mit dem Vermögensgut Unternehmen entwickelt werden. Hierzu gehören z. B. Regeln zur Ausschüttungspolitik oder die Beurteilung der Zweckmäßigkeit, ein außerbetriebliches Vermögen für Notfälle aufzubauen. In diesen Diskurs muss die Geschäftsführung ihr Fachwissen einbringen, und zwar sowohl über die Erfolgsvoraussetzungen des jeweiligen Unternehmens als auch generell über die relevanten Finanzmärkte.

Ich widme mich daher in diesem Kapitel zunächst den verschiedenen Formen der materiellen Nutzenziehung, die den Inhabern von Familienunternehmen zur Verfügung stehen. Wenn Gesellschafter diese Erträge beanspruchen, können sie das nur tun, wenn sie gleichzeitig die Verantwortung dafür übernehmen, zum Vermögenserhalt und Vermögenswachstum beizutragen, und zwar sowohl was das Unternehmen als auch was das persönliche Vermögen betrifft. Ich werde darlegen, wie komplex dieses Thema ist und welche – häufig unterschätzten – Aspekte hier eine zentrale Rolle spielen.

5.2   Formen der Nutzenziehung

Gewinnausschüttung

Die Öffentlichkeit denkt bei der Beteiligung an einem Familienunternehmen zunächst an den in vielen Fällen beachtlichen Unternehmenswert.

---

[189] Dieser Begriff wurde von H. Steinmann geprägt.

Darauf stellen auch die in den Wirtschaftsmagazinen regelmäßig veröffentlichten Listen der reichsten Familien ab.[190] Weil aber beim Familienunternehmen die Anteile nicht veräußert werden – wie dies bei Aktienanlagen die Regel ist –, ist für den finanziellen Nutzen der Gesellschafter vorrangig die Gewinnausschüttung von Bedeutung. Was die Ausschüttungspolitik von Familienunternehmen betrifft, so lassen sich unzählige Varianten beobachten, die von zwei Extremen begrenzt werden: Einige Gesellschaften schütten nur homöopathisch niedrige Gewinnanteile aus, während andere Unternehmen durch viel zu hohe Entnahmen geschwächt werden. Hier gilt es die richtige Balance zu finden.

Es gehört zur Paradoxie von Familiengesellschaften, dass die Unternehmensanteile einen verhältnismäßig hohen Wert haben, der zur freien Verfügung stehende Liquiditätszufluss – im Vergleich zum Beteiligungswert – aber sehr gering ist. Dies kommt daher, weil die Höhe der Entnahmemöglichkeiten nicht mit dem Gewinn der Gesellschaft identisch ist, sondern nur ein wesentlich geringerer Betrag ausschüttungsfähig ist. Ich werde weiter unten noch ausführlich darauf eingehen, wie dieser ermittelt werden kann bzw. aus welchen Komponenten er besteht. An dieser Stelle kann jedoch bereits grundlegend festgehalten werden, dass gerade bei gut gehenden Familienunternehmen der größte Teil des Gewinns als Rücklage im Unternehmen verbleiben muss. Dieser sogenannte „thesaurierte" (also einbehaltene und nicht an die Gesellschafter ausgeschüttete) Ergebnisanteil darf dabei nicht als Rücklage für die Nivellierung der Gewinnausschüttung verstanden werden, die eingesetzt wird, um eine Dividende in üblicher Höhe bei hierfür eigentlich zu niedrigen Unternehmenserträgen zu zahlen. Die thesaurierten Gewinne dienen vielmehr der dauerhaften Stärkung des Eigenkapitals. Bei einem wachsenden Unternehmen – und jedes Unternehmen muss wachsen, wenn es im Markt überleben will – muss das Eigenkapital im gleichen Maß wie Umsatz und Bilanzsumme anwachsen.

Die Frage, welche Beträge thesauriert und welche ausgeschüttet werden sollen, ist die Basis für die Frage, wie die Beziehungen zwischen den Gesellschaftern und ihren Interessen einerseits und dem Gemeinschaftsinteresse des Unternehmens andererseits gestaltet werden. Bei den Gemein-

---

[190] Hierbei wird interessanterweise das Kollektiv der Beteiligten als Gesamteigentümer gesehen. Der vermutete Unternehmenswert wird nicht auf die beteiligten Familienmitglieder umgelegt. Dies wäre sinnvoll, auch wenn die entsprechenden Werte zugegebenermaßen im Detail schwierig zu ermitteln wären.

schaftsinteressen des Unternehmens steht die Erschließung von Wachstumsmöglichkeiten im Vordergrund. Aus diesem Blickwinkel heraus bedeutet die Ausschüttungspolitik zugleich eine Aufteilung des Nutzens zwischen der derzeitigen und den zukünftigen Gesellschaftergenerationen, denn das Wachstum dient mehr der nachfolgenden als der gegenwärtigen Generation. Dabei ist die Höhe der Gewinnausschüttung für die Gesamtheit der Gesellschafter von Bedeutung, unabhängig davon, welche Wichtigkeit der einzelne Gesellschafter ihr persönlich beimisst. Nur wenn die Gewinnausschüttungen für alle zufriedenstellend ausfallen, besteht weniger Bedarf an anderen Formen der Nutzenziehung, die vielleicht nur einzelnen Gesellschaftern zugänglich sind. Diese anderen Nutzenziehungen differenziere ich nachfolgend unter dem Stichwort „substitutive Beteiligungserträge" noch aus. Ich weise hier zunächst nur darauf hin, dass die Gewinnausschüttung unter dem Grundsatz der Gleichbehandlung aller Gesellschafter steht und dass dieser Grundsatz den Zusammenhalt fördert..

Der Unternehmensgewinn darf also, wie bereits erwähnt, nicht mit dem Ausschüttungsbetrag verwechselt werden. Gleiches gilt aber auch für die Höhe der Gewinnausschüttung und die konsumierbaren Beträge. Der ausgeschüttete Gewinn steht nicht zur freien Verfügung des einzelnen Gesellschafters. Vielmehr müssen folgende Abzüge und Ansparerfordernisse, die sich aus dem Beteiligungsbesitz ergeben, bei der Verwendung der Ausschüttungssumme berücksichtigt werden:

- Einkommensteuer auf den gesamten Gewinn bei der Personengesellschaft bzw. auf die Dividenden bei der Kapitalgesellschaft,

- beteiligungsspezifische Verwaltungskosten für rechtliche und steuerliche Beratung,

- Rücklage für oder Abzahlung von Erbschafts- oder Schenkungssteuer und gegebenenfalls erbersetzende Ausgleichszahlungen an Familienangehörige,

- Rücklage zur Ansammlung von Vermögen für diejenigen Familienangehörigen, auf die keine Anteile übertragen werden,

- Rücklage für die Altersversorgung nach Übertragung der Anteile auf die nachfolgende Generation.

Diese abzuziehenden Beträge können einen nennenswerten Prozentsatz der Gewinnausschüttung ausmachen.

Wenn es nun darum geht, den verbleibenden, verfügbaren Betrag aus der Ausschüttung auf seine Angemessenheit hin zu beurteilen, dann ist hierfür der Ausgabenbedarf der Inhaberhaushalte mit in den Blick zu nehmen. Ungeachtet eines eigenen Berufseinkommens dient die Gewinnausschüttung natürlich auch dem Konsum der Inhaber. Neben einem sich relativ gleichmäßig entwickelnden Gesamtbedarf für die Lebenshaltung sind hier noch aperiodische Geldbedarfe anzusetzen. Hierzu gehören z. B. der Bau eines Hauses, die Finanzierung eines exklusiven Studiums der Kinder, deren Unterstützung beim Aufbau einer selbstständigen Existenz oder auch „Verluste" im privaten Bereich. Hierzu zählen z. B. sich ergebende Ausgleichsansprüche des Partners im Scheidungsfall.

Um planen zu können, ob, wie und wann solche Geldbedarfe abgedeckt werden können, müssen zumindest die Regeln bekannt sein, nach denen eine Leistung des Unternehmens erwartet werden kann. Daher ist es notwendig, Regeln für die Gewinnausschüttungen zu entwickeln. Das Wichtigste an solchen Regeln ist der Weg dorthin: Ziele und Randbedingungen müssen durchdacht, diskutiert und abgestimmt werden. Dieser Prozess zwingt dazu, sich untereinander verständlich zu machen. Die Ziele und Randbedingungen sollten dabei sehr langfristig und sehr grundsätzlich konzipiert werden und gerade nicht nur als vorbereitende Beschlüsse im Hinblick auf demnächst anstehende Entscheidungen verstanden werden.

Sonderausschüttungen

Neben der regulären Gewinnausschüttung kommt es bei Familienunternehmen in größeren Abständen immer wieder zu außerordentlichen Einmalauszahlungen an die Gesellschafter. So mag sich aus dem Verkauf einer Tochtergesellschaft, eines Teilbetriebs, eines besonderen Wirtschaftsguts (z. B. einer Lizenz oder eines Gebäudes) ein außerperiodischer Ertrag ergeben, der auf unterschiedliche Weise zu einem Kassenzufluss bei einem, einigen oder allen Gesellschaftern führen kann. In diesen Fällen wird immer – latent und manchmal auch offen – die Frage nach der „Gerechtigkeit" oder „Fairness" gestellt, und zwar besonders dann, wenn gezielt nur einzelne Mitglieder zusätzliche Ausschüttungen erhalten. Um diese Fragen zu beantworten, bedarf es klarer und allgemein akzeptierter Verfahrensregeln. Sollen solche Sonderzahlungsströme beispielsweise nur der älteren oder der jüngeren Generation zufließen, so finden die Experten aus dem juristischen und steuerlichen Bereich Wege, um „gezielte" Zahlungsströme entsprechend zu gestalten.

Weil die Austrittsmöglichkeit verschlossen ist und die regelmäßigen Gewinnausschüttungen niedrig gehalten werden, haben einige Familienunternehmen „generational liquidity events" kreiert, um den Bedarf der Familienmitglieder nach flüssigen Mitteln zu stillen. Diese Events können in Form eines Verkaufs von Anteilen einer börsennotierten Tochtergesellschaft der Familienholding erfolgen oder durch Anteilsverkauf an Mitarbeiter oder durch den Erwerb der Anteile durch die Gesellschaft selbst. Ein Vorsitzender sagt von seiner Firma: „Jede Generation hat einen größeren »liquidity event« und dann machen wir mit dem Geschäft normal weiter."[191]

Kreditwürdigkeit durch Beteiligung

Durch die Beteiligung an einem Unternehmen wird eine in der Regel bemerkenswerte persönliche Kreditwürdigkeit des einzelnen Gesellschafters begründet. Insofern kann die indirekte finanzrelevante Wirkung der Gesellschafterstellung für den einzelnen Gesellschafter große Bedeutung haben. Natürlich kann die Beteiligung selbst nicht als direkte Sicherheit dienen, da in jedem ordentlichen Gesellschaftervertrag die Verpfändung der Anteile untersagt ist. Es genügt aber, wenn der jeweilige Gesellschafter zusichert, die Beteiligung nicht zu veräußern.

Die erhöhte Kreditwürdigkeit des Gesellschafters ergibt sich zum einen aus den zu erwartenden regelmäßigen Ausschüttungen, zum anderen aus der Erwartung, dass eine gut gehende Familiengesellschaft ihre einzelnen Gesellschafter in Notsituationen nicht allein lassen wird. Darüber hinaus wird für die Bankkontakte auch die Reputation des Unternehmens genutzt. So finden sich in den Wirtschaftsnachrichten immer wieder Meldungen über Investitionsaktivitäten von Gesellschaftern aus Familienunternehmen „auf eigene Rechnung" – vorzugsweise z. B. im Immobilienbereich. Dies ist ein Beispiel für den Nutzen der Reputation, die durch die Beteiligung an einem gut gehenden Familienunternehmen gewonnen wird.

Substitutive Beteiligungserträge

Im Bereich der unternehmerischen Steueroptimierung ist grundsätzlich zu analysieren, ob es vorteilhafter ist, die originären Erträge der Unternehmung als Beteiligungserträge oder über die Einrichtung von schuldrechtli-

---

[191] Elstrodt, H.-P. (2003): S. 102 (übersetzt durch den Verfasser).

chen Vertragsbeziehungen als Zinsen, Mieten oder Lizenzerträge darzustellen. Diese Analyse ist auch für unsere Betrachtung der unterschiedlichen Nutzenkomponenten relevant. In unserem Zusammenhang bilden die substitutiven Beteiligungserträge einen zusätzlichen Nutzen neben den davon unbeeinflussten Beteiligungserträgen aus dem Gewinn. Die häufigsten Formen solcher zusätzlicher Einkommensquellen sind:

- Berufseinkommen,

- Pensionszusagen,

- Beratungsvergütungen,

- Erträge aus Lizenzen und Markenrechten, eventuell auch aus Lizenzen für Unternehmens- oder Produktnamen,

- Miet- und Pachteinkommen,

- Zinsen und Tilgungen aus Darlehen oder Genusskapital (für den Fall der Umwandlung von Unternehmensanteilen in Darlehen).[192]

In der Regel steht bei diesen substitutiven Beteiligungserträgen vor allem der Versorgungsaspekt im Vordergrund. Im typischen Fall soll für die ältere Generation ein Ertragsstrom ohne Beteiligungsgrundlage etabliert werden, damit die Beteiligungsrechte mit den Stimmrechten an die nächste Generation übergehen können. Nicht zuletzt spielt auch die Optimierung der Steuerbelastung regelmäßig eine große Rolle bei diesen Gestaltungen.

Nutzenziehung aus beruflichen Aufgaben in Zusammenhang mit der Gesellschafterstellung

Im Allgemeinen wird mit einer Gesellschaftertätigkeit im Unternehmen zunächst die des geschäftsführenden Gesellschafters assoziiert. Aus der Sicht eines Gesellschafters, der sich für die Unternehmensleitung qualifiziert, ist diese Position in aller Regel eine attraktive Option. Für viele Gesellschafter stellt die Honorierung als Geschäftsführer (einschließlich der damit verbundenen Pensionsregelung) unter materiellen Gesichtspunkten zumindest eine ebenso gewichtige Ertragsmöglichkeit dar wie die Gewinnausschüttung. Noch bedeutsamer ist dabei freilich die Reputation als Unternehmensleiter. In der Öffentlichkeit wird zudem bei einem geschäftsführenden Gesellschafter kaum differenziert zwischen einem Alleingesell-

---

[192] Vgl. z. B. auch Ayres, G. R. (2002): S. 185 f.

schafter, einem Mehrheitsgesellschafter und einem Minderheitsgesellschafter: Sie alle werden als *der* Unternehmer gesehen und respektiert.

Unter Nutzenaspekten geht es hier aber nicht nur um die exponierte Stellung des Geschäftsführers. Bei den meisten kleinen und mittleren Unternehmen ist der sogenannte „mitarbeitende Familienangehörige" der Normalfall: die Ehefrau, die in der Buchhaltung arbeitet, der Schwager, der den Vertrieb übernimmt, die Schwester, die sich um die Personalfragen kümmert. Alle diese mitarbeitenden Familienangehörigen ziehen aus dem Familienunternehmen Einkommen und Selbstwertbegründung. Ähnlich verhält es sich mit einem Gesellschafter, der als eigenständiger Unternehmer mit dem Familienunternehmen in einer Geschäftsbeziehung steht. Dies ist unproblematisch, wenn diese Geschäftsbeziehung nur einen kleinen Teil seiner gesamten Tätigkeit umfasst, er also den größten Teil seines Einkommens aus Aufträgen von Dritten generiert.

Eine besondere Form der vom Familienunternehmen abhängigen Einkommensmöglichkeiten ist ferner die Honorierung der Mitgliedschaft in Aufsichtsgremien wie z. B. im Aufsichtsrat, im Gesellschafterausschuss oder im Beirat. Meist sind solche Mandate keine Tätigkeiten, die eine berufliche Vollauslastung mit sich bringen. Sie haben jedoch gerade für Nicht-(mehr)-Berufstätige eine hohe Bedeutung, da sie eine Aura der Berufstätigkeit generieren und dadurch die persönliche Reputation heben. Darüber hinaus kann die Höhe der Honorare für diese Tätigkeiten durchaus einen erheblichen materiellen Wert darstellen. Ähnliche Ämter können Gesellschafter auch in Institutionen im Umkreis des Familienunternehmens ausüben wie z. B. in Stiftungen, die das Unternehmen errichtet hat. Stiftungen mit wirtschaftlicher Ausrichtung bieten darüber hinaus nicht selten Positionen für ein Engagement auch von nicht wirtschaftlich erfahrenen Familienmitgliedern.

Schließlich gibt es auch noch Möglichkeiten, aus einem Unternehmen persönlichen Nutzen durch „geldwerte Vorteile,"[193] zu ziehen. Dazu können z. B. gehören:

- Nutzung von Firmenressourcen (Häuser, Auto, u. a.),

- Reisen als betriebliche Veranstaltung,

- Mitgliedschaften in persönlich als wichtig angesehenen Vereinigungen auf betriebliche Veranlassung.

---

[193] Terminus des Steuerrechts.

Aus der Sicht eines gut verdienenden, geschäftsführenden Gesellschafters mögen dies überflüssige Annehmlichkeiten sein, die den Betrieb stören. Für andere Gesellschafter können sie materiell und vor allem auch immateriell bedeutsame Privilegien sein.

5.3 Aspekte des Vermögenserhalts für die Nutzenziehung

Verantwortung für den Vermögenserhalt

Um den materiellen Nutzen des Familienunternehmens ausschöpfen zu können, ist es unerlässlich, sich dem *Erhalt* und *Wachstum* des Unternehmensvermögens zu verpflichten. Gleiches gilt auch für das persönliche Vermögen: Es reicht nicht aus, ein Vermögen zu „haben". Wie ich zeigen werde, kann dieses nur durch gezielte Aktivitäten als Nutzenquelle erhalten und später an kommende Generationen weitergegeben werden.

Ich nähere mich dieser Thematik mit Respekt vor der Selbstbestimmung des Individuums, verfolge jedoch gleichzeitig ein didaktisches, um nicht zu sagen: Normen setzendes Anliegen. Der Mensch hat eine ganz grundsätzliche Verantwortung gegenüber seinen Nachkommen, deren Existenz er ermöglicht hat und auf deren Entwicklung er – in welcher Form auch immer – Einfluss nimmt bzw. genommen hat. Dies schließt eine Verantwortung für alle Nachkommen der Nachkommen mit ein. Bevor nun die Transzendierung des eigenen Wirkens z. B. durch die Errichtung einer Stiftung angestrebt wird, muss man sich vergegenwärtigen, wie wichtig und wie schwierig es eigentlich ist, für das Wohlergehen der Nachkommen zu sorgen.

Für unsere Thematik bedeutet dies, sich ein realistisches Bild davon zu erarbeiten, welchen Ertrag ein Unternehmen erzielen kann und wie viel davon verbraucht werden darf. Die Gesellschafter haben eine ungefähre Vorstellung davon, was ihr Unternehmen wert ist, und im Vergleich zu diesem Wert sind die Entnahmen, die nach Meinung der Geschäftsführung vertretbar sind, meist sehr niedrig. Nicht selten entsteht aus dem Wissen um dieses Verhältnis die Überlegung, ob man das Unternehmen nicht besser verkaufen und den Erlös ertragreicher anlegen sollte. Für Überlegungen dieser Art benötigt der Einzelne ein Grundwissen darüber, welches Vermögen für welchen Betrag nachhaltig verfügbarer Ausschüttungen erforderlich ist. Aus diesen Überlegungen kann dann abgeleitet werden, wie viel aus dem „Vermögensportfolio Familienunternehmen" als Gewinnausschüttung entnommen werden kann und wie dies im Vergleich zu anderen Anlagen zu werten ist.

Ziele des Vermögenserhalts

Wenn wir über den Vermögenserhalt nachdenken, gelangen wir – wie so häufig bei betriebswirtschaftlichen Zielgrößen – zu einer Hierarchie abgestufter Zielbereiche. Beim Vermögenserhalt geht es darum, die periodischen Erträge aufrecht zu erhalten. Nicht von der Substanz, sondern nur von den Erträgen „lebt" man. Der Erhalt der Ertragskraft ist nun wiederum nach folgenden Abstufungen zu beurteilen:

1. nominale Erträge,

2. reale Erträge, die nominalen Erträge zuzüglich der Inflationsrate, (wofür verschiedene Indizes in Betracht kommen, was hier nicht weiter verfolgt werden kann),

3. wachstumsproportionale Erträge, die nicht nur mit der Inflation, sondern zusätzlich mit der Steigerung des Bruttosozialproduktes (BSP) eines Landes (oder der Welt) anwachsen. Dies ist eine sachgerechte Zielsetzung, denn die nur der Inflation angepasste Kaufkraft eines wohlhabenden Bürgers des 19. Jahrhunderts würde nicht genügen, um heute noch zu den wohlhabenden Bürgern zu gehören. Hierzu wäre eine Anpassung an die Steigerung des BSP durch Inflation *und* Produktivitätssteigerung *und* Währungsauf- bzw. -abwertungen erforderlich. Diese Messlatte gilt auch für Unternehmen und ihren Wert als erste Annäherung: Der relative Wert des Unternehmens bleibt nur dann erhalten, wenn seine Ertragskraft in Relation zur Entwicklung des BSP wächst.

4. Für eine Familie wäre noch eine weitere Zielebene festzusetzen: Es wäre geboten, dass die Eltern sich bemühen, ihren Kindern die gleichen Lebenschancen mitzugeben, die sie selbst von ihren Vorfahren erhalten haben. Bei drei Kindern müsste innerhalb einer Generation ein Unternehmenswachstum von ca. 6 % p. a. erzielt werden, damit jedes Kind beim Erhalt der Beteiligung die gleichen proportionalen Erträge aus seinem Vermögensanteil erwarten kann wie das vererbende Elternteil eine Generation früher.[194]

Die detaillierte Analyse der Einflüsse auf die Vermögensentwicklung im nächsten Abschnitt wird illustrieren, wie schwierig es ist, ein Vermögen über die Generationen hinweg relativ zu erhalten. Ich werde außerdem darlegen, dass kaum 1 % eines bestehenden Vermögens verbraucht werden

---

[194] 6 % Wachstum über 30 Jahre führt zu einer Steigerung des Vermögens um den Faktor 5,7; vgl. genauer unten in Abschnitt 5.7.

darf, wenn man es generationsübergreifend erhalten will, so dass ein großes Vermögen erforderlich ist, um für viele Nachkommen sorgen zu können. Ausschließlich durch eine direkte Unternehmensbeteiligung ist es möglich, nicht nur das Ziel des Erhalts der realen Ertragskraft zu erreichen, sondern über ein durchaus realistisches Unternehmenswachstum von 5–8 % eine Ertragskraft zu erhalten, die nicht nur mit dem realen Wirtschaftswachstum, sondern auch mit einer ständig anwachsenden Zahl von Familienmitgliedern Schritt hält. (Betrachtet man Größe und Wert der großen Mehrgenerations-Unternehmen wie Bosch, Haniel, Heraeus, Freudenberg, Voith u. a., so verfügt heute – ungeachtet der großen Zahl der Gesellschafter – jeder Gesellschafter mit Anteilen von wenigen Prozenten über einen höheren Vermögenswert als der Gründer am Ende der ersten Generation.)

Für manche Leser mag sich die eine oder andere Überlegung bei diesen Betrachtungen dem persönlichen Verständnis entziehen, da eine betriebswirtschaftliche Logik und Erfahrungen in der Vermögensverwaltung zugrunde liegen, die in der Literatur kaum behandelt werden und auch manchen guten Betriebswirten nicht geläufig sind. Noch fremder ist die Materie vermutlich Lesern mit einem anderen beruflichen Hintergrund. Mir kommt es jedoch zuallererst darauf an, ein Grundgefühl für die Bedeutung und Komplexität des Themas zu erzeugen und das Bewusstsein für die Bedeutung des eigenen Verhaltens und Anspruchsdenkens in diesem Zusammenhang zu schärfen.

Das fundamentale Dilemma beim Thema Vermögenserhalt

Nach dem Ende des Feudalzeitalters ist die unternehmerische Tätigkeit und somit die direkte Beteiligung an deren Eigenkapitalrendite (gegebenenfalls in Form der Gewinnbeteiligung des Managements) der einzige jedem Individuum zugängliche Weg, ein größeres Vermögen aufzubauen. Große Popularität in Sport oder Unterhaltungsindustrie eröffnet im Vergleich weit weniger Möglichkeiten, die zudem in der Regel nicht zu einer die Generationen überdauernden Einkommensquelle entwickelt werden können. „Otto Normalverbraucher" kann in der Regel nicht erwarten, dass er in einer unsicheren, inflationären und mit Steuern belegten Welt ein Vermögen real erhalten kann, zumal wenn er gleichzeitig von seinen Erträgen leben will.

Um Aussagen darüber treffen zu können, wie große Vermögen über Generationen hinweg erhalten und vermehrt werden können, benötigen wir Erfahrungswerte aus mehreren Generationen. Zu Beginn eines Vermögensaufbaus, also z. B. in der ersten oder zweiten Generation von Familiengesellschaftern, besteht diese Erfahrung noch nicht. Erst Familien, deren Vermögen bereits vor mehreren Generationen erworben wurde, wie etwa Adelshäuser, haben konkrete Erfahrungen, wie sich das Vermögen insgesamt und wie sich die verschiedenen Anlageklassen im Zeitablauf entwickelt haben. Kurze Merksätze oder vereinfachte Empfehlungen wären hier also völlig irreführend und so dient dieses Buchkapitel ausdrücklich nicht zur Formulierung von Empfehlungen oder gar als Grundlage für einen „Crashkurs Vermögensmanagement".[195] Es kann nur darum gehen, sich bewusst zu machen, dass die Verwaltung eines großen Vermögens eine höchst anspruchsvolle Aufgabe ist. Um uns der Problematik anzunähern, wollen wir im nächsten Abschnitt erst einmal die Situation des „normalen" Vermögensbesitzers (größerer Dimension) betrachten.

5.4 Voraussetzungen für den Vermögenserhalt bei indirekten Finanzanlagen

Renditeannahmen

Es gibt wenige Bereiche von allgemeinem Interesse, in denen so wenig brauchbare Untersuchungen für den Nicht-Spezialisten verfügbar sind, wie den der Vermögensanlage.

Wir setzen als grundlegende Annahmen voraus, dass langfristig folgende Renditen bei Finanzanlagen zu erzielen sind:[196]

- 8 % für Aktien,
- 4 % für Obligationen bei einer Inflationsrate von 2 %.

Die angenommene Rendite von Aktien ist erläuterungsbedürftig, denn auch der Aktionär nimmt ja direkt am Unternehmenserfolg teil. Allerdings gibt es gravierende, renditemindernde Unterschiede zu Beteiligungen an Familiengesellschaften, die wir unten darlegen werden.

---

[195] Ich schließe mich daher dem (auch in Finanzprospekten) üblichen juristischen Hinweis an, dass meine Ausführungen nicht als Empfehlung zu verstehen sind und dass jegliche Verantwortung für Handlungsfolgen bei Missverständnissen ausgeschlossen ist.

[196] Ich beziehe mich in den folgenden Annahmen auf Einsichten und Daten, die ich aus den Gesprächen mit einem erfahrenen Vermögensverwalter, Herrn Emmerich Müller, Partner des Bankhauses von B. Metzler seel. Sohn & Co. KGaA, gewinnen konnte.

Andere alternative Anlageformen wie Private Equity oder Hedgefonds können hier aus verschiedenen Gründen außer Betracht bleiben: Sie sind keine liquiden Anlagen wie die hier betrachteten Finanzanlagen. Außerdem muss hier zwischen Bruttorenditen, die in diesem Zusammenhang meist genannt werden, und Nettorenditen, die beim Investor ankommen, unterschieden werden. Und wenn sie in das Portfolio einbezogen werden, dann – entsprechend ihrem Risiko – nur mit kleinen Teilen des gesamten Vermögens.

Für unsere Beispielrechnung gehen wir von einer insgesamten Maximalrendite von 6–7 % über eine lange Zeit aus. Setzt man höhere Erträge von z. B. 8 % an, dann sollte ein Vermögensverlust in größeren Abständen durch eine der außerordentlichen säkularen Verlustursachen eingerechnet werden.

Barrieren für hohe Renditen

Ein junger Vermögender, der gerade einige Jahre guter Konjunkturentwicklung ausnutzen konnte, glaubt vielleicht, dass es ihm – aber nur ihm – gelingen könnte, nachhaltig zweistellige Renditen an der Börse oder durch „smarte" Investments zu erzielen. Drei Einflussgrößen werden dabei unterschätzt:

1. Zunächst gilt generell das Gesetz, dass der Markt höhere Renditen nur bei höherem Risiko zulässt.

2. Eine Erklärung hierfür liegt darin, dass der Finanzinvestor nicht nur ein nachhaltig rentables Investitionsobjekt suchen muss (das selbst „besser" ist als die Wettbewerber), sondern sich auch im Wettbewerb mit anderen Finanzinvestoren durchsetzen muss. Dieser Wettbewerb treibt die Preise für die „günstigen" Anlagemöglichkeiten nach oben und normalisiert die Rendite. (Die Rendite des Familiengesellschafters kann u. a. deshalb höher sein, weil er durch Erbschaft Investor wird und sich nicht im Wettbewerb in das Unternehmen einkaufen muss.)

3. Selbst wenn es eine hoch rentable Anlagemöglichkeit gäbe, würden die zwischen dem originären Anlageobjekt und dem Investor tätigen intermediären Institutionen die Superrendite für sich abschöpfen. So benötigen Private-Equity-Fonds bei der Anlage ihrer Mittel schon deshalb eine Bruttorendite von über 20 %, weil die intermediär Beteiligten gut ein Drittel für ihre Leistung beanspruchen.

Ertragsteuern

Seit Anfang des 20. Jahrhunderts hat sich die Besteuerung von Vermögen und seiner Erträge in den meisten entwickelten Staaten zur größten Gefahr für den Erhalt eben dieses Vermögens einwickelt. Die konfiskatorische Wirkung der Steuer ist vielen Vermögenden und auch den meisten Politikern, die sie verantworten, nicht in ihrer vollen Brutalität bewusst.[197] Setzen wir in unserem angenommenen Beispiel eine Nominalrendite von 7 % an, so beträgt die Einkommensteuer bei einer weltweit durchschnittlichen Steuerquote von 30 % rund 2 % vom Vermögenswert. Höher darf die Steuerquote nicht sein, da sonst ein Vermögenserhalt unmöglich würde. Natürlich gibt es steuerbegünstigte Anlageformen und Modellrechnungen zeigen, dass nichts so sehr die Nettorendite beeinträchtigt wie eine Ertragsteuer auf die nicht um die Inflation bereinigten Nominalerträge. Daher ist die so vielfach ironisch kommentierte Sucht nach Steuerersparnissen in der Vermögensanlage (z. B. in Immobilienvermögen) nicht so irrational. Allerdings haben die einem privaten Finanzinvestor zugänglichen „steuerbegünstigten Anlagen" regelmäßig eine niedrigere nominale Rendite, sind illiquide (geschlossene Fonds) und weisen ein insgesamt höheres Risiko auf.

Rücklage für Inflationsausgleich

Damit das Vermögen real in seiner Ertragskraft erhalten bleibt, muss die Ertragskraft des Investments mit der Inflationsrate steigen. Dies gilt für Investitionen in Vermögensgüter, deren Cashflow (d. h. die in einer bestimmten Periode erarbeiteten verfügbaren Mittel) tendenziell mit der Inflationsrate steigt, also z. B. für Unternehmensbeteiligungen und Immobilien. Hier können die Erträge weitgehend als reale Erträge verbucht werden.[198] Entscheidend ist, dass bei nominalen Erträgen immer ein Betrag in Höhe der Inflationsrate thesauriert und dem Anlagestock hinzugefügt werden muss, damit dieser die gleiche reale Ertragskraft behält. Ein bestehender Vermögensstock muss bei einer Inflation von 3 % p. a. also in etwa 23 Jahren nominal verdoppelt werden, um die gleiche reale Leistungsfähigkeit zu erhalten.

---

[197] Ein möglicher Grund hierfür mag in dem Umstand begründet sein, dass diese sich selten aus wohlhabenden Familien rekrutieren und aufgrund ihrer unzureichenden Honorierung auch kein Vermögen aufbauen.

[198] Die Problematik der unterschiedlichen Inflationsraten in den Wirtschaftssektoren und des unterschiedlich guten Hedging-Schutzes der Anlageklassen (also der Absicherung von Vermögenspositionen gegen Preisrisiken) wird hier nicht weiter ausgeführt.

Rücklage für Verlustvorsorge

Die größte Gefahr für den Vermögenserhalt ergibt sich nicht aus unterdurchschnittlichen Erträgen, sondern aus der Reduzierung des Vermögensstocks durch realisierte Risiken. Dies hat eine doppelte negative Wirkung:

- Zum einen führt ein gleich bleibender Renditesatz bei einem reduzierten Vermögensstock zu einer reduzierten Ergebnissumme und

- zum anderen muss aus den laufenden Erträgen eine Rücklage gebildet werden, um den Vermögensstock wieder auf die alte Höhe zu bringen. Die schon für den Inflationsausgleich erforderliche „Leistungserhaltungsrücklage" ist auch für diese Verluste aufzufüllen.

Der einzelne Investor verfügt für die realistische Einschätzung solcher Risiken nur über sehr begrenzte Möglichkeiten und Erfahrungswerte. Die Erforschung des menschlichen Entscheidungsverhaltens zeigt typische Beschränkungen auf, denen wir alle durch unsere psychische Konstitution mehr oder minder deutlich unterliegen. Das prozyklische Verhalten im „Crash" an der Börse ist eine dieser bekannten Erscheinungen.[199] Eine besonders gravierende Beschränkung für die menschliche Urteilsfähigkeit ist die vergleichsweise kurze Lebensspanne als Erwachsener. So hat ein heute vierzigjähriger Europäer keine Erfahrung mit Krieg, Umstürzen, Enteignungen, Deflation, galoppierender Inflation und Versorgungsengpässen. Bis zum Jahr 2008 galt dies auch für den Umgang mit Weltwirtschaftskrisen. Da es Erscheinungen dieser Art aber über die Jahrhunderte hinweg immer wieder gab, ist es äußerst wahrscheinlich, dass ähnliche Verwerfungen auch in Zukunft weiter auftreten werden. Zudem hat beispielsweise der Inhaber eines gut gehenden Familienunternehmens in der dritten Generation auch keine Erfahrung mit dem Risiko eines Unternehmensuntergangs (sonst wäre er nicht mehr Inhaber dieses Unternehmens). Untergangsphänomene ganzer Branchen kennt er nur theoretisch – wenn überhaupt.

Wenn man sich die zahlreichen Möglichkeiten eines Vermögensverlustes vergegenwärtigt, so ist es naheliegend, davon auszugehen, dass über die Dauer von ein oder zwei Generationen eines oder mehrere dieser Risiken eintreten. Tatsächlich wurden in der Vergangenheit ganze Bereiche von Vermögensanlagen vernichtet oder zumindest gravierend geschmälert. Ferner macht die in Abb. 4 dargestellte Liste deutlich, dass es fast keine absolut sicheren „Häfen" für eine Vermögensanlage gibt. Selbst die Anlage

---

[199] Der „nervöse" Anleger verkauft, nachdem die Kurse gefallen sind und kauft erst wieder, wenn die Kurse hoch sind.

- **Gesamtwirtschaftliche Risiken**
  - Weltwirtschaftskrise
  - Währungsturbulenzen (Fernost-Währungskrise)
  - Kriegerische Auseinandersetzung
- **Risiken der Nationalwirtschaft durch Regierungshandeln und Zentralbank**
  - Inflation
  - Deflation
  - Akute oder schleichende Enteignung (Vermögenssteuer aus der Substanz, konfiskatorische Erbschaftsteuer, Besteuerung der Inflationsgewinne)
  - Währungsverfall
  - Verfall des Rechtsschutzes des Eigentums
  - Fehlende Rechtssicherheit und Risiko aus Haftpflicht, Betrug, Erpressung
- **Risiko aus der Konfiguration des Vermögens**
  - Inflation
  - Deflation
  - Kreditbelastung (Leverage)
  - Steuerbelastung
- **Verlustrisiko eines einzelnen Anlagegutes**
  - Kursverfall der Aktie eines Unternehmens
  - Zahlungsunfähigkeit des Schuldners eines Titels
  - Verlust der Fungibilität von Anlagen durch Versagen des gesamten Finanzmarktes
  - Verlust des Werts einer Immobilie durch Veränderungen der Besiedlung

Abb. 4. Säkulare Risiken des Vermögensverlustes

in weitgehend risikofreie Staatsanleihen der USA, Deutschlands oder der Schweiz hat zunächst den Nachteil der niedrigen Nominalrendite; zudem unterliegt auch sie dem Inflations- und dem Währungsrisiko. Selbst eine solche risikominimierte Anlage birgt also Risiken in sich.

Rücklage für Erbschaftsteuer

Die größte Gefahr für den Vermögenserhalt stellt die Erbschaftssteuer dar, die bei großen Vermögen bis zu 30 % ausmachen kann *und* die aus versteuertem Einkommen oder aus der Veräußerung von Teilen des Vermögens zu leisten ist. Zwar werden alle zehn Jahre Freibeträge zugestanden, die aber im Blick auf große Vermögen eher belanglos sind. Die Schlussfolgerung ist einfach: Wenn ein Vermögen erbschaftsteuerpflichtig ist, ist es ausgeschlossen, dieses über die Generationen erhalten zu können. Für den Vermögenserhalt muss ein großer Teil in steuerbefreiten Anlagen – wie eben einem Familienunternehmen – oder in weitgehend befreiten Anlagen wie Land- und Forstvermögen investiert sein.

Leistungserhaltungsrücklage

Zusammenfassend können wir feststellen, dass die reale Ertragskraft über die Generationenfolge erhalten bleibt, wenn der Vermögensstock durch Rücklagen aus den laufenden Erträgen so erhöht wird, dass die Verluste aus

* Inflation,

* aperiodischen und außerordentlichen Substanzverlusten sowie

* Erbschaftsteuer

ausgeglichen werden. Im Rechnungswesen von Stiftungen nennt man dies die „Leistungsrücklage".[200]

Verwaltungskosten

Zu den Steuern kommen – für große Vermögen nicht vermeidbare – Verwaltungskosten für das Vermögensmanagement, die Buchführung, die Steuerberatung, die Rechtsberatung und weitere verwandte Dienstleistungen hinzu. Als Faustregel gilt, dass die Kosten für diese Dienstleistungen nicht mehr als 1 % des Vermögens betragen dürfen. Es dürfte andererseits aber auch schwierig sein, diese Dienstleistungen für viel weniger als 1 % qualifiziert zu erhalten. Eine gute Vermögensverwaltung eines großen Vermögens bei einer darauf spezialisierten Bank sollte zwar deutlich unter 1 % kosten. Allerdings kommen dann noch Steuerberatungskosten und Kosten für juristische Beratung hinzu. Insgesamt kommt man dann auf 1 %.

Kritisch zu hinterfragen ist, ob sich die Kosten eines eigenen „Family Office" gegenüber einer einfachen Vermögensverwaltung bei einer Bank lohnen. Für „mittlere" Vermögen fällt hier auch noch einmal knapp 1 % an.[201]

---

[200] Vgl. Carstensen, C. (2003): S. 546 f.; Hauptfachausschuß des Institut der Wirtschaftsprüfer (2000): S. 129 ff.; Institut der Wirtschaftsprüfer/IDW-Symposion Stiftungen (Hrsg.) (1997).

[201] Die Kosten eines „kleineren" Single Family Office für die Verwaltung von Vermögen unter 250 Mio. EUR liegt bei 0,87 %, die bei Großvermögen über 1 Mrd. EUR auf 0,41 % absinken. Hinzu kommen noch Dienstleistungen für die Finanzanlagen von ca. 0,6 % und für die Administration von 0,3 %, siehe Merrill Lynch/Campden Research (2009): S. 56.

1. Anlagebetrag	1000,0	900,0	933,3	967,8
2. Vorhergehender Verlust	– 100,0			
3. Leistungserhaltungsrücklage	---	33,3	34,5	35,9
4. Saldo aktueller Anlagebetrag	900,0	933,3	967,8	1003,7
5. Nomineller Ertrag, z. B. 8 %	72,0	74,7	77,4	80,3
6. Steuer 30 %	– 21,6	– 22,4	– 23,2	– 24,1
7. Rücklage für Inflationsausgleich, z. B. 2 %	– 18,0	– 18,7	– 19,4	– 20,1
8. Rücklage für Verlustvorsorge, z. B. 1 %	– 9,0	– 9,3	– 9,7	– 10,0
9. Rücklage für Erbschaftssteuer, z. B. 0,7 %	– 6,3	– 6,5	– 6,8	– 7,0
10. Summe Leistungserhaltungsrücklage = (7) + (8) + (9)	– 33,3	– 34,5	– 35,9	– 37,1
11. Verwaltungskosten, z. B. 1 %	– 9,0	– 9,3	– 9,7	– 10,0
12. Freier Betrag	8,1	8,5	8,6	9,1

Abb. 5. Rechenbeispiel für Vermögensertrag

Voraussetzungen für den Vermögenserhalt

Die Beispielrechnung in Abb. 5 lässt sich innerhalb plausibler Grenzen dem Einzelfall anpassen. Letztlich wird man jedoch immer wieder zum gleichen Ergebnis kommen: Selbst wenn die Realrendite aller Anlagen 4–5 % über der Inflationsrate liegt, ist ein Vermögenserhalt bei Finanzanlagen nicht möglich, wenn

- normale Einkommensteuer anfällt
- und normale Erbschaftsteuer zu zahlen ist
- und mehr als 1 % verzehrt wird
- und mehr als 1 % Kosten für die Vermögensverwaltung einschließlich aller Steuerberatung, Wirtschaftsprüfung, Finanzberatung usw. anfallen
- und (durch welche Ereignisse auch immer) in einer Generation mehr als ein Zehntel des Vermögens „entwertet" wird.

Grundsätzlich gilt, dass man nicht davon ausgehen kann, ein Ziel zuverlässig zu erreichen, wenn für dessen Erreichung mehrere Voraussetzungen eingehalten werden müssen, wie dies hier der Fall ist. Anders formuliert: Man kann hoffen, dass es klappt, darf aber nicht damit rechnen. Wenn das so ist, dann braucht man für den Erhalt des Vermögensbestandes eine laufende Ertragsquelle wie ein Berufseinkommen oder die Ausschüttungen aus einem Familienunternehmen, um eine der nicht eingehaltenen Bedingungen ausgleichen zu können. Aus der laufenden Ertragsquelle können z. B. ein höherer Verzehr für den Lebensunterhalt beglichen oder außerordentliche Verluste im Vermögensbestand wieder kompensiert werden.

> Wenn man weniger als 1 % des Vermögens verbrauchen kann, um den Vermögensbestand nicht zu gefährden, dann lässt sich leicht ausrechnen, welches Vermögen erforderlich ist, um z. B. 100.000 EUR verbrauchen zu können: Hierzu bedarf es eines Vermögens von 10 Mio. EUR. Allerdings wächst dieses Vermögen nicht.
>
> Ein Industrieunternehmen mit ca. 20 Mio EUR Umsatz dürfte bei normalen Renditerelationen einen ähnlichen Vermögenswert darstellen. Es sollte ebenfalls einen Ausschüttungsbetrag von 100.000 EUR ermöglichen. Der Vorteil der Beteiligung am Unternehmen ist allerdings viel größer, denn dieses Unternehmen kann und sollte langfristig wachsen.

5.5 Nutzenkonzept der Unternehmensbeteiligung

Höhere Bruttorendite

Durch die direkte Beteiligung an einem Unternehmen *kann* nachhaltig eine höhere Rendite erzielt werden als mit Anlagen an den Finanzmärkten (einschließlich den Aktienmärkten):

- Durch die Beteiligung an Sachkapital sind Inflationsschutz und Chancen zur Beteiligung am Wachstum des BSP gegeben.
- Durch die Beteiligung am Eigenkapital, also dem Risikokapital, erhält der Investor die marktübliche Risikoprämie in der Rendite.
- Schließlich werden im Fall der Beteiligung am Familienunternehmen keine Gewinnanteile von den „Finanz-Intermediären" abgezweigt, die die Nettorendite für den Investor wesentlich schmälern.

Aus diesen Gründen muss ein Unternehmer-Investor – *ceteris paribus* – einen Ertrag mit höheren langfristigen Steigerungsraten erzielen als ein Finanzinvestor.

Auch gegenüber dem Investor einer Aktienanlage, die ebenfalls eine direkte Beteiligung an einem Unternehmen darstellt, hat ein erfolgreiches Familienunternehmen eine sehr viel höhere Eigenkapitalrendite. Denn der

Aktionär nimmt nicht an der originären Ertragsentwicklung teil. Er kauft die Aktie vielmehr zu einem Marktpreis, bei der eine besonders günstige Rendite in Bezug auf das Buch-Eigenkapital dazu führt, dass der Aktienkurs über dem Buch-Eigenkapital liegt. Wenn also die Rendite auf das Buch-Eigenkapital bei den oft zitierten 25 % des Buch-Eigenkapitals liegt, dann ist zu vermuten, dass der Aktienkurs mindestens das Doppelte des Buch-Eigenkapitals beträgt. Die Rendite für den Aktionär liegt dann – auf den Kaufpreis der Aktie bezogen – eben bei der Hälfte der besagten 25 %. Bei der direkten Beteiligung an einem Familienunternehmen hat der Vermögensbesitzer demgegenüber den Vorteil, ungeschmälert an den Ertragschancen teilzunehmen.[202] Zudem wird die ihm zufließende Rendite nicht durch exzessive Gewinnbeteiligungen des Managements gemindert.

Renditevorteile bei Steuern und Kosten

Im Vergleich zwischen Finanzinvestor und Familiengesellschafter ergeben sich weitere Vorteile für den Familiengesellschafter, weil die Gewinne und die Gewinnausschüttung beim Familienunternehmen bereits eine Rendite-„Nettobasis" darstellen. Es entfallen:

- Verwaltungskosten, weil das Unternehmen diese bereits trägt,

- Rücklagen für den Inflationsausgleich – zumindest im Normalfall –, weil das Unternehmen ein typischer Sachwert ist,

- Rücklagen für Erbschaftsteuer, weil für die Beteiligung bei guter Planung entsprechende Verschonungsregeln greifen.

Das bringt – zusätzlich zum Vorteil der Teilhabe an der originären Rendite – 3–4 % Renditevorteil.[203]

Wenn ein Finanzinvestor also auf sein gesamtes Portfolio eine nachhaltige Bruttorendite von 10–12 % p. a. vor Steuern erzielen würde, wäre das schon extrem viel. Der Familiengesellschafter wäre mit einer um 3–5 % niedrigeren Rendite auf sein Bucheigenkapital genau so „rentabel". Ein nachhaltig lebensfähiges Familienunternehmen benötigt allerdings ohnehin deutlich zweistellige Eigenkapitalrenditen (vor Steuern) und erzielt diese tatsächlich auch.

---

[202] Dieser Vorteil der direkten Beteiligung am originären Ertrag wird bei all den Rentabilitätsvergleichen zwischen Börsengesellschaften mit und ohne Familieneinfluss, wie sie im Forschungsbereich üblich sind, nicht erfasst.

[203] Vgl. Tabelle oben im Abschnitt 5.4.

Niedrige Ausschüttungsquote als Begrenzung des Verbrauchs

Die Renditen der Familienunternehmen sind in weiten Bereichen dieses Unternehmenstypus beachtlich und übertreffen vielfach die von DAX-Unternehmen propagierten anspruchsvollen Renditen. Meist ist diese Ertragskraft der Familienunternehmen in der Öffentlichkeit nicht so bekannt. Und vielfach wird sie selbst im eigenen Gesellschafterkreis nicht als derart stark erkannt und gewürdigt, weil der einzelne Gesellschafter oft wenig davon hat. Er sieht von der Ertragskraft möglicherweise nur eine kleine Ausschüttung – und diese wird dann in schlechten Zeiten noch in Frage gestellt. In vielen, auch gut gehenden Familienunternehmen ist die Ausschüttungspolitik „ein heikles Thema". Es lohnt sich hierauf gesondert einzugehen.

Fehlende Fungibilität

Der Tatbestand, dass ein Gesellschafter den Geldwert seiner Beteiligung nicht sieht, wird durch die praktisch nicht gegebene Veräußerbarkeit seiner Anteile verstärkt. Sie sind nicht „fungibel" wie Aktien; sie können nicht an der Börse verkauft werden. Und selbst dann, wenn die Familiengesellschaft an der Börse notiert ist, wäre die Veräußerung von Anteilen ein Unterfangen, das der Rechtfertigung gegenüber den Mitgesellschaftern bedürfte und das rechtlichen oder doch zumindest „moralischen" Hemmungen unterläge.

Die fehlende Fungibilität einer Beteiligung an einem Familienunternehmen führt dazu, dass man einen generellen Bewertungsabschlag gegenüber einer Börsenaktie unterstellt. Das muss man jedoch differenzierter sehen. Eine Minderheitsbeteiligung an einem Familienunternehmen ist – in der ersten Annäherung an die Fragestellung – als „unverkäuflich" anzusehen. Ein familienfremder Investor wird eine solche Beteiligung überhaupt nur erwägen, wenn ihm die Möglichkeit eines „Exits" vertraglich zugesichert wird. Ein „Exit" kann darin bestehen, dass das Unternehmen oder die Altgesellschafter die Beteiligung kaufen müssen, wenn der Investor sie anbietet. Oder aber der Investor kann eine Börseneinführung verlangen, womit die Beteiligung fungibel gemacht wird.

Realistischerweise kann nicht die Veräußerung einer Minderheitsbeteiligung ins Auge gefasst werden, sondern eher die Veräußerung des gesamten Familienunternehmens. Für diesen Fall kann aber *nicht* generell angenommen werden, dass die Bewertungsrelationen für das Familienunternehmen niedriger sind als für eine Börsengesellschaft. Ein Investor wird durchaus eine Prämie dafür bezahlen, dass er beim Kauf eines Familienunternehmens in einer Transaktion ans Ziel kommt – ohne die Publizität, Preiszuschläge und Ungewissheiten bei Bietergefechten um eine Börsengesellschaft. Für den Fall der Verwertung wäre es also verfehlt, von einem grundsätzlichen Wertnachteil einer Familiengesellschaft auszugehen.

Was zunächst nach einem gravierenden Nachteil für Familiengesellschafter aussieht, wird letztlich zu deren langfristigem Vorteil: die fehlende Fungibilität ihrer Anlage. Der damit verbundene Effekt ist vergleichbar dem „Disziplinierungseffekt", dem Versicherungssparer oder Bausparer unterliegen, die nicht – oder nicht so leicht – an das angesammelte Vermögen herankommen, um es zu verbrauchen. Im Familienunternehmen unterliegt schon die Frage der Ausschüttungsquote einer Gemeinschaftsentscheidung aller Gesellschafter.

Der Vorteil der fehlenden Kursnotiz des nicht börsennotierten Eigenkapitals liegt auch darin, dass ein Familiengesellschafter gar nicht erst in Versuchung kommt, sich „reich zu rechnen". Mangels Kursnotiz kommt er *auch* nicht in die Versuchung, ein besonders hohes Kursniveau zur Vermögensumschichtung nutzen zu wollen.

Nachteile der Beteiligung am Familienunternehmen

Trotz der höheren Renditechancen steht der Familiengesellschafter vor einem „naturgegebenen" Dilemma: Die Beteiligung am Risikokapital eines einzigen Unternehmens bedeutet eine extreme Risikokonzentration, die aber gleichzeitig die Voraussetzung für die höhere Rendite ist. Die Risikokonzentration besteht in mehrfacher Hinsicht:

1. Die Konzentration des Investments auf *eine* unternehmerische Aktivität stellt ein hohes strategisches und konjunkturelles Risiko dar, zumal für einen Großteil von Unternehmen eine existenzielle Gefährdung im Lauf mehrerer Dekaden eher die Regel als die Ausnahme ist.

2. Die Anteile sind nicht oder nur sehr bedingt weiter veräußerbar:
   – keine Fungibilität im Kapitalmarkt sowie gesellschaftsrechtliche Beschränkungen der Veräußerbarkeit,
   – daher keine Teilbarkeit des Investments und
   – keine oder nur eine begrenzte Verlagerbarkeit des Investments in andere Wirtschafts- oder Steuerregionen („Wegzugbesteuerung").

Der Familiengesellschafter ist daher – verglichen mit dem Publikumsaktionär – in einer sehr viel prekäreren Lage. Eine solche Konzentration des

Vermögens in nur einem Unternehmen widerspricht allen Grundsätzen der modernen Theorie über die optimale Vermögensanlage. Wenn dem Gesellschafter die Gefahren dieser Risikokonzentration bewusst werden, kann dies zu ängstlicher Sorge um den Bestand des Vermögens führen, zu übertriebenem Kontrollbedürfnis oder gar zur Überzeugung, dass das eigene Kapital aus dieser riskanten Anlage herausgezogen werden sollte. Daher ist es eine wesentliche Aufgabe, das Risiko der Anlage in dem einen Familienunternehmen zu kompensieren, damit der Zusammenhalt aller Gesellschafter gewahrt bleibt.

5.6 Vertrauen in die Nachhaltigkeit der Nutzenquelle Unternehmen

Erläuterung des materiellen Nutzens

Ein kluger Unternehmensführer wird von sich aus alles dafür tun, dass die Bindung der Familiengesellschafter an das Unternehmen erhalten bleibt. Er wird die erhöhte Bereitschaft zur Gewinnthesaurierung nicht aus dem Anspruch „Firma vor Familie" einfordern, sondern sich vielmehr darum bemühen, den Nutzen des Unternehmens für jeden einzelnen Gesellschafter einerseits wie auch den Nutzen aus der Existenzbedingung „Familienunternehmen" insgesamt deutlich zu machen. Aus dieser Perspektive kann dann auch begründet werden, welche Erfordernisse zur Ergebnisthesaurierung bestehen.

Transparente Darstellung der tatsächlichen Unternehmensentwicklung

Je zahlreicher und damit vielfältiger der Gesellschafterkreis in der Mehrgenerationen-Unternehmung wird, desto weniger kann man sich auf Tradition und Emotion als Grundlage für die Bindung an das Unternehmen verlassen. Stattdessen muss der wirtschaftliche Erfolg der Unternehmung allgemein verständlich dargestellt und erläutert werden. Der Unternehmensgründer und der geschäftsführende Gesellschafter empfinden in der Regel keine Notwendigkeit, den Erfolg des Unternehmens vergleichend zu werten. Sie sind überzeugt, das Beste zu bewirken zur Vorbereitung des weiteren Unternehmenserfolgs in der Zukunft. In der Mehrgenerationen-Familiengesellschaft stellt sich jedoch gerade für Minderheitsaktionäre die Frage, ob sich das Unternehmen unter Führung der Gesellschafter-

Geschäftsführer oder anderer Führungskräfte „gut" entwickelt. Die Frage ist dabei, wie sich hier „gut" definieren lässt. Diese Frage klingt einfach, ist jedoch nicht trivial und im Blick auf Familiengesellschaften längst noch nicht so intensiv durchleuchtet worden, wie dies für Börsengesellschaften der Fall ist. Es liegt nahe, ein bestehendes Unternehmen mit anderen Firmen der Branche zu vergleichen, sowohl national als auch global.[204] Dies führt allerdings dann nicht sehr weit, wenn es nur sehr wenige Vergleichsunternehmen gibt, da die ganze Branche als Nische bezeichnet werden muss. Der Vergleich nützt außerdem dann wenig, wenn in einer Branche kein Unternehmen eine „ordentliche" Rendite erzielt. In solchen Fällen ist vielmehr der Vergleich mit einem „absoluten Maßstab" geboten, das heißt mit der entsprechenden Kapitalmarktrendite.

Nutzenziehung als sinnstiftendes Element der Unternehmensbeteiligung

Der Nutzen eines Familienunternehmens für den einzelnen Gesellschafter ist dann größer, wenn der Nutzenempfänger mit einer hohen Wahrscheinlichkeit damit rechnen kann, den Nutzen auch nachhaltig zu erhalten. (Das schließt natürlich nicht aus, dass sich der Empfänger über einen überraschenden Zusatznutzen besonders freut.)

Familienunternehmen bieten ihren Gesellschaftern – wie oben dargelegt – ein breites Spektrum an Möglichkeiten, Nutzen aus dem Unternehmen zu ziehen. Bei der Klärung, welche Nutzungsart und -häufigkeit sinnvoll ist, müssen die Belange des Unternehmens Vorrang haben. Nur so kann die Nachhaltigkeit des Unternehmens und damit der Quelle des Nutzens gesichert werden. Das Gesamtgebilde Familiengesellschaft aus Gesellschaftern und Unternehmen wird nur dann wirklich nachhaltig Bestand haben können, wenn den Gesellschaftern – und zwar allen – vermittelt wird, welchen Sinn ihre Beteiligung am Unternehmen macht. Dazu gehört eine verständliche, faire Ausschüttungspolitik. Für diese muss es eine Logik geben, diese muss erörtert und verstanden werden und sie muss von Zeit zu Zeit auf ihre Nachhaltigkeit und Fairness überprüft werden.

---

[204] Auf nationaler Ebene ist dies zum Beispiel auf Basis recht aussagekräftiger Branchenstatistiken der jeweiligen Industrieverbände und – wenn auch mit erheblichem zeitlichem Abstand – aus den Abschlussanalysen der Deutschen Bundesbank möglich.

5.7 Logik der Ausschüttungspolitik

Ausschüttung als Schnittmenge der Interessen

Für die Ausschüttung des Unternehmens sind mehrere Merkmale maßgeblich, die in die Formulierung einer Politik eingehen können:

1. absolutes Niveau der Ausschüttung insgesamt und für den einzelnen Gesellschafter,

2. persönliche Steuerbelastung („mehr Netto"),

3. Prozentsatz des erzielten Gewinnes (mit oder ohne aperiodische bzw. außerordentliche Erträge),

4. Variabilität der Ausschüttung – oder umgekehrt formuliert: Stabilität der Ausschüttung auch in Zeiten einer vorübergehenden Gewinnschwäche.

Geht man daran, eine Politik nach diesen Kriterien zu formulieren, dann gibt es offensichtlich unterschiedliche Bezugspunkte für die beiden gegenläufigen Interessen an einer weitestgehenden Thesaurierung und an einer großzügigen Ausschüttung:

- Die Unternehmensführung mag an einer möglichst umfangreichen Kapitalausstattung interessiert sein, weil diese finanzielle Stabilität gibt und Wachstumsoptionen eröffnet.

- Der Gesellschafter in seiner Rolle als Investor mag ebenfalls eine weitestgehende Thesaurierung der Gewinne bevorzugen, weil mit der relativ hohen Rendite im Unternehmen ein langfristiger Vermögensaufbau gefördert wird.

- Andere Gesellschafter mögen großen Wert auf hohe Ausschüttungen legen, um mit Finanzanlagen ihr Vermögen zu diversifizieren.

- Wieder andere, insbesondere kleinere Gesellschafter, mögen einen höheren Betrag an individueller Ausschüttung bevorzugen, weil diese einen wesentlichen Teil ihres Lebensbedarfs abdeckt.

In den resultierenden Abwägungsprozessen gibt es kein Rezept für eine eindeutige, optimale Lösung. Es ist aber sehr wohl geboten, logisch begründbare Argumente zu entwickeln und Entscheidungsverfahren anzubieten. Dies ist notwendig, denn an der Ausschüttungspolitik hat sich schon mancher Streit entfacht.

Frustration und Konfliktpotenzial aus einer „asketischen" Ausschüttungspolitik

Die Forderung nach einem Verzicht oder nach der Minimierung der Ausschüttungen wird gerne mit dem Bannerspruch „Firma vor Familie" unterlegt. Darum geht es jedoch nicht. Es wird nachstehend dargelegt, dass die Interessen von Firma, Familie und Individuum wechselseitig berücksichtigt werden müssen.

Restriktionen in der Ausschüttungspolitik benachteiligen nicht nur einen einzelnen, vielleicht besonders materialistisch eingestellten Gesellschafter. Die negativen Wirkungen können vielfältiger sein: Mit einer restriktiven Politik wird zum Ausdruck gebracht, dass das „arbeitslose Kapitaleinkommen" keine Achtung verdient und derjenige, der ein ordentliches Berufseinkommen aus seiner eigenen Arbeit bezieht, darauf nicht angewiesen ist. Jemand, der weniger erfolgreich in seinem eigenen Beruf ist, sieht dadurch, dass ihm die Nutzenziehung aus seinem Vermögen verweigert wird, seinen Mangel an beruflichem Erfolg in den Augen der Erfolgreichen grell beleuchtet.

Wenn zudem einzelne Gesellschafter im Unternehmen tätig sind und daraus ein angemessenes Berufseinkommen erhalten, während der nur kapitalbeteiligte Gesellschafter „knapp gehalten" wird, dann sieht dieser die Gleichberechtigung aller Gesellschafter verletzt. Dies ist allemal ein latenter Konfliktgrund.

Wenn aber ein Einzelner „Geld braucht" und nicht über die Ausschüttung „an Geld kommt", dann bleibt ihm nur die Möglichkeit, auf einen Verkauf seiner Beteiligung hinzuarbeiten. Damit sind manifeste Konflikte vorgezeichnet.

Eine faire Ausschüttungspolitik ist eine kritische Voraussetzung für die Bindung aller Gesellschafter. Eine Heuristik dafür sollte in folgenden Schritten entwickelt werden:

1. Bestimmung der berechtigten Erwartungen, die ein Gesellschafter haben kann, weil andere Gesellschafter oder andere Investoren ähnlich gestellt sind,

2. Bestimmung der notwendigen Thesaurierung des Unternehmens, um das Unternehmen als Quelle des Vermögenswachstums nachhaltig zu entwickeln,

3. Berücksichtigung berechtigter Individualinteressen an den nicht notwendigerweise zu thesaurierenden Gewinnen.

Erfüllung der Erwartungen nach üblichen Ausschüttungsquoten

Es ist eine durchaus rationale Logik, sich selbst so zu verhalten wie andere Wirtschaftssubjekte in vergleichbarer Situation. So kann man sich in unserer Frage an der Ausschüttungspolitik anderer Unternehmen orientieren:

1. *Börsengesellschaften*
   Die DAX-Unternehmen schütten im längerfristigen Durchschnitt 40–50 % des Jahresüberschusses aus. Dabei muss man allerdings berücksichtigen, dass sie sich von den Aktionären – wiederum längerfristig – über Kapitalerhöhungen in etwa die Hälfte der Dividendensummen wieder zurückholen. Netto liegt also bei DAX-Gesellschaften die Ausschüttungsquote bei 25–35 %.

2. *Familiengesellschaften*
   Familiengesellschaften schütten üblicherweise weniger als 25 % des Jahresüberschusses aus, teilweise auch nur 10 %.[205]

3. *Andere Vermögensanlagen*
   Wie oben dargelegt wurde, kann man nicht mehr als 1 % vom Vermögenswert verbrauchen, wenn man ein Finanzvermögen in seiner realen Substanz erhalten will.
   Wenn also ein Unternehmen 200 Mio. EUR umsetzt, einen EBIT von 6 %, also 12 Mio. EUR erzielt, einen Total Value aus Eigenkapital und Fremdkapital von 50 % des Umsatzes hat (Multiple 7–8) und 10 % vom Umsatz als Fremdkapital hält, dann wäre der Wert des Eigenkapitals ca. 80 Mio. EUR. (Als Vergleich kann man auch noch überschlagen, dass bei normalen Unternehmen der Wert des Eigenkapitals das Zwei- bis Dreifache des Buchwertes beträgt.) Würden die Gesellschafter also das Unternehmen verkaufen und für das Eigenkapital 80 Mio. EUR erzielen, dann könnten sie von den Erträgen der Vermögensanlage maximal 8 Mio. EUR (vor Steuern) verbrauchen, damit das Vermögen erhalten bleibt. Damit wäre aber noch nicht dem Grundsatz Rechnung getragen, dass das Vermögen wachsen muss.

Finanzierung des notwendigen Wachstums des Unternehmens

Zu den Standardzielen jedes Unternehmers gehört es, dynamisch wachsen zu wollen. Es braucht uns hier jetzt nicht zu beschäftigen, welche emotio-

---

[205] Vgl. Dunsch, J. (1996): passim; Winkler, A. (1997); Kormann, H. (2005): S. 52.

nalen Beweggründe dahinter stehen mögen. Es scheint jedoch Obergrenzen für das erreichbare Wachstum über lange Zeiträume zu geben. Wenn ein Unternehmen einmal die Gründungsphase und die ersten 20 Jahre des Wachstums (in denen zweistellige Raten möglich und erforderlich sind) bewältigt hat, scheint bei 10 % Wachstumsrate eine „Schallmauer" zu bestehen. Es gibt kaum Unternehmen, die – über Jahrzehnte hinweg – diese Schallmauer überwinden können.

Wichtiger für unsere Themenstellung ist jedoch, welche Untergrenze des Wachstums ein Unternehmen erreichen muss oder – zumindest im längerfristigen Trend – erreichen sollte.

- Auch in reifen und nicht wachsenden Märkten können heute 3 % Rationalisierung pro Jahr erzielt werden. Eine solche Rationalisierungsrate ist auch erforderlich, um die Steigerungen der Personalkosten zu kompensieren. Preiserhöhungen sind in einer globalen Wettbewerbswirtschaft ohne nennenswerte Inflation nicht mehr möglich. Somit muss ein Unternehmen mindestens 3 % Wachstum erzielen, um nicht ständig aufgrund der Rationalisierung zu schrumpfen.

- Ca. 4 % beträgt auch die Wachstumsrate des Welt-Bruttosozialprodukts. Diese Wachstumsrate muss ein Unternehmen mindestens erzielen, um nicht „kleiner" in Relation zur Gesamtwirtschaft zu werden.

- Da die Wachstumsrate des BSP sich aber sowohl aus den untergehenden als auch aus den aufstrebenden Branchen und Unternehmungen als Durchschnitt zusammensetzt, muss ein aufstrebendes Unternehmen ein überdurchschnittliches Wachstum erzielen. Die Zielsetzung einer „überdurchschnittlichen Entwicklung" ist wesentlich; weniger wichtig ist, ob man diese noch weiter spezifiziert, wie es manche Großkonzerne tun.

- Hat man das Glück, in einer Branche tätig zu sein, die selbst überdurchschnittliche Wachstumsraten aufweist, muss das Unternehmen natürlich diese höheren Branchenwachstumsraten erreichen, um nicht ständig Marktanteile zu verlieren.

- Ist das Unternehmen in einer Branche tätig, in der nur niedrigeres oder kein Wachstum zu finden ist, muss ein Einstieg in stärker wachsende Märkte gesucht werden.

Unternehmenswachstum analog zum Familienwachstum

Für ein Familienunternehmen ergibt sich noch eine spezifische Motivation für Wachstum: das Wachstum der Familie über die Generation hinweg. Einer der populären Irrtümer über Familienunternehmen besteht darin, dass das Unternehmen mit zunehmender Anzahl von Gesellschaftern nicht mehr in der Lage sei, für all diese Gesellschafter einen substanziellen Beitrag zum Einkommen zu leisten, und dass schon aus diesem Grund die Trägerschaft der Familie für das Unternehmen nicht mehr sinnvoll sei. Wer sich mit dieser Frage rational auseinandersetzt, gelangt zu einer durchaus realistischen Zielsetzung für ein anzustrebendes Mindestwachstum.

Ein natürliches Ziel in der Evolution einer Familie drückt sich in dem Wunsch der Eltern aus, ihren Kindern solle es so gut ergehen, wie es ihnen selbst ergeht. Ein solcher Wunsch sollte jedoch aus verschiedenen Gründen – nicht zuletzt aus den Gründen eines klugen Lebensplans – jeweils altersspezifisch definiert werden: Es kann den Kindern also in jungen Jahren noch nicht so gut gehen, wie es den Eltern im höheren Alter ergeht. Somit bleibt der Zeitraum einer ganzen Generation um sicherzustellen, dass die Kinder ein vergleichbares Vermögen wie die Eltern als reale Einkommensquelle erhalten. Wenn ein Elternteil Gesellschafter ist und die Eltern für drei oder vier Kinder jeweils die gleiche Einkommenshöhe zur Verfügung stellen möchten, dann muss sich der Einkommensstrom in 30 Jahren verdreifachen bzw. vervierfachen. Dies entspräche einer Wachstumsrate von 4–5 %. Erhöht man diese Wachstumsrate im Blick auf Inflationsausgleich und reale Einkommenssteigerungen um weitere 2 %, ergeben sich im Durchschnitt der Jahre durchaus anspruchsvolle, aber auch realisierbare Wachstumsraten. Solche Wachstumsraten können aber auf Dauer nicht in einem reifen nationalen Branchenmarkt erzielt werden, der selbst nur mit 2–3 % wächst. Schon aus diesem Grund muss eine Unternehmung in ihrer Entwicklung in den internationalen Raum expandieren.

Neben dem Streben nach einer Verringerung der Volatilität der Erträge ist das oben beschriebene Wachstumsziel für die Familienunternehmung ein rationaler Grund, die Unternehmensaktivitäten zu diversifizieren. Die Rationalität der Familienunternehmung unterscheidet sich insoweit signifikant von der Standardstrategie einer Börsengesellschaft. Die Börsengesellschaft muss zur Steigerung des Shareholder Value den Standardstrategien folgen, die von der Börse mit hohen Erwartungswerten honoriert werden, und dies sind Strategien der Fokussierung auf eine oder wenige zusammengehörige Aktivitäten.

Nachhaltige Wachstumsrate entsprechend der Thesaurierungsquote

Das Wachstum führt von der Umsatzsteigerung zu einer Steigerung der Bilanzsumme, und wenn über lange Zeiträume stabile Finanzierungsstrukturen erhalten werden sollen, muss das Eigenkapital mindestens im gleichen Maß steigen, oft wegen steigender Anlagenintensität der Produktionsverfahren langfristig sogar etwas stärker.

Wenn die Relation aus Vorsteuergewinn zu Eigenkapital im Schnitt 16 % beträgt, erhält man nach Steuern ca. 10 %. Wenn man dann eine Wachstumsrate von 7 % p. a. erreichen will, kann man 30 % (von den 10 %) ausschütten, will man mit 8 % wachsen, kann man nur 20 % ausschütten, und wenn man 9 % wachsen will, nur 10 %, aber – wie oben gesagt – kaum ein mir bekanntes Unternehmen wächst auf Dauer mit 9 %. Wenn man derartige Raten trotzdem erzwingen will, muss man sehr kühne Akquisitionen versuchen. Bei einer Ausschüttungsquote von 10–30 % und einer Nettoumsatzrendite von 3–6 % ergibt sich ein Wert von 0,3–1,8 % vom Umsatz.

Ausschüttung einer eventuellen Erbschaftsteuerbelastung

Die schwierigste Steuerbelastung für den Gesellschafter ist die Erbschaftsteuer.[206] Nach neuer Regelung kann sie vermieden werden, und sie muss auch vermieden werden, um das Wachstum finanzieren zu können. Die neuen Regelungen sind allerdings kompliziert. Das verlangt, dass rechtzeitig geplant und gehandelt wird, um die Steuerbefreiung zu sichern. Gelingt dies nicht, benötigt man zusätzlich 0,7 % des Vermögenswertes pro Jahr, um die „Sparbüchse" für die Erbschaftsteuer innerhalb einer Generation aufzubauen.

Aufbau eines unternehmensexternen Sicherungsvermögens

Wenn die Unternehmensentwicklung durch die notwendige Thesaurierung gesichert ist, dann gebietet die Fairness, den individuellen Sicherungsinteressen der Inhaber soweit Rechnung zu tragen, wie dies möglich und sinnvoll ist. Kein legitimes Interesse des Unternehmens wäre es, für ein darüber hinausgehendes maximales Wachstum eine Askese der Gesellschafter bei den Ausschüttungen zu fordern.

---

[206] Vgl. Kormann, H. (2005): S. 38 ff.

Die Gesellschafter erwarten allerdings, dass ihre Existenz auch dann gesichert ist, wenn der Bestand des Unternehmens *nicht* gesichert werden
kann. Der Grundsatz einer „strategischen Reserve" für das Scheitern eines
Plans gilt auch für den einzelnen Gesellschafter. Er gilt unabhängig vom
Vertrauen in die Kompetenz der Geschäftsführung. Zu groß ist das objektive Risiko des Untergangs, als dass man sich darauf verlassen könnte,
dass das eigene Unternehmen auf Ewigkeit davor bewahrt bliebe. Zumindest die jeweiligen Senioren des Gesellschafterkreises dürfen die Erwartung haben, dass ihr Lebensabend finanziell abgesichert ist, denn sie können ihren Lebensweg nicht mehr anders gestalten. Wir werden in Kapitel 6
um die Frage ringen, welcher Teil des Gesamtvermögens sinnvollerweise
unternehmensextern zu sichern ist. Wenn dieser Vermögensteil noch nicht
besteht, muss er – über lange Zeit – durch für das Unternehmen verkraftbare
Ausschüttungen aufgebaut werden.

Angemessene Relation zur Gewinnbeteiligung des Managements

In den letzten Jahrzehnten ist das gesamte Niveau der Vergütung des Managements deutlich angehoben worden. Diese Entwicklung sollte Anlass
dafür sein, die Angemessenheit der Ausschüttungen an die Gesellschafter
zu prüfen. Man kann natürlich einwenden, dass nicht tätige Gesellschafter
nicht so viel Geld erhalten sollten wie voll tätige Manager. Es ist aber
nicht fair, wenn Manager eine stattliche Gewinnbeteiligung beanspruchen und ein Gesellschafter weniger Gewinnbeteiligung erhält. Ich
schlage als erste Annäherung an eine faire Beteiligung vor, dass ein Gesellschafter mindestens so viel Dividende bekommen sollte, wie ein Manager Gewinnbeteiligung bekommt; das entspricht etwa der Hälfte der
Bezüge eines Geschäftsführers. Damit wäre vielen Gesellschaftern schon
sehr geholfen. Es würde aber dennoch nicht dazu führen, dass ein Gesellschafter keinen Anreiz sieht, einen eigenen Beruf oder eine eigene Geschäftstätigkeit aufzubauen.

Abstimmung der Ausschüttungspolitik zwischen Gesellschaftern und Unternehmen

Die Ausschüttungspolitik ist der Musterfall der notwendigen Koordination
zwischen Unternehmensebene und Gesellschafterebene. Jeder muss sich
darauf einrichten können, was er zu erwarten hat: das Unternehmen in
seiner Finanz- und Wachstumsplanung sowie die Gesellschafter in ihrer
Vermögensplanung. In einer solchen Politik ist auch die Konstanz bzw.
Variabilität der Ausschüttung in Abhängigkeit zum Gewinn zu klären:

- Niedrige Ausschüttungen sollten zumindest konstante Ausschüttungen sein.

- Bei einer Abhängigkeit der Ausschüttung vom Gewinn wird man im Durchschnitt ein höheres Niveau vorsehen.

- Damit die Gesellschafter nicht völlig abgekoppelt sind von der Entwicklung der Ertragskraft, wird man ein Kombimodell wählen: niedrige, verlässliche Grundausschüttung zuzüglich eines Bonus in guten Jahren.

Die Ausschüttungspolitik muss regelmäßig überprüft und an die jeweiligen Verhältnisse angepasst werden. Man sollte sie daher außerhalb der – länger gültigen – „Verfassung" der Familie und des Unternehmens dokumentieren.

Plausibler Optionsraum für faire individuelle Regelungen

In dem durch die behandelten Parameter abgesteckten Raum lässt sich eine Lösung für die Ausschüttungspolitik finden, sofern das Unternehmen über eine durchschnittliche Ertragskraft verfügt. Ist das Unternehmen aber ertragsschwach, dann darf das nicht auf Dauer durch Ausschüttungsverzicht kompensiert werden: Dann muss die Nachhaltigkeit des Unternehmens durch eine Strategie der Ertragssteigerung gesichert werden. Hat man diese notwendige Strategie umgesetzt, dann kann man auch zu „normalen" Ausschüttungen zurückkehren.

Die hier vertretene Berücksichtigung der Interessen auch der Gesellschafter mit kleinerem Beteiligungsanteil kann allerdings dazu führen, dass Gesellschafter mit größerer Beteiligungsquote mehr Ausschüttungen erhalten, als sie benötigen. Sie möchten das Geld möglicherweise lieber im Unternehmen belassen, damit es der langfristigen Vermögenssteigerung dient. Um wiederum diesem individuellen Anliegen Rechnung zu tragen, sollte man für diese Gesellschafter die Option einrichten, die nicht erforderliche Ausschüttung im Unternehmen anzulegen, ohne allerdings die Beteiligungsquoten zu ändern: Ein Genusskapital oder stimmrechtlose Beteiligungsformen sind dafür ein geeignetes und an die jeweiligen Erfordernisse weitgehend anpassbares Instrument.

Faire Lösungen sind differenzierte Regelungen, für die wechselseitige Rücksichtnahme und Kreativität erforderlich sind.

Literatur

Ayres, G. R. (2002): Estate Planning for the Family-Owned Business: It Is Not Really „Mission Impossible", in: Aronoff/Astrachan/Ward (Hrsg.): Family business sourcebook – a guide for families who own businesses and the professionals who serve them, 3. Aufl., Marietta GA, 2002, S. 184–188.

Carstensen, C. (2003): Vermögensverwaltung, in: Bertelsmann Stiftung (Hrsg.): Handbuch Stiftungen – Ziele-Projekte-Management-Rechtliche Gestaltung, 2. Aufl., Wiesbaden, 2003, S. 535–563.

Dunsch, J. (1996): An den Schalthebeln der Wirtschaft – 33 Unternehmer-familien im Portrait, Stuttgart, 1996.

Elstrodt, H.-P. (2003): Keeping the family in business, in: McKinsey Quarterly, H. 4, 2003, S. 94–103.

Hauptfachausschuß des Institut der Wirtschaftsprüfer (2000): IDW Stellungnahme zur Rechnungslegung: Rechnungslegung von Stiftungen (IDW RS HFA 5), in: Fachnachrichten-Institut der Wirtschaftsprüfer (FN-IDW), H. 4, 2000, S. 129–142.

Institut der Wirtschaftsprüfer/IDW-Symposion Stiftungen (Hrsg.) (1997): Stiftungen – Rechnungslegung, Kapitalerhaltung, Prüfung und Besteuerung, Düsseldorf, 1997.

Kormann, H. (2005): Grundfragen des Familienunternehmens, in: Scherer, S. et al. (Hrsg.): Familienunternehmen – Erfolgsstrategien zur Unternehmenssicherung, Frankfurt a. M., 2005, S. 1–89.

Merrill Lynch/Campden Research (2009): Conserving family wealth: The Merrill Lynch/Campden Research European Single Family Office survey 2009, in: Campden FO, H. 3, 2009, S. 53–60.

Winkler, A. (1997): Der Erhalt des Eigenvermögens über Generationen – Darstellung und Analyse der Erfolgsfaktoren, Diss. St. Gallen, 1997.

6 Bindung durch Vermögenssicherung

*Hält man den materiellen Nutzen aus dem Unternehmen für einen ent-
scheidenden Bindungsfaktor, so führt dies unmittelbar zu der nächsten
Frage, wie das Vermögen gesichert werden kann. Es gibt mehrere Ansätze
hierfür: gute Governance und Diversifikation innerhalb des Unternehmens
sowie Finanzreserven außerhalb des Unternehmens. Die Gesellschafter
müssen sich mit dieser Themenstellung selbst befassen, gerade deshalb, weil
es wenig gute und dann auch noch interessenfreie Wegleitungen dazu gibt.*

6.1 Das Dilemma der direkten Beteiligung

Gefahren aus der Risikokonzentration

Im vorstehenden Kapitel habe ich mich ausführlich mit dem Dilemma
beschäftigt, dass der Erhalt eines Vermögens einerseits nur durch die direkte
Beteiligung an einem Unternehmen erreicht werden kann, dass aber andererseits eine direkte Beteiligung an einem einzigen Unternehmen ein hohes
Risiko bedeutet. Diese Risikokonzentration beunruhigt viele Gesellschafter, und zwar umso mehr, je stärker ihre Lebensbefindlichkeit von den
regelmäßigen Gewinnausschüttungen abhängt. Sie lässt sie vorsichtig werden und nicht selten selbst vor vernünftigen unternehmerischen Risiken
zurückschrecken. Stark ausgeprägte Ängste können sogar dazu führen,
dass man sich von einer eher riskanten Unternehmensbeteiligung trennt
und eine sicherere Vermögensanlage sucht.

Tatsächlich würde es zu kurz greifen, wenn man diese Befürchtungen
mit dem Argument beiseite schieben wollte, die bisher erfolgreiche Geschichte eines Unternehmens zeige doch, wie gut dieses spezifische Unternehmen gegen Krisen gefeit sei. Die Erfahrung lehrt demgegenüber, dass
kein Unternehmen zu keinem Zeitpunkt vor Fehlern, Unfällen und Bran-
chenkrisen geschützt ist.

Auf lange Sicht gesehen – und das meint hier: über den Zeitraum von
Dekaden hinweg – gerät ein großer Teil von Unternehmen fast unweigerlich in eine Phase existenzieller Gefährdung. Selbst eine führende Markt-

H. Kormann, *Zusammenhalt der Unternehmerfamilie,*
DOI 10.1007/978-3-642-16351-7_6, © Springer-Verlag Berlin Heidelberg 2011

stellung ist kein verlässlicher Schutz dagegen. Niemand kann grundsätzlich davon ausgehen, ein bestimmter Markt werde ewig bestehen. Der
Untergang von Märkten ist ein Phänomen, das niemals frühzeitig genug
vorausgesehen werden kann. Das Überraschende kommt immer plötzlich.
Man denke z. B. an den Untergang von Märkten, die für unsere Großväter
oder deren Väter noch selbstverständlicher Lebensbestandteil waren:
Dampflokomotiven, Hüte, Radioröhren, mechanische Rechenmaschinen,
mechanische Schreibmaschinen. Neben dem Untergang eines ganzen
Marktes sind Unternehmen aber auch immer wieder durch Unglücksfälle
in ihrer Existenz bedroht oder werden durch diese sogar vernichtet. Auslöser können etwa Kartellstrafen, Haftungsklagen bei Pharmazieunterneh-
men oder ein einfacher Wechsel der Vorlieben bei Modeartikeln sein. In
Abhängigkeit von der Art und Weise der Geschäftstätigkeit kann die Stabilität eines Unternehmens größer oder kleiner ausfallen und länger oder
kürzer andauern. Dies ändert jedoch nichts an der grundsätzlichen Möglichkeit, dass jederzeit eine überraschende Entwicklung einsetzen kann
oder Fehler gemacht werden, die zum Untergang eines Geschäfts führen.

Diese Existenzbedrohung ist immer einzigartig und hat nichts mit den
normalen, wiederholt auftretenden Risiken der Geschäftstätigkeit zu tun,
die mit (objektiven oder subjektiven) Wahrscheinlichkeiten erfasst werden
können. Daher sollte man – mit dem Forscher F. H. Knight – im Blick auf
diese Szenarien nicht von Risiko, sondern von existenzieller Unsicherheit
und Gefahr sprechen.[207]

Vermögenssicherung

Welches Ziel der Vermögenssicherung ist angesichts der genannten existenziellen Gefahren realistisch? Es kann offensichtlich nicht angenommen
werden, dass ein Unternehmen, das durch externe Entwicklungen oder
einen großen Fehler gravierend geschädigt wird, seine bisherige Ertragsentwicklung unbeeinträchtigt fortsetzen kann. Hier geht es um das Überleben des Unternehmens oder zumindest den Erhalt einer gewissen Vermö-
gensbasis. Folgende Abstufungen der Gefahrenbegrenzung lassen sich in
einer Prioritätenliste nennen:

- Fähigkeit zur Fortsetzung der bisherigen Geschäftsaktivitäten, allerdings aufgrund der Verluste auf längere Zeit mit verringerter Ertragskraft und verringertem Wachstumspfad.

---

[207] Knight, F. H. (1921).

- Die nächstniedrigere Stufe wäre die Bewahrung der „Strategiefähigkeit" des Unternehmens durch den Erhalt als „going concern" und als hinreichende Ertragsquelle mit der Option, später wieder zu wachsen.

- Die nächste, schon sehr ungünstige Stufe wäre – bei Beeinträchtigung oder Verlust des Unternehmens in seinem derzeitigen Zuschnitt – die Bewahrung der Fähigkeit zum unternehmerischen Neustart mit der aktuellen oder einer neuen Aktivität.

- Die Mindeststufe bestünde schließlich in der Absicherung des Besitzstands der Gesellschafter, die bislang die Gewinnausschüttungen zur Finanzierung ihres Lebensunterhalts verwendet haben, und zwar einschließlich der Altersversorgung.

Sicherungskonzepte

Generalisierend gesprochen können die Familiengesellschafter angesichts der Risikokonzentration im Unternehmen folgende Strategien ergreifen:

1. Gefahrenvorkehrung, insbesondere Vorkehrung gegen schwere Fehler der Geschäftsführung, durch intensives „Kümmern" um die Unternehmensentwicklung und Unternehmensführung, wozu es verschiedene Ansätze gibt, wie z. B.
   - direkte Unternehmensführung durch die Inhaber,
   - Corporate Governance,
   - verinnerlichte Werte und strikte Geschäftsgrundsätze, mit denen existenzgefährdende Gefahren vermieden oder die Schadensfolgen begrenzt werden,
   - Aufbau intensiver Loyalitätsbeziehungen zur Unternehmensführung bzw. Vertrauen in die Fähigkeiten der Unternehmensführung.

2. Schadensbegrenzung durch unternehmensinterne Diversifikation,

3. Schadensbegrenzung durch unternehmensexterne Diversifikation der Vermögensanlage.

Diese Aufstellung könnte zu der Annahme führen, es handle sich hier um eine Aufzählung möglicher Alternativen zur Begrenzung der unternehmerischen Risiken eines Familienunternehmens. Wer also eine Strategie intensiver Corporate Governance und klarer Politikgrundsätze zur Vermeidung von Risiken verfolge, der könne sich den mühseligen Weg einer Diversifikationsstrategie sparen oder gar den Abzug von Finanzmitteln aus dem Unternehmen zum Aufbau einer unternehmensexternen Vermögensanlage abwehren. Es bestehen in diesen Fragen ohne Zweifel unterschiedliche Interessen bei der Unternehmensführung und bei den Gesellschaftern oder bei verschiedenen Gesellschaftergruppen. In den folgenden Ausführungen hoffe ich verdeutlichen zu können, dass die Gesellschafter – im Lauf der Zeit mit unterschiedlicher Intensität – *alle* genannten Strategien verfolgen müssen, um ihr Unternehmen vor dem Untergang und sich selbst vor dem Vermögensverlust zu bewahren. Man kann allerdings mit einiger Plausibilität die Regel aufstellen, dass bei Ausfall einer Sicherungsmöglichkeit die anderen Optionen umso intensiver eingesetzt werden müssen, z. B.:

- Im Gründungsstadium wird der gesamte Cashflow für die Unternehmensentwicklung gebraucht und es kann noch nicht einmal eine unternehmensexterne Altersversorgung angesammelt werden. Es ist dann nur folgerichtig, dass der Inhaber sich selbst um das Unternehmen „kümmert", denn kein Nicht-Familien-Geschäftsführer kann die Verantwortung tragen, die Altersversorgung der Gesellschafter aufs Spiel zu setzen.

- Wenn – aus welchen Gründen auch immer – eine unternehmensinterne Diversifikation nicht möglich ist, muss die unternehmensexterne Diversifikation der Vermögensanlage relativ stärker ausgebaut werden.

- Wenn eine unternehmensexterne Vermögensdiversifikation nicht möglich ist, müssen Unternehmensgrundsätze verankert werden, die das Eingehen geschäftlicher Risiken begrenzen.

Wenn die Familiengesellschafter Strategien zur Vermögenssicherung einsetzen, haben sie – in Form des Familienunternehmens – nicht nur eine rentablere Anlage, als sie irgendein anderes Investment bieten könnte, sondern auch eine Anlage mit einem vertretbaren Risikoprofil.

„An die Stelle des bloßen Firmeninteresses ist der Aspekt einer Optimierung des Gesamtvermögens der Familie getreten. Zwar bildet in aller Regel das im Unternehmen gebundene Vermögen den Löwenanteil des Familienvermögens, aber es ist eben nur ein Teil, wenn auch der größere hiervon. Und beide Teile unterliegen verschiedenen Zielsetzungen. Typische Unternehmensziele sind Wachstum, Marktanteil, Innovation. Konzentration auf die jeweiligen Stärken und die Übernahme von Risiken stehen im Vordergrund. Die optimalen Ziele aus der Sicht des Gesamtvermögens der Familien sind jedoch andere: Realer Vermögenserhalt, angemessene Rendite, Liquidität und Diversifikation zur Risikovermeidung heißt hier die Devise. Bei der Gesamtvermögensbetrachtung ist somit Ausgewogenheit der einzelnen Anlage oberstes Gebot. Vermögenserhalt geht vor riskanter Renditemaximierung. Es ist ein Verdienst dieser neuen Entwicklung, dass auch in der Denkweise der Eignerfamilien mehr Flexibilität eingekehrt ist. Hierdurch hat sich die unternehmerische Bewegungsfreiheit bei gleichzeitiger Optimierung der Vermögenssicherung eher erhöht, als dass sie darunter gelitten hätte."[208]

6.2 Gefahrenvorkehrung durch Kümmern um die Unternehmensführung

Intensive Corporate Governance

Corporate Governance ist nach heutigem Verständnis von Unternehmensführung und Unternehmensverfassung eine Schlüsselfunktion, die verantwortliche Gesellschafter in Kraft setzen müssen. Ich habe mich an anderer Stelle ausführlich damit befasst,[209] daher sollen hier nur einige zusammenfassende und ergänzende Anmerkungen gemacht werden.

Einer der markantesten Unterschiede zwischen der Stellung des Aktionärs einer Börsengesellschaft und ihrem Aufsichtsrat einerseits sowie der Familiengesellschaft andererseits besteht in der Tatsache, dass die rechtlichen Grundlagen der Familiengesellschaft den Gesellschaftern oder den von ihnen eingesetzten Aufsichtsgremien sehr intensive Einwirkungsmöglichkeiten auf die Geschäftsführung an die Hand geben. Im Diskurs zwischen Gesellschaftern/Beirat und Geschäftsführung steht die Strategieberatung im Vordergrund – und nicht die Überwachung. Gleichzeitig spielt die Berücksichtigung der Risiken, die durch die Gesellschafter und die Unternehmerfamilie für das Unternehmen entstehen können, eine wichtige Rolle.[210]

---

[208] Hennerkes, B.-H. (2004): S. 45.

[209] Vgl. Kormann, H. (2008): S. 71 ff.

[210] Zur Einbeziehung der Unternehmerfamilie in das Risikokalkül des Unternehmens vgl. Wiechers, R./Klett, D. (2005).

Corporate Governance auch beim geschäftsführenden Mehrheits- oder Alleingesellschafter

Die Beteiligung der Inhaber an der Unternehmensführung macht eine Corporate Governance nicht überflüssig; sie ist hierbei ebenso wichtig wie bei einer Nicht-Familien-Geschäftsführung, muss allerdings von besonders hoher Qualität sein. Gerade der mächtige Alleininhaber muss sich selbst und das Unternehmen vor seiner „Allmacht" schützen. Allerdings muss ein Rat gebendes Gremium besonders qualifiziert sein, um von dem Machtträger so ernst genommen zu werden, dass er dessen Ratschlägen folgt, obschon er das Gremium jederzeit durch einen Gesellschafterbeschluss überstimmen könnte.

Governance durch Grundsätze der Unternehmenspolitik

Es liegt nahe, die Aufstellung von Politikgrundsätzen zu fordern, die die Vermeidung existenzbedrohender Risiken verlangen. Sofern Gesellschafter solche Regelungen selbst formulieren wollen, setzt dies voraus, dass sie in der Lage sind, aufgrund hoher Kompetenz tief in die Grundsatzfragen der Unternehmensführung einzudringen. Das Management von Gefahren und Risiken ist ein höchst anspruchsvolles Metier. Die Betriebswirtschaftslehre hat sich vorwiegend darauf konzentriert, Lehren für das Erzielen von Erfolgen zu entwickeln. Brauchbare Lehren, welche Gefahren akzeptabel sind und welche vermieden werden müssen, sind dagegen noch nicht Allgemeingut.[211]

Da es bei diesem Sachkomplex um die Unternehmensführung geht, die hier nicht unser Thema ist, kann die Frage, auf welche Weise die in Rede stehenden Politikgrundsätze aufgestellt werden können, nicht weiter vertieft werden. Nur so viel sei angemerkt: Wenn Gesellschafter ohne umfassende Geschäftskompetenz primär darauf abstellen, gefahrenvermeidende Politikgrundsätze zu formulieren, ist die Gefahr hoch, dass auch die für eine erfolgreiche Ertrags- und Wachstumspolitik notwendige Risikobereitschaft abgewürgt wird. Die Unternehmensführung wird zu einer risikoscheuen Verwaltung deformiert. Andererseits kann eine unverantwortlich hohe Risikobereitschaft den Fortbestand eines Unternehmens gefährden. Es geht also nicht um die Minimierung des Risikos, sondern um die Bestimmung des verantwortbaren Handelns. Dieses ist z. B. für den Bereich der Verschuldung durch zumindest zwei Aussagen abzugrenzen:

---

[211] Vgl. Kormann, H. (2009).

- Es sollte ein Bereich der normalen Verschuldung angegeben werden, der als verantwortbar anzusehen ist und unter Rentabilitätsgesichtspunkten auch tatsächlich genutzt werden sollte, z. B. W % des Eigenkapitals, X % des Umsatzes oder Y % des Umlaufvermögens.

- Es sollte aber auch eine Obergrenze der Verschuldung angegeben werden, die auf keinen Fall überschritten werden darf, weil sonst – bei der im schlechtesten Fall anzunehmenden Konstellation – die Unabhängigkeit oder sogar die Existenz des Unternehmens gefährdet wäre.

Aufbau von Loyalität und Vertrauensbeziehungen

Gemäß der „amoralischen und pessimistischen Weltsicht" (Ghoshal) der Principal-Agent-Theorie wird eine börsennotierte Gesellschaft von eigensüchtigen sowie verantwortungslos und opportunistisch handelnden Managern geleitet. Sie werden durch extrem hohe Boni zu überzogenem Gewinnstreben getrieben. Es ist offensichtlich, dass eine solche Konstellation intensivster Überwachung bedarf. Familiengesellschaften hingegen würden solchen Managern nicht das notwendige Vertrauen entgegenbringen. Sie brauchen vielmehr Führungskräfte, denen sie voll vertrauen können. Mit der sogenannten Stewardship Theory wird versucht, das Menschenbild und die psychologischen und führungsrelevanten Mechanismen einer solchen vertrauenswürdigen Geschäftsführung zu beschreiben.[212] Als praktische Maßnahmen, die einer Vertrauensbeziehung förderlich sind, sind vor allem zu nennen:[213]

- Beschäftigung von Menschen, die man persönlich kennt,

- Auswahl von Menschen, die die Werte der Familiengesellschaft verinnerlicht haben,

- intensiver persönlicher Kontakt,

- offene Kommunikation.

Begrenzung des Kümmerns um die Unternehmensführung

Wie gut all die Instrumente der Corporate Governance auch genutzt werden, sie können nicht vollkommen sein und sie werden in neuen oder über-

---

[212] Zur Diskussion hierzu vgl. Davis/Schoorman/Donaldson (1997); Chrisman, J. J. et al. (2007).

[213] Vgl. Kormann, H. (2008): S. 113 ff.

raschenden Situationen auch immer wieder regelrecht versagen. Vor allem schützt richtiges und gutes Management (Malik) nicht vor Krisen der jeweiligen Branche oder der Gesamtwirtschaft. Wenn die Branche der Dampflokomotiven oder der Schreibmaschinen verschwindet, dann hilft einem Unternehmen dieser Branche weder ein gutes Management noch eine Marktführerstellung. Um wirklich eine Vermögenssicherung zu erreichen, muss auch dann, wenn ein Sicherungsinstrument – hier die Corporate Governance – nichts nützt, immer noch eine „Fail-safe-Sicherung" greifen. Diese kann nur erreicht werden durch die – unternehmensinterne oder unternehmensexterne – Diversifikation der Risiken.

6.3   Schadensbegrenzung durch unternehmensinterne Diversifikation

Bedeutung der Diversifikation für das Familienunternehmen

In der unterschiedlichen Bedeutung der Diversifikation besteht ein manifester und logisch begründbarer Unterschied zwischen der Standardstrategie einer Börsengesellschaft und der eines Familienunternehmens. Die Logik des Finanzmarkts erzwingt von den Börsenunternehmen eine Fokussierung auf Kernkompetenzen und die relativ ertragreichsten Aktivitäten. Ein Portfolio voneinander unabhängiger Geschäftsgebiete würde in der Unternehmensbewertung mit einem Abschlag für Konglomerate bestraft. Damit läge der „Breakup Value" aus der Bewertung der einzelnen Geschäftsgebiete höher als der Gesamtwert des Unternehmens. Solche Bewertungsdifferenzen locken Hedgefonds an, die dann tatsächlich auf ein Aufbrechen des Unternehmens drängen. Dass durch die Strategie der Fokussierung das Existenzrisiko des Unternehmens steigt, wird auf der Ebene des einzelnen Investors durch eine Diversifikation der gesamten Vermögensanlage kompensiert.

Bei einer Familiengesellschaft bildet das Unternehmen dagegen in der Regel das Gesamtportfolio des Vermögens. Die Diversifikationsstrategie muss daher in das Unternehmen selbst hinein verlagert werden. Das klingt plausibel, ist aber nur sehr schwer umzusetzen. Die Diversifikation dient dazu, die Risikokonzentration aufzulösen, und sie dient nicht primär dazu, neue Wachstumsfelder zu erschließen. Eine wirksame Risikodiversifikation wird freilich nur erreicht, wenn die Entwicklung der diversifizierten Aktivität B nicht positiv korreliert mit der Stammaktivität A. Der Ausbau des Servicegeschäfts gegenüber der Stammaktivität des Maschinenvertriebs stellt beispielsweise keine Risikokompensation dar, denn wenn etwa durch technologische Entwicklungen der Maschinenmarkt wegfällt, dann fällt – zeitlich verzögert – auch der Servicemarkt weg.

Als Ziel einer unternehmensinternen Diversifikation könnte demgegenüber langfristig formuliert werden: Selbst wenn ein Geschäftsgebiet zugrunde ginge, dürfte das Unternehmen nicht in eine Existenzgefahr geraten. Um ein solches Ziel zu erreichen, müssen der Ertrag und der Unternehmenswert gleich auf mindestens vier voneinander unabhängige Aktivitäten verteilt werden. Dann könnte eine Aktivität untergehen und die drei weiterhin nachhaltig lebensfähigen Aktivitäten könnten die „Exit-Kosten" (Vermögensabschreibungen, Kosten des Personalabbaus usw.) kompensieren.

Eine Diversifikation in neue, unverbundene Aktivitäten kostet viel Managementenergie, hohe Lernkosten und Anlaufverluste und birgt ein beträchtliches Erfolgsrisiko. Auch wenn die Diversifikation schließlich erfolgreich ist, wird sie lange Zeit eine niedrigere Kapitalrendite aufweisen als die Stammaktivität. Warum sollte eine Unternehmensführung eine solche Strategie verfolgen, bei der sie nichts als Probleme zu erwarten hat und bei der zudem ihre Tantieme wegen der Ertragsopfer für die Diversifizierung reduziert wird? Sie wird sie nur verfolgen, wenn die Gesellschafter sie als unternehmerisches Konzept einfordern und besonders in dieser Strategiefrage ein Einverständnis zwischen Inhaber und Unternehmensführung entwickeln. Mehr als diese generelle Forderung nach Diversifikation können Gesellschafter vermutlich auch nicht tun. Die Planung einer Diversifikationsstrategie erfordert in jeder Hinsicht die hohe Schule der Unternehmensstrategie. Inhaltlich muss diese Arbeit bei der Unternehmensführung liegen.

Gefahrenbegrenzung im Rahmen einer Diversifikationsstrategie

Da die Risikostreuung nur erreicht wird, wenn man neben der derzeitigen tragenden Aktivität eine andere aufbaut, wird es in einem Kreis mehrerer Gesellschafter auch Zweifel geben, ob ein solcher Entwicklungspfad – weg von den traditionellen Aktivitäten – richtig sein kann. Man gelangt hier leicht in eine konfliktträchtige Diskussion mit nicht zu vereinbarenden, subjektiven Überzeugungen. Man muss diese Diskussion ohne Zeitdruck, aber eingehend führen und gegebenenfalls externen Rat hinzuziehen.

Wenn – wozu die Voraussetzungen unten noch differenzierter zu erläutern sind[214] – eine Diversifizierung der Risiken notwendig ist, aber unter-

---

[214] Vgl. unten Abschnitt 6.5.

schiedlich starke Besorgnisse vor den Schwierigkeiten eines solchen Weges bestehen, sind wiederum verschiedene gefahrenbegrenzende Optionen
zu erwägen:

1. Für die Vorgehensweise der Diversifikationspolitik werden von vornherein Politikgrundsätze verankert, durch die eine Existenzgefährdung des Stammgeschäfts vermieden werden kann. Hierher gehört
   die Festlegung eines maximalen Kapitaleinsatzes pro Diversifika-
   tionsschritt, eine maximale Verschuldungsgrenze u. ä.

2. Nicht selten wird die diversifizierte Aktivität in einem völlig eigenständigen Unternehmen angesiedelt, an dem sich nur die Gesellschafter beteiligen, die von der Diversifikationsstrategie überzeugt sind.

3. Schließlich muss zur Beruhigung möglicher Ängste um die Vermö-
   gensbasis vor einer forcierten Diversifikationsstrategie die nachfolgend beschriebene Sicherung durch unternehmensexternes Vermögen aufgebaut werden.

Ungeachtet aller möglichen Schwierigkeiten einer Diversifikationsstrategie
muss abschließend betont werden, dass die strategische Logik und die
unternehmerische Praxis belegen, dass sie notwendig ist. Wohl fast alle
sehr großen und sehr alten Unternehmen sind nur deshalb alt *und* groß,
weil sie sich von ihren Ursprüngen in andersartige Aktivitäten hinein diversifiziert haben. Hierzu gehören Unternehmen wie Bosch, Haniel, Freudenberg, Voith und andere.

Ich verdanke J. H. Astrachan das Argument, dass mit der Diversifikation
gerade deshalb, weil sie in nennenswertem Umfang nur auf einem sehr
langen strategischen Pfad zu erreichen ist, bereits in den frühen Phasen der
Unternehmensentwicklung begonnen werden muss. Nur dann können später annähernde Gleichgewichte zwischen den verschiedenen Aktivitäten
erreicht werden.

6.4 Schadensbegrenzung durch unternehmensexternes Vermögen

Notwendigkeit einer unternehmensexternen Diversifikation

Den Aspekten einer unternehmensexternen Diversifikation der Vermögensanlage muss im Rahmen unserer Themenstellung etwas größerer
Raum gegeben werden. Die Begründung dieser Strategie ist in der Praxis
ausschließlich eine Angelegenheit der Gesellschafter selbst. Die Unter-

nehmensführung des operativen Geschäfts wird im ungünstigen Fall davon abraten und im besten Fall völlig uninteressiert daran sein. Die Rechtfertigung für einen Entzug von Cashflow aus einem Unternehmen, um daraus ein unternehmensexternes Vermögen aufzubauen, ist jedoch diskussionsbedürftig. Eindeutige Wahrheiten gibt es nicht – auch wenn ich hier nachdrücklich für eine unternehmensexterne Vermögensdiversifikation plädiere. Ihre Rechtfertigung ergibt sich nach meiner Überzeugung aus einer Vielzahl von Vorteilen, die durch die unternehmensinterne Diversifikation nicht erreicht werden können.

Arten des außerbetrieblichen Vermögens

Als erste Möglichkeit der Vermögenssicherung bietet sich das sogenannte „nicht betriebsnotwendige Vermögen" an. Im Rechnungswesen und im Steuerrecht sind damit z. B. ein privat genutztes Wohnhaus, eine Mietimmobilie oder auch Minderheitsbeteiligungen an anderen Firmen gemeint, mit denen keine geschäftlichen Beziehungen bestehen. Dieses Vermögen kann im Eigentum der Firma oder im direkten Eigentum der einzelnen Gesellschafter bzw. der gesamten Gesellschaftergruppe stehen. Die Schaffung nicht betriebsnotwendigen Vermögens außerhalb des Eigentums und Haftungsverbundes des Unternehmens ist eine Basisform der Vermögenssicherung. Wichtig ist dabei, darauf zu achten, diese Vermögensform nur mit solchen Werten aufzubauen, die liquide sind, also auch wieder veräußert werden können. Werke unbekannter Künstler zu sammeln mag also ein Verdienst um die Kunst sein, eine Vermögen sichernde Maßnahme ist es jedoch nicht.

Absicherung der Kontinuität der Gewinnausschüttung

Ein fungibles außerbetriebliches Vermögen macht es möglich, in Jahren, in denen das Unternehmen keine Ausschüttungen in üblicher Höhe leisten kann, ergänzende Beträge auszuzahlen. Die Sicherheit, somit jährlich auf jeden Fall mit einer bestimmten Gewinnausschüttung rechnen zu können, beruhigt einen Gesellschafterkreis in der Regel spürbar.

Absicherung des Lebensunterhalts

Der Bedarf der Familie und der direkten Nachkommen sollte durch das unternehmensexterne Vermögen abgesichert sein. Zum Bedarf gehören über den Lebenszyklus der Familie neben dem laufenden Lebensunterhalt z. B.:

- Kosten für die Ausbildung der Kinder,

- Kapital für den Aufbau einer selbstständigen Existenz (als Freiberufler oder Unternehmensgründer),

- die Altersversorgung der Eltern und der Kinder,

- Vorsorge für das Krankheitsrisiko und Invaliditätsrisiko (beides sind offensichtlich größere Risiken als das Todesfallrisiko, das durch die übliche Lebensversicherung abgedeckt wird).

Sicherung der Altersversorgung

Außerbetriebliches Vermögen sollte auch aufgebaut werden, um die Altersversorgung der Gesellschafter sicherzustellen. Dies gilt für alle Gesellschafter, die Gewinnausschüttungen für ihre Lebensführung verwendet haben. Von besonderer Bedeutung ist dies natürlich für ehemalige geschäftsführende Gesellschafter. Fehlt eine außerbetriebliche Altersvorsorge, werden Senioren fast zwangsläufig dazu verführt, sich auch weiterhin um das operative und strategische Geschäft zu kümmern (sogenanntes „Backseat Driving"), von dessen Erträgen ja schließlich die eigene Rente abhängt. Hintergrund hierfür ist nicht selten eine große und manchmal übertriebene Sorge um die persönliche materielle Lebensgrundlage. Die Sicherung der Altersversorgung ist also geradezu eine Voraussetzung dafür, dass der ausscheidende Senior sich nicht mehr intensiv in die Führung der Geschäfte durch den Nachfolger einmischt.[215]

Absicherung gegen Erbansprüche und Auszahlung ausscheidender Gesellschafter

Außerbetriebliches, liquides Vermögen kann dazu dienen, die Erbersatzansprüche von Kindern zu erfüllen, die – aus welchen Gründen auch immer – eine vorhandene Beteiligung am Unternehmen nicht erben sollen. Mit außerbetrieblichem Vermögen können einem ausscheidungswilligen Gesellschafter die Gesellschaftsanteile abgekauft werden. Außerbetriebliches Vermögen verwirklicht die Zielsetzung: „Vermögen soll teilbar und vererbbar sein und zudem diversifiziert werden."[216]

---

[215] Vgl. Ayres, G. R. (1998).

[216] Werndl, K. (2008): S. 73.

Absicherung gegen das Deflationsrisiko

Ein großes, vielleicht das größte makroökonomische Risiko für den Unternehmer ist eine Deflation. Sie führt zu einer generellen Kaufzurückhaltung aller Käufer und zu einer relativen Entwertung aller Sachwerte. Umgekehrt kann das Verfügen über Liquidität in einer Deflation einzigartige Chancen für den günstigen Erwerb von Sachwerten und Unternehmen bieten. Der neuzeitliche Wirtschaftsakteur ist von Jugend auf für die Gefahren der Inflation sensibilisiert und darin geübt, Vermögenswerte gegen Inflationsrisiken zu schützen. Die Gefahr der Deflation hat der westliche Zeitgenosse jedoch noch nicht erlebt. Nichts darf uns aber zur Annahme verleiten, dass nicht auch heute – wie in allen früheren Jahrhunderten – wieder eine Deflation um sich greifen kann.[217] Die japanische Volkswirtschaft ist ein Beispiel hierfür.

Eine strategische Asset Allocation einer Familie muss auch dieses Risiko einbeziehen. Eine Kompensation des Deflationsrisikos verlangt notwendigerweise Liquidität – nicht nur Nominalforderungen, sondern auch in Krisenzeiten liquidierbare Nominalforderungen. Dies ist nur durch unternehmensexterne Anlagen in „sichere" Nominalforderungen (z. B. Obligationen des Bundes) darzustellen.

Entspannung der Haltung der Gesellschafter gegenüber Unternehmensrisiken

Mit der Schaffung eines außerbetrieblichen Vermögens wird die Vermögenssituation der Gesellschafter teilweise vom Schicksal des Unternehmens entkoppelt. Wenn dagegen das gesamte Wohlergehen einer Person vom Bestand eines einzigen Unternehmens und von dessen regelmäßigen Gewinnausschüttungen abhängt, ist zu erwarten, dass diese Person versucht ihren Einfluss auf das Unternehmen zu erhöhen und dabei eine Aversion gegen Risiken entwickelt – immer fürchtend, dass das Eingehen von Risiken den persönlichen Lebensunterhalt gefährden könnte. Umgekehrt ist zu erwarten, dass eine Person, deren Lebensunterhalt durch Einkünfte aus einem eigenen Beruf oder durch ein eigenes Vermögen gesichert ist, gelassen und – als Investor – professionell mit den Risiken der unternehmerischen Geschäftätigkeit umgeht. Die finanzielle Absicherung der

---

[217] Hier danke ich Herrn Emmerich Müller, Partner in B. Metzler seel. Sohn & Co. KGaA, für kluge Überlegungen.

Familie durch ein angemessenes außerbetriebliches Vermögen ist also schon deshalb notwendig, um ihre notwendige und sinnvolle unternehmerische Risikobereitschaft nicht über Gebühr zu beeinträchtigen.[218]

Nicht zuletzt spielt aber auch die Frage der Loyalität eine Rolle: Wenn man von den Gesellschaftern eine hohe Loyalität ihrem Unternehmen gegenüber einfordert, sie also „durch dick und dünn" gehen sollen, dann darf man andererseits nicht fordern, dass sie ihr persönliches Vermögen komplett im Unternehmen belassen. Vielmehr muss geregelt werden, dass sie ein Mindestvermögen außerhalb des Unternehmens „sicher" anlegen. Die Geschäftsführung eines Familienunternehmens ist daher gut beraten, den Abzug von Mitteln aus dem Unternehmen zugunsten des Aufbaus eines außerbetrieblichen Vermögens nicht als Zeichen des Misstrauens oder der Trennungsabsicht zu betrachten. Der Aufbau eines solchen Vermögens kann für die Geschäftsführung und das Unternehmen den Vorteil haben, dass die Gesellschafter gelassener mit strategischen Themen umgehen.

Gewinnung eigener Erfahrungen als Investor

Ein interessanter Nebeneffekt eines Investments außerhalb des Unternehmens besteht darin, Erfahrungen mit Gewinnen und Wertentwicklungen allgemein zu machen. Der selbst nicht aktiv in der Geschäftsführung des Unternehmens tätige Gesellschafter erfährt so „am eigenen Leib", dass es auch am Finanzmarkt nicht immer leicht ist, dauerhaft erfolgreich zu sein. Diese nachdrückliche Erfahrung von Erfolg und Misserfolg hilft in der Regel den Erfolg eines Familienunternehmens angemessen zu würdigen.

Kein Vorteil, aber auch kein Nachteil: fehlende Rendite

Es wurde oben[219] bereits dargelegt, dass eine indirekte Vermögensanlage an den Finanzmärkten im Durchschnitt selbst bei geringen Entnahmen nur einen realen Vermögenserhalt erlaubt. Dies muss aber nicht als Nachteil gewertet werden, sofern man die Funktion dieser Anlage richtig sieht. Es geht hierbei um eine Versicherung gegen die Risikokonzentration der direkten Beteiligung an einem Unternehmen, und zwar – was wichtig ist – im Blick auf zwei völlig unverbundene Risiken:

---

[218] Vgl. Hennerkes, B.-H. (2004): S. 30.

[219] Vgl. Kapitel 5.

1. Gefahr der Entwertung des Unternehmens durch spezifische Unternehmens- und Branchenrisiken,

2. Gefahr der generellen Entwertung von Sachwerten bei einer Deflation.

Wie jede Versicherung kostet diese Versicherung etwas – in diesem Fall den Verzicht auf alternative Erträge. Einen geldwerten Nutzen hat die Versicherung nur im „Schadensfall", wenn die hauptsächliche Vermögensanlage im Unternehmen zu Schaden kommt. Allerdings hat sie darüber hinaus weitere unschätzbare Vorteile: Wie jede Versicherung gibt sie Entscheidungssicherheit für den normalen Geschäftsgang. Es können mit größerer Zuversicht „normale" Risiken eingegangen werden, weil das eigene Existenzrisiko abgesichert ist.

6.5 Der Anteil des unternehmensexternen Vermögens

So viel Unternehmenssicherung wie notwendig und so viel Vermögenssicherung wie möglich

Es gibt zwei Orientierungsgrößen dafür, welcher Anteil für eine unternehmensexterne Vermögensanlage abgezweigt werden kann:

- Wie viel darf aus dem Unternehmen maximal abgezogen werden, damit das Unternehmen nicht in seiner nachhaltigen Entwicklung beeinträchtigt wird?

- Wie viel muss abgezogen werden, damit der Sicherungszweck erreicht wird?

Die Optimierung zwischen diesen Polen betrifft weniger die Grundsatzfrage, *ob überhaupt*, als vielmehr die Frage, *wann* die Mittel unternehmensextern angelegt werden können.

Das Unternehmen ist die Quelle des Vermögensaufbaus und des Vermögenserhalts. Diese Quelle muss für künftige Ertragsausschüttungen erhalten bleiben und gestärkt werden. Alle Finanzanforderungen, die zur Aufrechterhaltung der Ertragskraft des Unternehmens erfüllt werden müssen, haben daher Vorrang. Das unternehmensexterne Vermögen hingegen hat die Funktion einer Versicherung, die nur Kosten verursacht. In diese Versicherung wird nur so viel einbezahlt, wie eben für erforderlich angesehen wird.

Umfang des möglichen Vermögenstransfers aus dem Unternehmen

Die Finanzierungsanforderungen des Unternehmens haben – wie gesagt – generell Vorrang. Das kann aber nicht bedeuten, dass das Unternehmen stets den vorrangigen Zugriff auf den gesamten Cashflow hat, sofern es dafür nur rentable Investitionschancen im Unternehmen sieht. Es gibt vielmehr plausible Zusammenhänge, wie sich die Notwendigkeit zur Gewinnthesaurierung im Unternehmen und die Möglichkeit zum Aufbau des unternehmensexternen Vermögens über die Zeitachse der Entwicklung des Unternehmens und der Familie hinweg ändern. Die Abhängigkeit von der Entwicklung des Unternehmens wird durch eine Darstellung von Winkler gut veranschaulicht (vgl. Abb. 6).

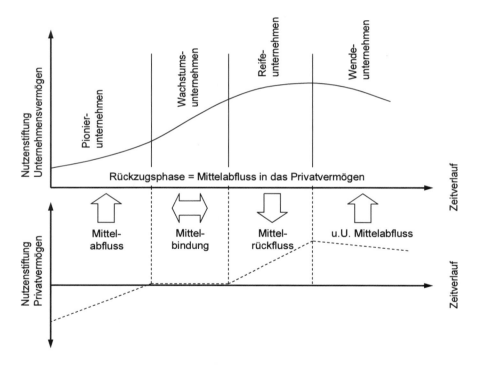

Abb. 6. Zusammenhang zwischen Unternehmensentwicklung und Entnahmemöglichkeiten[220]

---

[220] Winkler, A. (1997): S. 64.

Tabelle 6. Phasen der finanziellen Gestaltung und Entwicklung/Veränderung von Familienunternehmen[221]

Phase	Konflikte/Themen	Liquidität/Kapitalquellen
1. Gründergeneration (Eigentümer/ Geschäftsführer)	• Balance zwischen persönlichem Cashflow und Kapitalbedarf des Unternehmens • Eigentumsübergang	• Geschäftlicher Cashflow/Innenfinanzierung
2. Generation der Partnerschaft (Geschwisterebene/ Partnerschaft)	• Zunehmender Liquiditätsbedarf der Anteilseigner, insbesondere der inaktiven/ stillen Gesellschafter • Angebot/Palette finanzieller Anreize für aktive Anteilseigner • Erfüllen strategischer Kapitalbedürfnisse des Unternehmens	• Geschäftlicher Cashflow/Innenfinanzierung • Externe Fremd- oder Eigenkapitalfinanzierung • Interne Rekapitalisierung
3. Generation der Koalitionen (Cousinebene/ Kooperationen)	• Wachsender Kapitalbedarf des Familienunternehmens • Bedürfnis nach flexibler Liquidität durch vielfache Minoritätsbeteiligungen • Übergang von Familienbesitz zu Familienkontrolle/ -steuerung	• Laufende Liquiditätsprogramme • Interne Rekapitalisierung • Externes Kapital aus öffentlichen Quellen oder von Private-Equity-Gesellschaften • Geschäftsallianzen • Joint Ventures • Verkauf von Vermögenswerten

4. Generation der Verwalter/Betreuer	• Strategische Geschäftsentwicklung
	
	• Diversifikation des Vermögens
	
	• Langfristige strategische Ausrichtung der philanthropischen Aktivitäten der Familie
	
	• Aktives Management der Anteilseignererwartungen
	
	• Professionelle Vermögensverwaltung
		• Alle oben stehenden Aspekte sowie ein Family Office zur
		  — Gestaltung/Sicherung der internen Liquidität
		  — Verwaltung langfristigen/stillen Kapitals
		  — Diversifikation des Familienvermögens

---

[221] de Visscher, F. M. (2006): S. 389 (übersetzt durch den Verfasser). Vgl. auch Aronoff/Ward/de Visscher (1995): S. 7.

Das Gründungsunternehmen muss erst einmal wachsen, um „erwachsen" zu werden, und es braucht daher den gesamten verfügbaren Cashflow zur Finanzierung des Wachstumsprozesses. Das reife Unternehmen, das einen führenden Marktanteil in einem sich nur noch moderat entwickelnden Gesamtmarkt hat, ist in der typischen Position einer „Cash Cow". Der in diesem Geschäft erzielte Cashflow muss nicht, ja er kann nicht mehr in dieses Geschäftsgebiet selbst reinvestiert werden. Er steht damit für den Aufbau eines außerbetrieblichen Vermögens zur Verfügung.

Wenn man nun statt der Unternehmensentwicklung die Entwicklung der Familie über die Zeitachse aufträgt, dann deckt sich die Gründerphase mit der ersten Generation und die Wachstumsphase mit der „Geschwistergeneration" und dem „Cousinkonsortium". Danach, wenn das Unternehmen in die vierte Generation kommt, hat es nur deshalb so lange überlebt, weil es zuvor eine gute Marktposition erringen konnte. In dieser Phase sollte es einen freien Cashflow zum Aufbau des außerbetrieblichen Vermögens zur Verfügung haben.

Zugleich erhöhen sich für das reife Unternehmen die Risiken aus der Branchenentwicklung: Durch unvorhersehbare technologische Umbrüche können, wie oben aufgeführt, ganze Branchen verschwinden. Es steigt also die Notwendigkeit, eine Versicherung durch unternehmensexternes Vermögen aufzubauen. Zugleich steigt mit zunehmender Gesellschafterzahl das Risiko, dass einzelne Gesellschafter die Loyalität zum Konzept Familienunternehmen aufgeben wollen. Auch für diese Situation ist ein ausreichendes unternehmensexternes Vermögen eine Absicherung.

Aronoff/Ward/Visscher illustrieren die unterschiedliche Bedeutung des unternehmensexternen Vermögens eingängig in einer Übersichtstabelle (vgl. Tabelle 6).

Mindestbedarf für die Altersversorgung der Gesellschafter

Das Mindesterfordernis für eine unternehmensexterne Absicherung erscheint mir die Altersversorgung der erwachsenen Gesellschafter zu sein. Jeder Mitarbeiter hat Anspruch auf Absicherung seiner Altersversorgung (z. B. im Pensionssicherungsverein). Ein erwachsener Gesellschafter, der seine Lebensumstände nicht mehr so leicht an veränderte Verhältnisse anpassen kann, muss meines Erachtens ebenfalls eine externe Absicherung seiner Altersversorgung aufbauen können. Die Unternehmensführung könnte schlechterdings nicht die Verantwortung dafür tragen, dass die Altersversorgung von Gesellschaftern durch ihr Verschulden oder ohne ihr Verschulden durch Branchenrisiken gefährdet wäre.

An dieser Stelle ergibt sich die Frage, wie die Größenordnung einer möglichen Altersversorgung zu bestimmen ist. Der notwendige bzw. maximal verfügbare Betrag hierfür kann sowohl aus der Sicht der nachfolgenden Generation als auch aus der Sicht der Seniorengeneration errechnet werden. Konzentriert man sich auf die Interessen eines Juniors (wie Wiedmann dies tut), ergibt sich folgende Rechnung:[222]

Freier Cashflow des Unternehmens nach notwendigen Investitionen	
./.	Investitionen für Wachstum
./.	Altersversorgung des Juniors
./.	Steuern des Juniors
./.	Sonstige Zahlungen
=	Obergrenze der Versorgungsleistung für die Seniorengeneration als Rente oder als Zufuhr zum außerbetrieblichen Vermögen

Abb. 7. Berechnung der Obergrenze von Versorgungsleistungen für die Seniorengeneration

Ayres setzt sich in diesem Zusammenhang für eine stärkere Berücksichtigung der Interessen der Seniorengeneration ein.[223] Auch dies lässt sich moralisch begründen, und zwar insbesondere dann, wenn die Seniorengeneration aktiv dazu beigetragen hat, den Unternehmenswert aufzubauen.

Zur Sicherung der Altersversorgung einer Generation und ihrer direkten Nachkommen ist ein abschätzbarer absoluter Betrag erforderlich. Hierbei handelt es sich um einen begrenzten Betrag und nicht um einen Prozentsatz, der bei steigendem Vermögen zu einer immer höheren absoluten Summe führen würde. Je nach Größe und Ertragskraft des Unternehmens kann dieser Betrag eine eher kleinere oder größere Belastung bedeuten. Bei Bedarf muss er im Sinne einer Versicherungssumme zur Verfügung stehen. Daher muss er als hochliquide, sichere Anlage gestaltet sein, die konsequenterweise nur eine geringe Rendite erzielt. Im Übrigen sind zur Deckung dieser Notfallreserve natürlich auch die privaten Vermögensgüter der Gesellschafter mit einzubeziehen, wie z. B. Mietshäuser, Landsitze, Kunstobjekte oder etwa ein Reitstall.

---

[222] Vgl. Wiedmann, T. (2002): S. 204 ff.
[223] Vgl. Ayres, G. R. (1998): S. 95 ff..

Bedarf zur Kompensation des Unternehmensrisikos

Wie bereits mehrfach erwähnt, sollte der außerbetriebliche Vermögensanteil umso größer sein, je größer das Risiko des Unternehmens ist. Dieses Risiko ist nicht in absoluten Zahlen bestimmbar. Es kann aber auf der Basis allgemeingültiger Kriterien zwischen eher hohen und eher niedrigeren Unternehmensrisiken unterschieden werden, wie die nachstehende Tabelle deutlich macht:

Tabelle 7. Unternehmensrisiko

Hohes Unternehmensrisiko	Niedriges Unternehmensrisiko
Fokussierung auf einen Markt	Mehrere Märkte
Eine Technologie	Mehrere, auch neue Technologien
Modegüter	Betriebsmittel
Rohstoffe	Verschleißteile
Investitionsgüter	Konsumgüter des täglichen Bedarfs
Hohes Anlagevermögen	Niedriges Vermögen im Vergleich zum Umsatz

Größenordnung des außerbetrieblichen Vermögens

Damit das außerbetriebliche Vermögen tatsächlich das Gesamtrisiko kompensieren kann, darf sein Anteil am Gesamtvermögen nicht zu gering ausfallen. 5–10 % sind als Ausgangssumme angemessen, wären aber für ein größeres Unternehmen auf Dauer zu gering veranschlagt. Demgegenüber wäre ein Anteil über 50 % als Risikoabsicherung sicher zu groß, wenn man bedenkt, dass das außerbetriebliche Vermögen in der Regel eine nur unzureichende Rendite abwirft.

Zur Festlegung des Anteils von außerbetrieblichem Vermögen sollte außerdem das Risikoprofil dieser Anlage berücksichtigt werden. Investiert man es in Staatsanleihen, dann ist ein kleinerer Anteil ausreichend, da in einer weltweiten Rezession die Anleger in der Regel in Staatsanleihen flüchten, deren Zinsen in einem solchen Fall sinken und deren Kurse dann steigen. Ist das außerbetriebliche Vermögen jedoch, was grundsätzlich nicht der Fall sein sollte, überwiegend oder ausschließlich in Aktien investiert, dann muss die Quote externer Anlagen höher sein. Grund hierfür ist die Tatsache, dass sich in einer Rezessionsphase wie z. B. in den Jahren 2008/2009 die Werte von Aktien zumindest halbieren. Auf diesem Wege können innerhalb kürzester Zeit Vermögen vernichtet werden, die noch kurz zuvor als gut investiert und krisensicher angesehen wurden.

Aus den vorstehenden Überlegungen kann die in Abb. 8 dargestellte Matrix mit Anhaltspunkten für eine sinnvolle Verteilungsrelation formuliert werden:

Risiko der außerbetrieblichen Anlage

		Niedrig	*Hoch*
	Hoch	15 %	20 %
Risiko des Unternehmens			
	Niedrig	10 %	15 %

Abb. 8. Plausible Anteile des unternehmensexternen Vermögens am Gesamtvermögen

6.6 Organisation des unternehmensexternen Vermögensmanagements

Vermögensverwaltung als eigener Kompetenzbereich

Vermögensverwaltung kann heute als eigenständiger Wissens- und Verantwortungsbereich angesehen werden. Daher stellt sich die Frage, wer diese Aufgabe und Verantwortung übernehmen kann. Hinsichtlich der Verantwortung ist dies eindeutig: Für die Entwicklung des persönlichen Eigentums trägt der Inhaber die Verantwortung. Aus zum Teil bereits oben erläuterten Gründen kann kein Dritter die Verantwortung für das Vermögensmanagement übernehmen:

- Es können generell nur Zuständigkeiten, nicht aber die Verantwortung selbst delegiert werden.

- Das Vermögensmanagement für eine Familie sollte von vornherein langfristig angelegt sein. Der Planungshorizont muss mindestens die Generation der Erben mit erfassen. Der Erfolg des Vermögensmanagements kann deshalb nicht mit Blick auf kurzfristige Zeitspannen kontrolliert werden und die Leistungsfähigkeit eines Dritten, d.h. des entsprechenden Beraters, nicht anhand tatsächlicher Erfolge.

- Da die Definition von „Erfolg" in diesem Zusammenhang so schwierig ist und Misserfolge die gesamte Existenz und Befindlichkeit des Inhabers berühren, ist die Vermögensverwaltung eine Verantwortung, die wegen ihrer Bedeutung und Größe nicht delegierbar ist.

Somit bleibt der Gesellschafter im Blick auf das Vermögensmanagement selbst zur Übernahme von Verantwortung verpflichtet. Im Bewusstsein der Notwendigkeit hochspezialisierten Fachwissens zur Ausübung dieser Aufgabe muss er sich darum bemühen, durch entsprechende Beratung das notwendige Wissen zu erwerben, das ihn zu verantwortlichen Entscheidungen befähigt.

Probleme des Unternehmers mit dem Vermögensmanagement

Professionelle Vermögensverwalter beobachten immer wieder, dass sich aktive Unternehmer, die sehr intelligent und erfolgreich in ihrem Unternehmen agieren, sehr schwer tun, einen Teil ihres Vermögens außerhalb des eigenen Unternehmens anzulegen. Diese Tatsache hat mehrere Ursachen: Der Unternehmer beschäftigt sich mit Märkten und Technologien, aber nicht mit den Feinheiten der Finanztheorie. Schon deren Begriffswelt ist ihm häufig fremd. Noch schwieriger aber ist der Umgang mit dem Gefühl, nicht selbst „alles im Griff" zu haben, sondern auf Berater und Verwalter angewiesen zu sein. Das Erfolgsrezept des Familienunternehmers in der Unternehmensführung besteht in der Regel darin, aus detaillierter Kenntnis von Technologien und Märkten heraus das Unternehmen erfolgreich in Nischen zu platzieren und Gelegenheiten instinktsicher zu nutzen. Eben diese Fähigkeit kann denselben Unternehmer dazu verführen, bei der Vermögensanlage zu leicht vermeintlich fundierten „Tipps" aus dem Bekanntenkreis zu folgen. Dies führt nur in seltenen Fällen zum gewünschten Erfolg und ist ein weiteres Argument dafür, dass man sich bei diesem Thema professioneller Hilfe von Beratern bedienen sollte. Das Problem ist allerdings, wie diese zu finden sind.

Vermögensverwaltung ist einer der besonders attraktiven und gesuchten Einsatzbereiche von Beratern. Jede größere Bank bietet hierzu spezialisierte Dienste an. In der Tat ist es interessant und lehrreich, sich die unterschiedlichen Beratungskonzepte vorstellen zu lassen. Umso schwerer ist es im Anschluss daran dann allerdings, zwischen den vielen Angeboten und Profilen angemessen zu differenzieren: Als erfolgreich bezeichnen sich alle und Erfolg ist hier nicht selten eine Frage des jeweiligen Bemessungsmaßstabs. Alle Anbieter beteuern ihre Unabhängigkeit, aber es scheinen nur ganz wenige (Privat-)Banken darauf zu verzichten, eigene Anlageprodukte zu entwickeln. Nur durch diesen Verzicht allerdings könnten sie institutionell sicherstellen, dass nicht eigene Produkte überproportional und unangemessen häufiger empfohlen werden als die der Konkurrenz.

Sicherlich muss der selbst verantwortliche Investor – mit oder ohne Berater – für seine Vermögensanlage Grundsätze zur Asset Allocation entwickeln, zunächst auf der Basis von Asset-Klassen, dann aber auch für die Disposition im Konjunkturverlauf. Zum Beispiel empfiehlt Müller, Partner bei B. Metzler seel. Sohn & Co. KGaA, für eine wirklich langfristige, generationenübergreifende Vermögensplanung ein Drittel des Vermögens in Sachwerten, ein Drittel in Nominalwerten und ein Drittel flexibel zur Renditeoptimierung einzusetzen.[224]

Zuordnung der Zuständigkeit für das Vermögensmanagement an das Unternehmen

Wirft man einen Blick in die Praxis, so kommt man nicht umhin festzustellen, dass – entgegen den vorstehenden Überlegungen – die Verantwortung für das Vermögensmanagement nicht selten in den Händen der Unternehmensführung liegt oder zumindest der Anspruch erhoben wird, dass die Unternehmensführung auch für die Anlage des Finanzvermögens zuständig sein sollte.

Die Führungskraft oder das Führungsgremium, das voll verantwortlich für die Führung des operativen Geschäfts ist, eignet sich im Normalfall nicht uneingeschränkt für die Übernahme des Vermögensmanagements. Hier kollidieren in der Regel unterschiedliche Grundlagen in Sachen Wissen und Erfahrungen. Die für das Vermögensmanagement notwendige finanzwirtschaftliche Expertise entspricht in der Regel nicht dem vorhandenen Branchen-Know-how, das die Führungskraft für das operative Tagesgeschäft benötigt. Zudem ergeben sich kaum überbrückbare Differenzen und Interessenskonflikte zwischen der Orientierung auf die unternehmerische Dynamik einerseits und der Orientierung auf eine langfristige Vermögensentwicklung andererseits.

Allerdings finden wir bei großen, alten Familienunternehmen Konzeptionen einer Holdinggesellschaft, die sich selbst nicht als Geschäftseinheit für die Entwicklung eines mehr oder weniger operativen Geschäfts versteht, sondern als Vermögensverwaltung und „Investmentfond" der Unternehmer-

---

[224] Metzler Private Banking (2008): Vom Vermögen. Frankfurt, B. Metzler seel. Sohn & Co. KGaA, S. 50.

familie. Die Unternehmen Oetker oder Haniel können hierfür als Prototypen betrachtet werden. Diese Unternehmen sind nicht auf eine Branche oder einen Typus von Ressourcen festgelegt, sondern verfolgen jeweils eine Strategie des „investment-oriented ownership". Dies setzt die Diversifikation und ständige Erneuerung des Anlageportfolios des Unternehmens voraus. In diesem Zusammenhang fällt der Blick auch schnell auf Mehr-Unternehmen-Familien wie z. B. die Unternehmensgruppe Werner Otto. Deren Erfolge sprechen für die Tragfähigkeit eines solchen Konzeptes. Freilich muss man sich der Voraussetzungen für diesen Erfolg sehr wohl bewusst sein:

- Innerhalb der Geschäftsführung müssen gesonderte Aufgabengebiete für das Vermögensmanagement einerseits und die Unternehmensentwicklung andererseits geschaffen werden. Diese Aufteilung kann in Form der Einrichtung eines CFO und eines CEO realisiert werden. In jedem Fall sind dafür unterschiedliche Persönlichkeiten und Erfahrungen notwendig.

- Das Vermögensmanagement muss explizit als „Mission" in der Unternehmensstrategie formuliert sein.

- Die Inhaber müssen, um ihrer unausweichlichen Verantwortung zu entsprechen, unmittelbar und sehr direkt in die Entwicklung der Anlagestrategie eingebunden sein.

- Die Parameter für die Strukturierung des Vermögensportfolios müssen relativ konkret entwickelt werden.

- Für die Umsetzung dieses Konzepts sind eine gewisse Größe des Unternehmens und ein breites Aktivitätenspektrum unabdingbar.

Eine unverzichtbare Voraussetzung für die Sicherungsfunktion dieses Konzepts ist es, dass zwischen den operativen Unternehmen, deren Anteile direkt von den Familiengesellschaftern gehalten werden oder die unterhalb der Holding angesiedelt sind, keinerlei finanzielle Haftungsbeziehungen bestehen. Zwischen den rechtlich selbstständigen Einheiten und zwischen diesen und der Holding müssen „fest zementierte Brandmauern" bestehen, so dass nicht die Probleme einer Gesellschaft auf die Holding oder auf andere Gesellschaften überschwappen können. Dafür müssen strikt die Voraussetzungen beachtet werden, die die Haftungsbeschränkung auf die juristische Person sicherstellen (keine Beherrschungs- und Ergebnisabführungsverträge, keine Eingriffe in die Geschäftsführung qua faktischem Konzern, keine Durchbohrung des Schutzschilds der juristischen Person). Dies verlangt hohe Professionalität und Disziplin.

Eine weitere unverzichtbare Voraussetzung besteht darin, dass in der Erfolgsberichterstattung, in der Messung der unternehmerischen Leistung und deren Honorierung im Incentive-Programm die Rendite des Vermögensmanagements völlig getrennt wird von derjenigen der unternehmerischen Aktivitäten. Entsprechend der Versicherungsfunktion dieser Anlage geht es ja gerade *nicht* darum, dass die Rendite dieses Anteils maximiert wird, sondern er muss der Risikokompensation und Bestandssicherung gewidmet werden.

So erfolgversprechend sich dieses Konzept auch anhören mag – um tatsächlich erfolgreich zu sein, bedarf es einer gemeinsamen Anlagestrategie. Individuelle Strategien können dabei nicht zum Tragen kommen. Dieser Nachteil wird aber teilweise aufgehoben, wenn nicht das ganze Vermögen im Familienunternehmen gebündelt wird, sondern ein gewisser Betrag unabhängig hiervon für individuelle Anlagemöglichkeiten bereitgestellt wird.

Gemeinschaftliches Vermögensmanagement

Folgende Vorteile einer gemeinschaftlichen Vermögensverwaltung für alle Familiengesellschafter sind zu nennen:

- Unternehmensführung einerseits und Vermögensmanagement andererseits können als jeweils spezialisierte Managementfunktionen etabliert werden.

- Die Aufsichtsgremien werden entsprechend den unterschiedlichen Möglichkeiten zur Delegation unterschiedlich besetzt:
  - Die Gesellschafter werden stärker im Aufsichtsgremium der Vermögensverwaltung eingebunden.
  - Nicht-Familienmitglieder sind im Aufsichtsgremium des Unternehmens stärker vertreten.

- Das Vermögensmanagement wird professionalisiert und die Verwaltungskosten werden gesenkt.

- Die Verschonungsregeln hinsichtlich der Erbschaftsteuer können genutzt werden.

Der letzte Punkt ist werterheblich, denn die Erbschaftsteuer schmälert die Rendite von Finanzanlagen substanziell. Es muss also erreicht werden, dass das Finanzvermögen mit in die Verschonungsregeln bei der Erbschaftsteuer einbezogen wird. Andererseits muss aber das Finanzvermögen außerhalb der Haftung für das operative Geschäft und seine Finanzverbindlichkeiten bleiben, um seine Sicherungsfunktion zu erfüllen. Dies ist möglich, verlangt aber wohlüberlegte Gestaltungen, bei denen es letztlich übereinander gelagerter Holdingstrukturen bedarf.

Als Voraussetzung einer gemeinschaftlichen Vermögensverwaltung ist es erforderlich, dass die Gesellschafter in dieser Hinsicht gemeinschaftliche Wertvorstellungen und Strategiekonzepte entwickeln. Hughes, der zu den wenigen Autoren gehört, die das Thema des langfristigen Vermögensmanagements erörtern, hebt unter dem Stichwort der „long-term wealth preservation" darauf ab, dass die Gesellschafterfamilie ein emotional kongruentes und auch auf intellektueller Ebene gemeinschaftliches Konzept entwickelt. Nur so kann seiner Auffassung nach das finanzielle Vermögen langfristig – und das meint in seinem Verständnis über ein Jahrhundert hinweg – bewahrt werden:[225]

- Die Mitglieder der Gesellschafterfamilie müssen eine gemeinsame Wertvorstellung im Hinblick darauf entwickeln, wie das Familienvermögen über die Generationen hinweg erhalten werden soll und nach welchen gemeinsamen Kriterien eine von allen mitgetragene Strategie zu entwerfen ist.

- Dieser „social contract" ist von jeder Generation zu erarbeiten.

- Zur Umsetzung der gemeinsamen Werte und Strategien muss ein System der „representative governance" geschaffen werden.

- Diese Governance muss darauf ausgerichtet sein, dass in der Verwaltung des Vermögens dem Recht des Einzelnen auf einen individuellen „pursuit of happiness" Rechnung getragen werden kann. Eben dadurch wird der Zusammenhalt des Ganzen bewahrt.

- In diese Governance muss außerdem die Seniorengeneration eingebunden sein. Hughes sieht die Gefahr, dass die Älteren, wenn sie nicht beteiligt werden, das Bemühen des Gesellschafterkreises um ein gemeinsames Governance-System untergraben könnten. Die Mitglieder der Seniorengeneration müssen aber auch deshalb eingebunden sein, weil sie die Weisheit des wirklich langfristigen Denkens einbringen, die dann mit dem Elan der Jugend verbunden werden kann.[226] Hughes illustriert diese Idee durch die Floskel, mit der Irokesenhäuptlinge bis heute ihre Stammesmeetings eröffnen: „Lasst

---

[225] Vgl. Hughes, J.E. (2004): S. 6 ff.
[226] Vgl. Hughes, J.E. (2004): 19 ff.

uns heute unsere Arbeit beginnen mit der Hoffnung, dass unsere Entscheidungen von den Stammesmitgliedern in der siebten Generation nach unserer Zeit gewürdigt werden."[227]

Wenn ein solches gemeinschaftliches Konzept gelingt, ist es möglich, dass es für die Beteiligten zu einem positiven Erlebnis der Gemeinschaft führt und aus sich selbst heraus eine Bindungsqualität entwickelt. Ich bezweifle aber, ob langfristig eben dieses Bindungsziel maßgeblich durch die gemeinschaftliche Vermögensverwaltung erreicht werden kann; darauf werde ich im übernächsten Absatz noch einmal eingehen.

Family Office

Das Family Office ist heute ein gängiges Konzept, um die Verwaltung großer Vermögen zu organisieren. Hier sind die Verwaltungsaufgaben bereits so umfangreich, dass sie einer organisatorischen Struktur bedürfen. Eine Darstellung dieses Spezialgebiets würde hier zu weit führen. Es gibt eine umfangreiche Literatur dazu, welche Dienstleistungen Banken oder Multi-Family-Offices anbieten können, doch es gibt wenige brauchbare Aussagen zu den entsprechenden Kosten und Nutzen.[228]

Ein grundsätzliches Abwägen von Nutzen und Kosten eines eigenen Family Offices ist allerdings bei mittelgroßen Vermögen von unter 200 Mio. EUR geboten. Wie oben ausgeführt mindern die Verwaltungskosten durchaus werterheblich die Gesamtrendite einer Vermögensanlage und am Ende bleibt dann häufig kaum etwas für den Verbrauch oder gar für das Vermögenswachstum übrig. Es ist daher in Frage zu stellen, inwieweit sich der Zusatzaufwand eines Family Office für die Optimierung des Vermögensmanagements lohnt. Ein „eigener" Vermögensverwalter müsste schon sehr gut sein, um die Beratung einer guten Wealth-Management-Bank zu schlagen – vorausgesetzt, man kann auf die professionelle Kompetenz, Unabhängigkeit und Loyalität im Interesse des Kunden vollständig vertrauen – im einen wie im anderen Fall. Um dies wiederum sicherzustellen, und um eine kostengünstigere Beratung als bei einem eigenen Vermögensmanagement zu erhalten, bieten sich Einzelberater an:

---

[227] Hughes, J. E. (2004): Fußnote 4, S. 38 f. (übersetzt durch den Verfasser).

[228] Vgl. zum Family Office: Bechtolsheim, von C./Rhein, A. (2007): S. 23. Richter, F./Eiben, J. (2009): S. 7–12; Schaubach, P. (2007); Schaubach, P./Tilmes, R. (2008): S. 499–522; Schlütz/Beike/Ketzler (2008); Werkmüller, M. A. (Hrsg.) (2009); Liechtenstein, H. et al. (2008); Caselli, S./Gatti, S. (Hrsg.) (2005).

„Viele Vermögensinhaber umgeben sich mit Personen, so genannte Trusted Advisors, die ausschließlich dafür bezahlt werden, die Familie in Kapital-marktfragen zu unterstützen. Es versteht sich von selbst, dass eine solche Person neben der Expertise über das entsprechende Vertrauen verfügen, diskret, verlässlich und nicht zuletzt der Familie sympathisch sein muss. Der Trusted Advisor sitzt auf der Seite des Vermögensinhabers und seiner Familie und nicht auf der Seite der Banken und Vermögensverwalter; er will kein Produkt verkaufen, seine Aufgabe ist es, die Produkte und Dienst-leistungen Dritter zu prüfen ...“[229]

Ein Beispiel für die Ratschläge eines solchen Beraters sind die Reflexionen des Vermögensberaters Lohmann zur richtigen Vermögensplanung, die wohl schon jeder Leser der Frankfurter Allgemeinen Zeitung gelesen und daraus Nutzen gezogen hat.

Individuelle Vermögensverwaltung

Nach den bisher vorgebrachten Befürwortungen eines gemeinschaftlichen Vorgehens der Gesellschafter bei ihrer Vermögensverwaltung sei abschlie-ßend ein Plädoyer dafür gehalten, die Vermögensdisposition für jeden einzelnen Gesellschafter und seine Kernfamilie seine eigene Angelegen-heit sein zu lassen. Jede gemeinschaftliche Verwaltung bringt Abstim-mungserfordernisse und Konfliktmöglichkeiten mit sich. Der Aufwand zur Schaffung von „gemeinsamem“ Vorgehen ist eben nur gerechtfertigt, wenn nur so ein „Werk“ gelingen kann – wie es beim Familienunternehmen als Ganzem der Fall ist. Bei der Verwaltung eines unternehmensexternen Vermögens muss man sich ernsthaft die Frage stellen, ob die möglichen Ersparnisse einer gemeinsamen Vermögensverwaltung oder die Zusatz-rendite bei einer gemeinsamen Anlagestrategie den Verlust individueller Freiheit wettmachen. Dies gilt umso mehr, als dieser Teil des liquiden Vermögens sowohl ein Instrument für die persönliche Lebensgestaltung als auch für die Absicherung der eigenen Lebensverhältnisse ist. In diesem Bereich hat jeder seine ureigenen Vorstellungen und Bedingungen. Zur individuellen Gestaltungsfreiheit gehört es eben auch, ein suboptimales Konzept zu verfolgen, bei dem man sich jedoch subjektiv wohl fühlt, oder einen Fehler zu machen, für den man sich aber nicht bei den anderen ent-schuldigen möchte.

---

[229] Bechtolsheim, von C./Rhein, A. (2007): S. 23.

Literatur

Aronoff/Ward/de Visscher (1995): Financing transitions – Managing capital and liquidity in the family business, 4. Aufl., Marietta, GA, 1995.

Ayres, G. R. (1998): Rough Corporate Justice, in: Family Business Review, 11. Jg., H. 2, 1998, S. 91–106.

Bechtolsheim, von C./Rhein, A. (2007): Auf dem Weg zum „Unternehmen Privatvermögen", in: Bechtolsheim, von C./Rhein, A. (Hrsg.): Management komplexer Familienvermögen: Organisation, Strategie, Umsetzung, Wiesbaden, 2007, S. 15–26.

Caselli, S./Gatti, S. (Hrsg.) (2005): Banking for Family Business – A New Challenge for Wealth Management, Berlin u.a., 2005.

Chrisman, J. J. et al. (2007): Are family managers agents or stewards? – An exploratory study in privately held family firms, in: Journal of Business Research, 60. Jg., H. 10, 2007, S. 1030–1038.

Davis/Schoorman/Donaldson (1997): Toward a Stewardship Theory of Management, in: Academy of Management Review, 22. Jg., H. 1, 1997, S. 20–47.

de Visscher, F. M. (2006): Managing Wealth, Liquidity, and Growth in the Global Family Business, in: Kastow, F. W. (Hrsg.): Handbook of family business and family business consultation, New York, 2006, S. 385–402.

Ebel, K./Drechsler, D. (2008): Wie Sie Ihre Kinder systematisch an das (Familien-)Vermögen heranführen, in: May, P. (Hrsg.): Das INTES-Handbuch Familienunternehmen, Bonn-Bad Godesberg, 2008, S. 432–442.

Hennerkes, B.-H. (2004): Die Familie und ihr Unternehmen – Strategie, Liquidität, Kontrolle, Frankfurt a. M. u.a., 2004.

Hughes, J. E. (2004): Family Wealth – keeping it in the family; how family members and their advisers preserve human, intellectual, and financial assets for generations, New York, 2004.

Knight, F. H. (1921): Risk, Uncertainty, and Profit, Boston/New York, 1921.

Kormann, H. (2008): Beiräte in der Verantwortung – Aufsicht und Rat in Familienunternehmen, Berlin, Heidelberg u.a., 2008.

Kormann, H. (2009): Wer nicht zugrunde geht, lebt länger! – Sicherungsstrategie als Pendant zur Erfolgsstrategie, in: Kirchdörfer, R. (Hrsg.): Familienunternehmen in Recht, Wirtschaft, Politik und Gesellschaft – Festschrift für Brun-Hagen Hennerkes zum 70. Geburtstag, München, 2009, S. 115–133.

Liechtenstein, H. et al. (2008): Single Family Office: The Art of Effective Wealth Management, in: Tàpies, J./Ward, L. (Hrsg.): Family values and value creation – the fostering of enduring values within family-owned businesses, Basingstoke u.a., 2008.

Metzler Private Banking (2008): Vom Vermögen – Firmenveröffentlichung der B. Metzler seel. Sohn & Co. KGaA, Frankfurt a. M., 2008.

Richter, F./Eiben, J. (2009): Der Family-Office-Manager – Anforderungsprofil und Beziehung zur Eigentümerfamilie, in: WHU Forschungspapier Nr. 10, Vallendar, 2009.

Schaubach, P. (2007): Family office im Private-wealth-Management – Konzeption und empirische Untersuchung aus Sicht der Vermögensinhaber, 3. Aufl., Bad Soden, 2007.

Schaubach, P./Tilmes, R. (2008): Private Wealth Management und Family Office, in: Picot, G. (Hrsg.): Hanbuch für Familien- und Mittelstandsunternehmen – Strategie, Gestaltung, Zukunftssicherung, Stuttgart, 2008, S. 499–522.

Schlütz/Beike/Ketzler (2008): Vermögensmanagement und Nachlassplanung – Portfoliooptimierung; Umsetzung und Monitoring; Vermögensübertragung, Stuttgart, 2008.

Werkmüller, M. A. (Hrsg.) (2009): Family Office Management – als (Bank-)Dienstleistung für vermögende Privatkunden, Heidelberg, 2009.

Werndl, K. (2008): Interview: „Der richtige Schritt", in: private wealth, H. 2, 2008, S. 68–73.

Wiechers, R./Klett, D. (2005): Die Unternehmensfamilie – Ein Risiko des Familienunternehmens?, in: Risknews – das Fachmagazin für Risikomanagement, 2. Jg., H. 3, 2005, S. 45–50.

Wiedmann, T. (2002): Unternehmensnachfolge in einem krisenbedrohten Familienunternehmen mit Berücksichtigung persönlicher Ansprüche der Unternehmer, St. Gallen, 2002.

Winkler, A. (1997): Der Erhalt des Eigenvermögens über Generationen – Darstellung und Analyse der Erfolgsfaktoren, Diss. St. Gallen, 1997.

7 Bindung durch faire Verfassung

Seit geraumer Zeit wird in der Praxis der Familienunternehmen und in der dazu existierenden Literatur dafür plädiert, dass die Familiengesellschafter eine gemeinsame Perspektive und ein Konzept der Beziehungen untereinander in einer schriftlichen Vereinbarung festhalten sollten. Verschiedene Berater propagieren ein solches Dokument unter Bezeichnungen wie „Inhaberstrategie", „Familiencharta" oder „Familienprotokoll". Seine Erarbeitung erfolgt durch die Gesellschafter selbst unter der Moderation eines Beraters. Wir gehen hier nicht auf die Methodik ein, wie eine Gesellschaftergruppe aus sich heraus zu einer Formulierung ihrer Wünsche und Vorstellungen gelangen kann. Wir wollen vielmehr das Augenmerk der Gesellschafter und ihrer Berater darauf lenken, dass für die Verfassung einer „kleinen" Gemeinschaft wie eines aus Verwandten bestehenden Gesellschafterkreises die gleichen Probleme und Lösungsmöglichkeiten relevant sind, wie sie für die Verfassung großer Sozialverbände bestehen bzw. entwickelt wurden.

7.1 Aufgaben der Verfassung

Funktionen der Verfassung

Das Konzept einer Verfassung wird allgemein als ein staatliches Gestaltungs- und Ordnungsinstrument angesehen. Seit einiger Zeit wird es aber auch im Zusammenhang mit Unternehmen diskutiert (H. Steinmann, E. Witte, K. Bleicher). Mit Bezug auf diese Diskussion wird in diesem Abschnitt die Verfassung als ein Instrument vorgestellt, mit dem die Ordnung des Sozialverbandes der Unternehmensgesellschafter gestaltet werden kann.[230] Diese Verfassung, die auch als Familienverfassung bezeichnet

---

[230] Zu der Analogie zwischen der Verfassung eines Gemeinwesens und den Beziehungen innerhalb einer Familie vgl. von H. Stierlin das Kapitel „Zur Beziehungsgerechtigkeit in demokratischen Gesellschaften. Ein Kontrastprogramm" in: Stierlin, H. (2005): S. 47 ff.

H. Kormann, *Zusammenhalt der Unternehmerfamilie,*
DOI 10.1007/978-3-642-16351-7_7, © Springer-Verlag Berlin Heidelberg 2011

werden kann, hat zwar grundsätzlich Einfluss auf die Unternehmensverfassung, ist aber von dieser systematisch zu trennen. Die Unternehmensverfassung ist hier nicht Gegenstand unserer Überlegungen.

Wie jeder Vertrag regelt auch eine Verfassung die Willensbildung und das Vorgehen für den Fall, dass man sich nicht einig wird. Wie man sich ohne Rekurs auf Verträge einigt, ist eine Aufgabe gelingender Kommunikation und insbesondere Argumentation, auf die wir in Kapitel 8 gesondert eingehen werden.

Eine Verfassung ist ein zusammengehörender Satz von Regelungen, die bewusst geschaffen wurden und in einer präzisen (juristischen) Sprache dokumentiert sind. In der Gemeinschaft der Familiengesellschafter sind dies der Gesellschaftervertrag und die Satzung des Unternehmens. Daneben gibt es eine Verfassungswirklichkeit aus gewachsenen Wertvorstellungen, Gewohnheiten, Tabus, Usancen und gesellschaftlichen Erwartungen, welche die nicht durch die formale Verfassung geregelten Bereiche ausfüllen können. Diese in der Regel bislang nicht schriftlich niedergelegten Normen können innerhalb eines Gesellschafterkreises reflektiert, präzisiert und dann in der juristisch nicht bindenden Form eines „Familienprotokolls" festgehalten werden. Während die geschriebene Verfassung eindeutige Gebote und Verbote enthält, besteht die Beschreibung der Verfassungswirklichkeit in Soll-Vorschriften, Erwartungen oder gar Wünschen.

Die Funktionen einer Verfassung – für ein Gemeinwesen wie auch für eine Familie – sind folgende:

1. Ordnungsfunktion: Hier geht es zunächst um die Schaffung der Grundlagen und die Regelung der Ordnung für die Gemeinschaft: Wer bildet das Staatsvolk (oder die Gesellschaftergruppe) und hat Zugang zur Staatsangehörigkeit bzw. zu dieser Gruppe? Wie wird der sachliche und räumliche Einzugsbereich definiert (z. B. mit Bezug auf geografische Größen wie das Staatsgebiet)? Welches sind die Rechte der einzelnen Mitglieder? Welche Grundrechte haben insbesondere auch Minderheiten? Wie ist die Staatsgewalt organisiert, welche Machtstrukturen bestehen? Es bedarf der formalen Regelungen einer kodifizierten Verfassung, damit diese Ordnungsfunktion erfüllt werden kann.

2. Sicherung der Handlungsfähigkeit: Welche Ziele hat der Verband und wie können sie realisiert werden? Das Ziel eines Staatsgebildes ist historisch vorgegeben: Hier standen und stehen Sicherheit, Unabhängigkeit, Selbstbestimmung und die Wohlfahrt des Staatsvolkes im Mittelpunkt. Wie wird der Willensbildungsprozess gestaltet,

welche Instanzen werden geschaffen, wie stehen sie zueinander in Beziehung und wie können die Instanzen verändert werden (Stichwort „Satzungshoheit")? Nach welchen Regeln sind Verhandlungen zu führen, so dass die Handlungsfähigkeit gesichert, aber zugleich auch die Funktionen der Integration, Machtkontrolle und Befriedung erfüllt werden? Wie regelt der Staat bzw. der Gesellschafterverband seine Finanzen? Welche Grenzen bestehen für eine mögliche Verschuldung und damit für die Belastung der nachfolgenden Generationen?

3. **Integrationsfunktion:** Durch die Verfassung soll der Zusammenhalt der Gemeinschaft gefördert werden. Dabei sind die verbindenden Aspekte entscheidend. Sie sollen weniger in *Ver*bots-, sondern müssen vorrangig in *Ge*botsnormen formuliert werden. Wichtig für das Verständnis insgesamt ist die – juristisch meist recht allgemein formulierte – Präambel einer Verfassung. Die Integrationsfunktion wird sichergestellt, indem bei der Formulierung der einzelnen Bestimmungen immer solchen Gesichtspunkten Vorzug gegeben wird, mit denen der Zusammenhalt der Gemeinschaft gefördert wird. Für die Integrationsfunktion sind ferner die informellen Regelungen der Verfassungswirklichkeit, also z. B. Gewohnheiten hinsichtlich der Zusammenarbeit der Beteiligten, wichtig. Aus diesen Gebräuchen können sich Institutionen herausbilden, die dann in formalen Regelungen ihren Niederschlag finden, für eine Gesellschaftergruppe z. B. durch die Einrichtung eines Familienrats.

4. **Wechselseitige Kontrolle und Gleichgewicht der Machtträger:** In jeder guten Verfassung geht es um die Aufteilung der Machtbefugnisse auf verschiedene Institutionen, die sich gegenseitig kontrollieren. Es gilt zu verhindern, dass die unkontrollierte Macht Einzelner die Gemeinschaft beeinträchtigt. Umgekehrt müssen Vorkehrungen getroffen werden, damit die Gemeinschaft den Freiheitsbereich des Einzelnen nicht unangemessen beschneiden kann. Im Staatswesen wird die Verhinderung einer Übermacht Einzelner durch institutionelle Gewaltenteilung erreicht, während der Schutz des einzelnen Bürgers durch Grundrechte sichergestellt wird, die nicht zur Disposition der Gemeinschaft stehen. Bei Interessenskonflikten zwischen den Interessen der Gemeinschaft und den Grundrechten des einzelnen Bürgers gilt dabei in der Regel das Prinzip der „praktischen Konkordanz": Weder die Ordnungsmacht der Gemeinschaft noch die Freiheit des Einzelnen darf einseitig bevorzugt und auf Kosten

des jeweils anderen Rechtsguts realisiert werden. Es geht vielmehr darum, dass jedes Gut so weit wie möglich zur Entfaltung kommt.

5. Konfliktbefriedung: Wie in jedem Gesetz und in jedem Vertragswerk müssen auch in einer Verfassung Lösungswege zur Bewältigung von Problemfällen, Notlagen und Krisen dargestellt und normiert werden. Treten keine Problemfälle ein und arbeiten alle Beteiligten harmonisch zusammen, ist die Heranziehung von Gesetzestexten oder Verträgen unnötig. Für den Konfliktfall aber muss eine generelle Regelung, nämlich die Verfassung, vorgeben, wie dieser zu behandeln ist, so dass er keine zerstörerische Wirkung entfalten, sondern geklärt und beendet werden kann. Dieser Konfliktaustragungsprozess muss auch bei Kontroversen um die Verfassung selbst befolgt werden. Damit möglichst alle Arten von Konflikten erfasst werden (auch solche, die man nicht im Vorhinein erwarten kann), muss der verfassungsrechtliche Regelungsrahmen weit gefasst sein. So kann für Klärungsprozesse z. B. generell festgelegt werden, dass erst eine Reihe von Mediationssitzungen durchgeführt werden muss, bevor ein Schiedsgericht angerufen werden darf.

6. Systemvertrauen: Als Folge einer guten Verfassung entwickelt sich bei den Staatsangehörigen bzw. Gesellschaftern mit der Zeit ein Vertrauen in die installierten Institutionen und Prozesse. Dieses Systemvertrauen steht dem „persönlichen Vertrauen" gegenüber, das begründet wird, wenn man für lange Zeit einen persönlichen Umgang mit einem Menschen hat, seine Überzeugungen kennt und teilt und seine Handlungen sowie die dahinter stehenden Werte beurteilen kann. Mit zunehmender Anzahl der Gruppenmitglieder – bzw. in unserem Fall der Gesellschafter – und abnehmender emotionaler Nähe ist das persönliche Vertrauen weniger gesichert und muss durch Systemvertrauen ergänzt oder sogar ersetzt werden.[231]

Aus diesen Zielsetzungen leitet die Rechtswissenschaft Grundsätze für die juristische Auslegung von Verfassungen ab. Dieser Hinweis soll nun Gesellschafter nicht dazu auffordern, sich selbst in juristischer Vertragsgestaltung oder -interpretation zu üben. Er soll vielmehr dazu beitragen, dass Gesellschafter die Notwendigkeit erkennen, Verständnis für die Bedeutung von Verfassungsnormen für ihren eigenen Gesellschafterkreis zu entwickeln. Den Beratern, die Familiengesellschaftern als „Standardprodukt" die Erarbeitung einer Familienverfassung anbieten, soll folgende Wegleitung

---

[231] Vgl. Kögel, R. (2006): S. 33.

gegeben werden: Solch ein Projekt ist keine Übung in Gruppendynamik und kann nicht aus den begrenzten Erfahrungen der Familie selbst heraus entwickelt werden, sondern es muss den über Jahrtausende angesammelten Erfahrungsschatz aus den Verfassungen der Sozialverbände nutzen.

Bedeutung der Verfassung

Die geschriebene Verfassung ist – ihren grundlegenden Funktionen entsprechend – von größter Bedeutung für die Inhaberfamilie. Die Verfassung wird dokumentiert im Gesellschaftervertrag bzw. in der Satzung der Gesellschaft. Regelmäßig treten zu diesem Vertrag aber noch weitere Vereinbarungen. Zu diesen ergänzenden Dokumenten zählen z. B. Eheverträge, bestimmte Auflagen bei Verfügungen über die Gesellschaftsanteile oder auch Regelungen für die Bestellung von Testamentsvollstreckern oder Pflegschaften bei minderjährigen Gesellschaftern.

Meist heben Verträge vorwiegend auf die Abgrenzung von Rechten im Konfliktfall ab und nicht auf die Verpflichtungen für den „guten Normalfall". Man kann davon ausgehen, dass die Verträge nicht jedem Gesellschafter voll geläufig sind und dass sie im „guten Normalfall" auch nicht zur Begründung für ein Anliegen herangezogen werden. Gleichwohl werden die vertraglichen Regelungen von den Gesellschaftern mit Recht als höchst wichtig betrachtet.[232] Diese Bewertung ist auch plausibel:

1. Der Vertrag ist verbindlich. Er kann meist nur mit einem hohen Zustimmungsquorum verändert werden.

2. Zumeist erbt man Anteile an einem Familienunternehmen bereits mit einem von den Erblassern festgesetzten Vertragswerk. Dieses steht gar nicht mehr zur Disposition des *einzelnen* Gesellschafters.

3. Im Konfliktfall gilt nur noch das Verbindliche. Die Absichtserklärungen eines „Familienprotokolls" helfen dann nicht mehr.[233]

---

[232] In der Befragung des Kompetenzzentrums Innovation und marktorientierte Unternehmensführung der FH Ludwigshafen/EQUA-Stiftung zu Konflikten im Familienunternehmen haben 83 % der Befragten den Gesellschaftsvertrag als „präventive Maßnahme zur Vermeidung von Gesellschafterkonflikten" genannt, siehe Völker/Tachkov/Wörner (2010): S. 19.

[233] In der Befragung des Kompetenzzentrums Innovation und marktorientierte Unternehmensführung – vgl. Völker/Tachkov/Wörner (2010): S. 18–20 – halten nur 10 % der Unternehmen mit „Familienverfassung" (gemeint ist wohl „Protokoll"

7.2 Grundsätze der Gleichberechtigung und der Fairness

Grundsätze der Gleichberechtigung

Es wäre vermessen, hier die geschichtliche Entwicklung zum heutigen Verständnis einer gerechten und daher angemessenen Verfassung für einen Sozialverband nachzuzeichnen. Mit einem gebührenden Verweis auf Rawls[234] und seine Vordenker sei rekapituliert, dass eine ohne Zwang miteinander verbundene *Gemeinschaft* nur denkbar ist unter der Voraussetzung, dass die Mitglieder gleiche Rechte haben. Diese Forderung ist fast zu selbstverständlich, als dass wir noch intensiv darüber zu reflektieren bräuchten. In unserem Grundgesetz ist das Naturrecht auf Gleichberechtigung in Art. 3 I lapidar so formuliert: „Alle Menschen sind vor dem Gesetz gleich". Diese Norm ist in Zusammenhang mit GG Art. 1 I S. 1 zu sehen: „Die Würde des Menschen ist unantastbar." Ähnliches verkündet Art. 1 S. 1 der Allgemeinen Erklärung der Menschenrechte der Vereinten Nationen: „Alle Menschen sind frei und gleich an Würde und Rechten geboren."

Daraus folgt, dass es eine Gleichheit nur in den existenziellen Rechten aller Menschen gibt, nicht aber in allen übrigen Aspekten menschlicher Existenz. Dass Menschen ungleich sind in Begabung, Vermögen, beruflicher Position (und unmittelbar daraus folgenden Rechten) usw., wird nicht bestritten. Eine Bundeskanzlerin hat mehr rechtliche Befugnisse bei ihrer Amtsausübung als ein Bundesminister; ein Chef hat mehr Kompetenzen in seiner Firma als seine Mitarbeiter. Die vorhandene Ungleichheit der Menschen kann für jene, die anderen in wichtigen Aspekten unterlegen sind, durchaus nachteilige Folgen haben, wenn die an Macht Überlegenen den weniger Mächtigen die Anerkennung ihrer existenziellen Gleichberechtigung versagen oder aber sie ihre unterlegene Position spüren lassen:

- Geringes Selbstwertgefühl führt zur Unsicherheit im Umgang mit den Mitmenschen.

- Fehlender Respekt gegenüber den Minderberechtigten führt umgekehrt zu Aversion und Neid.

---

oder „Charta") diese für die Konfliktprävention ungeeignet, nur 12 % aller Befragten für geeignet.

[234] Vgl. Rawls, J. (2005).

- Kommunikation und Argumentation sind grundlegend gestört, weil eine vorurteilsfreie und auf Konsens hin orientierte Kommunikation nur zwischen Partnern gelingt, die sich als gleichrangig akzeptieren.[235]

- Es entsteht ein Grundgefühl der Unfairness, die in der Verweigerung der Anerkennung als gleichwertiger Partner sichtbar wird.

Wir werden immer wieder darauf stoßen, dass die Mitglieder eines Gesellschafterkreises de facto nicht die gleichen Rechte haben und dass daraus Ungleichheiten erwachsen und verfestigt werden. Solche Fälle der Ungleichheit kann es geben zwischen

- geschäftsführenden und nicht im Unternehmen tätigen Gesellschaftern,

- Mehrheitsgesellschaftern und Minderheitsgesellschaftern,

- Senioren, die die Satzung gestalten können, und Angehörigen der nächsten Generation, die mit der Satzung leben müssen.

Die Verfestigung solcher Ungleichheiten kann begründet sein in Satzungsrechten, prägenden Traditionen, Machtverhältnissen u. ä. Die Benachteiligten haben nur geringe Aussicht, daran etwas ändern zu können.

Nur Beziehungen zwischen gleichberechtigten Mitgliedern, die ohne Zwang zusammenwirken, entsprechen unseren heutigen Vorstellungen einer Gemeinschaft, die „fair" ist. Sich selbst mit geschätzten Bezugspersonen gleichberechtigt zu sehen dient der Stärkung des Selbstwertgefühls und der Selbstsicherheit. Diese Qualitäten wiederum erlauben dem Gesellschafter eine reife Wahrnehmung seiner Rolle.

- Grundsätze der Fairness in der Familie

„Fairness" ist ein Begriff, der als Verhaltensnorm vor allem und zunächst im Sport gebräuchlich war. Als generelle Norm für soziales Verhalten stellt er eine relativ neue Forderung dar. Allerdings hat Rawls das Bewusstsein für die Bedeutung dieser Norm für ein Sozialwesen geschärft.

Im Hinblick auf unbekannte, nicht vorhersehbare Herausforderungen ist es allgemein nicht möglich, eine inhaltlich richtige Lösung weit im Voraus zu finden. Auch bei einer Institution wie dem auf Dauer – über mehrere Generationen hinweg – ausgelegten Familienunternehmen ist es unmöglich, die „Richtigkeit" einer Lösung allgemeingültig zu erkennen oder festzulegen. Gerade um die inhaltliche Lösung geht es aber beim traditionell verfolgten Konzept der „distributiven Gerechtigkeit". *Ex ante* kann nur

---

[235] Vgl. Kapitel 9.

geregelt werden, durch welche Prozesse möglichst gerechte, also angemessene Lösungen entwickelt werden können.

Van der Heyden/Blondel/Carlock[236] entwickeln auf der Grundlage der Forschungen von Leventhal[237] und Kim/Mauborgne[238] ein Konzept, wie Fairness im Kontext der Familie eines Familienunternehmens realisiert kann. Sie betrachten Fairness innerhalb einer familiären Beziehung als zentrales und entscheidendes Kriterium, weil Familienmitglieder jenseits der Hierarchie der Generationenfolge von Eltern und Kindern untereinander „gleich" sind. Statusdifferenzierungen, die sich aus Beruf und Stellung im öffentlichen Leben ergeben können, bleiben in der Familie außen vor, und zwar zugunsten einer persönlichen Beziehung der Familienmitglieder untereinander. Dies kann den einzigartigen Vorteil einer Familie darstellen: Vertrauen und Zuneigung werden sozusagen als Vorleistung für den Aufbau einer persönliche Beziehung eingebracht.

Faire Regelungen in einer Familienverfassung erfüllen auf diesem Hintergrund eine wichtige Funktion: Sie tragen dazu bei, dass das durch die Beziehungen zwischen den einzelnen Familienmitgliedern begründete persönliche Vertrauen in das erwähnte „Systemvertrauen" gegenüber innerfamiliären Institutionen und Verfahrensregelungen überführt wird und im Weiteren gestärkt werden kann.

Regeln der Fairness

Van der Heyden/Blondel/Carlock[239] nennen verschiedene Verhaltensweisen und Einstellungen, die in ihrer Gesamtheit zu einem fairen Prozess führen. Dabei ist allerdings zu fragen, ob es sich nur um Voraussetzungen für einen fairen Prozess handelt oder nicht vielmehr um verschiedene Verhaltensweisen, die in ihrer Gesamtheit bereits einen fairen Prozess ausmachen.

1. Alle *Beteiligten* eines Entscheidungsprozesses *und* alle *Betroffenen* pflegen eine offene Kommunikation, die allen Gehör und Stimme im Entscheidungsprozess verschafft.

2. Man strebt nach Klarheit in der Information, bei der Durchführung der Inhabergeschäfte und bezüglich der Erwartungen, die an die Zu-

---

[236] Vgl. Van der Heyden/Blondel/Carlock (2005).

[237] Vgl. Leventhal, G. S. (1980).

[238] Vgl. Kim, W. C./Mauborgne, R. A. (1997); Kim, W. C./Mauborgne, R. A. (1998): S. 326.

[239] Vgl. Van der Heyden/Blondel/Carlock (2005): S. 8 ff.

sammenarbeit im Gesellschafterkreis gestellt werden. Diese Aspekte, die sich in der Forderung nach „Transparenz" bündeln lassen, finden sich zurzeit verstärkt auch in den Postulaten an das Agieren von Börsenunternehmen und scheinen streckenweise fast das Streben nach „Ordnung" zu ersetzen.

3. Gegenüber allen Beteiligten wird ein konsistentes Verhalten gepflegt, und zwar über die Zeit hinweg und in Übereinstimmung mit akzeptierten Werten und Normen. Mit dieser Maxime wird auch die Forderung von Leventhal nach ethisch fundiertem Verhalten, das vorurteilsfreies Verhalten voraussetzt, berücksichtigt. Diese Konsistenz wird gefördert durch generelle und die Zeit überdauernde Vereinbarungen (wie z. B. eine Familiencharta) und grundsätzliche Festlegungen (z. B. im Zusammenhang mit der Ausschüttungspolitik o. ä.).

4. Es wird eine Möglichkeit geschaffen, bestehende Entscheidungen, Prozesse, Ziele und Grundsätze in Frage zu stellen und erforderlichenfalls eine Änderung zu bewirken. Dies spiegelt die anerkannte rechtsstaatliche Norm wider, der zufolge jedermann die Möglichkeit haben muss, Einspruch gegen eine Entscheidung von Verwaltungen oder Gerichten einzulegen. Die Festlegung dieser Möglichkeit eröffnet insbesondere nachfolgenden Generationen die notwendigen Voraussetzungen dafür, um überlieferte Normen dahingehend zu überprüfen, ob sie weiterhin brauchbar sind.

5. Schließlich fordern Van der Heyden/Blondel/Carlock ein „Commitment to Fairness". Fairness darf nicht nur als Taktik im Rahmen eines Interessenausgleichs gesehen werden, sondern muss als Wert an sich verstanden werden, um den man sich stets aktiv zu bemühen hat. Die Beteiligten müssen sich darauf verlassen können, dass auch für ihre Kinder die Prinzipien der Fairness gelten. Nur dann können sie darauf verzichten, ihren aktuellen persönlichen, rechtlichen Besitzstand vorsorglich möglichst perfekt zu zementieren. Die beiden erstgenannten Anforderungen – offene Kommunikation und Klarheit der Information – sind besonders wichtig, doch ihre Einhaltung kann nicht durch Vertragsvorschriften oder institutionelle Regelungen sichergestellt werden. Wir werden auf diese Anforderungen unter der Überschrift „Bindung durch Kommunikation" weiter unten zurückkommen.[240]

---

[240] Vgl. unten Kapitel 9, insbesondere 9.4.

Generationenübergreifende Fairness

Die Frage nach der Fairness stellt sich nicht nur auf einer horizontalen Generationenebene (Geschwister) für den Umgang zwischen den verschiedenen gleichrangigen Mitgliedern einer Familie, sondern auch für die vertikale Perspektive, also für das Verhältnis zwischen den Generationen. Einschlägige Fragestellungen ergeben sich bei der Gestaltung des Übergangs von der älteren Generation auf die jüngere. Der sich hier entwickelnde Klärungsbedarf muss in jedem Fall zwischen den Eltern und ihren Abkömmlingen geregelt werden, betrifft aber nicht notwendigerweise die Beziehung zu anderen Familien- oder Gesellschafterzweigen. Daher gehen Regelungen zur generationenübergreifenden Fairness nur selten in Gesellschafterverträge ein. Allerdings ist es von Vorteil, wenn auch hier eine Familienkultur generationenübergreifender Fairness ihren Niederschlag findet, da an dieser Stelle dem Einzelnen Werteorientierung und Entscheidungshilfen vermittelt werden können. Beispiele für Bestimmungen, die der fairen Interessenabgrenzungen zwischen Eltern und Nachkommen dienen sollen, sind vielfältig:

- Es kann eine generelle Revisionsklausel vorgesehen werden, nach der Vereinbarungen über die Zuteilung von Ertragsströmen wieder geändert werden können, wenn eine Partei in eine finanzielle Notlage gerät.

- Es kann festgelegt werden, dass Stimmrechte und Gewinnbezugsrechte nicht von den Kapitalrechten abgetrennt werden dürfen. Durch die Vorschrift, alle Rechte des Gesellschaftsanteils zusammenzuhalten, wird eine Aufsplitterung der Gesellschafterrechte verhindert und insbesondere eine Vorkehrung dagegen getroffen, dass die Senioren – qua zurückbehaltenem Stimmrecht – die alleinigen Herrschaftsansprüche behalten.

- Es kann eine Altersgrenze für Amtsinhaber jeder Art festgelegt werden, deren Erreichen automatisch das Ausscheiden aus dem jeweiligen Amt bedeutet, sofern nicht mit satzungsdurchbrechender Stimmenmehrheit eine Ausnahme gemacht wird.

- Ein besonderer Aspekt ist der Umgang mit „Minderheitsgesellschaftern" bei Mehrgenerationen-Familiengesellschaften. Oft waren die Familien ursprünglich „gleichberechtigt" und mit gleichen Anteilen versehen, doch aus verschiedensten Gründen haben sich die Anteile im Lauf der Zeit verschoben.

7.3   Struktur des Gesellschafterverbandes

Zweck des Verbandes

Sowohl im Blick auf den Staat als auch im Blick auf die Familie mündet die Frage nach dem Zweck des jeweiligen Verbandes in eine eher philosophische Diskussion. Für den Kreis der Familiengesellschafter ergibt sich hieraus jedoch ein ganz praktischer und eminent wichtiger Klärungsbedarf:

- Wollen die Gesellschafter nur Träger eines bestimmten Unternehmens sein oder sich generell als eine Investorengruppe für die verschiedensten Anlageformen verstehen?
- Welche Mission soll das Familienunternehmen in der Welt vertreten?
- Welche Aktivitäten sollen in dem Familienunternehmen betrieben und welche Aktivitäten sollen als unzulässig betrachtet werden?

Wie oben bereits erläutert, ist es die Aufgabe der Gesellschafter, zu gewährleisten, dass sich das Familienunternehmen entwickeln kann. Folgende Punkte sind hierbei von zentraler Bedeutung:

- Bewahrung des Zusammenhalts der Familie und der Identifikation dieser Personengruppe mit dem Unternehmen,
- Sicherung des Bestands und nachhaltige Entwicklung des Unternehmens sowohl durch die Bewahrung der Erfolgspotenziale hinsichtlich Ressourcen und Kundennutzen als auch durch den Schutz vor Existenz gefährdenden Fehlern und Schadensereignissen und schließlich durch die Suche nach Wachstumsfeldern und deren Erschließung.
- Schaffung von Ordnungsstrukturen und Gewinnung von fähigen Unternehmensführern, damit eine gute Führung des Unternehmens möglich ist.
- Mitwirken im Rahmen von Ordnungsstrukturen und Prozessen (die heute unter dem Oberbegriff „Corporate Governance" zusammengefasst werden), damit eine gute Unternehmensentwicklung befördert wird.

Mitglieder des Familienverbandes und der Gesellschaftergruppe

Auch wenn die Familie als solche eine naturgegebene Primärgruppe ist, muss bei Familiengesellschaften im Rahmen der Erarbeitung einer Familienverfassung das „Staatsvolk" – im übertragenen Sinne – klar definiert werden. Wie bei jeder Typologisierung von Familienverbänden ist auch hier zunächst die Frage zu klären, wer zum Familienverband gehört und wer nicht. Mit der Eheschließung ist die institutionelle Anerkennung als *Ehepartner* durch andere, und hier insbesondere durch die übrigen Verwandten, gegeben.[241] Im Blick auf Partnerschaftsbeziehungen ohne Eheschließung dagegen ist eine gemeinsame Abstimmung notwendig, ob und unter welchen Bedingungen diese Anerkennung gewährt wird. So ist z. B. eine Regelung denkbar, in der ein Klan einen Partner dann als Familienmitglied akzeptiert, wenn die Partnerschaft über eine längere Zeitperiode besteht oder wenn aus der entsprechenden Verbindung gemeinsame Kinder hervorgehen. Denkbar ist aber auch, dass die Gesellschaftergruppe wechselnde Partnerschaften generell akzeptiert und somit auch die wechselnden Partner und Partnerinnen bereits nach wenigen Monaten „Probezeit" z. B. zu den Familientreffen zulässt. Ob derart niedrige Zugangsvoraussetzungen und diese Vorgehensweise generell zweckmäßig für den Zusammenhalt in der Gruppe sind, kann aber aus guten Gründen bezweifelt werden.

Als nächstes ergibt sich die Frage, *welche Familienmitglieder Gesellschafter* werden können. Es muss entschieden werden, ob die oben angesprochenen (Ehe- oder Lebens-)Partner selbst auch Gesellschafter werden können. Angesichts des heutzutage nicht von der Hand zu weisenden Risikos, dass eine Ehe geschieden wird oder eine Partnerschaft wieder auseinander geht, müsste hier für einen solchen Fall eine Rückübertragung der übertragenen Anteile zwingend vereinbart werden. Dies wiederum würde jedoch zu unübersehbaren Bewertungsproblemen und zu Verpflichtungen zum Wertausgleich führen. Daher wird in der Regel die Übertragung von Gesellschaftsanteilen an Ehe- und Lebenspartner ausgeschlossen, so dass diese nicht Anteilsinhaber werden können.

Weiterhin kann festgelegt werden, dass nur die im Unternehmen *tätigen Gesellschafter* stimmberechtigte Anteile halten dürfen. Die nicht im Unternehmen tätigen Familienmitglieder können dann zwar Gesellschafter sein, verfügen aber nicht über ein Stimmrecht. Das Baby- und Kleinkinderkost herstellende Familienunternehmen Hipp ermöglicht etwa nur den

---

[241] Zur konstitutiven Bedeutung dieser „Anerkennung durch Dritte" für die Ehe und Partnerschaft vgl. oben Abschnitt 3.1.

geschäftsführenden Gesellschaftern, stimmberechtigte Anteile zu halten, wobei zudem nach altväterlicher Sitte nur die Männer im Unternehmen tätig sind:

> „Wir haben ebenfalls eine Vereinbarung getroffen, dass wir unsere Frauen aus dem Geschäft heraushalten wollen, um mögliche Streitereien zu vermeiden."[242]

Um die Gesamtzahl der Gesellschafter oder wenigstens die Zahl der Einfluss ausübenden Gesellschafter zu begrenzen, können in den Gesellschaftsverträgen entsprechende Vereinbarungen getroffen werden. So kann z. B. ein bestimmter Prozentsatz für die Mindestbeteiligung eines Gesellschafters festgelegt werden. Wird dieser Prozentsatz aus welchem Grund auch immer unterschritten, müssen die anderen Gesellschafter oder das Unternehmen selbst die Anteile aufkaufen.[243]

Ein weithin gebräuchliches Instrument, um die Mitsprache und Einflussnahme von Gesellschaftern zu bündeln, ist die Stammesorganisation. In diesem Zusammenhang wird häufig vereinbart, dass pro Stamm nur jeweils ein Vertreter in die Unternehmensleitung oder in andere Gremien eintreten kann.[244] Auf diese Vorgehensweise wird im folgenden Abschnitt 7.6 noch näher eingegangen.

Schließlich muss geklärt werden, an welche Mitglieder der nachfolgenden Generation Anteile durch *Schenkung, Verkauf oder Vererbung* übertragen werden können. Gängige Praxis hierbei ist es, den Anteilsbesitz auf die Abkömmlinge der Gesellschafter zu beschränken. Um Unklarheiten gar nicht erst aufkommen zu lassen, muss diese Festlegung jedoch klar spezifiziert werden:

- Können auch adoptierte Kinder Anteile erhalten?

- Oder darf nur an leibliche Abkömmlinge übertragen werden, gleichgültig aus welcher Beziehung?

- Oder sollen die Regelungen nur für ehelich geborene leibliche Abkömmlinge gelten?

---

[242] Hipp, C. interviewt durch Lüdke, U. (2008): S. 9.

[243] Vgl. Schäfer, M. (2007): S. 99, über die Regelung beim Textilunternehmen Rentsch, alle fünf Jahre zu prüfen, ob die Zahl der von den Gewinnen des Unternehmens lebenden Gesellschaftern nicht zu groß geworden ist, und gegebenenfalls Maßnahmen zu ihrer Reduzierung einzuleiten.

[244] Vgl. Schäfer, M. (2007): S. 98, über die Regelungen in den Gesellschaftsverträgen von Giesecke.

Die Frage, ob *adoptierte Kinder* Gesellschafter werden können, hat eine sehr praktische und weit reichende Bedeutung. Die Adoption eines Minderjährigen sichert diesem eine grundsätzlich einem leiblichen Kind entsprechende rechtliche Stellung zu.[245] Für den kinderlosen Unternehmensgründer mag sie eine durchaus zu erwägende Möglichkeit sein, sein Lebenswerk zu gegebener Zeit in jüngere Hände zu legen. In einer Mehrgenerationen-Familiengesellschaft wird jedoch die Gemeinschaft der Gesellschafter auf vertragliche Regelungen drängen, die nur leibliche Nachkommen des Unternehmensgründers als Gesellschafter zulassen. Damit bleibt für die kinderlosen Gesellschafter nur der Weg der Vererbung an die Verwandten. Ein adoptiertes Kind kann natürlich gleichwohl durch Erbansprüche an sonstigem Vermögen oder durch Erbersatzansprüche in Geld gerecht bedacht werden.

Gerade im Hinblick auf Adoptivkinder darf man wohl prognostizieren, dass Gesellschafterverträge früher oder später an die Veränderung der Sozialstrukturen angepasst werden müssen. Man wird – ansonsten kinderlos bleibenden – Eltern nicht verwehren können, dass sie ein adoptiertes Kind in allen Aspekten als ihr eigenes Kind betrachten und ihm auch alle Erbrechte zugänglich machen wollen. Auf der anderen Seite wird man die Interessen der Verwandtschaft wahren müssen und nicht plötzlich qua Adoption eines Erwachsenen einen neuen Mitgesellschafter präsentieren. Man wird also vertragstechnisch eine Regelung vorsehen, dass Kinder, die in einem Alter von weniger als x Jahren adoptiert wurden und im Haushalt des Gesellschafters aufgewachsen sind (und eventuell weitere Kriterien erfüllen), leiblichen Abkömmlingen gleichgestellt sind.

„Gebiet" des Verbandes

Für ein Familienunternehmen umfasst das „Staatsgebiet" die Handlungsfelder, in denen die Familiengesellschafter eine gemeinsame Verantwortung für ihr Vermögen tragen wollen. Somit gehören zwei Bereiche *nicht* dazu, nämlich

- zum einen das jeweilige private Vermögen vom Wohnhaus bis zur privaten Kunstsammlung,

- zum anderen die mit den jeweiligen beruflichen Tätigkeiten verbundenen Vermögenswerte.

---

[245] Vgl. Scherer, S. (2005b): S. 237 ff.

Eine Zwitterrolle nehmen in diesem Zusammenhang die persönlichen Vermögen ein, die zur Verwaltung, aber auch zur Optimierung der Anlagestrategie einem gemeinsamen Family Office übertragen werden. Die entsprechenden Guthaben gelten als persönliches Vermögen. Die Besitzer des jeweiligen Vermögens nehmen persönlich Einfluss auf die Anlagestrategie. Daneben existiert aber auch ein gemeinsamer Verantwortungsbereich, und zwar sowohl bei der Auswahl der Führungskräfte für das Family Office als auch, was die Entwicklung von Grundüberzeugungen zur Anlagestrategie angeht. Darüber hinaus fallen auch Anlagen, bei denen alle Familiengesellschafter das Recht (aber nicht zwangsläufig die Verpflichtung) zur Beteiligung haben, in diesen Zwischenbereich. Dies gilt insbesondere bei „exotischen" Anlagen wie Investments in Private-Equity- oder Hedgefonds.

Ansonsten steht jedoch der Normalfall, nämlich die gemeinschaftliche Beteiligung aller Familiengesellschafter an dem oder den Familienunternehmen, im Mittelpunkt. Besondere Beachtung verdienen dabei große Mehrgenerationen-Unternehmen, die mehrere Unternehmen im Portfolio einer Familienholding halten. Bekannte Beispiele hierfür sind:

- Oetker-Gruppe,

- Otto-Gruppe, u. a. mit Otto-Versand, ECE und einer US-Immobiliengruppe,

- Herz-Gruppe mit Tchibo, Beiersdorf u. a.

Es gibt darüber hinaus unzählige, nicht so bekannte Beispiele von mittelständischen Unternehmen, bei denen zwei oder gar drei völlig eigenständige Unternehmen nebeneinander gehalten werden.

Gerade bei diesen Mehrunternehmensgruppen können flexible Anteilsquoten der einzelnen Gesellschafter in Bezug auf die jeweiligen Unternehmen beobachtet werden. Bei den im Vergleich zum Stammunternehmen neueren Aktivitäten können sich einzelne Gesellschafter stärker engagieren, andere jedoch beschließen, kein Engagement einzugehen. Daneben existieren Beteiligungsformen, bei denen alle Familiengesellschafter gleich große Anteile an den verschiedenen Unternehmen halten, aber jeweils einzelne Gesellschafter eine klar umrissene Zuständigkeit für ein Unternehmen innehaben.

Mit dieser Darstellung unterschiedlicher Konstellationen wird deutlich, dass es sich bei der Frage nach dem „Staatsgebiet" eines Familienverbandes um einen keinesfalls trivialen Aspekt handelt. Die Gestaltungsmöglichkeiten sind vielfältig und unterliegen Veränderungen im Zeitablauf.

Dieser Hinweis ist nicht zuletzt deshalb notwendig, weil sich durch gelebte Traditionen und die praktische Anwendung der getroffenen Vereinbarungen Gewohnheiten und Gepflogenheiten ergeben können, die den rechtlich einwandfrei geregelten Rahmen überlagern können. Es gehört zu den Grundprinzipien der Rechtssicherheit, dass Rechte unabhängig davon, wie oft sie in Anspruch genommen werden, erhalten bleiben. Dennoch kann ein langjähriger Verzicht auf vorhandene Rechte die psychische Schwelle erhöhen, eben diese Rechte zu einem persönlich passenden Zeitpunkt dann doch wieder wahrnehmen zu wollen. Ich halte dafür, dass Rechte und Pflichten im Kreise der Familie und der Verwandtschaft stärker von der gelebten Tradition als von den geschriebenen Regelungen bestimmt werden. Die ursprüngliche Gruppe „Familie" erhält ihre Prägung durch Traditionen und nicht durch Vertragsdokumente. Oft ist ja noch das Vertragswerk der zwei im Unternehmen tätigen Gründer in Kraft, wenn die Anteile längst auf das Dutzend Enkel übergegangen sind. Durch die Betonung der gelebten und im Zeitablauf weiterentwickelten Traditionen wird die Unzulänglichkeit veralteter Verträge relativiert. Allerdings muss dann die gelebte „Verfassungswirklichkeit" zumindest von Zeit zu Zeit in die geschriebene Verfassung übertragen werden. Meist ist es die nächste Generation, die diese Arbeit zu leisten hat.

Ebenen der Governance

In Staatswesen mit demokratischer Verfassung und mit Privateigentum an Produktionsmitteln sind die Gesellschafter eines privaten Unternehmens sozusagen der Souverän des Verbandes, genannt Unternehmen. Dies gilt auch für die Frage, wer die Regelungen gestaltet, die zu einer Verfassung der Unternehmensträger, also zu einer Familienverfassung, führen. Entsprechend kann die Verfassung eines Unternehmens als Institution des Gesellschaftsrechts verstanden werden. Wie bereits erwähnt[246] ist im Weiteren hier jedoch nur die Verfassung von Familiengesellschaftern im Blick.

Die Erstfassung eines Gesellschaftervertrags im Rahmen der Ausgestaltung einer Verfassung kann nur von allen Gesellschaftern gemeinsam erstellt werden. Hier sind entweder der Gründer-Alleingesellschafter oder aber die wenigen Gesellschafter der ersten Generation zuständig. Die Gesellschaftergeneration, die erstmalig eine Verfassung erstellt, legt auch die Mehrheit fest, welche in späteren Zeiten die einmal gegebene Verfassung wieder ändern kann. Dabei verlangt sie in der Regel ein hohes Zustim-

---

[246] Vgl. Abschnitt 7.1.

mungsquorum, z. B. zwei Drittel oder drei Viertel der Stimmen. Entsprechende Empfehlungen von Beratern decken sich hier meist mit dem Selbstwertgefühl der ersten Generation, das in solchen Regelungen zum Ausdruck kommt.

Durch ein hohes Zustimmungsquorum für eine Satzungsänderung ist sichergestellt, dass sich immer die Gesamtheit aller Gesellschafter, also die Gesellschafterversammlung, mit Verfassungsfragen beschäftigen muss. Dies scheint zunächst uneingeschränkt positiv zu sein. Die Forderung nach einer hohen Mehrheit an Befürwortungen kann aber auch dazu führen, dass notwendige Satzungsanpassungen nicht rechtzeitig erfolgen. Auf dieses Dilemma wird weiter unten noch eingegangen.[247]

Die Gesellschafterversammlung kann viele Rechte – außer eben dem der Satzungsänderung selbst – an andere Gremien delegieren. Dies ist unbeschadet der Prinzipien der Gesellschaftersouveränität und insbesondere der so genannten Selbstorganschaft[248] der Gesellschafter einer Personengesellschaft möglich. Der „Familienrat" als einer der Träger von delegierten Rechten wird ebenfalls weiter unten noch ausführlich erläutert.[249]

Blickt man nun auf die Beziehungen zwischen den Gesellschaftern und ihrem Unternehmen, so lassen sich verschiedene Organisationsformen ausmachen:

- zweistufige Gliederung aus Gesellschafterversammlung und Unternehmensleitung,

- dreistufige Gliederung mit Gesellschaftern und Unternehmensleitung sowie einem zwischengeschalteten Gremium der *Corporate* Governance, z. B. in Form eines Beirats, Verwaltungsrats oder Gesellschafterausschusses,

- vierstufige Gliederung, bestehend aus den vorgenannten Institutionen sowie zusätzlich einem Gremium der *Family* Governance, das zwischen den Gesellschaftern und dem Gremium der Corporate Governance verankert ist und meist als „Familienrat" bezeichnet wird.

---

[247] Vgl. Abschnitt 7.9.

[248] Unter Selbstorganschaft versteht man die bei den Personengesellschaften notwendige Unternehmensleitung durch einen oder mehrere Gesellschafter selbst. Eine Übertragung des Unternehmensleitungs- bzw. der damit einhergehenden organschaftlichen Vertretungsbefugnis auf einen außenstehenden Dritten ist hier nicht zulässig.

[249] Vgl. Abschnitt 7.7.

Der dreistufige Aufbau ist heute für größere Familienunternehmen der vorherrschende Typus. Die Aufgaben eines Beirats sind an anderer Stelle[250] ausführlicher erläutert, dort finden sich auch Überlegungen zur Aufgabenaufgliederung zwischen Gesellschafterversammlung und Beirat. Das Schaubild in Abb. 9 vermittelt hierzu einen generellen Überblick.

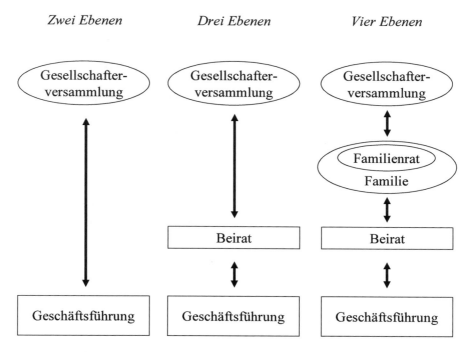

Abb. 9. Strukturen der Governance im Familienunternehmen

Zusammensetzung der Gremien

Mit der Struktur der Gremien der Gesellschafter wird regelmäßig zugleich ihre grundsätzliche personelle Zusammensetzung festgelegt.

Die Regelung der Zusammensetzung bestimmt vor allem, ob nur Familiengesellschafter ein Gremium besetzen können oder ob eine bestimmte Relation von familienunabhängigen und familienabhängigen Mitgliedern einzuhalten ist. In der Praxis gibt es alle denkbaren Kombinationen:

---

[250] Vgl. Kormann, H. (2008).

- Gremien nur mit Familiengesellschaftern,

- Gremien nur mit familienunabhängigen Mitgliedern,

- Gremien, bei denen die Mehrheit bei den Familiengesellschaftern liegen muss,

- Gremien, bei denen die Mehrheit bei den familienunabhängigen Gesellschaftern liegen muss.

Allgemein kann nur gefordert werden, dass die institutionelle Struktur ein Gremium für die eigene Meinungsbildung der Familiengesellschafter vorsehen muss, über das diese ihren Einfluss auf das Unternehmen ausüben können. Besetzt man z. B. ein Gremium der Corporate Governance mit einer Mehrheit oder ausschließlich mit familienunabhängigen Mitgliedern, dann sollte es für die Familienmitglieder einen Familienrat geben. Zwischen diesen Gremien muss es eine Verbindung zur Übertragung der Meinungsbildung geben – was regelmäßig dadurch geschieht, dass ein oder mehrere Mitglieder in Personalunion in beiden Gremien verankert sind.

Zugangvoraussetzungen

Mit der Struktur der Gremien und ihrer Zusammensetzung werden zugleich auch die Zugangsvoraussetzungen für die Mitglieder bestimmt, z. B.:

- Verwandtschaftsbeziehungen,

- Qualifikationen,

- Alter.

Hinsichtlich der Verwandtschaftsbeziehungen empfiehlt es sich – anders als beim direkten Anteilsbesitz –, Ehepartner als Vertreter der Familiengesellschafter zuzulassen. So kann ein erweiterter Pool von Erfahrungen und Qualifikationen aus dem Kreis der Familie genutzt werden. Freilich stellt sich dann zugleich die Frage, ob auch nichteheliche Lebenspartner zugelassen werden sollten.

Man muss aber vielleicht nicht alles im Vorhinein zu regeln versuchen. Immerhin wird berichtet, dass z. B. die Gesellschafter eines chinesischen Familienunternehmens, der Lee Kum Kee Group Co., Ltd., als mündliche Vereinbarung festgelegt haben, dass Familienmitglieder, die sich scheiden lassen oder eine „Nebenfamilie" haben, aus den Gesellschaftergremien ausscheiden müssen.[251]

---

[251] Vgl. Huang, B. (2010).

7.4   Machtstrukturen

Funktionen von Machtstrukturen

Im Folgenden stehen die Machtpositionen *im Familienverband* im Mittelpunkt. Diese sind – und das soll hier ausdrücklich betont werden – nicht von vornherein identisch mit den Machtstrukturen *innerhalb des Unternehmens*. Zunächst geht es auf der Ebene der Gesellschafter um gesetzliche und gesellschaftsvertragliche Regelungen sowie um die Traditionen der Gesellschaftergruppe und die persönlichen Kompetenzen einzelner Beteiligter. Zu klären ist die Frage, wie Machtpositionen zugeteilt, ausgeübt und kontrolliert werden.

Auf welcher Basis auch immer man versucht, den Begriff *Macht* zu definieren, es geht – nach Max Weber – immer um die Chance, ein Anliegen bzw. einen Willen auch gegen das Widerstreben anderer durchzusetzen.[252] In unserem Kontext wird Macht über verschiedene Handlungsoptionen ausgeübt: Es geht nicht nur um die Kompetenz, gezielt einzelne Entscheidungen treffen zu können, sondern auch um die Berechtigung zur Besetzung von Machtpositionen und um die Beeinflussung dieser so geschaffenen Entscheidungsinstanzen z. B. durch Genehmigungsvorbehalte, Anreize und Kontrollen. Und nicht zuletzt geht es um die Frage, wer unter welchen Voraussetzungen über die eigenen Anteile verfügen kann und wann andere Gesellschafter diese grundsätzliche Verfügungsbefugnis beschränken können.

Mit der Ausübung von Macht durch das Fällen von Entscheidungen verfolgt der Gesellschafterkreis in der Regel ein ganzes Bündel von Zielen:

- Es soll sichergestellt werden, dass eine Entscheidung zustande kommt, da nicht getroffene Entscheidungen oder das Verharren in Unentschlossenheit grundsätzlich negativere Konsequenzen nach sich ziehen als die Umsetzung von nur suboptimalen Entscheidungen.

- Die Qualität einer Entscheidung soll verbessert werden.

- Im Kreis der Entscheidungsberechtigten soll eine möglichst breite Basis von Unterstützern für einen Entscheidungsvorschlag gefunden werden (Anschlusssicherung).

- Betroffene im Gesellschafterkreis und im Unternehmen und die das Unternehmen umgebenden Stakeholder sollen ausreichende Akzeptanz für eine Entscheidung entwickeln, um deren reibungslose Umsetzung sicherzustellen.

---

[252] Vgl. Weber, M. (1980): S. 531.

Grundstrukturen für die Entscheidungsfindung in der Gemeinschaft der Gesellschafter

Familiengesellschafter haben bei ihren Entscheidungsprozessen höhere Anforderungen zu bewältigen als ein beliebiges anderes Gremium, dessen Mitglieder nur durch den Sachzwang der gemeinsamen Aufgabenstellung miteinander verbunden sind:

- Die einzelnen Gesellschafter sind aufgrund ihres psychischen Eigentums an dem Unternehmen persönlich engagiert und tragen ihre persönlichen Überzeugungen hinsichtlich der von ihnen gewünschten Unternehmensentwicklung in den Entscheidungsprozess hinein.

- Innerhalb einer Gruppe von mehreren Gesellschaftern ist damit zu rechnen, dass die Gesellschafter mit hoher Wahrscheinlichkeit heterogene Ziele verfolgen.

- Das Bestreben, innerhalb des Familienverbandes Harmonie zu bewahren, mündet in Aktivitäten, mit denen kontroverse Auseinandersetzungen vermieden werden.

- Diese Harmonie beweist sich am besten darin, dass eine gemeinsame Meinungsbildung zu einem Einvernehmen *ohne* Abstimmung führt. Dies ist – aus guten Gründen – auch der Regelfall, wie wir in Kapitel 9 sehen werden.

Wenn es gelingt, mit Einmütigkeit auch heterogene Zielvorstellungen in Übereinstimmung zu bringen, so ist dies der ideale Fall. Er hat den unschätzbaren Vorteil, dass sich alle Beteiligten mit der Entscheidung identifizieren. Gleichzeitig wird es durch die Anforderungen des komplexen Abstimmungsprozesses, in dem die individuellen Ziele „zwanglos" aufeinander abzustimmen sind, schwerer, *qualitativ gute* Entscheidungen *rechtzeitig* zu treffen. Um der Forderung nach Rechtzeitigkeit von Entscheidungen zu entsprechen, ist es hilfreich, wenn die Verfassung ein Abstimmungsverfahren vorsieht, das nur dann praktiziert wird, wenn der Weg der Harmonie zu keinem rechtzeitigen Ergebnis führt.

Das in der Verfassung zu vereinbarende Entscheidungsverfahren muss sich daher darauf konzentrieren, dass Entscheidungen *effizient* getroffen werden können. Dies verlangt die „relativ bestmögliche" Entscheidung, ohne dass die Nicht-Zustimmenden oder die Nur-bedingt-Zustimmenden zu Gegnern der Entscheidung werden.

In einem Gesellschafterkreis lassen sich ähnliche Gestaltungsmöglichkeiten der Entscheidungs- und Machtstrukturen ausmachen, wie sie in der politischen Organisation eines Gemeinwesens zu finden sind. Die Grundformen von Autokratie, Oligarchie, Demokratie und ihre Varianten finden ihren Niederschlag in folgenden für Familienunternehmen realisierbaren Konstellationen:

- autarker Mehrheitsgesellschafter, entweder als unangefochtener alleiniger Machtträger („König") oder zumindest als letztentscheidender Präsident,

- Pattkonstellation zweier 50 %-Gesellschafter oder Gesellschaftergruppen,

- koalitionsfähige und koalitionsbedürftige Struktur von drei und mehr Gesellschaftern,

- repräsentative Strukturen für eine Vielzahl von Gesellschaftern,

- basisdemokratische Willensbildung zwischen einer Vielzahl von Gesellschaftern.

Mögliche Konstellation 1: ein Machtzentrum

In der Regel nehmen ein Alleingesellschafter und meist auch ein Mehrheitsgesellschafter eine dominante Machtposition ein. Patriarchen oder Patriarchinnen der älteren Generation sind typische Beispiele für diesen Personenkreis mit einer dominanten Vorrangstellung, wobei sie bei den heutigen Generationsmustern nicht automatisch nur aus der Elterngeneration, sondern möglicherweise noch aus der Großelterngeneration stammen. Patriarchen können eine Machtposition innehaben, ohne dass sie deshalb irgendein statutarisches Amt (im Gesellschafterausschuss u. ä.) einnehmen. Weiterhin lassen sich Konstellationen beobachten, in denen ein Gesellschafter mit bedeutendem Anteilsbesitz Vorsitzender des Gesellschafterausschusses (Beirats) ist oder sogar den Vorsitz der Unternehmensleitung innehat. Die jeweils ausgeübte Funktion in diesen Gremien selbst scheint hier die eigentliche Machtbasis darzustellen. Man muss jedoch weiter fragen und erkunden, welches denn die Zugangsvoraussetzungen zu der Macht gebenden Funktion eigentlich genau sind. Der relativ größte Anteilsbesitz kann z. B. eine der institutionellen Voraussetzungen sein, den Zugang zu einer bestimmten Machtposition zu erhalten. Wenn der Patriarch nicht gerade Alleingesellschafter, sondern „nur" Mehrheitsgesellschafter ist, könnte der Zugang zur Machtposition formal durch die eigene Anteilsmehrheit erzwungen werden. Daraus ergäbe sich allerdings eine problematische Machtbasis. Er sollte vielmehr die Zustimmung weiterer Gesellschafter anstreben, um die Machtposition übernehmen zu können. Um diese Zustimmung zu erhalten, bedarf es persönlicher Kompetenz sowie der Anerkennung der Eignung für die angestrebte Position.

Mögliche Konstellation 2: ein innerer Zirkel von Machtträgern

Bei großen Mehrgenerationen-Familiengesellschaften ist es in der Regel erforderlich, aus dem Gesellschafterkreis eine Art „inneren Zirkel" zu bilden, der die Macht der Gesellschafter insgesamt ausübt. Dies kann in verschiedenen Formen geschehen:

- Bildung eines Familienrats als Ausschuss der *Gesellschafterversammlung*,

- Bildung eines Aufsichtsorgans als Institution der Corporate Governance (und nicht der Family Governance), das von Mitgliedern des Familienrats besetzt ist,

- Berufung von Familienmitgliedern in die ansonsten mit Familienfremden besetzten Aufsichtsgremien,

- Berufung von Familienmitgliedern in die Unternehmensleitung oder gegebenenfalls auch in die Leitung einer Holdinggesellschaft.

Auch bei der Bildung eines „inneren Zirkels" stellt sich die Frage, welches die Zugangsvoraussetzungen hierfür sind. Als Kriterien kommt auch hier nicht nur die Höhe des Anteilsbesitzes, sondern vielmehr ein breites Spektrum weiterer Möglichkeiten in Betracht, wie z. B.:

- Kompetenzen und Verdienste der Kandidaten,

- Wahl durch alle Gesellschafter,

- Entsendungsrecht für einzelne Gesellschafter oder für Stämme von Gesellschaftern,

- nachträgliche Hinzuwahl neuer Mitglieder durch die bisherigen Mitglieder (Kooptation),

- Verhandlungsergebnisse zwischen den Gesellschaftern,

- Rotation der Ämter,

- Losentscheide,

- „gesetzte" Ernennung durch eine Führungsinstanz in der Familie.

In der Verfassungspraxis größerer Familien findet man in der Regel eine Kombination mehrerer der vorgenannten Auswahlkriterien, die für die Wahl in den inneren Zirkel zur Anwendung kommen.

Mögliche Konstellation 3: breite Verteilung möglichst vieler Machtpositionen

Statt den Kreis der mitwirkenden Gesellschafter auf einen „inneren Zirkel" zu begrenzen, kann es bei anderen Verfassungskonzeptionen beabsichtigt sein, möglichst viele Gesellschafter mit einem Amt zu versehen. Es wird dann eine Vielzahl von Gremien geschaffen. Ziel hierbei ist es, möglichst viele Gesellschafter einzubinden, z. B. durch Positionen

- im Gesellschafterausschuss,
- in der Unternehmensleitung,
- in Aufsichtsratsgremien von Untergesellschaften,
- in einer Stiftung,
- in einer Vermögensverwaltung.

Auf diese Weise wird versucht, jedem Gesellschafter, der ein Amt übernehmen möchte, eine Funktion im Netzwerk der Gesellschafter- und Unternehmensaktivitäten zu geben.

Entscheidungsfindung bei „demokratisch verteilter" Macht

In einem größeren Verband von Familiengesellschaftern gibt es – zumindest der Verfassung nach – zunächst vielleicht kein Machtzentrum, das die Willensbildung aller Beteiligten prägt. Wir haben somit einen Fall von „Demokratie". Aber auch innerhalb der Kategorie demokratischer Verfassungen von Sozialverbänden gibt es eine Vielfalt möglicher Modelle für den Willensbildungsprozess. Erst die konkrete Auswahl eines der Modelle prägt das Wesen einer bestimmten Verfassung. Folgende „idealtypische" Grundformen sind zu unterscheiden und in ihren Auswirkungen sorgfältig zu erwägen, wenn man eine faire Verfassung für den kleinen Sozialverband „Familie" entwickeln will:

1. Konzept der Konkurrenzdemokratie[253]: Hier wird davon ausgegangen, dass durch Mehrheitsentscheidung die relativ besten Machtträger ausgewählt und die relativ besten Entscheidungen getroffen werden. Das Verfahren verlangt die Präsentation klar formulierter Entscheidungsvorschläge (oder auch personeller Alternativen). Die Auswahl zwischen den klaren Alternativen führt dazu, dass *ein* Interesse als dominierend anerkannt wird.

---

[253] Zur ausführlichen Definition des Begriffs vgl. Schubert, K./Klein, M. (1997): S. 160.

2. Konzept der Konkordanzdemokratie[254]: Hier wird darauf abge-
   stellt, dass die Interessen aller oder möglichst vieler Gruppierungen des Sozialverbandes in einer zu treffenden Entscheidung berücksichtigt werden. Um dies zu erreichen, werden Entscheidungsgremien nicht durch ein reines Mehrheitswahlrecht bestimmt, sondern es wird eine der Formen des Verhältniswahlrechts herangezogen. In wichtigen Sachentscheidungen wird man in einer auf eine
   möglichst breite Zustimmung ausgerichteten Konkordanzdemokratie ein höheres Quorum als die einfache Mehrheit verlangen, welche demgegenüber in den Wahlverfahren der Konkurrenzdemokratie eine wichtige Rolle spielt. Indem die Zustimmung einer großen
   Mehrheit gesucht wird, wird die Berücksichtigung einer Interes-
   senpluralität unterstützt.

3. Das Konkordanzprinzip kann schließlich noch dadurch verstärkt
   werden, dass einzelne Beteiligte oder Betroffene in wichtigen Fragen sogar ein Vetorecht erhalten. Ohne die Zustimmung des Veto-
   berechtigten kommt keine Entscheidung zustande. Das Vetorecht
   hat die gleiche faktische Wirkung wie das Erfordernis der Einstimmigkeit. Ein Vetorecht macht also Kompromisse unerlässlich.
   Es sollte daher an spezifische und enge Voraussetzungen gebunden
   sein, um eine Dominanz Einzelner gegenüber allen anderen zu
   verhindern.

Probleme der Mehrheitsentscheidung in Gesellschafterverträgen

In vielen Gesellschaftsverträgen wird festgelegt, dass über die Besetzung
von Organen des Familienunternehmens, z. B. eines Gesellschafterausschusses, Beirats oder der Unternehmensleitung, die Mehrheit der Gesellschafter entscheidet. Dies muss bei genauerer Betrachtung jedoch aus
mehreren Gründen als geradezu gedankenlose Übertragung eines Verfahrens demokratischer Willensbildung auf eine Familienverfassung bezeichnet werden. Wenn eine Demokratie – wie in der angloamerikanischen Tradition – auf einem Konkurrenzkonzept fußt und reine Mehrheitsentscheidungen vorsieht, dann setzt der Verfassungsstaat zwei Grenzen für eine
solche Machtausübung auf Basis des Mehrheitswillens:[255]

---

[254] Zur ausführlichen Definition des Begriffs vgl. ebenfalls Schubert, K./Klein, M.
(1997): S. 160.

[255] Vgl. Korff, W. (1999): S. 265 f.

1. Mehrheitsentscheidungen sind immer an das Verfassungsrecht gebunden. Jede Minderheit, die eigene oder fremde verfassungsmäßige Rechte verletzt sieht, hat das Recht auf Widerspruch und Überprüfung einer Entscheidung durch unabhängige Gerichte.

2. Noch wichtiger ist die zeitliche Begrenzung der Entscheidungsbefugnis der Mehrheit. Dadurch kann die Minderheit die Chance bekommen, eine neue Mehrheit zu stellen, wenn bei der Neuwahl von Gremien die bisherige Mehrheit zur Minderheit degradiert wird, weil sie in der Vergangenheit wiederholt oder aber auch nur in einer einzigen wichtigen Angelegenheit „schlecht" entschieden hat. Dieses Prinzip wird durch die Begrenzung der maximalen Amtsdauer eines Machtträgers (z. B. auf zwei Amtsperioden) noch verstärkt.

Diese Voraussetzungen, die ein „Prinzip der klaren Mehrheiten" akzeptabel machen, sind jedoch für eine Familiengesellschaft nicht gegeben. Mehrheiten aufgrund von Anteilen sind dauerhaft, vor allem wenn sie zudem in Stammesbindungen zementiert sind (was als Fehler einer Familienverfassung bezeichnet werden muss; siehe hierzu auch Abschnitt 7.6). Außerdem existiert in Gesellschafterverträgen häufig ein nur unzureichend systematisiertes Verfassungsrecht, das meist nur Verfahrensnormen enthält. Der Gang zur gerichtlichen Überprüfung dieser Normen oder bereits getroffener Entscheidungen würde zudem das emotionale Verlassen des Familienverbandes bedeuten.

Vor diesem Hintergrund kann das reine Mehrheitswahlrecht im Kontext der Familiengesellschaft als unpassendes Konzept für die Gestaltung einer Verfassung bezeichnet werden. Dies gilt im Übrigen auch für alle anderen Elemente einer Konkurrenzdemokratie. Stattdessen erweisen sich die Paradigmen einer Konkordanzdemokratie für die Gestaltung einer fairen Verfassung von Familiengesellschaften als sinnvoll. Gemeint sind hier vor allem folgende Faktoren:

- Verhältniswahl bei der Besetzung von Organen,

- ein relativ hohes Zustimmungsquorum bei der Entscheidung über wichtige Angelegenheiten,

- in besonders wichtigen Angelegenheiten die Einräumung eines aufschiebenden Vetos für die Betroffenen, um Zeit für eine Konsenssuche zu gewinnen,

- die eventuelle Etablierung einer Berufungsinstanz (Rat der Weisen) zur Behandlung von Einsprüchen.

Bei jedem Wahlverfahren gilt es Bezugsgrößen für die Stimmenverteilung festzulegen. Im Zusammenhang mit Gesellschafterfamilien ist der Anteil am Kapital (was noch genauer zu spezifizieren ist) in der Regel die maßgebliche Bezugsbasis. Es sind aber Meinungsbildungsprozesse denkbar – z. B. die Verabschiedung einer Familiencharta (siehe Abschnitt 7.9) –, bei denen die Bezugsgröße „Köpfe" besser angemessen ist. Nicht zuletzt muss auch die jeweils erforderliche Qualität der Mehrheit (einfach, zwei Drittel, drei Viertel) festgelegt werden.

Dem Ziel, in der Willensbildung alle Teile einer großen Familie zu berücksichtigen, dient auch das Proporzsystem bei der Zuteilung von Machtpositionen. Unter Proporz versteht man die Zuteilung von Ämtern nach vertretenen Wählerstimmen oder anderen Einflussindikatoren. Da das Proporzsystem ein Gegenmodell zur Zuteilung von Ämtern nach dem reinen Eignungs- oder Leistungsprinzip darstellt, wird es heute meist negativ bewertet. Ein Proporzsystem hat jedoch durchaus positive Aspekte, da es die Einbindung von Minderheitspositionen sicherstellt. Es ist insofern ein Instrument der Konkordanzdemokratie. Allerdings geht aus dem Proporzsystem auch das Stammesprinzip hervor, das weiter unten noch gesondert betrachtet wird. Dabei wird, wie bereits erwähnt, deutlich werden, dass es sich hierbei um ein für Gesellschafterfamilien ungünstiges, weil starres Konzept zur Zementierung von Machtpositionen handelt.

Autonome Entscheidungsbereiche für Minderheiten

Eine Minderheit, die bei einer bestimmten Entscheidung unterliegt, kann diese Niederlage leichter akzeptieren, wenn sie nicht immer und grundsätzlich eintritt. Das Gebot der Fairness verlangt es daher, dass auch der Minderheit Geltung verschafft wird, und zwar dadurch, dass ihr in bestimmten Bereichen Gestaltungsmacht zugesprochen wird. Dies kann geschehen, indem die Minderheit fallweise und meist informell ein Widerspruchsrecht zu einem Vorschlag der Mehrheit erhält. Dieser Widerspruch muss dann durch Entwicklung eines allseits konsensfähigen Kompromisses aufgelöst werden. Ein noch besserer und nachhaltiger Weg zur Einbindung von Minderheiten besteht darin, mehrere Gestaltungsbereiche in der Familienverfassung vorzusehen, so dass bei einer Vergabe von Ämtern in den Institutionen der Familie auch einem Vertreter der Minderheit ein Einflussbereich zugesprochen wird. Diese Möglichkeit erweist sich besonders dann als vorteilhaft, wenn neben den Organen der Corporate Governance – wie Aufsichtsrat, Beirat und Unternehmensleitung – auch noch andere Institutionen wie z. B. eine Familienstiftung existieren.

7.5   Einstimmigkeit und Pattkonstellationen gegenüber dem Minderheitenschutz

Bedeutung des Minderheitenschutzes

Ein Schlüsselthema jeder Verfassung ist die Sicherung von Mindestrechten kleinerer Gruppierungen. Es muss idealerweise erreicht werden, dass diejenigen, die mit einer (von der Mehrheit) abweichenden Vorstellung in einen Meinungsbildungsprozess hineingehen, eine anschließend zu treffende Entscheidung für sich gelten lassen, obschon sie Abstriche von ihrer ursprünglichen Position hinnehmen müssen.[256] Um dies zu erreichen, gilt es bestimmte *Verfahrensregeln* im Interesse der Minderheiten zu beachten oder – wenn diese nicht ausreichen – bestimmte *inhaltliche Rechte* der Minderheiten zu sichern.

Würdigung der Meinungen der Minderheit im Argumentationsprozess

Es bedarf – wie schon gesagt – erst dann der Schutzregeln einer Verfassung (oder eines Gesellschaftervertrags), wenn die Suche nach einer einvernehmlichen Willensbildung erfolglos bleibt. Damit aber möglichst eine einvernehmliche Willensbildung gelingen kann, sind reife Persönlichkeiten und die Entwicklung argumentativer Kompetenz erforderlich, um die Suche nach konsensfähigen Ergebnissen zu unterstützen. Wir werden im Kapitel 9 darauf eingehen, wie wichtig es ist, im Kreis der Gesellschafter eine Kultur zu entwickeln, durch Argumentation zu *Entscheidungen ohne Abstimmung* zu gelangen.

Wird eine Familie durch nachfolgende Generationen zu einer größeren Sippe oder einem Clan, ist das Vertrauen auf Fairness von besonderer Bedeutung, z.B. bei der Respektierung von Interessen der Minderheitsgesellschafter. Nur auf einer solchen Basis können dann informelle Regelungen entstehen. Wolfram Freudenberg, der amtierende Führer des Clans der großen Familiengesellschaft Freudenberg, erklärt:

> „Wir haben über die Generationen hinweg eine Kultur entwickelt, wie auf alle, auch auf die Minderheits-Gesellschafter, Rücksicht zu nehmen ist. Dazu brauchen wir keine besonderen Satzungsregelungen."[257]

---

[256] Vgl. Homann, K. (1980): S. 300.

[257] W. Freudenberg, Vorsitzender des Gesellschafterausschusses der Freudenberg KG, in einem Gespräch mit dem Verfasser.

Allerdings ist eine Kultur der ohne Abstimmung erzielten, einvernehmlichen Entscheidungen nur dann hilfreich, wenn die nachfolgenden Nachteile beim Streben nach Einvernehmen vermieden werden oder zumindest keine gravierende Rolle spielen:[258]

1. Kosten der Einstimmigkeit: Sie äußern sich als erhöhter Informations- und Verhandlungsaufwand, um auch den ärgsten Zweifler von der Sinnhaftigkeit eines Vorschlags zu überzeugen.

2. Kosten der Nicht-Entscheidung: In der Regel werden die höchsten Kosten dann verursacht, wenn eine notwendige Entscheidung nicht getroffen wird und dadurch alle Nachteile hinnehmen müssen. Vor allem durch die drohende Verhinderung einer Entscheidung gelangt ein Vetowilliger in eine Machtposition, die auch eine Erpressung erlauben würde.

3. Kosten schlechter Entscheidungen: Eigenwillige oder exzentrische, uneinsichtige und das Risiko scheuende Familienmitglieder können aufgrund eines ihnen zustehenden Vetorechts Tempo und Richtung von unternehmens- und familienrelevanten Fortschritten bestimmen.[259]

Angesichts dieser Nachteile ist es empfehlenswert, die generelle Anforderung der Einstimmigkeit zu vermeiden. Damit rücken solche Optionen in den Fokus des Interesses, die dann notwendig werden, wenn eine einhellige Zustimmung nicht generell verlangt werden soll oder kann. Ansatzpunkte hierfür können gefunden werden, wenn man die verschiedenen Entscheidungsverfahren genauer betrachtet.[260]

Minderheitenschutz durch Abstimmungsquorum

Die Rechte von Minderheitsgesellschaftern können implizit geschützt werden, indem qua Gesetz (z. B. bei einer Familien-AG) oder Satzung für eine Beschlussfassung eine bestimmte Quote der Stimmenmehrheit verlangt wird. Wenn z. B. ein Quorum von 75 % für eine Beschlussfassung vorgesehen ist, dann kann bereits eine 25 %-Minderheit der Anteilsberechtigten eine Beschlussfassung verhindern. Ein derartig hohes Zustimmungsquorum sehen Satzungen für solche Beschlussfassungen vor, die von einer möglichst breiten Zustimmung getragen werden sollen, ohne dass man die

---

[258] Vgl. Eschenburg, R. (1977): S. 82 ff.; Homann, K. (1980): S. 268.

[259] Vgl. Homann, K. (1980): S. 268.

[260] Vgl. Homann, K. (1980): S. 276; Eschenburg, R. (1977): S. 156–224.

Probleme der Einstimmigkeitsanforderung schaffen will. Im Fall der Einstimmigkeitsanforderung könnte ja der Inhaber eines „Minianteils" eine Entscheidung blockieren, um für sich selbst unfaire Vorteile herauszuholen. Durch ein hohes Quorum für grundsätzliche Entscheidungen wird sogar ein Mehrheitsgesellschafter in die Position gebracht, dass er nicht alles allein bestimmen kann, sondern sich der Zustimmung eines Teils der anderen Gesellschafter versichern muss. Die Ausgestaltung von Mehrheitserfordernissen strukturiert die Erfordernisse zur Zusammenarbeit in einem Gesellschafterkreis. Hat man z. B. drei Gesellschafter mit jeweils 33 % Anteilsberechtigung, dann kann man mit Hilfe eines Quorums in Höhe der einfachen Mehrheit oder von 60 % die gewünschten Entscheidungen herbeiführen. In einem solchen Fall müssen also immer zwei Gesellschafter einen Beschluss unterstützen.

Minderheitenschutz durch Abstimmungsverfahren

Die Komplexität des Themas legt es nahe, dass die Familiengesellschafter sich zur Bestimmung eines geeigneten Wahlrechts externer Hilfe bedienen. Auch hier gilt, wie später noch ausführlicher dargestellt wird, dass sich die Gesellschafter vor Inanspruchnahme dieser externen Hilfe darüber klar werden müssen, welchen Prinzipien das anzuwendende Wahlrecht entsprechen soll. Lehnt man das reine Mehrheitswahlrecht aufgrund des unzureichenden Minderheitenschutzes ab, so wird man sich alternativ den unterschiedlichen Verfahren des Verhältniswahlrechts zuwenden. Hier lohnt sich es sich, das Verfahren nach Saint-Laguë/Schepers einer besonderen Prüfung zu unterziehen. Dabei handelt es sich um ein Verfahren zur proportionalen Repräsentation gewählter Parteien. Seine Stärke liegt darin, dass es weder große noch kleine Parteien grundsätzlich vorzieht, wie dies bei Mehrheitsverfahren in der Regel der Fall ist. In unserem Rahmen kann nicht auf die Details eingegangen werden. Die Umsetzung solcher Regeln in eine Formulierung des Gesellschaftsvertrags würde ohnehin den beratenden Anwalt erfordern. Nur so viel sei zur Erläuterung gesagt: Dadurch, dass jede Gruppierung zumindest *einen* „Zugriff" auf die verfügbare Positionen in dem Unternehmen, der Unternehmensführung, der Corporate oder der Family Governance hat, hat auch die Minderheit die Möglichkeit, *eine* von ihr als vorrangig angesehene Position zu erhalten.[261]

---

[261] So wenig bekannt dieses Verfahren bisher auch in der breiten Öffentlichkeit sein mag, so groß sind offenbar seine Stärken: Bereits seit 2003 wird es in Bremen und seit 2008 auch in Hamburg als Verfahren zur Berechnung der Mandatsverteilung in den jeweiligen Bürgerschaften bzw. Landtagen verwendet.

Unterschiedliche Zustimmungsquoren für die Begründung eines Rechtes und für dessen Ausübung

Grundsätzlich sollte zwischen den erforderlichen Mehrheiten zur *Schaffung* der Verfassungsgrundlagen einerseits und den erforderlichen Mehrheiten zur *Ausfüllung* dieser Grundlagen andererseits unterschieden werden. Das Recht zur Schaffung einer Instanz der Unternehmensaufsicht liegt ursprünglich immer bei der Versammlung aller Gesellschafter. (Diese kann ihre Rechte aber auch an einen Gesellschafterausschuss, z. B. den Familienrat, delegieren.)

Die Möglichkeit zur Gründung solcher Gremien sollte in jedem Fall bereits in der Satzung vorgesehen werden. Nur so kann sie später in einer Mehrgesellschafter-Gesellschaft auch zuverlässig realisiert werden. Würde man stattdessen nur eine freie, letztlich aber unverbindliche Vereinbarung treffen, müsste ein entscheidungsfähiges Gremium, das auch Gesellschaftsrechte anstelle der Gesellschafter wahrnehmen soll, durch einen einstimmigen Beschluss der Gesellschafter eingerichtet werden.[262] Diese Einstimmigkeit ist aber dann kaum noch herstellbar, wenn die Harmonie zwischen den Gesellschaftern abnehmen sollte oder im Schwinden begriffen ist und daher dringlicher Bedarf nach dem objektivierenden Einfluss eines entscheidungsbefugten Aufsichtsgremiums besteht. Ist dieses Gremium jedoch als Möglichkeit bereits in der Satzung vorgesehen, genügt die entsprechende Satzungsmehrheit, um es einzusetzen und seine Befugnisse zu bestimmen.

Daran anschließend muss auch die Frage geklärt werden, wie groß die Mehrheit sein soll, mit der das betreffende Gremium eingesetzt und wieder abgeschafft werden kann. Wenn für beide Fälle eine große Mehrheit, z. B. über 75 %, erforderlich wäre, dann könnte eine Minderheit alle diesbezüglichen Maßnahmen blockieren. Wählt man generell eine einfache Mehrheit, so fällt die Einsetzung leichter, aber auch für die Abschaffung genügen relativ wenige Stimmen. Daher empfiehlt sich eine Regelung, nach der eine einfache Mehrheit ausreicht, um ein Gremium einzurichten und seine

---

Weitere Anwendungen bei Landtagswahlen, z. B. in NRW, sind in den kommenden Jahren vorgesehen. Das Saint-Laguë/Schepers-Verfahren ersetzt seit der Bundestagswahl 2009 das Hare-Niemeyer-Verfahren, das dort ab 1987 zur Ermittlung der Mandatsverteilungen angewandt wurde und wiederum das Verfahren nach D'Hont abgelöst hatte. Beide Verfahren hatten den Nachteil, dass sie große Parteien bevorzugten.

[262] Vgl. Wälzholz, E. (2005): S. 401.

Rechte festzulegen, die jedoch eine große Mehrheit von z. B. über 75 % der Stimmen für seine Abschaffung vorsieht. Als Begründung und Rechtfertigung für eine solche Asymmetrie lässt sich anführen, dass ein Gremium für Gesellschafterangelegenheiten in einem immer größer werdenden Gesellschafterkreis eine natürliche und angemessene Einrichtung darstellt. Der Einstieg zur Schaffung eines solchen Gremiums sollte daher erleichtert werden: Die Übertragung der Rechte der Gesellschafterversammlung auf ein neutrales Gremium enthält in sich bereits ein Element des Minderheitenschutzes. Umgekehrt bedarf die Auflösung dieser natürlichen und angemessenen Institution einer möglichst großen Mehrheit, gerade um diesen Minderheitenschutz zu bewahren. Eine ähnliche Differenzierung der Zustimmungsquoren lässt sich unschwer für andere Gestaltungsbereiche, vor allem für die Kapitalbeschaffung, vorstellen.

Auflösung von Pattsituationen

Die Achillesferse jedes Entscheidungsgremiums ist das Entstehen einer Pattkonstellation – zwei Gesellschafterblöcke stehen sich gegenüber, ohne dass eine Mehrheit für irgendeine Entscheidung zustande kommt. Eine solche Situation führt zu Stillstand und Lähmung. Maßnahmen zur Vermeidung oder Auflösung von Pattkonstellationen sind daher ein Schlüsselthema in der Gestaltung einer Familienverfassung. Folgende Möglichkeiten bieten sich dafür an:

- Es wird festgelegt, dass alle Anteile in Größen vererbt werden, die eine 50:50-Konstellation unwahrscheinlich machen, z. B. die in Tabelle 8 aufgeführten Quoten.

- Es werden Maßnahmen festgelegt, die jegliche Formen von Stammesorganisation unmöglich machen: Spätestens in der dritten Generation verteilen sich die Anteile so ungleich auf die Nachkommen und Enkel, dass es unwahrscheinlich ist, dass noch Pattsituationen

Tabelle 8. Mögliche Vererbungsquoten zur Vermeidung der Pattkonstellation

bei vier Kindern		oder	bei drei Kindern	
A:	23 %	24 %	A:	33 %
B:	25 %	24 %	B:	33 %
C:	26 %	25 %	C:	33 %
D:	26 %	27 %		

entstehen können, wenn nicht eine Abstimmung nach Stämmen in der Satzung verankert ist. Natürlich müssten dann auch Stimmbindungsverträge untersagt sein, um nicht auf diesem Wege wiederum die Stämme zu verankern.

• Sämtliche Entscheidungskompetenzen werden generell an ein drittes Gremium (Beirat) delegiert.

Die stets kritische Pattkonstellation kann meist problemlos aufgelöst werden, wenn die Abstimmung nach Anteilen durch andere Entscheidungssysteme ergänzt wird:

• Bei Gleichstand der Anteilsquoten erfolgt eine (weitere) Abstimmung nach Köpfen.

• Die zu fällende Entscheidung wird an ein drittes Gremium (Beirat) delegiert; dies ist jedoch nur für die gesetzlich delegierbaren Rechte möglich.

• Es erfolgt ein Stichentscheid durch einen Vorsitzenden oder den Ältesten.[263]

Delegation der Entscheidungsberechtigung an Entscheidungsbeauftragte

Bestimmte Themen können aus der Entscheidungskompetenz der Gesellschafterversammlung ausgeklammert und der Unternehmensleitung oder einem Beirat zur abschließenden Entscheidung übertragen werden. Wenn diese Instanzen am Interesse der Gemeinschaft ausgerichtet sind, bedeutet dies einen Schutz jedes einzelnen Gesellschafters davor, dass andere Gesellschafter ihre Individualinteressen zu Lasten der Gemeinschaft durchsetzen. Diese Entscheidungsübertragung auf ein drittes Gremium ist für eine Vielzahl von Situationen denkbar und möglich. So können folgende Entscheidungen, die vom Gesetz her der Gesellschafterversammlung zugeordnet sind (§ 46 GmbHG), auch einem Beirat zugewiesen werden:

• Überwachung der Unternehmensleitung,

• Personalentscheidungen wie z. B. die Bestellung und Abberufung von Geschäftsführern,

• Bestellung von Prokuristen und Handlungsbevollmächtigten,

---

[263] Im Familienunternehmen Hipp gibt z. B. bei Patt der Älteste den Ausschlag. Vgl. Hipp, C. interviewt durch Lüdke, U. (2008): S. 9.

- Einforderung von Einzahlungen auf die Stammeinlagen,
- Rückzahlung von Nachschüssen,
- Teilung und Einziehung von Gesellschafteranteilen,
- Geltendmachung von Ersatzansprüchen,
- Feststellung des Jahresabschlusses,
- Entscheidung über die Ergebnisverwendung.

Beschränkungen der autonomen Entscheidungskompetenz

Auf der anderen Seite können die Kompetenzen der grundsätzlich zuständigen Entscheidungsbeauftragten (Unternehmensleitung, Beirat) selbst wiederum beschränkt werden. Hiermit kann einer möglichen Willkür dieser Instanzen vorgebeugt werden. Daher müssen Unternehmensleitungen meist bei besonders gewichtigen und grundlegenden Entscheidungen die Zustimmung eines Beirats einholen. Das Zustimmungsrecht des Beirats wiederum kann ebenfalls begrenzt sein, so dass zusätzlich die Zustimmung der Gesellschafterversammlung einzuholen ist. Diese Beschränkung von Entscheidungskompetenzen entspricht dem generellen Prinzip der Gewaltenteilung, das in einem Gemeinwesen die Verfahrensgerechtigkeit in der Machtausübung sicherstellen soll.

Sicherung der Grundrechte des einzelnen Gesellschafters

Wenn diese Verfahrensregeln den gewünschten Zweck des Minderheitenschutzes nicht erfüllen, weil die Mehrheit das Verfahren nicht fair handhabt oder weil die Interessengegensätze nicht überbrückbar sind, bleibt nur der Schutz durch die Zusicherung von inhaltlichen Rechten an die Minderheit – dies sind die Grundrechte, die jedem Gesellschafter zugebilligt werden. Hierzu gehören z. B.:

- das Auskunfts- und Einsichtsrecht (§ 51a GmbHG),
- das Recht zur Einberufung einer Gesellschafterversammlung und zur Bestimmung von Gegenständen zur Beschlussfassung (§50 GmbHG),
- das Recht zur Anfechtung fehlerhafter Beschlüsse,
- der Zustimmungsvorbehalt zu Satzungsänderungen, die in den bisherigen Rechtsstand des Gesellschafters eingreifen; hierunter fallen

auch Sonderrechte, die einzelnen Gesellschaftern qua Satzung zu-
stehen,

* die Möglichkeit, den Gesellschafterverband zu verlassen und den
  Gesellschaftsanteil zu verwerten (Verkauf, Kündigung mit Auszahlung u. ä.).

In den jeweiligen Gesellschaftsverträgen und Satzungen können weitere
Grundrechte verankert sein wie z. B. das Recht auf eine bestimmte Min-
destausschüttung.

Um abzuschätzen, was sinnvollerweise als das Grundrecht eines Minderheitsgesellschafters bestimmt werden kann, dürfte es hilfreich sein,
nicht bei der vorgegebenen Interessengemeinschaft einer bereits bestehenden Familiengesellschaft anzusetzen, sondern sich einen beliebigen freiwilligen Zusammenschluss außerhalb dieses Kontextes vorzustellen. Ein
Beispiel für eine derartige Verbindung wäre etwa der Zusammenschluss
zweier bislang selbstständiger, nicht miteinander verwandter Familiengesellschaften. Wo freiwillige Zusammenschlüsse vereinbart werden, hat jede
der Parteien am Anfang die Option, ein Vetorecht zu beanspruchen – es sei
denn, dies wäre nach den Anstandsregeln unter Kaufleuten von vornherein
als missbräuchlicher Widerstand zu disqualifizieren. Für die Gesellschaft
im Sinne des BGB wird diese Vorgehensweise in §§ 705 ff. BGB bereits
vom Gesetzgeber vorgesehen: Beim Eingehen eines Joint Ventures oder
bei Vereinbarungen zur Zusammenarbeit souveräner Staaten werden solche Rechte explizit vertraglich vereinbart.[264] Immer wenn freiwillig eine
dauerhafte Bindung eingegangen werden soll, kommt – wohlgemerkt: nur
bei wichtigen Fragen – das Zustimmungsrecht oder, negativ formuliert, das
Vetorecht der anderen Partei ins Spiel, also das Erfordernis der Einstimmigkeit.

Recht zum Austritt aus der Gesellschaft

Wenn aber weder argumentative Überzeugungsarbeit noch Verfahrensregeln zur Abstimmung noch Grundrechtsschutz die Gemeinschaft zu be-
frieden vermag, dann muss als wichtigste Form des Minderheitenschutzes
dem einzelnen Gesellschafter grundsätzlich die Möglichkeit eingeräumt
werden, seine Beteiligung „zu Geld machen" und den Kreis der Familiengesellschafter zu verlassen. Damit dies aber nicht zur Existenzgefährdung
eines Unternehmens führen kann, müssen wiederum kluge Regelungen

---

[264] Vgl. Homann, K. (1980): S. 259.

gefunden werden, um eine Erpressung der Mehrheit durch die Minderheit zu verhindern. Die einzelnen Konzepte hierzu gehen über unser Thema in dieser Schrift hinaus. Nur so viel sei angemerkt: Statt einen Austritt aus der Gemeinschaft durch Klauseln im Gesellschaftervertrag verhindern zu wollen, die im Zweifel ohnehin nicht „gerichtsfest" sind, sollte man darüber nachdenken, wie ein Ausscheiden möglich ist, ohne die Unternehmensexistenz zu gefährden – z. B. über lange Fristen für die Auszahlung des Ausscheidungsguthabens oder die Begrenzung der Auszahlung pro Jahr auf einen bestimmten Prozentsatz des Gesamtkapitals, z. B. 5 %.

7.6   Stammesorganisation

Erscheinungsformen der Stämme

Mehr als 60 % der Familienunternehmen in Deutschland[265] umfassen zwei oder mehr Gesellschafterstämme, die entweder durch Familienzweige oder aber durch eigenständige Familien entstanden sind:

Tabelle 9. Verteilung von Gesellschafterstämmen auf Familienunternehmen

Gesellschafterstämme	Anteil der Unternehmen
1 Stamm	32 %
2 Stämme	30 %
3 Stämme	20 %
4 Stämme	18 %
Gesamt:	100 %

Die Anzahl der Stämme wird prinzipiell durch die Anzahl der Nachkömmlinge des oder der Gründer bestimmt. In der Regel ergibt sich hieraus eine der folgenden Konstellationen:

- Pattkonstellation aus zwei Stämmen. Keiner der Stämme kann alleine bestimmen, vielmehr ist ein Einvernehmen zwischen beiden Stämmen herzustellen oder die betreffende Angelegenheit muss durch Dritte, z. B. einen Beirat, entschieden werden.

---

[265] Vgl. hierzu weiterführend Wieselhuber/Lohner/Thum (2006).

- Drei Stämme: In dieser Konstellation wird sich in der Regel eine Mehrheit aus zwei zustimmenden Stämmen finden, so dass klare Mehrheitsverhältnisse hergestellt werden können.

- Wie bei zwei Stämmen kann auch die Existenz von vier Stämmen zu einer Pattkonstellation führen.

- Bei fünf Stämmen entsteht eine ähnliche Situation wie bei drei Stämmen.

Die bei vielen Familienunternehmen beobachtbare Neigung zur Stammesorganisation hat ihren Ursprung in den – vermutlich unbewusst übernommenen – Regelungen zur Willensbildung in ehemals feudal geprägten Zeitaltern. Letztlich wurde damit damals wie heute der Versuch unternommen, die Durchsetzungsfähigkeit der eigenen Kernfamilie in Auseinandersetzungen mit der größeren Verwandtschaft zu stärken. Somit ist die Stammesorganisation auch Ausdruck einer Haltung, dass die Interessen der eigenen Familie Vorrang vor den Interessen der Gemeinschaft haben sollten. Es wäre somit als Heuchelei zu bewerten, wenn Gesellschafter sagen, bei ihnen gelte uneingeschränkt der Grundsatz „Firma vor Familie". In der praktischen Willensbildung ist vielmehr das Stammesdenken ein maßgebliches Ordnungsprinzip, für das die Interessen der eigenen Teilfamilie Priorität haben.

Regelungsinhalte der Stammesorganisation

Auch Organisationen, die sich aus Familienstämmen konstituieren, brauchen klare Regeln. Ungeachtet der Vielzahl von Variationen, die bestimmten Einzelfällen Rechnung tragen, existieren einige grundlegende generelle Anforderungen an eine angemessene Ausgestaltung dieser Organisationsform:[266]

1. Gleichbehandlung der Kapitalrechte und Fixierung der Kapitalrelationen: Ausnahmslos jede Stammesorganisation kommt dadurch zustande, dass *einmal* in der Generationenfolge ein Alleingesellschafter seine Anteile an mehrere Kinder vererbt hat. Wenn nach einem Gerechtigkeitsprinzip vererbt wird, erhalten alle Erbberechtigten Anteile in ähnlicher Größenordnung. Im weiteren zeitlichen Verlauf wird dann versucht, diese Gleichheitsrelation für die Zukunft uneingeschränkt festzuschreiben, indem Vorkaufsrechte innerhalb eines

---

[266] Vgl. Rittershaus, G. (2000): S. 380 ff.

Stammes vereinbart werden. Selbst wenn dann durch die weitere Entwicklung geringfügige Verschiebungen in den Anteilsverhältnissen einzutreten drohen, werden deren Folgen durch die an den Kapitalbesitz gebundenen Rechte meist kompensiert. Wenn ursprünglich vier Stämme jeweils 25 % Anteile besaßen und daher die satzungsmäßige Sperrminorität bei 25 % liegt, kann diese z. B. auf 20 % herabgesetzt werden, wenn einer der Stämme nur noch z. B. 21 % der Anteile hält.

2. Die Möglichkeiten zur Vererbung, Schenkung oder Verkauf von Anteilen werden eingeschränkt, indem diese nur den Abkömmlingen der eigenen Eltern, also Angehörigen des gleichen Stamms, zukommen dürfen, aber nicht an Cousinen oder Cousins aus anderen Stämmen weitergegeben werden können.

3. Gestaltung der Besetzungsrechte für die Organe des Unternehmens (wie z. B. Unternehmensleitung oder Aufsichtsgremien): Das Besetzungsrecht entfaltet seine volle Machtwirkung freilich erst in Verbindung mit den Entscheidungsregeln innerhalb des Gremiums. Wenn also eine Unternehmensleitung von Vertretern zweier Stämme gebildet wird, kommt es darauf an, ob die internen Regelungen zur Willensbildung prinzipiell Einstimmigkeit vorsehen oder ob autonome Kompetenzbereiche geschaffen werden, in denen die Geschäftsführer unabhängig von der Entscheidung des jeweils anderen agieren können. Derartige Regelungen bedeuten jedoch oft eine „Verbürokratisierung" der Entscheidungsprozesse. Es empfiehlt sich in diesen Fällen mit der gleichen Klarheit Regelungen zu definieren, wie eine Pattkonstellation aufzulösen ist. Entscheidungen müssen dann gegebenenfalls an ein nächsthöheres Organ wie den Beirat oder die Gesellschafterversammlung verwiesen werden. Im Blick auf die Gesellschafterversammlung selbst müssen die oben bereits genannten Auflösungsmechanismen für eine Pattkonstellation erwogen werden (z. B. Entscheidung durch Ältesten, Vorsitzenden, neutrales Gremium).

4. Regeln für die Vertretung der Stämme *in den Unternehmensinstitutionen*: Normalerweise existieren in Familienunternehmen, die von mehreren Stämmen getragen werden, Festlegungen, denen zufolge jeder Stamm nur einen stimmberechtigten Vertreter in die jeweiligen Gremien entsenden kann. Diese zunächst rein „technisch" erscheinende Regelung beinhaltet höchst problematische Aspekte: Die Vertretungsbefugnis liegt regelmäßig beim „Haupt" eines Stammes. Die Frage, wer die Rolle des „Hauptes" eines Stammes innehat bzw. in

Zukunft innehaben soll, kann im Rahmen eines Konkurrenzkampfes zwischen verschiedenen Aspiranten die Bindungskräfte innerhalb eines Stammes erheblich belasten. Da die Stämme jeweils einer Art „Einigungszwang" unterliegen, sind die Möglichkeiten zur individuellen Meinungsäußerung einzelner Mitglieder generell eingeschränkt. Die jeweiligen Meinungsführer dominieren in der Regel erst ihre Stammesmitglieder und nutzen dann die Bindung der Stimmen als Hebel für die Durchsetzung der von ihnen für richtig gehaltenen Entscheidungen in der Gesellschafterversammlung.

5. Regeln für die Willensbildung und Stimmrechtsausübung *innerhalb eines Stammes:* Den „harten Kern" des Stammesprinzips stellt die Stimmrechtsbindung aller Mitglieder eines Stammes dar. Damit diese auch immer zu einer eindeutigen Willensbildung für den gesamten Stamm führt, wird die stammesinterne Entscheidung meist an die einfache Mehrheit geknüpft. Wenn nun aber für bestimmte Entscheidungen eine qualifizierte Satzungsmehrheit vorgesehen ist, also z. B. 75 % der Stimmen von vier Stämmen, dann genügt die einfache Mehrheit in drei Stämmen, also etwa 38 % aller Stimmen insgesamt, damit über den Hebel der Stimmbindung eine Minderheit aller Stimmen die erforderliche qualifizierte Satzungsmehrheit erreicht.[267] Für Entscheidungen, die als so wichtig angesehen werden, dass sie der Satzungsmehrheit unterliegen, sollte daher m. E. der „Fraktionszwang" des Stammesprinzips aufgehoben werden. Wenn man dieser Argumentation folgt, dann wäre letztlich allerdings die grundsätzliche Abschaffung des Stammesprinzips die logische Konsequenz.

Diskussion der Vor- und Nachteile der Stammesorganisation

Die vorstehenden Ausführungen sollen deutlich machen, dass die Nachteile einer Stammesorganisation deren vermutete Vorteile weitaus überwiegen. Man muss daher kritisch hinterfragen, warum Gesellschafter die Komplikationen einer Stammesorganisation dennoch so häufig auf sich nehmen. Im Einzelnen können hier verschiedene Gründe eine Rolle spielen:

1. Die Stammesorganisation dient dazu, Anteile auf Dauer im Eigentum der eigenen Nachkommen zu halten. So ist es z. B. eine ver-

---

[267] Diese Konsequenz ist nach einem Urteil des BGH nicht zu beanstanden, siehe BGH, Urteil vom 24.11.2008 – II ZR 116/08 (OLG Karlsruhe), vgl. dazu o. V. (2009): S. 216 ff.

ständliche Motivation der Erblasser, materiell wertvolle, vor allem aber auch immateriell bedeutende Güter im Eigentum der eigenen Abkömmlinge zu wissen. Dies kann aber auch durch entsprechende testamentarische Verfügungen sichergestellt werden. Die Stammesorganisation hingegen beschränkt *alle* nachfolgenden Erben über die Generationen hinweg in ihrer Verfügungsfreiheit. Im hier aufgeführten Beispiel würde sie also über das Ziel hinausschießen.

2. Das Zusammenhalten der Anteile, die für Mehrheitsbildungen ausschlaggebend sind, soll den Wert eben dieser Anteile sichern. Ein Anteil von 10 % hat für sich allein zunächst keine ausschlaggebende Bedeutung. Eingebunden in einen Stammesanteil von 50 %, 33 % oder 25 % kommt ihm jedoch ein Wert mit Paketzuschlag zu.[268] Bei genauerer Betrachtung ist diese Werterhöhung letztlich nur beim Verkauf des Unternehmens bedeutsam. Für Transaktionen dieser Art wären allerdings auch andere Schutzvorkehrungen möglich, die sicherstellen, dass ein Minderheitsbeteiligter zu den gleichen Preisen an einen Erwerber verkaufen kann wie der oder die Mehrheitsgesellschafter („take-along clause"). Zudem mindert die Stammesbindung auch wieder den Wert der einzelnen Anteile, da sie ja nur innerhalb des Stammes veräußert werden können.

3. Ein weiterer wichtiger Effekt der Stammesorganisation besteht darin, dass die in den Institutionen des Unternehmens zu besetzenden Ämter nach Stämmen verteilt werden. Damit wird verhindert, dass eine Mehrheit der Gesellschafter über alle einflussreichen Positionen entscheidet. Sie ist also eine Art Schutz der Minderheiten vor der Dominanz der Mehrheit. Aber auch hierfür gäbe es eine einfachere Regelung. Eine ganze Reihe von demokratischen Wahlverfahren – und vor allem die oben zitierten Verfahren[269] – kennen Regelungen, die es den Mehrheiten unmöglich machen, die Minderheiten zu dominieren. Zudem könnten Entsendungsrechte für bestimmte Prozentsätze von Anteilen vorgesehen werden. Zur Bildung solcher Quoren könnten auch „Koalitionen" von Anteilsinhabern zugelassen werden.

---

[268] Unter Paketzuschlag versteht man im Aktienhandel einen Preisaufschlag auf den Börsenkurs, der durch den Käufer dem Verkäufer eines „Pakets" von Aktien mit einer gewünschten Mindestanzahl (10 %, 26 %, 51 % aller Aktien) bezahlt wird.

[269] Vgl. das Saint-Laguë/Schepers-Verfahren, siehe Abschnitt 7.4, S. 248.

4. Die Bündelung der Stimmrechte in den Stammesanteilen führt dazu, dass alle Gesellschafter in ihrer Mitwirkung an der Meinungsbildung eingeschränkt werden und es keine Abstimmung zwischen individuellen Ansichten geben kann. Bestenfalls wird die in jedem Fall notwendige Meinungsbildung in die Versammlungen der jeweiligen Stämme verlagert. Der damit einhergehende Organisationsaufwand und daran anschließend auch die immateriellen Kosten der Willensbildung vervielfachen sich. Die im Grundsatz eigentlich sinnvolle Abstimmung wird durch Verhandlungen zwischen den Stimmblöcken ersetzt. Dies gilt ebenfalls für *alle* Gesellschafter. Letztlich wirkt die Stammesbindung der Stimmrechte wie der berühmt-berüchtigte Fraktionszwang im Parlament. Bei knappen Mehrheitsverhältnissen wird die Gesamtheit der Gesellschafter damit zu nichts anderem als einer Art „Koalitionsregierung", die nur dann zum Handeln fähig ist, wenn alle Fraktionen der Koalition zustimmen.

5. Zugunsten der Stammesorganisation wird weiterhin angeführt, dass dadurch Probleme beim Willensbildungsprozess, insbesondere wenn Gesellschafteranteile stark zersplittert sind, kompensiert werden sollen. Dies ist jedoch nicht möglich. Das Problem wird vielmehr aus der Gesamtgruppe der Anteilsinhaber in den stammesinternen Willensbildungsprozess hinein verlagert. Auf der Ebene *aller* Gesellschafter könnte dem durch eine einfache „Vertreterklausel" Rechnung getragen werden. Hierzu müssten sich die Besitzer von „Zwerganteilen" auf einen gemeinsamen Vertreter einigen, der dann bei Abstimmungen mindestens einen vorab festgelegten Prozentsatz der Anteile vertritt.

6. Sowohl die Entwertung der *individuellen* Beiträge zur Meinungsbildung wie auch der Trend zur Meinungsbildung durch „Bargaining" statt durch Diskussion und anschließende Abstimmung über Sachargumente lassen die Stammesorganisation ausgesprochen dysfunktional werden. Der in Familienunternehmen propagierte und auch hier vertretene Grundsatz „Firma vor Familie" sollte hingegen dazu führen, ausschließlich den jeweils *besten Argumenten* im Interesse der Firma zu folgen. Dies verlangt aber den freien Austausch von Argumenten, die Besetzung von Ämtern mit den jeweils Besten usw. Die Stammesorganisation dient dagegen ausschließlich dem Interesse derjenigen, die sich für schwächer halten oder tatsächlich schwächer sind, also denjenigen, die glauben, ohne den Schutz der Stammesprivilegien nicht genügend Gehör zu finden und übergangen zu werden.

„So einfach und praktikabel solche Regelungen auf den ersten Blick aussehen, so leiden diese Stammesregelungen jedoch an einigen Schwächen.
Denn die typischen Konflikte einer Familiengesellschaft werden lediglich
auf eine Ebene tiefer, nämlich die Stammesebene, verlagert. Vor der Gesellschafterversammlung in der Familiengesellschaft muss daher eine Versammlung innerhalb des Familienstammes stattfinden, in welcher man sich
über die Ausübung des Stimmrechts in der Gesellschafterversammlung der
Familiengesellschaft einigt. Es besteht dann die Gefahr, dass sich die Streitigkeiten innerhalb eines Stammes auf die gesamte Familiengesellschaft
ausdehnen. Darüber hinaus besteht die weitere Gefahr, dass in erster Linie
Stammesinteressen vertreten werden, die nicht notwendigerweise mit den
Interessen der Familiengesellschaft als Ganzes identisch sein müssen. Zusammengefasst ist daher bei Familiengesellschaften mit einer größeren Anzahl von Gesellschaftern von Stammesregeln eher abzuraten. Denn diese
fördern nicht die Identifikation mit der Gesamtfamilie, sondern nur mit
dem jeweiligen Familienstamm."[270]

Erfahrene Anwälte von Familienunternehmen warnen daher ausdrücklich
vor Stammesbindungen im Gesellschaftsvertrag. Da solche Satzungsbe-
stimmungen nur schwer und letztlich fast immer nur einstimmig abgeschafft werden können, sind sie geeignet, die Zukunftsfähigkeit eines
Familienunternehmens nachhaltig zu beeinträchtigen. Wenn es denn der
Wunsch einzelner Gesellschafter ist, sich aneinander zu binden, so ist ein
einfacher „Poolvertrag" außerhalb des Gesellschaftsvertrags der ungleich
geeignetere Weg.[271]

„Die Arbeit meiner letzten fünfzehn Jahre bestand darin, aus Einzelkämp-
ferunternehmern eine Menge von Gesellschaftern zu formen, die sich demokratisch benehmen und für das Unternehmen einstehen. Wir haben unsere Struktur an das älteste deutsche Familienunternehmen angepasst, an die
Familie Merck. Die haben im neunzehnten Jahrhundert die Stämme aufgelöst, sind ein Clan geworden. Stämme sind das Gefährlichste, was man sich
antun kann. Jeder fängt an, den anderen zu beäugen."[272]

---

[270] Feick, M./Scherer, S. (2007): S. 150; vgl. auch Scherer, S. (2005a): S. 183.
[271] Vgl. Hennerkes, B.-H. (2004): S. 108; Hennerkes, B.-H. (1998): S. 15; siehe
auch Baus, K. (2006): S. 24 und Feick, M./Scherer, S. (2007).
[272] Klett, M. interviewt durch Hintermeier, H. (2009).

7.7 Familienrat

Aufgaben

Wir sprachen oben davon,[273] dass es dezidierter Organisation und Führung bedarf, damit das Projekt „Erhalt des Familienunternehmens" für eine größere Personengruppe Aussicht auf Erfolg hat.

Die erste ursprüngliche und unerlässliche Institution für einen Gesellschafterkreis ist die Gesellschafterversammlung, von der die nach Gesetz und Satzung erforderlichen Beschlüsse getroffen werden müssen. Diesen Beschlussfassungen geht stets eine inhaltliche Meinungsbildung voraus. Solange der Kreis der Gesellschafter nur wenige Personen umfasst oder sich nur auf die Mitglieder einer einzigen Kernfamilie erstreckt, sind informelle Treffen im Familienkreis oder Ad-hoc-Verabredungen zur Meinungsbildung praktikabel. Aber schon in diesem vergleichsweise kleinen Kreis wäre zweckmäßig, was für einen größeren Personenkreis unabdingbar wird: die Schaffung einer vom informellen Familien- und Verwandtschaftsleben abgesonderten formalen Organisation, um die Gesellschafterangelegenheiten der Familienmitglieder zu beraten und zu regeln. In Analogie zur Corporate Governance wird diese Organisations- und Führungsform der Familie als Family Governance bezeichnet. (Das ist freilich nur möglich, weil es sich bei beiden Begriffen um unpräzise, schillernde Konstrukte handelt, die sich als Plattform für noch zu entwickelnde Inhalte anbieten.)

Eine prominente Position in der Entwicklung einer Family Governance nimmt dabei ein sogenannter „Familienrat" ein, der auch als „Family Council", „Familienausschuss" oder ähnlich bezeichnet wird.[274] Folgende Mindestmerkmale machen aus einer Abfolge gelegentlicher Versammlungen von Familiengesellschaftern die Institution einer Family Governance:

1. Definition eines festen Teilnehmerkreises, meist von ausgewählten Repräsentanten, die auch die Interessen anderer Gesellschafter wahrnehmen, sowie deren Verpflichtung zur regelmäßigen Teilnahme an Sitzungen dieses Gesellschaftergremiums,

2. regelmäßige, im Voraus terminierte Zusammenkünfte,

3. Mindestorganisation des Sitzungsablaufs in Form von vorab erstellter Tagesordnung und systematischer Protokollführung.

---

[273] Vgl. Abschnitt 2.6.

[274] Vgl. Ward, J. L. (2002): besonders S. 181.

Der Familienrat befasst sich in seinen Sitzungen mit den Angelegenheiten der *Familie*. Diese Themen und hieraus entstehende Aufgaben unterscheiden sich klar von denen, die ein Aufsichts- und Beratungsgremium für das *Unternehmen* zu erfüllen hat. Wird diese Trennung eingehalten, kann ein Familienrat einen wertvollen Beitrag zur emotionalen Bindung der Gesellschafter an das Unternehmen leisten, wie dies eine stärker formalisierte Versammlung, z. B. die vom Gesetz geforderte Gesellschafterversammlung, nicht vermag.[275]

Für die *Einrichtung* eines Familienrats existieren in der Regel keine Vorgaben von Seiten des nächsthöheren Gremiums, der Gesellschafterversammlung. Vielmehr soll der Familienrat diejenige Arbeit leisten, für die die Gesellschafterversammlung keine Zeit oder Kompetenz hat.[276] Mit anderen Worten: Er ist – anders als die Gesellschafterversammlung – ein rein fakultatives Gremium, das keinen Gesetzesvorgaben unterliegt. Ihm können, je nach Ausgestaltung, teilweise die Rechte der Gesellschafter übertragen werden. Er kann aber auch ohne jede gesellschaftsrechtliche Funktion rein kommunikativ, beratend und organisierend tätig sein.

Da die *Aufgaben* des Familienrats von ihm selbst entwickelt werden, können alle Themen auf die Tagesordnung gesetzt werden, die er für erörterungsbedürftig hält. Die jeweilige Relevanz der Themen ergibt sich dabei aus den übergeordneten Zielsetzungen, wie z. B.:

- Sicherung des Zusammenhalts der Familie,

- inhaltliche Vorbereitung und Ordnung von Willensäußerungen im Hinblick auf die Einflussnahme auf die Unternehmensorgane (also auf das Aufsichtsgremium oder – falls nicht zuständig – direkt auf die Unternehmensleitung),

- Bewahrung und Entwicklung des Familienvermögens.

Zur Agenda eines Familienrats gehört aber auch die Befassung mit konkreten Interessen, Entwicklungserfordernissen, Plänen, Problemen und gegebenenfalls auch Konflikten innerhalb der Familie. Hierunter fallen nach Ward z. B. Aspekte wie die „Ausbildung der Familie, Überarbeitung der Gesellschaftervereinbarungen, Lösung von Konflikten in der Familie, Bewahrung des Verhaltenskodex der Familie"[277].

---

[275] Auf diesen Aspekt weisen Björnberg und Nicholson in ihrer Beschäftigung mit dem Konzept des Emotional Ownership hin: Nicholson, N./Björnberg, Å. (2008).

[276] So Stöhlker, F. S./Müller Tiberini, F. (2005): S. 11.

[277] Ward, J. L. (2002): S. 181 (übersetzt durch den Verfasser).

„Beispiele für die wiederkehrenden Aufgaben eines Familienrats:

* Veranlassung der Entwicklung von Plänen für die Familie,
* Überarbeitung der Unternehmensstrategie,
* Verbreitung der Werte und der Vision der Familie,
* Bereitstellung einer Plattform für den Austausch von Ideen,
* Ermutigung zur Teilnahme und zur Einbringung der Familienmitglieder,
* Unterstützung der Ausbildungsprogramme für die Familiengesellschafter,
* Entwicklung von Führungspersonen aus dem Kreis der nächsten Generation,
* Verfolgung der Interaktionen zwischen Familie und Unternehmen,
* Umsetzung der Pläne und der Programme der Familie."[278]

Um diese Arbeit auf Dauer erfolgversprechend ausüben zu können, ist es sinnvoll, Grundsatzerklärungen für die Familie und ihr Unternehmen zu erarbeiten, so z. B.:

* Formulierung gemeinsamer Werte,
* Definition der übergeordneten Mission, Vision und Strategie der Familie,
* Formulierung einer Familiencharta sowie
* Formulierung von Verhaltensstandards.

All dies wird bevorzugt in ein Projekt „Erstellung einer Familiencharta" einbezogen. Diese beschreibt die fundamentalen und zentralen Absichten der Familiengesellschafter und kann damit als grundlegende Voraussetzung dafür angesehen werden, dass die Familie auch weitere Projekte, wie z.B. die Wahl der Rechtsform oder der Governance, bearbeiten kann. Wegen der großen Bedeutung der Familiencharta wird dieses Thema gesondert behandelt.[279]

Mitglieder

Der Familienrat sollte ein reines Familiengremium sein und keine Nicht-Familienmitglieder umfassen. In ihm ist bei einer großen Zahl von Gesellschaftern meist nur eine Untermenge aller Gesellschafter vertreten. Dabei stellt sich die Frage nach einem passenden Auswahlverfahren. In der Regel gibt es hierzu keine strengen, unumstößlichen Regeln. Wer aktiv mitma-

---

[278] Ward, J. L. (2002): S. 181 (übersetzt durch den Verfasser).
[279] Siehe den nächsten Abschnitt 7.8.

chen will, ist willkommen. Dabei sollte man jedoch auf eine angemessene Repräsentanz aller Familienzweige und der Gesellschafter mit kleineren Anteilen achten.

Die Expertise von Unternehmen und Fachleuten außerhalb der Familie sollte durchaus für die *Governance des Unternehmens* genutzt werden und in Aufsichtsgremien und Beiräten eine Rolle spielen. Der Familienrat hingegen ist ein Gremium, in dem die Familie unter sich ist. Die Kommunikation untereinander bekommt einen anderen Charakter, wenn ausschließlich die Familie miteinander spricht, als wenn auch Nicht-Familienmitglieder dabei sind. Der Familienrat ist ein Raum, in dem *grundsätzlich* offen gesprochen werden kann, und es muss sichergestellt werden, dass dies *tatsächlich* möglich ist und genutzt werden kann. Er bietet auch Raum für sehr emotionale Äußerungen. Der geschützte Rahmen eröffnet außerdem die Möglichkeit einer frühzeitigen und offenen Aussprache über brisante Themen. Unmerklich aufkommende Meinungsverschiedenheiten und daraus sich entwickelnde latente Konflikte können hier im Gespräch thematisiert und damit „entkrampft" werden. Es kann hier aber auch über die Beauftragten und Vertreter der Gesellschaft im Beirat und in der Unternehmensleitung gesprochen werden. Voraussetzung für konstruktive Gespräche dieser Art ist natürlich, dass alle Teilnehmer die Vertraulichkeit, ja Intimität dieses Kreises respektieren und dass es z. B. nicht zu „gezielten Indiskretionen" kommt.

Diese Überlegungen sollen nicht ausschließen, dass die Familie in bestimmten Situationen möglicherweise einen Moderator hinzuzieht. Sie sollte die grundsätzliche Führung des Gremiums aber nicht Dritten überlassen: Sie sollte selbst bestimmen, wie sie sich organisiert. Tut sie dies nicht, kann man zurecht die Frage stellen, wie sie auf Dauer in der Lage sein will, auf die Entwicklung des Unternehmens Einfluss zu nehmen, wenn sie unfähig ist, familiäre Geschicke in die eigene Hand zu nehmen. Angesichts dieser Überlegungen sollten die Mitglieder des Familienrats aus ihren eigenen Reihen einen Gremiumsleiter bestimmen, der als Administrator, Organisator oder Projektmanager fungiert.

Eine weitere wichtige Option besteht darin, in den Familienrat auch solche Familienmitglieder einzubeziehen, die keine Gesellschafter (mehr) sind, also z. B.:

- Eltern, die ihre Anteile bereits übertragen haben,

- jugendliche Erwachsene, die noch nicht Gesellschafter sind,

- Ehegatten oder Partner von Gesellschaftern.

Welche Akzente im Familienrat durch die Auswahl und Berufung seiner Mitglieder gesetzt werden sollen, sollte sich mehr nach den aktuellen Herausforderungen als nach traditionellen Mustern richten. Es ist daher sinnvoll, eine bestimmte Amtsperiode (z. B. die auch in der Politik üblichen vier bis fünf Jahre) vorzusehen, nach deren Ablauf die Besetzung des Familienrats entsprechend veränderter Herausforderungen gegebenenfalls angepasst werden kann. In jedem Fall sollte aber die Generation der jungen Erwachsenen (und nicht die der Senioren) die Themen und die Arbeit maßgeblich mitbestimmen können. Hierdurch nimmt der Familienrat eine wichtige „Bildungsfunktion" für diese Personengruppe ein, da sie schließlich durch ihre Mitarbeit im Familienrat die Zukunft der Familie und des Unternehmens sichern soll.

Es lässt sich insofern eine Vielzahl von guten Gründen ausmachen, warum die Schaffung eines gesonderten Gremiums unterhalb der Gesamt-Gesellschafterebene sinnvoll ist. Die Gesellschafterversammlung hat als Ort der Ausübung der Rechte und Pflichten der Gesellschafter im Gesamtgefüge der Familienorganisation einen besonderen Stellenwert. Bei ihr handelt es sich jedoch um eine von Sachthemen geprägte Veranstaltung, in der Emotionen eine untergeordnete Rollen spielen oder gar keinen Einfluss auf die Entscheidungsfindung haben sollten. Die Anwesenheit von Juristen, Steuerberatern o. ä. in der Gesellschafterversammlung verstärkt diesen Charakter.

Im Gegensatz dazu wären durchgängig formlose Treffen der Familienmitglieder untereinander zur Meinungsbildung ebenfalls ungeeignet. Hier bestünde die Gefahr, dass ausschließlich in „enthemmter" Art und Weise, spontan und völlig ungeordnet miteinander kommuniziert würde. Geschäftliche Angelegenheiten nach Ort und Zeit vom Familienleben abzugrenzen, ist für eine verlässliche Meinungsbildung unerlässlich.

7.8   Dokumentation der Familienverfassung

Eine Familienverfassung in dem Sinne, wie es die Verfassung eines modernen Gemeinwesens ist, muss ein verpflichtendes, schriftlich und präzise festgelegtes Regelwerk sein. Ein solches Dokument stellen der Vertrag der Gesellschafter untereinander und die Satzung der Gesellschaft dar. In der Regel hat eine Familiengesellschaft beides. Im Gesellschaftervertrag regeln die Gesellschafter ihre Rechte und Pflichten untereinander, z. B. auch Vererbungsregeln u. ä., während in der Satzung die Beziehungen zwischen Gesellschaftern und Unternehmen geordnet werden. Die hier zu treffenden

Regelungen müssen eindeutige Gebote und Verbote sein. Die juristische Verbindlichkeit des Vertragswerks sichert seinen Vorrang vor den nachfolgend beschriebenen Dokumenten.

In kleinen Gemeinschaften, deren Mitglieder einen informellen Umgang miteinander pflegen, werden das Gemeinschaftsleben und die wechselseitigen Rechte und Verpflichtungen auch durch ungeschriebene Rituale und Bräuche bestimmt. Hier ist bereits ein Übergang von der strengen Kodifizierung zu dem nicht schriftlich fixierten Brauchtum angelegt. Ergänzend zu den Vertragswerken hat die auf Familienunternehmen ausgerichtete Beratungspraxis ein Konstrukt entwickelt, in dem eine gewünschte Verfassungspraxis, aber auch gewünschte Normen des Umgangs miteinander, die keinen „Verfassungsrang" erheben können, festgehalten werden.

Es liegt nahe, einen Oberbegriff für alle Regelungsinhalte der kodifizierten Verfassung, der Verfassungswirklichkeit und der Ziele für eine *künftige* Politik zu suchen. Montemerlo/Ward[280] verwenden hierfür den Begriff „Family Agreement" und nennen folgende typische Inhalte:

- Family Statement: ein philosophischer Blick auf das, was der Familie wichtig ist (Werte, Mission, usw.),

- Shareholders' Agreement (Gesellschaftervertrag): vertragliche Vereinbarungen von Rechten und Pflichten der Gesellschafter untereinander,

- Family Business Protocol: Auflistung von Richtlinien, die bei den Aktivitäten der Familie, insbesondere in der Interaktion mit dem Unternehmen, zu beachten sind (z. B. hinsichtlich der Beschäftigung von Familienangehörigen im Unternehmen, Erklärungen gegenüber Dritten u. ä.).

Es ist zweckmäßig, das „Family Business Protocol" als eigenständiges Konstrukt zu sehen. Es wird von den verschiedenen Beratern mit individuell unterschiedlichen Titeln bezeichnet. K. Baus propagiert hierfür im deutschsprachigen Raum den Begriff „Familiencharta", um dem Aspekt der Willensbekundung durch die Gesellschafterfamilie bildhaften Ausdruck zu verleihen. Ungeachtet von Unterschieden in der detaillierten Bewertung eines solchen Dokuments kann davon ausgegangen werden, dass alle qualifizierten Berater von Gesellschafterfamilien die nachfolgend genannten Ziele mit einer Familiencharta verbinden:

---

[280] Vgl. Montemerlo/Ward/Klein (2005): S. 3.

- Schaffung eines allgemein verständlichen Dokumentes, das

- den Willen *aller* involvierten Familienmitglieder (also auch von Ehepartnern und Nachkommen) wiedergibt, also nicht nur derer, die die rechtliche Stellung eines Gesellschafters innehaben, und zwar

- mit der Zuschreibung von ethisch und emotional bindenden Verantwortlichkeiten.

In den letzten Jahren hat sich die Familiencharta zu einem bevorzugten „Produkt" der Berater von Familiengesellschaftern entwickelt. Es sind zahlreiche Publikationen, Empfehlungen und Mustervorlagen entstanden.

Tabelle 10. Inhalte einer Familiencharta[281]

Präambel	• Konsensformel, Zweck, Reichweite • Selbstverpflichtung • Motto	
Werte	• Werte für die Familie und das Unternehmen • Prägung des Unternehmens durch die Familie	
Ziele	• Ziele für die Familie und das Unternehmen • Vermögensziele • Erwartungen an Wachstum, Rendite, Ausschüttung	V E
Rollen	• Beteiligungsverhältnisse • Familien-/Fremdmanagement • Mitarbeit von Familienmitgliedern • Verantwortlicher in der Familie • Verantwortlicher im Unternehmen	R F A
Institutionen	• Familientag • Familienausschuss • Family Office	H R
Anhang	• Fairnesskodex • Verhaltenskodex • Leitlinien • Regeln zur Information • Regeln zur Qualifikation	E N

---

[281] Baus, K. (2007): S. 139.

Wie so oft, wenn Instrumente plötzlich „Mode" werden, besteht jedoch auch hier die Gefahr, dass ein solches Dokument schlicht „überfrachtet" wird. Wenn versucht wird, von der Regelung der Konfliktbeilegung über die Nachfolge bis zur strategischen und operativen Planung, dem Controlling usw. einen Leitfaden für ordnungsgemäße Unternehmensführung zu entwickeln,[282] werden die hierfür formulierten Festlegungen in der Regel sehr bald von der Dynamik der Unternehmensentwicklung überholt.

Familien, die mit Hilfe von Beratern ein solches Projekt in Angriff genommen und entsprechende Dokumente entwickelt haben, sind durchgängig von dem gemeinsam erarbeiteten Ergebnis überzeugt. Vor allem die damit einhergehende Stärkung des familiären Zusammenhalts – schon allein durch die gemeinsame Erarbeitung einer Familiencharta – wird hervorgehoben. Einschränkend muss freilich hinzugefügt werden, dass diese positiven Bewertungen in der Regel durch am Projekt Beteiligte und Interessierte, und zwar relativ kurz nach Fertigstellung des betreffenden Dokuments, abgegeben wurden. Ob die erhoffte Wirkung tatsächlich auch langfristig anhält, muss sich meist erst noch erweisen.

Im Gegensatz zum Gesellschaftervertrag und der Satzung sind die Regelungen der Familiencharta nicht gerichtlich durchsetzbar. Andererseits regeln sie Verhaltensbereiche, die für ein gedeihliches Zusammenwirken ungleich wichtiger sind als die nur für die Konfliktregelung entscheidenden Vertragsparagraphen.

Eine Familiencharta kann also durchaus als das entscheidende Dokument der Familienverfassung verstanden werden, bei dem früher oder später einzelne Teile juristisch bindend ausformuliert werden sollten oder müssen. Wenn die dort niedergelegten Erwartungen und Selbstverpflichtungen zu einer gelebten Verfassungswirklichkeit führen und sich darin bewähren, sollten sie auch in die kodifizierte Verfassung der Verträge übernommen werden.

Bei der Ausarbeitung der Familiencharta geht es nicht darum, in einem gruppendynamischen Prozess Themen zu behandeln, die der gesamten Familie aktuell am Herzen liegen. Vielmehr bedarf es eines strukturierten Prozesses, bei dem die im Verfassungsrecht über Jahrhunderte hinweg erarbeiteten Problemstellungen[283] und Lösungsansätze durchgearbeitet und auf ihren Nutzen für das aktuell zu erstellende Dokument hin geprüft werden. Hierzu bedarf es eines fachlich spezialisierten Know-hows: Allein die

---

[282] Ein einschlägiges Beispiel für einen überzogenen Anspruch findet sich bei Andreae, C. v. (2007): S. 149–160.

[283] Vgl. hierzu die Einleitung zu diesem Abschnitt unter 7.1.

Lösungsansätze für einen angemessenen Minderheitenschutz sind nicht trivial. Aufgrund der Komplexität des Themas sollte daher für ein solches Verfassungsprojekt genügend Zeit eingeplant werden. Einige wenige Klausursitzungen können möglicherweise für den gruppendynamisch geprägten Prozess einer Meinungsbildung zu aktuellen Anliegen geeignet sein. Für die Erarbeitung einer kompletten Verfassungsgrundlage reichen sie jedoch nicht aus. Somit stellt sich die Frage nach einer angemessenen Vorgehensweise für die Erarbeitung einer Familienverfassung.

7.9   Prozess der Verfassungsgebung

Konzept für neue Problemstellungen

Grundsätzlich stellt eine Verfassung eine Ordnungsstruktur dafür dar, wie eine Gemeinschaft Lösungen für innergemeinschaftliche Probleme finden kann, und zwar nicht nur für erwartete oder latent bereits vorhandene, sondern auch für aktuell noch nicht absehbare Problemstellungen. Im Hinblick auf noch unbekannte Probleme verbietet es sich, dass die Meinungsführer im jeweiligen verfassungsgebenden Gremium sich nur auf ihre eigenen Erfahrungsmuster verlassen. Sie müssen vielmehr „aus sich selbst heraustreten" und multiperspektivisch denken: Der Gründer muss die Verfassung für den Gesellschafterkreis aus der Perspektive seiner Kinder betrachten und verstehen. Ein Gesellschafterkreis aus drei Geschwistern, von denen zwei in der Unternehmensleitung mitarbeiten, tut beispielsweise gut daran, sich einen Gesellschafterkreis von zehn oder mehr Kindern vorzustellen, von denen keines mehr in der Unternehmensleitung aktiv ist. Es geht um die Erarbeitung nachhaltig tragfähiger Konzeptionen für eine erst später und (aus heutiger Sicht: zu einem unklaren Zeitpunkt) eintretende Entscheidungskonstellation. Dies verlangt Abstraktionsvermögen weit über die aktuellen Geschäftspraxis und das augenblickliche Familienleben hinaus. Es handelt sich also um ein durchaus anspruchsvolles Projekt.

Grundsätzliche Vorgehensweisen und Regeln für das Erstellen einer Verfassung

Für die erstmalige Erarbeitung einer Verfassung oder ihre grundsätzliche Überarbeitung sind unterschiedliche Vorgehensweisen denkbar. Man kann anstreben, zu einem bestimmten Zeitpunkt ein komplettes Ergebnis zu präsentieren, oder man versteht das Projekt als ständigen Prozess.[284] Zwischen beiden Möglichkeiten lässt sich eine Reihe von Abstufungen ausmachen:

1. Umfassendes Projekt in einer verfassungsgebenden Versammlung, bei dem in einer Sequenz von Workshops oder Klausuren die Grundlagen für (fast) alle zu regelnden Themen erarbeitet werden.

2. Aufteilung des Gesamtprojekts in einzelne Themen, die über mehrere Jahre hinweg stückweise bearbeitet und abgeschlossen werden.

3. Start mit der Konzeptionierung der vorgesehenen Institutionen wie Familienrat oder Beirat sowie damit einhergehende Regelung von Verfassungsfragen, damit die Arbeitsgrundlagen für diese Institutionen gegeben sind. Man institutionalisiert also z. B. einen Beirat und widmet sich damit einhergehend dann der Klärung der Zuständigkeiten dieser Institution.

4. Der unter 3. beschriebene Prozess kann ein einmaliges Geschehen sein, er kann aber auch in ein Kontinuum von Überarbeitung, Anpassung und Ergänzung übergehen.

Unabhängig von der gewählten Vorgehensweise kann nicht genug hervorgehoben werden, dass für diesen Prozess genügend Zeit eingeplant werden sollte. Schließlich geht es darum, sich mit bisher wenig vertrauten Themen zu beschäftigen. Der damit verbundene Prozess des Nachdenkens und Abwägens ist keine verlorene Zeit oder nur lästige Vorarbeit, sondern ein wichtiger Zweck in sich selbst: Nur wenn gemeinsam alle Überlegungen sorgfältig durchgegangen worden sind, können sich alle Beteiligten mit den erarbeiteten Ergebnissen identifizieren.

Der oben unter Punkt 3 genannte Weg, nämlich mit der Installation der Institutionen zu beginnen, scheint methodisch ein nicht ganz einwandfreier Kompromiss zu sein. Diese Vorgehensweise ist aber dann sinnvoll, wenn aus unterschiedlichen Gründen das Verfassungsprojekt mit allen ergänzenden Regelungen (z. B. auch der Erstellung von Ehe- und Erbverträgen) als besonders umfangreich und langwierig erscheint, andererseits aber die Family Governance und die Corporate Governance so schnell wie möglich (wieder) funktionsfähig sein sollten. Hier ist im Einzelfall sorgfältig zu prüfen, welche Vorgehensweise geeignet ist.

Wählt man eine der oben unter 1. und 2. genannten Optionen – so etwa May[285] –, sollten folgende Regeln berücksichtigt werden:

---

[284] Vgl. Montemerlo/Ward/Klein (2005): S. 39 f.

1. Es sollte ein Moderator mit Prozess- und Fachkompetenz zum Einsatz kommen. Da alle Gesellschafter zugleich Betroffene sind, kann ein Gesellschafter nicht zugleich Moderator sein.

2. Alle Beteiligten brauchen eine gewisse Unvoreingenommenheit gegenüber dem Prozess. Konsensfähige Lösungen müssen ohne Druck, Zwang und zeitliche Hetze gefunden werden. Dabei darf es keine Tabus und keine Verdrängung unangenehmer Themen geben.

3. Es muss ausreichend Zeit für den Prozess eingeplant werden.

4. Im Abstand von vier bis acht Wochen sollten hierzu regelmäßig Workshops von ein bis zwei Tagen Dauer durchgeführt werden.

5. Alle Familienmitglieder einschließlich Partner und Nachkommen ohne Gesellschafterstatus sollten in den Prozess mit einbezogen werden.

6. Die Familienmitglieder sollten ohne externe Hilfestellung eine schriftliche Dokumentation der Ergebnisse verfassen. Damit wird erreicht, dass die Individualität der Familie zum Ausdruck kommt, und zwar, was die Ordnung der Gedanken, das Engagement und die Sprache betrifft, die der Familie eigen sind. Dies trägt wesentlich dazu bei, dass die erarbeiteten Ergebnisse als bindend verinnerlicht werden.

7. Es sollten alle Maßnahmen durchgeführt werden, mit denen die Umsetzung der Verfassung sichergestellt werden kann. Hierzu gehört das Erstellen von darauf aufbauenden Verträgen, aber z. B. auch die Durchführung eines Schulungsprogramms oder die Einführung von neuen Veranstaltungen zur Kommunikationsverbesserung.

Gefahr der Einflussnahme aus aktuellen Interessengesichtspunkten heraus

Die Forderung, die Gesellschafter sollten die Verfassung selbst erarbeiten, zieht die Gefahr nach sich, dass einige Gesellschafter in dem zu erstellenden Dokument ihre (persönlichen) Interessen verankern wollen. Beispiele hierfür sind ein ehemaliger geschäftsführender Gesellschafter, der seine Machtposition über die aktive Zeit hinaus behalten möchte, oder auch ein Gesellschafter, der eigentlich bereits seinen Ausstieg aus dem Unternehmen im Auge hat und sich hierfür günstige Voraussetzungen verschaffen

---

[285] Vgl. May, P. (2008b).

möchte. Wenn man solche Einflussnahmen vermeiden will, empfiehlt es sich, frühzeitig die sogenannte „Next Generation", die selbst noch nicht in ihren Interessenstandpunkten fixiert ist, in den Überarbeitungsprozess der Verfassung mit einzubeziehen.

Beständigkeit und Anpassungsfähigkeit der Verfassung

Die Arbeit an einer Verfassung ist immer eine Gratwanderung zwischen dynamischer Aktualisierung und der grundsätzlichen Unantastbarkeit einer Verfassung. Dies ergibt sich aus der Tatsache, dass eine Verfassung einerseits beständig genug sein muss, um die Berechenbarkeit und Stabilität der Ordnungsstrukturen sowie der Rechte aller Beteiligten zu garantieren. Andererseits wird eine Verfassung in jeder Gemeinschaft von Zeit zu Zeit geändert. Solche Anpassungen sind aufgrund sich verändernder Anforderungen, die von innen und außen auf die Gesellschafterfamilie einwirken, unerlässlich. Um jedoch eine eher vorsichtige Vorgehensweise bei notwendigen Änderungen sicherzustellen, sollte für Verfassungsänderungen im Gesellschaftsvertrag oder in der Satzung regelmäßig ein hohes Zustimmungsquorum der Anteilsinhaber verlangt werden. Hier wird mindestens eine Zwei-Drittel-Mehrheit bei einer gleichzeitig hohen Anforderung an die Mindestpräsenz für die Beschlussfähigkeit fixiert, nicht selten aber auch eine höhere Mehrheit von 75 oder gar 80%.

Dem Vorhaben einer grundsätzlichen Verfassungsüberarbeitung steht der hohe Zeit- und Kostenaufwand für die hierbei notwendige Beratung der Gesellschafter entgegen. Hinzu kommt die Hürde der großen erforderlichen Mehrheit. Es werden daher nur sehr selten bestehende Regelungen aufgehoben, an deren Geltung auch nur ein nennenswerter Teil der Gesellschafter interessiert ist. Unproblematischer sind demgegenüber Ergänzungen zum vorhandenen Regelwerk. Eine grundsätzliche Überarbeitung wird man nur aus schwerwiegendem Anlass in Angriff nehmen.

Anlässe für die Überarbeitung der Verfassung

Sobald eine neue Generation zu den bestehenden Anteilsinhabern hinzukommt, bricht ein neues „Zeitalter" für den Gesellschafterkreis an. Jede Generation durchläuft mehrere Phasen im Hinblick auf den Umgang mit der Verfassung. So werden von der älteren Generation zunächst die Grundlagen der Verfassung überarbeitet, damit diese zur Struktur und Perspektive der aktuell herrschenden Generation passt. Die ältere Generation muss dabei die Verfassung so gestalten, dass die nächste Generation auf einer geordneten Basis in die Gesellschafterstellung einrücken kann. Nach einigen Jahren wird die nachfolgende Generation dann in einem intensiven Prozess ihre eigenen Vorstellungen über die richtige Verfassung mit dem bestehenden Dokument vergleichen und gegebenenfalls Änderungen entwickeln. So benötigt z. B. die Elterngeneration mit vielleicht drei oder vier Gesellschaftern an bestimmten Stellen einer Verfassung andere Bestimmungen als ein Kreis von insgesamt knapp einem Dutzend Gesellschaftern. Die Überprüfungsarbeit ist also durchaus positiv zu sehen. Nicht zuletzt weckt und vertieft das persönliche Engagement bei der Überarbeitung der Verfassung das Gefühl des psychischen Eigentums gegenüber dem Unternehmen.

Neben dem Generationenübergang lassen sich zwei weitere Anlässe zur Änderung der Familienverfassung ausmachen:

1. So können Änderungen der Gesetzeslage und Rechtsprechung, etwa zum Familienrecht, Erbrecht oder Gesellschaftsrecht, unmittelbare Auswirkungen auf die Gesellschafter haben und müssen daher zwangsläufig Eingang in die Familienverfassung finden. Einen großen Einfluss haben grundsätzlich auch steuerliche Überlegungen. In der Regel wird man solche Anlässe nutzen, um den generellen Überarbeitungsbedarf zu prüfen und entsprechende Themen ebenfalls angehen. Dann allerdings ergibt sich automatisch wieder die Frage nach dem Projektumfang insgesamt.

2. Im Rahmen der konkreten Gesellschaftertätigkeit ergeben sich Erkenntnisse darüber, wie die Gemeinschaft ihre Interessen besser aufeinander abstimmen oder auch Konflikte gemeinsam lösen kann. Zunächst werden dabei wichtige Fälle in einzelnen Gesellschafterbeschlüssen festgehalten. In weniger wichtigen Fällen genügt vielleicht auch eine Protokollnotiz. Von Zeit zu Zeit sollten diese Einzeldokumentationen dann aber als kumulierte Erfahrung in die Verfassung eingearbeitet werden.

Interne Klärung vor der juristischen Gestaltungsberatung

Schon aus Vorsichtsgründen ist es sinnvoll, bei der Änderung von Gesellschaftsverträgen und Satzungen grundsätzlich eine Beratung hinsichtlich gesellschafts- und steuerrechtlicher Fragen sowie in Bezug auf Publizitätspflichten (Rechnungslegung) in Anspruch zu nehmen. Der Umfang der Rechtsquellen, das Ausmaß von kontinuierlich erfolgenden Änderungen sowie die sich hieraus ergebenden, kaum überschaubaren Abhängigkeiten von Effekten aus den verschiedenen Rechtsgebieten machen es notwendig, eine ganze „Phalanx" von Gesellschaftsrechtlern, Steuerrechtlern und Wirtschaftsprüfern mit der Prüfung beabsichtigter Regelungen zu beauftragen.

Es wäre daher naheliegend, den Beratern von vornherein die Überarbeitung der Verfassung zu überlassen. Eine solche Vorgehensweise bedeutet für die Gesellschafter jedoch einen schweren Fehler. Vor jeder Diskussion mit externen Beratern muss erst intern und vor allem in nicht-juristischer Sprache geklärt werden, welche Verbesserungsmöglichkeiten grundsätzlich existieren, welche familieninternen Gegebenheiten und Erfordernisse zu beachten sind und in welcher Richtung dann tatsächlich Verbesserungen zu suchen sind. Es kann gut sein, dass dazu ein Moderator oder anderweitige Führung gebraucht wird. Diese Rolle sollten aber unter keinen Umständen die Berater übernehmen, die später das Erarbeitete in rechtsgültige Formulierungen umzusetzen haben.

Machen Gesellschafter den Fehler, sich die interne Vorarbeit zu sparen und gleich entsprechende Fachleute mit der Überarbeitung der Verfassung zu beauftragen, entstehen folgende Fehler:

- Sie delegieren ihre Verantwortung in einem der wichtigsten Gemeinschaftsthemen. Hierdurch unterbleiben fruchtbare Diskussionen innerhalb der Familie und im Gesellschafterkreis. Diese werden aller Erfahrung nach früher oder später nachgeholt und können die von den Fachleuten erarbeiteten Vorschläge im Handumdrehen zunichte machen.

- Sie geben die Chance aus der Hand, die anstehenden Optionen selbst gedanklich durchzuarbeiten und voll zu verstehen. Stattdessen erhalten die Gesellschafter von den Beratern fertige Lösungsvorschläge, die sie aber in ihren Voraussetzungen und Folgen mangels persönlichen Engagements in der Lösungserarbeitung nicht oder nur unzureichend durchschauen.

- Sie nehmen sich die Möglichkeit, durch eigene Arbeit an der Verfassung das individuelle Gefühl des psychischen Eigentums zu erwerben oder weiter zu vertiefen.

Es liegt in der Verantwortung der Gesellschafter selbst, konkrete Aufgabenstellungen für die zu beauftragenden Berater zu formulieren, geeignete Fachleute auszuwählen und auch zu kontrollieren, ob von diesen eine professionelle, solide und anforderungsgerechte Arbeit erbracht wird. Die ethische Verpflichtung für den Berater wiederum besteht darin, dem Mandanten zu helfen, selbstverantwortlich angemessene Entscheidungen zu treffen. Der Rat des Beraters muss für den Gesellschafter nützlich sein und die Gefahr eines Schadens für ihn (zu große Risiken, zu hohe Anforderungen an die Umsetzung) möglichst ausschließen. Diese Forderung mag trivial erscheinen, ist es aber nicht.

Ableitung der Regeln für die Gesellschafts- und Gesellschafterverträge

Wenn der konsensfähige Wille der Gesellschafter in einer Familiencharta oder einer ähnlich bezeichneten Dokumentation beschrieben ist, muss diese Willensbekundung in einem nächsten Schritt nach kautelarjuristischen Regeln, also den üblichen Bestimmungen für Vertragsgestaltungen, regelmäßig in mehrere Vertragswerke umgesetzt werden. Es gelten hier die oben[286] beschriebenen Beschränkungen der juristischen Verantwortlichkeiten, wonach vor allem die Rechte der Gesellschafter und die Verfahrensregeln in Konfliktkonstellationen zu präzisieren sind. Man sollte daher auf alle Fälle in einer Präambel die Ziele der Gemeinschaft positiv formulieren und so die Verbindung zu den vorangegangenen Willensbildungsprozessen dokumentieren. Dabei wird der so entstehende Gesellschaftervertrag grundsätzlich durch weitere Verträge und Vereinbarungen ergänzt. Zu diesen ergänzenden Dokumenten zählen z. B. Eheverträge, Einhaltung von Auflagen bei Verfügungen über die Gesellschaftsanteile oder auch Regelungen für die Bestellung von Pflegschaften bei minderjährigen Gesellschaftern oder Testamentsvollstreckern. Das Ziel der in diesem Prozess mitwirkenden Anwälte lässt sich dabei ganz einfach formulieren: „It's my job to keep people out of trouble, not (only) to get them out of trouble."[287]

Literatur

Andreae, C. v. (2007): Familienunternehmen und Publikumsgesellschaft – Führungsstrukturen, Strategien und betriebliche Funktionen im Vergleich, Wiesbaden, 2007.

Baus, K. (2006): Vertrauen statt Mißtrauen – Grundlage einer stabilen Family Governance, in: Baus, K./Kögel, R. (2006): Vertrauen statt Mißtrauen, Stuttgart, 2006, S. 7–26.

Baus, K. (2007): Die Familienstrategie – Wie Familien ihr Unternehmen über Generationen sichern, 2. Aufl., Wiesbaden, 2007.

---

[286] Vgl. Abschnitt 2.2 und auch 7.1.

[287] Rittershaus, G. (2000): S. 377.

Eschenburg, R. (1977): Der oekonomische Ansatz zu einer Theorie der Verfassung – die Entwicklung einer liberalen Verfassung im Spannungsverhältnis zwischen Produktivität und Effektivität der Kooperation, Tübingen, 1977.

Feick, M./Scherer, S. (2007): Wichtige Bausteine der erfolgreichen Nachfolgeplanung für Familienvermögen und -gesellschaften, in: Bechtolsheim, von C./Rhein, A. (Hrsg.): Management komplexer Familienvermögen – Organisation, Strategie, Umsetzung, Wiesbaden, 2007, S. 141–150.

Hennerkes, B.-H. (1998): Das Familienunternehmen – Eine Einführung in die Problemfelder, in: Hennerkes, B.-H./Kirchdörfer, R. (Hrsg.): Unternehmenshandbuch Familiengesellschaften – Sicherung von Unternehmen, Vermögen und Familie, 2. Aufl., Köln u.a., 1998, S. 1–32.

Hennerkes, B.-H. (2004): Die Familie und ihr Unternehmen – Strategie, Liquidität, Kontrolle, Frankfurt a. M. u.a., 2004.

Hipp, C. interviewt durch Lüdke, U. (2008): Name verpflichtet, in: WIR – Das Magazin für Unternehmerfamilien, H. 1, 2008, S. 6–10.

Homann, K. (1980): Die Interdependenzen von Zielen und Mitteln, Tübingen, 1980.

Huang, B. (2010): Family Business Leadership and Decision Marketing – Diskussionsbeitrag, IFERA@CHINA 2010 Family Business Froum & 1st Chinese Family Business Summit, Zhuhai, PRC, 2010.

Kim, W. C./Mauborgne, R. A. (1997): Fair Process: Managing in the Knowledge Economy, in: Harvard Business Review, 75. Jg., H. 4, 1997, S. 165–171.

Kim, W. C./Mauborgne, R. A. (1998): Procedural justice, strategic decision making and the knowledge economy, in: Strategic Management Journal, 19. Jg., H. 4, 1998, S. 323–338.

Klett, M. interviewt durch Hintermeier, H. (2009): Muss es immer die Familie sein, meine Herren?, in: Frankfurter Allgemeine Zeitung, 03.07.2009, H. 152, 2009, S. 26.

Kögel, R. (2006): Vertrauenssicherung in Familienunternehmen – Rechtliche Gestaltungsmöglichkeiten, in: Baus, K./Kögel, R. (2006): Vertrauen statt Mißtrauen, Stuttgart, 2006, S. 27–51.

Korff, W. (1999): Die grundlegenden Strukturelemente gesellschaftlicher Interaktion, in: Korff, W. (Hrsg.): Handbuch der Wirtschaftsethik, Bd. 1: Verhältnisbestimmung von Wirtschaft und Ethik, Gütersloh, 1999, S. 257–268.

Kormann, H. (2008): Beiräte in der Verantwortung – Aufsicht und Rat in Familienunternehmen, Berlin, Heidelberg u.a., 2008.

Lank, A. G./Ward, J. L. (2002): Governing the Business Owning Family, in: Aronoff/Astrachan/Ward (Hrsg.): Family business sourcebook – a guide for families who own businesses and the professionals who serve them, 3. Aufl., Marietta GA, 2002, S. 462–469.

Leventhal, G. S. (1980): What should be done with equity theory? – New approaches to the study of fairness in social relationships, in: Gergen, K. J. (Hrsg.): Social exchange – advances in theory and research, New York u.a., 1980, S. 27–55.

May, P. (2008b): How to create a successful family constitution, in: Families in Business, H. 39, 2008, S. 58–60.

Montemerlo/Ward/Klein (2005): The Family Constitution – Agreements to Secure and Perpetuate Your Family and Your Business, Georgia, GA, 2005.

Nicholson, N./Björnberg, Å. (2008): The Shape of Things to Come – Emotional Ownership and the Next Generation in the Family Firm, in: Tàpies, J./Ward, L. (Hrsg.): Family values and value creation – the fostering of enduring values within family-owned businesses, Basingstoke u.a., 2008, S. 29–52.

o. V. (2009): Stimmrechtsbindung in Vertragsunternehmen an aufgrund Mehrheitsklausel getroffene Entscheidung einer Schutzgemeinschaft („Schutzgemeinschaftsvertrag II"), in: Zeitschrift für Wirtschaftsrecht, 30. Jg., H. 5, 2009, S. 216–220.

Rawls, J. (2005): Eine Theorie der Gerechtigkeit, Nachdruck der 1. Aufl., Frankfurt a. M., 2005.

Rittershaus, G. (2000): Der enthauptete Stamm, in: Hommelhoff, P. (Hrsg.): Familiengesellschaften – Festschrift für Walter Sigle zum 70. Geburtstag, Köln, 2000.

Schäfer, M. (2007): Familienunternehmen und Unternehmerfamilien – Zur Sozial- und Wirtschaftsgeschichte der sächsischen Unternehmer 1850–1940, München, 2007.

Scherer, S. (2005a): Fallbeispiele zur Gefährdungen eines Familienunternehmens aus juristischer und steuerlicher Sicht, in: Scherer, S. et al. (Hrsg.): Familienunternehmen – Erfolgsstrategien zur Unternehmenssicherung, Frankfurt a. M., 2005, S. 151–194.

Scherer, S. (2005b): Zivilrechtliche Bedingungen und Gestaltungsüberlegungen, in: Scherer, S. et al. (Hrsg.): Familienunternehmen – Erfolgsstrategien zur Unternehmenssicherung, Frankfurt a. M., 2005, S. 195–349.

Schubert, K./Klein, M. (1997): Das Politiklexikon, Bonn, 1997.

Stierlin, H. (2005): Gerechtigkeit in nahen Beziehungen – systemisch-therapeutische Perspektiven, Heidelberg, 2005.

Stöhlker, F. S./Müller Tiberini, F. (2005): Familienrat – Formelle Treffen im trauten Kreis, in: IO New Management – Zeitschrift für Unternehmenswissenschaften und Führungspraxis, 74. Jg., H. 1–2, 2005, S. 9–12.

Van der Heyden/Blondel/Carlock (2005): Fair Process, in: Family Business Review, 18. Jg., H. 1, 2005, S. 1–21.

Völker/Tachkov/Wörner (2010): Konflikte und präventive Maßnahmen in Familienunternehmen – Ergebnisse aus einer Breitenbefragung von 305 deutschsprachigen Familienunternehmen, München, 2010.

Wälzholz, E. (2005): Unternehmensbeiräte als Mittel der Unternehmensführung, Beratung und Kontrolle, in: Sudhoff, H. (Hrsg.): Familienunternehmen, 2. Aufl., München, 2005, S. 390–406.

Ward, J. L. (2002): Developing Effective Ownership in the Family-Controlled Business, in: Aronoff/Astrachan/Ward (Hrsg.): Family business sourcebook – a guide for families who own businesses and the professionals who serve them, 3. Aufl., Marietta GA, 2002, S. 174–182.

Weber, M. (1980): Wirtschaft und Gesellschaft – Grundriß der verstehenden Soziologie, 5. Aufl., Tübingen, 1980.

Wieselhuber/Lohner/Thum (2006): Erfolgsfaktoren von Familienunternehmen – eine Studie; Ergebnisbericht über die schriftliche Befragung von Familienunternehmern in Deutschland, München, 2006.

8 Bindung durch unternehmensbezogene Ämter

Der Gesellschafter muss einen beträchtlichen Zeiteinsatz und Aufwand leisten, um seine Gesellschafterinteressen wahrzunehmen. Er wird dabei im eigenen Interesse und in eigenen Angelegenheiten tätig. Diesen Aspekt wollen wir hier nicht in den Blick nehmen – er wird in den anderen Kapiteln vielfach abgedeckt. Hier wollen wir erörtern, welche Bedeutung die Übernahme von Ämtern und von Funktionen für einen Gesellschafter und für die Gemeinschaft der Gesellschafter hat. Die Bedeutung für das Unternehmen selbst soll nur ergänzend mit einbezogen werden.

8.1 Bedeutung der Ämter

Arten von Ämtern

Ein Amt bedeutet ein Wirken für andere: Die Grundlage der Amtsfunktion wird von den anderen, den Nutznießern meines Wirkens, bestimmt; ihr Interesse muss ich in meinem Wirken vertreten und sie beurteilen das Ergebnis meines Wirkens. Ob diese Arbeit entlohnt wird oder nicht, ist nicht essenziell für den Charakter des Tätigwerdens im Interesse Dritter. Alles, was hier aufgeführt wird, gilt sowohl für einen voll entlohnten Arbeitsplatz wie für ein Wahlamt, das ohne Honorar im sogenannten „Ehrenamt" ausgeübt wird. Im Einzelnen kommen für einen Gesellschafter folgende Ämter in Frage:

- ein normaler Arbeitsposten im Unternehmen,
  - im Dienstvertrag auf einer Arbeitsstelle,
  - im Werkvertrag als Dienstleister oder Lieferant,
- eine Funktion in der Unternehmensführung: Dies ist zwar auch eine Arbeitsposition, soll aber als Organstellung besonders herausgehoben werden,

H. Kormann, *Zusammenhalt der Unternehmerfamilie,*
DOI 10.1007/978-3-642-16351-7_8, © Springer-Verlag Berlin Heidelberg 2011

- eine Position in der Governance des Unternehmens, z. B. im Gesell-
  schafterausschuss/Beirat/Aufsichtsrat, oder auch eine Position in der
  Governance der Familie, z. B. in einem Familienrat,

- eine Position in weiteren Projekten und Mandaten der Familie, wie
  z. B. als Beauftragter zur Bewahrung der Geschichte des Unternehmens und der Familie oder als Leiter eines Projekts für ein Bauvor-
  haben,

- eine repräsentative Aufgabe: ein Mandat in einem Gremium, in dem
  ein Gesellschafter das Unternehmen repräsentiert, z. B. Gremien der
  Kommune, IHK, Wirtschaftsverbände,

- eine Repräsentationsaufgabe in der Beziehung zu
  - Mitarbeitern,
  - Kunden,
  - Partnern,
  - Öffentlichkeit,

- ein Mandat in philanthropischen Projekten oder Stiftungen der Familie oder des Unternehmens.

Im weitesten Sinne gehören zu den Mandaten auch solche, die zwar *ad
personam* vergeben werden – wie z. B. ein normales Aufsichtsratsmandat –,
für die der Berufene aber vielleicht nur deshalb in die engere Wahl gezogen
wurde, weil er Gesellschafter eines bekannten Familienunternehmens ist.

Allein die lange Liste möglicher Wirkungsbereiche macht deutlich, dass
es hier nicht nur um die Frage „Unternehmensnachfolge aus der Familie"
geht. Ich will die Perspektive vielmehr umkehren: Es gilt die ganze Breite
der Möglichkeiten von Gesellschafterengagements im Systemverbund von
Familie und Unternehmen zu sehen, um von da aus zu beurteilen, ob die
Übernahme einer konkreten Position sinnvoll ist oder nicht.

Man erhält ein entsprechendes Amt auf einem der folgenden Wege:

- Bewerbung und Annahme,
- Berufung durch Wahl,
- Entsendung durch die Gesellschafterversammlung oder die Unter-
  nehmensführung.

Dass der Zugang zu den genannten Ämtern nur durch Dritte – wenn auch
meist Verwandte – gewährt wird, ist ein ganz wichtiger Aspekt, der zur
Bedeutung dieser Ämter beiträgt. In der Anvertrauung eines Amtes drückt
sich eine Wertschätzung von Seiten Dritter aus.

Bindungswirkung durch emotionalen Nutzen

Derjenige, der ein Amt übernimmt, erhält – wenn es mit erheblichem Zeit-einsatz verbunden ist – regelmäßig eine angemessene Honorierung. Daraus ergibt sich für den Gesellschafter ein Interesse, sich diese Einkommens-quelle auf Dauer zu sichern. Wichtiger noch als dieser materielle Vorteil können aber die emotionalen Vorteile sein, die aus den unterschiedlichen Aspekten der Sinnvermittlung und der Erhöhung des Selbstwertgefühls gewonnen werden:

- Sinnvermittlung durch die Aufgabe des übernommenen Amtes und durch das Erfolgserlebnis, wenn die Aufgabe gut erfüllt wird,

- Sinnvermittlung durch den Beitrag zum Gelingen des Projekts „Fami-lienunternehmen" und zu einer nachhaltigen Unternehmensentwick-lung,

- Sinnvermittlung durch die philanthropischen Aufgaben einer Stif-tung, für die gegebenenfalls ein Amt wahrgenommen wird,

- Verstärkung des Gefühls des psychischen Eigentums aufgrund der größeren Vertrautheit mit dem Familienunternehmen wie auch auf-grund der mit dem Amt verbundenen Wirkungs- und Einwirkungs-möglichkeiten auf das Unternehmen,[288]

- Selbstwerterhöhung durch die von den Leistungsempfängern gezollte Anerkennung,

- Selbstwerterhöhung durch den Reputationsgewinn in der Öffentlich-keit, indem durch das Amt die Verbindung zum Unternehmen sicht-bar wird.

Zu den Ämtern, die den Gesellschaftern offen stehen, und damit zu diesen emotionalen Vorteilen gibt es für den Einzelnen in aller Regel keine adä-quate Alternative im freien Markt. Wenn aber die jeweilige Position eine hohe Wertschätzung erfährt, wird der Positionsinhaber sehr loyal die Kon-stellation des Familienunternehmens unterstützen, die diese Position er-möglicht.

Probleme aus der Besetzung von Ämtern

Die Wahrnehmung eines unternehmensbezogenen Amtes kann also einen starken Bindungsfaktor für den einzelnen Gesellschafter bedeuten, der

---

[288] Vgl. oben Abschnitt 2.2.

ein solches Amt innehat. Aber selbst wenn dieses Amt eigentlich einen Dienst an der Gemeinschaft darstellt, können sich aus der Sicht der Gesellschaftergemeinschaft hieraus Probleme ergeben.

Die Übernahme von Ämtern führt zu Unterschieden innerhalb der Gesellschafterfamilie: Es entsteht eine Gruppe derjenigen, die sich im Rahmen des Familienunternehmens engagieren können, und eine Gruppe derer, die dies nicht tun oder nicht tun können. Weitere Differenzierungsaspekte in diesem Zusammenhang sind denkbar. Jede Differenzierung kann jedoch Quelle für Unbehagen sein und in einem Konflikt verstärkend wirken. Das gilt insbesondere, wenn mit einem Amt besondere Vorrechte oder Einflussmöglichkeiten verbunden sind. Des Weiteren ergibt sich bei jedem Wirken, jeder Einflussnahme, die für den Amtsinhaber gerade sinngebend ist, die Möglichkeit, dass genau dieses Wirken oder diese Einflussnahme auf Kritik in der Gemeinschaft stößt. Dies wiederum führt zu Frustrationsgefühlen beim Amtsträger und zur Entfremdung von der Gemeinschaft. Nicht zuletzt deshalb wird gerade bei der Übernahme besonders exponierter Positionen in der Unternehmenshierarchie auch schnell der Vorwurf des Nepotismus laut. Hier steht immer die Frage der ungerechtfertigten Bevorzugung einzelner Gesellschafter im Raum, durch die all diejenigen enttäuscht werden, die selbst als Aspiranten für die betreffende Position „in den Startlöchern stehen". Spätestens an dieser Stelle können sich bereits bestehende Geschwisterrivalitäten in bemerkenswertem Ausmaß verstärken und verschärfen. Dies ist besonders in Situationen zu beobachten, in denen es etwas zu erben gibt oder in denen Positionen zu vergeben sind.

Teilweise können Gesellschafter und Unternehmen entsprechende Vorkehrungen treffen, damit solche Rivalitäten nicht eskalieren oder sogar abgebaut werden können. Teilweise wird man die latente Problematik aber auch in Kauf nehmen. Die Idee der Gleichbehandlung von Geschwistern, wie sie aus dem persönlichen Verständnis von Gerechtigkeit heraus von vielen Eltern verfolgt wird, ist – wie oben erläutert – grundsätzlich schwierig zu verwirklichen; mit der Vergabe von Ämtern ist sie gänzlich unvereinbar. Um einen möglichst großen Lösungsraum für dieses Dilemma zu etablieren, kann die Schaffung vieler und zwar möglichst unterschiedlicher Ämter sinnvoll sein. Auf diese Weise können viele Geschwister Funktionen für das Unternehmen übernehmen. Die unterschiedliche inhaltliche Gestaltung kann dann dazu beitragen, Anlässe für Rivalitäten zu verringern.

Situationsbezogene Entscheidung oder grundsätzliche Regelungen

Angesichts einer Mischung von Vorteilen (Bindungswirkung) und Nachteilen (Ungleichheit, Rivalität) liegt es nahe, als Entscheidungsregel für die Besetzung von Ämtern mit Familienangehörigen zu formulieren: Es kommt darauf an! – auf den jeweiligen Kandidaten für das Amt und auf die jeweilige Konstellation in der Familie und im Unternehmen.

Ältere Familienunternehmen haben in der Frage des Zugangs zu Ämtern jedoch meist bereits bestimmte Grundsätze entwickelt. Diese Grundsätze können aus einer lange gepflegten Tradition erwachsen sein oder aus einer bei einem kritischen Anlass begonnenen Diskussion mit nachfolgender Regelsetzung für die Zukunft. Folgende Regelungsmuster finden sich in der Praxis:

1. Beschäftigung jedes geeigneten Familienmitglieds auf allen Hierarchiestufen eines Unternehmens. Dies kann Ausdruck der „Familienorientierung" sein, wonach das Geschäft um der Familie willen da ist – und nicht umgekehrt.

2. Möglichkeit zur Beschäftigung von Gesellschaftern und deren Familienmitgliedern im Unternehmen unter der Voraussetzung, dass das Beschäftigungsverhältnis „at arm's length" – also wie mit Dritten – zustande kommt, was meist durch ein Gremium aus Nicht-Familienmitgliedern zu prüfen ist.

3. Keine Beschäftigung von Gesellschaftern und deren Familienmitgliedern auf nachgeordneten, normalen Arbeitsplätzen, sondern nur in der Unternehmensleitung.

4. Keine Beschäftigung von Gesellschaftern und Familienmitgliedern im Unternehmen – weder auf normalen Arbeitsplätzen noch auf der Ebene der Geschäftsführung.

Die Entscheidungssituation ist unterschiedlich, je nachdem, ob es um einen normalen Arbeitsplatz geht oder um die Nachfolge in der Unternehmensführung, weshalb ich die nachfolgenden Überlegungen nach diesen Fallgruppen gliedere.

8.2   Beschäftigung von Familienmitgliedern auf normalen Arbeitsplätzen

Aspekte des Gemeinschaftsinteresses

Die Gemeinschaft der Familie und des Familienunternehmens kann ein Interesse daran haben, dass Familienangehörige im Familienunternehmen arbeiten, weil ihre Beschäftigung hohe Leistungen bei maßvollen Aufwendungen erwarten lässt. Dies ist regelmäßig das Erfolgsmuster für Unternehmensgründungen: Die Familienmitglieder – und vielleicht auch die ebenfalls mitbeschäftigten Freunde – setzen sich mit hoher Motivation für den Erfolg des Start-ups ein. Die „Sacheinlage" an Eigenkapital durch nicht berechnete Arbeitsleistung ist in der Gründerphase durchaus werterheblich und erfolgsentscheidend.

Bei einem reifen Unternehmen hält man diesen Effekt zunächst für nicht so relevant. Das Unternehmen sollte es sich leisten können, alle benötigten Mitarbeiter am Arbeitsmarkt zu beschaffen und marktüblich zu entlohnen.

Richtet man den Blick allerdings über die Kontinente der entwickelten Volkswirtschaften hinaus auf die Entwicklungsländer und die „newly industrialized countries", wird man dort die Beschäftigung möglichst vieler Mitglieder der Kernfamilie und der weiteren Verwandtschaft als Standardmuster vorfinden. Ein Grund hierfür besteht darin, dass es in Entwicklungsländern noch keinen hinreichend tiefen Markt für qualifizierte, vertrauenswürdige Mitarbeiter gibt. Daher *müssen* die Personalressourcen der Familie intensiv für das Unternehmen genutzt werden.

Diesen Bereich der noch nicht voll entwickelten Arbeitsmärkte für normale Positionen wie auch für – die weiter unten erörterten – Unternehmensführungspositionen lassen wir im Folgenden freilich außer Betracht. In den entwickelten Volkswirtschaften kann man davon ausgehen, bei attraktiven Angeboten zumindest Mitarbeiter unterhalb der oberen Führungsebenen im Markt zu erhalten. In dieser Situation rückt das Individualinteresse des Gesellschafters an einer Beschäftigung im eigenen Unternehmen in den Vordergrund.

Aspekte des Individualinteresses

Die Frage, ob ein Gesellschafter einen normalen Arbeitsplatz in einem Familienunternehmen einnehmen kann und sollte, stellt sich vor allem für Gesellschafter oder deren Angehörige, die keine dominierende Anteilsposition haben. Damit ist diese Frage vorrangig in Mehrgenerationen-

Familiengesellschaften ein Thema. Zunächst scheint es naheliegend, sie positiv zu beantworten, wenn der Betreffende die entsprechende Eignung für den Arbeitsplatz aufweist. Rosenblatt et al. (1985) weisen in diesem Zusammenhang auf verschiedene Aspekte hin, die zum Gelingen dieser Konstellation beitragen können:

> „… keys to getting along well while working for relatives are tactful and timely communication, an openness to learning, tolerance of the foibles and frailties of others, flexibility about what one does and how one does it, and perhaps above all a willingness to work hard and to do one's best."[289]

Ein solches Beschäftigungsverhältnis schafft für den Beschäftigten zweifelsfrei einen materiellen Nutzen durch die damit verbundene finanzielle Entlohnung. Es bringt ihm aber durch die damit verbundene Selbstwerterhöhung vor allem auch einen immateriellen Nutzen, der zudem seine Bindung an das Familienunternehmen stärkt.

Ungeachtet dieser Aspekte spricht andererseits eine Reihe von Argumenten gegen die Besetzung von Unternehmenspositionen mit Gesellschaftern, auf die im Folgenden näher eingegangen wird.

Problematische Aspekte einer Tätigkeit im Unternehmen

Zunächst hat es den Anschein, dass eine Beschäftigung im Familienunternehmen für das jeweilige Familienmitglied aufgrund des bevorzugten Zugangs zu einem interessanten Arbeitsplatz sowie aufgrund der höheren Arbeitsplatzsicherheit eine besonders attraktive Option darstellt. Es können sich aber durchaus auch Probleme für das Individualinteresse ergeben:

1. Grundsätzlich gilt, dass eine Person die mit einer Tätigkeit verbundenen Leistungserwartungen in der Regel nie vollständig erfüllen kann. Die Minderleistung eines Gesellschafters wird, gleich welchen Ausmaßes, von seinen Verwandten jedoch besonders aufmerksam betrachtet und innerhalb der Familie auf Basis der dort zulässigen „ungehemmten Kommunikation" mit deutlicher Kritik belegt werden. Auch von Seiten der Arbeitskollegen wird ein Gesellschafter besonders aufmerksam beobachtet. Die Maßstäbe für die Beurteilung seiner Leistungen sind strenger als diejenigen für den Rest der Belegschaft. Allein schon aus diesem Grund ist es keinesfalls eine Selbstverständlichkeit, dass ein Arbeitsplatz in einem Unternehmen, an dem man selbst beteiligt ist, dem betreffenden Gesellschafter eine

---

[289] Rosenblatt, P. C. et al. (1985): S. 272.

besondere persönliche Befriedigung verschafft. Bei guter Eignung stehen ihm andererseits aber auch in vielen anderen Unternehmen Optionen offen. Nur in geografisch sehr abgelegenen Gegenden und in Zeiten ungünstiger Arbeitsmarktlagen dürften diese Alternativen schwer zu verwirklichen sein.

2. Ein weit gewichtigeres Argument gegen die Ausübung einer Beschäftigung im eigenen Familienunternehmen stellen die Schwierigkeiten dar, die auftreten, wenn einem Gesellschafter gekündigt werden soll, weil sich seine Eignung als nicht ausreichend herausgestellt hat. Rosenblatt et al. (1985) stellen die hier auftretenden Schwierigkeiten ausführlich da und verweisen in diesem Zusammenhang auf die Notwendigkeit, bereits vor der Einstellung eines Familienmitglieds klare Grenzen zwischen familiärer Bindung und der Bindung an das Unternehmen zu ziehen.[290] Man kann versuchen einen Eklat zu vermeiden, indem man darauf hinarbeitet, dass der jeweilige Gesellschafter von sich aus kündigt. Ein probates Mittel hierzu wäre etwa, deutlich zu machen, dass der Betroffene nicht mehr mit einer Beförderung rechnen könne. Wie aber soll ein Familiengesellschafter einem neuen Arbeitgeber erklären, dass er sein eigenes Unternehmen verlässt? Er hätte eine viel bessere Argumentationsbasis, wenn er seine Laufbahn von Anfang an in einem anderen als dem eigenen Unternehmen begonnen hätte.

3. Die Beschäftigung eines Familienmitglieds wird im Unternehmen häufig als eine Ausnahme vom Leistungsprinzip gewertet. Dieses Argument lässt sich mit dem Hinweis darauf entkräften, dass viele Belegschaftsmitglieder eines Unternehmens sich intensiv darum bemühen, dass ihre eigenen Verwandten bei Einstellungen des Unternehmens präferenziell berücksichtigt werden. Eine Reihe von Familienunternehmen ist sogar ausgesprochen stolz darauf, dass ganze Klans und Ortsteile ihre Belegschaft bilden. Daher wäre es unangebracht, der Gesellschafterfamilie selbst diese intensive Form der Sorge für die Beschäftigung von Verwandten zu verwehren.

4. Die Mitarbeiter des Unternehmens betrachten den Gesellschafter als Machtträger und sind nicht in der Lage, ihn als normalen Arbeitskollegen zu sehen. Dies ist in der Regel auch dann der Fall, wenn der Gesellschafter selbst tatsächlich nur als „ganz normaler Mitarbeiter" gesehen werden *möchte*.

---

[290] Vgl. Rosenblatt, P. C. et al. (1985): S. 136 f.

5. Die gewichtigste zu prüfende Frage ist möglicherweise folgende: Können die anderen Gesellschafter damit umgehen, dass einige aus ihrem Kreis im Unternehmen beschäftigt sind, andere jedoch nicht? Regelmäßig sind die im Unternehmen Engagierten besser informiert und sind Unterstützer der – familienfremden – Geschäftsführung.

6. In diesem Zusammenhang zeigt sich eine wichtige Erfahrungsregel: Ein Gesellschafter, der im Unternehmen tätig ist, kann keine Funktion als Gesellschaftervertreter – etwa in der Gesellschafterversammlung oder in einem Beirat (Gesellschafterausschuss) – wahrnehmen. Das ergibt sich aus der Forderung, dass er als Mitarbeiter des Unternehmens loyal zur Unternehmensführung sein muss. Wenn er ein guter und erfolgreicher Mitarbeiter ist, wird er ohnehin begeistert vom Unternehmen und seiner Führung sein. Aber auch seitens der Geschäftsführung besteht die unbedingte Erwartung, dass sich der Gesellschafter-Mitarbeiter loyal verhält und nicht als „Zuträger" an die Gesellschafter dient. Er darf also mit den anderen Gesellschaftern praktisch nicht über die Interna des Betriebs reden. Als Untergebener der Geschäftsführung kann er nicht gleichzeitig in den ihr vorgesetzten Gremien – Beirat und Gesellschafterversammlung – Sitz und Stimme haben. Derartige Perversionen gibt es nur qua Vertretung der Arbeitnehmer im Aufsichtsrat.

Prüfung der Einstellungs- und Beförderungsvoraussetzungen „at arm's length"

Wenn in einem Familienunternehmen die Beschäftigung von Familienmitgliedern *grundsätzlich erlaubt* ist, ergeben sich besonders heikle Situationen in dem Moment, in dem

- ein Bewerber aus dem Familienkreis nicht für eine zu besetzende Position ausgewählt wird,
- entschieden werden muss, ob ein im Unternehmen tätiger Gesellschafter befördert werden soll oder nicht,
- ein Beschäftigungsverhältnis aufgelöst werden muss, weil die Leistungen des Gesellschafters nicht akzeptabel sind.

Um solche heiklen Konstellationen angemessen bewältigen zu können, sind folgende Erwägungen anzustellen:

1. Soll ein Gesellschafter eingestellt werden, muss bereits bei der Einstellung sorgfältig geprüft werden, ob und gegebenenfalls für

welche Position der Betreffende tatsächlich geeignet ist. Hier kann das Problem entstehen, dass der in Frage kommende Gesellschafter eine Ablehnung seiner Bewerbung als ungerechtfertigtes „Unwerturteil" versteht. Er kann sie auch als Ausdruck von Missgunst der in der Unternehmensführung eventuell tätigen Verwandten ansehen oder sie als Abwehrhaltung der Nicht-Familien-Unternehmensführung deuten, die keinen „Spion" der Gesellschafter im Unternehmen haben möchte. Im Interesse des Zusammenhalts der Gesellschafter darf aus der Ablehnung einer Bewerbung kein Trennungsfaktor für den betroffenen Gesellschafter erwachsen. Dies erfordert gezielte Maßnahmen. Eine dieser gefahrreduzierenden Maßnahmen besteht darin, alle Bewerbungen durch Stellen prüfen zu lassen, die weder durch Gesellschafter, Mitglieder der Geschäftsführung oder Mitglieder des Beirats besetzt oder direkt beeinflusst sind. Daher empfiehlt es sich in diesem Zusammenhang, eine Personalberatung mit der Durchführung des gesamten Bewerbungsprozesses zu beauftragen. Wenn im Falle einer Ablehnung diese dann den Zorn des abgewiesenen Bewerbers auf sich zöge, wäre dies aus Sicht der Gesellschaftergesamtheit eine vorteilhafte Konstellation, da damit die Beziehung zwischen den Gesellschaftern unbelastet von diesem Ereignis bleiben kann.

2. Wenn bei einem angestellten Gesellschafter eine Beförderung ansteht, da seine Leistung und Verweildauer im Unternehmen dies nahelegen, so ergibt sich als erstes die Frage, wer die Beförderung aussprechen soll. In anderen Beschäftigungsverhältnissen geschieht dies in der Regel in Abstimmung zwischen Fach- und Personalabteilung. Die jeweilige Führungskraft ermöglicht es einem Mitarbeiter, einen Karriereschritt zu vollziehen, ist aber selbst auf hierarchischer Ebene nicht von diesem Mitarbeiter abhängig. Anders verhält es sich im hier interessierenden Fall: Einen beschäftigten Gesellschafter zu befördern bedeutet, dass eine Führungskraft zwar einerseits einen Mitarbeiter befördert, es sich hierbei aber letztlich um die Beförderung einer Person handelt, die bei genauerer Betrachtung durch gezielte Einflussnahme dieser Führungskraft selbst den Verbleib und Aufstieg in der Firma ermöglichen oder verwehren kann. Es stellt sich vor diesem Hintergrund die Frage, wie frei die jeweilige Führungskraft in derartigen Entscheidungen wirklich ist. Selbst bei klaren formalen Regelungen kann die betreffende Person nie ganz ausschließen, dass Entscheidungen, die nicht im Sinne des betroffe-

nen Gesellschafters sind, direkt im Gesellschafterkreis (d. h. in der Familie des Gesellschafters) diskutiert werden. Die Führungskraft kann sich also nicht sicher sein, welche Konsequenzen ihre Entscheidung haben wird.

Aber auch für den angestellten Gesellschafter ist die Situation schwierig. Er kann sich letztlich in keiner Situation wirklich sicher sein, ob er tatsächlich aufgrund seiner Kompetenzen, Qualifikationen und guten Leistungen befördert wird oder ob seine Beförderung aufgrund „politischer" Überlegungen zustande kommt. Wenn ein im Unternehmen beschäftigter Gesellschafter nur deshalb befördert wird, weil sich der Befördernde davon Vorteile bei der Erreichung eigener Ziele verspricht, dürfte dies nicht im Interesse des betroffenen Gesellschafters sein. Besonders problematisch wird die Situation jedoch, wenn eine Beförderung aufgrund mangelnder Leistungen gar nicht ausgesprochen werden kann. Für diesen Fall ergeben sich die vorgenannten Fragen sozusagen „mit umgekehrtem Vorzeichen". Letztlich müssten in diesem Zusammenhang zum Schutz des Betriebsfriedens Regelungen gefunden werden, wie mit Beförderungen von Gesellschaftern generell umgegangen werden soll. Eine dieser Regelungen sollte wiederum vorsehen, in den angesprochenen Fällen eine externe Instanz einzuschalten, die durch Zusammenarbeit mit allen Beteiligten in die Lage versetzt wird, eine Entscheidung über die Beförderung oder den Verbleib im Unternehmen zu fällen. Allerdings wäre es auch hier notwendig, vorher einen Konsens darüber herzustellen, dass die getroffene Entscheidung durch alle Gesellschafter akzeptiert wird, auch wenn sie nicht der persönlichen Meinung eines jeden von ihnen entspricht.

3. Bei der Beendigung eines Beschäftigungsverhältnisses wird der Betroffene, schon um sein Selbstwertgefühl zu schützen, die Ursache hierfür in der Regel bei Kollegen, Vorgesetzten usw. suchen. Diese Schuldzuweisung und die von ihm subjektiv als ungerecht empfundene Behandlung können sich als Trennungsfaktor negativ auf sein Verhalten als Gesellschafter auswirken. Somit würde letztendlich der Zusammenhalt der Gemeinschaft darunter leiden, dass einem Individualinteresse an einer Beschäftigung im eigenen Unternehmen stattgegeben wurde.

Abwägung unter Verantwortungsaspekten

Allein der Umfang der vorstehend erörterten Argumente zeigt, dass der beste Weg zur Vermeidung von Problemen darin besteht, keine Beschäftigung von Familienmitgliedern im Unternehmen unterhalb der Geschäftsleitung zuzulassen – zumindest nicht in großen Unternehmen. Andererseits ist es nachvollziehbar und aus Gesellschaftersicht durchaus zu akzeptieren, wenn Gesellschafter diese Option für sich, ihre Angehörigen und ihre Nachkommen offen halten wollen. Aus Sicht ihres Individualinteresses mag dies vielleicht der wichtigste „derivative Nutzen" ihrer Beteiligung an dem Unternehmen sein und damit wird diese Option auch zu einem starken Bindungsfaktor.

Die bisherigen Ausführungen legen nahe, keine Grundsatzdiskussion entstehen zu lassen, sondern nur eine angemessene Entscheidung für den Einzelfall zu suchen. Für die Nachhaltigkeit der Unternehmensentwicklung insgesamt ist die Frage einer Beschäftigung von Gesellschaftern auf „normalen" Arbeitsplätzen ohne Einfluss. Es kommt hier vielmehr auf die Nachhaltigkeit der Familienbindung an das Unternehmen generell an. Diese wird aber in der Regel eher dann gefördert, wenn jeder Gesellschafter potenziell die Chance hat, für seine Nachkommen im Unternehmen einen Arbeitsplatz zu finden. Sollten sich allerdings andere Gesellschafter – aus welchen Gründen auch immer – gegen diese Möglichkeit aussprechen, sollte im Interesse des Zusammenhalts der Gesellschafter darauf verzichtet werden.

8.3 Besetzung von Unternehmensführungspositionen

Einfluss der Unternehmensgröße

Alle Probleme, die bezüglich einer normalen Beschäftigung im Familienunternehmen auftreten, sind für die Option einer Besetzung von Geschäftsführungspositionen in verstärktem Maße wirksam. Gleichwohl ist unter den meisten Gesellschaftern die Sehnsucht verbreitet, dass einer ihrer begabten Abkömmlinge in der Führung ihres Unternehmens tätig sei. (Wir lassen hier zunächst die zusätzliche Komplikation außer Betracht, die dann auftritt, wenn die Sehnsucht des Seniors darin besteht, für seinen Erben die Position des „allmächtigen" geschäftsführenden Gesellschafters zu schaffen.[291])

---

[291] Da dies nur über eine bestimmte Vererbungsstrategie zu erreichen ist, würde uns die Verfolgung dieses Aspekts zu weit vom Thema wegführen.

Wenn man die Tätigkeit eines Gesellschafters auf einem normalen Arbeitsplatz zulässt, kann schon logisch nicht ausgeschlossen werden, dass ein Geeigneter auch bis zur Geschäftsführung aufsteigt.[292] Wenn man davon ausgeht, dass es zulässig ist, dass Familiengesellschafter in der Geschäftsführung tätig sind, dann konzentriert sich die Verantwortung der Gesellschafter darauf, wie ein Scheitern des Amtsträgers vermieden werden kann:

1. dadurch, dass eine vorhersehbare Fehlbesetzung möglichst vermieden wird,

2. dadurch, dass eine im Unternehmensinteresse gebotene Beendigung der Geschäftsführungsfunktion möglich ist und nicht zu einem gravierenden Trennungsfaktor wird.

In einem örtlich verankerten Fachhandelsgeschäft oder in einem Handwerksbetrieb hängt der Fortbestand des Familienunternehmens davon ab, dass in der Familie ein Nachfolger gefunden wird, der das Geschäft weiterführt. Solche Geschäfte überschaubarer Größe und Komplexität werden am besten von einem Familienmitglied geführt. Sie wären zu klein, um nach einem qualifizierten externen Geschäftsführer zu suchen – oder umgekehrt: Der qualifizierte Geschäftsführer möchte auch Gesellschafter sein und findet genügend Möglichkeiten für einen „Buy-In". In einem solchen Kleingewerbebetrieb sind regelmäßig auch weitere Familienmitglieder tätig. Die Frage, ob dies vorteilhaft ist oder nicht, stellt sich normalerweise nicht; es ist einfach so. Das Individualinteresse und das Gemeinschaftsinteresse am Familienunternehmen laufen hier synchron. Diese Unternehmensgröße erlaubt auch nur einen Geschäftsführer.

Das Mehrgenerationen-Mehrgesellschafter-Unternehmen setzt demgegenüber eine gewisse Größe voraus. Die Vielfalt der weiter oben angeführten möglichen Positionen für Gesellschafter eröffnet sich erst bei einer angemessenen Größe des Unternehmens, die in der Regel aber auch eine wachsende Anzahl von Gesellschaftern mit sich bringt. Drei Gesellschafter können in einem mittelgroßen Unternehmen allesamt wirkungsmächtige Positionen finden, bei 20 Gesellschaftern mag dies – außerhalb der Institution Gesellschafterversammlung – schon schwierig sein. Wir müssen uns jedoch eine Situation von mehr als zehn Gesellschaftern vorstellen, um überhaupt das volle Spektrum der möglichen Aspekte sowie der Vor- und

---

[292] Wir können hier nur auf einige Aspekte der Nachfolgethematik eingehen. Aus der umfangreichen Literatur zu diesem Thema sei nur auf einige Schriften verwiesen: Handler, W.C. (1994); Stephan, P. (2002); Le Breton-Miller/Miller/Steier (2004); Brockhaus, R.H. (2004); Wimmer, R. et al. (2005): S. 260–320; Pfannenschwarz, A. (2006a); Pfannenschwarz, A. (2006b); Müller, V. (2008).

Nachteile jeder Regel beurteilen zu können. Wir gehen also in den folgenden Überlegungen von einem größeren Unternehmen mit mehreren Gesellschaftern aus.

Individualinteresse des Gesellschafters

Ob man einem Gesellschafter, der keine dominierende Anteilsposition hat, raten soll, eine Geschäftsführungsposition anzustreben, ist durchaus zu diskutieren. Auch bei sorgfältigster Prüfung und Ausbildung auf den vorhergehenden Tätigkeitsstufen führt jede Beförderung zu einem neuen Anspruchsniveau, auf dem sich herausstellen kann, dass der Amtsinhaber ihm nicht gewachsen ist. Schlimmer noch: Das Anspruchsniveau kann sich im Zeitablauf ändern: Eine schlechte Wirtschaftslage kann neue Qualifikationen als Turnaround-Manager verlangen, das Unternehmenswachstum kann zu neuen, höheren Anforderungen führen usw. Die Erfahrung im Wirtschaftsleben zeigt, dass ein Drittel der Führungskräfte bereits auf dem Weg zur obersten Führungsebene scheitert. Die kurze Amtsdauer der Vorstände von Börsengesellschaften, die durch jährliche Untersuchungen neu untermauert wird,[293] belegt, dass die Geschäftsführung eine „gefahrengeneigte Tätigkeit" ist.

Ein Gesellschafter kann keineswegs damit rechnen, dass die Mitgesellschafter eine unzureichende Leistung – so sie sie erkennen können – dulden würden. Es gehört zu ihren obersten Verantwortlichkeiten gegenüber dem Unternehmen, dass sie darauf bestehen, die beste verfügbare Geschäftsführung für das Unternehmen zu installieren. Wenn aber ein Geschäftsführungsverhältnis vorzeitig beendet werden muss, dann beeinträchtigt dies die „Employability" des Betroffenen viel gravierender als die Nichtfortsetzung eines Vertrags mit einem Nicht-Familien-Geschäftsführer. Und wenn man auf all diese Risiken blickt und dann noch an das Risiko des Scheiterns der Ehe eines Gesellschafters denkt, wird man dem Partner eines Gesellschafters umso weniger anraten können, eine Geschäftsführungsposition in dem betreffenden Unternehmen anzunehmen.

Vermeidung einer Fehlbesetzung

Die Ausführungen im Zusammenhang mit der Beschäftigung von Gesellschaftern auf einem normalen Arbeitsplatz gelten für die Besetzung von Geschäftsführungspositionen in gleichem Maße:

---

[293] Vgl. hierzu beispielhaft: Höpner, M. (2003): S. 123 ff. und insbesondere S. 131; Akitürk, D. C. (2003).

1. Die vorliegende Eignung muss intensiv *ex ante* geprüft werden.

2. Diese Prüfung sollte unbedingt durch Dritte erfolgen, so z. B. durch ein Gremium aus mehreren Nicht-Familienmitgliedern, das sein Urteil nur als komplettes Gremium mit absoluter Verschwiegenheit hinsichtlich der jeweiligen Einzelmeinungen trifft.

3. Die Bewertungsmaßstäbe und spezifischen Anforderungen bei der Besetzung einer bestimmten Führungsposition sind hinreichend zu definieren. Bei der Klärung der Qualifikation des Gesellschafters ist zu beachten, dass es nicht nur darum geht, das Unternehmen in seinem aktuellen Zuschnitt zu führen. Die Aufmerksamkeit muss vielmehr vor allem darauf gerichtet sein, ob der betreffende Bewerber in der Lage ist, das Unternehmen erfolgreich in die Zukunft zu führen. Um dies zu beurteilen, müssen die Entscheider eine Vorstellung davon entwickeln oder aber vermittelt bekommen, wie das Unternehmen in der nächsten Generation aussehen könnte. Da das Unternehmen dann wesentlich größer, komplexer und globaler aufgestellt sein soll, müssen die zukünftigen Geschäftsführer anders, letztlich wesentlich umfassender auf ihre Aufgaben vorbereitet werden sowie eine größere Leistungsfähigkeit zeigen als die vorhergehende Generation.

Entscheidend im Prozess der Beurteilung und Auswahl von Familienmitgliedern für Führungspositionen ist, dass die Funktion des Beurteilens und Auswählens *nicht* bei anderen Familienmitgliedern liegt. Ein Grund hierfür besteht natürlich darin, Fehlurteile aus Liebe zu den eigenen Kindern oder Nepotismus zu vermeiden. Einen noch wichtigeren Grund stellt die Vermeidung persönlicher Verletzungen zwischen den Familienmitgliedern dar, die sich aus negativen Urteilen ergeben würden. Wenn ein Vater seinen Sohn nicht als Nachfolger auswählt, dann kann dies zur Zerrüttung der emotionalen Beziehung zwischen beiden führen. Kluge Familien haben verschiedenartige Prozedere entwickelt, die die Beurteilung der potenziellen Nachfolger auf Nicht-Familienmitglieder übertragen.

Von einer der früheren Generationen der Familien Miele und Zinkann wird berichtet, dass ein Senior der einen Familie als Coach des auserwählten Nachfolgers der anderen Familie agierte. Über die Rolle des Coaches wurde nicht nur ein Transfer von „Kultur" zwischen den Familien erreicht, sondern es wurde auch die Beurteilung der Talente der nächsten Generation einem Vertreter der anderen Familie übertragen.

Bei dem Familienunternehmen Pictet, einem Bankhaus in Genf, werden die Nachfolger der Geschäftsführer aus dem Kreis der Familienmitglieder von den Nicht-Familienmitgliedern in der Partnerschaft ausgewählt.

Spezifikation der Zugangsvoraussetzungen

Es empfiehlt sich daher, die Mindestvoraussetzungen, die sich Gesellschafter erarbeiten müssen, die an einer Mitwirkung in der Unternehmensführung interessiert sind, in einer Art „Spezifikationsliste" für die Anwärter auf Führungspositionen im Unternehmen zusammenzustellen. Diese Liste kann z. B. folgende Anforderungen enthalten:

- abgeschlossenes, für die Tätigkeit relevantes Studium. Wenn man Äußerungen der Gesellschafter des Hauses Miele richtig interpretiert, wird dort von den Nachfolgern ein Prädikatsexamen bzw. Doktorat innerhalb angemessener Studienfristen erwartet.

- Erfahrungen aus mehreren Auslandsaufenthalten, am besten in unterschiedlichen Kulturen,

- verhandlungssicheres Englisch,

- ein gewisses Mindestalter sowie

- vorangegangene Tätigkeiten in anderen Unternehmen mit Erreichen von vorgegebenen Karrierestufen.

Diese Spezifikation kann nun weiter konkretisiert werden. Die Prüfkataloge gehören zum Handwerkszeug jedes qualifizierten Beraters im Bereich „Executive Selection", wobei jeder Experte noch sein spezielles Raster hat. Übliche Kriterien sind z. B.:

- Persönlichkeitswerte
  - Integrität
  - Loyalität
  - Selbstbeherrschung
- Fachkompetenz
  - Branchenerfahrung
  - Funktionserfahrung
  - Tiefe/Breite
- Sozialkompetenz
  - Teamarbeit
  - Durchsetzungsfähigkeit
- Führungskompetenz
- Unternehmertum
  - Praktische Intelligenz im Aufgreifen und Analysieren von Chancen und Risiken

— Veränderungsbereitschaft
— Wille zum Erfolg

Die hier aufgeführten Stichwörter sind natürlich im Hinblick auf ein bestimmtes Unternehmen weiter zu konkretisieren. Auch wenn dies nicht in letzter Konsequenz möglich ist, können sie doch eine Orientierung vermitteln. Diese Orientierung muss rechtzeitig gegeben werden, nämlich bevor die in Betracht kommenden Aspiranten ihre Ausbildung abschließen. Nur so können die genannten Kriterien für die jugendlichen Kandidaten eine Orientierungsfunktion entwickeln und eine konfliktreduzierende Selektion zwischen konkurrierenden Kandidaten ermöglichen.

Wenn es dann aber darum geht festzustellen, ob ein Aspirant die Anforderungen erfüllt, dann zeigt die Auflistung der Stichpunkte, dass für eine Bestätigung des Führungskräftepotenzials das „Bauchgefühl" nicht ausreicht – obgleich auch nicht gegen das „Bauchgefühl" entschieden werden sollte. Das Gebot der Fairness gegenüber dem Kandidaten gebietet es, einen in derartigen Beurteilungen erfahrenen Fachmann hinzuzuziehen, um die Kompetenzen mit Blick auf das durchaus komplexe Anforderungsprofil zu beurteilen.

Eintritt des Gesellschafters direkt in die Geschäftsführung

Der Grundsatz einer Familienverfassung, dass Gesellschafter entweder gar nicht oder nur in der obersten Führungsebene tätig sein dürfen, erscheint zunächst sehr altmodisch. Man kann vermuten, dass hiermit Usancen der herrschenden Adelshäuser in die bürgerliche Welt transportiert werden. Da die Gesellschafter die obersten Machtträger im Unternehmen sind, wollen die Vertreter dieser Maxime sicherstellen, dass die Mitglieder der „Herrschaftsfamilie" ihren Untergebenen, den normalen Mitarbeitern, nicht als normale und vor allem auch nicht als fehlbare Kollegen gegenübertreten. Eine solche Politik ist durchaus selbstwertdienlich und liegt im Interesse der entsprechend indoktrinierten Gemeinschaft.

> „Wir wollen keine U-Boote im Unternehmen, sagt Jürgen Heraeus, (…) soll heißen: für Mitglieder der Familie ist im Unternehmen kein Platz reserviert, jedenfalls nicht in Positionen, wo sie nicht zugleich auch Chef sind."[294]

Ein guter Grund für einen solchen Grundsatz ist allerdings die Vermeidung des oben beschriebenen Problems, dass die Mitarbeiter in einem Gesell-

---

[294] Heraeus, J. interviewt durch Hülsbömer, A. (2008): S. 13.

schafter nie den normalen Kollegen sehen können. Sie werden immer versuchen eine persönliche Beziehung zum „Gesellschafter" in der Person aufzubauen. Der Mitarbeiter erhofft durch eine solche bevorzugte Position eine größere Arbeitsplatzsicherheit und Beförderung seiner Karriere.

Schließlich führt dieser Grundsatz aber auch dazu, dass eine hohe Hürde mit einer strengen Spezifikation für den Eintritt ins Unternehmen errichtet wird. Wenn diese Regel – was natürlich die Voraussetzung ist – mit der Prüfung eines Drittvergleichs verbunden wird, bedeutet sie, dass ein Gesellschafter nur dann in das Unternehmen eintreten kann, wenn er sich außerhalb des eigenen Unternehmens die Qualifikation für den Zugang zur obersten Führungsebene erworben hat. Diese Qualifizierung setzt zumindest eine nachweisbar erfolgreiche Tätigkeit auf der Ebene unterhalb der Geschäftsführung in einem Unternehmen ähnlicher Komplexität und Größe voraus. Scheinbar ist der direkte Zugang in die Geschäftsführung eine Bevorzugung der Familienangehörigen, *de facto* schließt er das „Hochpäppeln" eines ungeeigneten Nachfolgers im Schutz des eigenen Unternehmens aus und verlangt objektiv nachprüfbare Qualifikationen, die in anderen Unternehmen unter Beweis gestellt worden sind.

Vorkehrungen bei notwendiger Beendigung der Geschäftsführungsbestellung

Die Verantwortung für den Bestand und die Nachhaltigkeit eines Unternehmens verlangt, eine nicht vertretbare Amtsführung durch einen Gesellschafter ebenso zu beenden, wie man dies bei einem Nicht-Familien-Geschäftsführer tun würde. Dies ist geradezu eine Frage der Werteorientierung: Von der Qualität der Geschäftsführung hängt schließlich auch der Erhalt der Arbeitsplätze ab – und die Zukunftssicherung des eigenen Vermögens obendrein.

Die kritische Aufgabe in diesem Fall besteht darin, die Beendigung des Amtes zu erreichen, ohne dass daraus gravierende Trennungsfaktoren für den Zusammenhalt der Gesellschafter erwachsen. Es geht darum, einerseits das Amt zu beenden, andererseits die damit verbundene Beeinträchtigung des Selbstwertgefühls und der Reputation nach außen möglichst zu mildern und schließlich das Interesse des Betroffenen am Zusammenhalt der Familie aufrechtzuerhalten. Folgende Vorgehensweisen können hierbei hilfreich sein:

- Wenn möglich, sollte die Beendigung eines Amtes auf der Basis der üblichen Amtszeiten eines Dienstvertrags geschehen (in der Regel anfänglich drei, danach fünf Jahre). Zum Ende der Amtszeit würde dann das zuständige Gremium, z. B. der Beirat oder die Gesellschafterversammlung, auf einen Beschluss zur Wiederbestellung verzichten und damit den Dienstvertrag ohne Erneuerung auslaufen lassen.

- Bei vorzeitiger Auflösung des Geschäftsführervertrags wie auch bei einer Nicht-Wiederbestellung kann mit einer relativ großzügigen Pensionsregelung ein Bindungsfaktor geschaffen werden.

- Eine Beförderung in eine gesellschafternahe Position ist denkbar, allerdings problematisch. Als Beispiel hierfür können „weggelobte" Geschäftsführer dienen, die in ihrer operativen Tätigkeit nicht die erwarteten Erfolge aufweisen konnten und in einer anschließenden Tätigkeit als Aufsichtsrat dann den Beweis antreten wollen, dass sie keine schlechte Arbeit als Geschäftsführer geleistet haben. In einer solchen Konstellation wird es häufig zu Kompetenz- und Grenzüberschreitungen kommen, indem sich das Mitglied im Aufsichtsgremium in die Geschäftsführungsverantwortung einmischt, um so zu beweisen, dass es doch eine „geeignete" oder sogar „bessere" Führungskraft war.

8.4 Ämter in der Family- oder Corporate Governance

Arten von Governance-Ämtern

Es gibt doppelt so viele Ämter, wie es Institutionen der Family- und Corporate Governance gibt, nämlich jeweils das eines Gremiummitglieds und das des Gremiumvorsitzes.

Hinsichtlich der existierenden Gremien fallen bei mittelgroßen Familien und Familienunternehmen meist die Family Governance und die Corporate Governance zusammen. Bei sehr großen Gesellschaften finden wir – wie oben ausgeführt[295] – z. B. einen Familienrat „vor" oder „über" dem Beirat des Unternehmens. Es ist denkbar, für beide Gremien ein und dieselbe Person als Vorsitzenden zu haben. Die anekdotische Evidenz scheint mir aber eher nahe zu legen, dass jedes Gremium seinen eigenen Vorsitzenden hat.[296]

---

[295] Vgl. Abschnitt 7.8.

[296] So etwa bei den Familiengesellschaften Boehringer und Haniel.

Die Macht der Amtsträger in der Family- und Corporate Governance ist nach den Statuten höher als die Macht der Geschäftsführer. Der Familienrat legt die Mitglieder des Beirats fest und der Beirat bestellt die Geschäftsführung. In dieser Konstellation gibt es dann folgende Arten von Ämtern:

- Vorsitzender des Familienrats (oder einer ähnlichen Institution für die Family Governance),
- Mitglied des Familienrats,
- Vorsitzender des Beirats,
- Mitglied des Beirats.

Nach diesen Arten von Ämtern sind auch die erforderlichen Kompetenzen zu spezifizieren.

Geforderte Kompetenzen

Wenn die Positionen in der Family- und Corporate Governance schon hierarchisch höher anzusiedeln sind als die Geschäftsführungspositionen, dann ist auch die Spezifikation der Zugangsvoraussetzungen bedeutsamer als diejenige für die Geschäftsführung. Sie muss dabei auf zwei möglicherweise divergierende Ziele Rücksicht nehmen.

Zum einen und vorrangig müssen Mindestanforderungen erfüllt werden, damit das Amt angemessen wahrgenommen werden kann. Zum anderen dürfen aber die Anforderungen nicht so hoch geschraubt werden, dass es für die meisten Gesellschafter aussichtslos wäre, den Zugang zu dem Amt zu erhalten. Die Frustration daraus und die tatsächlich unzureichende Teilnahme der Gesellschafter an den Institutionen würden dem Anliegen, Bindung zu schaffen, zuwiderlaufen.

Die wünschenswerten Kategorien können analog zu den Gliederungsrastern für die Beurteilung von Führungskräften erstellt werden. Sie beziehen aber zusätzliche Dimensionen mit ein. Ein Beispiel könnte das Konzept des Familienunternehmens Haniel[297] sein, wobei die Reihenfolge der Kriterien auch eine Gewichtung widerspiegeln soll:

---

[297] Das Beispiel ist an die vier großen Kategorien für die Auswahlkriterien angelehnt, die C. Böninger, Vorsitzender des Beirats der Haniel-Familiengesellschafter, auf der 3. Biennale für Management und Beratung „X-Organisation – Neue Gegenwart" Berlin, 21.11.2009 vorgetragen hat.

- Persönlichkeit
  - Integrität
  - Selbstvertrauen
  - Loyalität zum Konzept Familienunternehmen
  - Soziale Kompetenz
    - Teamfähigkeit
    - Durchsetzungsfähigkeit
  - Emotionale Intelligenz
    - Fähigkeit, Bindungen zu schaffen
    - Sympathieträger
- Berufliche Kompetenz
  - Demonstrierte Leistungsfähigkeit im Beruf
  - Erfahrung in organisatorischer Verantwortung (in jeder Art von Organisation)
  - Erworbene Menschenkenntnis im beruflichen Kontext
  - Fachliche Kompetenzen
  - Praktische Intelligenz im Umgang mit unternehmerischen Problemstellungen
  - Kompetenzen mit Affinität zu den Aktivitätsfeldern des Unternehmens (z. B. Naturwissenschaften, Ingenieurwissenschaften)
  - Kompetenzen in Unternehmensführung und -strategie
  - Kompetenzen in einem wirtschaftsberatenden Beruf
- Familienkonstellation
  - Anerkannter Vertreter bestimmter Gesellschaftergruppierungen (Stämme, Minderheitsgesellschafter).

Ebenso wie bei der Führungskräftebeurteilung ist es unergiebig, ein solches Raster zu weit zu differenzieren oder zu präzisieren. In der praktischen Anwendung hat auch ein gröberes Raster – wie etwa das der vier oben genannten Oberkriterien – eine ausreichende Selektionswirkung.

Besondere Kompetenzanforderungen an Gremiumsvorsitzende

Der Vorsitzende eines Gremiums der Family- oder Corporate Governance muss zusätzliche Spezifikationen erfüllen. Zum einen verlangt die Funktion des Vorsitzenden spezielle Fähigkeiten, zum anderen sollten alle im Gremium vorausgesetzten Kompetenzen beim Vorsitzenden qualitativ höher entwickelt sein als bei den einfachen Mitgliedern, denn der Vorsitzende beeinflusst in besonderer Weise die Leistungsfähigkeit des ganzen Gremiums. Der Vorsitzende eines Gremiums der Corporate Governance hat einen besonderen Einfluss auf die Entscheidungen zur Besetzung der Geschäftsführung. Er hat damit die wichtigste Position im Unternehmen inne. Diese Position kann ein Gesellschafter nur angemessen wahrnehmen, wenn er Autorität gegenüber den anderen Mitgliedern dieses Gremiums und gegenüber der Geschäftsführung beanspruchen kann. Eine solche Autorität kann auf verschiedenen Grundlagen beruhen, die bei der Übernahme des Amtes gegeben sein müssen, z. B. auf

- unternehmerischer Qualifikation, ausgewiesen durch eine lange und erfolgreiche Tätigkeit als Unternehmensführer,

- Beherrschung des Instrumentariums eines Gremiumsvorsitzenden als Verwalter von Rechten, Leiter von Sitzungen, Gestalter von Meinungsbildungen u. ä., wie es eine juristisch geschulte Person oder ein im diplomatischen Dienst Erfahrener erworben haben mag,

- Kompetenz in der Unternehmensführung auf der Basis von Wissenschaft und Lehre.

Dies soll nur deutlich machen, dass es verschiedene Wege zu diesen anspruchsvollen Positionen geben kann. Es ist aber immer eine selbst erworbene und nachgewiesene Kompetenz erforderlich, um einen durch das Amt verliehenen Geltungsanspruch gegenüber anderen durchsetzen zu können.

Weitere Anforderungen an Beiratspositionen

Es gibt auch Beiratspositionen, deren Funktion nicht in erster Linie in der Aufsicht und dem Rat gegenüber der Unternehmensführung besteht, sondern darin, die Verbindung zwischen Unternehmen und Gesellschafterkreis zu halten und die Interessen der Gesellschafter in das Beiratsgremium hineinzutragen. Für diese Positionen gilt, was für die Gesellschaftervertreter gefordert wurde: Sie brauchen in erster Linie die Anerkennung der Gesellschafter.

Selbst dann, wenn die Gesellschafter sich nicht die nötige Kompetenz angeeignet haben, um beratende und beaufsichtigende Ämter in der Corporate Governance selbst auszuüben, sollten sie zumindest die Kompetenz haben, geeignete Beauftragte für diese Positionen auszuwählen. Was dabei zu bedenken ist, habe ich an anderer Stelle beschrieben.[298] Auch wenn man

---

[298] Vgl. Kormann, H. (2008): S. 445 ff.

sich für eine derartige Auswahl der Kontakte zu entsprechend kundigen Vertrauenspersonen und der Dienste qualifizierter Personalberater bedienen kann, bedarf es eines persönlichen Urteils und einer persönlichen Entscheidung. Notwendigerweise muss zu den Mitgliedern der Corporate Governance ein Vertrauensverhältnis bestehen, das durch ein persönliches Urteil begründet ist.

Eine frühzeitige Aufnahme in eines der einflussreichen Gesellschaftergremien ist von Vorteil. Der Kandidat kann im Prinzip in mehreren Schritten aufgenommen werden: als Gast, als Mitglied ohne Stimmrecht (eher abzulehnen) oder als Mitglied, dem erst im Rahmen eines Stufenprogramms ein Teil der Stimmrechte übertragen wird:

> „Dieses Verfahren ist in dreierlei Hinsicht bemerkenswert. Durch das *gemeinsame,* schrittweise Hereinwachsen in die Gesellschafterrolle wird womöglich auch das Interesse daran geweckt, mit wem (das heißt: mit was für einer Person) man sich die nächsten Jahrzehnte arrangieren muss und wie das gelingen kann. Der fließende Übergang vermeidet die doppelte Erschütterung, die entsteht, wenn eine Autorität in der Familie entfällt und zugleich neue Machtverhältnisse entstehen. Vielmehr können diese vorgeprobt werden, gleichsam mit Sicherheitsnetz, solange etwa die überlassende Generation noch moderieren, schlichten und notfalls vehementer eingreifen kann."[299]

Andererseits darf eine Institution wie ein Beirat nicht zu einer „Ausbildungseinrichtung" für junge Gesellschafter verkommen, denn es gilt: Die Gremien der Family- und der Corporate Governance sind die wichtigsten Institutionen zur Sicherung der guten Unternehmensführung für die Zukunft.

Honorierung der Governance-Ämter durch Vergütung

Fasst man die Kompetenzanforderungen und den zeitlichen Aufwand für die Governance-Aufgaben in den Blick und erachtet man diese Ämter – wie dies hier geschieht – als eine Art Berufsaufgabe, so liegt es nahe, diese auch berufsüblich zu honorieren. Dies ist in jedem Fall dann erforderlich, wenn die Familiengesellschafter in einem Gremium der Corporate Governance Ämter neben familienunabhängigen Mandatsträgern ausüben. Da diese „externen" Mandatsträger – hoffentlich angemessen – honoriert werden, wird nach dem Grundsatz der Gleichbehandlung aller Gremienmitglieder diese Honorierung auch den Familienmitgliedern gewährt.

---

[299] Klett, D. J. (2007): S. 17.

In der Praxis gibt es jedoch auch das Konzept des Ehrenamtes für Tätigkeiten der Gesellschafter in der Governance. Dies ist häufiger bei Ämtern in der Family Governance der Fall. Die Nicht-Honorierung ist der Ausdruck dafür, dass das Amt als ein Ehrenamt verstanden wird. Es geht dabei um die Wahrnehmung der Interessen der Gemeinschaft. Soweit dieses Engagement materiell zu vergüten ist, geschieht das durch die Gewinnausschüttungen:

*   Der Vorteil dieser Einstellung liegt darin, dass damit der Grundsatz der Gleichbehandlung aller Gesellschafter insofern gewahrt wird, als aus der Übernahme eines Amtes kein materieller Vorteil gezogen werden kann.

*   Der Nachteil dieser Einstellung besteht darin, dass die Governance damit den Charakter einer Nebentätigkeit erhält. Mit Ausnahme sehr wohlhabender Familien ist der Berufstätige in einer Familie auch seinen Familienangehörigen gegenüber verpflichtet, seinen Zeiteinsatz außerhalb der Familie damit zu rechtfertigen, dass die ganze Familie dadurch materielle (und andere) Vorteile erhält.

In der Summe der Abwägungen möchte ich daher dafür plädieren, die Ämter in der Family Governance ebenso angemessen zu honorieren, wie dies für die Corporate Governance – angesichts ihrer Bedeutung für das Unternehmen – selbstverständlich sein sollte.[300] Wichtiger allerdings als die materielle Honorierung ist die Anerkennung der Arbeit in den Ämtern durch diejenigen, die sie angeht: die Gesellschafter.

Honorierung der Governance-Ämter durch Anerkennung

Die Metapher des Vereins wird verschiedentlich in dieser Schrift bemüht, um das Wirken in einem Kreis von Familiengesellschaftern zu illustrieren. In einem Verein gibt es Ämter, die zumeist im Ehrenamt wahrgenommen werden. Jeder, der schon einmal als Vereinsvorstand oder Kassenwart im Tennisverein oder Golfclub agiert hat, weiß jedoch, dass ein solches Amt vor allem Arbeit und auch manchen Ärger mit sich bringt. Warum finden sich aber immer wieder Personen, die dazu bereit sind?

*   Es gehört einfach zu den Pflichten der Mitgliedschaft, für solche Ämter grundsätzlich bereitzustehen.

*   Durch das Rotationsprinzip kommt jeder Geeignete einmal in die Pflicht.

---

[300] Vgl. dazu näher Kormann, H. (2008): S. 474 ff.

- Vor allem aber: Der Verein ehrt seine Amtsträger im Ehrenamt auf der Clubversammlung oder auf der Weihnachtsfeier.

Die Anerkennung für ein ausgeübtes Amt ist ein ganz wichtiger Motivationsfaktor. Keine Zweckorganisation kann ohne Motivation der Mitglieder *und* der Führung wirksam sein. Motivation setzt sichtbare Anerkennung voraus. Dieser Aspekt ist gerade auch im Kreis der Familie zu betonen. Einem familienunabhängigen Amtsträger gegenüber weiß man, „was sich gehört" und dass Respekt und Anerkennung sichtbaren Ausdruck verlangen. Gleiches sollte dem ehrenamtlich tätigen Cousin oder dem Onkel vergönnt sein. Dies ist die wichtigste Belohnung seines Engagements.

8.5 Repräsentative Aufgaben

Kehren wir nun zurück zu Aufgaben, die nur von Gesellschaftern erfüllt werden können: Es handelt sich hierbei um „repräsentative Aufgaben". In diesen Funktionen tritt ein Gesellschafter als Repräsentant der Gesellschafterfamilie *und* des Familienunternehmens bei gesellschaftlichen Anlässen auf. Ein solches Auftreten reflektiert Anspruch, Status und Würde des Unternehmens. Ein Gesellschafter wird durch seinen Inhaberstatus von der Umwelt problemlos als legitimer und autorisierter Vertreter des Unternehmens wahrgenommen. Die für die Geschäftsführung Zuständigen sind regelmäßig froh, wenn sie von Repräsentationsaufgaben entlastet werden. Sie können sich dann auf das stets wichtigere operative Geschäft konzentrieren. Die Geschäftsverantwortlichen haben aber auch durch angemessene Information dafür Sorge zu tragen, dass die Familiengesellschafter in der Lage sind, das Unternehmen zu repräsentieren. Diese Mandate können auch von Menschen mit einem nicht durch die Wirtschaft geprägten Erfahrungshintergrund wahrgenommen werden.

Die einzige Problemzone liegt darin, dass durch den Außenauftritt von Gesellschaftern die Führungskompetenz der Unternehmensleitung beeinträchtigt werden könnte. Diese Problematik kann aber mit Taktgefühl besprochen und geregelt werden. Keine repräsentative Rolle gibt es überall dort, wo Ansprüche verhandelt werden, sei es mit Kunden, den Banken, den Belegschaftsvertretungen. Hingegen ist es unproblematisch und sogar höchst willkommen, wenn Gesellschafter an Feierlichkeiten teilnehmen, sei es an Betriebsfesten, Jubilarfeiern, Einladungen anderer Firmen u. ä. Durch die Präsenz der Gesellschafter bei solchen Anlässen kann die „Familyness" des Familienunternehmens sichtbar und durchaus Sympathie gewinnend zum Ausdruck gebracht werden.

Interessenwahrende Verteilung der Ämter

Ein Idealfall wäre es nach unserem Ermessen, wenn für jeden Gesellschafter, der sich für den Verbund der Familie und des Unternehmens engagieren will, ein geeignetes Amt zur Verfügung stünde. Jeder Gesellschafter, der sich für das „Projekt Familienunternehmen" mit seinen persönlichen Fähigkeiten engagieren möchte, könnte ein Wirkungsfeld finden, in dem er einen von allen respektierten Leistungsbeitrag erbringt. Dadurch, dass jeder Interessierte beteiligt wäre, würde der Notwendigkeit der Gleichberechtigung der Gesellschafter Rechnung getragen.

Eine solche Vielfalt des Engagements ist nicht generell zu erreichen, aber man kann ihr in vielen Fällen zumindest nahekommen: Ein oder zwei Gesellschafter nehmen Ämter in der Corporate Governance des Unternehmens wahr, ein Gesellschafter hat die Führungsposition in der Family Governance, einer kümmert sich um eine philanthropische Stiftung und einer betreut das Projekt der Erfassung der Geschichte der Familie und des Unternehmens einschließlich der Vorbereitung der nächsten Jubiläumsschrift – wertvolle und notwendige Aufgaben allesamt.

Literatur

Akitürk, D. C. (2003): Restrukturierung und Neubesetzung des Vorstands – eine empirische Studie der Jahre 1991–1997, Wiesbaden, 2003.

Brockhaus, R. H. (2004): Family Business Succession: Suggestions for Future Research, in: Family Business Review, 17. Jg., H. 2, 2004, S. 165–177.

Handler, W. C. (1994): Succession in Family Business: A Review of the Research, in: Family Business Review, 7. Jg., H. 2, 1994, S. 133–157.

Heraeus, J. interviewt durch Hülsbömer, A. (2008): „Der Jürgen macht das", in: WIR – Das Magazin für Unternehmerfamilien, H. 1, 2008, S. 12–16.

Höpner, M. (2003): Wer beherrscht die Unternehmen? – Shareholder Value, Managerherrschaft und Mitbestimmung in Deutschland, Frankfurt a. M., New York, 2003.

Klett, D. J. (2007): Familie qua Unternehmen – Wie sich Großfamilien an den Zumutungen eines Betriebs stärken können, in: Kontext – Zeitschrift für systemische Therapie und Familientherapie, 38. Jg., H. 1, 2007, S. 6–25.

Kormann, H. (2008): Beiräte in der Verantwortung – Aufsicht und Rat in Familienunternehmen, Berlin, Heidelberg u.a., 2008.

Le Breton-Miller/Miller/Steier (2004): Toward an Integrative Model of Effective FOB Succession, in: Entrepreneurship: Theory and Practice, 28. Jg., H. 4, 2004, S. 305–328.

Müller, V. (2008): Nachfolgertypen und Rollenkonflikte im Nachfolgeprozess von Familienunternehmen – eine empirische Untersuchung, Mering/München, 2008.

Pfannenschwarz, A. (2006a): Nachfolge und Nicht-Nachfolge in Familienunternehmen – Bd. 1: Ambivalenzen und Lösungsstrategien beim familieninternen Generationswechsel, Heidelberg, 2006.

Pfannenschwarz, A. (2006b): Nachfolge und Nicht-Nachfolge in Familienunternehmen – Bd. 2: Fallstudien zum familieninternen Generationswechsel, Heidelberg, 2006.

Rosenblatt, P. C. et al. (1985): The family in business – The Understanding and Dealing with the Challenges Entrepreneurial Families Face, San Francisco, 1985.

Stephan, P. (2002): Nachfolge in mittelständischen Familienunternehmen – Handlungsempfehlungen aus Sicht der Unternehmensführung, Wiesbaden, 2002.

Wimmer, R. et al. (2005): Familienunternehmen – Auslaufmodell oder Erfolgstyp?, 2. Aufl., Wiesbaden, 2005.

9 Bindung durch Kommunikation

Kommunikation ist die übergreifende Funktion im Blick auf unsere Themenstellung. Alle Bindungsarbeit verlangt Kommunikation. Die Aspekte, die wir bisher behandelt haben, sind: a) der Inhalt der Kommunikation in der Erziehung (zur Verantwortung, zum Erwerb psychischen Eigentums) und in der Vermittlung des Nutzens aus dem Familienunternehmen sowie b) die Ordnungsstrukturen für die Kommunikation, insbesondere für die Kommunikation zur Entscheidungsfindung, die in der formalen Verfassung und in informellen Regelungen niedergelegt sind. In diesem Abschnitt geht es nun um die unterschiedlichen kommunikativen Prozesse und die dabei zu bedenkenden Voraussetzungen für gelingende Kommunikation. Die Qualität der Kommunikation im Kreis der Familiengesellschafter bestimmt die Qualität der Bindung und die Entscheidungsfähigkeit der Gruppe. Die Entwicklung von Gesellschafterkompetenz bedeutet vor allem die Stärkung von kommunikativer Kompetenz. Wir werden hierzu einige Quellen betrachten, in denen das Ringen um diese kommunikative Kompetenz zum Ausdruck kommt.

9.1 Kommunikation in der Familie

Dimensionen der Kommunikationsbeziehungen

„Ohne Kommunikation gibt es keine menschliche Beziehung, ja kein menschliches Leben."[301] Eine Gruppe von Menschen konstituiert sich gerade durch die besondere Art oder die besondere Intensität der Kommunikation, die zwischen den Gruppenmitgliedern gepflegt wird. Die Kommunikation ist von existenzieller Bedeutung dafür, dass die Gruppe überlebt, indem sie den Zusammenhalt zwischen den Mitgliedern stärkt und sie in die Lage versetzt, ihre Ziele zu erreichen. Entsprechend der Zugehörigkeit zu unterschiedlichen Gruppen der Gesellschaft steht jeder Mensch in verschiedenartigen Kommunikationsbeziehungen. Die Gesellschafter eines Familienunternehmens gehören in diesem Kontext – nach dem erwähnten

---

[301] Luhmann, N. (2009): S. 29.

H. Kormann, *Zusammenhalt der Unternehmerfamilie*,
DOI 10.1007/978-3-642-16351-7_9, © Springer-Verlag Berlin Heidelberg 2011

Drei-Kreis-Modell[302] – bis zu drei Gruppen an: der Familie, dem Gesellschafterkreis und der Unternehmensorganisation – zusätzlich zu weiteren
persönlichen Bindungen in Sportgemeinschaften und Freundeskreisen.
Näher betrachtet ergeben sich für den Familiengesellschafter folgende
Kommunikationsbeziehungen:

(1a) Kommunikation zwischen den Familienmitgliedern, vorwiegend in
ihrer Eigenschaft als Familienmitglieder/Verwandte,

(1b) Kommunikation zwischen den Familienmitgliedern, vorwiegend in
ihrer Eigenschaft als Gesellschafter,

(2a) Kommunikation zwischen den Familienmitgliedern bzw. Gesellschaftern unter Einbeziehung des Unternehmens, das durch Kommunikationsmedien oder durch Kommunikatoren wie z. B. die Geschäftsführer an der Kommunikation teilnimmt,

(2b) Kommunikation zwischen den Familienmitgliedern bzw. Gesellschaftern und der Unternehmensführung mit dem Ziel der wechselseitigen Einwirkung auf das jeweilige Handeln der Unternehmensführung und der Gesellschafter.

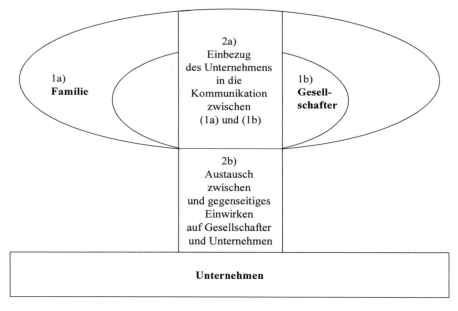

Abb. 10. Einzugsbereiche der Kommunikation

---

[302] Vgl. Abschnitt 1.2.

Unsere gesamte Themenstellung konzentriert sich auf die Einzugsbereiche (1a) und (1b). Natürlich nehmen an der familiär geprägten Kommunikation alle Familienmitglieder teil – sie ist nicht steuerbar und sollte vermutlich auch gar nicht zu begrenzen versucht werden. Dann gibt es aber Themen und Gesprächskreise, die nur die Gesellschafter berühren. Diese Kommunikation zwischen den Gesellschaftern taucht in allen Abschnitten unserer Betrachtungen als entscheidender Faktor im Blick auf die Ausfüllung der Verantwortung für den Zusammenhalt der Gesellschaftergruppe auf. Eine Praxis gelingender Kommunikation in der Familie erscheint insofern als Schlüsselkompetenz, um die Familie zusammenzuhalten. Dabei sollte Folgendes verwirklicht werden:

- Führung in der Familie,

- Schaffung eines grundlegenden Zusammengehörigkeitsgefühls,

- Artikulierung der gemeinsamen Aufgabe, Träger des Unternehmens zu sein,

- Vermittlung von Sinn, Tradition und Werten, die als Bindungsfaktoren wirken,

- Information über Sachgegebenheiten sowie Austausch von Meinungen, Überzeugungen und Argumentationen, um sich ein Urteil zu bilden und zu gemeinsam getragenen Entscheidungen zu gelangen.

Aber auch der Fall (2a) soll mit betrachtet werden. Das Besondere einer Gruppe von Familiengesellschaftern liegt gerade darin, dass das Unternehmen Gegenstand wechselseitiger Mitteilungen ist, dass es Sinn für ein Zusammenwirken liefert und Bindungsfaktor für ein emotionales Zusammengehörigkeitsgefühl innerhalb der Familie sein *kann*. Im Einzelnen liegt das im Fall (2b) angesprochene, strukturierte Einwirken der Gesellschafter auf das Unternehmen, das über die Corporate Governance erfolgt, außerhalb unserer Themenstellung. Im Bezug auf das Unternehmen müssen die Gesellschafter in der Lage sein, abgewogene, sinnvolle Entscheidungen rechtzeitig zu treffen. Hierzu bedarf es einer hohen kommunikativen Kompetenz besonderer Art, nämlich der Fähigkeit zur Argumentation und zur gemeinsamen Meinungsbildung.

Existenzielle Bedeutung gelingender Kommunikation

Wie immer man auch die jeweiligen positiven und negativen Voraussetzungen der hier betrachteten Kommunikationsbeziehungen bewertet – es bleibt die Herausforderung, dass die Kommunikation im Wesentlichen gelingen *muss*. Wenn Kommunikation Bindung ermöglicht, dann wird der nachhaltige Zusammenbruch der Kommunikation bestehende Bindungen zerstören und kann zum Abgleiten in Konflikte führen. Gelingende Kommunikation ist die beste Konfliktprävention, besser als jeder Vertrag.

Die Bedeutung der Kommunikation im Kreis der Familiengesellschafter kann durch die Differenzanalyse zur Börsengesellschaft beleuchtet werden: Bei der Börsengesellschaft geht es vorrangig um die Kommunikationsbeziehung zwischen Unternehmen und Gesellschaftern; sehr bedingt nur gibt es direkte oder indirekte Kommunikationsbeziehungen zwischen den Gesellschaftern selbst (Aktionärsinitiativen). Bei den Börsengesellschaften haben Investor Relations und die Transparenz, die durch die Information geschaffen werden soll, einen großen Stellenwert.

Beim Familienunternehmen hat demgegenüber die Kommunikation der Gesellschafter untereinander eine ungleich größere Bedeutung als im Gesellschafterkreis anderer Unternehmen oder im Mitgliederkreis anderer Vereinigungen: Da die Option des Austritts („exit") unmöglich oder zumindest unattraktiv ist, gewinnt die Möglichkeit, Wünsche oder Unmut zu artikulieren („voice"), an Gewicht.[303] Oder anders: Man muss Möglichkeiten zur kritischen Kommunikation einräumen, damit es nicht so weit kommt, dass die Option des Exits gesucht wird.

9.2   Komplexität der Kommunikation in der Familie

Komplexität der Kommunikation an sich

Kommunikation ist ein komplexes Geschehen, dessen Gelingen von zerbrechlichen Voraussetzungen abhängt. Luhmann spricht wegen mehrerer Hindernisse, die die Kommunikation überwinden muss, von der Unwahrscheinlichkeit der gelingenden Kommunikation:

> „(1) Als erstes ist unwahrscheinlich, daß einer überhaupt *versteht*, was der andere meint, gegeben die Trennung und Individualisierung ihres Bewußtseins ...
>
> (2) Die zweite Unwahrscheinlichkeit bezieht sich auf das *Erreichen* von Empfängern. Es ist unwahrscheinlich, daß eine Kommunikation mehr Personen erreicht, als in einer konkreten Situation anwesend sind ...
>
> (3) Die dritte Unwahrscheinlichkeit ist die Unwahrscheinlichkeit des *Erfolgs*. Selbst wenn eine Kommunikation verstanden wird, ist damit noch nicht gesichert, daß sie auch angenommen wird ..."[304]

---

[303] Vgl. Hirschmann, A. O. (1970): S. 34 f.

[304] Luhmann, N. (2009): S. 30 f.

Der Kommunikationsforscher F. Schulz von Thun[305] hat ein Modell der Kommunikation entwickelt, das weithin als Erläuterung der Dimensionen und der Komplexität der Kommunikation verwendet wird. Daraus können auch Wegleitungen gewonnen werden, wie man seine eigene kommunikative Kompetenz verbessert. Nach Schulz von Thun umfasst jede gesendete Nachricht simultan vier Arten von Botschaften, die er in seinem „Nachrichtenquadrat" veranschaulicht (vgl. Abb. 11):

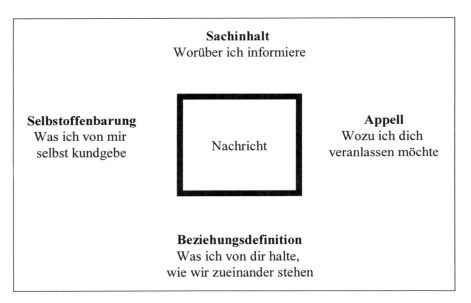

Abb. 11. Nachrichtenquadrat nach Schulz von Thun

- Sachbotschaften bzw. „Sachinhalt": Über welche Sache reden die Beteiligten?
- Ich-Botschaften bzw. „Selbstoffenbarung": Was sagen die Beteiligten über sich selbst?
- Du- oder Wir-Botschaften bzw. „Beziehungskommunikation": Wie sehen die Beteiligten ihre Mithandelnden und die Beziehungen zu ihnen?
- Appell-Botschaften bzw. „Appell": Was wollen die Beteiligten bewirken?

---

[305] Vgl. Schulz von Thun, F. (1992a) und Schulz von Thun, F. (1992b).

Hohe Kommunikationskompetenz sollte es einerseits erlauben, alle diese vier Dimensionen mit reichhaltigen, positiven und anschlussfähigen Inhalten zu versehen. Andererseits müssen aber auch die hauptsächliche Zielsetzung eines kommunikativen Prozesses beachtet und geeignete „Settings" für den Kommunikationsprozess vorgesehen werden:

- Übermittlung einer Sachinformation,

- Aufbau einer emotionalen Beziehung,

- Vertretung der eigenen Interessen,

- Ansteuern eines Ergebnisses beim anderen (Zustimmung).

Rollengeprägte Kommunikation

Diese Dimensionen nach Schulz von Thum werden nun noch überlagert von den unterschiedlichen Rollen, die Sender und Empfänger innehaben. Nach dem schon angesprochenen Drei-Kreis-Modell[306] vereinigt jeder Familiengesellschafter typischerweise die folgenden Rollen in sich:

- Inhaber eines Gesellschaftsanteils,

- Inhaber eines Amtes oder einer informellen Position im Rahmen der Organisation des Unternehmens und der Familie,

- Position in der Familie als Elternteil, Geschwister, Verwandter.

Aus den unterschiedlichen Positionen ergeben sich unterschiedliche Themen für die Kommunikation.

„Die Willensbildung und Interessenwahrnehmung in der bzw. durch die Unternehmerfamilie tangiert neben dem Bereich des Unternehmens auch äußerst sensible Themen aus den Bereichen Familie und Vermögen, wie Steuerfragen – wie die Erbschaftssteuer –, Nachlassregelungen, Ausstieg aus dem Unternehmen, Anteilsübertragen, Vollmachten, Eheverträge, Pflichtteilverzichte, Notfonds, Qualifikationen des Nachwuchses und Hilfestellungen auf deren Lebensweg.

Dies sind Problemfelder, die für den Einzelnen mittelbar oder unmittelbar aus seiner Gesellschafterstellung resultieren, ohne dass sie unmittelbar das Unternehmen betreffen.

Die Interessen des Einzelnen stehen möglicherweise in einem Spannungsverhältnis zu den Interessen der anderen Gesellschafter und des Unter-

---

[306] Vgl. Abschnitt 1.2.

nehmens. Durch mangelnde Kommunikation untereinander und dadurch unterbliebene Etablierung von Lösungsmechanismen in diesen Bereichen können sich Ängste und Sorgen entwickeln, die alle belasten."[307]

Die konkrete Kommunikation kann nun – sowohl im Sachinhalt wie im Beziehungsaspekt – vorwiegend von einer dieser Rollen bestimmt sein. Es kann auch sein, dass sich die rollengeprägten Aussagen vermischen und überlagern; dann steigt das Risiko von Missverständnissen und Konflikten.[308] Die synthetisch formulierten Beispiele für diesen Fall wirken immer etwas gekünstelt: Nehmen wir z. B. den *Vater*, der als *geschäftsführender Gesellschafter* das Unternehmen leitet, die im Unternehmen mitarbeitende *Tochter* beim *familiären Abendessen* tadelt, weil durch einen ihr zugeschriebenen Fehler in diesem Jahr die Dividende für die *Gesellschafter* gekürzt werden muss. Es überlagern sich zwar nicht immer alle Rollen, aber jeder, der im Umfeld von Familienunternehmen tätig ist, kennt Beispiele, in denen sich eine Familienrolle und eine unternehmensbezogene Rolle überschneiden.

Es wäre aber eine falsche Akzentsetzung, *nur* auf die Komplexität der Kommunikation in der Familie zu blicken, ohne zugleich besondere Vorteile anzusprechen: Man ist vertraut miteinander, kennt die Eigenheiten jedes Beteiligten und nimmt sie nicht als persönlichen Affront. Die familiäre Kommunikation kann eben auch die Kommunikation von Menschen sein, die einander mit Zuwendung begegnen, – ebenso wie Kommunikation unter Freunden besonders gut gelingen kann.

Spezifischer Informationsbedarf und Informationsfundus

Die hier angesprochenen verschiedenen Rollen und Positionen in der Organisation von Familie und Unternehmen haben auch ihre unterschiedlichen Informationsbedarfe und Quellen, aus denen sie bestritten werden. Natürlich hat der geschäftsführende Gesellschafter andere Schwerpunktthemen und einen anderen Informationsfundus als der nicht im Unternehmen tätige Gesellschafter, der wiederum in ganz anderer Weise in die familieninterne Kommunikation integriert sein mag. Aus diesen Unterschieden in den interessierenden Themen und in der Informationsversor-

---

[307] Düsterberg, M., Gesellschafter des Familienunternehmens apetito AG, Rheine, in einem unveröffentlichten Memorandum für die Familie, 2008. Abdruck mit freundlicher Genehmigung des Autors.

[308] Vgl. Lundberg, C. C. (1994): S. 29 ff.

gung kann wiederum ein Gefühl der Ungleichheit entstehen, das sogar zu Rivalitäten führen kann.

Kommunikationsarchitektur

Die Komplexität der Kommunikation und die Unterschiedlichkeit der Anforderungen können nur durch Differenzierung und Ordnung der Kommunikationsprozesse bewältigt werden. Dies setzt eine bewusste Gestaltung voraus, die von Führungspersonen in der Familie vorgeschlagen und eingeführt wird. Idealerweise entwickelt sich aus einzelnen Initiativen im Zeitablauf eine Konzeption mit einer spezifischen Kultur.

Angesichts der Vielfalt möglicher Ausprägungen verwende ich die Metapher der „Kommunikationsarchitektur": Das Gebäude hat mehrere tragende Säulen und eine Vielzahl von Räumen. Die Initiative, ja die Verantwortung für diese Kommunikationsarchitektur liegt bei den Gesellschaftern selbst. Berater können hierzu Anregungen geben, aber es liegt bei den Gesellschaftern selbst, zu artikulieren, wie sie miteinander – und mit dem Unternehmen – kommunizieren möchten und können.

Dieses Konzept einer differenzierten Kommunikationsarchitektur hat noch einen weiteren Vorteil: Es bietet vielfältige Positionen für die Mitwirkung. Die Möglichkeit, dass jedem aus einer größeren Gruppe Respekt, zumindest „recognition respect", gezollt wird, steigt, wenn es in dieser Gruppe unterschiedliche Rollen gibt, die einer Mehrzahl von Personen respektvolle Positionen ermöglichen. Dieser Aspekt ist nicht trivial. Denn grundsätzlich könnte das Genie, das aufgrund seiner Leistungen die wichtigste und machtvollste Position einnimmt, seine Talente daneben auch in vielen anderen Positionen zum Tragen bringen. Und in der Tat ist die Ämterhäufung ein bekanntes Phänomen in demokratischen Systemen und mehr noch in patriarchalisch geprägten Strukturen. Dieser Tendenz ist im Kontext eines Familienunternehmens entgegenzuwirken: Nicht der Beste sollte möglichst viele Funktionen übernehmen, sondern möglichst viele Personen sollten eine Funktion übernehmen, für die sie jeweils einen – komparativen – Vorteil aufweisen. Dies gilt nach dem Theorem der „komparativen Kostenvorteile" analog für die Zuteilung von Wertschöpfungsaufgaben auf Träger von Ressourcen. Aus diesem Grund ist es ein Vorteil an sich, wenn die Verfassung einer Familie und die Architektur ihrer Kommunikation über eine Mehrzahl von Institutionen und Veranstaltungen verfügt, die unterschiedliche Rollen und Respekt begründende Profilierungen ermöglicht.

9.3   Separation der Kommunikationskreise

Die unterschiedlichen Verhaltensnormen im familiären Kontext und im betrieblichen Kontext bilden – wie oben angesprochen – eine Quelle von Fehldeutungen und Spannungen. Um solche Verwerfungen zu vermeiden, wird in der Literatur[309] und in der Beratungspraxis gefordert, zwischen den Rollen als Familienmitglied einerseits sowie als Gesellschafter und eventuell auch als Führungskraft im Unternehmen andererseits strikt zu trennen. J. H. Astrachan machte mich darauf aufmerksam, dass diese Separationsthese bereits in der Darstellung des Drei-Kreis-Modells des Familienunternehmens angelegt ist. Die Überlappungsbereiche werden – wie oben gesagt – als tektonische Verwerfungszonen und besondere Konfliktbereiche verstanden. Aus dieser Sicht ist es dann nur konsequent zu fordern, die unterschiedlichen Rollen und die daraus erwachsenden Verpflichtungen in solche von Privatpersonen (als liebevoller Elternteil) und Interessenvertretern des Unternehmens (als Vorsitzender des Beirats) zu trennen.

Um den Separationseffekt zu erreichen, können verschiedenen Instrumente eingesetzt werden:[310]

- unterschiedliche Gespräche über Themen der Familie und des Geschäfts zu unterschiedlichen Zeitpunkten,

- Wahl geeigneter Räume: Büro oder Hotel für das Gespräch zur Entscheidungsfindung in geschäftlichen Angelegenheiten, Wohnräume oder Treffpunkt in schöner Umgebung für Beziehungsgespräche,

- förmliche Einladung, Tagesordnung, vorbereitende Unterlagen für „Entscheidungskommunikation",

- Teilnahme von Nicht-Familienmitgliedern bei geschäftlich geprägten Zusammenkünften und bei einer „Entscheidungskommunikation".

Die Teilnahme eines oder mehrerer Nicht-Familienmitglieder ändert sofort und grundlegend den Charakter einer Zusammenkunft. In Anwesenheit Dritter unterlässt man emotionale Ausbrüche, man „nimmt sich zusammen". Das kann ein gewichtiger Vorteil für die Hygiene der Kommunikation insbesondere im Kreis einer größeren Verwandtschaft sein. Gerade weil aber in Anwesenheit Dritter eine rein familiäre Kommunikation nicht

---

[309] Einen Überblick zur Literatur gibt Klett, D. J. (2007): S. 44 f.
[310] Vgl. Lundberg, C. C. (1994): S. 35 f.

mehr möglich ist, können Familienmitgesellschafter Hemmungen haben, „ihren" Beiratsvorsitzenden oder „ihren" Geschäftsführer zu Besprechungen der Familiengesellschafter hinzuzuziehen. Man zieht es vor, sich in einer familieninternen Vorbesprechung eine Meinung zu bilden und dann erst im zweiten Schritt auch die Vertreter des Systems „Unternehmen" in das Gespräch hinzuzuziehen.

Wenn man auf die Vorteile des Separationsgrundsatzes abstellt, wird in einem Vermischen der Kommunikationsstile bzw. einer Diskrepanz zwischen Kommunikationsstil und Kommunikationsinhalt ein Frühwarnsignal dafür gesehen, dass etwas am Kommunikationsprozess nicht stimmt.[311] Bei abschweifenden Erzählungen oder emotionalen Ausbrüchen, die zwar zum familiären Gespräch passen, aber eine geschäftliche Besprechung stören, sollte nach der Empfehlung von Lundberg ein Moderator korrigierend eingreifen.

Wir folgen in unserer Behandlung des Themas „Kommunikation" dem Separationsgrundsatz insofern, als wir die unterschiedlichen Hauptzwecke der Kommunikation als Gliederung für unsere Reflektion verwenden und vorschlagen, unterschiedliche „Settings" für die jeweiligen Kommunikationsveranstaltungen zu entwerfen. Es muss aber andererseits auch zur Sprache gebracht werden, dass maßgebliche Forscher wie Astrachan[312] und Simon[313] die positive Wirkung der Separation in Zweifel ziehen oder sie – wie Astrachan – geradezu ablehnen. Auch ich halte es für gekünstelt bis unmöglich, eine solche „Bewusstseinsspaltung" gezielt zu praktizieren. Es stellt ganz praktisch – worauf Astrachan abhebt – eine Verschwendung von Zeit und Energie dar, einmal in dieser und einmal in jener Rolle zu kommunizieren; jeweils eine Rolle wird verdrängt und die betreffende Person wirkt in ihrer Ganzheitlichkeit unglaubwürdig. Ich halte es für fraglich, ob die Trennung der Rollen überhaupt wünschenswert ist. Die große Stärke des Familienunternehmens besteht gerade darin, dass jeweils „der ganze Mensch" sich für sein Unternehmen engagiert und nicht isoliert der „Kapitalist" in einer Veranstaltung und der „gute Bürger" in einer ganz anderen Veranstaltung auftritt.

---

[311] Vgl. Lundberg, C. C. (1994): S. 36.

[312] In einem Gespräch mit dem Verfasser.

[313] Vgl. Simon/Wimmer/Groth (2005): S. 34.

9.4   Beziehungskommunikation

Spontane Kommunikation

Das Gespräch in der Familie, unter Freunden, in einer Gruppe von Touristen in einem fernen Land bedarf keines Zwecks. Die Kommunikation kann Zweck in sich selbst sein. Die Kommunizierenden vergewissern sich durch das Reden miteinander der Zugehörigkeit zu einer Gruppe. Erst wenn sich die Gruppe einem gemeinsamen Vorhaben zuwendet, nehmen die Gespräche eine inhaltliche Zielsetzung an. Insbesondere für diese Beziehungskommunikation gelten die Charakteristika, die die Familiensoziologie herausgearbeitet hat.[314]

1. „Enthemmte Kommunikation": Die Kernfamilie ist ein privilegierter Raum für eine ganz einzigartige Kommunikation: Jederzeit kann über alles geredet werden.[315] Hier finden wir vor allem eine anlasslose und absichtslose Kommunikation, die häufig um ihrer selbst willen gepflegt wird. Für dieses spontane „Geschnatter" gilt freilich auch, was J. Chua einmal sagte: Alle reden miteinander, aber keiner *hört* auf den anderen. Der Kommunikation muss nicht einmal eine Information als Mitteilung über etwas Neues zugrunde liegen. Man spricht im „Tratsch" über das allseits Bekannte. Man pflegt auch den „Klatsch" über Dritte.

2. Einbeziehung des Familienmitglieds als „Vollperson": Während man als Berufstätiger eben nur in der Rolle des Berufstätigen wahrgenommen werden möchte und wahrgenommen wird, ist man als Verwandter als ganze Person in die Kommunikation einbezogen. Die Ausblendung des „privaten" Lebens wäre nicht nur unhöflich, sondern ein starkes Indiz für die Desintegration.

3. Mit der Einbeziehung der „Vollperson" geht die Erwartung der Gleichbehandlung einher. Als Kinder verlangen wir die Gleichbehandlung aller Geschwister von den Eltern. Verwandte sind untereinander gleich, weil eben beruflich begründete Statusunterschiede nicht im Vordergrund stehen dürfen.

---

[314] Vgl. Simon, F. B. (2005b): S. 18 ff.; hier angelehnt an die Zusammenfassung: Klett, D. J. (2007): S. 10-13.

[315] Luhmann, N. (1990): S. 203.

4. Die Einbeziehung der Familientradition ist ein Merkmal der inner-
    familiären Kommunikation, das ich für so wichtig halte, dass der
    Bedeutung der Familien- und Unternehmensgeschichte ein eigener
    Abschnitt gewidmet ist.[316]

Gestaltete Beziehungskommunikation

Eine zusätzliche Zielsetzung für die Kommunikation im Kreis der Familiengesellschafter erwächst daraus, dass es als eine gestaltungsbedürftige
und gestaltungsfähige Aufgabe erachtet wird, Bindungsfaktoren innerhalb
und außerhalb des Gesellschafterkreises zu entwickeln:

*   Alles, was das Bewusstsein von psychischem Eigentum begründet,
    ist das Ergebnis von Kommunikation. Und im Fall eines kollektiven
    psychischen Eigentumsbewusstseins ist es das Ergebnis von Grup-
    penkommunikation. Wir wiederholen jene Faktoren, die dieses Ei-
    gentumsbewusstsein konstituieren:[317]

    — die Möglichkeit der Einflussnahme auf das Eigentum,
    — die intime Kenntnis des Eigentums und seiner Entwicklung,
    — die Sorge für das Eigentum,
    — die Möglichkeit, auf die Umwelt zu wirken aufgrund des mate-
      riellen Eigentums.

*   Vermittlung der Nutzenkonzepte des Familienunternehmens,
*   Willensbildung nach den Regeln einer fairen Verfassung,
*   Vermittlung der Geschichte,
*   erfolgreiche Bewältigung von Konflikten.

Für die Familiengesellschafter gibt es also einen guten Grund, durch intensive Kommunikation die Beziehungen untereinander zu stärken. Dies gilt
bereits für den Übergang von der ersten zur zweiten Generation, verstärkt
aber noch für die dritte und die folgenden Generationen, bei denen nicht
mehr ein gemeinsames Elternhaus die Kommunikation untereinander
gleichsam unvermeidbar befördert. Insofern hat die Kommunikation von
Familiengesellschaftern untereinander und „nach außen" eine wichtige
Funktion für die Entstehung des Zugehörigkeitsgefühls zur Gruppe der
Gesellschafter.

---

[316] Vgl. Kapitel 10.
[317] Vgl. Abschnitt 2.2.

Das Familienunternehmen ist ganz natürlich der Gegenstand der Kommunikation von Familiengesellschaftern. In einem weiteren Verwandtschaftskreis wird das Gefühl der Zusammengehörigkeit gerade durch die Beteiligung an dem gemeinsamen „Projekt Familienunternehmen" begründet. Die Erfolge und die Probleme des Unternehmens bieten den Grund für das Zusammenwirken. Die Aufgabe, das Unternehmen für die Nachfahren zu bewahren, vermittelt einen tiefen Sinn für das Zusammenwirken.

Das Wissen um die Bedeutung der Bindungsfaktoren und die Einsicht in die Notwendigkeit, diese Faktoren stärken zu müssen, erwachsen möglicherweise erst aus der Erkenntnis, wie gefährdet der Zusammenhalt von Familiengesellschaftern bei einem konstant wachsenden Gesellschafterkreis sein kann. Mit zunehmender Anzahl der Beteiligten werden die Kommunikationsbedingungen komplexer. Gelingende Kommunikation wird immer schwieriger; sie wird aber gleichzeitig immer wichtiger, weil auch die Trennungsgefahren kontinuierlich anwachsen. Die Kommunikationskompetenz und das Kommunikationsverhalten einer Gesellschafterfamilie müssen daher parallel zum Wachstum des Unternehmens und der Familie ständig weiterentwickelt werden. Wenn aus einem von zwei Geschwistern geführten Kleinunternehmen ein Großunternehmen mit einer zwei- oder sogar dreistelligen Gesellschafterzahl wird, muss parallel dazu die ursprünglich eher informelle und familiär geprägte Kommunikation zwangsläufig ergänzt werden um stärker formalisierte Kommunikationsstrukturen. Häufig geschieht dies unsystematisch, unbewusst und ausschließlich anlassgebunden und zieht zahlreiche Kommunikationsfallen wie z. B. ungeklärte Informationswege nach sich – aber auch Frustrationen, weil ehemals funktionierende und lieb gewonnene Kommunikationswege wie der berühmte „kleine Dienstweg" mit der Zeit nicht mehr funktionieren.

Kommunikation unter Gleichgestellten

Das in der oben genannten Charakteristik angeführte Merkmal der Gleichstellung und Gleichbehandlung bedarf der besonderen Hervorhebung. Verwandte – zumindest Verwandte der gleichen Generation – fühlen sich untereinander gleichgestellt. Dieser Anspruch auf Gleichheit muss für die gelingende Beziehungspflege gewahrt werden. Der Anspruch wird verletzt, wenn Abhängigkeitsbeziehungen und sichtbare Rangunterschiede geschaffen werden, z. B. durch:

- ein Unterordnungsverhältnis zwischen Familienmitgliedern oder eine Überwachungsbeziehung,[318]

- die faktische Gestaltungsmacht eines Gesellschafters, eines geschäftsführenden Gesellschafters oder eines Mehrheitsgesellschafters hinsichtlich der Ausschüttungen an alle Gesellschafter,

- eine Differenzierung der Gesellschafterpositionen, etwa zwischen dem „allmächtigen" Komplementär und den Kommanditisten oder den stillen Gesellschaftern.

Eine strukturelle Abhängigkeitsbeziehung liegt immer dann vor, wenn es eine eindeutige und andauernde Minderheitsposition gegenüber einer Mehrheit gibt. Wenn eine Partei mächtig ist und eine andere schwach, könnte man vermuten, dass es weniger Konflikte gibt, weil der Schwächere ohnehin nachgeben muss. Eine Familienbeziehung ist aber keine Geschäftsbeziehung, für die diese Regel allenfalls gelten mag. In der Familie sind grundsätzlich alle Mitglieder gleich. Wenn ein Mitglied des „Systems Familie" seine stärkere Position im „System Gesellschafter" in den Interaktionen zwischen den Familienmitgliedern ausspielt, kann dies einen neuen Konflikt entstehen lassen oder einen bestehenden Konflikt in der Familie anheizen. Es ist schlechterdings unzulässig, unter Familienmitgliedern Machtelemente wie Wohlstand, größere Unternehmensanteile usw. ins Feld zu führen.

Das bedeutet aber im zweiten Schritt, dass tatsächliche Machtunterschiede im System der Gesellschafter möglichst „heruntergespielt" werden müssen, um die Konfliktanfälligkeit für den Diskurs kritischer Themen innerhalb der Familie zu reduzieren. Der Schlüssel dazu ist der angemessene Umgang zwischen Mehrheiten und Minderheiten im System der Gesellschafter.

Präferenz für mündliche, zweiseitige Kommunikation

Eine Kommunikation, die zum Aufbau oder zur Stärkung emotionaler Bindungen führen soll, wie wir dies für eine Gruppe von Familiengesellschaftern als sinnvoll erachten, ist nur als Kommunikation zwischen „ganzheitlichen Persönlichkeiten" denkbar. E-Mails, Memoranden, Niederschriften von Beschlüssen und andere Formen von Kommunikation stellen in diesem Zusammenhang nur „nachgeschaltete" Kommunikationsmöglichkeiten dar, die einen mündlichen Diskurs ergänzen, aber nicht ersetzen können.

---

[318] So Rosenblatt, P. C. et al. (1985): S. 109 ff. sowie S. 123.

Insofern postulieren wir als elementare Basis für die Kommunikation von Familiengesellschaftern das Primat der mündlichen Kommunikation. Die im ersten Teil dieses Kapitels genannten großen Hürden für das Gelingen von Kommunikation können nur überwunden werden, wenn der effizienteste Weg der Kommunikation gewählt *und* der Erfolg dieser Kommunikationsaktivität sogleich überprüft werden kann und auch wird. Beides ist mit Hilfe der mündlichen Kommunikation besser möglich als mit jeder anderen Kommunikationsform. Idealerweise ist die mündliche Kommunikation ein Gespräch von Angesicht zu Angesicht, da dabei auch die unterstützende Funktion der Körpersprache wirksam wird. Aber auch die Kommunikation per Telefon ist einer schriftlichen Mitteilung in der Regel vorzuziehen. Stimmlage, Sprechgeschwindigkeit usw. verstärken das Gesagte oder schwächen es gezielt ab; vor allem aber erleichtert die telefonische Kommunikation gegenüber der schriftlichen alle Rückfragen zur Verhinderung von nachhaltigen Missverständnissen. Der Erfolg neuerer Technologien wie Videokonferenzen und Skype – Video-Telefonie über den PC – erklärt sich aus dem Bedürfnis der Menschen, ihre auditive Wahrnehmung durch visuelle Eindrücke ergänzen und abrunden zu können.

Nur durch mündliche Kommunikation von Angesicht zu Angesicht kann sich eine zweiseitige Kommunikation entwickeln, bei der jeder Beteiligte sowohl Sender als auch Empfänger ist. Zweiseitige Kommunikation ist ein wichtiges Merkmal von Kommunikation mit Bindungswirkung.[319] Nur aus der Mitteilung, die von den anderen Beteiligten aufmerksam und interessiert aufgenommen wird, erwächst die Befriedigung, ja manchmal das freudvolle Erlebnis einer geglückten Kommunikation.

Ob mit modernen elektronischen Kommunikationstechniken wie E-Mails, SMS und Chats bei der jungen Generation eine ähnliche Kommunikationsintensität erreicht werden kann wie durch die Kommunikation von Angesicht zu Angesicht, kann vermutlich nicht generell beurteilt werden. Sicherlich hat die Kommunikation bei der persönlichen Begegnung immer einen Vorteil im emotionalen Gehalt dadurch, dass Stimmlage, Sprechgeschwindigkeit und Körpersprache eingesetzt werden können.

Vertrauensvolle Kommunikation

Astrachan/McMillan betonen die Bedeutung von Vertrauen als Voraussetzung gelingender Kommunikation und umgekehrt von guter Kommunika-

---

[319] Vgl. Hess, E. D. (2006): S. 17.

tion als vertrauensbildender Maßnahme in sich selbst.[320] Vertrauen darf nicht als eine emotionale Qualität gesehen werden wie etwa Zuneigung, die entweder gegeben ist oder fehlt. Vertrauen ist das Ergebnis eines Bemühens, ja einer Arbeit. Folgende wesentlichen Aktivitäten schlagen Astrachen/McMillan vor, um Vertrauen zu schaffen:

1. Die erste Maßnahme, Vertrauen auszubauen und zu erhalten, besteht darin, der Gefahr des Misstrauens zu begegnen. Misstrauen entsteht immer bei Geheimniskrämerei. Die einfachste Maßnahme zur Konfliktprävention ist die Transparenz des Denken und Handelns sowohl bei allen Transaktionen zwischen den Gesellschaftern als auch zwischen den Gesellschaftern und dem Unternehmen. Wo Transparenz herrscht, braucht niemand mehr über eventuelle Motive zu spekulieren und dabei missbräuchliche Absichten zu unterstellen. Transparenz verlangt die Dokumentation eines zwar nachvollziehbaren Geschehens, das aber durch mündliche Erläuterung verständlich gemacht werden muss. Die mündliche Kommunikation ist in sich bereits eine vertrauensbildende Maßnahme.

2. Eine weitere mögliche Aktivität, um Vertrauen zu erarbeiten, ist die Gewährung eines Vertrauensvorschusses:

   „Es ist wichtig so zu handeln, als bestünde Vertrauen, selbst wenn das nicht der Fall ist. Verhalten, als wäre Vertrauen gegeben, will tatsächlich dazu beitragen, dass Vertrauen entsteht."[321]

3. Die schwierigste Bedingung für Vertrauen ist vielleicht die, dass es als wechselseitige Beziehung nur dann zustande kommt, wenn man selbst für den anderen vertrauenswürdig ist. Und das ist man nur, wenn man ein angemessenes Selbstwertgefühl und Selbstbewusstsein hat. Ohne dieses ist eine Person ihrer selbst unsicher. Das führt unweigerlich einerseits zu einem Unterlegenheitsgefühl und andererseits zu Misstrauen gegenüber der Umwelt. Auch wenn die Umwelt durch Interesse, Anerkennung und Respekt helfen kann, das Selbstwertgefühl zu bewahren, – erstmals erarbeiten und entwickeln muss man es schon selbst: Es ist eine der Qualitäten, die man „nicht kaufen" kann. Einen Königsweg für den Aufbau von Vertrauen sehen Astrachan/McMillan in dem von ihnen formulierten „Trust Axiom", das auf Großzügigkeit basiert: „Generosity builds trust, secrecy

---

[320] Vgl. Astrachan, J. H./McMillan, K. (2003): S. 24 ff.

[321] Vgl. Astrachan, J. H./McMillan, K. (2003): S. 24 (übersetzt durch den Verfasser).

destroys it"[322]. Es geht bei diesem Axiom um eine umfassende Haltung, die sich in finanzieller Großzügigkeit äußert, welche begleitet wird von freigiebiger Informationsvermittlung, dem Zurverfügungstellen von Zeit sowie einer „inneren Anwesenheit" und dem spürbaren Ausdruck von Liebe und Zuwendung. Beschränkt jemand sein großzügiges Verhalten auf nur einen Bereich, z. B. auf finanzielle Dinge, kann dagegen leicht der Eindruck entstehen, derjenige verfolge mit seiner Großzügigkeit einen bestimmten Zweck: Vorteile zu erringen, Kontrolle auszuüben oder aber eine „hidden agenda" zu realisieren.

4. Errungenes Vertrauen wird durch die Konsistenz der Meinungsäußerung und des Handelns bestätigt: „Tue, was du sagst, und sage, was du tust". Anders gesagt bedeutet dies, dass man erst einmal Ziele entwickeln muss und dann offen darüber kommuniziert. Und wenn man, was ja durchaus geboten sein kann, seine Meinung ändert, gilt es auch dies wiederum aufrichtig zu kommunizieren.

Beobachtung der Qualität der Kommunikation

Wenn die vertrauensvolle Kommunikation so wichtig ist, muss die Qualität der Kommunikation auf Frühwarnindikatoren einer Verschlechterung oder Störung hin beobachtet werden und es muss gegebenenfalls unverzüglich darauf reagiert werden. „Störungen haben Vorrang" ist ein Statement der Gruppenpsychologin Cohn.[323] Für die Arbeitsbeziehung in einer Organisation wird richtigerweise gefordert, die Art und Weise der Zusammenarbeit in einem Mitarbeitergespräch zu reflektieren. Ebenso sollte die Gruppe der Gesellschafter von Zeit zu Zeit eine Meta-Kommunikation darüber führen, wie sie miteinander kommuniziert und wie sie zusammenarbeitet. Dies kann als ein „Reflexionsmodul" am Ende eines jeden Gesellschaftertreffens vorgesehen werden oder als Agenda eines „Jour fixe" – einmal im Jahr – zur Evaluierung der Zusammenarbeit über das Jahr hinweg angesetzt werden.

> „Was für die Lösung eines Konfliktes gilt, muss auch für die Prävention richtig sein. Die unbequemen Zauberwörter heißen hier »Feedback« und »Meta-Kommunikation«, das heißt: Fragen der Zusammenarbeit, der Atmosphäre, der Stimmungs- und Motivationslage müssen integraler Bestandteil von Konferenz-Tagesordnungen werden!"[324]

---

[322] Astrachan, J. H./McMillan, K. (2003): S. 25.

[323] Vgl. Jiranek, H./Edmüller, A. (2003): S. 49.

[324] Jiranek, H./Edmüller, A. (2003): S. 87.

Eine Meta-Kommunikation darüber, wie die Mitglieder miteinander umgehen, kann vorzüglich der Entpersönlichung und Entemotionalisierung
eines Konflikts dienen. Das, was jeden Konflikt gefährlich und in seiner
Dynamik unberechenbar macht, ist, dass die strittigen Sachverhalte und
Argumente „persönlich genommen" werden. Die Beziehungsebene wird
zerrüttet und damit eine Lösung auf der Sachebene erschwert.

> „Sich ein bis zwei Tage pro Jahr zurückzuziehen in einem kleinen Work-
> shop, am besten mit einem Moderator, und in entspannter Atmosphäre in
> einem gelungenen, aber nicht überladenen Ambiente Rückschau und Vor-
> schau zu pflegen, hat viele Gruppen schon weitergebracht und Konflikten
> vorgebeugt."[325]

Auf der anderen Seite ist die Bereitschaft erforderlich, Fragen zu beantworten und sich mitzuteilen. Zu einem funktionierenden Kommunikationssystem gehört also, dass

- die Beteiligten Interesse aneinander und an den Informationen des
  oder der anderen Beteiligten haben,

- sie dieses Interesse in irgendeiner Form zeigen (z. B. durch Fragen)
  und

- dass sie ihrerseits Informationen einbringen oder zumindest Wortbei-
  träge leisten.

Daraus lässt sich direkt ableiten, welche Zustände ein nicht funktionieren-
des Kommunikationssystem kennzeichnen:

- ein Zustand der Interesselosigkeit,

- ein Zustand der Informationsverweigerung oder allgemein:

- ein Zustand der Kommunikationsverweigerung.

Kommunikative Kompetenz

Angesichts der Bedeutung von Kommunikation ist kommunikative Kompetenz erforderlich, um den Zusammenhalt unter den Familiengesellschaftern fördern zu können. Ein angeborenes Talent und ein gewinnendes Na-
turell mögen den Idealfall für kommunikative Kompetenz als Attribut der
Persönlichkeit darstellen. Für jeden, der sich ernsthaft darum bemüht, aktiv
zum Zusammenhalt der Gruppe der Familiengesellschafter beizutragen,
wird eine Weiterentwicklung seiner Persönlichkeit durch den Erwerb theo-

---

[325] Jiranek, H./Edmüller, A. (2003): S. 89.

retischer Einsichten in den kommunikativen Prozess hilfreich sein. Der hier versuchte Einstieg kann nur dazu dienen, einen Eindruck von der Breite der betreffenden Gedankengebäude zu vermitteln und einen Anreiz dafür zu bieten, eine tiefere Schulung zu suchen – was zumeist so geschieht, dass die Gruppe der Gesellschafter von Zeit zu Zeit einen einschlägig ausgebildeten Moderator hinzuzieht.

Auch wenn wir auf die Methoden zur Kompetenzentwicklung hier nicht eingehen können (der Interessierte findet ein umfangreiches und manchmal auch gutes Schulungsangebot im Markt), so sei doch wenigstens eine hilfreiche Liste der anzustrebenden positiven Indikatoren für kommunikative Kompetenz aus der Beratererfahrung übernommen:

„Anzeichen dafür, dass die Kommunikation in einer Familie konstruktiv ist, umfassen:

- Häufiger Augenkontakt.
- Schnelle Antwort auf Anrufe und Anfragen.
- Gute Gespräche. Die Zeit, in der die Gesprächsteilnehmer das Wort haben, ist ziemlich gleich verteilt.
- Vertrauen und Kümmern um den anderen.
- Ehrliche Aussprache einer abweichenden Meinung.
- Direkte Kommunikation.
- Die Leute sind enthusiastisch und motiviert.
- Die Familienmitglieder zeigen Selbstvertrauen.
- Die Familienmitglieder sind über die wichtigen Angelegenheiten der Familie und des Geschäfts informiert.

Wenn die Kommunikation gut verläuft, ist es ein Zeichen, dass eine Menge anderer Sachen auch gut läuft."[326]

Die Kommunikationsarchitektur wie auch die Kommunikationskompetenz einer Gesellschafterfamilie müssen mit dem Wachstum des Unternehmens und der Familie entwickelt werden, wie Astrachan/McMillan hervorheben.[327] Die informelle Kommunikation zwischen Geschwistern in der Führung eines Kleinunternehmens muss zumindest ergänzt werden durch stärker formalisierte Strukturen, wenn dieses sich zu einem Großunternehmen mit einem Gesellschafterkreis von zig Personen entwickelt.

---

[326] Astrachan, J. H./McMillan, K. (2003): S. 22 (übersetzt durch den Verfasser).
[327] Vgl. Astrachan, J. H./McMillan, K. (2003): S. 16.

Gerne bekennen wir uns alle zu einer „offenen Kommunikation" und gleichwohl erlebt jeder bei sich selbst und bei anderen, dass dies nicht so leicht gelingt. Für die Verwirklichung von gelingender Kommunikation gibt es zwar durchaus leicht erlernbare Techniken, doch das Schwierige ist sie kontinuierlich anzuwenden. Die anzustrebende Richtung ist eine nicht-direktive Kommunikation, die zu einem Klima des gemeinsamen Lernens führt.[328]

Gegenseitiger Respekt als Ziel

Es kann nicht Ziel der gestalteten Kommunikation sein, dass sich alle „lieben" oder wenigstens ständig in reiner Harmonie miteinander umgehen. Eine so emotional begründete Qualität kann gar nicht als Lernziel vorgenommen werden. Sie ist auch zu labil, um darauf eine Veranstaltung wie die Zusammenkunft von Familiengesellschaftern gründen zu können. Ich halte dafür, dass man sich als idealtypisches Ziel gelingender Kommunikationsbeziehungen „nur" vornehmen kann, dass wechselseitiger Respekt entwickelt und gewahrt wird.

Im kommunikativen Prozess zeigt sich Respekt in der Einhaltung zumindest folgender Regeln:[329]

1. Alle vorgetragenen Gesichtspunkte werden aufmerksam gehört.

2. Ein Sprecher wird nicht unterbrochen.

3. Eine Einlassung wird nie als dumm, unkundig oder unüberlegt disqualifiziert.

4. Es geht nie um die Qualifikation des Vortragenden, sondern immer nur um die Plausibilität seiner Argumente.

„Die Unternehmerfamilie als Chance: Unverzichtbar für den Erfolg und die Zukunft als Unternehmerfamilie ist es, dass wir uns in unserer Rolle als Familiengesellschafter wohl fühlen und stolz auf unser Unternehmen sind, mit dem wir uns identifizieren können.

Wir müssen erkennen und verinnerlichen, dass »Geld« nur einen – schlechten – Ersatz für gesellschaftlichen und emotionalen Erfolg darstellt, der in Intensität und Dauerhaftigkeit nicht annähernd an die täglichen Einzelerlebnisse herankommt, die auf positiven Erfahrungen miteinander beruhen. Geld macht eben nicht glücklich. Solche beglückenden zwischen-

---

[328] Vgl. in unserem Kontext: Khawajy, J. L. (2005).

[329] Vgl. Hess, E. D. (2006): S. 16; eingehender unten zur zulässigen und unzulässigen Argumentation unter Abschnitt 9.4.

menschlichen Erfahrungen beruhen auf einem wertschätzenden und höflichen Umgang miteinander. Dieses schließt emotional und kontrovers geführte Diskussionen untereinander keineswegs aus, sie sind sogar wünschenswert und notwendig. Man muss sich dabei allerdings an Spielregeln halten, sich auf eine Linie einigen und diese schließlich geschlossen nach außen kommunizieren.

Vertrauensvoller Umgang miteinander als Familiengesellschafter kann uns in einer Weise selbstbewusst und zufrieden machen, wie das durch Geld und Konsum allein sicher nicht erreicht werden kann."[330]

9.5   Entscheidungskommunikation

Bedeutung der Entscheidungskommunikation

Da die Gesellschafter als Souverän der Gesellschaft immer wieder mit der Verfassung der Familie und des Unternehmens befasst sind, sind ihnen die satzungsmäßigen Regelungen für die Entscheidungsfindung vertraut. Diese legen die erforderlichen Mehrheiten für die Entscheidungen fest. Zu Beginn der Ausübung ihres Amtes als Gesellschafter vermuten diese daher, dass regelmäßig Abstimmungen stattfänden. Dies ist aber keineswegs der Fall.

Entscheidungen kommen dadurch zustande, dass man sich über das zur Entscheidung anstehende Thema gemeinsam eine Meinung bildet. Man tauscht Argumente aus, versucht die Meinungen abzugleichen und derjenige, der das bessere Argument zu haben glaubt, versucht die anderen zu überzeugen. Dabei werden die Meinungen und Interessen der anderen so weit als erforderlich oder auch möglich berücksichtigt, um einen Konsens zu finden. Gegebenenfalls wird das Thema vertagt und in weiteren Gesprächen ein Kompromiss gesucht. Und am Ende hat man entweder einen Entscheidungsvorschlag, dem sich alle anschließen können, oder einen, der zumindest niemanden verletzt. Meist fasst dann der Leiter einer Versammlung die anschlussfähige Meinung zusammen und der nach der Geschäftsordnung erforderlicher Beschluss ist nur noch Formsache.

Wenn man zugeben muss, dass man nicht mehr miteinander argumentieren kann, weil die Argumente erschöpft sind, weil man weiß, dass kein Konsens zu finden ist, oder weil man ihn nicht finden will (um stattdessen

---

[330] Düsterberg, M., Gesellschafter des Familienunternehmens apetito AG, Rheine, in einem unveröffentlichten Memorandum für die Familie, 2008. Abdruck mit freundlicher Genehmigung des Autors.

die eigenen Interessen durchzusetzen), ist die argumentative Kommunikation gescheitert. Dann – und erst dann – muss wie immer der Vertrag bzw. die Satzung regeln, wie nun diese verfahrene Situation noch zu einem Ende zu bringen ist: durch Abstimmung. Eine Abstimmung aber hat Sieger und Unterlegene und eröffnet damit den Weg zum Konflikt: der Vergeltung der Unterlegenen.

Daher ist es erforderlich, dass Gesellschafter, die gemeinsam Entscheidungen treffen müssen, eine angemessene argumentative Kompetenz entwickeln, um es möglichst nicht zur konfliktträchtigen Abstimmung kommen zu lassen.

Kompetenz für einen fairen Argumentationsprozess

Während eine spontane, plaudernde Kommunikationsfähigkeit einer glücklichen Persönlichkeit mitgegeben sein mag, wird einem die Kunst, in rechter Art und Weise argumentieren zu können, nicht von der Natur mitgegeben: Diese Kompetenz muss man erlernen und üben.[331]

Es wäre aber wohl unergiebig zu versuchen, alle Gesellschafter in der Argumentationslogik zu schulen. Sie werden so diskutieren, wie es ihnen zu Eigen ist. Die Argumentation ist dabei zumeist eingebettet in eine durchaus unstrukturierte Kommunikation mit Sprüngen und Schleifen und schält sich als schlüssiges Konzept erst mühsam heraus. Selbst eine Diskussion, die hin und her springt, kann als eine Argumentation gewertet werden.

Die Vielzahl der Einlassungen in einer Diskussion können auf drei Grundoperationen zurückgeführt werden,[332] nämlich

- Behaupten,
- Begründen,
- Kritisieren.

Wer behauptet, muss begründen. Wer den anderen widerlegen will, muss sich selbst der Kritik der anderen stellen. Menschlich schwierig ist der ganze Prozess, weil mit der Tragfähigkeit neuer Argumente auch das persönliche Selbstwertgefühl und der persönliche Geltungsanspruch berührt werden. Zu leicht geht es um Sieg oder Niederlage der eine Ansicht vertretenden Person.

---

[331] Vgl. zum Thema Kormann, H. (2008): S. 325–359.
[332] Vgl. Wohlrapp, H. (2008): S. 192–222.

Der argumentative Prozess ist nur dann gedanklich weiterführend und menschlich akzeptabel, wenn es ein „fairer" Prozess ist. Fairness verlangt sich darauf zu konzentrieren, was objektiv vertretbar ist, und nicht darauf, wer Recht hat. Es geht in komplexen Fragestellungen aber nicht nur darum, was richtig ist und was objektive Geltung beanspruchen kann, sondern es geht auch darum, was Akzeptanz findet. Durchgesetzt werden kann nur, was auch akzeptiert wird.[333] Akzeptiert wird das, was überzeugt. Oft aber ist als weitere Voraussetzung für Akzeptanz erforderlich, dass kein Beteiligter in seinem Selbstwertgefühl beeinträchtigt wird. Und darin liegt der entscheidende Kern der Kompetenz des Überzeugens. Dieses gelingt nur, wenn akzeptierte Formen des Argumentierens beachtet werden, auf die wir gleich eingehen werden.

Zu einem fairen argumentativen Prozess gehört aber auch, dass jeder einmal Gelegenheit hat, „das Richtige" zu vertreten. Auch für den, der langsamer spricht, ängstlich oder misstrauisch, also der Schwächere ist – auch für ihn muss es Themen geben, bei denen er „Recht hat".

Verbotsregeln zugunsten fairer Argumentation

Wie alle Verhaltensnormen kann die Forderung nach fairer Argumentation durch konkrete Verbotsnormen oder Gebotsnormen gefördert werden. Verbotsnormen wirken eindeutig und streng: Du darfst nicht! Sie scheiden Fehler aus, bewirken aber noch nicht das Ideale. Blickle hat einige Muster herausgearbeitet, mit denen ein Managementdiskurs auf ein unredliches Niveau abgleiten kann, und entsprechende Unterlassungsregeln formuliert:

> „1. *Stringenzverletzung*
>
> Unterlasse es, absichtlich in nichtstringenter Weise zu argumentieren.
>
> *Beispielhafte Strategien:* unzulässige Verallgemeinerung, Fehlschlüsse, Umkehrschlüsse, Leerformeln.
>
> 2. *Begründungsverweigerung*
>
> Unterlasse es, deine Behauptungen absichtlich nicht oder nur scheinbar zu begründen.
>
> *Beispielhafte Strategien:* bloßer Autoritätsverweis, bloßer Gefühlsappell, reine Behauptungswiederholung.

---

[333] Vgl. Klein, W. (1980): S. 9 ff.; Habermas, J. (1981): S. 51 ff.

3. *Wahrheitsvorspiegelung*

Unterlasse es, Behauptungen als objektiv wahr auszugeben, von denen du weißt, dass sie falsch oder nur subjektiv sind.

Beispielhafte Strategien: Bestreiten oder Erfinden von Tatsachen, Vorbringen von Halbwahrheiten, Verbreitung von Gerüchten.

4. *Verantwortlichkeitsverschiebung*

Unterlasse es, Verantwortlichkeiten absichtlich ungerechtfertigt in Abrede zu stellen, in Anspruch zu nehmen oder auch auf andere (Personen oder Instanzen) zu übertragen.

Beispielhafte Strategien: Sündenböcke suchen, Fehler vertuschen, Verweis auf widrige Umstände.

5. *Konsistenzvorspiegelung*

Unterlasse es, absichtlich nicht oder nur scheinbar in Übereinstimmung mit deinen sonstigen (Sprech-)Handlungen zu argumentieren.

Beispielhafte Strategien: so tun als ob, Ausnahmen aufstellen.

6. *Sinnentstellung*

Unterlasse es, fremde oder eigene Beiträge sowie Sachverhalte absichtlich sinnentstellend wiederzugeben.

Beispielhafte Strategien: Übertreiben, Pauschalurteile, Ausweichen ins Allgemeine.

7. *Unerfüllbarkeit*

Unterlasse es, und sei es auch nur leichtfertig, für solche (Handlungsauf-) Forderungen zu argumentieren, von denen du weißt, daß sie vom Gegenüber nicht befolgt werden können.

Beispielhafte Strategien: unmögliche Beweise fordern, zwei sich wechselseitig ausschließende Forderungen stellen.

8. *Diskreditieren*

Unterlasse es, andere Teilnehmer absichtlich oder leichtfertig zu diskreditieren.

Beispielhafte Strategien: Lächerlich machen, Vorwürfe früherer Fehler und Versäumnisse, Psychologisieren.

9. *Feindlichkeit*

Unterlasse es, deine Gegner in der Sache absichtlich als persönliche Feinde zu behandeln.

Beispielhafte Strategien: Beleidigungen, Provokationen, ungehörige Fragen stellen, Einschüchterungsversuche durch Grobheiten.

10. *Beteiligungsbehinderung*

Unterlasse es, absichtlich in einer Weise zu interagieren, die das Mitwirken anderer Teilnehmer an einer Klärung behindert.

Beispielhafte Strategien: Killerphrasen, Vernebelung, Tabuisierung, gehäufte Verwendung von Fachausdrücken/Fremdwörtern.

11. *Abbruch*

Unterlasse es, die Argumentation ungerechtfertigt abzubrechen.

Beispielhafte Strategien: Dringenderes vorschieben, Ablenken."[334]

Gebotsregeln für gelingende Kommunikation in Entscheidungsfragen

Der argumentative Diskurs in Strategiefragen zielt auf eine gemeinsame Akzeptanz, auf Konsens in Fragen, in denen es keine beweisbaren Wahrheiten geben kann. Es können daher auf diesen auf Sachfragen der Geschäftsentwicklung gerichteten Diskurs die Grundsätze übertragen werden, die von der Philosophie und der auf die Wirtschaftsethik gerichteten Forschung für den konsensorientierten Diskurs entwickelt wurden:[335]

- Sachverständigkeit, das heißt die Fähigkeit, der Form und dem Inhalt nach Gründe vortragen zu können, die gute Chancen haben, anerkannt zu werden. Die Sachverständigkeit kann in unterschiedlichen Kenntnissen und Rollenverständnissen begründet sein:
  - Sachkompetenz als Vertrautheit mit dem Gegenstand der Beratung,
  - Interessenkompetenz, wie sie dem Vertreter eines bestimmten Interessenstandpunkts, z. B. dem des Gesellschafterinteresses, eigen ist,
  - Kompetenz in Fragen des Entscheidungsprozesses, wie eine Entscheidungsfindung angelegt sein sollte, um der Themenstellung gerecht zu werden.
- Unvoreingenommenheit, das heißt die Bereitschaft, alle Vororientierungen und Festlegungen in Frage zu stellen, ob es sich um Meinungen über Sachverhalte, Präferenzen in den Entscheidungskriterien,

---

[334] Blickle, G. (1997): S. 37 ff.
[335] Vgl. Steinmann, H./Löhr, A. (1994): S. 78 ff. mit Verweis auf Kambartel, F. (1974): S. 66 f. und Habermas, J. (1983): S. 98 ff.

Ansprüche oder Wunschvorstellungen handelt. Die oben erwähnten Argumentationsverweigerer kann man in der Mehrzahl unter dem Sammelbegriff „Fälle der Voreingenommenheit" einordnen.

- Nicht-Persuasivität, das heißt der Verzicht auf die Durchsetzung von Vororientierungen und Festlegungen durch Appelle und direktive Äußerungen („starker Wunsch" der Vorgesetzten, Weisung) oder durch manipulative Rhetorik. Es soll nicht um das Überreden gehen, sondern um das Überzeugen mit guten und nachvollziehbaren Gründen.

- Zwanglosigkeit, das heißt der Verzicht auf das Androhen von Sanktionen für ein unwillkommenes Abstimmungsverhalten. Natürlich ist hier nicht an Disziplinarmaßnahmen zu denken; hierunter fallen meines Erachtens eher die Fälle, bei denen die Teilnehmer einer Argumentation diese zu einem Streitgespräch ausarten lassen, das zu einer obsiegenden und einer unterliegenden Partei führt. Beispielsweise wird die Verweigerung der Argumentation und die argumentationslose Ablehnung eines Antrags der Geschäftsführung durch die hierarchisch höher gestellten Mitglieder des Beirats von der Geschäftsführung als Zwangsmaßnahme empfunden. Andererseits wäre ein Beleidigtsein oder gar die Rücktrittsdrohung einer Geschäftsführung als Sanktion für eine Verweigerung der Zustimmung des Beirats zu ihrem Lieblingsprojekt eine Verletzung der Forderung nach Zwanglosigkeit.

Popper trägt seine Empfehlungen in einer bemerkenswerten Liste vor:

„Liste der Rechte und Pflichten derer, die von ihren Mitmenschen lernen wollen

1. Jeder Mensch hat das Recht auf die wohlwollendste Auslegung seiner Worte.

2. Wer andere zu verstehen sucht, dem soll niemand unterstellen, er billige schon deshalb deren Verhalten.

3. Zum Recht, ausreden zu dürfen, gehört die Pflicht, sich kurz zu fassen.

4. Jeder soll im Voraus sagen, unter welchen Umständen er bereit wäre, sich überzeugen zu lassen.

5. Wie immer man die Worte wählt, ist nicht sehr wichtig; es kommt darauf an, verstanden zu werden.

6. Man soll niemanden beim Wort nehmen, wohl aber ernst nehmen, was er gesagt hat.

7. Es soll nie um Worte gestritten werden, allenfalls um Probleme, die dahinter stehen.

8. Kritik muss immer konkret sein.

9. Niemand ist ernst zu nehmen, der sich gegen Kritik unangreifbar gemacht, also »immunisiert« hat.

10. Man soll einen Unterschied machen zwischen Polemik, die das Gesagte umdeutet, und Kritik, die den anderen zu verstehen sucht.

11. Kritik soll man nicht ablehnen, auch nicht nur ertragen, sondern man soll sie suchen.

12. Jede Kritik ist Ernst zu nehmen, selbst die in böser Absicht vorgebrachte; denn die Entdeckung eines Fehlers kann uns nur nützlich sein.«[336]

Gruppeneigene Kommunikationsregeln

Berater empfehlen in eine Familiencharta, ein Familienprotokoll oder eine Familienstrategie auch Regeln zur Kommunikation im Kreis der Familiengesellschafter aufzunehmen. Ein solcher Normensatz wird vorzugsweise als Ergebnis einer Gruppenarbeit aus dem Problembewusstsein der Gruppenmitglieder und in ihrer Sprache erarbeitet. Die Auswahl aus einem Katalog wünschenswerter Normen wie dem oben aufgeführten sollte das Problemverständnis der Gruppe aufgrund der Erfahrungen in der Vergangenheit widerspiegeln. Es sollte also ein eng gefasster, überschaubarer Satz von Normen sein. Da er von der Gruppe selbst erarbeitet wurde, sollte er tiefer zu verinnerlichen sein. Zu den gruppenspezifischen Normsetzungen gehören auch die Regeln, die bestimmen, *wie* Entscheidungen zu treffen sind.

Harmonieregeln

Eine besondere Kategorie von Entscheidungsregeln liegt vor, wenn eine Familie eine Meta-Entscheidung darüber trifft, wie wichtig es ihr ist, dass die Entscheidungsprozesse in Harmonie ablaufen und auf die größtmögliche Akzeptanz bei allen Familienmitgliedern treffen. Eine solche Meta-Entscheidungsregel kann ein Vermächtnis des Gründers sein, sich als Tradition mit der Zeit entwickelt haben oder bei der Entwicklung einer Familiencharta reflektiert und formal verabschiedet worden sein. Es gibt Familien, denen Harmonie über alles geht und die lieber einen schlechten Kompro-

---

[336] Popper, K. (1994) zitiert in Krämer, W./Schmidt, M. (1997): S. 377.

miss eingehen, als eine Kontroverse um die beste Entscheidung ausfechten. Und es gibt andere Familien, bei denen jedes Mitglied zu Entscheidungs-besprechungen gleich seinen Rechtsanwalt an der Seite hat und nicht zögert – in vermeintlich sportlicher Haltung – immer wieder mal vor Gericht zu ziehen. Hier kann man dann nur noch von einer „krampfhaften Verstrickung" sprechen und nicht mehr von Bindung.

Das Streben nach Harmonie ist sicherlich eine günstige Voraussetzung für das Wachsen von Zusammengehörigkeitsgefühl. Maximen, die geeignet sind, Harmonie in einer sozialen Gemeinschaft aufrecht zu erhalten, sind:

- De-facto-Verpflichtung zu einstimmiger Beschlussfassung,

- Wahl eines „mittleren Weges", manchmal abwertend als Kompromiss bezeichnet,

- Verpflichtung auf die „Goldenen Regel", was zugleich dazu führt, jede Angelegenheit auch von dem Standpunkt des anderen zu betrachten und nur solche Interessen zu vertreten, deren Vertretung man auch dem anderen zubilligen würde,

- Einhaltung der dem Einzelnen von der Gemeinschaft zugewiesenen Rolle und Einhaltung der üblichen Erwartungen an die Rolle: Der Senior sorgt sich um das Unternehmen, die Oma sorgt sich um die Familie, Tante Emma sorgt sich um die Stimmung usw.; die Cousine mit ihrem kleinen Anteil soll sich aber nicht mit der Langfriststrategie herumschlagen,

- Von vorneherein Unterwerfung unter Schlichtungen durch Moderation (und nicht durch Schiedsgerichte). Rüsen berichtet von einer Familie, die im Bedarfsfall die Regel hat: „Man geht zum Pfarrer …".

„Vom Umgang miteinander

Ich glaube, dass jeder von uns sich respektiert und seine Rechte gewahrt sehen möchte. Dies bezieht sich sowohl auf seine Familie, die Großfamilie und natürlich auch, soweit seine Interessen dort betroffen sind, auf das Unternehmen. Dieses zu leugnen, wäre nicht seriös.

Es geht also um die Frage, wie wir miteinander umgehen und wie Meinungs-verschiedenheiten ausgetragen werden: Hilfreich ist hier, offen und fair miteinander umzugehen, Kritik auszusprechen gegenüber dem, den sie betrifft, und nichts zu hintertragen und sich auch berechtigter Kritik zu stellen.

In Bezug auf das Agieren in Unternehmensfragen und die Wahrnehmung der eigenen Vermögensinteressen gelten besondere Spielregeln, die eingehalten werden müssen, um Chaos zu vermeiden. »Spielregeln« heißt aber auch, dass es grundsätzlich nicht nur ein Bedürfnis, sondern auch ein berechtigtes Interesse an der Wahrnehmung eigener Belange geben muss.

Für mich gilt dabei Folgendes:

Ich möchte über anstehende, mich als Gesellschafter tangierende wesentliche Entscheidungen vorab informiert werden, um Einfluss zu nehmen.

Ich möchte dazu die Gelegenheit haben, Fragen stellen zu dürfen, um mir eine eigenen Meinung zu bilden. Dazu gehört für mich allerdings auch, dass ich meine Meinung dann an dem dafür geeigneten Ort und Zeitpunkt auch äußern darf.

Ich möchte Unterstützung äußern dürfen, aber auch mit Bedenken ernst genommen werden.

In den Gremien, in denen ich mitentscheiden kann, nehme ich für mich in Anspruch, für meine Überzeugungen Mehrheiten zu suchen. In anderen Fällen, in denen ich zwar Betroffener, aber nicht Verantwortlicher bin, möchte ich bei der Entscheidungsfindung bei Dingen grundsätzlicher Bedeutung auch Gehör bekommen, vielleicht um andere überzeugen oder aber mich eines Besseren belehren lassen.

Ich denke, das darf jeder von uns für sich in Anspruch nehmen."[337]

Entscheidungsregeln

Auch Entscheidungsregeln sind vorab getroffene, generelle Meta-Entscheidungen. Im konkreten Entscheidungsfall muss nur noch geprüft werden – das ist allerdings oft schwierig genug –, ob eine entsprechende Regel auf den spezifischen Fall anwendbar ist, und wenn ja, dann ist zumindest der Weg der Entscheidungsfindung vorgegeben. Eine Entscheidungsregel hat einen zweifachen Vorteil: Erstens kann eine problematische Entscheidungssituation unabhängig von einem anstehenden konkreten Fall in Ruhe durchgesprochen werden. Zweitens – und das ist das Wichtigste – kann die Priorität unterschiedlicher Ziele geordnet werden, bevor der Einzelne überblickt, welches seine persönliche Interessenlage in einem künftigen Entscheidungsfall sein wird. Man unterwirft sich in der Vertretung der jeweiligen Einzelinteressen einer vorher getroffenen „Selbstbindung" der Gemeinschaft.

In unserem Kontext kommt natürlich sogleich die viel zitierte Prioritätsregel „Firma vor Familie, Familie vor der Person" oder „Business First" in

---

[337] Düsterberg, M., Gesellschafter des Familienunternehmens apetito AG, Rheine, in einem unveröffentlichten Memorandum für die Familie, 2009. Abdruck mit freundlicher Genehmigung des Autors.

den Sinn. Demgegenüber plädiere ich in dieser Schrift dafür, dass das Individuum nicht zu stark zurückgedrängt wird und dass eine Balance zwischen Gemeinschaftsinteresse und Individualinteresse gesucht wird. Sicherlich haben solche abstrakten Weisungen in konkreten Sachfragen nur eine bedingte Kompassfunktion. Gleichwohl ist die Vorbereitung auf eine derartige Entscheidungsmaxime eine starke Selbstverpflichtung für den „Gutwilligen". Im Konfliktfall hilft sie verständlicherweise nicht mehr.[338]

Je konkreter die Regeln sind – z. B. die oben erörterten Regeln zur Ergebnisausschüttung[339] –, um so mehr kann die Entscheidungsfindung im Einzelfall entlastet werden.

Entscheidende Voraussetzungen: Gesprächsleitung, Zeit und Respekt

Kommunikation zur Entscheidungsfindung muss zu einem Ergebnis, eben zur Entscheidung führen. Dies kann – zumal unter der Bedingung eines fairen Prozesses – nur gelingen, wenn es eine Gesprächsleitung gibt. Sie erfolgt durch eine Person, die für ein bestimmtes Gespräch aufgrund eines Gruppenbeschlusses die Projektleitung für das „Projekt Entscheidungsfindung" übernimmt. Diese Position kann aber auch als Führungsfunktion in der Familienverfassung institutionalisiert sein.[340] Schließlich kann sie natürlich auch durch einen familienexternen Moderator übernommen werden. Der Gesprächsleiter sollte jedenfalls über die kommunikative Kompetenz verfügen, einen fairen Prozess zu unterstützen. Wie auch immer diese Aufgabe gelöst wird: Es muss eine Gesprächsleitung geben, sonst bleibt es gerade im Kreis von Familienmitgliedern zu leicht bei einem Gespräch als Selbstzweck, ohne dass das angestrebte Ergebnis erreicht wird.

Die zweite Voraussetzung für einen gelingenden Entscheidungsprozess ist ausreichende Zeit. Wenn eine Frage so wichtig ist, dass sie nicht von einem Einzelnen entschieden werden kann, sondern die ganze Gruppe sich damit beschäftigen muss, dann verdient es die Fragestellung, dass man sich Zeit nimmt.

Ein wichtiger Weg, um Zeit zu gewinnen, besteht darin, ein Thema zwischen dem Gesprächsleiter und dem oder den Protagonisten des Themas zunächst bilateral zu besprechen, bevor das Thema ins Plenum kommt. Ein vorzüglicher Weg, um Zeit zu gewinnen, ist auch eine Klausur, bei

---

[338] Vgl. Schlippe, A. v./Kellermanns, F. W. (2009): S. 190.

[339] Vgl. Kapitel 6.

[340] Vgl. Kapitel 7.

der man sich auf das anstehende Thema konzentriert. Zu der Klausur gehören auch informelle Zusammenkünfte: ein gemeinsames Essen oder eine gemeinsame Exkursion, bei der man als Reisender im gleichen Bus sitzt oder miteinander spazieren geht. Eine Klausur verbindet formal strukturierte Arbeit und informelle Zusammenkünfte. Für die positive Wirkung der informellen Zusammenkünfte kommen vermutlich mehrere Effekte zum Tragen:

- In der Zeit zwischen der Diskussion im offiziellen Rahmen und der informellen Zusammenkunft können die vorher ausgetauschten Argumente überdacht werden. Die Diskussion in den nachfolgenden Phasen gewinnt an Tiefe.

- Die informelle Zusammenkunft bietet einen zusätzlichen zeitlichen Rahmen für den Diskurs, und zwar ohne zeitliche Taktung der einzelnen Gesprächsabschnitte.

- In einem informellen Rahmen sind die hierarchischen Unterschiede weitgehend aufgehoben. Der informelle Rahmen bietet auch die Möglichkeit der Reflexion während des Essens; die Anregung durch Speis und vor allem auch Trank fördert zumeist die Kreativität im Gedankenaustausch.

Mir fallen einige Familienunternehmen ein, die solche Zusammenkünfte kultivieren. Wichtig und allen Varianten gemeinsam ist der Grundsatz, dass die Erörterung strategischer Themen sich über eine ausreichende Zeit erstreckt. Ein solcher Prozess muss geplant und gemanagt werden.

Die dritte Voraussetzung für einen fairen Entscheidungsprozess ist schließlich der wechselseitige Respekt der Beteiligten, wie er etwa dem oben angeführten Forderungskatalog von Popper zugrunde liegt. Auch Wohlrapp[341] widmet sich in seiner Argumentationslehre dem Gedanken, dass eine der Grundlagen für eine rationale Argumentation darin besteht, dass der jeweils andere anerkannt wird. Die Anerkennung gründet auf dem Bewusstsein, dass der eine ohne den anderen nicht möglich ist:

> „Für die Argumentationspraxis ist die Frage, »als wer« der Andere anerkannt wird, in folgender Weise zu beantworten: Der Dialogpartner ist eine Ressource von Gesichtspunkten, die ich selber nicht habe. Der Andere hat eine andere Biografie und eine andere Perspektive auf die Sachverhalte, die fraglichen und die gewussten. Er hat sich andere Teile des Wissens angeeignet, betreibt Forschungen zu anderen Sachverhalten und andere

---

[341] Vgl. Wohlrapp, H. (2008): S. 486 ff.

Forschung zu den gleichen Sachverhalten. Er kann die Außenseite meiner Projekte und Thesen sehen. Insofern ist auch hier die Anerkennung des Anderen keine übergestülpte Norm, sondern liegt in meinem eigenen Interesse und Bestreben. Die Gesichtspunkte des Anderen kann ich nicht innehaben, er ist eine Ergänzung, auf die ich nicht verzichten kann … Im argumentativen Dialog äußert sich die Anerkennung des Anderen zunächst darin, dass ich mich zu meinen Thesen um Begründungen bemühe, die die Konstruktion für den anderen nachvollziehbar machen. Und dann, dass ich Einwände des Andern berücksichtige, also ihnen stattgebe oder sie integriere oder widerlege."[342]

9.6 Strukturierte, unternehmensbezogenen Kommunikation

Statutarischen Versammlungen

Die erste Ebene des Gefüges von Anlässen und Inhalten der Kommunikation zwischen den Gesellschaftern bildet der Bereich der vom Gesetz oder von den Statuten der Gesellschafter und des Unternehmens vorgesehenen Versammlungen und Beschlussfassungen:

- Gesellschafterversammlung mit ihren Beschlussgegenständen,

- Hauptversammlung bei einer AG mit ihren Beschlussgegenständen,

- Beschlüsse zur Änderung von Gesellschafterverträgen und Satzung,

- Beschlüsse in Ausübung der Rechte und Pflichten aus Gesellschafterverträgen und Satzung.

Dies sind Anlässe für Kommunikationsprozesse zur Meinungsbildung und Beschlussfassung. Der Vorgang selbst, die Versammlung an sich und das Protokollieren eines Beschlusses, ist in aller Regel nur eine Formalie. Vorbereitet werden diese förmlichen Veranstaltungen durch informelle Zusammenkünfte der Gesellschafter oder auch durch informelle Gesprächsrunden zwischen den Beteiligten. Je nach Themenstellung sind dies kurze Abstimmungen oder es können, wie z. B. bei grundsätzlichen Änderungen der Gesellschafterverträge oder der Satzung, Diskussionen über lange Zeiträume sein. Diese Kommunikationen sind themenbezogen, sachlich und nüchtern.

Wenn man nicht gerade Jurist oder Betriebswirt qua Profession ist, erschließt sich kaum der intellektuelle Reiz solcher Themen. Sie dienen der

---

[342] Wohlrapp, H. (2008): S. 491.

Klärung von Ansprüchen und Verpflichtungen, aber sie erzeugen keine emotionalen Bindungen zwischen den Gesellschaftern untereinander und zwischen den Gesellschaftern und dem Unternehmen. Gleichwohl sind sie wichtig. Es sind „Hygienefaktoren": Die fehlende Klärung von Ansprüchen und Verpflichtungen kann zu Unordnung, Streit, ja sogar Machtkämpfen führen. Es ist bereits wertvoll, wenn Entfremdung und Streit vermieden werden, auch wenn dies allein nicht genügt, um den Bestand des Familienunternehmens zu gewährleisten.

Um Krisensituationen zu bestehen, bedarf es positiver Bindungsfaktoren. Dafür sind andere Schichten in der Kommunikationsarchitektur zu schaffen. Diese müssen darauf angelegt sein, sowohl rationale wie auch emotionale Gründe dafür aufzuzeigen, dass die Gesellschafter gemeinsam das Familienunternehmen tragen. Um der eigenständigen Zwecksetzung dieser Bindungskommunikation willen sollten die Kommunikationsvorgänge zu den oben genannten statutarischen Anlässen *nicht* mit der Kommunikation zur Stärkung der Bindung vermischt werden. Es ist also nicht zu empfehlen, ein Treffen zur Verhandlung über Änderungen des Gesellschaftervertrags mit einem Treffen zu verbinden, in dem das Unternehmen sich den Gesellschaftern als Identifikationsgröße präsentiert oder das dazu dient, den Respekt und die Freundschaft unter den Gesellschaftern zu stärken.

Familienrat

Bei einer größer werdenden Familie genügen die Ad-hoc-Zusammenkünfte nicht mehr, um die Meinungsbildung vor den statutarischen Versammlungen zu organisieren. Es wird formell oder informell eine Institution gebildet, die als „Familienrat" (Family Council), „Familienausschuss" oder ähnlich bezeichnet wird[343] und die wir oben unter den Institutionen der Familienverfassung vorgestellt haben.[344]

Jahresversammlung

Die Mindestanforderung für die Kommunikation der Gesellschafter über das Unternehmen ist eine „Jahresversammlung" des Unternehmens. Man sollte für diesen Kommunikationsanlass eine eigene Bezeichnung finden, um unzutreffende Analogien zu ähnlichen Veranstaltungen anderer Unternehmensformen – wie der Hauptversammlung einer Aktiengesellschaft – zu vermeiden.

---

[343] Vgl. Ward, J. L. (2002): besonders S. 181; Lank, A. G./Ward, J. L. (2002).

[344] Vgl. oben Kapitel 7.

Zu dieser Veranstaltung gehört alles, was auch börsennotierte Gesellschaften tun, um ihre Aktionäre zu informieren – nur noch „offener" und informativer. Da die Berichtenden keine Sorge haben sollten, dass jemand die Informationen missbraucht, kann unbefangen und offen über die Entwicklung des Unternehmens berichtet werden und diese Möglichkeit sollte in der Ausgestaltung der Tagung auch genutzt werden.

Es sollte eine Versammlung für alle Gesellschafter sein – gleichgültig, wie hoch der Anteilsbesitz ist, und gleichgültig, ob der jeweilige Gesellschafter zu besonderen Ämtern (z. B. Beirat) berufen wurde oder nicht. Es empfiehlt sich unbedingt, auch die Partner der Gesellschafter einzuladen, ebenso wie die heranwachsenden Kinder. Die Veranstaltung soll die Bindung zwischen Gesellschaftern und Unternehmen festigen und da ist es nur förderlich, auch die Familienmitglieder der Gesellschafter mit einzubeziehen.

Der Zweck der Veranstaltung besteht darin, das Unternehmen erlebbar zu machen, um Bindung zu erzeugen. Fakten und Zahlen, wie sie bei einer reinen Erläuterung der wirtschaftlichen Ergebnisse und der Lage dargelegt werden, genügen dazu nicht. Wenn man die Gesellschafterversammlung als Institution für Aufsichtszwecke einsetzen möchte, sollte dies eine gesonderte Veranstaltung sein, die allenfalls zeitlich mit dieser Jahresversammlung zu verbinden ist. Für eine bindungswirksame Kommunikation muss man die Gesellschafter an dem „Abenteuer Unternehmen" teilnehmen lassen – mit den Herausforderungen, den Kämpfen, aber natürlich vor allem den Erfolgen. Vorträge über Innovationsvorhaben und die Besichtigung neu errichteter Anlagen gehören hierher.

Eine Jahresversammlung sollte aber auch ein Element haben, das nur der Begegnung zwischen Führungskräften und Gesellschaftern gewidmet ist. Damit die Führungskräfte Loyalität zur Familie des Unternehmens entwickeln, sollten sie möglichst oft die Möglichkeit haben, sie kennenzulernen. Die Verantwortlichkeit der Gesellschafter besteht dann darin, diese Begegnungen so zu gestalten, dass die Führungskräfte sie als motivierend empfinden können.

Bei Heraeus gibt es beispielsweise ein jährliches Treffen – neben anderen Veranstaltungen –, das allein der Vorstellung der Geschäftsaktivitäten dient:

> „»Eine der wichtigsten Folgen dieser Tage ist, dass man später darüber erzählen kann, was ‚wir' denn so machen.« Das fördere Verständnis für das und Identifikation mit dem Unternehmen gleichermaßen."[345]

---

[345] Heraeus, J. interviewt durch Hülsbömer, A. (2008): S. 14.

Einbeziehung in den Empfängerkreis der Unternehmenspublikationen

Die Einbeziehung der Gesellschafter in den Empfängerkreis der Pressemitteilungen und der Publikationen des Unternehmens sollte selbstverständlich sein. Heutzutage wird dies in der Regel mit einem Zugang der Gesellschafter zum Intranet des Unternehmens sichergestellt. Durch die schriftliche Kommunikation wird allerdings das Unternehmensgeschehen noch nicht „lebendig".

In Unternehmen mit einem größeren Gesellschafterkreis wird für die Gesellschafter sogar eine interne „Zeitung" erstellt. Dies ist eine geeignete Plattform, um nicht nur Nachrichten aus dem Unternehmen zu verbreiten, sondern in Familienmitteilungen auch über das Leben in der Verwandtschaft zu berichten.

Teilnahme an unternehmensinternen Veranstaltungen

Unternehmen bieten oft ein reichhaltiges internes Informationsprogramm. Dieses dient dazu, die grundständigen Mitarbeiter zu motivieren oder neue Mitarbeiter zu gewinnen. Es ist aber durchaus erwägenswert, auch die heranwachsende Gesellschaftergeneration zu solchen Veranstaltungen einzuladen. Wenn man dies vorhat, muss man zunächst klären, welche Veranstaltung für wen geeignet ist, und es können dann spezifische Empfehlungen ausgesprochen werden, wer vorzugsweise an welcher Veranstaltung teilnehmen sollte. Innerbetriebliche Veranstaltungen, bei denen die Teilnahme von Gesellschaftern in Betracht kommt, sind z. B.:

- Einführungsveranstaltungen für neue Mitarbeiter,
- Seminare und Teambuilding-Veranstaltungen für Nachwuchsführungskräfte,
- Kundentagungen,
- Schulungsklausuren für Kunden.

Diese Art von Veranstaltungen kann dann auch zu Begegnungen der Teilnehmer mit Gesellschaftern führen. Für die Zielgruppe der heranwachsenden Gesellschafter sollte dies in aller Regel unproblematisch sein.

Die Teilnahme von Gesellschaftern an Veranstaltungen des Unternehmens könnte auch auf *alle* Informationsforen und *alle* Gesellschafter ausgedehnt werden. Die Präsenz langjähriger Gesellschafter z. B. bei Veranstaltungen der Führungskräfte kann diesen Zusammenkünften einen ganz anderen Charakter verleihen, als ihn eine reine Managementveranstaltung hätte. Die Teilnehmer aus der Firma oder dem Kundenkreis können dann die Vertreter der Gesellschafter als höchste Führungsspitze wahrnehmen, womit sich die Position der Geschäftsführung in ihrer Wahrnehmung „verschiebt". Es gibt hierbei keine absoluten Vor- oder Nachteile. Es ist nur zu bedenken, dass jedes Auftreten von Gesellschaftern zugleich von der Umgebung als eine „Kommunikation an das Publikum" (Mitarbeiter, Kunden, usw.) verstanden wird.

In Gesellschaften mit sehr vielen Gesellschaftern – vom Typus Haniel, Freudenberg, Merck – gibt es auch gesonderte Informationsveranstaltungen für junge Gesellschafter. Diese Veranstaltungen können als zusammenhängende Module ein Qualifizierungsprogramm für angehende Gesellschafter darstellen und Lerninhalte wie betriebswirtschaftliches Basiswissen, Erläuterungen des Gesellschaftsvertrags, Kenntnisse zu Markt und Produkten sowie Erläuterung der Unternehmensstrategie umfassen.

Besuche der betrieblichen Aktivitäten und der Kunden

Erleben und erfahren kann man nur „vor Ort". Daher sind regelmäßig Besuche der Gesellschafter in den Betriebsstätten des Unternehmens vorzusehen. Die Wiederholung solcher Besuche in regelmäßigen Abständen ist schon deshalb erforderlich, um bei den Inhabern ein Gefühl für Art, Richtung und Dynamik der Unternehmensentwicklung auszubilden. Die Präsentation neuer Entwicklungen wird dabei immer ein besonderer Schwerpunkt sein.

Wie könnte aber die Mission des Unternehmens in der Welt besser verdeutlicht werden als durch die Begegnung mit den Kunden des Unternehmens? Dies wird in der Regel nur in exemplarischer Weise mit ausgewählten Kunden möglich sein. Das Ziel eines solchen Einblicks wird dadurch aber nicht eingeschränkt, denn es geht nicht um eine repräsentative Marktforschung, sondern um das exemplarische Erleben dessen, was für das Unternehmen wichtig ist.

Es versteht sich von selbst, dass alle Veranstaltungen zur Präsentation des Unternehmens, wie Besuche in den Betriebsstätten und bei Kunden, nur unter „Federführung" und in Anwesenheit von Mitgliedern der Geschäftsleitung durchgeführt werden können. Bis in die Kleinigkeiten des Ablaufs hinein sind Vorkehrungen dafür zu treffen, dass durch das direkte Auftreten von Gesellschaftern der Status der Geschäftsführer gegenüber den Mitarbeitern und den Geschäftspartnern des Unternehmens nicht beeinträchtigt wird.

Besuche von Gesellschaftern in Betrieben und bei Kunden des Unternehmens entfalten eine enorme Motivationswirkung sowohl bei den Besuchern wie bei den Besuchten. Die Mitarbeiter sehen und spüren die Verbunden-heit der Gesellschafter mit dem Unternehmen. Sie erleben – auch wenn vielleicht nur auf einige Distanz – die Gesellschafter als leibhaftige Men-schen und nicht als reine Institution oder als vermutetes verborgenes Machtzentrum. Die Mitarbeiter erleben auch, wie Inhaber und Geschäfts-führung miteinander umgehen.

Die Kunden fühlen sich in ihrer Wichtigkeit für das Unternehmen be-stärkt, wenn die Inhaber ihres Lieferanten zu Besuch kommt. Die große Vertrauenswürdigkeit eines Familienunternehmens kann kaum glaubhafter gemacht werden als dadurch, dass die Inhaber selbst sich nach der Zufrie-denheit der Kunden erkundigen.

Ebenso wichtig ist bei den in Rede stehenden Aktivitäten die Motiva-tionswirkung für die Gesellschafter selbst. Sie erleben das Unternehmen in seiner Bedeutung für die Mitarbeiter und die Kunden. Sie erleben auch die Geschäftsführung in ihrem Wirkungsfeld. Es bedeutet wenig, dass alle Be-teiligten sich natürlich von ihrer besten Seite zeigen. Nur die besten Seiten haben starke, motivierende Kraft – und darum geht es hier, nicht um einen Akt der Corporate Governance.

Es ist freilich mit äußerster Sorgfalt darauf zu achten, dass eine Teil-nahme von nicht in die Unternehmensführung eingebundenen Gesellschaf-tern an den genannten Veranstaltungen ein repräsentativer Akt ist und keine Mitwirkung bei oder Einmischung in die Geschäftsführung bedeutet.

9.7 Aufgabenspezifische, unternehmensbezogene Kommunikation

Projektarbeit

Wenn es gilt konkrete, komplexe Aufgabenstellungen zu bearbeiten, müs-sen die Familiengesellschafter die Kompetenz für Projektarbeit entwickeln. Entsprechende Themen können z. B. sein:

- Überarbeitung der Gesellschaftsverträge,
- Überarbeitung der gesellschaftsrechtlichen Strukturen,
- Vorbereitung von Personalentscheidungen im Beirat oder in der Ge-schäftsführung.

Die Familienmitglieder müssen in Vorbereitung einer aufgabenbezogenen Arbeit selbst diskutieren und festlegen, wer die Teilnehmer an dieser Auf-gabenbearbeitung sein sollen. Gestaltungsoptionen sind z. B.:

- Vollversammlung aller Gesellschafter,

- Auswahl einer kleinen Arbeitsgruppe zur Vorbereitung der Beschlüsse der Vollversammlung,

- repräsentative Besetzung einer Arbeitsgruppe nach Kriterien wie

  - Familienstämme,
  - Generationen/Alter,
  - fachlicher Hintergrund.

Wichtig ist, dass die Gruppe der bei einem Thema aktiv werdenden Gesellschafter erkennt, dass sie sich für die aufgabenbezogene Zusammenarbeit organisieren muss. Hierzu muss ein Projektmanagement eingesetzt werden. Damit die Aufgaben verteilt werden, sollte man für verschiedene Projekte verschiedene Projektmanager wählen. Eventuell kommt auch eine Rotation der Zuständigen in Betracht. Die Fachdisziplin für die Gestaltung von Projektteams und Workshops ist gut entwickelt. Es empfiehlt sich die fachliche Methodik durch einen Moderator in die Gruppenarbeit der Familie zu integrieren.

Ein solches Projekt kann – ganz am Anfang – die Erarbeitung einer Familiencharta sein. Als Beschreibung der grundlegenden Absichten der Familiengesellschafter ist die Familiencharta zugleich Voraussetzung für weitere Projekte. Wegen ihrer großen Bedeutung ist den Aspekten ihres Inhalts ein gesonderter Abschnitt zugewiesen.[346]

Die Arbeit an den Grundlagen der Familiengesellschaft ist nie abgeschlossen. Zunächst muss jede Generation für sich selbst die Arbeit leisten, den sachlichen Gehalt ihrer Grundlagen durchzuarbeiten und sich durch eben diesen eigenständigen Prozess auch mit den Grundlagen zu identifizieren. Doch dann muss man aufgrund der Erfahrung einfach feststellen, dass es immer Themen gibt, die neu bearbeitet werden müssen. Neue Erkenntnisse tauchen auf, neue Probleme oder Gefahren werden sichtbar, es gibt Vererbungs- oder Schenkungsvorgänge mit Veränderungen der Anteilsstrukturen oder es gibt Veränderungen in den Organen. Angesichts der Dynamik der Lebensumstände und der Wirtschaft gibt es nur zwei grundsätzliche Einstellungen in Bezug auf die statutarischen Strukturen: die traditionellen Strukturen unverändert belassen oder sie kontinuierlich modernisieren. Letztlich ist immer von Zeit zu Zeit eine Anpassung an veränderte Verhältnisse geboten.

---

[346] Vgl. Kapitel 7.

Erarbeitung einer Vision für die Entwicklung des Familienunternehmens

Ein typisches Projekt, das Familiengesellschafter von Zeit zu Zeit aufnehmen sollten, ist die Klärung ihrer Vorstellungen zur Entwicklung des Unternehmens. Wir haben oben im Abschnitt über die Familienverfassung die Erstellung einer „Familiencharta" besprochen. Im Rahmen eines solchen Projekts wird auch eine Vision für die Entwicklung des Familienunternehmens zu erarbeiten sein. Konzeptionell handelt es sich dabei um unterschiedliche Aussagen: Die Familienverfassung ist ein langfristig gültiges Regelwerk; demgegenüber ist eine Vision die Darstellung einer gewünschten Entwicklung. Letztere ist im Zeitablauf an die jeweilige Veränderung der Verhältnisse und an neue Einsichten in die wünschbaren Ziele anzupassen. Die Erarbeitung einer solchen Vision ist ein wichtiger kommunikativer Prozess, um die Annahmen und Wünsche der Beteiligten zu klären und aufeinander abzustimmen. Wie so häufig in der Kommunikation ist der Prozess ebenso wichtig wie das dokumentierte Ergebnis. Daher braucht man in dem Entwurf der angestrebten Entwicklungsrichtung nicht auf eine spektakuläre Einzigartigkeit oder einen großen Innovationsschub zu bestehen. Die erfolgreiche Weichenstellung einer strategischen Planung lässt sich ohnedies meist erst im Rückblick erkennen. In die Erzählung der erfolgreichen Geschichte eines Unternehmens kann auch die Vision für deren Fortsetzung in der Zukunft eingeschlossen werden.

Bindungseffekte der Projektarbeit

Das primäre Ziel eines Projekts besteht darin, „eine Aufgabe zu erledigen". Gleichwohl entfaltet ein erfolgreiches Projekt eine anhaltende Bindungswirkung. Denn Projektarbeit hat immer einen mehrfachen Zweck und Nutzen:

- Erstens wird durch Projektarbeit ein sachliches Ergebnis erarbeitet, also die inhaltlichen Vorgaben für die Neufassung eines Gesellschaftsvertrags oder ähnlicher Dokumente.

- Zweitens kommt durch den Prozess des Durcharbeitens auch ein Prozess des Verstehens und der Identifizierung mit den im Ergebnis enthaltenen Festlegungen in Gang.

- Schließlich werden durch die Zusammenarbeit persönliche Beziehungen geschaffen.

In der Projektzusammenarbeit müssen die Beteiligten ihre unterschiedlichen Ausgangspositionen annähern, sie müssen sich argumentativ „zusammenraufen", um ein gemeinsames Ergebnis zu erzielen. Gelingt das Projekt, so entfaltet das Erfolgsbewusstsein im Blick auf die Gemeinschaftsleistung auch eine Bindungswirkung innerhalb der Gruppe. Damit es aber ein Erfolg wird, bedarf es gemeinschaftlich geübter Kompetenzen.

Verbindlichkeit von Teilnahme und Engagement

Aufgabenerfüllung gelingt nur mit Arbeitseinsatz. Gesellschafter, die selbst nicht im Geschäftsleben stehen oder nicht qua Beruf mit der peniblen Bearbeitung von vorgegebenen Prozessen vertraut sind, können die Erfüllung von Projektaufgaben und regelmäßigen statutarischen Aufgaben immer wieder auch als lästige Pflicht empfinden. Es würde aber den Erfolg der Gesellschafterarbeit zunichtemachen, wenn hier einer gewissen Lässigkeit oder Bequemlichkeit Raum gegeben würde und einige Gesellschafter ihre Aufgaben in diesem Zusammenhang nicht ernst genug nehmen würden. Wo es sinnvoll oder notwendig ist, können sich die Gesellschafter zur Organisation dieser Arbeit der Hilfe von hierauf spezialisierten Beratern oder eines Family Office bedienen. Diese können jedoch Beschlüsse usw. nur organisatorisch vorbereiten; die Entscheidungen selbst sowie deren Umsetzung obliegen allein den Gesellschaftern. Der Diskussions- und Entscheidungsprozess ist entscheidend dafür, dass die Gesellschafter sich mit den besprochenen Inhalten und den getroffenen Entscheidungen auch wirklich identifizieren. Nicht zuletzt müssen die Gesellschafter schon deshalb diszipliniert und kompetent ihre eigenen Angelegenheiten regeln, weil man ihnen sonst schwerlich zutraut, die Angelegenheiten des Unternehmens in geeigneter Weise beeinflussen zu können.

Dokumentation der anstehenden Aufgaben

Die aufgabenbezogene Kommunikation hat primär das Ziel, anstehende Aufgaben erfolgreich zu bearbeiten. Erst in zweiter Linie dient sie auch dem Entstehen von Bindung zwischen Gesellschaftern und Unternehmen. Zwischen dem ersten gemeinsamen Treffen zur Bearbeitung einer Aufgabe und dem Abschluss dieser Arbeiten liegt häufig ein langer und mühsamer Prozess.[347] Eine Aufgabe kann nur dann erfolgreich erledigt werden, wenn hinreichend präzise – und das meint vor allem: unmissverständlich – festgelegt ist,

---

[347] Vgl. Habbershon, T. G./Astrachan, J. H. (2002).

- was erreicht werden soll und

- warum dies geschehen soll,

- wer dies tun soll,

- mit welchen Mitteln und

- wann es erreicht werden soll.

Es ist daher auch bei kleinen Gesellschaftergruppen erforderlich, die gemeinsam in Angriff genommene Arbeit zu dokumentieren. Allerdings sollten sich die Gesellschafter dabei von Beginn an darauf verständigen, derartige Schriftstücke nur als Hilfsmittel zu betrachten, die den Kommunikations- und Arbeitsprozess miteinander erleichtern und befördern sollen. Ein häufig zu beobachtender Fehler besteht jedoch gerade darin, dass insbesondere bei Unstimmigkeiten nur noch über die korrekte Darstellung von Inhalten in diesen Dokumenten diskutiert wird und Gespräche über den Fortgang der eigentlichen Arbeit in den Hintergrund rücken. Es handelt sich lediglich um Dokumente, die alle Beteiligten darin unterstützen, übernommene Aufgaben angemessen, nachvollziehbar und im vorgegebenen Zeitrahmen zu erledigen. In dieser Funktion und pragmatisch genutzt sind sie nicht zu unterschätzen und können die Kommunikation der Gesellschafter untereinander erheblich vereinfachen.

9.8 Emotionale, unternehmensbezogene Kommunikation

Erfordernis der emotionalen Kommunikation

Damit eine Gesellschaftergruppe auf lange Sicht erfolgreich sein kann, reicht es nicht aus, ausschließlich darauf zu achten, dass ihre Mitglieder in formalen und sachlichen Fragen zu umsetzbaren Übereinkünften kommen. Es ist ein emotionales Grundverständnis erforderlich, das nur entstehen kann, wenn sich die Gesamtheit der Gesellschafter oder zumindest eine maßgebliche Kerngruppe von ihnen als eine Art „verschworene Gemeinschaft" fühlt, die das „Projekt Familienunternehmen" gemeinsam durchführt. Dieses emotionale Grundverständnis ist nicht notwendigerweise gleichzusetzen mit umfassender Zuneigung zu den jeweils anderen beteiligten Personen. Es genügt, wenn sich die Gesellschafter einig wissen in dem Vorhaben, das Familienunternehmen zu „tragen", und wenn sie sich untereinander in dieser persönlichen Motivation und in den individuellen

Beiträgen, die jeder für das gemeinsame Projekt erbringt, respektieren. Ein Gefühl von Kameradschaft und Zusammengehörigkeit kann nicht entstehen, wenn die Gesellschafter nur zu aufgabenspezifischen Besprechungen zusammenkommen, um Routinebeschlüsse zu treffen oder Satzungsänderungen zu diskutieren. Emotional verbindende Kommunikation entwickelt sich vor allem in solchen Situationen, in denen die Beteiligten ohne einen anderen Anlass zusammenkommen als den, sich um der Gemeinschaft selbst willen zu treffen. Es ist daher entscheidend für das Gefühl der Zusammengehörigkeit, dass Gelegenheiten geschaffen werden, bei denen sich die Gesellschafter im persönlichen Gespräch austauschen und so ein Verständnis füreinander und das Gefühl von Nähe zueinander entwickeln können. Für Mitarbeitergruppen oder ganze Belegschaften hat man den Nutzen solcher Veranstaltungen bereits seit langem erkannt: Es gehört zu den Grundprinzipien der sogenannten „Teambuilding"-Aktivitäten, dass diese an behaglichen, eher abgelegenen Orten als eine Art Klausur konzipiert werden und gemeinsame Outdoor-Erfahrungen ebenso umfassen können wie lange Abende an der Bar.

Gesellschafterreisen

Eine in besonderer Weise geeignete Plattform für diese anlassunabhängigen Begegnungen sind gemeinsame Reisen. Eine Reise ist bereits ein Ereignis, das aus dem Alltag herausfällt. Eine Reisegruppe hat gemeinsame Erlebnisse. Man verbringt die Reisezeit miteinander und die überschüssige Zeit verführt zum Gespräch. Die Besichtigung von eigenen Betriebsstätten und von Kundenbetrieben in fernen Ländern ist ein guter Grund, auch eine weite Anreise zu machen. Um die Konzentration auf die zwischenmenschlichen Kontakte zu befördern, sollte ein Teil der Reise nur dem persönlichen Erleben gewidmet sein. Für diesen privaten Teil einer Reise sollten die Mitglieder der Familien unter sich sein und nicht von Führungskräften begleitet werden.[348]

Die Planung und Organisation einer solchen Reise von Gesellschaftern ist im Übrigen ein anspruchsvolles Amt, in dem ein jüngerer Gesellschafter Erfahrungen und Respekt gewinnen kann.

---

[348] Es kann hier nur auf die steuerliche Problematik hingewiesen werden, wonach Dienstreisen nicht mit einer Urlaubsreise zu verbinden sind, um nicht die steuerliche Abzugsfähigkeit zu gefährden. Es geht aber sicherlich auch bei dem scheinbar privaten Teil einer solchen Reise um Aufwendungen für die Wahrnehmung von Gesellschafterfunktionen, was gegebenenfalls zu dokumentieren ist.

9.9 Emotionale, gesellschafterbezogene Kommunikation

Spontane Kommunikation zur Festigung bestehender Kontakte

Jede Gruppe, in der stabile emotionale Bindungen der Gruppenmitglieder untereinander existieren, stärkt diese durch Kontaktpflege untereinander und zwar ohne sachlichen Anlass und ohne starres zeitliches Raster, sondern nur mit der Absicht, Kontakt zu halten und sich der emotionalen Nähe zueinander zu versichern. Zu dieser spontanen Kommunikation gehören auch Besuche zwischen den Gruppenmitgliedern oder Telefonate. Dank der elektronischen Medien können Familienunternehmen mit einem großen Gesellschafterkreis z. B. ein eigenes Intranet für ihre Gesellschafter etablieren, um eine Plattform für den Gedankenaustausch zwischen diesen zu schaffen. Die beste Voraussetzung zur spontanen Kommunikation, mit der emotionale Nähe geschaffen und vertieft werden kann, ist räumliche Nähe, die in unterschiedlicher Art und Weise entstehen oder gefördert werden kann:

Ein Unternehmen mit einem großen Gesellschafterkreis mietet in der Skisaison für eine bestimmte Zeit ein Hotel an. Wer von den Gesellschaftern kommen mag, kommt und hat neben der sportlichen Aktivität auch Gelegenheit, die Mitgesellschafter zu treffen.

Die Unternehmensgruppe Laird Norton unterhält ein Sommercamp von vier Tagen für alle Kinder aus dem Gesellschafterkreis bis zum Teenager-Alter. Dieses „Camp Three Tree" findet begeisterten Zuspruch.[349]

Der weit verzweigte Clan des Hauses Brenninkmeyer hat mehrere Ferienhäuser in einer Region, die Gelegenheit für informelle Treffen in der Ferienzeit bieten.

Persönliche Feiertage

Es sollte regelmäßige Treffen geben, zu dem ausnahmslos alle Familienmitglieder zusammenkommen, sozusagen „mit Kind und Kegel".[350] Die ideale Plattform für ein solches Treffen sind Feiern und Feste. Die Feier von Geburtstagen, Jahrestagen aller Art, besonderen Leistungen wie Abitur

---

[349] Vortrag des CEO von Laird Norton beim 19th Annual Family Business Network World Summit, Delhi 2008.

[350] Vgl. Hess, E. D. (2006): S. 39–44.

oder Studienabschluss und von Meilensteinen des Lebens wie Hochzeit und Geburt ist ein unverzichtbares Element in der Kernfamilie, um die Bindung zu bestätigen und das jeweils im Mittelpunkt der Feier stehende Mitglied zu würdigen. In größeren Verwandtschaftsverbänden, in denen ein entsprechender Zusammenhalt besteht, wird jeder nur denkbare Anlass zu einer solchen Feier genutzt. Damit solche guten Bräuche sich nicht abschleifen, bedarf es meist eines Promotors oder öfter noch einer Promotorin, um ein gutes Beispiel zu geben und den Brauch am Leben zu erhalten. Diese Kultur, persönliche Anlässe zu feiern, ist wichtig und jeder Führungseinsatz hierfür ist gerechtfertigt.

Der Anlass ist ein besonderes Datum, das einmalig ist und daher rechtfertigt, dass es in der Zeitplanung von vielen berücksichtigt wird. Der Anlass selbst hebt das Zusammentreffen aus dem Alltäglichen heraus. Die Begegnung mit vielen Verwandten, die Möglichkeit der Inszenierung der eigenen Person vor einem vertrauten Auditorium sowie das Programm zur Gestaltung des Treffens machen dieses zu einem denkwürdigen Ereignis. Mit einem wachsenden Kreis der Beteiligten müssen Gestaltungsaufgaben, die sich für jedes Treffen dieser Art stellen, bewusst durchdacht werden, vor allem: Anlass, Teilnehmerkreis, Programm und Ort.

Familientage

Je größer der Gesellschafterkreis ist, desto weniger kommen Daten einzelner Mitglieder als Anlässe in Betracht. Man schafft daher mit einem „Familientag" einen Anlass für *alle*. Das Ziel sollte es sein, eine möglichst hohe Präsenz zu erreichen und an diesem Ziel ist die Häufigkeit einer solchen Veranstaltung auszurichten. Für einen kleineren Kreis wird ein jährliches Treffen richtig sein, während für einen größeren Kreis mit global verteilten Standorten ein zweijähriger Abstand helfen wird, eine weitgehend vollständige Präsenz zu sichern.

Der *Teilnehmerkreis* für ein Familientreffen sollte natürlich nach Kriterien der Familie und nicht der Gesellschafterbeziehung abgegrenzt sein: „Alle mit Kind und Kegel" sollte das Kriterium sein, also alle Generationen und alle in Begleitung ihrer Partner, wobei es dem Einzelnen obliegt festzulegen, wen er als Partner oder Begleitung wählt.

Das *Programm* sollte den aus dem Alltag herausgehobenen Rahmen unterstreichen. Ein außerordentliches Kulturprogramm (Festspiele) kann das Treffen von anderen Einladungen abheben. In manchen Ländern werden Feste ohnehin gerne auf mehrere Tage angesetzt, um ihnen Gewicht und Raum für emotionales Erleben zu geben.

Sicherlich wird auch die Unternehmenskommunikation ein Element des Programms sein. Zwar besteht das Entscheidende darin, eine Plattform zu schaffen, damit die „Verwandtschaft" erlebt werden kann, doch gehört das Familienunternehmen mit Recht zur Grundlage des Zusammengehörigkeitsgefühls und sollte daher einen angemessenen Raum im kommunikativen Programm erhalten. (Die Behandlung von Unternehmensthemen ist auch förderlich für die Anerkennung der Aufwendungen als „betrieblich veranlasst".) Die Einbeziehung unternehmensbezogener Themen am Familientag darf aber nicht dazu führen, dass anlässlich eines solchen Familientages „Gesellschaftsaufgaben" in den Gesprächen über Unternehmensangelegenheiten erledigt werden. Dies wäre eine ganz unglückliche Vermischung der Rollen Familienmitglied und Gesellschafter, die den emotionalen Gehalt eines Familientages ernsthaft beeinträchtigen würde.

„Familientage und -feste:

Bereits bei Strategietreffen, Gesellschafterschulungen und -versammlungen kann Familiarität in ihrer ganzen Bandbreite zustande kommen. Die Ratgeberliteratur empfiehlt, Familienanlässe zu veranstalten, in denen es möglichst wenig um die Firma geht. Solche Familientage und -feste sind wunderbare Gelegenheiten, Personenkenntnisse zu kultivieren, in sich aufkeimende Liebeserwartungen zu spüren oder aber: sich entsetzlich zu langweilen. Denn alle Unternehmensfamilien, die damit anfangen, sich um sich selbst zu bemühen, haben zunächst nur die Hoffnung, dass die Nähe irgendwann wirklich kommt, die man anfänglich etwas aufgesetzt und verlegen inszeniert. Das Familienfest ist gleichsam das Thermometer, mit dem sich messen lässt, wie warm man miteinander geworden ist. Denn hier kann sich die Familie kaum mit Unternehmensthemen von sich selbst ablenken."[351]

Familientage bieten ein geeignetes Forum, auf dem die Geschichte der Familie und des Unternehmens thematisiert werden kann. Vorträge und Gespräche zur eigenen Geschichte leisten einen wichtigen Beitrag zur Förderung der Bindung der Familiengesellschafter an das Unternehmen und vor allem auch an die Familie. Sie sind eine hervorragende Möglichkeit, ohne irgendeinen pädagogischen Anspruch Wichtiges über das Unternehmen zu erfahren und ein Gespür für die Aufgaben als Gesellschafter zu entwickeln. Angesichts dieser Bedeutung wenden wir uns der Vermittlung der Familien- und Unternehmensgeschichte im nächsten Kapitel 10 gesondert zu.

---

[351] Klett, D. J. (2007): S. 18.

Familientage sind heute besonders sinnvoll, da sie verloren gegangene „kommunikative Selbstverständlichkeiten" aus früheren Zeiten zumindest ansatzweise wieder lebendig werden lassen. So wurden noch in der Generation unserer Eltern und Großeltern persönliche Beziehungen untereinander durch gegenseitige Besuche am Sonntagnachmittag gepflegt. Dies war in der Regel einfach, da viele oder die meisten Verwandten an ein- und demselben Ort lebten. In Zeiten weltweiter Mobilität sind selbstverständliche Verwandtenbesuche ohne längere Vorabplanung heute eher die Ausnahme als die Regel. Die Aufsplitterung der Gründerfamilie in verschiedene Familienzweige führt häufig auch zu geografischen Trennungen der Familiengesellschafter, die einem engen emotionalen Kontakt untereinander abträglich sein können. Mit einer geschickt gestalteten Kommunikationsarchitektur kann hier der Gefahr von Entfremdung nicht nur entgegengewirkt werden, sondern stattdessen bewusst ein exklusiver Raum für die Entstehung von emotionaler Nähe und Bindung geschaffen werden.

Bildung von Netzwerken

Neben diesen Feiern und anderen Anlässen, die alle Familienmitglieder ansprechen sollten, ist andererseits auch der Vielfalt der Persönlichkeiten Rechnung zu tragen. Je größer die Familie wird, desto schwieriger wird es Veranstaltungen für alle zu planen, desto wahrscheinlicher wird es, dass Teile der Gruppe eigene Anliegen haben und sich in eigenen Interessengemeinschaften zusammentun. Es bilden sich besondere Freundschaftsbeziehungen heraus, die nicht alle einbeziehen. Damit sich solche Verbindungen zwischen den Familienmitgliedern entwickeln können, ist es hilfreich, Optionen für Zusammenkünfte anzubieten. Jeder kann dann für sich etwas Passendes finden. Wichtig ist nur, dass jeder in ein Netzwerk einbezogen ist.

Ein Netzwerk, das sich in jedem Familienkreis herausbilden sollte, ist das Netzwerk der nächsten Generation („next generation network"). Es umfasst die Familienmitglieder im heranwachsenden Alter, die mit der Unbefangenheit der Jugend Kontakt miteinander knüpfen, die gleiche Sprache sprechen und schon vorbereitend ihre Zusammenarbeit an der Planung eigener Projekte (Reisen oder was auch immer) erproben können. Für die Entwicklung solcher Netzwerke ist es günstig, einen gemeinsamen Ort der Begegnung zu schaffen. Insbesondere gemeinsame Reisen schaffen einen solchen gemeinsamen „Raum".

9.10 Architektur zur mehrdimensionalen Kommunikation als Erfolgsfaktor

Wenn eine Gesellschaftergruppe sich entschließt, alle der hier vorgestellten Möglichkeiten zur Kommunikation aktiv zu nutzen, unternimmt sie einen entscheidenden Schritt, um – von einer Meta-Ebene aus betrachtet – alle Dimensionen gelingender Kommunikation nach Schulz von Thun[352] abzudecken:

- Die Kommunikation über Sachverhalte, die das Unternehmen betreffen, bedient die Sachebene der Kommunikation.

- Anlassunabhängige, emotionale Begegnungen fördern die Beziehungsebene der Kommunikation.

- Indem die Gesellschafter ihre jeweiligen Individualinteressen in die aufgabenbezogene Kommunikation einbringen, kommunizieren sie auf der Ebene der „Selbstoffenbarung".

- Im Appell an das Mitwirken der anderen wird das Gemeinschaftsinteresse formuliert.

Ein Beispiel für eine sehr „dichte" Kommunikationsarchitektur dürfte das Unternehmen Heraeus bieten, das mit fünf Treffen pro Jahr für seine 190 Familiengesellschafter ein klug konzipiertes Programm veranstaltet:

- Gesellschafterversammlung,

- „Education Day" zur Vorstellung der Geschäftsaktivitäten,

- „Familienwochenende" als reine Freizeitveranstaltung (Ein ähnliches Freizeitangebot für die Familie macht Merck, Darmstadt, für seine Familiengesellschafter, indem ein Skihotel eine Woche lang als „open house" für die Gesellschafter dient),

- „Next Generation" als Tagung für die nachfolgende Gesellschaftergeneration, die sowohl dem Networking wie der Schulung dient,

- Teilnahme an Feiern und Festen des Unternehmens.

Indem die Gesellschafter sozusagen „mehrdimensional" kommunizieren und dabei eine unaufgeregte, selbstverständliche Haltung von Respekt dem anderen gegenüber einnehmen, tragen sie zu gelingender und damit förderlicher Kommunikation der Gesellschafter untereinander bei. Tun sie dies

---

[352] Vgl. Abschnitt 9.3.

nicht, sind Störungen im Austausch und daran anschließend Störungen auf der Beziehungsebene unvermeidlich.

Allerdings besteht angesichts der Fülle möglicher kommunikativer Maßnahmen und Veranstaltungen eine gewisse Gefahr, dass zu viel des Guten getan wird. Für eine Schwerpunktsetzung und Konzentration erscheinen mir folgende Wegleitungen praktikabel:

1. Man sollte aus jeder der genannten Säulen der Kommunikationsarchitektur wenigstens ein Angebot als „Pflichtprogramm" wählen, also aus der emotionalen, gesellschafterbezogenen Kommunikation, der unternehmensbezogenen Kommunikation und der aufgabenbezogenen Kommunikation.

2. Man sollte nur wenige Pflichtveranstaltungen spezifizieren und im Gegenzug mehrere Veranstaltungen als Angebote vorsehen, an denen nur die jeweils Interessierten teilnehmen. Je größer eine Gruppe wird, desto unterschiedlicher wird das Aktivitätsniveau der einzelnen Gruppenmitglieder sein und sein *können*. Die Wirksamkeit der Kommunikation erwächst vor allem aus dem positiven Engagement jedes Einzelnen und dieses verträgt sich nicht mit zu vielen Pflichtveranstaltungen.

Zum Gelingen der Kommunikation kann und muss jeder einzelne Gesellschafter selbst beitragen. Verbindlichkeit und Engagement in den kommunikativen Veranstaltungen gehören zu den Tugenden eines jeden Gesellschafters in einem Familienunternehmen.

Literatur

Astrachan, J. H./McMillan, K. (2003): Conflict and communication in the family business, Marietta GA, 2003.

Blickle, G. (1997): Kommunikationsethik im Management – Argumentationsintegrität als personal- und organisationspsychologisches Leitkonzept, in: Institut der Deutschen Wirtschaft (Hrsg.): Wirtschaftliches Handeln zwischen Freiheit und Verantwortung, Köln, 1997, S. 31–50.

Habbershon, T. G./Astrachan, J. H. (2002): Perceptions are Reality: How Family Meetings Lead to Collective Action, in: Aronoff/Astrachan/Ward (Hrsg.): Family business sourcebook – a guide for families who own businesses and the professionals who serve them, 3. Aufl., Marietta GA, 2002, S. 470–481.

Habermas, J. (1981): Theorie des kommunikativen Handelns – Bd. 1: Handlungsrationalität und gesellschaftliche Rationalisierung, Frankfurt a. M., 1981.

Habermas, J. (1983): Diskursethik – Notizen zu einem Begründungsprogramm, in: ders. (Hrsg.): Moralbewußtsein und kommunikatives Handeln, Frankfurt a. M., 1983, S. 53–125.

Heraeus, J. interviewt durch Hülsbömer, A. (2008): „Der Jürgen macht das", in: WIR – Das Magazin für Unternehmerfamilien, H. 1, 2008, S. 12–16.

Hess, E. D. (2006): The successful Family Business – a proactive plan for managing the family and the business, Westport/London, 2006.

Hirschmann, A. O. (1970): Exit, Voice, and Loyalty – Responses to Decline in Firms, Organizations, and States, Cambridge, MA, 1970.

Jiranek, H./Edmüller, A. (2003): Konfliktmanagement – als Führungskraft Konflikten vorbeugen, sie erkennen und lösen, Freiburg (i. Br.) et al., 2003.

Kambartel, F. (1974): Moralisches Argumentieren – Methodische Analyse zur Ethik, in: Kambartel, F. (Hrsg.): Praktische Philosophie und konstruktive Wissenschaftstheorie, Frankfurt a. M., 1974, S. 54–72.

Khawajy, J. L. (2005): Effective Family Communications: It's Not What's Said That's Important, But What's Heard, in: Ward, J. L./Denison, D. R. (Hrsg.): Unconventional Wisdom – counterintuitive insights for family business success, Chichester, 2005, S. 147–159.

Klein, W. (1980): Argumentation und Argument, in: Zeitschrift für Literaturwissenschaft und Linguistik, 10. Jg., H. 38/39, 1980, S. 9–56.

Klett, D. J. (2007): Familie qua Unternehmen – Wie sich Großfamilien an den Zumutungen eines Betriebs stärken können, in: Kontext – Zeitschrift für systemische Therapie und Familientherapie, 38. Jg., H. 1, 2007, S. 6–25.

Kormann, H. (2008): Beiräte in der Verantwortung – Aufsicht und Rat in Familienunternehmen, Berlin, Heidelberg u.a., 2008.

Krämer, W./Schmidt, M. (1997): Das Buch der Listen – die bekanntesten Weltuntergänge, die beliebtesten Maggisuppen, die dümmsten Kriminellen, die unbeliebtesten Lottozahlen sowie 581 weitere Rekorde und Wissenslückenfüller aus Wirtschaft, Politik, Gesellschaft, Sport, Frankfurt a. M., 1997.

Lank, A. G./Ward, J. L. (2002): Governing the Business Owning Family, in: Aronoff/Astrachan/Ward (Hrsg.): Family business sourcebook – a guide for families who own businesses and the professionals who serve them, 3. Aufl., Marietta GA, 2002, S. 462–469.

Luhmann, N. (1990): Soziologische Aufklärung – Bd. 5: Konstruktivistische Perspektiven, Opladen, 1990.

Luhmann, N. (2009): Soziologische Aufklärung – Bd. 3: Soziales System, Gesellschaft, Organisation, 5. Aufl., Wiesbaden, 2009.

Lundberg, C. C. (1994): Unraveling Communications Among Family Members, in: Family Business Review, 7. Jg., H. 1, 1994, S. 29–37.

Popper, K. (1994): Aufklärung und Kritik, Frankfurt a. M., 1994.

Rosenblatt, P. C. et al. (1985): The family in business – The Understanding and Dealing with the Challenges Entrepreneurial Families Face, San Francisco, 1985.

Schlippe, A. v./Kellermanns, F. W. (2009): Emotionale Konflikte in Familienunternehmen, in: Schlippe/Rüsen/Groth (Hrsg.): Beiträge zur Theorie des Familienunternehmens, Lohmar u.a., 2009.

Schulz von Thun, F. (1992a): Miteinander reden – Bd. 1: Störungen und Klärungen – Allgemeine Psychologie der Kommunikation, Reinbek bei Hamburg, 1992.

Schulz von Thun, F. (1992b): Miteinander reden – Bd. 2: Stile, Werte und Persönlichkeitsentwicklung – differentielle Psychologie der Kommunikation, Reinbek bei Hamburg, 1992.

Simon, F. B. (2005b): Familien und Unternehmen – Überlegungen zu Unterschieden, Gemeinsamkeiten und den Folgen, in: Simon, F. B. (Hrsg.): Die Familie des Familienunternehmens – Ein System zwischen Gefühl und Geschäft, 2. Aufl., Heidelberg, 2005, S. 17–34.

Simon/Wimmer/Groth (2005): Mehr-Generationen-Familienunternehmen – Erfolgsgeheimnisse von Oetker, Merck, Haniel u.a., Heidelberg, 2005.

Steinmann, H./Löhr, A. (1994): Grundlagen der Unternehmensethik, 2. Aufl., Stuttgart, 1994.

Ward, J. L. (2002): Developing Effective Ownership in the Family-Controlled Business, in: Aronoff/Astrachan/Ward (Hrsg.): Family business sourcebook – a guide for families who own businesses and the professionals who serve them, 3. Aufl., Marietta GA, 2002, S. 174–182.

Wohlrapp, H. (2008): Der Begriff des Arguments – über die Beziehungen zwischen Wissen, Forschen, Glauben, Subjektivität und Vernunft, Würzburg, 2008.

10 Bindung durch Geschichte

Familiengesellschafter verfügen über ein wichtiges Instrument, um die Familienmitglieder untereinander sowie insgesamt an das Unternehmen zu binden: die Geschichte des Unternehmens und die Geschichte der Familie. Es gilt das Bewusstsein für beides wach zu halten und zu pflegen. Beide Stränge bilden zwei Seiten einer gemeinsamen historischen Entwicklung. Ihnen sind aber auch unterschiedliche Inhalte zu Eigen. Darüber hinaus gelten für beide Stränge unterschiedliche Prinzipien, was Erzählformen und Adressatenkreis betrifft. Daher werden in den folgenden Abschnitten die Familien- und die Unternehmensgeschichte jeweils aus dem Blickwinkel eines übergeordneten Aspekts getrennt betrachtet, so dass unterschiedliche Schwerpunkte, aber auch Gemeinsamkeiten unmittelbar sichtbar werden.

10.1 Die Bedeutung der Geschichte[353]

Identitätserschließung und Sinnkonstruktion

Der Organisationstheoretiker Schein hält es für das Definitionsmerkmal einer Gruppe, dass die Mitglieder der Gruppe eine gemeinsame Geschichte („shared history") haben. Eine Gruppe, die eine gemeinsame Geschichte hat, hat damit auch eine gemeinsame Kultur hervorgebracht, wobei die Stärke dieser Kultur vom Alter der Gruppe, der Stabilität der Mitgliederschaft und der emotionalen Intensität der gemeinsam erlebten Geschichte abhängt.[354]

Die Bedeutung der Geschichte selbst sowie des Erzählens dieser Geschichte kann daher kaum hoch genug eingeschätzt werden. Es geht dabei

---

[353] Vgl. zu diesem Themenbereich folgende grundlegende Arbeiten, deren Gedankengänge in diesen Abschnitt einfließen: Dürig, U.-M. (2008); Schlippe, A. v./ Groth, T. (2007): S. 26 ff; vgl. auch die Abschnitte „The Power of Stories" in Cohen, D./Prusak, L. (2001): S. 112–132 sowie den Aufsatz zum gleichen Thema von Kormann, H. (2009b).

[354] Vgl. Schein, E. H. (2004): S. 11.

H. Kormann, *Zusammenhalt der Unternehmerfamilie*,
DOI 10.1007/978-3-642-16351-7_10, © Springer-Verlag Berlin Heidelberg 2011

nicht um ein die Vergangenheit verklärendes, starres Festhalten an überkommenen Traditionen, um ein Beharren auf überholten Prinzipien oder gar
um unreflektierte „Loyalität" gegenüber den Vorgängern im Unternehmen
und gegenüber den Ahnen im Familienkreis. Wir verdanken der französi-
schen Geschichtswissenschaft und Soziologie (Emile Durkheim, Henri
Bergson, Maurice Halbwachs) die Idee, dass der überlieferten Geschichte
insgesamt die Funktion eines „kollektiven Gedächtnisses" einer Gesellschaft zukommt. Assmann führt diesen Gedanken in der Idee eines „kulturellen Gedächtnisses"[355] weiter und Santayanas häufig zitierter Ausspruch
„Wer die Geschichte nicht kennt, ist gezwungen, sie zu wiederholen"[356]
verweist auf den damit verbundenen didaktischen, handlungsleitenden
Anspruch dieses kollektiven Gedächtnisses.

Die gemeinschaftliche Erinnerung ist demnach für eine soziale Gemeinschaft Ausgangspunkt für die Entstehung eines gemeinschaftlichen Identi-
tätsbewusstseins und somit von prägender Bedeutung. Die Bedeutung der
*Unternehmens*geschichte – sowohl für die Gesellschafter eines Unternehmens als auch für weitere Adressatenkreise – kann darüber hinaus mit den
gleichen Argumenten begründet und illustriert werden, mit denen das Studium der *Universal*geschichte als notwendiger Sozialisationsinhalt und in
jedem Fall als unverzichtbares Bildungsgut gewürdigt wird.

Erzählte Geschichte

Anhand des Studiums der Geschichte wollen die lebenden Mitglieder
eines sozialen Verbandes (z. B. einer Nation, eines Landes, aber auch einer
Kommune oder Familie) verstehen, was die vorhergehenden Mitglieder
eben dieses Verbandes getan und erlebt haben. Geschichtsschreibung beschreibt das Geschehen in der *Vergangenheit* aus der Sichtweise der *Gegenwart* heraus, um daraus für die Bewältigung der *Zukunft* hilfreiche Einsichten zu gewinnen. Dies ist der Grund dafür, warum manche alten Dokumente der Geschichtsschreibung heute antiquiert und veraltet erscheinen.
Jede Generation muss die Geschichte der Vergangenheit neu schreiben,
denn es ändert sich nicht nur der Stand der historischen Forschung, sondern
auch die Sichtweise der Betrachtenden, und vor allem ändern sich die
erkennbaren Herausforderungen der Zukunft, für die jeweils neue Antworten gesucht werden müssen.

---

[355] Vgl. Assmann, J. (1988): S. 9 ff.; Wischermann, C. (1998): S. 25 ff.
[356] Santayana G. (1905): S. 82.

Entsprechendes gilt mit Blick auf die Unternehmensgeschichte für die Unternehmerfamilie wie für das Unternehmen selbst. Die vergangenen Ereignisse erhalten ihren Sinn aber erst in dem Moment, in dem ihre Wirkungszusammenhänge aufgezeigt werden: Was war vorher? Welche Zukunftsvorstellungen wollten unsere Vorfahren mit ihrem Handeln erreichen? Wie kam es dazu, dass wir heute sind, was wir sind? Dabei konnten unsere Vorfahren zum Zeitpunkt ihres Handelns bestimmte zukünftige Wirkungen allenfalls erhoffen, aber nicht absehen. Insofern kann Geschichte immer erst vom Standpunkt des Beobachters am zeitlichen Ende einer Entwicklung geschrieben werden – ganz im Sinne Kierkegaards, von dem der Ausspruch überliefert ist, das Leben lasse sich nur rückwärts verstehen, müsse aber vorwärts gelebt werden. Die Geschichte filtert Ausnahmen und Endergebnisse einer Entwicklung heraus: „Erzählte Geschichte ist die Geschichte von erreichten Zielen, nicht von zurückgelegten Wegen."[357] Die erzählte Geschichte kann „»Science-Fiction« (Michel de Certeau), »wahrer Roman« (Paul Veyne) oder »Retrospektive auf die menschliche Zukunft« (Raymond Aron)"[358] sein. Aber sie ist nie nur fiktional, sondern die Erklärung der Absichten von tatsächlichen Personen und der Abfolge von tatsächlichen Ereignissen.

Jede Geschichtsschreibung besteht zunächst aus der Rekonstruktion von Fakten. Das interpretierende Element beginnt mit der Aufgliederung der ursprünglichen Ereignisabfolge in Epochen. Hierbei werden die Ereignisse und die dazugehörigen Wirkungsketten in Bezug auf die Detailereignisse nach bestimmten Ähnlichkeiten gegliedert. Für eine solche Gliederung können verschiedene Kriterien herangezogen werden, die dann regelmäßig zu unterschiedlichen Einteilungsmustern führen. Besonders häufig werden folgende Einteilungsmöglichkeiten genutzt:

- Perioden einzelner Herrscher oder von Herrscherfamilien,

- Expansionsstufen,

- Lebenszyklen, so z. B. Entstehung, Aufstieg und Niedergang einer sozialen Gemeinschaft.

Dokumentierte Geschichte

Die saubere wissenschaftliche Sicherung und Aufbereitung der Quellen verleiht dem verfügbaren Material über ein Unternehmen eine besondere

---

[357] Vincent, G. (1993): S. 163.
[358] Ebenda: S. 156.

Glaubwürdigkeit. Sie sorgt außerdem dafür, dass das Material nicht einseitig für propagandistische Zwecke fehlinterpretiert wird. Durch die wissenschaftliche Aufarbeitung der Unternehmensentwicklung mit ihren Höhen und Tiefen sowie in ihrer Abhängigkeit von Branchenkonjunkturen und glücklichen Zufällen (und nicht nur von besonders bemerkenswerten Unternehmensleistungen) wird das historische Material zu einer mehrdimensionalen und realistischen Darstellung geformt. Es eignet sich dann auch sehr gut als „Anschauungsmaterial" für die Entwicklung einer Unternehmensstrategie für die Zukunft. Soll die Unternehmensgeschichte als Quelle für die wissenschaftliche Geschichtsforschung genutzt werden, muss der gesamte Befund an Quellen ausgewertet und der Bezug zu Originaldokumenten nachgewiesen und dokumentiert werden. Faktenerhebung und Interpretation müssen nachvollziehbar und getrennt voneinander stattfinden. Darüber hinaus müssen weitere, hier nicht näher zu erörternde, aber in den Geschichtswissenschaften fest verankerte Voraussetzungen einer wissenschaftlichen Arbeit beachtet werden.

Nicht nur die systematische Sicherung und Auswertung der Quellen ist für die Glaubwürdigkeit der Darstellung einer Unternehmensgeschichte wichtig, sondern auch die Objektivität und methodische Kompetenz des hiermit befassten Wissenschaftlers. Sie sollten ihn zu einem abgewogenen Urteil in der Interpretation des Materials führen können. Für die Wirkung der Geschichtsforschung ist freilich nicht ihre wissenschaftliche Fundierung, sondern die Kommunikation ihrer Einsichten entscheidend, worauf wir weiter unten noch eingehen werden.[359]

10.2 Bedeutung der Unternehmens- und Familiengeschichte

Unternehmensgeschichte

Unternehmensgeschichte ist vor diesem Hintergrund nichts anderes als eine besondere Form der Geschichtsschreibung, wie wir sie kennen: Es wird die Entwicklung eines Sozialgebildes über die Zeit hinweg dokumentiert, und zwar durch Strukturierung z. B. in Epochen, für die die jeweilige Beziehung zwischen Ursache und Wirkung, also zwischen „dem, was zuerst passierte," und „dem, was dann passierte," plausibel beschrieben und interpretiert wird. Die Entwicklung einer Organisation als Ganzes wird in ihrer Interaktion mit

---

[359] Siehe unten Abschnitt 10.3.

der wirtschaftlichen, aber auch der gesellschaftlichen und politischen Umwelt betrachtet. Unternehmensgeschichte ist darüber hinaus die Plattform, auf der die Entwicklung des Unternehmens als solchen mit dem Einwirken einzelner Personen auf eben diese Unternehmensentwicklung verbunden wird. Dabei sind Organisationen grundsätzlich dadurch gekennzeichnet, dass sie zwar von Individuen gebildet werden, aber als „autonome, soziale Überlebenseinheiten" (Simon) länger leben können als ihre einzelnen Mitglieder. Sie entwickeln Muster, die die Funktionsfähigkeit der Organisation auch bei Abtritt der Gründer und bei Wechsel des Personals ermöglichen. Ein Familienunternehmen kann in diesem Zusammenhang als „Paradebeispiel" für eine die Mitgliedergenerationen übergreifende Organisation verstanden werden. Hier dient Geschichtsschreibung im Blick auf *das Unternehmen* auch der Geschichtsschreibung *der Familie* als eines mehrere Generationen übergreifenden Verbandes.

Das Erzählen von Geschichten, das man zunächst unbefangen der familiären Kommunikation und allenfalls noch der Beschäftigung mit Belletristik zuordnen würde, nimmt seit einem guten Jahrzehnt einen sehr prominenten Platz auch in der Betriebswirtschaftslehre ein. Verschiedene wissenschaftliche Ansätze, die sich mit Modellen erfolgreicher Unternehmensführung beschäftigen, verweisen auf das Instrument des Geschichtenerzählens oder, um es mit einem wissenschaftlichen Terminus zu belegen, der „Narration". Dies gilt z. B. für den Konstruktivismus als erkenntnistheoretischen Ansatz, für Weicks Idee der Sinnvermittlung[360] („sensemaking"), den „symbolischen Ansatz" oder auch „Mythen-Ansatz"[361], die Managementansätze zum Wissensmanagement[362] sowie für Konzepte zur evolutionären Strategieentwicklung[363]. Die hieraus entwickelten Überlegungen sind durch die Beratungsbranche sehr schnell zu einem „Beratungsprodukt" konfektioniert und auf den Markt gebracht worden: So wird „Storytelling" vielerorts als geeignete Interventionstechnik für Veränderungsprozesse in Organisationen empfohlen.[364]

---

[360] Vgl. Weick, K. E. (2001).

[361] Vgl. Schreyögg, G. (1984).

[362] Vgl. Schreyögg, G./Geiger, D. (2005) und Schreyögg, G./Koch, J. (Hrsg.) (2005).

[363] Vgl. Heeckt, N.-N. (2003).

[364] Vgl. Loebbert, M. (2003); Frenzel/Müller/Sottong (2004); Guber, P. (2008); Zulauf, S. (2009).

Familiengeschichte

Das Faktum der gemeinsamen Abstammung ist konstitutiv für das Bewusstsein, zu ein- und derselben Familie zu gehören. In der Erinnerung durch das Erzählen der Geschichte wird denjenigen, ohne die es die Familie in ihrer aktuellen Form und dem ihr typischen Verhalten nicht gäbe, der gebotene Respekt erwiesen. Ihre Leistungen werden gewürdigt, indem ihnen ein „verbales Denkmal" gesetzt wird:

> „Wir werden nicht einfach in unsere Familie hineingeboren, sondern in die Geschichten unserer Familie, die uns stützen und nähren und manchmal zum Krüppel machen. Und wenn wir sterben, werden die Geschichten unseres Lebens ein Teil des Bedeutungsgewebes unserer Familie (Kotre & Hall 1990). Familiengeschichten werden erzählt, um die Mitglieder der Familie an die von der Familie gehegten Überzeugungen zu erinnern. Wir besingen die Helden und sogar die Schurken, deren Wagemut die Familie bewundert. Wenn wir die Geschichten älterer Familienmitglieder aufnehmen oder aufschreiben, dann kann das für unsere Suche nach einer neuen Perspektive auf die Familie eine Bereicherung bedeuten, die uns auf keinem anderen Weg zuteil werden kann."[365]

Die Geschichte der Familie zu bewahren hat neben der Bewahrung der Unternehmensgeschichte also durchaus eine eigene Berechtigung sowie eigene Wirkungsmöglichkeiten und Formen der Weitergabe. Allerdings neigt diese generationsübergreifende Kommunikation in der Neuzeit zur Verkürzung und zur Verarmung im Inhalt. Mit der säkularen Tendenz zur Kleinfamilie und zur Individualisierung rückt das Interesse an der eigenen Herkunft und an den Leistungen der Vorfahren zunehmend in den Hintergrund. Das Bewusstsein einer Familiengeschichte erstreckt sich heute in der Regel nur noch auf drei Generationen, umfasst also maximal Angehörige der Großeltern-, Eltern- und Kindergeneration. „In Familien ohne Unternehmen kennt man im Allgemeinen niemanden mehr, mit dem man den Ururur-großvater [sic!] teilt."[366] Von Schlippe/Groth[367] weisen zu Recht darauf hin, dass damit ein Großteil des Wissens über die Familie verloren geht. Beck spricht hier von einer Zunahme „ahistorischer" Wahrnehmungsformen:

---

[365] McGoldrick, M. (2007): S. 60.
[366] Simon, F. B. (2005a): S. 42; vgl. Klett, D. J. (2007): S. 10.
[367] Vgl. Schlippe, A. v./Groth, T. (2007): S. 39.

„Die Kinder kennen schon nicht mehr den Lebenszusammenhang der Eltern, geschweige den der Großeltern. D. h., die Zeithorizonte der Lebenswahrnehmung verengen sich immer mehr, bis schließlich im Grenzfall *Geschichte zur (ewigen) Gegenwart* schrumpft und sich alles um die Achse des eigenen Ichs, des eigenen Lebens dreht. Andererseits nehmen die Bereiche ab, in denen gemeinsam verfasstes Handeln das eigene Leben affiziert, und es nehmen die Zwänge zu, den eigenen Lebenslauf selbst zu gestalten, und zwar auch und gerade dort, wo er nichts als das Produkt der Verhältnisse ist."[368]

Durch die Verquickung der Familiengeschichte mit der Unternehmensgeschichte kann sich die Familie des Familienunternehmens – wie in so vielen Aspekten – von den Strömungen der Moderne abheben.

Verbindung von Familie und Unternehmensgeschichte

Die Familie eines Familienunternehmens hat mehrere „gute Gründe", primär die Geschichte des Unternehmens zu bewahren – wobei sich aber immer auch die erwähnte Verquickung mit der Familiengeschichte ergibt oder gar notwendig ist:

- Die Verbindung der Familie mit dem Unternehmen verstärkt das Bewusstsein für die originäre Familiengeschichte als Bericht zur Herkunft und Entwicklung der Familie.
- Sodann ist die Familiengeschichte immer auch die Geschichte der Träger des Familienunternehmens. Die Familienmitglieder haben Einfluss auf die Entwicklung des Unternehmens und umgekehrt.
- Drittens schließlich bietet die Verknüpfung der Familiengeschichte mit der Unternehmensgeschichte eine breite Basis für die Unternehmensinhaber bei allen Lernprozessen zur Unternehmensstrategie.

In der Regel ist die Geschichte einer Unternehmerfamilie – wie bei Nicht-Unternehmerfamilien auch – nicht durchgängig dokumentiert. Es handelt sich in der ganz überwiegenden Zahl der Fälle eher um einen Fundus an Geschichten, der die wichtigen Episoden der Entwicklung einer Familie in einen Sinnzusammenhang stellt.

Wie bereits angesprochen, unterliegt die Kommunikation innerhalb der Familie keinen „Zwängen". Da in einer Familie letztlich kaum etwas vor den einzelnen Mitgliedern verborgen bleibt, werden in diesem Kreis eher

---

[368] Beck, U. (1986): S. 216.

die „wahren Geschichten" erzählt. An der einen oder anderen Stelle werden diese Geschichten auch ausgeschmückt, wie dies etwa durch „Klatsch und Tratsch" geschieht; so fallen sie etwas aufregender aus, als sie sich in der Realität tatsächlich zugetragen haben. Diese „enthemmte" Kommunikation findet freilich – so verlangt es die Loyalitätspflicht – immer nur innerhalb der Familie statt.

Wenn also die Familiengeschichte in die Unternehmensgeschichte eingeht, müssen die für die Öffentlichkeit geeigneten Teile der Erzählung bewusst ausgewählt werden. In dieser Version steht die Selbstkonstruktion der Familie als Unternehmerfamilie im Vordergrund. Hier geht es nicht um die *wahren*, sondern um die *wissenswerten* Geschichten. Was wissenswert ist, wird dabei durch die Sicht und Interessenlage der derzeitig handelnden Familie bestimmt. Grundlage ist in jedem Fall die Geschichte des Gründers, dessen Bedeutung in der Regel aufgrund seiner Wirkungsgeschichte überhöht wird. Abgesehen von den für die Marktstellung des Unternehmens wichtigen persönlichen Einflüssen ist es jedoch nicht im Interesse der Familienmitglieder, dass die Familieninterna der öffentlichen Berichterstattung zugänglich sind. Affären oder bedenkliche Vorfälle innerhalb der Verwandtschaft gehen Fremde nichts an. Wird dieses Prinzip verletzt, kommt ein solches Verhalten einem offenen Affront gegen die Familie gleich. Daher ist für das gegenwärtige Geschehen regelmäßig sogar ein „Sprechverbot" als gute Praxis der „Family Governance" üblich.

Rechtfertigung des Verhaltens einzelner Familienmitglieder

Das „Schweigen" über Familieninterna wird in der Erzählung der Geschichte einer Unternehmerfamilie allenfalls durchbrochen, wenn es gilt, ein der Familie und/oder der Öffentlichkeit unverständliches Vorkommnis zu erklären. Es geht hier um die Rolle, die einzelne Familienmitglieder in kritischen Episoden der Unternehmensentwicklung gespielt haben, z. B. im Kontext eines Ausstiegs aus dem Unternehmen oder anderer Aktivitäten, die zu Wendepunkten in der Geschichte des Unternehmens geführt haben.[369] Diese spannenden Geschichten beziehen sich auf kritische Phasen, in denen die Familiengesellschafter existenziell herausgefordert waren. Derjenige, der eine solche Krise angestoßen hat, geht sicherlich als „Renegat", „Querkopf" oder ähnliches in die Geschichte der Familie ein:

---

[369] Vgl. Schlippe, A. v./Groth, T. (2007): S. 36.

„Erzählungen dieser Art brennen sich geradezu in das Gedächtnis von Familienunternehmen ein. Besonders in Stammesunterlagen wird meist noch über Generationen hinweg verrechnet, welcher Stammesvertreter das Unternehmen fast in den Ruin getrieben oder wer das Unternehmen gerettet hat."[370]

Andererseits gibt es den „stillen Helden" der Familie, der z. B. ein Opfer für die Gemeinschaft bringt oder aber in einer kritischen Situation die Themenführerschaft übernimmt und damit den Zusammenhalt der Familie sichert. Seine Verdienste bleiben unbeachtet, wenn sie nicht in eine Erzählung eingehen. Erst durch die Aufnahme des „stillen Helden" in die Familiengeschichte fließen seine Leistungen in die generationsübergreifende „Kontenführung" zwischen den Familienmitgliedern bezüglich der jeweiligen Nutzenbeiträge ein. Es liegt allerdings in der Natur von Familien, dass ihre Mitglieder aus Loyalitätsgründen bereit sind, erwartete Gegenleistungen sehr lange – über Generationen – aufzuschieben und dabei das eigene Engagement und den erhaltenen Nutzen „nach sehr individuellen Logiken"[371] miteinander aufzurechnen.

10.3 Zwecke und Inhalte von Unternehmens- und Familiengeschichte

Vielfältige Zwecke für die Bewahrung der Geschichte

In der Praxis finden wir eine Vielzahl von Zielsetzungen sowohl für die Bewahrung der Unternehmensgeschichte als auch für die der Familiengeschichte. Dabei sind die Themen und Zielsetzungen in beiden Geschichtssträngen ähnlich und überschneiden sich teilweise, wie Tabelle 11 illustriert.

Wird die Unternehmensgeschichte zu Kommunikationszwecken des Unternehmens genutzt, so stehen dessen Interessen im Vordergrund. Wird Unternehmensgeschichte demgegenüber nicht zu Kommunikationszwecken im Sinne des Unternehmens genutzt, so verschenkt das betreffende Unternehmen die Chance, „sich eindeutiger und stärker in einem immer größer werdenden Markt- und Wettbewerbsumfeld zu positionieren, abzugrenzen und wieder erkennbar zu werden bzw. Mitarbeiter an sich zu binden"[372].

---

[370] Schlippe, A. v./Groth, T. (2007): S. 38.
[371] Ebenda: S. 39.
[372] Ströle-Bühler, H./Dürig, U.-M. (2008): S. 133.

Tabelle 11. Zwecksetzungen bei der Unternehmens- und der Familiengeschichte

Unternehmensgeschichte	Familiengeschichte
Identitätsstiftung (und Vermittlung eines Gemeinschaftsgefühls im Rahmen der Organisation)	
Sinnstiftung	
Motivation …	
… zur Bewahrung des Wissens um geschäftliche Wirkungszusammenhänge	… zur Bewahrung des Zusammenhalts der Familiengesellschafter als Unternehmensträger
Vermittlung von Traditionen und Wertvorstellungen	Übertragung von Werten und Kultur der Familie auf das Unternehmen
Weitergabe und -entwicklung der Unternehmenskultur	
Vermittlung einer integralen Corporate Identity	
Begründung von Vertrauenswürdigkeit	
Lehrmaterial für die Strategieentwicklung	

Ein traditionsbewusstes Unternehmen wie die Robert Bosch GmbH hat z. B. eine qualitativ und quantitativ beachtliche Abteilung mit dem Namen „Historische Kommunikation" als Teil der Zentralabteilung „Unternehmenskommunikation" aufgebaut. Als Ziel dieser Abteilung nennt ihre Leiterin, Uta-Micaela Dürig, „Wert und Ansehen der Bosch-Gruppe durch die Kommunikation der Unternehmensgeschichte zu steigern." Die Abteilung beherberge heute das kollektive Gedächtnis für die Mitarbeiter in aller Welt.

> „Indem sie die Firmengeschichte lebendig vermittelt, trägt sie dazu bei, die Identifikation der Mitarbeiter mit Bosch zu stärken, und fördert den Zusammenhalt – wichtige Elemente für die tägliche Arbeit und für künftige Herausforderungen."[373]

In dieser Zielsetzung werden implizit mehrere Aspekte genannt, die im Folgenden näher ausdifferenziert und – wo notwendig – zu den Aspekten der Inhalte und Zwecke von Familiengeschichtsschreibung in Kontrast gesetzt werden.

---

[373] Dürig, U.-M. (2008): S. 16.

Identitätsstiftung

Die Fragen nach Identität suchen immer nach Antworten auf die Fragen „Wer bin ich?" und „Warum bin ich so?". Dabei geht es nicht nur um positive Feststellungen, sondern vor allem auch um die Unterscheidung von Merkmalen anderer. Durch „ihre Identität definieren Menschen sich selbst und unterscheiden sich von anderen."[374]

Identität als einzigartige Merkmalskombination suchen jedoch nicht nur einzelne Personen, Familienmitglieder oder eine Familie als Ganzes für sich. Sie lässt sich auch für Organisationen beschreiben. Die Identität von Institutionen entsteht jedoch nicht von selbst, sondern wird bis zu einem gewissen Grad aktiv hergestellt.[375] Eigene Stabsstellen planen Kommunikationsprogramme zur Gestaltung und Vermittlung der sogenannten „Corporate Identity" (siehe hierzu auch die Ausführungen weiter unten). Dabei werden bestimmte Eigenschaften bzw. Attribute für das Unternehmen in Anspruch genommen. Diese können glaubwürdiger behauptet werden, wenn sich Beweise für ihr historisches Vorhandensein finden lassen, die behauptete Eigenschaft also in der Geschichte des Unternehmens belegt werden kann. Bei Unternehmen, die bereits seit langem bestehen, sind dies immer zumindest der unternehmerische Mut des Gründers sowie Innovationskraft, Kundentreue und Anpassungsfähigkeit in Krisenzeiten (sonst wäre das Unternehmen ja bereits untergegangen). Identitätsbewusstsein für ein Unternehmen ist aus der Geschichte dann besonders leicht zu gewinnen, wenn diese eine Geschichte des Erfolgs ist. Erfolg kann sogar das identitätsbestimmende Merkmal einer Gemeinschaft werden, vor allem dann, wenn es ein gemeinschaftlich errungener Erfolg ist. Bei Familienunternehmen werden natürlich immer die Familiengesellschafter als Teil der Erfolgsgeschichte gesehen, oft aber auch ein „Major Domus", Mitglieder der Geschäftsführung oder herausragende einzelne Mitarbeiter, die namentlich in die Erzählung der gemeinschaftlichen Geschichte eingehen. Es kann eine starke Motivation für Mitarbeiter sein, zu wissen, dass sie die Chance haben, durch herausragende Leistungen in die Geschichte ihres Unternehmens einzugehen.

Sinnstiftung

„Sinn, das ist Zusammenhang."[376] Sinnstiftung für die Arbeit im Dienst einer bestimmten Firma kann aus verschiedenen Quellen erwachsen, so z. B.

---

[374] Polkinghorne, D. E. (1998): S. 32.

[375] Vgl. Rohe, K. (1984).

[376] Schmid, W. (2007): S. 46.

aus der Art ihrer Geschäftstätigkeit, aus dem Nutzen ihrer Leistungen für andere oder auch aus dem Stolz auf die Institution selbst. Die Firmengeschichte kann in besonderer Weise dazu beitragen, Sinn zu vermitteln.

> „Da es nicht zweierlei geben kann, eine Geschichte ohne Sinn und einen Sinn ohne Geschichte, muss man sagen, die Geschichte hat nicht einen Sinn, sondern, was mehr ist, sie ist Sinn."[377]

In der Firmengeschichte entsteht ein Bild von den Leistungen des Unternehmens in der Vergangenheit und weiter darf man davon ausgehen, dass seine Qualitäten, die in der Vergangenheit zu den besonderen Leistungen geführt haben, auch heute noch vorhanden sind. Auf der Basis dieses Schlusses von der Vergangenheit auf die Gegenwart können die aktuell im Unternehmen Beschäftigten stolz auf ihr Unternehmen sein.

Mitzuwirken an einer Institution, die zu Stolz berechtigt, erhöht das Selbstwertgefühl und die Motivation. Der Sinngehalt der Firmengeschichte hat somit unmittelbaren Einfluss auf den Sinngehalt des individuellen Lebens aller Beteiligten, Mitarbeiter wie Familiengesellschafter. Für die Gesellschafter kann dabei die Sinnvermittlung aus dem Eingebundensein in die Unternehmensgeschichte zugleich eine Nutzendimension sein, die einen gewichtigen immateriellen Wert darstellt, und zwar auch im Vergleich zu durchaus werterheblichen Geldeinkünften aus der Unternehmensbeteiligung. Wir haben hier wiederum einen Fall von „immaterieller Zusatzausschüttung"[378] oder von „nicht-monetären Werttreibern"[379].

Die der Geschichte innewohnende Sinnhaftigkeit ist für Schmid der Grund, warum Menschen so gerne erzählen und auch gern Geschichten hören.

> Die erzählte Geschichte bewahrt Sprecher wie Hörer „vor der abgründigen Erfahrung der Sinnlosigkeit. Entscheidend ist das Zusammenfügen des Auseinanderstrebenden, die Konvergenz des Divergenten. Selbst dann, wenn eine Sache, ein Geschehen, das Leben überhaupt im jeweiligen Augenblick sinnlos erscheint, kann im Nachhinein noch ein Sinn im Rahmen einer Erzählung gefunden werden …"[380]

Dies gilt seiner Auffassung nach für alle Formen von „Geschichten aus der Geschichte", also sowohl für die Lebenserzählung eines Menschen, d. h.

---

[377] Vossler, O. (1979): S. 67.

[378] Wimmer/Groth/Simon (2004): S. 14.

[379] Weber, F.-M. (2008): S. 158.

[380] Schmid, W. (2007): S. 64 f.

seine Biografie, wie auch für die Darstellung der Geschichte ganzer Gesellschaften. Freilich kann eine Unternehmensgeschichte ihre Kultur vermittelnde und kommunikative Funktion nur dann glaubwürdig erfüllen, wenn sie auf *tatsächlichen* historischen Geschehnissen beruht, also der klassischen Forderung von Ranke entspricht, darzustellen, „wie es gewesen ist". Man wird die vielleicht „geschönte" Geschichte über Erfindungsgeist und Markteroberungen des Unternehmens nicht so kritisch nach ihrer historischen Genauigkeit befragen dürfen. Wohl aber müssen bei kritischen Themen – wie dem Verhalten gegenüber Fremdarbeitern im Krieg oder der Bewältigung von Produkthaftpflichtfällen bei Arzneimittelproduzenten – die tatsächlichen Geschehnisse aufgearbeitet werden.

Motivation

Es kann eines der nachhaltigen, sinnstiftenden Ziele für das persönliche Leben sein, Bestandteil einer Geschichte zu werden, die das eigene Leben überdauert. In der Unternehmensgeschichte geht es nicht nur um die Familiengesellschafter, sondern es können alle, die besondere Leistungen für das Unternehmen erbringen, in diese Geschichte eingehen. Besonders langjährige Mitarbeiter eines Unternehmens empfinden in der Regel Stolz und Genugtuung, wenn sie wissen, dass der eigene Beitrag für die erfolgreiche Entwicklung des Ganzen wichtig war. Dies ist bei jeder Feier beobachtbar, in der Jubilare mit langer Betriebszugehörigkeit zugegen sind. Wenn im Erzählen über das Unternehmen herausragende Leistungen aus der Vergangenheit dargestellt werden, kann dies darüber hinaus auch die Mitarbeiter der gegenwärtigen Generation motivieren.

Unternehmerische Familiengeschichte enthält ebenfalls ein motivierendes Element. Eine Gesellschafterfamilie hat sich einer gemeinsamen Idee verpflichtet, nämlich dem Aufbau und der Fortführung eines Unternehmens. Dabei kann sich in einer Erzählung über die Gründungsphase des Unternehmens „das Selbstverständnis der kollektiven Identität widerspiegeln. Oft sind es »Heldenmythen« oder »Schöpfungsgeschichten« (Thier, 2006), die eine Person mit ihrem einzigartigen Charakter herausstellen. Sie werden weitergegeben, weil sich in ihnen die zentralen Themen und Identifikationsmomente der Firma wiederfinden oder wie sie sich zur Mythenbildung anbieten."[381]

---

[381] Schlippe, A. v./Groth, T. (2007): S. 36.

Es ist ein vorrangiger Zweck der Familiengeschichte und der Beschäftigung mit dieser Geschichte, dass die Familiengesellschafter dazu motiviert werden, den Zusammenhalt der Gesellschaftergruppe als Unternehmensträger fortzuführen und zu festigen. Sie werden so ein Teil der Firmengeschichte, da das Unternehmen in seinem Bestand als Familienunternehmen davon abhängt, dass sie, die Gesellschafter, kontinuierlich dessen Träger bleiben (also ihre Anteile nicht verkaufen) und dass sie direkt oder indirekt auf die Entwicklung des Unternehmens Einfluss nehmen. Die Einbindung der einzelnen Gesellschafter in das geschichtliche Bewusstsein sollte also in jeder möglichen und sinnvollen Weise gefördert werden, um die emotionale Bindung zwischen den Gesellschaftern und dem Unternehmen zu stärken.

Unternehmensgeschichte als Vermittlung von Traditionen und Wertvorstellungen

Mit Simon wird hier die Auffassung vertreten, dass sich langlebige Familienunternehmen „durch die Fähigkeit aus[zeichnen], sehr genau unterscheiden zu können, an welchen gewachsenen Traditionen es festzuhalten gilt und in welchen Fragen der Unternehmensentwicklung ein hohes Maß an Flexibilität und Veränderungsbereitschaft gefordert ist."[382]

Vor diesem Hintergrund kommt der Auswertung von Erinnertem als dem zentralen Wesensmerkmal von Geschichte generell besondere Bedeutung zu. Hinzu kommt ein weiteres Merkmal, nämlich die Erkundung des Erinnerbaren, indem Dokumente gesucht und ausgewertet werden. Erkundung und Auswertung sind unerlässlich: Selbst dann, wenn ein Unternehmen ein vollständiges Archiv seiner Materialien seit der Unternehmensbegründung führt, ist dieser zunächst unübersehbare Inhalt nicht auch automatisch schon Erinnerung. Erinnerbar wird ein Ereignis oder eine aus bestimmten Umständen gewonnene Einsicht nur über Begriffe[383] und Erläuterungen zu den Begriffen, die wiederum zu Erzählungen ausgestaltet werden können. Erst die so entstehenden Erzählungen und die dafür gefundenen Begriffe transportieren ein erinnerungswürdiges Geschehen der Vergangenheit in eine in der Gegenwart begreifbare Form. Es greift also zu kurz, darauf zu verweisen, dass Tradition und handlungsleitende Werte eines Familienunternehmens allein durch zahlreiche Dokumente belegbar seien. Diese müssen durch die vorgenannten Schritte „lebendig gemacht

---

[382] Simon, F. B. (2008): S. 36.
[383] Vgl. Baberowski, J. (2005): S. 27.

werden"; nur dann können sie ihre Bedeutung für die Vermittlung von Traditionen und Werten voll entfalten.

Durch das Bewahren und Erzählen der Geschichte einer Gemeinschaft entsteht im Lauf der Zeit die Möglichkeit, mit der Kultur ebendieser Gemeinschaft *vertraut zu werden*. Andererseits dient das Vermitteln geschichtlicher Fakten sowie das Erzählen von historischen Begebenheiten ganz allgemein auch dazu, die heranwachsende Generation dazu zu befähigen, den Prozess der Gestaltung eines gemeinschaftlichen Kulturverständnisses *voranzutreiben*. Wie die Kultur jedes Sozialverbandes muss sich auch die Kultur eines Unternehmens mit den veränderten Herausforderungen und der Verfügbarkeit neuen Wissens weiterentwickeln.

Vermittlung einer integralen Corporate Identity

Im Abschnitt zur Identitätsstiftung wurde bereits das Stichwort „Corporate Identity" erwähnt. Dieses Konzept[384] zielt darauf ab, dass alle Maßnahmen der Unternehmenskommunikation nach innen und außen einer gemeinsamen Zielsetzung dienen sollten und daher ein gemeinsamer Orientierungsrahmen für die einzelnen Teilbereiche und Einzelmaßnahmen erforderlich ist. Wixforth verdeutlicht, wie die Unternehmensgeschichte für die Entwicklung der Corporate Identity eingesetzt werden kann:

> „Die Bildung einer corporate identity wird vielfach als wesentlicher Bestandteil einer spezifischen Unternehmenskultur verstanden. Diese beschränkt sich jedoch keineswegs allein auf diesen Punkt. Sie bildet vielmehr das Substrat von Managemententscheidungen, Partizipationsmodellen der Belegschaften, Artikulationsmechanismen der beiden Seiten in Konfliktfällen und einer daraus resultierenden Verankerung unternehmenspolitischer Zielsetzungen über einen längeren Zeitraum hinweg. Gerade dies bedeutet, dass die Unternehmenskultur ein Produkt von betrieblichen Interaktionsmechanismen einerseits und deren Sichtbarmachung nach außen hin andererseits über einen längeren Zeitraum hinweg darstellt … Diese soll dazu dienen, unter den verschiedenen Segmenten von Mitarbeitern ein spezifisches »Wir-Gefühl« zu schaffen, das in einer Motivationsförderung und damit letztlich in der Schaffung einer eigenen corporate identity mündet. Auch dieser Prozess ist eng an die Kenntnis der eigenen Geschichte geknüpft."[385]

---

[384] Vgl. Berndt, R. (2005): 266–274; Birkigt/Stadler/Funck (2002).
[385] Wixforth, H. (2007): S. 134.

Begründung von Vertrauenswürdigkeit

Geschäfte sind nur dann möglich, wenn man Vertrauen in seinen Geschäftspartner hat. Unternehmensgeschichte trägt in erheblichem Umfang dazu bei, Vertrauenswürdigkeit herzustellen. Dabei werden die Überzeugungen des Gründers ungeachtet der Frage, wann dieser gelebt hat, auch noch für das in der Gegenwart tätige Unternehmen als maßgeblich bestätigt. So gilt z. B. bei Bosch heute noch die Überzeugung des Gründers Robert Bosch, dass eher Geld verloren werden dürfe als das Vertrauen der Kunden, und bei Voith wird nach wie vor der Grundsatz des früheren Namensträgers zitiert, der das Unternehmen auf Fairness im Umgang mit dem Kunden festlegt, von der nicht einmal bei unfairem Verhalten des Kunden selbst abgewichen werden dürfe.

Heute ist zu befürchten, dass die Fixierung auf den Shareholder Value der Kundenorientierung den Vorrang nimmt. Nach wie vor existieren jedoch Produkt-Markt-Segmente, bei denen die Vertrauenswürdigkeit des Lieferanten schlicht zur Geschäftsgrundlage gehört. Vertrauen heißt in diesem Zusammenhang, dass er die versprochene Leistung unbedingt zu erbringen anstrebt und dieses auch zu leisten in der Lage ist. Zu diesen Segmenten gehören z. B.:

- Investitionsgüter mit sehr hohem Wert (z. B. ein Stahlwerk),
- Produkte, deren sicheres Funktionieren existenziell notwendig ist (z. B. ein Flugzeug),
- Produkte mit hohen Hygieneanforderungen,
- Dienstleistungen, die für den Menschen von hoher Bedeutung sind,
- Dienstleistungen, die für die Effizienz eines Produktionsbetriebs von hoher Bedeutung sind.

Vertrauenswürdigkeit kann einzig und allein durch Taten bezeugt werden, also durch vertrauenswürdiges Verhalten. Dieses Verhalten zeigt sich in kritischen oder in Krisensituationen, in denen sich dann schnell Amateure von Fachleuten und unlautere Geschäftemacher von professionell agierenden Geschäftspartnern scheiden. Ein großes Anlagenprojekt oder das Anvertrauen einer Fertigungsanlage an ein Dienstleistungsunternehmen können vor Vertragsabschluss nicht getestet und „ausprobiert" werden. Es liegt in der Natur der Sache, dass ein Kauf auf Probe mit Rückgaberecht in diesen Fällen unmöglich ist. Zugleich sind aber diese Produkte und Leistungen für die Kunden regelmäßig von großer Bedeutung und eine

Schlecht- oder Nichterfüllung der vertraglich garantierten Leistungen hätte für den Kunden große, oft dramatische Auswirkungen. Dies gilt offensichtlich für die große Anlageninvestition, aber auch für die umfangreiche Dienstleistung. Bei dieser Art von Geschäften hat eine geschichtlich gewachsene Vertrauenswürdigkeit einen hohen Wert. Die Länge der Unternehmensexistenz ist dabei per se bereits ein Indikator für Vertrauenswürdigkeit: Sie belegt sowohl kompetentes geschäftliches Handeln als auch die ungestörte Beziehung zu vielen Kunden über lange Zeit. Nicht zuletzt ist dies ein weiterer guter Grund, Festschriften zu Firmenjubiläen zu schreiben und möglichst breit zu verteilen.

Unternehmensgeschichte als Lehrmaterial zur Strategieentwicklung

Die Unternehmensgeschichte hat eine sehr nützliche Verwendung darin, als Lehrmaterial für die Strategieentwicklung eben dieses Unternehmens zu dienen:

> „Die Tradition einer Familie nimmt mit der Zahl der Generationen als Eigentümer und Unternehmensführer zu. Hieraus kann ein erheblicher Wettbewerbsvorteil entstehen, wenn die Familie ideelle und materielle Ressourcen bilden konnte. Darüber hinaus schaffen Geschichten, die man sich über den Gründer erzählt und wichtige Ereignisse, wie z.B. bei uns der Firmenrückkauf von den Amerikanern, eine hohe Identifikation mit dem Unternehmen und der Familie. Erfahrungen mit der Lösung schwieriger Situationen in Familie und Unternehmen gehören auch zu den ideellen Ressourcen einer Familie."[386]

Durch die in der Geschichtsschreibung erkennbar gemachten Wirkungszusammenhänge wird deutlich, welche der Kompetenzen und Prinzipien des unternehmerischen Handelns in vergangenen Epochen ursächlich für die damals und heute erzielten Erfolge waren. Die Beschreibung solcher nachhaltigen, also die Zeiten überdauernden Wirkungszusammenhänge ist letztlich nichts anderes als die Dokumentation der Erfolgsstrategie eines Unternehmens. Auch hier sind es Geschichten, mit denen die Firmengeschichte erzählt wird. Abgesichert wird die Überzeugungskraft der Erfolgsgeschichten besonders durch Episoden, in denen es um weniger erfolgreiche Phasen des Unternehmens geht und die deutlich machen, wo und wie man vom Erfolgsrezept abgewichen ist. Im Erzählen von Misser-

---

[386] Düsterberg, M., Gesellschafter des Familienunternehmens apetito AG, Rheine, in einem unveröffentlichten Memorandum für die Familie, 2008.

folgen und Krisen schließlich erhält die gegenwärtige Organisation einen unmittelbaren Eindruck von möglichen Bedrohungen und wird für Gefährdungen und Gefahrenpotenziale sensibilisiert, die außerhalb des persönlichen Erlebnishorizonts des einzelnen Zuhörers liegen.

Die Konzentration der stets komplexen Realität in einer Geschichte führt dazu, dass die heutigen Gesellschafter Entscheidungssicherheit gewinnen können. Die von von Schlippe/Groth erwähnten „Geschichten, die es geschafft haben, die Generationen zu überdauern," unterstützen den jeweils Handelnden dabei, den Grad der Unsicherheit zu reduzieren, der in Entscheidungsprozessen grundsätzlich existiert. Damit übernehmen die erzählten Geschichten eine wichtige Funktion innerhalb sogenannter „Mechanismen der Unsicherheitsabsorption ... Sie legen künftige Entscheidungen nicht vollständig fest, bieten aber einen Orientierungsrahmen, innerhalb dessen Entscheidungskommunikationen ablaufen. Anhand spezifischer Geschichten weiß man ungefähr, wie man zu verfahren hat, weiß, wie einem Problem zu begegnen ist, weiß, in welche Richtung die Lösungssuche erfolgen sollte."[387]

Die Funktion der Unsicherheitsreduktion ergibt sich auch aus dem Umstand, dass in der Regel sämtliche Zweifel, die zum Zeitpunkt einer Entscheidung in der Vergangenheit diese in Frage gestellt haben, nicht mitkommuniziert werden. Es werden ausschließlich die getroffenen Entscheidungen und gegebenenfalls noch ihre Begründungen kommuniziert. Insofern fungiert eine Geschichte „als Entscheidungsprämisse, die zukünftige Entscheidungen beeinflusst. Aber auch im Nachhinein zeigt sie ihre Wirkung, denn Geschichten dienen auch der Postrationalisierung von Entscheidungen. Weick spricht davon, dass Situationen entscheidungs*interpretiert*, nicht entscheidungs*geleitet* sind. Es kommt also auf die Geschichte an, die im Nachhinein in Bezug auf eine Entscheidung erzählt wird, und darauf, ob sie akzeptabel ist."[388]

Die Generationenfolge im Familienunternehmen bietet eine gute Chance, dass ein potenzieller Nachfolger bereits in früher Jugend die Geschichten von den geschäftlichen Erfahrungen des Vaters aus der Unternehmensleitung bewusst oder auch „ganz nebenbei" aufnimmt. Der Vater wiederum erzählt vielleicht auch Geschichten, die er von seinem Vater, also dem Großvater des potenziellen Nachfolgers, gehört hat. Der so aufgewachsene spätere Verantwortungsträger kann damit bereits am Anfang seiner Lauf-

---

[387] Schlippe, A. v./Groth, T. (2007): S. 39.
[388] Schlippe, A. v./Groth, T. (2007): S. 42.

bahn auf einen im realen Leben gewonnenen Erfahrungsschatz zurückgreifen, der für einen familienexternen, nur auf einer Hochschule ausgebildeten Manager nicht in dieser Authentizität und spezifischen Relevanz zugänglich ist. Dies wird sein unternehmerisches Handeln nachhaltig beeinflussen.

Das Denken in geschichtlichen Zusammenhängen sollte auch dazu führen, den Gesellschaftern ein Gefühl für die historische Dimension zu vermitteln, die einigen Entscheidungen, die sie zu fällen haben, eigen ist. Diese Sensibilisierung und der explizite Bezug auf die Geschichte können nur durch tatsächlich geführte Kommunikation stattfinden, und zwar unabhängig davon, ob sich die Gesellschafter in der Unternehmensleitung oder in Aufsichts- bzw. Beratungsgremien engagieren. Beispielsweise muss eine große Akquisition in angemessener Form vorab erläutert werden und die Beweggründe für den geplanten Schritt müssen aus der langfristigen Unternehmensstrategie heraus entwickelt und dann verdeutlicht werden. Nach dem erfolgreichen Abschluss dieses Projekts sollten dann die „Abenteuer" z. B. aus der Verhandlungsphase erzählt werden. Indem die Gesellschafter, selbst wenn sie nicht unmittelbar an der operativen Realisierung des Projekts beteiligt waren, auch an diesem Teil der Geschichte des Unternehmens teilhaben, können sie den Stolz entwickeln, Träger eben dieses Unternehmens zu sein. Es sollte daher bei großen Entscheidungen und wichtigen, weit in die Zukunft reichenden Weichenstellungen gründlich überlegt werden, wie die Bedeutung dieser Ereignisse den Beteiligten bewusst gemacht werden kann.

Es stellt keine falsche Romantik oder gar Manipulation dar, wenn dem Geschehen – sofern tatsächlich angebracht – bewusst eine erkennbar historische Dimension gegeben wird. Dabei kann die Wahl des Ortes für eine solche Kommunikation eine äußerst wichtige Rolle spielen, da sie indirekt eine Bewertung des Sinnes und der Bedeutung eines Projekts beinhaltet. Eine Klausur in einem Schloss oder Kloster, ein Treffen in einem für die Familiengeschichte relevanten Gebäude und eine Zusammenkunft mit einem festlichen Ausklang vermitteln größeres Gewicht und tiefere Bedeutung als eine Arbeitssitzung von gleichem sachlichem Inhalt im klimatisierten Besprechungsraum eines Hotels in verkehrsgünstiger Lage an einem Flughafen. Weiter unten wird noch näher auf die sogenannten „heiligen Orte" eines Familienunternehmens eingegangen. Diese sind von großer Bedeutung, da sie eine für alle aktuell Beteiligten wichtige Geschichte erzählen können, die möglicherweise keiner ihrer Nutzer selbst erlebt hat.

10.4 Vermittlung der Geschichte

Aufbewahrung und Erschließung von Archivmaterialien

Die *Erzählung* der Geschichte des Unternehmens setzt, wie oben bereits erwähnt, eine *Erforschung* eben dieser Geschichte voraus. Diese setzt bei den Aussagen von Zeitzeugen und bei jeder Art von Dokumenten an, durch die die Unternehmensentwicklung, so wie sie sich über die Zeit hinweg ergeben hat, erfasst werden kann. Für die Anfangsphase eines Unternehmens ist die Quellenlage dabei meist eher dürftig. Ein Unternehmensgründer kämpft in dieser Phase täglich um das Überleben und hat keine Zeit und meist auch keinen Sinn dafür, sich um die Dokumentation seines Tuns für die spätere Unternehmensgeschichte zu kümmern. Darüber hinaus handelt es sich bei Gründern in der Regel um Menschen der Tat und nicht um Personen mit einer ausgeprägten Neigung, über das eigene Tun zu reflektieren und dies auch noch zu dokumentieren. Aber selbst wenn Dokumente erstellt wurden, bedeutet dies nicht automatisch, dass sie bis heute erhalten geblieben sind. Für einen Teil der im Rahmen einer Geschäftstätigkeit zwangsläufig entstehenden Dokumente gab es zwar immer schon bestimmte Aufbewahrungsfristen, die in Gesetzen verankert waren und sind. Eine Aufbewahrungsfrist bedeutet aber eben auch die Möglichkeit und das Recht, Bücher, Schriften und Belege nach Ablauf der gesetzlichen Frist zu vernichten. Zudem sind bei älteren Unternehmen in den Kriegswirren und den damit einhergehenden Zerstörungen viele aufbewahrte Dokumente vernichtet worden oder verloren gegangen.

In der Regel werden erst dann Dokumente zu den Grundzügen der Unternehmensentwicklung archiviert und aufbewahrt, wenn das Unternehmen gewachsen ist und sich etabliert hat. Neben schriftlichen Dokumenten und bedeutsamen Gegenständen aus der Firmengeschichte (z. B. Modelle, das erste oder letzte Exemplar aus einer Produktionsserie o. ä.) steht manchen Unternehmen auch Foto-[389] und Filmmaterial[390] über das Unternehmen allgemein oder z. B. über einzelne relevante Aspekte der operativen Tätigkeit zur Verfügung, auf das hier jedoch nicht weiter eingegangen wird, weil es sich dabei nicht um durchgängig vorhandenes Material handelt.[391] In der heutigen Zeit stellt sich freilich nicht selten das Problem der Überfülle von verfügbarem Material. Die Dokumente bedürfen dann der strikten

---

[389] Vgl. Heß, U. (2005).

[390] Vgl. Przigoda, S./Farrenkopf, M. (2005).

[391] Vgl. zu diesem Aspekt Przigoda, S./Farrenkopf, M. (2005).

Auswahl, um sinnvoll verarbeitet werden zu können. Schlussfolgerungen und Geschichten können – wie gesagt – aus den Materialien nur dann gewonnen werden, wenn Zusammenhänge hergestellt und Interpretationen abgeleitet werden.

Chronik

Die Forderung nach einer bedeutungserhellenden Interpretation zeigt eine Schwäche der reinen Chroniken auf, wie wir sie in vielen Geschäftsberichten finden. Die Darstellung einer Firmengeschichte ließe sich durchaus chronologisch seit Entstehung der Firma konzipieren. Damit wäre aber noch kein kommunikativer Nutzen gewonnen:

> „Wir wissen, dass die Chronik als unsortierte Ansammlung von Ereignissen und Fakten nutzlos ist, dass sie uns nichts zu verstehen gibt und wir diesen Ereignissen einen Sinn verleihen müssen, damit sie einen Nutzen für uns gewinnen."[392]

Auch hier wird wiederum deutlich, dass sich erst dann Nutzen aus einer Firmengeschichte ziehen lässt, wenn diese als Geschichte erzählt wird.

Erzählung

Eine Geschichte, die erzählt wird, basiert in der Regel auf einer konkreten Begebenheit in der Unternehmensgeschichte. Damit eine Episode aus der Unternehmensgeschichte gezielt in der Unternehmenskommunikation eingesetzt werden kann, muss sie zu einer Erzählung geformt werden. Hierfür genügt es nicht einfach nur Fakten aufzuzählen, vielmehr braucht eine Geschichte einen „Plot", also eine spezifische Weise, wie bestimmte Ereignisse miteinander in Beziehung gebracht werden. Die erzählende Person wird so zum Autor, der das „Rohmaterial" bearbeitet und formt: Seine Art, den Plot zu gestalten, entscheidet über die Art und Weise der Geschichte.[393] Der Plot dreht sich meist um eine dramatische Herausforderung, eine Komplikation, die es zu lösen gilt. Seltener wird eine problemlose, glückliche Entwicklung geschildert. Das hängt möglicherweise damit zusammen, dass sowohl der Wirtschaftsführer sich selbst als auch das ihn betrachtende Publikum ihn gerne als Helden sieht. Allenfalls mag es noch zum Heldenbild passen, dass eine günstige Gelegenheit, die allerdings

---

[392] Baberowski, J. (2005): S. 206.
[393] Schlippe, A. v./Groth, T. (2007): S. 35; Stanzel, F. K. (2001): S. 21 ff.

verborgen war (sonst hätte sie ja jeder genutzt), vom Helden erkannt, entschlossen ergriffen und dann gegen widrige Umstände mit Klugheit weiterentwickelt wurde.

Eine typische Erzählstruktur umfasst:[394]

- die einleitende *Orientierungssequenz*, die durch die Entwicklung der erzählten Geschichte aus der gesamten Unternehmensgeschichte vorgegeben ist,

- die *Exposition*, in der im Ablauf der Ereignisse Komplikationen erläutert und die dramatischen Aspekte der Geschichte verdeutlicht werden,

- die *Bewertung* der Komplikationen, aus der heraus der Lösungsansatz verständlich wird,

- die *Lösung* der Komplikationen,

- die *Überleitung* der Geschichte zu einer generalisierenden Aussage, der „Coda" oder „Moral der Geschichte".

Mit der „Moral der Geschichte" werden die Wertvorstellungen oder Entscheidungsnormen des Geschichtenerzählers an die Adressaten der Geschichte weitergegeben. Es verwundert nicht, „dass die meisten Geschichten, zumindest die, die nach außen hin erzählt werden, in irgendeiner Weise eine positive Moral vermitteln. Sie haben meist mit essenziellen Werten des Unternehmens zu tun und es sind meist die offiziell am häufigsten im Unternehmen erzählten Geschichten: Gründungsmythen sowie Geschichten, die Werte und die Unternehmenskultur widerspiegeln. Sie werden verständlicherweise häufig auch für die Darstellung nach außen genutzt."[395]

Angesichts der Tatsache, dass historische Begebenheiten in den entsprechenden Erzählungen nach und nach immer reichhaltiger ausgeschmückt werden und komplizierte Randbedingungen weggelassen werden, erhalten erzählte Geschichten häufig im Lauf der Zeit den Charakter eines Mythos. Diesem liegt zwar ursprünglich eine historische Begebenheit zugrunde, doch diese wird dann in der erzählerischen Weitergabe immer mehr auf den kommunikativen Zweck hin, nämlich die zu vermittelnde „Moral", gestaltet.

Für die Umsetzung der Forderung, Geschichte auch tatsächlich zu erzählen, sind viele Wege möglich. Nur im familiären Umfeld dominiert –

---

[394] Vgl. Labov, W./Waletzky, J. (1967): S. 12 ff.; Heeckt, N.-N. (2003): S. 29 ff.

[395] Schlippe, A. v./Groth, T. (2007): S. 35.

noch – die mündliche Erzählung, die aber auch hier schon „medial" unterstützt wird. Im Unternehmensumfeld steht allerdings eine breite Palette von Kommunikationsmedien zur Verfügung. Regelmäßig muss eine sich wirksam ergänzende Kombination von Medien eingesetzt werden, um die Zielsetzungen – vor allem die Vermittlung der Unternehmenskultur und der Corporate Identity – erreichen zu können. Der Erfolg der Arbeit an der Unternehmensgeschichte bestimmt sich nicht nach Neuigkeit oder Solidität der historischen Erkenntnis, sondern ausschließlich nach der Rezeption durch die Adressaten. Somit entsteht die Notwendigkeit, eine bewusste und wirksame Vermarktungs*strategie* zu entwickeln. Hierbei wird nachfolgend zu zeigen sein, dass es unterschiedliche Adressaten für die Erzählung gibt, was sowohl ihren Inhalt als auch ihre Form beeinflusst.

Mündliche Erzählungen innerhalb der Familie

Die oben bereits erwähnten Erzählungen des Vaters an seinen Sohn sind Teil eines „natürlichen" Wegs bei der Vermittlung der Geschichte eines Familienunternehmens. Weitere typische Beispiele sind das Erzählen von Geschichten aus der Geschichte am heimischen Abendbrottisch oder auch bei besonderen Treffen im (erweiterten) Familienkreis. Eine der ganz großen Ressourcen des Familienunternehmens besteht somit darin, dass bereits die Kinder die geschäftlichen Erfahrungen ihrer im Unternehmen tätigen Eltern durch Beobachtung, aber vor allem auch durch deren interpretierende Erzählungen aufnehmen.

Die Präsenz des Unternehmens in der Kommunikation der Familie von Anfang an zeigt, dass der Mensch nicht zur Separation seiner verschiedenen Rollen neigt. Gerade in der Familie kann und soll er eine integrale Persönlichkeit sein und alle seine Lebensbereiche in die Kommunikation einbeziehen.[396]

Jubiläumsschrift

Als besonders typisches und passendes Forum zum Erzählen der Unternehmensgeschichte wird das Instrument der Jubiläumsschrift angesehen. Sie wird in jedem Fall zum 50jährigen Jubiläum[397] herausgegeben und dann

---

[396] Vgl. die Vorbehalte gegenüber der Empfehlung, die Rollenbezüge zu separieren, weiter unten in Abschnitt 9.3.

[397] Die historisch gewachsene besondere Bedeutung von 50jährigen Jubiläen erklärt sich aus dem Jubeljahr im antiken Judentum, mit dem die alle 50 Jahre gewährte Schuldbefreiung gefeiert wurde.

zu beliebigen weiteren runden Daten, vorzugsweise durch 50 teilbaren Jahren. Zu diesem Anlass wird die Jubiläumsschrift allen Geschäftsfreunden und Mitarbeitern zugesandt. Auch in den nachfolgenden Jahren wird sie noch bei Kundenbesuchen eingesetzt. Nach ca. fünf bis zehn Jahren gilt sie aber nach und nach als veraltet und wird nur noch selten oder gar nicht mehr genutzt. Firmenfestschriften stellen insofern eine große Informationsmenge nur zu einem „aktuellen Anlass" zur Verfügung und sind daher nur über einen begrenzten Zeitraum interessant. Es besteht darüber hinaus die Gefahr, dass sie von den Empfängern nur durchgeblättert werden, ihr Inhalt aber nicht wirklich rezipiert und verarbeitet wird.

Jubiläumsschriften vermitteln aber nicht nur die bisherige Geschichte. Die Erfahrung lehrt, dass die besten Quellen für die *Fortschreibung* einer Unternehmensgeschichte eben gerade Jubiläumsschriften darstellen, und zwar solche, die im Zusammenhang mit früheren Jubiläen erstellt wurden. Gleiches gilt für Zeitungsberichte aus den sich früheren Jubiläen jeweils anschließenden 25 Jahren. Dies verdeutlicht unmittelbar, wie weit der Nutzen einer regelmäßigen Veröffentlichung von Jubiläumsschriften über den aktuellen Anlass hinausgeht.

Feste und Feiern

Die mit Jubiläumsschriften verbundenen besonderen Anlässe werden häufig auch mit Betriebsfeiern begangen. Diese sind seit jeher Inszenierungen zur Gemeinschaftsbildung, ja zur Erzeugung eines „Unternehmenspatriotismus".[398] So feierte z. B. der Papierhersteller Kübler & Niethammer regelmäßig am 15. März eines Jahres den Gründungstag des Unternehmens. Dieser Tag stand „im Zentrum der Beschwörung des betrieblichen Gemeinschaftssinns … Der Stolz auf das Erreichte, auf den Ausbau des Betriebes als gemeinschaftliche Aufgabe gab der täglichen Arbeit eines jeden Betriebsangehörigen einen Deutungs- und Sinnzusammenhang als Teil einer über Generationen hinweg getragenen Idee."[399]

Auch Feiern von persönlichen Jubiläen, wie z. B. von 25, 40 oder gar 50 Jahren Betriebszugehörigkeit, sind in vielen Unternehmen üblich. Mit diesen Feiern ist nicht nur der persönliche Dank an die Jubilare verbunden. Es wird außerdem die Kontinuität der Arbeit über viele Jahre hinweg als Leistung an sich herausgestellt. Die bei diesen Anlässen gehaltenen Reden

---

[398] Vgl. Rudloff, M. (2005): S. 238.
[399] Rudloff, M. (2005): S. 238.

verdeutlichen die Unternehmensentwicklung über sehr lange Zeiträume hinweg und fördern das Bewusstwerden der Unternehmensentwicklung als einer Gemeinschaftsleistung.

Periodika für Mitarbeiter

Den konzentrierten, nur einmalig erstellten Informationen in Jubiläumsschriften und Biografien (vgl. unten) steht das regelmäßige Erzählen der Firmengeschichte in Unternehmensperiodika sowie in Mitarbeiterzeitschriften gegenüber.

Diese verfolgen ein Ziel, das schon im Jahr 1911 von Robert Bosch für die Erstausgabe einer der ältesten Mitarbeiterzeitschriften in Deutschland – des „Bosch-Zünders" – formuliert wurde:

> „Verschiedenheit der Meinungen und der Wünsche und auch Gegensätze wird es zwischen Leitung und Arbeitnehmern immer geben. Gleichwohl, erste Voraussetzung [...] bleibt die einsichtsvolle Erkenntnis und sachliche Wertung unserer gemeinsamen Aufgaben, unserer Zusammengehörigkeit. Diese Überzeugung, unserer Arbeitsgemeinschaft zu dienen unter Ablehnung jedes einseitigen Beeinflussungsversuchs, unter Ausschaltung des Trennenden – das ist Zweck und Ziel dieser Blätter. Sie sollen Tatsachen berichten."[400]

Kommunikationsmedien für Kunden

Die Marken- und Unternehmenskommunikation hat seit geraumer Zeit für sich den Faktor „Tradition" entdeckt. Man kann sogar sagen, dass dieser zurzeit geradezu einen Boom in diesem Metier erlebt. Die Unternehmensgeschichte ist dabei das Konstrukt, mit dem Tradition „inszeniert" wird. In diesem Kontext ist das sogenannte „History Marketing"[401] entstanden, welches wie folgt umschrieben werden kann:

> „[Gemeint ist] die konsequente und strategische Nutzbarmachung der Tradition eines Unternehmens sowie seiner Marken für die Unternehmens- und Markenkommunikation ... Gerade in einer Zeit, in der sich Produkte immer ähnlicher und Produktzyklen immer kürzer werden, wird Tradition zu einem wichtigen Differenzierungsmerkmal und wesentlichen Erfolgsfaktor."[402]

---

[400] Robert Bosch zitiert in: Dürig, U.-M. (2007): S. 137.

[401] Vgl. Schug, A. (2003).

[402] Bock, M. (2007): S. 138.

Denkmäler und museale Räume

Wie für die National- und Landesgeschichte sind auch für die Firmenge-schichte Denkmäler, Museen und „heilige Orte" (für die Schweizer Ge-schichte etwa die Rütliwiese) bedeutsam, um das Interesse an der Ge-schichte anzuregen und die Inhalte dieser Geschichte zu vermitteln. Jedes Unternehmen mit langer Geschichte verfügt zumeist über Büro- oder auch Wohnräume aus der Gründerzeit und hält sie in Ehren. Die kommunikative Wirkung dieser Räume wird genutzt, um mit ihnen die Ursprünge und z. B. die bereits früh gewonnene Bedeutung bezeugen zu können, die in den repräsentativen Gebäuden zum Ausdruck kommt.

Seit einigen Jahren zeigen die großen Architekturprojekte verschiedener Autohersteller, welche Kraft der Darstellung einer erfolgreichen Unter-nehmensgeschichte für das Markenbewusstsein in der Gegenwart zu-kommt. In grandiosen Bauten wird die jeweilige Geschichte der Produkt-entwicklung in sämtlichen Facetten sichtbar gemacht.[403] Auf diese Weise entstehen fernab vom öffentlichen Kulturbetrieb Museen mit einem klaren, marketingorientierten Anspruch. Dabei wird, wie auch in manchen Funk-tionsbauten, die Architektur selbst gezielt als kommunikatives Element ein-gesetzt. Wenn man in entlegenen Städtchen wie in Ditzingen beim Unter-nehmen Trumpf, in Schwendi bei Weishaupt, in Esslingen-Berkheim bei Festo oder in Melsungen bei Braun faszinierende Architekturensembles sieht, wird mit diesen Bürogebäuden die internationale Bedeutung dieser Unternehmen kommuniziert. Diese Botschaft setzt sich in den Gebäuden zur Produktdemonstration und Kundenschulung mit einem klaren Fokus auf die Kundenbeziehungen und in den Forschungsgebäuden mit Blick auf die Innovationskraft fort.

Biografie/Autobiografie

Eine weitere Dokumentationsmöglichkeit zur Firmengeschichte bieten Biografien und Autobiografien des Firmengründers, eines für die Firmen-entwicklung bedeutenden Unternehmensführers oder von maßgeblichen Gesellschaftern, auch wenn diese selbst nicht Unternehmensleiter waren, sondern aus ihrer Gesellschafterstellung heraus Einfluss auf das Unter-nehmen genommen haben.

---

[403] Vgl. Bock, M. (2007).

„Verhaltenswissenschaftlich betrachtet, konstruiert das autobiografische Gedächtnis Identität: punktgenaue Verknüpfungen von Personen, Geschehnissen und Orten im Zeitablauf. Niemand sonst hat jeden Punkt meines Lebens identisch erlebt. Biografie ist einzigartig. Das kann übertragen auch für Organisationen gelten."[404]

Die Autobiografie hat den Vorzug, dass alle darin enthaltenen Aussagen als authentisch gelten können. Diese sind allerdings nur bei gesellschaftlich und menschlich bedeutenden Persönlichkeiten interessant. Viele Autobiografien bieten dagegen ausschließlich eine Aneinanderreihung von Episoden des geschilderten Lebenslaufs, bei denen zumeist der Autor im Mittelpunkt steht. Dies macht Texte dieser Art eher langweilig als erhellend. Die potenzielle Lesergemeinde reicht in solchen Fällen kaum über den persönlichen Bekanntenkreis hinaus.

Ein literarisches Kunstwerk entsteht vermutlich nur dann, wenn ein professioneller Autor das Leben einer bedeutenden Person zum Gegenstand eines schriftstellerischen Werks macht. Grundsätzlich scheint dabei eine außen stehende Person besser in der Lage zu sein, Wirkungszusammenhänge und „die großen Linien" in einem Leben zu sehen und Abhängigkeiten zwischen dem Wirken einer Person und den sie beeinflussenden Umweltbedingungen erspüren zu können.[405] Liest man dann eine solche Veröffentlichung und verfügt über einiges Hintergrundwissen, ist es besonders interessant darauf zu achten, was der Autor erzählt und was nicht. Hier tritt der Unterschied zwischen wahren und wissenswerten Geschichten häufig besonders deutlich zutage. Was der Autor für wissenswert hält, muss noch lange nicht objektiv wahr sein – und umgekehrt. Darüber hinaus muss man sich vor Augen führen, dass alle personenbezogenen Geschichten letztlich Erfolgsgeschichten sind. Nur in wenigen Ausnahmefällen erzählen Gescheiterte ihre Geschichte und in der Regel wird über sie auch von Außenstehenden keine Geschichte geschrieben.

Pflege von „tacit knowledge"

Die Arbeit an der Kommunikation der Geschichte des Unternehmens und seiner Inhaberfamilie halte ich geradezu für einen Königsweg, auf dem die Familie den von ihr gewünschten Einfluss wahrnehmen und die Werte

---

[404] Androschin/Asemann/Mack (2008): S. 243 f.

[405] Vgl. die Biografien von hoher belletristischer Gestaltung bei Heuss, T. (1986) und Spinnen, B. (2003).

und die Kultur ihres Unternehmens prägen kann. Das Instrument der Erzählung der Geschichte, um so grundlegende und zudem abstrakte Inhalte wie Werte zu kommunizieren, ist dabei kein „Behelf". Vielmehr verinnerlichen die Mitglieder einer Organisation sehr viele für ihre Arbeit wichtige Inhalte über „Geschichten".

Die Bedeutung von Geschichten in der Kommunikation einer Organisation führt uns zu einer weiteren wichtigen Zielsetzung der Unternehmensgeschichte: der Sammlung und Weitergabe der wichtigen Ressource „tacit knowledge". Unter „tacit knowledge" versteht man unter Bezug auf Michael Polanyi „implizites" oder auch „stilles Wissen"[406], also Wissen, das üblicherweise nicht explizit formuliert wird, aber trotzdem vorhanden ist und genutzt wird. Unternehmensgeschichte gehört als „tacit knowledge" neben Kapital und Personal zu den zentralen Stärken eines Familienunternehmens. Viele Familienunternehmen verfügen über stilles Wissen und damit verbundene Kompetenzen. Sie vertreten z. B. ganz selbstverständlich bestimmte Werte mit dem Hinweis auf deren lange Tradition im Unternehmen, ohne das Zustandekommen einer solchen Tradition jedoch anhand von Dokumenten oder anderen Quellen belegen zu können: „Es war schon immer so". Die Geschichte eines Unternehmens vermittelt insofern selbst bei dürftiger schriftlicher Quellenlage Identität, Orientierung und Werte, stellt aber auch ganz praktische Beurteilungshilfen zur Verfügung, wenn es um die Ausarbeitung von Strategien zur weiteren Unternehmensentwicklung geht. Manche Entscheidung einer Familie als Investorengruppe lässt sich nur vor dem Hintergrund ihrer Geschichte verstehen:

> „In der »Biografie« des Unternehmens finden sich alle Erfahrungen, Erlebnisse und Ereignisse wieder, die ein Unternehmen zu einer authentischen Markenpersönlichkeit mit »eigener Lebenserfahrung« machen. Werden diese internen Ereignisse in den Kontext der echten Zeitgeschichte gestellt, so ergeben sich für die heutigen Mitarbeiter neue Perspektiven auf das Unternehmen. Historische Kommunikation erlaubt einen Neuanfang in der Kontinuität der Unternehmensentwicklung ohne künstlichen Bruch mit der Geschichte."[407]

---

[406] Für eine ausführliche Beschäftigung mit der Unterscheidung zwischen implizitem und explizitem Wissen bei Polanyi siehe z. B. den Überblick bei Schilcher, C. (2006): 117–133; sowie Polanyis Hauptwerk: Polanyi, M. (1958).

[407] Androschin/Asemann/Mack (2008): S. 247 f.

Erschließung der Unternehmens- und Familiengeschichte als Amt

Wir haben oben[408] dafür plädiert, möglichst viele Optionen für Ämter zu schaffen, in denen Gesellschafter dem Gesamtsystem Familienunternehmen dienen können. Auch die Aufgabe, die Geschichte der Familie und des Unternehmens zu bewahren, bietet ein hervorragendes Amt für Gesellschafter. Während diese sich häufig für philanthropische Stiftungen der Familie engagieren, muss man für die Bewahrung der Geschichte noch etwas „Werbung" machen, wie mir scheint. Auf gelungene Beispiele für ein Gesellschafterengagement in diesem Bereich ist explizit hinzuweisen.[409]

Durch ihr Engagement für die Unternehmensgeschichte erschließen sich die Gesellschafter selbst ein eigenes Verständnis für die Grundlagen ihres Unternehmens. Sie tragen zugleich dazu bei, dieses Wissen für die Organisation zugänglich zu machen. Es wäre schwer zu verstehen, wenn Gesellschafter sich verweigern würden, zur Erfassung und Kommunikation der Geschichte beizutragen. Wo dies vorkommt, ist es ein Alarmsignal für den Zustand des Systems „Familienunternehmen". Dahinter steht gelegentlich die Öffentlichkeitsscheu wohlhabender Menschen im Allgemeinen oder eine Unbeholfenheit oder ein Unwohlsein mit der Gesellschafterrolle im Besonderen. Wie auch immer – damit werden die Interessen des Unternehmens hinter die persönlichen Empfindlichkeiten und Unsicherheiten zurückgestellt.

Hingegen gibt es gute Beispiele dafür, wie die ältere oder auch die jüngere Generation einen Beitrag zur Aufarbeitung der Unternehmensgeschichte leistet. Es obliegt der nächsten Generation, durch die historische Aufklärung die Wahrheit in kritischen Themen wie z. B. dem Fremdarbeitereinsatz im 2. Weltkrieg oder einem Unglück wie etwa dem „Contergan-Fall" zu suchen und zu verarbeiten.

Die Unternehmensgeschichte ist hinsichtlich der entscheidenden Akteure immer mit der Familiengeschichte verquickt. Die Verantwortung für die Erzählung der Familiengeschichte kann aber immer nur ein Familienmitglied übernehmen und so kann dann z. B. Onkel Peter zum Beginn des Familientages erst einmal einen Fortschrittsbericht seiner Forschungen zur Familiengeschichte geben – etwa mit einem Schwerpunkt bei den Beiträgen zu den Aktivitäten der Stadt, in dem das Unternehmen ansässig ist.[410] Es

---

[408] Vgl. Kapitel 8.

[409] Vgl. die Aktivitäten von Frau Prym-Bruck für das Museum der Prym-Werke.

[410] Vgl. Aronoff, C. E./Ward, J. L. (1992): S. 24.

sollte sich in jeder Generation ein Gesellschafter finden, der das Amt zur Bewahrung der Familiengeschichte übernimmt, damit die Erzählung der generationsübergreifenden Geschichte nicht abreißt.

Literatur

Androschin/Asemann/Mack (2008): Raus aus der Garage – welchen Nutzen hat die historisch gewachsene Identität eines Unternehmens für die Mitarbeiter?, in: Ströle-Bühler, H./Dürig, U.-M. (Hrsg.): Tradition kommunizieren – das Handbuch der heritage communication; wie Unternehmen ihre Wurzeln und Werte professionell vermitteln, Frankfurt a. M., 2008, S. 240–251.

Aronoff, C. E./Ward, J. L. (1992): Family Meetings – How to Build a Stronger Family & A Stronger Business, Marietta, GA, 1992.

Assmann, J. (1988): Kollektives Gedächtnis und kulturelle Identität, in: Assmann, J. (Hrsg.): Kultur und Gedächtnis, Frankfurt a. M., 1988, S. 9–19.

Baberowski, J. (2005): Der Sinn der Geschichte – Geschichtstheorien von Hegel bis Foucault, München, 2005.

Beck, U. (1986): Risikogesellschaft – Auf dem Weg in eine andere Moderne, Frankfurt a. M., 1986.

Berndt, R. (2005): Marketingstrategie und Marketingpolitik, 4. Aufl., Berlin u.a., 2005.

Birkigt/Stadler/Funck (2002): Corporate Identity, 11. überarbeitete und aktualisierte. Aufl., München, 2002.

Bock, M. (2007): Mercedes-Benz – Marke mit Tradition – das neue Mercedes-Benz Museum als Instrument des History Marketing, in: Archiv und Wirtschaft, 40. Jg., H. 3, 2007, S. 138–146.

Cohen, D./Prusak, L. (2001): In good company – how social capital makes organizations work, Boston, MA., 2001.

Dürig, U.-M. (2007): Welche Bedeutung haben Geschichte und Tradition für die interne Kommunikation eines Unternehmens?, in: Archiv und Wirtschaft, 40. Jg., H. 3, 2007, S. 136–138.

Dürig, U.-M. (2008): o.T., in: Bosch-Zünder – Zeitung für die Mitarbeiter der Bosch-Gruppe, 88. Jg., H. 3, 2008.

Frenzel/Müller/Sottong (2004): Storytelling – das Harun-al-Raschid-Prinzip; die Kraft des Erzählens fürs Unternehmen nutzen, München/ Wien, 2004.

Guber, P. (2008): Die Macht von Geschichten, in: Harvard Business Manager, H. 3, 2008, S. 92–107.

Heeckt, N.-N. (2003): Strategien und Erzählungen – ein Plädoyer für die Berücksichtigung des Narrativen in einer Theorie der strategischen Führung, München, 2003.

Heß, U. (2005): Industriefotografien des 19. und frühen 20. Jahrhunderts als unternehmensgeschichtliche Quelle, in: Boch, R., et al. (Hrsg.): Unternehmensgeschichte heute: Theorieangebote, Quellen, Forschungstrends, in: Beiträge des 4. Unternehmensgeschichtlichen Kolloquiums, Leipzig, 2005, S. 89–98.

Heuss, T. (1986): Robert Bosch – Leben und Leistung, 7. Aufl., Stuttgart, 1986.

Klett, D. J. (2007): Familie qua Unternehmen – Wie sich Großfamilien an den Zumutungen eines Betriebs stärken können, in: Kontext – Zeitschrift für systemische Therapie und Familientherapie, 38. Jg., H. 1, 2007, S. 6–25.

Kormann, H. (2008): Beiräte in der Verantwortung – Aufsicht und Rat in Familienunternehmen, Berlin, Heidelberg u.a., 2008.

Kotre, J./Hall, E. (1990): Seasons of Life – Our Dramatic Journey from Birth to Death, London, 1990.

Labov, W./Waletzky, J. (1967): Narrative Analysis – Oral Versioins of Personal Experience, in: Helm, J. (Hrsg.): Essays on the Verbal and Visual Arts, Proceedings of the 1966 Annual Spring Meeting of the American Ethnological Society, Seattle, WA, 1967, S. 12–44.

Loebbert, M. (2003): Storymanagement – der narrative Ansatz für Management und Beratung, Stuttgart, 2003.

McGoldrick, M. (2007): Wieder heimkommen – auf Spurensuche in Familiengeschichten; Genogrammarbeit und Mehrgenerationen-Perspektive in der Familientherapie, 2. Aufl., Heidelberg, 2007.

Müller, L. (2008): Familien sind Kontinuitätsmaschinen, in: Süddeutsche Zeitung vom 12.03.2008, H. 61, 2008, S. 14.

Polanyi, M. (1958): Personal Knowledge – towards a post-critical philosophy, London, 1958.

Polkinghorne, D. E. (1998): Narrative Psychologie und Geschichtsbewusstsein. Beziehungen und Perspektiven, in: Straub, J. (Hrsg.): Erzählung, Identität und historisches Bewußtsein – die psychologische Konstruktion von Zeit und Geschichte, Frankfurt a. M., 1998, S. 12–45.

Przigoda, S./Farrenkopf, M. (2005): Industriefilme. Zur Interpretation und Reichweite einer vernachlässigten Quelle, in: Boch, R., et al. (Hrsg.): Unternehmensgeschichte heute: Theorieangebote, Quellen, Forschungstrends, in: Beiträge des 4. Unternehmensgeschichtlichen Kolloquiums, Leipzig, 2005, S. 99–111.

Rohe, K. (1984): Regionalkultur, regionale Identität und Regionalismus im Ruhrgebiet – Empirische Sachverhalte und theoretische Überlegungen, in: Lipp, W. (Hrsg.): Industriegesellschaft und Regionalkultur, München, 1984, S. 123–154.

Rudloff, M. (2005): Unternehmenskultur und Sozialpolitik am Beispiel der Kriebsteiner Papierfabrik Kübler und Niethammer, in: Boch, R., et al. (Hrsg.): Unternehmensgeschichte heute: Theorieangebote, Quellen, Forschungstrends, in: Beiträge des 4. Unternehmensgeschichtlichen Kolloquiums, Leipzig, 2005, S. 229–243.

Santayana G. (1905): The life of reason – Introduction, and Reason in common sense, New York, 1905.

Schein, E. H. (2004): Organizational Culture and Leadership, 3. Aufl., San Francisco et al, 2004.

Schilcher, C. (2006): Implizite Dimensionen des Wissens und ihre Bedeutung für betriebliches Wissensmanagement, Darmstadt, 2006.

Schlippe, A. v./Groth, T. (2007): The Power of Stories – Zur Funktion von Geschichten in Familienunternehmen, in: Kontext – Zeitschrift für systemische Therapie und Familientherapie, 38. Jg., H. 1, 2007, S. 26–47.

Schmid, W. (2007): Glück – alles, was Sie darüber wissen müssen, und warum es nicht das Wichtigste im Leben ist, Frankfurt a. M., 2007.

Schreyögg, G. (1984): Mythen und Magie in der Unternehmensführung – Anmerkungen zu einer neuen Strömung in der betriebswirtschaftlichen Forschung, in: Management Forum, H. 4, 1984, S. 167–179.

Schreyögg, G./Geiger, D. (2005): Zur Konvertierbarkeit von Wissen – Wege und Irrwege im Wissensmanagement, in: Zeitschrift für Betriebswirtschaft, 75. Jg., H. 5, 2005, S. 433–454.

Schreyögg, G./Koch, J. (Hrsg.) (2005): Knowledge Management and Narratives – Organizational Effectiveness through Storytelling, Berlin, 2005.

Schug, A. (2003): History Marketing – Ein Leitfaden zum Umgang mit Geschichte in Unternehmen, Bielefeld, 2003.

Simon, F. B. (2005a): Die Familie des Familienunternehmens – Besonderheiten der Familiendynamik, in: Simon, F. B. (Hrsg.): Die Familie des Familienunternehmens – Ein System zwischen Gefühl und Geschäft, 2. Aufl., Heidelberg, 2005, S. 35–54.

Simon, F. B. (2008): Von Generation zu Generation – Unterschiedliche Entwicklungsschritte von Mehrgenerationen-Familienunternehmungen, in: Kollmer-v. Oheimb-Loup, G./Wischemann, C. (Hrsg.): Unternehmernachfolge in Geschichte und Gegenwart, Ostfildern, 2008, S. 13–38.

Spinnen, B. (2003): Der schwarze Grat – Die Geschichte des Unternehmers Walter Lindenmaier aus Laupheim, Frankfurt a. M., 2003.

Stanzel, F. K. (2001): Theorie des Erzählens, 7. Aufl., Göttingen, 2001.

Ströle-Bühler, H./Dürig, U.-M. (2008): Anforderungen an erfolgreiche Kommunikation von Tradition und Geschichte, Wurzeln und Werten – eine Bilanz, in: Ströle-Bühler, H./Dürig, U.-M. (Hrsg.): Tradition kommunizieren – das Handbuch der heritage communication; wie Unternehmen ihre Wurzeln und Werte professionell vermitteln, Frankfurt a. M., 2008, S. 132–140.

Thier, K. (2006): Storytelling – Eine narrative Managementmethode, Berlin u.a., 2006.

Vincent, G. (1993): Eine Geschichte des Geheimen?, in: Prost, A./Vincent, G. (Hrsg.): Geschichte des privaten Lebens, Bd. 5: Vom Ersten Weltkrieg zur Gegenwart, Frankfurt a. M., 1993, S. 153–344.

Vossler, O. (1979): Geschichte als Sinn, Frankfurt a. M., 1979.

Weber, F.-M. (2008): Monetäre und nicht-monetäre Werttreiber von Unternehmensdynastien – Dimensionen der Performance in Deutschlands Mehrgenerationen-Familienunternehmen, in: Kollmer-v. Oheimb-Loup, G./Wischemann, C. (Hrsg.): Unternehmernachfolge in Geschichte und Gegenwart, Ostfildern, 2008, S. 153–163.

Weick, K. E. (2001): Making Sense of the Organization, Malden, MA, et al., 2001.

Wimmer/Groth/Simon (2004): Erfolgsmuster von Mehrgenerationen-Familienunternehmen, in: Wittener Diskussionspapiere – Sonderheft: 2, Witten, 2004.

Wischermann, C. (1998): Vom Gedächtnis und den Institutionen. Ein Plädoyer für die Einheit von Kultur und Wirtschaft, in: Schremmer, E. (Hrsg.): Wirtschafts- und Sozialgeschichte- Gegenstand und Methode, Stuttgart, 1998, S. 21–33.

Wixforth, H. (2007): Welche Bedeutung haben Geschichte und Tradition eines Unternehmens für dessen Reputation und Image in der allgemeinen Öffentlichkeit?, in: Archiv und Wirtschaft, 40. Jg., H. 3, 2007, S. 131–136.

Zulauf, S. (2009): Unternehmen und Mythos – Der unsichtbare Erfolgsfaktor, 2. Aufl., Wiesbaden, 2009.

11 Konfliktbearbeitung

Ungelöste Konflikte werden allgemein für die größte Gefahr für das Familienunternehmen gehalten. Dies hängt damit zusammen, dass in jeder Gruppe, die über eine längere Zeit zusammenarbeiten muss, mit großer Wahrscheinlichkeit Konflikte auftreten. Gerade deshalb aber ist es weder wünschenswert noch möglich, Konflikte generell und von vornherein vermeiden zu wollen. Es geht vielmehr darum, Konflikte zu lösen. Das ist eine Kernaufgabe der Führung in jeder Organisation. Gelingt die Konfliktlösung, dann bedeutet sie nicht nur die Vermeidung eines Trennungsgrundes, sondern auch ein starkes Bindungserlebnis.[411] Im Blick auf diese Bindungswirkung wollen wir uns hier mit dem anderweitig schon intensiv untersuchten Thema der Konfliktbearbeitung befassen. Und um dieser Bindungswirkung willen muss die Führung der Gesellschaftergruppe über eine angemessene Kompetenz in erfolgreicher Konfliktbearbeitung verfügen.

11.1 Ursachen von Auseinandersetzungen

Sorge vor Konflikten

Konflikte und Streitigkeiten sind gefürchtete Trennungsfaktoren.[412] Nach oft geäußerter Meinung führen sie häufiger zum Untergang von Familienunternehmen als eine unzulängliche Geschäftspolitik. Diese bekannte und offenbar allgemein drohende Gefahr des Konflikts kann bei Gesellschaftern, denen sehr am Zusammenhalt der Familie gelegen ist, möglicherweise zu einer Angst vor jeder Form von Auseinandersetzung führen.[413] Man will unbedingt den Zustand des harmonischen Zusammenhalts festhalten, aus Sorge, jede Disharmonie könne alsbald zu einem schädlichen Konflikt

---

[411] Diese Interpretation der erfolgreichen Konfliktarbeit verdanke ich den Diskussionen mit J. H. Astrachan, der in dem Buch Astrachan, J. H./McMillan, K. (2003) grundlegende Beiträge zur erfolgreichen Konfliktarbeit vorstellt.

[412] Vgl. zum Begriff oben die Abschnitte 4.1 und 4.10.

[413] Vgl. Kohlrieser, G. (2005).

H. Kormann, *Zusammenhalt der Unternehmerfamilie,*
DOI 10.1007/978-3-642-16351-7_11, © Springer-Verlag Berlin Heidelberg 2011

führen. Die unbedingte Verpflichtung aller Beteiligten zu Harmonie und zu Einigkeit in allen Fragen ist aber über längere Zeit nicht durchzuhalten. Sie wäre auch gar nicht wünschenswert. Um einen starken Zusammenhalt zu entwickeln, muss man vielmehr lernen, mit den verschiedenen Formen von Konflikten umgehen zu können.

Allgemeine Voraussetzungen eines Konflikts

Es bedarf verschiedener Voraussetzungen, damit zwischen zwei oder mehreren Personen in einer ansonsten friedfertigen Gemeinschaft das entsteht, was wir „Konflikt" nennen:[414]

- Das Handeln der Parteien ist interdependent, das Handeln einer Partei hat also Auswirkungen auf die Handlungsmöglichkeiten der anderen Partei.

- Diese Interdependenz tritt dann auf, wenn zwei oder mehr Parteien miteinander kooperieren müssen, um ihre Aufgaben zu erfüllen.[415]

- Jede Partei hat ein eigenes Handlungsprogramm gemäß ihrer eigenen Interessen bzw. persönlichen Überzeugungen.

- Die unterschiedlichen Handlungsprogramme der Parteien sind miteinander nicht vereinbar.

Wir klammern im Folgenden den offenen Machtkampf um eine Position oder um die Änderung des gesamten bestehenden Ordnungsgefüges aus. Wenn es darum geht, wer von zwei Gesellschaftern als Alleingesellschafter übrig bleibt oder ob das Familienunternehmen verkauft werden soll, damit ein Gesellschafter frei von seiner Bindung an das Familienunternehmens wird, dann geht es nicht um einen sachbezogenen Konflikt, sondern um den Aufbau gegnerischer Positionen. Kämpfe werden nicht bearbeitet, sondern ausgefochten.

Wir gehen ferner nicht näher auf die Konfliktmöglichkeiten im Rahmen des Nachfolgeprozesses ein, nehmen aber passende Beispiele aus diesem Konfliktfeld auf. Die Nachfolgeproblematik ist ein gängiger Topos in allen Diskursen über Familienunternehmen mit einer ausdifferenzierten Spezialliteratur aus Beratung und Forschung.

---

[414] Die folgende Charakterisierung ist in der Literatur geläufig, vgl. Jost, P.-J. (1999): S. 12. Rüttinger, B./Sauer, J. (2000): S. 53 ff. geht wohl zurück auf Deutsch, M. (1973).

[415] Zum Zusammenhang von Kooperation und Konflikt siehe Spieß, E. (2004).

Schließlich klammern wir die intrapersonellen Konflikte, unter denen *ein* Mensch leiden kann, aus – nicht, weil sie für die Gesellschafter nicht relevant wären, bei denen vor allem die Rollenkonflikte, die durch unterschiedliche Rollenanforderungen und Verantwortlichkeiten, z. B. als Gesellschafterin und als Mutter, entstehen, zu intrapersonellen Konflikten führen können.[416] Auch diese Konflikte müssen gelöst werden, doch dies ist hier nicht unser Schwerpunkt; im Übrigen sind die Erfolg versprechenden Methoden zur Konfliktlösung dieselben wie diejenigen bei einem interpersonellen Konflikt, der hier im Mittelpunkt unserer Betrachtung steht.

Typologie der Konfliktursachen

Die zahlreichen Ansätze in der Forschung, die Vielfalt der Konflikte zu typologisieren, dienen nicht nur dem Forschungsziel, Ordnungssysteme und Übersicht zu schaffen.[417] Der Wert einer derartigen Typologie könnte auch darin liegen, die jeweiligen Ansatzpunkte zur Konfliktbearbeitung den unterschiedlichen Typen von Konflikten zuordnen zu können und so die „Heilungsaussichten" zu verbessern.

Die gängige Gliederung sortiert Konflikte danach, ob sie ihren Ursprung primär in Sachfragen oder in persönlichen Beziehungen haben. In dem oben vorgestellten Kommunikationsmodell von Schulz von Thun[418] hat zwar *jede* Interaktion zwischen Personen eine Ebene der sachlichen Kommunikation und eine Wirkung auf der Beziehungsebene, gleichwohl kann meist eine vorrangige Quelle eines Konflikts in einem Sachthema oder in einer persönlichen Beziehung ausgemacht werden. In diesem primären Ursachenbereich muss die Konfliktarbeit ansetzen. Die Wirkung im jeweils anderen Bereich darf darüber selbstverständlich nicht vergessen werden, ist aber nachrangig anzugehen.

Es ist für unsere gesamte Akzentuierung der Bindungsfaktoren wichtig, den Konflikt als etwas ganz Normales zu sehen. Nur wenn man sich vom Konflikt nicht als von etwas Anormalem schrecken lässt, gewinnt man die Einstellung, ihn konstruktiv zu bearbeiten. Deshalb wollen wir im Folgenden auf die zahlreichen Gründe von Konflikten eingehen. Die Normalität dieser Konflikte gilt sowohl für sachliche wie auch für emotionale Beziehungen.

---

[416] Vgl. Wall, J. A./Callister, R. R. (1995): S. 516.

[417] Vgl. Guerra, J. M. et al. (2005) und Rüttinger, B./Sauer, J. (2000); Spieß, E. (2004): S. 193 ff.; vgl. auch De Dreú, C. K. W./Weingart, L. R. (2003).

[418] Vgl. oben Abschnitt 9.2.

Sachliche Konflikte

Sachliche Konflikte erscheinen zunächst wenig problematisch, weil man sie rational analysieren kann. Sie sind gerade deshalb vorrangig zu behandeln. Alles, was in diesem Bereich an Konfliktbearbeitung geleistet werden kann, muss erst einmal abgearbeitet werden. Das dann verbleibende Konfliktpotenzial im persönlichen, emotionalen Bereich ist ungleich schwieriger zu lösen.

Bei sachlichen Konflikten ist es besonders wichtig, die Ursachen des jeweiligen Konflikts herauszufinden, um die richtigen Ansatzpunkte für die Konfliktbearbeitung zu ermitteln:

- *Beurteilungskonflikte,* die sich aus unterschiedlichen Annahmen über die Lage, aus der ein Entscheidungsproblem erwächst, oder über die Wahrscheinlichkeit von erfolgreichen Problemlösungen ergeben. Hierzu gehören z. B.

    — gegensätzliche Einschätzung, welches taktische Vorgehen zur Verfolgung einvernehmlich festgelegter Ziele zweckmäßig ist,
    — unterschiedliche Beurteilung der Leistungsfähigkeit oder anderer Merkmale von Personen.

    Die Ursachen dieser Konfliktgruppe sind – allgemein formuliert – „kognitive Diskrepanzen", die auch nur durch kognitive Prozesse aufgelöst werden können. Hierzu gehört die Beschaffung von zusätzlichen oder vertrauenswürdigeren Informationen. Dazu gehört aber auch, sich mit der Sichtweise und dem Problemverständnis des jeweils anderen auseinanderzusetzen.

- *Bewertungskonflikte,* die sich daraus ergeben, dass gemeinsam wahrgenommene Annahmen oder Tatsachen subjektiv unterschiedlich bewertet werden. Es geht also um Diskrepanzen in den Werten und der darauf fußenden Bewertung. Die Konfliktlösung verlangt hier, dass auf einer höheren Abstraktionsebene nach einer gemeinsamen Wertebasis gesucht wird.

- Bewertungskonflikten ähnlich sind *Zielkonflikte,* die darin bestehen, dass die Parteien kein gemeinsames Ziel verfolgen, sondern ihre eigenen scheinbar oder tatsächlich nicht miteinander kompatiblen Ziele. Beispiele für solche „Zieldiskrepanzen" sind Unterschiede

    — in grundsätzlichen Wertvorstellungen,
    — in den „Oberzielen" für die Strategie des Familienverbandes (z. B. „Unabhängigkeit bewahren") oder des Familienunternehmens,

— in den „Unterzielen" wie z. B. einem bestimmten Expansions-
schritt oder einem konkreten Investitionsvorhaben,

— in den generellen Entscheidungsmaximen, insbesondere in der
Bereitschaft, Risiken einzugehen.

Auch hier liegt die Lösung in der Suche nach gemeinsamen Zielen
auf einer höheren Ebene der Zielehierarchie, von der aus neue Lösungen gefunden werden können.

• Zielkonflikte äußern sich häufig als *Verteilungskonflikte*, in denen
die Parteien den Wert eines Handlungsprogramms zwar gleich ein-
schätzen, aber jede von ihnen diesen Wert oder den größten Anteil
daran für sich selbst realisieren möchte. Verteilungskonflikte sind
meist als Nullsummenspiel formuliert: Mein Gewinn ist dein Verlust. Gelöst werden können sie nur durch Kompromisse oder durch
Zusammenarbeit, wenn ein gemeinsames Vorgehen das Ergebnis für
beide Parteien erhöht („Win-win-Strategie").

Ein Zielkonflikt kann auf unterschiedlichen funktionalen Verpflichtungen
beruhen, durch die eine funktionale Diskrepanz entsteht. Gerade bei Familiengesellschaftern mit ihrer Verankerung in verschiedenen Rollen ist dies
ein häufiger Konfliktfall: Der eine ist Vorsitzender der Unternehmensleitung, der andere ist Vorstand der Familienstiftung und ein Dritter ist ein
nicht im Unternehmen tätiger Ausschüttungsempfänger.

Beziehungskonflikte

Simmel hält dafür, dass in allen Lebensbezügen, in denen Menschen mit
ihrer ganzen Persönlichkeit engagiert sind, neben Zuneigung auch Abneigung entsteht.[419] Coser weist auf die Beziehung dieser Diagnose zum Konstrukt der „Ambivalenz" in dem Analyseansatz von Freud hin:[420]

> „Nach dem Zeugnis der Psychoanalyse enthält fast jedes intime Gefühls-
> verhältnis zwischen zwei Personen von längerer Dauer – Ehebeziehungen,
> Freundschaft, Eltern- und Kindschaft – einen Bodensatz von ablehnenden
> feindseligen Gefühlen, der nur infolge von Verdrängung der Wahrnehmung
> entgeht. Unverhüllter ist es, wenn jeder Kompagnon mit seinem Gesell-
> schafter hadert, jeder Untergebene gegen seinen Vorgesetzten murrt."[421]

---

[419] Vgl. Simmel, G. (1999).

[420] Vgl. Coser, L. A. (1972): S. 72 f.

[421] Freud, S. (1947): S. 110 f.

Coser folgert daraus, dass in Primärgruppen wie der Familie oder der Verwandtschaft feindselige Gefühle leichter entstehen können, da hier die ganze Persönlichkeit eingeschlossen ist. Wegen der Verpflichtung zur Harmonie innerhalb der Primärgruppe werden sie jedoch öfter unterdrückt und wirken dann besonders negativ:

> „Je enger die Beziehung und je größer das affektive Engagement, desto stärker auch die Tendenz, feindliche Gefühle eher zu unterdrücken als sie zu äußern. Während in Sekundärbeziehungen, wie etwa bei Geschäftspartnern, feindliche Gefühle relativ frei geäußert werden können, ist dies in Primärbeziehungen nicht immer der Fall."[422]

Keppler-Seel und Knoblauch[423] heben darauf ab, dass gerade in der intimen, auf Dauer angelegten Gemeinschaft ein Streit häufig vorkommt, ja etwas Unausweichliches ist. Sie führen dies darauf zurück, dass in einer solchen Gemeinschaft alle Themen gemeinsam erörtert werden können, jeder seine Überzeugungen vertritt und so auch Kontroversen entstehen, die gar nicht aufgelöst werden können – und auch nicht aufgelöst werden müssen, weil die Bindungskräfte über den Streit hinweg führen. So kehrt der Streit zwar wieder, wird aber immer wieder auch *ad acta* gelegt – geradezu ein Beispiel für gelingende familiäre Kommunikation.[424]

Betrachtet man nun den Konflikt als etwas Normales, woraus folgt dann die Gefährdung der emotionalen Beziehung? Die emotionale Ablehnung einer anderen Person wird regelmäßig dadurch verursacht, dass diese das eigene Selbstwertgefühl verletzt hat. Wer mich nicht respektiert, mit dem vermeide ich den Kontakt. Wenn sich dieser nicht vermeiden lässt, behandle ich den anderen so, wie ich meine, dass er behandelt werden sollte: Und diese Verhaltensweise führt dann zu einem Konflikt. Die Verletzung des Selbstwertgefühls wird verstärkt, wenn Rivalitäten bestehen. Diese können aus übersteigertem Geltungsbedürfnis, aus Neid, Machtgier oder Rachestreben resultieren. In der Analyse der Familienunternehmen ist die Vater-Sohn-Rivalität ein Standardtopos in der Nachfolgethematik. Ein anderer, ständig aktueller Topos ist die Geschwisterrivalität. Sie wird in der Familienforschung der Reihenfolge der Geburt, der Wahrnehmung einer Differenzierung in der Zuneigung der Eltern und der Dynamik aus Identifikation mit und Abgrenzung zu den Elternteilen zugeschrieben.[425]

---

[422] Vgl. Coser, L. A. (1972): S. 73.

[423] Vgl. Keppler-Seel, A./Knoblauch, H. (1998): S. 77 ff.

[424] Ebenda: S. 94 f.

[425] Vgl. z. B. Gersick, K. E. et al. (1997): S. 78; Klein, S. B. (2000): S. 83 f.; Wimmer, R. et al. (2005): S. 249 ff.

Strukturelle Ungleichheiten

Gleiche Rechte – bei bleibender Ungleichheit im Blick auf das, was der Einzelne in seiner jeweiligen Lebenssituation mit diesen Rechten erreichen kann – sind eines der fundamentalen Befriedungskonzepte für moderne Gesellschaften. Wir haben dies oben im Kontext der Verfassungsfragen erörtert.[426] Jede strukturell bedingte Form der Ungleichheit ist eine mögliche Quelle von Neid bzw. Unterlegenheitsgefühlen, Rivalitäten und Frustration und kann somit zur Quelle für emotionale Konflikte werden. Strukturell ist eine Ungleichheit, wenn sie selbst bei gutem Willen nicht situativ aufgehoben werden kann,[427] z. B.:

- die Position von Minderheitsbeteiligten gegenüber Mehrheitsbeteiligten,

- das Verhältnis des geschäftsführenden Gesellschafters zu nicht-aktiven Gesellschaftern o. ä.

Unsicherheit, Ängste, Misstrauen

Als eine eigenständige Quelle für Konflikte betrachten wir ein konstantes Gefühl großer Verunsicherung, chronischer und durch rationale Argumentationen nicht eindämmbarer Ängste und anlassloses, chronisches Misstrauen. Wer von diesen psychischen Leiden geplagt ist, ist eine Last für die Mitgesellschafter. Er ist unfähig zu entscheiden, hat ein übersteigertes Kontrollbedürfnis und ist nicht kooperativ in der gemeinsamen Meinungsbildung – kurz: Er geht den anderen auf die Nerven und verliert deren Respekt, was wiederum seine Antipathien hervorruft.

Kommunikative Diskrepanz

Über diesen Komplex von Konfliktursachen ist eine weitere Ursachendimension gelagert: die unechten oder sogar nur scheinbaren Konflikte, die aus Kommunikationsfehlern entstehen.[428] Hier insbesondere bedarf es der segensreichen Arbeit von Moderatoren – wie Astrachan/McMillan richtig hervorheben –, damit durch die Aufklärung von Missverständnissen und die Verbesserung der kommunikativen Kompetenz der Konfliktbeteiligten eine Lösung der „unechten" Konflikte erreicht werden kann.

---

[426] Vgl. Kapitel 7.

[427] Vgl. auch Kapitel 8.

[428] Vgl. Astrachan, J. H./McMillan, K. (2003): S. 11; Kohlrieser, G. (2005).

11.2 Intensität des Konflikts

Kooperationserfordernis und Konflikt

Zwischen Kooperationserfordernis und Konflikt besteht ein ambivalenter Zusammenhang: Wenn Gesellschafter nicht miteinander kooperieren *müssen*, brauchen sie für Meinungsverschiedenheiten keine Lösung zu finden. Sie könnten sie im Raum stehen lassen und ihrer eigenen Wege gehen. Räumliche und emotionale Nähe zueinander können hingegen die Wahrscheinlichkeit eines Ausbruchs von Konflikten erhöhen.[429]

Wenn mehrere Gesellschafter in der Unternehmensleitung zusammenarbeiten müssen, können die durchaus normalen Meinungsverschiedenheiten aus unterschiedlichen Führungsverantwortlichkeiten oder unterschiedlichen Überzeugungen zu den richtigen Zielen und Wegen eine Tendenz gewinnen, sich zu Konflikten zu entwickeln. Eine Dokumentation gravierender Familienfehden bei Gordon und Nicholson betrifft fast ausschließlich Unternehmen, in denen mehrere Gesellschafter in Führungspositionen tätig waren.[430]

Die Konfliktträchtigkeit der engen Kooperationsbeziehung ähnelt der oben angeführten Konfliktträchtigkeit einer langen Intimitätsbeziehung. Dies führt zu dem Dilemma, dass die Wahrscheinlichkeit eines Konflikts desto größer ist, je größer das Engagement der Beteiligten – also eigentlich etwas Positives – in einem Meinungsbildungsprozess ist. Dieses Zusammenhangs muss sich eine Gruppe bewusst sein: In einem Kollegium von Geschäftsführern mit einem dominanten Vorsitzenden, der autokratisch entscheidet, gibt es angesichts des daraus folgenden Desinteresses der anderen Mitglieder am Entscheidungsergebnis kaum Konflikte. Dieses Kollegium arbeitet dann aber auch nicht kollegial zusammen. Ein Kollegium, das hingegen engagiert darum ringt, in komplexen Problemstellungen eine Orientierung zu gewinnen, kann leicht in eine Konfliktkonstellation geraten. Ja, man kann sogar fragen, ob ein Kollegium, das über das Jahr keinen Konflikt hat, die richtigen, nämlich die schwierigen Themen behandelt und ob dabei jeder bei der Sache ist. Konflikte können notwendig und fruchtbar sein.

Auf der anderen Seite stellt eine externe Bedrohung, eine Krise, wiederum eine Situation dar, in der man sich keinen Konflikt leistet: Weil man die externe Bedrohung nur durch Kooperation lösen *kann,* erscheinen alle Konflikte demgegenüber als kleinlich und werden gelöst oder übergangen.

---

[429] Vgl. Rosenblatt, P. C. et al. (1985): S. 102 ff, S. 109 ff und S. 123.

[430] Vgl. Gordon, G./Nicholson, N. (2008).

Fruchtbare Auseinandersetzung

Der Aspekt der Normalität von Konflikten wird noch einmal unterstrichen, wenn man die „fruchtbaren Konflikte" in den Blick nimmt. Simmel hat bei seiner philosophischen Betrachtung von gesellschaftlichen Auseinandersetzungen die fruchtbare Funktion von Konflikten herausgestellt.[431] Diese Gedanken wurden über die Dekaden im philosophischen Diskurs[432] und in der Konfliktliteratur[433] weiterentwickelt. Bevor auf die Gefahr des destruktiven Konflikts eingegangen wird, soll über den möglichen Nutzen der Meinungsverschiedenheit und des konstruktiven Konflikts gesprochen werden. Ein Meinungsunterschied ist demnach kein Problem; er ist vielmehr die Voraussetzung und der Beleg für eine fruchtbare Meinungsbildung:[434]

- Nur bei trivialen Fragestellungen ist allen alles klar. Viele der Fragen, mit denen sich Gesellschafter auseinanderzusetzen haben, sind jedoch höchst komplexe Fragen der Familienverfassung, der Unternehmensverfassung und der Unternehmensstrategie. Es geht – für das jeweilige Unternehmen – um einmalige Entscheidungen, bei denen niemand im vollen Besitz der Weisheit ist. Erst die Auseinandersetzung der Meinungen macht das jeweilige Problem allseits bewusst.

- Nur im Blick auf andere Meinungen wird sich der Einzelne der Besonderheit seiner eigenen Meinung bewusst und kann sie überprüfen.

- Nur in der argumentativen Auseinandersetzung kann sich eine Meinung bewähren.

- Dadurch, dass man sich mit einem anderen in einen Meinungsstreit begibt, zeigt man Interesse an seinem Standpunkt und an seiner Person. Wer mir gleichgültig ist, mit dem diskutiere ich noch nicht einmal.

- Nur wenn man akzeptiert, dass jemand auf seiner Meinung beharren darf, respektiert man den anderen als Träger von Überzeugungen und individuellen Wertvorstellungen.

---

[431] Vgl. Simmel, G. (1999).

[432] Vgl. Coser, L. A. (1972).

[433] Vgl. Deutsch, M. (1973); Tjosvold, D. (1992).

[434] Vgl. hierzu folgende Überschrift, auch wenn der Buchinhalt selbst eher vorwissenschaftlicher Natur ist: „Make the most of your anger – A good fight gives you a chance to learn what matters most to your relations." Siehe: Frankenberg, E. (2003).

- Nur durch die konstruktive Auseinandersetzung werden Veränderungen bewirkt

  - im eigenen Denken,
  - in den umgebenden Verhältnissen.

- Nur durch Veränderungen werden Stagnation und Misserfolg verhindert.

Man darf also nicht von vornherein eine Aversion gegen jede Form der kontroversen Auseinandersetzung haben. Es gilt allerdings ein Sensorium dafür zu entwickeln, wann und wie Meinungsverschiedenheiten zum destruktiven Konflikt oder gar zum Kampf degenerieren können. Die Konfliktforschung stellt uns hier eingängige Denkrahmen zur Verfügung.

Kritische Entwicklungen

Obwohl Auseinandersetzungen um divergierende Meinungen nicht per se etwas Negatives oder Belastendes darstellen, neigen viele Konflikte zur Entwicklung destruktiver Tendenzen:

> „Konflikte entwickeln sich systematisch, so als folgten sie einer fatalen Route, die den Weg in den Abgrund vorgibt. Es lässt sich beobachten, dass eine Station der anderen folgt und sozusagen auf ihr aufbaut."[435]

Das Endstadium von destruktiven Konflikten ist meist die Aggression, in der es das Ziel ist, die gegnerische Partei zu schädigen – um der Schädigung selbst willen.[436]

Es kann nicht erwartet werden, dass die Erkenntnisse aus der Konfliktforschung, vor allem die zum Konfliktmanagement, Teil der Allgemeinbildung werden. (Für oberste Führungskräfte wird man eine solche Kompetenz allerdings fordern müssen.) Um das Wahrnehmungsvermögen für das Wesen von Konflikten zu schärfen, ist es sinnvoll, die Kennzeichen schädlicher Konflikte genauer zu betrachten.[437] Die nachfolgend genannten Merkmale weisen auf diese Form von Konflikten hin:

- intensive emotionale Beteiligung an einer Auseinandersetzung,

- mehrdeutige, ambivalente Beziehungen werden immer einseitiger negativ geladen,

---

[435] Jiranek, H./Edmüller, A. (2003): S. 54.; vgl. auch Glasl, F. (2004): S. 233 ff.

[436] Vgl. Rüttinger, B./Sauer, J. (2000): S. 14 f.

[437] Hier werden ausgewertet: Jiranek, H./Edmüller, A. (2003) sowie Glasl, F. (2004).

Tabelle 12. Stufenfolge der Konflikteskalation[438]

	Emotionale Beteiligung	Eskalations- tendenz	Einfluss auf die Beziehung	Besonder- heiten	Handlungs- bedarf
Kabbelei, Frotzelei, Stänkern, Stichelei	Eher gering	Gleichbleibend	Gering	Klingt humor- voll, hat aber meist einen ernsten Hinter- grund	Ja. Konflikt- prophylaxe ist sinnvoll
Meinungsver- schiedenheit	Verschieden: von positiv- hitzig über interessant bis negativ- aggressiv	Gibt sich wieder	Hängt vom kommunikati- ven Geschick der Gesprächs- partner ab	Lässt sich inhaltlich nicht lösen. Der Umgang damit kann aber verbessert	Sinnvoll: Verbesserung der kommuni- kativen Kompe- tenz
Argumentative Auseinander- setzung	Verschieden: von positiv- hitzig über interessant bis negativ- aggressiv	Wendet sich oft zu einer Lösung	Hängt vom kommunikati- ven Geschick der Gesprächs- partner ab	Eine inhaltliche Lösung ist möglich.	Richtiges Argumentieren erhöht den Spaß und den Erfolg: Argumenta- tionstraining
Streit	Meist hitzig- negativ, hitzig- aggressiv	Der Pulver- dampf verzieht sich	Negativ; im Moment bedrohlich	Nach dem Streit sind die Bezie- hungen oft in Ordnung, aber Vorsicht: Kurzschluss- handlungen sind möglich!	Streit ist oft die Eskalation von Meinungsver- schiedenheiten oder Argumen- tationen. Dort mit der Prophy- laxe beginnen!
Ressourcen-/ Territorial- konflikte	Falls daraus ein internationaler Konflikt ent- steht: meist sehr starke affektive Beteiligung	Falls daraus ein internationaler Konflikt ent- steht: lang anhaltend	Negativ	Werden oft nicht offen kommuniziert	Ja
Nicht- konstruktiver Konflikt	Hoch bis sehr hoch	Verschlimme- rung	Sehr hoch	Geringer Glaube an eine mögliche Lösung	Konfliktbear- beitung drin- gend notwendig

---

[438] Jranek, H./Edmüller, A. (2003): S. 20 f., mit Verweis auf Glasl, F. (2002).

- zunehmende Bedeutung unterstellter Absichten,

- Kaskaden immer umfangreicherer Beweise für die Einordnung der Gegenmeinung als inakzeptabel; Ausweitung der Konfrontation auf immer mehr Themen („Issue-Lawine" nach F. Glasl),

- Konfliktlösung mehr und mehr nur als Nullsummenspiel mit einem Gewinner und einem Verlierer möglich,

- Fraglosigkeit: Die Beteiligten wollen nichts mehr voneinander wissen. Viel reden und wenig fragen ist ein Krisensymptom (H. Jiranek),

- Kampfkommunikation, in der nicht miteinander, sondern gegeneinander geredet wird (H. Jiranek),

- Verweigerung von Kommunikation.

„Es ist schwierig, es gilt, sich gegen die Schwerkraft der Entwicklung zu stemmen, man muss sich gut festhalten, es besteht Rutschgefahr, aber mit viel Anstrengung und Geschick ist der Aufstieg [hin zu einer Konfliktlösung, Anm. d. Verf.] zu bewerkstelligen."[439]

Konfliktverstärkende Verhaltensweisen[440]

Es gibt Verhaltensweisen, die tendenziell oder sogar unweigerlich dazu führen, dass ein Konflikt intensiviert wird. So kann z. B. unbedachtes, spontanes Verhalten dazu führen, in eine Eskalation „hineinzurutschen". Dann sollte man versuchen, möglichst rasch durch Deeskalation gegenzusteuern. Es kann aber auch die geplante Konfliktstrategie einer der Parteien sein, durch Verschärfung des Konflikts die eigenen Ziele durchzusetzen. Eher zu den sich spontan entwickelnden Gefahren gehört es, ein Thema zu personalisieren: „Du siehst das nicht ein, weil du beschränkt bist – grundsätzlich, immer, einfach von Natur aus dumm". Natürlich drückt man sich unter zivilisierten Menschen nicht so unverblümt aus. Aber auch elegantere Formulierungen können ebenso aggressiv sein, wenn sie als eine Wertung der Person verstanden werden können.

Die Strategie der Konflikteskalation kann zunächst darauf zielen, die Machtbasis für die Verteidigung der eigenen Position zu verstärken. Dazu kann dienen, jede Auseinandersetzung zwischen einzelnen Gesellschaftern sofort auf die Ebene eines förmlichen Gesellschafterbeschlusses zu heben, wo dann das Machtmittel „Stimmrecht" eingesetzt wird. Das „Stammes-

---

[439] Jiranek, H./Edmüller, A. (2003): S. 55.

[440] Vgl. Vliert, E. v. d. (1984); Berkel, K. (2003): S. 408; Jiranek, H./Edmüller, A. (2003).

prinzip" ist dann bei Abstimmungen noch ein besonderer Konfliktverstärker: Dadurch soll ja gerade die Stimmmacht eines Einzelnen insofern verstärkt werden, als die Stimmen des Familienzweigs, zu dem er gehört, zwangsweise gebündelt werden.[441]

Ein dritter, breiter und schnell abschüssiger Weg zur Konflikteskalation besteht darin, einen Konflikt in einer Einzelfrage oder einem Detail auszuweiten. Dies geschieht, indem angrenzende Themen mit in die Konfliktmasse einbezogen werden: „Wenn wir schon in diesem Punkt nicht einig sind, dann muss ich gleich fragen, ob in der nächsten Frage ebenfalls ...". Eine Variante bildet der Vorstoß von einer konkreten Fragestellung ins Grundsätzliche. Die tiefste Grundsatzfrage läuft schließlich darauf hinaus, das „Projekt Familienunternehmen" insgesamt in Frage zu stellen. Die Motive, die zu einer solchen absichtlichen Verstärkung eines Konflikts führen, liegen ganz rational darin, dass die verschärfende Partei sich einen Vorteil davon erhofft. Durch die Eskalation kann man spieltheoretisch zeigen, dass man selbst „mit hohem Einsatz" agiert und auf keinen Fall nachgeben will. So mag man darauf spekulieren, dass der Konfliktpartner mit schwächeren Nerven „klein beigibt".[442]

Bei der Auseinandersetzung zwischen Familiengesellschaftern kann man aber auch auf eine noch viel gefährlichere Strategie treffen: Die verschärfende Partei sucht selbst die Rolle des „lästigen Gesellschafters" und die Zerrüttung zwischen den Gesellschaftern, damit die anderen Gesellschafter sie zu möglichst hohen Abfindungsbeträgen loswerden wollen.[443]

Einbeziehung von Beratern in den Konflikt

Damit ein Konflikt schnell an Eskalationshöhe gewinnt und dort verharrt, werden oft „kampferprobte" Berater hinzugezogen, die einzelne Gesellschafter gegen Honorar in der Formulierung und Vertretung ihrer Interessen unterstützen. (Ihr jeweiliger fachlicher Hintergrund kann dabei dahingestellt bleiben.) Wenn sich in einem Gesellschafterkreis der eher problematische Brauch eingebürgert haben sollte, dass die Gesellschafter in ihr Gespräch untereinander Berater einbeziehen, dann bedeutet dies regelmäßig, dass jeder „seinen" Berater braucht. Aus diesem Mitreden von Beratern kann sich eine beträchtliche Intensivierung konfliktträchtiger Auseinander-

---

[441] Vgl. Abschnitt 7.6.

[442] Vgl. aus der Spieltheorie das Konzept der „Brinkmanship", in der man sich entschlossen zeigt, den Gegner zum Nachgeben zu zwingen, auch wenn man selbst dabei geschädigt werden könnte Vgl. Dixit, A. K./Nalebuff, B. J. (1997): S. 199 ff.

[443] Berater geben hierzu Anleitungen: Vgl. Binz, M. K./Sorg, M. H. (2008).

setzungen ergeben. Allein die Vergrößerung der personellen Arena führt dazu, dass einmal quasi „öffentlich" eingenommene Positionen nicht mehr so leicht zugunsten einer Kompromissbildung aufgegeben werden. Die Berater demonstrieren ihre Kompetenz dadurch, dass sie ihren Mandanten unterstützende Argumente liefern und damit Machtpositionen untermauern. Das Konfliktgeschehen macht dann zunehmend die Hilfe der Berater unentbehrlich. Dies kann sogar zur völligen Deformation der Beziehungen dergestalt führen, dass die Berater unter sich für ihre Mandanten verhandeln.

Erwachsene und selbstsichere Gesellschafter sollten in der Lage sein, ihre Angelegenheiten untereinander zu regeln. Es kann sein, dass ein von den Gesellschaftern „laienhaft" gefasster Beschluss noch juristisch einwandfrei formuliert werden muss. Das geschieht dann aber idealerweise so, dass die Gesamtheit der Gesellschafter einen gemeinschaftlichen Auftrag an einen Berater gibt, diese Facharbeit zu leisten.

Zusammenfassende Faktoren der Konfliktträchtigkeit

Je konfliktträchtiger die Konstellation der Gesellschafter eines Unternehmens ist, desto frühzeitiger und besser muss eine präventive und therapeutische Konfliktarbeit erfolgen. Aus den vorstehenden Ausführungen kann etwas „freihändig" und unter Einbeziehung weiterer Punkte die in Tabelle 13 dargestellte Profilierung von mehr und weniger konfliktträchtigen Konstellationen herausgearbeitet werden.

Tabelle 13. Konfliktträchtigkeit unterschiedlicher Konstellationen

Stärker konfliktträchtig	**Weniger konfliktträchtig**
• Diffuse Lage und Zukunft des Unternehmens und daher unterschiedliche Zielvorstellungen	• Klare, kontinuierliche Unternehmensentwicklung über die Zeit mit klaren Zielen
• Unterschiede in der Lebensbefindlichkeit der Gesellschafter (Wohlstand, Bildungsniveau u. a.)	• Gleiche Milieubedingungen der Gesellschafter
• Starke Unterschiede in Beteiligungsquoten	• Gleiche Größenordnung der Beteiligungsquoten
• Starke Unterschiede in Kompetenzen	• Ähnliches Kompetenzniveau
• Unsicherheit, Angst	• Selbstbewusstsein, Gelassenheit
• Mitarbeit der Gesellschafter im Unternehmen	• Keine Mitarbeit der Gesellschafter im Unternehmen

Die vorstehend skizzierte Diversität der Ursachen, Erscheinungsformen und Intensitätsstufen von Konflikten macht die zusammenfassende Feststellung plausibel, dass es für die Lösung dieser komplexen Problematik keine einfachen Rezepte gibt. Wir sollten Respekt vor der Vielfalt des Phänomens und seiner latenten Gefährlichkeit haben. Wie in anderen Gefahrenbereichen, etwa der Gesundheit, rechtlicher Verpflichtungen oder steuerlicher Belastungen sollte man sich auch im Bereich der Konfliktbearbeitung rechtzeitig den Rat von Experten sichern. Hier geht es nur darum, die Vielfalt der Ansatzpunkte in der Konfliktbearbeitung zu illustrieren, ohne eine „Beratung" leisten zu wollen:

- *Prävention* von Konflikten und Verringerung von Konfliktpotenzial geschehen durch – zumeist grundsätzliche – Regelungen. Wenn wir davon ausgehen müssen, dass bestimmte strukturelle Gegebenheiten einen Nährboden für Konflikte bilden, dann wäre es die erste naheliegende Maßnahme, solche strukturellen Gegebenheiten zu vermeiden.

- Beseitigung der *Konfliktursachen* durch Kommunikation und Argumentation,

- *Konfliktbeilegung* durch Einigung – meist auf einen Kompromiss –, die durch Verhandlungen, Mediation oder durch das Einwirken eines Dritten erreicht wird,

- *Verminderung* der Konfliktwirkungen: Ohne dass damit vielleicht letztlich die Ursachen beseitigt sind, verzichten die Parteien auf eine schädliche Austragung des Konflikts.

11.3 Besondere Konfliktkonstellationen im Familienunternehmen

Der Befund der Forschung

Konflikte treten in jeder Gruppe auf: in der Kernfamilie, im Freundeskreis und in Organisationen. Gesellschafterfamilien und Familienunternehmen erscheinen aber besonders konfliktträchtige Institutionen zu sein. Es bleibt dabei vielleicht offen, ob dies tatsächlich der Fall ist oder ob die intensive Behandlung des Phänomens „Konflikte" in der Literatur nur diesen Eindruck hervorruft. Letzteres könnte auch dadurch bedingt sein, dass der voyeuristische Blick der Öffentlichkeit sich besonders auf die Reichen und

Mächtigen fokussiert und dass deren Konflikte und Scheitern mit „neugierigem Schaudern" beobachtet werden.[444] Es gibt aber auch ausreichend objektive Gründe, die hier tatsächlich eine besonders Konfliktneigung und höhere Konfliktintensität erwarten lassen.[445]

Das besondere Gewicht, das die Konfliktthematik für ein Familienunternehmen hat, ergibt sich aus der Überlagerung der beiden Systeme „Familie" und „Unternehmen": Zunächst ist – was unser durchgängiges Thema bildet – die Wahrung des Zusammenhalts der Familiengesellschafter ein hohes Anliegen, denn davon hängt der Bestand des Unternehmens ab. Zugleich ergibt sich daraus, dass die unterschiedlichen Systeme Familie und Unternehmen sich aneinander reiben und überlappen, so dass „tektonische Spannungsbereiche" auftreten. Hier treten Konflikte häufiger auf, weil sich die im System Familie und die im System Unternehmen entstehenden Konfliktursachen häufig addieren oder auch einmal potenzieren. Ein Standardtopos dieser Überlagerungsproblematik sind Konfliktszenarien bei der familieninternen Nachfolge. Aus der Überlappung des emotionalen Systems Familie mit dem rationalen System Unternehmung resultiert auch die verstärkte Doppelbödigkeit der Konfliktthemen.

Schließlich ist die Konstanz der zwischenmenschlichen Beziehungen zwischen den Familiengesellschaftern nicht nur förderlich, sondern auch hinderlich für eine Konfliktüberwindung. Die Konfliktursachen werden durch die Geschlossenheit der Personengruppe auf Dauer aufrechterhalten. Die Dauerhaftigkeit der Beziehungen dieser Personengruppe zum Familienunternehmen führt auch dazu, dass sachliche Konfliktkonstellationen erhalten bleiben, sofern sie nicht wirklich gelöst werden.

> „Das Konfliktpotential ist enorm, und es bildet einen inhärenten Bestandteil des Systems … Familienmitglieder, die in einem Familienunternehmen arbeiten, müssen das systematische Konfliktrisiko verstehen. Ihre Konflikte beruhen nicht darauf, dass sie »anders« sind, sondern darauf, dass sie sich in einem dichotomen System befinden."[446]

Die besondere Konfliktträchtigkeit in den Überlappungsbereichen der Systeme der Familie und des Unternehmens illustrieren M. F. R. Kets de Vries et al. wie folgt:[447]

---

[444] Vgl. Gordon, G./Nicholson, N. (2008); Tifft, S. E./Jones, A. S. (1991).

[445] Vgl. Sorenson, R. L. (1999): S. 133 f.

[446] Schwass, J. (1999).

[447] Kets de Vries/Carlock/Florent-Treacy (2007): S. 34 ff.

1. Kapital: Wie werden die finanziellen Ressourcen des Unternehmens im Blick auf die verschiedenen Anforderungen seitens des Unternehmens und seitens der Familienmitglieder aufgeteilt?

2. Kontrolle: Wer hat die Entscheidungsgewalt in der Familie und im Unternehmen? Treffen die Geschäftsführer die Entscheidungen oder treffen diese letztlich ihre Eltern?

3. Zugangsmöglichkeiten der Familienmitglieder zu Positionen im Unternehmen: Wie werden Führungspositionen oder Mandate in den Organen besetzt? Ist die Mitgliedschaft in der Familie der allein ausschlaggebende Faktor, ein Gesichtspunkt unter anderen oder eher ein Hindernis? Können Schwiegersöhne und -töchter Zugang erhalten?

Die Erkenntnis einer höheren Konfliktträchtigkeit in den Systemen Gesellschafterfamilie und Familienunternehmen hat eine hohe praktische Relevanz: Wenn ein Neuling, z. B. ein Non-Family Executive, in ein Familienunternehmen kommt und die „Konfliktkultur" der Familie erlebt, mag er ins Grübeln geraten, ob er ein besonders schlechtes Los gezogen habe. Wenn ihm die Forschung dann versichert, dass dies normal für Gesellschafterfamilien sei, mag ihm das tröstlich erscheinen. Andererseits muss er nicht damit rechnen, dass seine Position ohne vorhergehende Konflikteskalation, wie dies in einem Börsenunternehmen der Fall sein könnte, dadurch gefährdet wird, dass das Unternehmen durch ein Übernahmeangebot einen neuen Inhaber erhält. Aber auch den Familiengesellschaftern selbst mag diese Einsicht in die höhere Konfliktanfälligkeit der Familie helfen.

Sachliche Konflikte aus der Gesellschafterstellung

Sachliche Konflikte aus der Beziehung der Gesellschafter untereinander entstehen, wenn

1. Gesellschafter unterschiedliche Bedürfnisse haben, z. B. bezüglich der Ausschüttungen,

2. Gesellschafter unterschiedliche Rechte im Blick auf Einfluss und Nutzenziehung haben,

3. sich zwischen den Gesellschaftern einseitige Abhängigkeitsverhältnisse entwickeln können, z. B. die Abhängigkeit eines Minderheitsgesellschafters mit wenig Schutzrechten von einem dominierenden Mehrheitsgesellschafter,

4. keine Ausgewogenheit zwischen dem Leistungsbeitrag eines Gesellschafters und seiner Nutzenziehung aus dem Gesellschafterverhältnis

besteht, wie es beim „Trittbrettfahren" vorkommt oder bei der Beschäftigung eines Gesellschafters auf einer Position, für die er nicht
über die nötige Kompetenz verfügt.

Sachliche und persönliche Konflikte im Unternehmen

Wenn Gesellschafter im Unternehmen tätig sind, können sie in die üblichen Konflikte, die sich innerhalb einer Organisation entwickeln können,
hineingezogen werden. Insbesondere steht jede kollegiale Unternehmensleitung immer wieder vor Konflikten aufgrund von uneinheitlichem Handeln. Dieses Konfliktpotenzial ergibt sich fast unvermeidlich aus den gesonderten Teilverantwortungen in einer arbeitsteiligen Organisation, aus
dem innerorganisatorischen Ringen um die Zuteilung von Ressourcen oder
aus den gegenseitigen Schuldzuweisungen bei Fehlfunktionen der Organisation. Über die Arbeit von Gesellschaftern in der Organisation können
solche Konflikte auch auf die Ebene der Gesellschafter gelangen.

Diese Konfliktweitergabe wirkt immer konfliktverstärkend. Was im innerorganisatorischen Kontext ein weiter nicht problematisches Gerangel
um Zuständigkeiten ist, wird auf der Ebene der Familiengesellschafter zu
einer Grundsatzfrage – möglicherweise auch zwischen unterschiedlichen
Gesellschafterstämmen.

Doppelbödigkeit der Konflikte

Ein weiteres Charakteristikum der Konfliktlandschaft im Kontext der
Familienunternehmen ist die Vielschichtigkeit der Konflikte.[448] Wir haben zunächst einen Konflikt, der offen auf dem Tisch liegt und über den
gesprochen wird. Er kann meist als rationales Dilemma formuliert werden, z. B. Fragen wie

* Entlohnung der geschäftsführenden Gesellschafter,

* Beschäftigung von Familienangehörigen,

* Übernahme von Ämtern,

* Übertragung von Gesellschaftsanteilen,

* Erziehung der Enkel für die Gesellschafterstellung.

---

[448] Das Thema und die nachfolgenden Beispiele sind übernommen von Astrachan,
J. H./McMillan, K. (2003): S. 5 ff.

Obschon diese Oberflächenkonflikte ernst zu nehmen sind und mit direkt auf sie bezogenen Argumenten angegangen werden müssen, wie Astrachan/McMillan herausstellen, muss man sensibel darauf achten, welche vorgelagerten Ursachen auf einer tieferen Beziehungsebene bestehen, wie z. B.

- das Gefühl, zu wenig respektiert zu werden,
- Streben nach elterlichen Liebesbeweisen,
- Misstrauen,
- Neid auf die (gefühlte) Bevorzugung anderer,
- Beschwer durch gefühlte Unfairness.

Wenn es wirklich gelingen soll, solche Konflikte nachhaltig zu lösen, dann muss auch die zugrunde liegende Ursache auf der Beziehungsebene geheilt werden.

Keine Erleichterung durch die familiäre Nähe

Man möchte nun annehmen, dass der besondere Vorzug der Familie und der Verwandtschaft, sich gegenseitig menschlich nahe zu sein, die Konfliktträchtigkeit reduziert. Das ist nach dem Stand der Forschung jedoch nicht der Fall. Vielmehr sind die engen familiären Beziehungen mit einem häufigeren Auftreten von Konflikten verbunden. Aus unserer Sicht[449] ist es aber nicht die Frage, ob es viele oder wenige Konflikte gibt, sondern ob die Konflikte erfolgreich „überstanden" werden. Und hierfür ist die menschliche Nähe und emotionale Bindung in der Familie und in der Verwandtschaft die entscheidende günstige Voraussetzung.

Übertragung persönlicher Konflikte aus der Familienbeziehung in das Unternehmen

Aus der Sicht des Unternehmens ist nach Forschungsbefunden die umgekehrte Wanderungsrichtung der Konflikte am häufigsten: Die schon wiederholt zitierte Befragung zu Konflikten in Familienunternehmen[450] weist mit 60 % der Nennungen als häufigste „bekannte Ursache" den Konfliktgrund „Private Angelegenheiten werden in das Unternehmen getragen" auf. Gleich danach folgt die Ursache „Diskussionen werden eher emotional

---

[449] Auch hier beziehe ich mich auf die Erfahrung von J. H. Astrachan.

[450] Vgl. Völker/Tachkov/Wörner (2010): S. 14.

geführt", die ebenfalls auf den Bereich der persönlichen Beziehungen verweist. Einer der Hintergründe für dieses „Quellgebiet" von Konflikten ist die Rivalität zwischen Gesellschaftern. Diese tritt beispielsweise auf als die sogenannte Geschwisterrivalität, die – wie der Name sagt – insbesondere der zweiten Generation zusetzt. Da die Eltern aber ihre nicht gelösten Konflikte tendenziell auf die Kinder übertragen, muss auch die dritte Generation noch darunter leiden. Aber auch im Kreis einer größeren Verwandtschaft etwa einer vierten Generation sind Ungleichheiten aller Art eine eigenständige Basis für Rivalitätsprobleme.

Rivalitätskonflikte

Die normale Erscheinung der Rivalität von Geschwistern im Blick auf die Zuneigung der Eltern wird dort, wo es etwas zu erobern gibt oder wo Positionen zu vergeben sind, durch Interessendivergenz verstärkt.[451]

> Ursächlich für den Konflikt ist die Rivalität der Geschwister um die Anerkennung der Eltern; ausgetragen wird der Konflikt über eine Sachfrage, wie z. B. die Ausschüttungspolitik, die im Grunde keinen der beiden Rivalen interessiert.

Wir glauben aber, dass natürliche Rivalität nur in seltenen Fällen der *alleinige* Auslöser für das Auftreten eines destruktiven Konflikts in der Beziehung von Gesellschaftern sein dürfte. Allerdings kann eine Rivalitätsbeziehung ebenso wie eine persönliche Aversion gegen einen anderen Gesellschafter die Wirkung von Trennungsfaktoren verstärken.

Der einzigartige Vorteil der Familie, zwei oder mehr Generationen zu umfassen und so den Erfahrungstransfer zwischen älterer und jüngerer Generation zu ermöglichen, scheint ebenfalls eine besondere Konfliktquelle zu sein. Sachliche Konflikte über Ziele oder über prozedurales Vorgehen können, wenn sie zwischen den Generationen entstehen, leichter zu dysfunktionalen Beziehungskonflikten führen.[452]

Zu all diesen Erschwernissen der Konfliktlösung im Gesellschafterkreis eines Familienunternehmens kommt noch eine höhere Neigung hinzu, Konflikte zu unterdrücken, weil alle Familienmitglieder sich „eigentlich lieben müssen". Da diese Unterdrückungstendenz vor allem und unbedingt in Bezug auf persönliche Rivalität und Antipathie gilt, werden entstandene

---

[451] Vgl. Simon, F. B. (2007): S. 93.
[452] Vgl. Eddleston, K. A./Kellermanns, F. W. (2007): S. 1054 f.

Konflikte häufig auf einen anderen Bereich – nämlich die Arbeitsbeziehung in geschäftlichen Dingen – verschoben.

Dessen ungeachtet brauchen Rivalitäten aber die generelle Zusammenarbeit im „Projekt Familienunternehmen" nicht zu verhindern. Es müssen dann allerdings besonders gründliche und intensive Vorkehrungen gegen destruktive Entwicklungen getroffen werden:

1. Es muss darauf geachtet werden, dass sich möglichst keine zusätzlichen Trennungsfaktoren entwickeln können.

2. Es muss eine überlegene Konfliktarbeit geleistet werden.

3. Es müssen insbesondere alle institutionellen Instrumente zur Konfliktreduzierung genutzt werden.

Es ist zu diskutieren, ob grundsätzlich der jeweils Ältere oder Dominierende, also der Vater, der ältere Bruder oder die ältere Schwester, durch sein Handeln vermeiden kann, dass es zur Auflösung bestehender Familienstrukturen oder gar des Familienunternehmens aufgrund von Rivalitäten kommt. Bei einem Konflikt zwischen den Generationen ist es in jedem Fall vorrangig, dass die jüngere Generation am Familienunternehmen interessiert bleibt, da sie ihre persönliche Zukunft innerhalb des Unternehmens noch vor sich hat.

Nachfolgekonflikte

Unsäglich ist das viel beschriebene Konfliktpotenzial im Zusammenhang mit Nachfolgeprozessen: zwischen erwähltem Nachfolger und übergangenen Aspiranten, zwischen tätigen und nicht-tätigen Gesellschaftern, vor allem aber und immer wieder zwischen abgebendem Senior und seinem Nachfolger, der alles ändern will. Auch hier wird die an sich allgemein vorkommende Problematik der „Nachfolge im Amt" durch die Familienbeziehung verschärft.

> „Die Ursachen für Spannungen in der Beziehung zwischen Vorgänger und Nachfolger liegen häufig in der gemeinsamen familiären Herkunft und in der damit ursprünglich großen Nähe und Verbundenheit begründet. Oft kann ein leidenschaftlicher Konflikt nicht ohne die Grundstimmung der Zusammengehörigkeit, ohne den Hintergrund der Sehnsucht nach dem Einssein verstanden werden Oftmals steckt hinter dem eigentlichen Konflikt nichts anderes als der Wunsch, ein verborgenes Fundament guter Gefühle aufzuspüren, an dessen Existenz die Beteiligten in der Regel glauben, aber dabei nicht wissen, wie sie es erreichen."[453]

---

[453] Müller, V. (2008): S. 42 mit Verweis auf Bertsch, R. (1970): S. 129 f. und Blos, P. (1990): S. 99.

11.4 Verweigerung der Konfliktarbeit

Aufnahme des Konflikts als Voraussetzung zur Konfliktarbeit

Mit einer potenziellen Konfliktsituation kann grundsätzlich Folgendes geschehen:

- Sie bleibt in einem latenten Zustand: Sie ist nicht gelöst, sie verschwindet nicht, der Konflikt kommt aber auch nicht zum Ausbruch; manchmal geht man einfach darüber hinweg und der Konfliktanlass gerät langsam in Vergessenheit.

- Der Konflikt wird von den Konfliktparteien angesprochen, er wird manifest: Dann *muss* er bearbeitet werden. Wenn er erfolgreich bearbeitet wird, ist er nicht nur erledigt, sondern alle Beteiligten haben aus der Konfliktbearbeitung etwas gelernt – im Inhalt der Sache oder im Prozess der Behandlung eines Themas.

- Der Konflikt wird ungebremst ausgetragen und führt dann zu der Unterwerfung einer Konfliktpartei oder zum Bruch des vorher bestehenden Zusammenhalts, also dem Austritt einer Partei aus der Gemeinschaft. Die Unterwerfung ist meist keine dauerhafte Lösung. Bei geeigneter Gelegenheit wird der Unterlegene auf Revanche sinnen.

Die Auseinandersetzung zu einer gegebenen Konfliktursache zu vermeiden, stellt in der Lebenswirklichkeit vermutlich die erste Präferenz der Beteiligten dar. Für den Versuch, einen Konflikt dort zu belassen, wo seine latenten Ursachen liegen, also seine Ausbreitung zu verhindern, kommen folgende Hintergründe in Betracht:

- Allzuständigkeit und kommunikative Unerreichbarkeit einer Person (Patriarch),

- Unkenntnis des Konflikts durch die potenzielle Konfliktpartei,

- Tabuisierung eines Themas.

Einen Konflikt kann man nur dann austragen, wenn die eigene Meinung „zählt". Wenn jemand ohnehin „nichts zu sagen hat", kann er keine vollwertige Konfliktpartei sein. Auf der anderen Seite kann der „allzuständige Patriarch" darüber befinden, ob er einen Konflikt zulässt. Er kann dafür sorgen, dass ein Konflikt in einem Teilbereich „kommunikativ unerreichbar" bleibt, dass also z. B. ein Konfliktherd aus der Familie nicht auf das Unternehmen generell durchschlagen kann.[454] Diese Situation kann man generalisieren: Für den Ausbruch eines Konflikts bedarf es immer zweier (oder mehrerer) engagierter Teilnehmer. Schließlich kann die Tabuisierung eines Themas verhindern, dass speziell dieses Thema zu einem offenen Konflikt wird.

> Der Filmregisseur Florian von Donnersmarck berichtet folgende Lebensweisheit, die er von seinem Vater lernte: Ein Konflikt brauche immer zwei – einen, der den Konflikt auslöst, weil er sich beschwert fühlt und etwas ändern will, und einen anderen, der das Konfliktthema „annimmt". Ihm sei die Vollendung seines preisgekrönten Films „Das Leben der Anderen" nur gelungen, weil er sich weigerte, die Beschwerden der Crew „anzunehmen"; er hatte sie einfach ignoriert.[455]
>
> Hierzu passt auch das Diktum von Peter May: „Konflikte hat man nicht, Konflikte macht man sich, vor allem, indem man darüber redet."[456]

> „Konflikte, die nicht ausgesprochen werden dürfen, sind ein ausgeprägtes Phänomen in Unternehmerfamilien. Dessen sind sich viele Frauen vor der Eheschließung nicht bewusst, vor allem, wenn sie nicht in einer Unternehmerfamilie groß geworden sind."[457]

Konfliktverschärfung durch Verweigerung und Verschleppung

Viele Berater warnen eindringlich davor, die Konflikte nicht aufzunehmen und damit die Konfliktbearbeitung zu verweigern.

> „Probleme auszusitzen, das weiß jeder Unternehmer, ist hochgradig gefährlich und führt zu nichts. Außerdem ist es für einen Unternehmer geradezu mentalitätswidrig. Und doch ist das Aussitzen von Problemen im Verhältnis von Familie und Unternehmen der Regelfall. Es hält die möglichen Konflikte in Grenzen und schreibt die bestehenden Kräfteverhältnisse fort. Dadurch wird das Nichthandeln plausibel. Es garantiert eine vielleicht unerfreuliche, aber doch vertraute Kontinuität."[458]

---

[454] Vgl. Wiechers, R. (2004): S. 165 ff.

[455] Aus einem Vortrag von Florian von Donnersmarck, 2008.

[456] May, P. (2001): S. 32.

[457] Gessner, P. (2007).

[458] Baus, K. (2007): S. 57.

„Bringt man die Schwierigkeit der Konfliktprävention auf den Punkt, so lautet sie: Stimmungen, Gefühle, Konflikte müssen auf den Tisch, während gleichzeitig eine Fülle gesellschaftlicher Normen genau dies zu verbieten scheint oder zumindest als ungewöhnlich etikettiert. Sehr interessant ist darüber hinaus: Je weniger Konflikte eskaliert sind, umso plausibler scheint es, sich normgerecht und damit konfliktverdrängend zu verhalten. Erst wenn es schon zu spät und das Kind in den Brunnen gefallen ist, »darf« man Konflikte plötzlich ansprechen. Umgekehrt wäre es besser!"[459]

Wir neigen dazu, dem Rat erfahrener Psychologen zu folgen: Konflikte lösen sich nicht von alleine, sondern werden – sich selbst überlassen – immer stärker und gefährlicher. Sie müssen also bearbeitet werden. Diese Arbeit ist eine Anstrengung, ein Wirken auch im Interesse eines anderen oder der Gemeinschaft.

Die vermeintliche Reduzierung von Konfliktgefahren dadurch, dass man sich „aus den Weg geht" und die direkte Kommunikation verweigert, führt letztlich zu einer erhöhten Konfliktgefahr.[460] Sie führt zu einer „Nicht-Beziehung" oder einer schlechten Beziehung und damit fehlt die Basis, dann doch entstehende Konflikte konstruktiv zu bearbeiten. Wenn eine Gesellschafterfamilie die Ansprache von Meinungsunterschieden und Konflikten nicht zulässt – so Astrachan/McMillan –, dann führt dies schließlich zur „Explosion". In diesem Zusammenhang verweisen die beiden Autoren auf ein Phänomen, das die Psychologie als „passiv-aggressives Verhalten" bezeichnet: Da man sich nicht kommunikativ auseinandersetzt, kommt es zu indirekten, dann aber bereits aggressiven Handlungen. Astrachan/McMillan[461] stellen daher entschieden darauf ab, dass das Vermeiden einer Kommunikation über latent konfliktträchtige Themen ausgesprochen dysfunktionale Wirkungen hat.

11.5   Machteinsatz als untaugliches Vorgehen

Keine Konfliktlösung durch Gerichte

Wenn in einem Konflikt eine Partei droht, vor Gericht zu gehen, so beinhaltet dies die Androhung, mit einem vollstreckbaren Urteil ein Zwangs-

---

[459] Jiranek, H./Edmüller, A. (2003): S. 68 f.

[460] Vgl. hierzu und zu den nachfolgenden Ausführungen Astrachan, J. H./McMillan, K. (2003): S. 10.

[461] Vgl. Astrachan, J. H./McMillan, K. (2003): S. 13 f.

mittel, also ein Machtinstrument, gegen die andere Partei einzusetzen. Vor Gericht wird schließlich ein Urteil gefällt, das für keine Partei vorhersehbar ist. Wäre der Fall klar, wären die Parteien nicht so dumm, sich auf ein aufwändiges Gerichtsverfahren einzulassen. Die Dynamik eines Gerichtsverfahrens kann den Initiatoren aus der Hand gleiten.

Eine Konfliktlösung durch ein Gericht ist emotional das Gleiche wie ein Kampf. Die Waffen sind hier nur speziell:

- der Anwalt,
- die Interpretation der Gesetze,
- die Verzögerung des Verfahrens,
- die Macht dessen, der „auf dem Geld sitzt", gegenüber dem, der seinen Anspruch auf dieses Geld durch mehrere Instanzen zu sehr hohen Kosten verfolgen muss.

Mitglieder einer lebendigen Kernfamilie regeln ihre Konflikte durch Streit, Verweigerung, Schweigen, Tätlichkeiten, aber in der Regel nicht durch Gerichtsverfahren. Mit der Androhung rechtlicher Schritte, der Einschaltung eines Anwalts oder gar der endgültigen Einleitung eines Gerichtsverfahrens wird die familiäre Beziehung aufgelöst.[462] Das Vertrauensverhältnis wird zerstört und die Intensität der familiären Kommunikation wird beendet. Es gibt keine Umkehr. Ein Scheidungsverfahren beendet die Ehe. Das Gerichtsverfahren eines Sohnes gegen den Vater oder umgekehrt ist eine Auflehnung gegen die natürliche Ordnung der Welt. Es gibt vor Gericht ein Urteil, das den Konflikt, aber zugleich auch die Beziehung beendet. Zwar kann selbst ein völliger Kontaktabbruch nicht das naturgegebene Verhältnis der Vater-Sohn-Beziehung beenden; aber nach einer aufreibenden gerichtlichen Auseinandersetzung über Jahre hinweg werden weder Sieger noch Unterlegener sich gemeinsam einer lebendigen Familie als einer emotional verbundenen Gruppe zugehörig fühlen.

Bedingte Konfliktlösung auf Anweisung eines Machtträgers

Es ist denkbar, dass *innerhalb* des Kreises der Familienmitglieder ein mit genügend Autorität ausgestatteter Machtträger anstelle eines Richters agiert und einen Konflikt somit *innerhalb* der Familie entscheiden kann. Diese Rolle kommt nur dem zu, der von den Konfliktparteien als mächtiger als jede andere Person angesehen wird. Hierfür können in Betracht kommen:

---

[462] Vgl. Lettke, F. (2003): S. 165.

- der Gründer, weil alle ihm alles zu verdanken haben,

- die überlebende Ehefrau des Gründers, die die gleiche Autorität hat,

- der oder die Älteste, der oder die Vater bzw. Mutter von allen ist, der oder die weise ist und durch begrenzten Lebenshorizont ohne eigenes Interesse ist,

- der Führer der Familie, auserkoren durch die Anerkennung der meisten Gesellschafter,

- derjenige, der von der Mehrheit als maßgeblicher Meinungsführer anerkannt wird,

- der Mehrheitsgesellschafter.

Wenn es nur die Entscheidung eines Machtträgers ist, wie ein Streitfall zu regeln ist, wird der Konflikt zwar entschieden, aber nicht *gelöst*. Wäre er gelöst, würde die Entscheidung allgemein akzeptiert. Wird die Entscheidung vom Unterlegenen als Sieg für die andere Partei und Niederlage für sich selbst gesehen, bleibt der Konflikt ungelöst erhalten. Er wird spätestens dann wieder virulent, wenn der Machtträger nicht mehr lebt oder die Macht in den Augen der Beteiligten verloren hat. Der Kampf wird nach den Trauerfeierlichkeiten wieder aufgenommen.

Gefährliche Lösung durch einen allein Entscheidungsberechtigten

Gründer oder nachkommende Gesellschafter, die selbst das Trauma eines intensiven, ungelösten Konflikts erlebt haben, wollen dies möglicherweise dadurch vermeiden, dass sie *einem* Nachkommen eine machtvolle Position geben, sodass er keine Konflikte zu befürchten hat: die Autonomie des Alleinerben. Wer allein entscheidungsberechtigt ist und diese Kompetenz auch allein wahrnimmt, kommt nicht mit sich selbst in Konflikt; gegenüber anderen entscheidet einfach er aufgrund seiner Macht. Das funktioniert. Allerdings kann er nicht die fruchtbaren Wirkungen des Zwangs zur Argumentation, der Kontroverse, der erhöhten Klugheit einer Vier-Augen-Perspektive nutzen. Wenn ein Gesellschafter als Alleinerbe der Gesellschaft in die schwierige und gefahrengeneigte Position des Alleinzuständigen kommt, sollte er Institutionen in der Corporate Governance (Beirat) schaffen, die ihn selbst binden und ihm den Vorteil eines kritischen Gegenübers bringen können. Ansonsten wird zwar das Konfliktrisiko eliminiert, aber das Risiko von Fehlentscheidungen dramatisch erhöht.

Für den Normalfall der Mehrgenerationen-Mehrgesellschafter-Familienunternehmen bleibt es bei dem Anliegen, die Vorteile dieser Konstellation zu bewahren und potenzielle Nachteile durch Konfliktprävention und Konfliktlösung zu reduzieren.

Machteinsatz zur rechtzeitigen Beendigung eines Kampfes

Es gibt freilich einen legitimen, ja notwendigen Fall, eine vorhandene Machtposition einzusetzen oder – in deren Ermangelung – vor Gericht zu gehen: Dies ist die Beendigung eines Konflikts, bevor er sich zu einem zerstörerischen Kampf ausweitet.

Bei einem Kampf (in jedem Fall im Unterschied zum Wettbewerb und vielleicht auch im Unterschied zum Krieg) geht es um Sieg oder Niederlage. Es gilt nur das Nullsummenspiel: Des einen Gewinn ist des anderen Verlust. In der Wahl der Kampfmittel werden hoffentlich die Gesetze beachtet; aber die Regeln der Fairness, des Anstands, der Offenheit werden nicht mehr als verpflichtend erachtet. List, Täuschung und Drohung kommen als Kampftaktiken vor. Am Ende eines Kampfes ist die Beziehung zwischen Sieger und Unterlegenem nicht mehr existent. Sie ist zerrüttet und zerbrochen.

Wenn ein Abgleiten in den Kampf nicht rechtzeitig durch Machteinsatz beendet wird, dann bleiben nur folgende Endszenarien:

- Beide Rivalen verlassen die Organisation und übertragen ihre Aufgaben professionellen Dritten.
- Einer der Rivalen verlässt den Einzugsbereich des anderen. Im konkreten Fall des Familienunternehmens kann dies z. B. bedeuten, dass tatsächlich der Vorgänger/Vater aus dem Governance-System des Unternehmens herauszulösen ist.
- Das Unternehmen wird im Streit verkauft.

All dies ist das Ende des Familienunternehmens, so wie es gedacht war.

11.6 Reduzierung der Konfliktgefahren

Anliegen der Konfliktbegrenzung

Auch wenn man unserem Tenor folgt, dass Konflikte ein unvermeidliches Element jeder lebendigen Beziehung sind, so gilt es doch vermeidbare Konflikte zu vermeiden. Vermeidbare Konflikte sind überflüssig und damit reine Vergeudung von Energie und Zeit. Noch wichtiger als die Vermeidung des Auftretens von vermeidbaren Konflikten ist es, präventiv Bedingungen zu schaffen, die eine Verschärfung eines vorhandenen Konflikts verhindern und strukturell günstige Voraussetzungen für seine Lösung bieten.

Trennung der Finanzbereiche des Unternehmens und der Familie

Es ist eine gute Praxis und dient der Konfliktprävention, persönliche Finanzangelegenheiten von den unternehmerischen Finanzen zu trennen. Ganz allgemein muss ein Unternehmen als Institution zur Gewinnerzielung frei gehalten werden vom persönlichen Bereich des Verbrauchs und der Einkommensverwendung. Bei Ersterem gilt das Prinzip der Sparsamkeit, während im Konsumbereich durchaus Spaß am Geldausgeben zugelassen und Großzügigkeit gefordert werden kann. Daher müssen Entnahmen der Gesellschafter aus dem Unternehmen strikt geregelt werden. Die Ausschüttung sollte der einzige und geordnete Weg zwischen der Gewinnerzielung und -verwendung sein. Das verlangt auch, dass betriebliches Vermögen von den Gesellschaftern nicht privat genutzt werden darf – schon weil sonst die übrigen Angestellten glauben, das Verbot der privaten Nutzung von Betriebsvermögen auch nicht so strikt beachten zu müssen. Oder noch allgemeiner formuliert: Die Leistungsbeziehungen zwischen Unternehmen und Gesellschaftern müssen nach dem Prinzip „dealing at arm's length" bzw. „Verkehr wie mit Dritten" abgewickelt werden.

Darüber hinaus sind die Unternehmensfinanzen durch verschiedene Abschottungsregeln vor Risiken aus dem privaten Bereich zu schützen. Dazu gehören z. B.:

- Das Unternehmen darf keine Haftungen, Bürgschaften oder Schuldbeitritte im privaten Bereich der Gesellschafter eingehen.

- Betriebliches Vermögen darf nicht privat genutzt werden.

- Aus der privaten Sphäre dürfen keine Belastungen auf das Unternehmen übertragen werden:
  - keine Abtretung oder Verpfändung von Anteilen an Privatgläubiger bzw. nur für Sonderfälle (Schenkungs- und Erbschaftsteuer),
  - verbindlicher Abschluss eines entsprechenden Ehevertrags bei der Heirat von Gesellschaftern, um finanzielle Belastungen durch Scheidung etc. auszuschließen.

All diese Trennungsregeln sind im Übrigen leichter einzuhalten, wenn ein ausreichend hohes freies Vermögen außerhalb des Unternehmens besteht.

Beachtung der Regeln für günstige Kommunikationsbedingungen

Wir haben oben[463] diejenigen Bedingungen erörtert, die als günstige Voraussetzungen für eine gute Beziehungs- und Entscheidungskommunikation erachtet werden. Es seien hier nur Stichworte rekapituliert:

- gegenseitiger Respekt,
- mündliche, zweiseitige Kommunikation,
- Sachverstand,
- Unvoreingenommenheit,
- Nicht-Persuasivität, Verzicht auf Manipulation,
- Zwanglosigkeit,
- wohlwollende Auslegung der Anliegen des anderen,
- Bereitschaft zur konstruktiven Auseinandersetzung mit Kritik.

Die Achtsamkeit gegenüber diesen Regeln zur gelingenden Kommunikation ist die beste Konfliktprävention.

11.7 Konfliktbearbeitung

Sofortmaßnahmen zur Deeskalation

Sofortmaßnahmen zur Deeskalation sollen versuchen,

> „… die Parteien von weiteren Attacken auf die Gegenseite abzuhalten, um die »Kosten« des Konflikts nicht weiter zu erhöhen. Vor allem gilt es zu verhindern, dass ursprüngliche Sachkonflikte sich auf die Beziehungsebene ausdehnen, bzw. Beziehungskonflikte auf die Sachebene diffundieren, da dies die Konfliktbewältigung enorm erschwert."[464]

Um dieses Ziel zu erreichen, können die Betroffenen aus einer Vielzahl von Maßnahmen wählen. Welche Interventionen im konkreten Fall besonders zielführend sind, ist zentraler Bestandteil von Beratungskonzepten. Terberger empfiehlt eine „offensive Thematisierung"[465]. In einem Prozess des „trouble shootings" soll der Konfliktbearbeiter Sofortmaßnahmen zur

---

[463] Vgl. oben die Abschnitte 9.3 und 9.4.

[464] Vgl. Terberger, D. (1998): S. 133.

[465] Vgl. Terberger, D. (1998): S. 148 ff.

Eskalationsabbremsung und Schadensbegrenzung einleiten. Dazu gehören etwa[466]

- Nachrichtensperre,

- „Einfrieren" des Konfliktrahmens,

- „Quarantäneschutz" für Konsensbereiche,

- Etablierung eines Verhaltenskodex,

- Etablierung von Kommunikationswegen,

- Durchsetzung überlebenswichtiger Entscheidungen,

- Zusagen und Versprechungen zu künftigem Wohlverhalten,

- Zugeständnisse, wenn auch zunächst nur in kleinerem Umfang,

- Zugeständnisse in einer Weise, dass sie nicht als Schwäche ausgelegt werden können,

- Versöhnungsgesten – allerdings spontan, nicht erzwungen,

- Entdämonisierung der Sprache,

- Verdeutlichung der für alle gefährlichen Konsequenzen, wenn der Weg ungeordneter Auseinandersetzung weiter verfolgt wird.

Entschärfend wirkt es, wenn der andere nicht mit der Zumutung überfordert wird, er solle seine bisherige Position völlig verlassen. In dieser Logik ist es erforderlich, die eigenen Prioritäten und „unverrückbaren" Positionen möglichst frühzeitig offen darzulegen.

Eine Grundvoraussetzung für die Konfliktreduzierung besteht darin, immer nur das sachliche Thema als Konfliktursache zu adressieren und jede Personalisierung des Konflikts zu vermeiden. Personalisierung findet immer dann statt, wenn ein sachlicher Konflikt, der sich etwa aus unternehmerischen Fragestellungen heraus entwickelt, auf die Charaktereigenschaften eines Akteurs zurückgeführt wird, wie z. B. durch Unterstellung einer „grundsätzlichen Obstruktion", einer „generellen Abneigung gegenüber dem anderen Stamm" usw. Besonders destruktiv wirkt dabei die Dämonisierung der gegnerischen Argumentation als „dumm" oder „bösartig".[467] Konfliktverschärfend wirken grundsätzlich Absolutheitsanspruch und Dominanzverhalten, konfliktentschärfend dagegen alle Signale, die

---

[466] Vgl. Terberger, D. (1998): S. 154 ff.; Vliert, E. v. d. (1984): S. 530 f.; Wall, J. A./Callister, R. R. (1995): S. 532 ff.

[467] Vgl. Omer/Alon/Schlippe (2007): S. 13 ff.

auf eine eigene Unsicherheit hinweisen. Als Instrumente, die einem Konflikt die persönliche Schärfe nehmen können, kommen außerdem in Betracht:

- Aussetzen der Debatte und Warten auf die rechte Zeit und den rechten Ort,
- Strukturierung des Themas,
- Bestätigung, dass eine andere Sichtweise möglich ist,
- Suche nach Kompromissen.

Abstand gewinnen

Damit alle Beteiligten an einem Konflikt diesen selbst bearbeiten können, müssen sie sich zunächst Abstand zur Konfliktkonstellation erarbeiten:

„Indem jeder Einzelne eine kritische Distanz zu dem Konfliktgeschehen entwickelt und so fähig wird, die eigene Beteiligung und die Beteiligung der anderen zu beschreiben und zu verstehen, besteht die Chance, den Konflikt aus einer neuen Sicht heraus zu betrachten."[468]

Um diesen Abstand zu gewinnen, ist es auch zulässig und hilfreich, die Konfliktbearbeitung zu vertagen. Astrachan hält die ansonsten schädliche Verweigerung der Konfliktbehandlung und die Verschiebung des Themas für angezeigt, wenn die Parteien emotional zu sehr aufgeladen sind.[469]

Publizität und Publikum vermeiden

Es kann nicht oft genug darauf hingewiesen werden, dass ein Konflikt ohne Publikum bearbeitet werden sollte. Konflikte zwischen den Gesellschaftern müssen in diesem Kreis bleiben. Das Gespräch über ein konfliktträchtiges Thema zwischen den Beteiligten muss sofort und immer auf die unmittelbar oder mittelbar Beteiligten begrenzt werden. Alle Zuhörer, aber vor allem die am Ausgang des Konflikts Interessierten, müssen außen vor bleiben. Auf keinen Fall dürfen die Mitarbeiter des Unternehmens mit hineingezogen werden und als „Parteigänger" für die eine oder andere Seite verpflichtet werden. Das Ausbreiten des Konflikts in der Presse hat zwangsläufig zur Folge, dass das Unternehmen und die weitere Öffentlichkeit als Zuschauer an der Auseinandersetzung teilhaben.

---

[468] Hennerkes/Kirchdörfer/Lorz (2002).
[469] Vgl. Astrachan, J. H. (2009).

Konfliktlösungsstrategien

Wenn ein Konflikt manifest wird, ist dies immer ein Beleg dafür, dass Maßnahmen zur Konfliktprävention nicht vorhanden oder nicht stark genug waren. Eine Ursache hierfür kann die Tatsache sein, dass sich niemand um ihre Anwendung gekümmert hat. Da, wie bereits dargestellt, Verhaltensweisen wie Verdrängen, Negieren oder Aussitzen die betreffende Situation über die Zeit verschlimmern, müssen Strategien zur Konfliktlösung eingesetzt werden. Wie bei jeder guten Strategie steht auch hier die ausführliche Diagnose der Lage am Anfang. Nur wenn die Ursache eines Konflikts zutreffend erkannt wird, kann an der Beseitigung dieser Ursache gearbeitet werden. Für die Analyse der Lage kann die weiter oben aufgeführte Typologie der Konfliktursachen ein hilfreiches Instrument sein.[470]

In der nachfolgenden Tabelle 14 wird daher eine Reihe von möglichen Instrumenten ausschließlich nach deren besonderem Gewicht für die Bearbeitung bestimmter Konfliktursachen aufgeführt. Diese Zuordnung erfolgt rein nach Plausibilitäten. In der letzten Spalte wird eine – wiederum „plausible" – Bewertung der Intensität des Konfliktpotenzials und der Schwierigkeit der Konfliktarbeit vorgenommen. Diese Aufstellung macht deutlich, dass etwa ein bestehender Beurteilungskonflikt relativ leicht mit sachlichem

Tabelle 14. Zweckmäßigkeit von Instrumenten der Konfliktbearbeitung

	Aufklären, Informa-tion	Argumen-tieren	Vehandeln, Kompro-miss	Nachgeben	Konflikt-potenzial
Kommunikative Diskrepanz	✓	—	—	—	Gering
Beurteilungskonflikt	✓	✓	—	—	Gering
Bewertungskonflikt	—	✓	—	—	Hoch
Ziel-, Wertekonflikt	—	✓	✓	—	Hoch
Verteilungskonflikt	—	—	✓	✓	Hoch
Funktionskonflikt	—	—	✓	—	Mittel
Beziehungskonflikt	—	—	✓	✓	Hoch
Unsicherheit, Misstrauen	—	—	—	✓	Hoch

---

[470] Vgl. Abschnitt 11.1.

„Aufklären" und logischem „Argumentieren" bearbeitet werden kann. Wenn es aber um grundsätzliche Überzeugungen geht und diese Überzeugungen geändert werden sollen, wird Konfliktarbeit ungleich schwieriger.

Unter den Konfliktursachen sehen wir bei Unterschieden in den Wertvorstellungen und den Zielen die höchsten Alarmsignale hinsichtlich der Konfliktträchtigkeit. Dies sind die Fälle, in denen grundsätzlich unterschiedliche Vorstellungen darüber bestehen, was die Mission für die unternehmerische Tätigkeit der jeweiligen Familie ist, z. B.:

- kapitalistische Orientierung an maximaler Steigerung des Unternehmenswerts,

- Orientierung an der Fortführung der Tradition des Unternehmens,

- Präferenz für innovative Wachstumsstrategien gegenüber Stabilitätssicherung und Risikovermeidung.

Die Problematik der unterschiedlichen Überzeugungen bezüglich der Zielorientierung eines Unternehmens liegt bei Familienunternehmen darin, dass der Gesellschafter an sein Unternehmen gebunden ist. Er kann einer von den übrigen Gesellschaftern (oder dem Unternehmen) verfolgten Zielsetzung, die er ablehnt, nicht einfach ausweichen, in dem er seine Anlage gegen ein anderes Investment tauscht. Die Problematik wird weiter dadurch erschwert, dass die hier erörterten Überzeugungen „persönlich" sind. Sie werden von den jeweiligen Protagonisten als ihr persönliches Anliegen vertreten. Es handelt sich also nicht um akademische Fragestellungen, über die relativ interessenfrei diskutiert werden könnte, sondern um Überzeugungen, die möglicherweise durch sehr persönliche Erfahrungen gewonnen wurden. Es können aber auch Unsicherheiten und Ängste sein, die sich etwa als Risikoaversion manifestieren und auf bestimmte geschäftliche Erfahrungen zurückzuführen sind.

Verhandlungskonzepte

Bei den meisten Konflikten, vor allem bei solchen, die zum ersten Mal auftreten, ist die Lösung nur durch einen Ausgleich zu finden. Der Prozess ist eine Verhandlung. Das Ergebnis ist bei einem ausgewogenen Ausgleich ein Kompromiss. Wenn nur eine Seite nachgibt, ist das Ergebnis unausgewogen.

Eine Verhandlung stellt eine besondere Form von Kommunikation dar. Sie ist von folgenden Merkmalen gekennzeichnet:[471]

---

[471] Vgl. z. B. Thompson, L. (1990): S. 516.

1. Die Parteien haben in der Regel einen Zielkonflikt.

2. Kommunikation ist möglich und nicht gestört.

3. Zwischenergebnisse oder Kompromisse sind möglich.

4. Die Parteien können Angebote und Gegenangebote machen.

5. Solche Angebote und Gegenangebote bestimmen so lange nicht das Ergebnis, bis sie nicht durch beide Parteien akzeptiert worden sind.

Wenn also eine Partei schlichtweg verkündet, dass ein anderes Ergebnis als die von ihr aufgestellte Forderung nicht möglich sei, ist sie gleich in die Schranken zu weisen. Ohne Angebot und ohne Kompromissbereitschaft kann man keine Verhandlung beginnen.

Zur Frage nach dem „richtigen" Verhandeln gibt es umfangreiche Literatur mit sehr nutzbringenden methodischen Empfehlungen. Für die hier behandelte Themenstellung besonders nützlich und einschlägig sind z. B.

- das Konzept der gewaltfreien Kommunikation nach Rosenberg,[472]

- das Konzept der „niederlagelosen" Methode nach Gordon,[473] das zwar für Verhandlungen mit Kindern konzipiert wurde, aber methodisch für jede Konfliktbearbeitung insbesondere zwischen „Experten" und „Nicht-Experten" geeignet ist,

- das Harvard-Konzept der Verhandlung von Fisher/Ury.[474]

Es würde hier zu weit führen, auf Gemeinsamkeiten und Unterschiede dieser Konzepte einzugehen. Mit dem Verweis auf die Palette der Konzeptvorschläge soll nur verdeutlicht werden, dass ein umfangreicher und hilfreicher Fundus von Hilfestellungen zur Verfügung steht. Berater bedienen sich ebenfalls dieser Methoden. Andererseits braucht jede Führungskraft – auch in einer „Organisation Familie" – eine Reihe von Grundkompetenzen in Verhandlungstechniken.

Nachfolgend stellen wir einige Listen guter Empfehlungen vor, nur um die Breite der Kompetenz zu verdeutlichen, die im Idealfall zur Verfügung stehen sollte, aber auch im Wissen darum, dass der Prozess in der Praxis immer unvollkommen abläuft.

---

[472] Vgl. Rosenberg, M. B. (2004); Rosenberg, M. B. (2002).

[473] Vgl. Gordon, T. (1972): S. 186 ff.

[474] Vgl. Fisher/Ury/Patton (2009).

Verhandlungsziele

Die Interventionen im Rahmen einer Konfliktlösungsstrategie können nach dem Kriterium des jeweils vordringlichen Interesses systematisiert werden:[475]

- Konkurrenz (hohes Eigeninteresse, geringes Interesse für den anderen),
- Zusammenarbeit (hohes Eigen- und Fremdinteresse),
- Kompromiss (ausgewogenes Eigen- und Fremdinteresse),
- Nachgeben (niedriges Eigeninteresse und hohes Interesse für den anderen),
- Vermeidung (niedriges Eigen- und Fremdinteresse)

Das Interesse an der Beziehung selbst und am Zusammenhalt der Gemeinschaft kann außerdem als eigene Dimension für die Typologie von Konfliktlösungsstrategien verstanden werden. In einer solchen Typologie sind sowohl „Zusammenarbeit" wie auch „Kompromiss" als besondere, die Beziehungen in der Gemeinschaft stärkende Strategien hervorzuheben.[476] Astrachan hat von dieser Typologie ausgehend ein Schema für die Eignung der verschiedenen Konfliktstrategien in unterschiedlichen Konfliktkonstellationen entwickelt, das in die folgende Darstellung eingeht.[477]

Tabelle 15. Flexibler Einsatz von Konfliktlösungsstrategien

Verhaltensweise	... geeignet für folgende Situation:
Konkurrenz	Anfangsphase der Aufteilung der Anteilsrechte
Zusammenarbeit	Entscheidungen, die viele betreffen oder richtungsweisend sind
Kompromiss	Ergebnis ist nicht wirklich wichtig, oder alle Ergebnisse sind akzeptabel und eine schnelle Entscheidung ist erforderlich
Nachgeben	In einer Krise
Vermeidung	Ich selbst oder der andere sind zu emotional

---

[475] Vgl. Thomas, K. W./Kilman, R. H. (1974): zitiert in Sorenson, R. L. (1999): S. 135.

[476] Vgl. Sorenson, R. L. (1999): S. 136.

[477] Vgl. Astrachan, J. H. (2009).

Verhandlungsregeln nach Fisher/Ury[478]

1. Trenne die Personen von dem Problem. Argumentiere auf der Ebene des sachlichen Problems und greife nicht die Person an. Sei aber sensibel für die Ebene der persönlichen Gefühle und dafür, wie sie die Sachebene beeinflussen.

2. Konzentriere dich auf die Interessen und nicht auf die eingenommene Position in den Forderungen. Versuche herauszufinden, ob hinter konträren Positionen letztlich nicht sogar miteinander vereinbare Interessen liegen. Aus solchen vereinbaren Interessen lassen sich dann auch vereinbare Forderungspositionen ableiten.

3. Versuche Optionen zu finden, bei denen jede Seite etwas gewinnt.

4. Bestehe darauf, dass Verhandlungen auf objektiven Kriterien beruhen wie Regeln der Fairness, Effizienz, Wissenschaft, Wertrelationen des Marktes und ähnlichen nachprüfbaren und nicht subjektiv geprägten Gesichtspunkten.

Die Verhandlung muss immer die Interessen beider Seiten berücksichtigen. Dies gelingt nur durch Zuhören, Eingehen auf den anderen, kurzum: nur mit Hilfe hoher kommunikativer Kompetenz.

Verhandlungsregeln nach Berkel[479]

1. Mit leichten Punkten beginnen, die eine rasche Einigung zulassen

   Erfolgreiche, kooperative Konfliktbewältigung entwickelt sich im Fortgang des Verhandelns. Wenn es gelingt, einen ersten Fortschritt oder Durchbruch zu erzielen, so ermutigt das die Parteien, in der gemeinsamen Suche fortzufahren. Daher ist es wichtig, möglichst rasch erste Resultate zu erzielen – dies ist am ehesten bei weniger schwierigen Themen möglich.

2. Zwei-Phasen-Abfolge

   Zunächst ist es wichtig, sich auf einen Rahmen festzulegen, d. h. einige wenige, gemeinsam zu erreichende Ziele zu benennen. Dann erst können sinnvoll Details ausgearbeitet werden. Dies bedeutet, sich nicht sofort in Detailfragen zu verbeißen!

---

[478] Fisher, R./Ury, W. (1991); hier übernommen aus Astrachan, J. H./McMillan, K. (2003): S. 43 f.

[479] Vgl. Berkel, K. (2003): S. 411 f.

3. Trennung von Diskussion und Lösung

Damit wirklich neue Lösungen ins Blickfeld gelangen können, ist es erforderlich, zunächst einmal die Konfliktthemen möglichst breit zu diskutieren. Dabei ist der Irrtum zu vermeiden, jeder Punkt müsse so lange diskutiert werden, bis man eine Einigung erzielt habe. Erst wenn das gesamte Spektrum andiskutiert wird, lassen sich Möglichkeiten erkennen, wo eine Seite Konzessionen machen, Kompensationen anbieten kann usw.

4. Verhandlungsabfolge festlegen

Man kann nicht gleichzeitig über alles diskutieren. Wenn man sich andererseits auf eine Abfolge der zu diskutierenden Punkte festlegt, läuft man Gefahr, die Vorteile von Punkt 3 zu verhindern, dass mögliche Konzessionen zu einem anderen Zeitpunkt angesprochen werden.

Empfehlung:
Zu Beginn die Regel aufstellen, dass kein Element des Schlussergebnisses endgültig gebilligt wird, bevor nicht alle Punkte diskutiert worden sind. Damit ist es möglich, früher diskutierte Punkte mit den später diskutierten zu vergleichen.

5. Gegeneinander gerichtete und kooperative Konfliktbewältigung auf verschiedene Personen verteilen

Häufig laufen beide Strategien zur Lösung von Interessenkonflikten nebeneinander her. Härte und Unnachgiebigkeit werden durchgängig demonstriert, doch werden zwischendrin immer wieder Fühler ausgestreckt, um die Möglichkeiten einer gemeinsamen Lösung zu erkunden. In politischen und geschäftlichen Verhandlungen werden diese beiden Strategien oft auf verschiedene Personengruppen aufgeteilt, um den Rollenkonflikt der Verhandelnden gering zu halten.

6. Konfliktanalyse durch gefühlsgeladenen Konfliktausdruck ergänzen

Eine rein rationale Konfliktanalyse kann Verhandlungen austrocknen. Sie muss ergänzt werden durch eher gefühlsbetonte Gesten, die der anderen Seite deutlich signalisieren, wie wichtig dem Betreffenden die Sache ist.

7. Für eine entspannte Atmosphäre sorgen

Eine zur Entspannung einladende Umgebung kann erheblich zu einem positiven Verhandlungsverlauf beitragen. Hierzu gehören auch der sorgfältige Umgang mit Details wie z. B. Unterbrechungen durch ein gutes Essen, Einstreuen von humorvollen Episoden, Austausch von Geschenken u. a. m. All dies kann die Stimmung während einer Verhandlung merklich bessern. Wünschenswert wäre eine Mischung von Ernsthaftigkeit und spielerischer Lässigkeit.

8. Rollentausch praktizieren

Die Kommunikation zwischen den Verhandelnden kann durch einen Rollentausch verbessert werden. Dabei formuliert jeder so genau wie möglich die Standpunkte und Forderungen der anderen Seite.

Der Rollentausch erhöht das Verständnis für die Position der Gegenseite, kann aber auch bewirken, dass die eigenen Forderungen, wenn sie so verständnisvoll von der Gegenseite formuliert werden, erst recht als berechtigt erscheinen und man sie nun um jeden Preis durchsetzen will.

Prioritätsregeln für Kompromisse

Jede Verhandlung, jeder Kompromiss, steht in der Endphase vor der Frage: Wer muss in welchem Punkt wie weit nachgeben? Dies verlangt eine Prioritätensetzung zwischen widerstreitenden Interessen. Für Familienunternehmen ergeben sich mehrere Standardkonstellationen von Antagonismen:

- Firma versus Familie,
- Gemeinschaft versus Individuum,
- ältere Generationen versus jüngere Generation.

Unser ganzes Buch nimmt diese Konstellationen immer wieder auf. Sie seien hier noch einmal mit – natürlich unvollständigen – Kommentaren zusammengefasst.

Firma versus Familie

Bei einer Entscheidung zwischen der Bevorzugung des Gesellschafterinteresses (Wahrung der internen Beziehung) und des Unternehmensinteresses wird im vorliegenden Buch grundsätzlich der Wahrung der Beziehung Vorrang gegeben. Ohne Zusammenhalt der Familie gibt es kein Familienunternehmen, also muss – soweit möglich – das Unternehmensinteresse zurückstehen. „Soweit möglich" meint hier: soweit die Existenz des Unternehmens und seine notwendige, nachhaltige Entwicklung nicht gefährdet sind. (Was „notwendig" und was nur „wünschenswert" ist, ist ein weites Thema. Im jeweiligen konkreten Fall ist die Unterscheidung aber meist eindeutig.) Nachgeben, Kompromiss, aber auch Zusammenarbeit als

Konfliktlösungsstrategien fördern die Beziehungsebene, können aber tendenziell nachteilig bei der Suche nach dem Optimum für das Unternehmen sein.[480] Im Interesse der Bewahrung der Gemeinschaft kann und muss jedoch die oben geschilderte Konfliktlösungsstrategie verfolgt werden.

Gemeinschaft versus Individuum

Aus der ersten Prioritätensetzung folgt auch die Richtlinie für das zweite Spannungsfeld: Im Interesse des Zusammenhalts der Gemeinschaft müssen die Individualinteressen – soweit als möglich – berücksichtigt werden. Denn wenn die einzelnen Mitglieder oder einige wichtige Mitglieder die Gemeinschaft verlassen *und* dadurch die Existenz der Gemeinschaft und des Unternehmens aufgelöst wird, ist die Idee Familienunternehmen verloren. Diese Priorisierung könnte nun leicht dazu führen, dass ein Gesellschafter seine Individualinteressen „durchboxt", die anderen Gesellschafter durch Nachgeben den Frieden wahren und das Geschäftsinteresse „um des lieben Friedens willen" zurückstehen muss. Wenn dies ein wiederholt und in belangvollen Angelegenheiten exerziertes Muster ist, tritt ein anderes Problem zu Tage: Der egoistische Gesellschafter will seine Interessen autistisch auch gegen das Unternehmensinteresse durchsetzen. Damit erweist er sich als verantwortungslos. Die anderen Gesellschafter müssen ihn dann durch konstruktiven Widerstand wieder auf den Pfad des Gemeinsinns zurückdrängen. In dem Spannungsfeld zwischen Individualinteresse und Gemeinschaftsinteresse gilt vermutlich auch das Theorem von W. Waller: Derjenige Partner, der das geringere Interesse an der Gemeinschaftsbeziehung hat, ist derjenige, der den anderen am leichtesten ausbeuten kann.[481]

„Soweit als möglich" heißt am Ende auch, dass kein Kompromiss zulässig ist, dessen generelle Anwendung in gleich gelagerten Fällen zur Auflösung der Gemeinschaft und/oder des Unternehmens führen würde. Das ist die Opfergrenze.

Ältere versus jüngere Generation

Hier ist die Priorität aus der Sicht der Nachhaltigkeit eindeutig: Die Zukunft des Unternehmens hängt davon ab, dass die jüngere Generation (und deren Nachkommen) beim Unternehmen bleibt. Im Zweifel sind daher die Interessen der jüngeren Generation wichtiger und die ältere Generation muss nachgeben.

---

[480] Vgl. die Ergebnisse bei Sorenson, R. L. (1999): S. 142.
[481] Vgl. Waller, W. (1951): S. 190 ff.; Heer, D. M. (1963): S. 138.

11.8 Institutionen für die Konfliktarbeit

Konfliktlösung durch die Führung

Innerhalb hierarchischer Organisationen gibt es ständig und beliebig viele Konflikte zwischen den Organisationsmitgliedern. Diese müssen im Interesse der Funktionsfähigkeit der Organisation beigelegt werden. Im Normalfall obliegt dies der Führung, personifiziert in der Führungsperson, die den jeweiligen Konfliktparteien vorgesetzt ist.[482] Für die Intervention der Führungskraft stehen verschiedene Rollenmodelle zur Verfügung, die abhängig von der Führungspersönlichkeit, den Persönlichkeiten der Konfliktträger und der konfliktträchtigen Situation zum Tragen kommen können. Diese Rollen können durch Analogien zu anderen Rollen und Berufsbildern veranschaulicht werden:[483]

- der patriarchalische Herrscher, der ein Machtwort sprechen kann,

- der Experten-Gutachter, der selbst in die zu entscheidende Sachfrage einsteigt, um sie zu lösen, was allerdings dann nicht zu einer Lösung führt, wenn hinter der offiziell vorgetragenen Sachfrage persönliche Interessen stehen,

- der Anwalt, der nicht nur ein Gutachten zu der Sachfrage abgibt, sondern darüber hinaus die Legitimität von Interessen klärt, dessen Problematik aber darin liegt, dass er die Interessen einer Partei vertritt,

- der Richter, der unabhängig über den Parteien steht und gerade deshalb als anzustrebendes Rollenvorbild von Führungskräften angesehen wird. Ein Richter kann zwar den vorhandenen Konflikt entscheiden, aber er wird meist nur von der obsiegenden Partei anerkannt, während er von der „unterlegenen" Partei innerlich abgelehnt wird.

- der Schlichter, der in allen Fragen, für die es keine eindeutig „guten" oder „gerechten" Lösungen geben kann, von vornherein auf eine für alle Konfliktparteien anschlussfähige Lösung hinarbeitet,

---

[482] Zur Aufgabe der Führung, Konflikte zu lösen und Einvernehmen herbeizuführen, vgl. Ulrich, P. (1983). Einen guten Überblick über die Literatur zu der ihrer Meinung nach vernachlässigten Behandlung der Führung in der Konfliktarbeit bieten Wall, J. A./Callister, R. R. (1995): S. 540 ff.

[483] Vgl. Hertel, A. v. (2003): S. 25 ff.

- der Mediator, der einen Schlichtungsspruch nicht selbst entwickelt, sondern der die Konfliktparteien durch einen methodischen Prozess dabei unterstützt, selbst eine für sie akzeptable Lösung „ohne Zwang" zu finden.

Institutionen der Familienverfassung

Als Institutionen, die in Unternehmerfamilien die Konfliktbearbeitung übernehmen, kommen in Betracht:

- die Gesellschafterversammlung als das oberste Organ, dem typischerweise qua Satzung die Entscheidungsbefugnis in Konfliktfällen zugewiesen ist, wobei Gesellschaftsvertrag und Satzung den Entscheidungsprozess regeln,

- der Familienpatriarch oder der Führer der Großfamilie,

- der Familienrat oder der Beirat, an den generell oder im Einzelfall die Zuständigkeit der Gesellschafterversammlung delegiert ist,

- die Unternehmensleitung, der bei Lähmung der übergeordneten Organe Autarkie in der Entscheidungsfindung eingeräumt werden sollte,

- Dritte als Richter, Schlichter oder Mediatoren.

Einschaltung professioneller Dritter zur Moderation oder Mediation[484]

Wenn sich die Frühwarnsignale mehren und ein Konfliktpotenzial zu akuten Störungen führt, sollte unbedingt rechtzeitig eine Moderation gesucht werden. Noch mehr gilt dies natürlich, wenn ein bereits manifester Konflikt zu bearbeiten ist. Der Moderator hat gleichsam institutionelle Vorteile:

„Zunächst fällt der diagnostische Vorteil ins Auge. Mit einfachsten Mitteln lässt sich feststellen, ob die Kommunikation aus dem Lot geraten ist: Man kann beobachten, ob die Beteiligten Fragen aneinander haben. Man kann des Weiteren herausfinden, ob hinter der Fraglosigkeit auch Interesselosigkeit steckt. Und man kann schließlich untersuchen, ob die Mitteilungsbereitschaft und/oder die Selbstmitteilungsbereitschaft gelitten haben. Aus alledem muss noch kein Konflikt resultieren, aber der Umkehrschluss

---

[484] Hier wird nicht zwischen Moderation und Mediation differenziert, weil dies für den hier erörterten Inhalt nicht bedeutsam ist.

stimmt: Wenn ein Konflikt vorliegt, dann auch eines der systemisch be-
gründbaren Konfliktsymptome. Wir sehen es als grandiosen Vorteil dieser
Betrachtungsweise an, dass es dafür gar nicht notwendig ist, in den Seelen
der Bedürftigen zu wühlen und nach komplizierten psychologischen Indikatoren zu fahnden … Entgleisung kann jeder mühelos diagnostizieren."[485]

Tabelle 16. Beitrag und Handlungsmöglichkeiten einer dritten Partei[486]

Beitrag des Moderators	Vorgehen
Situation diagnostizieren	• Herausfinden, welche Streitpunkte die Parteien gegen-einander vorbringen und welche Konfliktgeschichte sie schon hinter sich haben • Feststellen, welchen Eskalationsgrad der Konflikt bisher erreicht hat und ob er die Form eines „heißen" oder „kalten" Konflikts aufweist
Rahmenbedingungen für die Aussprache festlegen	• Dafür Sorge tragen, dass Machtunterschiede nicht durchschlagen (z. B. durch Unterstützen der schwächeren Seite) • Gewährleisten, dass jede Seite die Streitpunkte aus ihrer Sicht mit den dadurch ausgelösten Empfindungen vorbringen kann • Die Parteien dahin führen, sich in die andere Seite hineinzuversetzen • Dazu beitragen, dass die Parteien trotz emotionaler Spannungen kreative Lösungsmöglichkeiten entwi-ckeln und deren Vor- und Nachteile abwägen
Regelung verbindlich machen	• Eine konkrete Lösung verbindlich vereinbaren • Die vereinbarte Regelung mit den persönlichen und organisatorischen Gegebenheiten abstimmen • Folgerungen festlegen, die im Falle des Befolgens oder Nichtbefolgens eintreten
Aus dem Konflikt lernen	• Sich gegenseitig verpflichten, erfahrungsgemäß kon-fliktträchtige Verhaltensweisen künftig zu unterlassen • Sich gegenseitig verpflichten, bestimmte harmonieför-dernde Verhaltensweisen wie bisher beizubehalten oder häufiger als bisher zu zeigen

---

485 Jiranek, H./Edmüller, A. (2003): S. 45.
486 Berkel, K. (2003): S. 413.

Schlichtung

Die Schlichtung ist ein Verfahren, in dem die Konfliktparteien die Beilegung eines Konflikts dadurch suchen, dass sie alle den Schlichtungsvorschlag eines Dritten akzeptieren. Selten werden sie sich freilich von vornherein einem Schlichtungsspruch unterwerfen wollen. (Dies wäre allerdings bei einem Schiedsurteil der Fall, der aber keine kooperative Konfliktlösung mehr darstellt.) Wie bei einer Mediation muss der Schlichtungsvorschlag zumindest von einem bestimmten Quorum der Beteiligten akzeptiert werden. Allerdings verfügt der Schlichter allein schon deshalb, weil er von allen Parteien zu bestimmen ist, über eine erhöhte Autorität bei den Beteiligten und kann aus dieser Position heraus einen gewissen Druck ausüben, dass sein Vorschlag auch angenommen wird.

Wenn sich Gesellschafter einen Beirat mit professionell agierenden Beiratsmitgliedern schaffen, der für sie – anstelle der Gesellschafterversammlung – Themen der Unternehmensstrategie entscheidet, so ist dies auch ein Weg, um einen Themenbereich, der für die Gesellschafter selbst potenziell sehr konfliktträchtig sein könnte, aus diesem Kreis herauszuhalten. Empfohlen wird ferner ein „Rat der Ältesten" als eine Institution, die Konflikte in der Familie lösen kann.[487] Den Ältesten spricht man ein besseres Urteilsvermögen aufgrund ihrer Lebenserfahrung zu. Sie sollten aber auch zur Unparteilichkeit in der Lage sein, weil sie in der Regel für sich selbst nichts mehr erreichen oder gewinnen wollen. Wenn allerdings eine unveränderliche Fixierung auf eigene Überzeugungen oder altersbedingter Starrsinn vorliegen, so wirken diese Verhaltensweisen wie die Vertretung eigener Interessen und machen die Senioren untauglich für die Rolle als Schlichter.

Verhandlungen

Wenn ein Konflikt durch unterschiedliche Individualinteressen verursacht wird, können diese Interessen nicht durch Informationen über Fakten und angenommene Konsequenzen zum Schwinden gebracht werden. In dieser Konstellation muss zwischen den unterschiedlichen Interessen ein Ausgleich durch Verhandlungen gesucht werden. Nach dem Harvard-Konzept für Verhandlungen[488] muss eine „Win-win-Strategie" angestrebt werden, in der jede der Interessenparteien ihre Interessen zumindest teilweise berücksichtigt findet. Ist in einem konkreten Fall mit dieser Methode ein Interessenausgleich geglückt, dann lässt sich aus dieser Erfahrung eine generelle Reglungsmethode für künftige Konfliktfälle ableiten.

---

[487] Vgl. Hughes, D. J. (1993): S. 22.
[488] Vgl. Fisher/Ury/Patton (2009).

11.9 Ergebnisse einer erfolgreichen Konfliktarbeit

Gute Erfolgschancen ursachenspezifischer Konfliktbearbeitung

Der in den Medien oft entstehende Eindruck, dass Konflikte bei Familienunternehmen häufig zu einer Krise führen, ist vermutlich nicht richtig. Es ist gerade eine der Leistungen der noch jungen Beratungspraxis für Familiengesellschafter, bereits heute ein gutes Instrumentarium zur Moderation und Konfliktbeilegung entwickelt zu haben. Voraussetzung für eine erfolgreiche Konfliktbewältigung ist aber, dass man kritische Auseinandersetzungen vermeiden will und sich rechtzeitig um eine Konfliktlösung kümmert – am besten durch kluge institutionelle Regelungen.

Es ist freilich vorauszusehen, dass Konflikte in persönlichen Beziehungen immer relativ schwer zu lösen sind. Dies ist deshalb ein gravierender Befund, weil solche Konflikte eine besonders gefährliche Entwicklung nehmen können. Die entsprechend ungünstige Prognose der Konfliktarbeit in solchen Fällen erhöht die Bedeutung aller Instrumente der Konfliktprävention, die die Wahrscheinlichkeit des Entstehens von persönlicher Rivalität reduzieren. Sie erhöht aber auch die Bedeutung der Lösung sachlicher Konflikte, damit diese nicht auf die Ebene der persönlichen Beziehungen durchschlagen.

Zwei Gründe sehe ich, weshalb Familienunternehmen trotz höherer Konfliktträchtigkeit eine relativ hohe Erfolgsrate dabei haben, Konflikte zu lösen:

- starke Bindungsfaktoren und eine Tradition des Zusammenhalts,

- institutionell bessere Möglichkeiten, unterschiedliche Persönlichkeiten und deren Vorstellungen in eine Gemeinschaft integrieren zu können.

Ein Familienunternehmen bietet mehr Möglichkeiten dafür, auch sehr unterschiedliche Überzeugungen in den unternehmerischen Konzeptionen abzudecken. Eine Börsengesellschaft muss dem Kapitalmarkt *eine* Logik für die Eigenkapitalgeber präsentieren („Equity Story"). Ein Familienunternehmen kann dagegen gegebenenfalls mehrere Equity Stories entwickeln. Das ist nicht leicht, auch nicht problemlos, kann aber sehr erfolgreich für den Zusammenhalt der Familie sein.

In einer Befragung der „Campden Family Business"-Zeitschrift[489] ergab sich folgendes Ergebnis zur Fähigkeit, Geschäftsprobleme zu bewältigen, bzw. zum Problem, dass „family issues" diese Fähigkeit beeinträchtigen:

---

[489] Vgl. Davidow, T. (2008): S. 12, 35–38.

- 31 % sagten: „Wir würden problemlos jedes Geschäftsproblem bewältigen".

- 58 % sagten: „Wir müssten zuerst Herausforderungen auf der Seite der Familienbeziehungen bewältigen, wir würden aber jedes Geschäftsproblem lösen."

- 10 % sagten: „Die Familienangelegenheiten würden unsere Fähigkeit, die Geschäftsprobleme zu lösen, behindern bzw. ernsthaft behindern."

Eine Befragung des Publikums auf der Konferenz des Family Business Network 2008 in Delhi führte zu dem erstaunlichen und beruhigenden Ergebnis, dass nur ca. 20 % der Befragten unzufrieden mit der Konfliktlösung in ihrem Gesellschafterkreis waren. 30 % hatten kein System der Konfliktregelung, waren aber zufrieden mit der konkreten Konfliktbearbeitung, ca. 20 % hatten formale Systeme zur Konfliktbewältigung, ca. 20 % hatten aktive, aber informelle Wege zur Konfliktlösung, und 10 % hatten bisher keinerlei Probleme.

Primäreffekte und nachhaltige Sekundäreffekte

Eine erfolgreiche Konfliktbearbeitung zeigt sich darin, dass alle Beteiligten den Konflikt schließlich als „bewältigt" ansehen. Das heißt nicht, dass jeder mit dem Ergebnis glücklich ist, aber dass es von niemandem mehr als Anlass für einen Streit betrachtet wird. Eine erfolgreiche Konfliktbearbeitung kann Quelle des Stolzes einer Gruppe sein und gehört dann zu den Bindungsfaktoren. Die Gruppe verbindet das Erlebnis einer gemeinsamen Problemlösung.

Der primäre Effekt erfolgreicher Konfliktarbeit ist die Lösung des jeweils aktuellen Konfliktthemas und die möglichst unbelastete weitere Zusammenarbeit aller Beteiligten. Der sekundäre Effekt aus jeder erfolgreichen Konfliktarbeit ist die Erfahrung, dass sich Individualinteressen und Gemeinschaftsinteressen miteinander vereinbaren lassen und wie dies gelingen kann. Dieser sekundäre Effekt wird nur erreicht, wenn aus dem aktuellen Fall in einem Reflexionsprozess die „lessons learned" herausgefiltert werden. Diese Lerneffekte können dann die Grundlage dafür sein, dass sich auf informelle Weise „Friedfertigkeitsroutinen"[490] entwickeln.

Daraus erwachsen ein systemischer Fortschritt in Form von guter Tradition und eventuell Regeln für die künftige Konfliktprävention. Es kann aber auch noch ein weiterführender Prozess geleistet werden: dass Meta-

---

[490] Gethmann, C. F. hat diesen Begriff in vielen Schriften verwendet.

Entscheidungen darüber getroffen werden, wie künftig entstehende Konflikte ähnlicher Art gelöst werden sollen. Ein solches Regelwerk kann in eine Familien-Charta aufgenommen werden. Dann war der beigelegte Streit ein fruchtbarer Konflikt.

Literatur

Astrachan, J. H. (2009): Seminarunterlagen aus dem Internationalen MBA Programm für Shareholders, Kennesaw GA., 2009.

Astrachan, J. H./McMillan, K. (2003): Conflict and communication in the family business, Marietta GA., 2003.

Baus, K. (2007): Die Familienstrategie – Wie Familien ihr Unternehmen über Generationen sichern, 2. Aufl., Wiesbaden, 2007.

Berkel, K. (2003): Konflikte in und zwischen Gruppen, in: Rosenstiel/Regnet/Domsch (Hrsg.): Führung von Mitarbeitern – Handbuch für erfolgreiches Personalmanagement, 5. Aufl., Stuttgart, 2003.

Bertsch, R. (1970): Die industrielle Familienunternehmung – Ein Überblick über ihr Bedeutung und ihre Hauptprobleme unter besonderer Berücksichtigung der Finanzierung und Führung, 2. Aufl., Winterthur, 1970.

Binz, M. K./Sorg, M. H. (2008): Streit im Gesellschafterkreis, in: May, P./Rieder, G. (Hrsg.): Familienunternehmen heute – Jahrbuch 2009, Bad Godesberg, 2008, S. 105–114.

Blos, P. (1990): Sohn und Vater – diesseits und jenseits des Ödipuskomplexes, Stuttgart, 1990.

Coser, L. A. (1972): Theorie sozialer Konflikte, Neuwied, Berlin, 1972.

Davidow, T. (2008): Family relationship – in good hands?, in: Campden FB, H. 41, 2008, S. 12, 35–38.

De Dreú, C. K. W./Weingart, L. R. (2003): Task versus relationship conflict, team performance and member satisfaction – A meta-analysis, in: Journal of Applied Psychology, 88. Jg., H. 4, 2003, S. 741–749.

Deutsch, M. (1973): The Resolution of Conflict – Constructive and Destructive Processes, New Haven, CT, 1973.

Dixit, A. K./Nalebuff, B. J. (1997): Spieltheorie für Einsteiger – Strategisches Know-how für Gewinner, Suttgart, 1997.

Eddleston, K. A./Kellermanns, F. W. (2007): A family perspective on when conflict benefits family firm performance, in: Journal of Business Research, 60. Jg., H. 10, 2007, S. 1048–1057.

Fisher, R./Ury, W. (1991): Getting to yes – negotiating agreement without giving in, 2. Aufl., New York, 1991.

Fisher/Ury/Patton (2009): Das Harvard-Konzept – der Klassiker der Verhandlungstechnik, 23. Aufl., Frankfurt a. M., 2009.

Frankenberg, E. (2003): Make the most of your anger – A good fight gives you a chance to learn what matters most to your relations, in: Spector, B. (Hrsg.): The family business conflict resolution handbook – a resource for family firm owners, managers and advisers, Philadelphia PA, 2003, S. 20–21.

Freud, S. (1947): Jenseits des Lustprinzips. Massenpsychologie und Ich-Analyse. Das Ich und das Es – Gesammelte Werke, Bd. 13, London, 1947.

Gersick, K. E. et al. (1997): Generation to generation – Life Cycles of the Family Business, Boston, MA, 1997.

Gessner, P. (2007): Die Unternehmergattin – Intrigantin, Vorzeigedame, Powerfrau?, in: WIR – Das Magazin für Unternehmerfamilien, H. 4, 2007, S. 12–17.

Glasl, F. (2004): Konfliktmanagement – ein Handbuch für Führungskräfte, Beraterinnen und Berater, 8. Aufl., Stuttgart, 2004.

Gordon, G./Nicholson, N. (2008): Family wars – classic conflicts in the family business and how to deal with them, London, 2008.

Gordon, T. (1972): Familienkonferenz – die Lösung von Konflikten zwischen Eltern und Kind, Hamburg, 1972.

Guerra, J. M. et al. (2005): A Contingency Perspective on the Study of the Consequences of Conflict Types: – The Role of Organizational Culture, in: European Journal of Work and Organizational Psychology, 14. Jg., H. 2, 2005, S. 157–176.

Heer, D. M. (1963): The Measurement and Bases of Family Power: An Overview, in: Marriage and Family Living, 25. Jg., H. 2, 1963, S. 133–139.

Hennerkes/Kirchdörfer/Lorz (2002): Familienunternehmen leiden besonders unter Streitereien zwischen Gesellschaftern. Persönliche Konflikte belasten den Alltag im Unternehmen, in: Handelsblatt vom 05.06.2002, 2002, S. R03.

Hertel, A. v. (2003): Professionelle Konfliktlösung – Führen mit Mediationskompetenz, Frankfurt a. M. u.a., 2003.

Hughes, D. J. (1993): Moltke on the Art of War – Selected Writings, Novato CA, 1993.

Jiranek, H./Edmüller, A. (2003): Konfliktmanagement – als Führungskraft Konflikten vorbeugen, sie erkennen und lösen, Freiburg (i. Br.) et al., 2003.

Jost, P.-J. (1999): Strategisches Konfliktmanagement in Organisationen – eine spieltheoretische Einführung, 2. Aufl., Wiesbaden, 1999.

Keppler-Seel, A./Knoblauch, H. (1998): Familie als kommunikatives Netzwerk, in: Luckmann, T. (Hrsg.): Moral im Alltag – Sinnvermittlung und moralische Kommunikation in intermediären Institutionen, Gütersloh, 1998, S. 47–101.

Kets de Vries/Carlock/Florent-Treacy (2007): Family Business on the Couch – A Psychological Perspective, Chichester, 2007.

Klein, S. B. (2000): Familienunternehmen – Theoretische und empirische Grundlagen, Wiesbaden, 2000.

Kohlrieser, G. (2005): Resolving Conflict in Family Business – Don't be a Hostage to Family Harmony, in: Ward, J. L./Denison, D. R. (Hrsg.): Unconventional Wisdom – counterintuitive insights for family business success, Chichester, 2005, S. 117–145.

Lettke, F. (2003): Kommunikation und Erbschaft, in: Lettke, F. (Hrsg.): Erben und Vererben – Gestaltung und Regulation von Generationenbeziehungen, Konstanz, 2003, S. 157–188.

May, P. (2001): Lernen von den Champions – fünf Bausteine für unternehmerischen Erfolg, Frankfurt a. M., 2001.

Müller, V. (2008): Nachfolgertypen und Rollenkonflikte im Nachfolgeprozess von Familienunternehmen – Eine empirische Untersuchung, Mering/München, 2008.

Omer/Alon/Schlippe (2007): Feindbilder – Psychologie der Dämonisierung, Göttingen, 2007.

Rosenberg, M. B. (2002): Gewaltfreie Kommunikation – Aufrichtig und einfühlsam miteinander sprechen, neue Wege in der Mediation und im Umgang mit Konflikten, 3. Aufl., Paderborn, 2002.

Rosenberg, M. B. (2004): Konflikte lösen durch Gewaltfreie Kommunikation – Ein Gespräch mit Gabriele Seils, 2. Aufl., Freiburg i. Br, 2004.

Rosenblatt, P. C. et al. (1985): The family in business – The Understanding and Dealing with the Challenges Entrepreneurial Families Face, San Francisco, 1985.

Rüttinger, B./Sauer, J. (2000): Konflikt und Konfliktlösen – Kritische Situationen erkennen und bewältigen, Leonberg, 2000.

Schwass, J. (1999): Warum Familienunternehmen scheitern – Negativbeispiele helfen, Gefahren zu erkennen. Den Rollenkonflikt überwinden, in: Handelsblatt vom 27.08.1999, H. 165, 1999, S. K03.

Simon, F. B. (2007): Familienunternehmen als Risikofaktor, in: Kontext – Zeitschrift für systemische Therapie und Familientherapie, 38. Jg., H. 1, 2007, S. 86–96.

Sorenson, R. L. (1999): Conflict Management Strategies Used in Successful Family Businesses, in: Family Business Review, 12. Jg., H. 2, 1999, S. 133–146.

Spieß, E. (2004): Kooperation und Konflikt, in: Schuler, H. (Hrsg.): Organisationspsychologie – Themenbereich D: Wirtschafts-, Organisations- und Arbeitspsychologie; Bd. 4: Gruppe und Organisation, Göttingen, 2004, S. 193–250.

Terberger, D. (1998): Konfliktmanagement in Familienunternehmen – ein eignerorientiertes Konzept zur professionellen Konfliktbewältigung in Familienunternehmen, Dissertation, St. Gallen, 1998.

Thomas, K. W./Kilman, R. H. (1974): Thomas-Kilman conflict MODE instrument, Tuxedo, New York, 1974.

Thompson, L. (1990): Negotiation behavior and outcomes: Emprical evidence and theoretical issues, in: Psychological Bulletin, 3. Jg., H. 108, 1990, S. 515–532.

Tifft, S. E./Jones, A. S. (1991): The patriarch – the rise and fall of the Bingham dynasty, New York, 1991.

Tjosvold, D. (1992): The conflict-positive organization – Stimulate diversity and create unity, Addison-Wesley, 1992.

Ulrich, P. (1983): Konsensus-Management – Zur Ökonomie des Dialogs, in: gdi-impuls, 1. Jg., H. 2, 1983, S. 33–41.

Vliert, E. v. d. (1984): Conflict – prevention and escalation, in: Drenth, P. J. D. et al. (Hrsg.): Handbook of work and organizational psychology, Bd. 1, London, 1984, S. 521–551.

Völker/Tachkov/Wörner (2010): Konflikte und präventive Maßnahmen in Familienunternehmen – Ergebnisse aus einer Breitenbefragung von 305 deutschsprachigen Familienunternehmen, München, 2010.

Wall, J. A./Callister, R. R. (1995): Conflict and ist management, in: Journal of Management, 21. Jg., H. 3, 1995, S. 515–558.

Waller, W. (1951): The Family – A Dynamic Interpretation, New York, NY, 1951.

Wiechers, R. (2004): Die Unternehmerfamilie: ein Risiko des Familienunternehmens? – Zum Umgang mit familieninduzierten Risiken im Familienunternehmen, Norderstedt, 2004.

Wimmer, R. et al. (2005): Familienunternehmen – Auslaufmodell oder Erfolgstyp?, 2. Aufl., Wiesbaden, 2005.

12 Zusammenfassung

Nach so vielen einzelnen Aspekten und so vielen Kapiteln drängt sich die Frage auf: Was ist nun das Wichtigste, um ein „guter Gesellschafter" zu werden, durch dessen Wirken der Zusammenhalt der Inhaberfamilie gefördert wird?

Kreisen wir die Antwort auf diese Frage ein und sortieren erst einmal das weniger Wichtige aus: Vertragliche Regelungen (Satzungen, Gesellschafterverträge) und die Konfliktbewältigung sind nachrangig, weil sie nur in außerordentlichen Fällen zum Einsatz kommen sollten. Eine Gruppe „guter Gesellschafter" lässt es gar nicht zur Abstimmung und zum Konflikt kommen.

Wenn ich nun nach einem Begriff suche, der als Tugend alles umfasst, was zu einem guten Wirken des Gesellschafters führen kann, so ist es „Respekt":[491]

- Respekt erweisen als Haltung den anderen Gesellschaftern gegenüber,
- Respekt erheischen als Qualität der eigenen Persönlichkeit, als Anerkennung der eigenen Beiträge zum gemeinsamen Anliegen,
- Respekt haben vor der Leistung des Unternehmens und seiner Führung,
- Respekt haben vor den Leistungen der Vorgänger,
- sich selbst als Vorgänger der nächsten Generation sehen, der man das Unternehmen so übergeben will, dass auch sie respektvoll auf das Wirken der Vorfahren blickt.

Respekt beruht auf einer intellektuellen Einsicht, aber auch auf einer Grundeinstellung des Wohlwollens[492] gegenüber dem anderen. Respektieren des anderen verlangt ihn als Persönlichkeit, wie er ist, anzuerkennen. Der

---

[491] Vgl. hierzu den Abschnitt 9.3.

[492] Diesen wunderbaren Begriff verdanke ich in diesem Zusammenhang Frau Bettina Klett.

H. Kormann, *Zusammenhalt der Unternehmerfamilie*,
DOI 10.1007/978-3-642-16351-7_12, © Springer-Verlag Berlin Heidelberg 2011

Respekt verbietet vom anderen zu erwarten, einem Idealtypus zu entsprechen. Respekt akzeptiert die Individualität in ihren Schwerpunkten und
Unvollkommenheiten. Individualität ist immer einzigartig und insofern
nie nur sympathisch. Respekt ist keine spontane Zuneigung. Er muss
erarbeitet und – wie oben gesagt[493] – in erkennbaren Ausdrucksformen
gezeigt werden.

Respekt (etymologisch abgeleitet von lat. respectus = Zurückschauen,
Rücksicht) bedeutet „Wertschätzung" und „Achtung" gegenüber einem
Menschen oder einer Institution. Ich habe dann Respekt für eine Person
oder eine Institution, wenn ich ihr Bedeutung, Wert und Autorität zuer-
kenne, z. B. wegen ihres Status, ihrer Macht oder ihren Fähigkeiten. Das
Konstrukt „Respekt" und seine Förderung im menschlichen Umgang miteinander verfügt von Kant über den Utilitarismus bis hin zu Rawls über
eine breite Fundierung in der Philosophiegeschichte. Diese Qualität gehört
zu den Tugenden des Alltags, zu deren Entwicklung immer wieder lesens-
werte Anleitungen verfasst wurden.[494]

Nach einer von Darwall eingeführten Terminologie unterscheidet die
Wissenschaft „recognition respect" und „appraisal respect". „Recognition
respect" wird definiert als etwas, das man generell bei seinen Handlungs-
plänen berücksichtigt, weil es Relevanz für das Handlungsfeld hat. Dazu
gehören Gesetze, Regeln, moralische Normen und eben auch die Rechte
von Mitgesellschaftern. Der „appraisal respect" oder „evaluative respect"
kommt demgegenüber nur bestimmten Personen zu als Wertschätzung
ihrer ganzen Persönlichkeit, der von ihnen ausgeübten Rolle, ihrer Eigenschaft als Akteure bedeutsamer Handlungen oder als Erbringer anerken-
nenswerter Leistungen. Respekt ist die Einstellung („attitude"), mit dem
Respektierten achtungsvoll umzugehen (eben „respektvoll"), *und die Überzeugung*, dass der Respektierte einen solchen Umgang verdient.[495]

Respekt ist eine rational begründete, positive Einstellung, die wegen dieser positiven Orientierung eine ähnliche Bindungswirkung entfaltet wie die
emotionale Bejahung einer Person. Für unser Thema der Bindung erscheint
mir Respekt sogar noch wichtiger als emotionale Zuneigung, weil Erste-
rer gestaltbar ist und so eine gleichsam objektive Qualität erhält. Allerdings
müssen die Beteiligten etwas „tun", damit diese Qualität der Beziehungen
geschaffen wird. Ich beziehe mich im Folgenden insbesondere auf die

---

[493] Vgl. Abschnitt 9.3.

[494] Schöne Abhandlungen sind z. B. „Le Respect Mutuel" von Coubertin, P. d.
(1988) und Sennett, R. (2002).

[495] Vgl. Hill, T. E. (1998): S. 284.

Überlegungen von Sennet, wie Respekt für bestimmte Personen („appraisal respect") entwickelt werden kann:

1. Man muss an sich arbeiten, um Respekt erwarten zu dürfen. Sennet
   führt insbesondere folgende Wege an:[496]

   — Entwicklung der eigenen Fähigkeiten,

   — Sorge für sich selbst,

   — Bestreben, den anderen etwas zurückzugeben.

2. Da jeder Mensch Vorzüge und Schwächen hat, muss man auf die
   positiven Seiten des anderen achten. Alles, was darauf zielt, das
   Selbstgefühl des anderen zu zerstören, ist unzulässig; hierzu zählen
   Arroganz, jemanden verächtlich behandeln oder lächerlich machen.

3. In unserem Zusammenhang geht es vor allem um die Funktion, die
   Rolle bzw. das Amt des anderen, um dessentwillen er Anspruch auf
   Respekt hat. Respekt verdient jemand, wenn er einen Beitrag für eine
   Gemeinschaftsleistung erbringt und dabei seine eigenen Interessen
   hintanstellt. Respekt verdient jemand, der eine von mir geschätzte
   Leistung erbringt. Der wechselseitige Respekt der Gesellschafter
   bedeutet auch, dass jeder Gesellschafter die Gemeinschaft der Inha-
   ber als den höchsten Wert im Familienunternehmen anerkennt und
   als Mitglied dieser Gemeinschaft Solidarität und Loyalität übt. Ein
   Gesellschafter ist eben in erster Linie Gesellschafter und darf nicht
   ein unkritischer Schutzpatron eines Geschäftsführers sein. Dies würden die anderen Gesellschafter – mit Recht – als Illoyalität ansehen.
   Respekt vor der Gemeinschaft verlangt auch, die Vertraulichkeit der
   Besprechungen zu wahren.

4. Ein wichtiger Ansatz, um gegenseitigen Respekt zu entwickeln,
   besteht darin, die Grundsätze der Fairness im Umgang miteinander
   zu beachten.[497]

5. Respekt muss man sich gegenseitig erweisen, d. h. man muss ihn
   zeigen:

   > „Ich sage, dass Gegenseitigkeit im sozialen Leben wie in der Kunst
   > Ausdrucksarbeit verlangt. Sie muss dargestellt und aufgeführt wer-
   > den."[498]

---

[496] Sennett, R. (2002): S. 83 f.
[497] Vgl. oben Kapitel 7.
[498] Sennett, R. (2002): S. 79.

Und weiter:

> „Respekt ist eine ausdrückliche Darbietung. Andere mit Respekt zu behandeln geschieht nicht einfach von selbst, nicht einmal beim besten Willen. Wer jemandem überzeugend Respekt erweisen will, muss die rechten Worte und Gesten finden."[499]

6. Die wichtigste Folge von Respekt ist das, was Sennet die „Psychologie der Autonomie" nennt. Sie soll uns helfen, zur anderen Meinung, zum Widerspruch die richtige Einstellung zu gewinnen. Die Psychologie der Autonomie bedeutet nach Sennet, „dass man an anderen Menschen akzeptiert, was man nicht versteht. Wenn ich das tue, behandle ich andere als ebenso autonome Wesen wie mich selbst."[500]

Wenn wir diese Überlegungen nun auf die Beziehungen der Gesellschafter untereinander beziehen, so ist ihnen anzuraten, den folgenden Aspekten Aufmerksamkeit zu schenken: Den anderen Mitgesellschaftern gilt es Respekt zu erweisen dafür, dass sie

- die Träger der Familie und des Unternehmens sind,

- die Eltern der „nächsten Generation" sind,

- sich um Verantwortungsbewusstsein bemühen,

- bei der Arbeit an der Verfassung der Familie und des Unternehmens mitwirken, um geschlossen gegenüber dem Unternehmen auftreten zu können,

- sich an den gemeinsamen Aktivitäten der Gesellschafter beteiligen, um Bindung in der Gemeinschaft zu schaffen.

Selbst kann man Respekt nur erheischen, wenn man respektable Leistungen erbringt. Hierzu gehören:

- Entwicklung der eigenen Persönlichkeit,

- Ausübung eines Berufs oder einer anderen Arbeit, wozu natürlich auch das Führen eines Haushaltes gehört oder die Übernahme altruistischer Aufgaben,

---

[499] Sennett, R. (2002): S. 251.
[500] Sennett, R. (2002): S. 316 f.

- Übernahme von Ämtern in der Family Governance und in der Corporate Governance sowie die Bereitschaft, sich die für diese Ämter erforderlichen Kompetenzen anzueignen,

- Ausübung der Gesellschafterposition als ein Amt bzw. als einen Teilzeitberuf, für das bzw. für den Kompetenzen zu erwerben sind, die entsprechend den wechselnden Herausforderungen im Amt weiterzuentwickeln sind,

- der Wille, als Amtsträger persönliche Wunschvorstellungen, spontane Einfälle, Abneigungen oder Besorgnisse zurückzustellen und stattdessen die Argumentation zu suchen, Entscheidungsprozesse geordnet zu bewältigen und getroffene Regelungen zu beachten,

- Sich-Einbringen in eine Argumentation mit den anderen Gesellschaftern sowie weiteren Beteiligten, wenn es vor einer Entscheidung darum geht, was richtig ist, und nicht darum, wer Recht hat,

- Mitwirkung bei gemeinschaftlichen Veranstaltungen, bei deren Vorbereitung ebenso wie bei der Durchführung selbst.

Respekt ist mit einer Anerkennung der Würde der Partner verbunden. Er ist unvereinbar mit Überheblichkeit, er verlangt vielmehr Maßhalten und Bescheidenheit. Dazu trägt der Respekt gegenüber den Leistungen des Unternehmens bei und gegenüber allen, die daran mitgewirkt haben. In diesem Kontext spielt die Bewahrung der Geschichte des Unternehmens eine wichtige Rolle dafür,

- sich die respektablen Leistungen der Vorgänger bewusst zu machen,

- das eigene, derzeitige Wirken einordnen zu können,

- sich die Aufgabe zu vergegenwärtigen, die Geschichte einer Familie und eines Unternehmens fortzuführen.

Die Aufgabe eines verantwortlichen Inhabers ist anspruchsvoll. Ihre Erfüllung ist unersetzlich. Ich halte sie daher für eine wichtigere Aufgabe als etwa die Entscheidung über die Nachfolge in der Unternehmensleitung. Die Unternehmensleitung muss notwendigerweise immer als ersetzbar gedacht werden – und sie ist es auch. Verantwortungsbewusste Gesellschafter sind dagegen unersetzlich. Sie gewährleisten den Zusammenhalt der Familie. Als Träger des Unternehmens garantieren sie, dass eine gute Unternehmensführung möglich ist und tatsächlich auch geleistet wird. Daher gilt: Das Amt eines Gesellschafters ist anspruchsvoll, verdienstvoll, Respekt heischend und somit auch befriedigend für die Träger dieses Amtes.

Literatur

Coubertin, P. d. (1988): Le respect mutuel, St. Augustin, 1988.

Hill, T. E. (1998): Respect for Persons, in: Craig, E. (Hrsg.): Routledge Encyclopedia of philosophy – Bd. 8: Questions to sociobiology, London [u.a.], 1998, S. 283–287.

Sennett, R. (2002): Respekt im Zeitalter der Ungleichheit, Berlin, 2002.

Stichwortverzeichnis

H. Kormann, *Zusammenhalt der Unternehmerfamilie,*
DOI 10.1007/978-3-642-16351-7, © Springer-Verlag Berlin Heidelberg 2011